Deutscher Caritasverband (Hg.)

Richtlinien für Arbeitsverträge in den Einrichtungen des Deutschen Caritasverbandes

Stand: 1. März 2015

Die Arbeitsvertragsrichtlinien enthalten bei der Bezeichnung von Personen aus Gründen der besseren Lesbarkeit durchgängig die männliche Form. Soweit im Text das Wort Mitarbeiter verwendet wird, beruht dies ausschließlich auf sprachlichen Überlegungen; die Mitarbeiterinnen in den einzelnen Einrichtungen des Deutschen Caritasverbandes sind darin eingeschlossen.

Bezugsquelle:

Lambertus-Verlag GmbH, Postfach 1026, 79010 Freiburg
Telefon 0761/368 25-25, Fax 0761/368 25-33
eMail: info@lambertus.de

www.lambertus.de

Herausgeber:

Deutscher Caritasverband, Referat Arbeits- und Tarifrecht
Postfach 420, 79004 Freiburg

Verlag:

Lambertus-Verlag GmbH, Postfach 1026, 79010 Freiburg

Umschlaggestaltung, Satz:

Ursi Anna Aeschbacher, Biel/Bienne

Herstellung:
Druckerei Franz X. Stückle, Ettenheim

Nachdruck, auch auszugsweise, nur mit ausdrücklicher Erlaubnis des Verlages

ISBN 978-3-7841-2709-5

Inhaltsübersicht

AVR

Allgemeiner Teil	§§ 1 bis 23	7
Anlage 1	Vergütungsregelung	28
Anlage 1a	Überleitungsregelungen zu Anlage 1	67
Anlage 1b	Besitzstandsregelungen zu Anlage 1	69
Anlage 1c	(derzeit nicht besetzt)	
Anlage 1d	(RK Nord/NRW/Mitte/Bayern/Ost) – Überleitungsregelungen anlässlich der Abschaffung von Anhang C für Bundeszentralen und Fachverbände	74
Anlage 1d	(RK BW) – Überleitungsregelungen anlässlich der Abschaffung von Anhang C für Bundeszentralen und Fachverbände im Regelungsgebiet der RK Baden-Württemberg	77
Anlage 2	Vergütungsgruppen für Mitarbeiter (allgemein)	79
Anlage 2a	Vergütungsgruppen für Mitarbeiter im Pflegedienst in stationären Einrichtungen	116
Anlage 2b	Vergütungsgruppen für Mitarbeiter im Rettungsdienst/Krankentransport	132
Anlage 2c	Vergütungsgruppen für Mitarbeiter im Pflegedienst in ambulanten Einrichtungen	136
Anlage 2d	Vergütungsgruppen für Mitarbeiter im Sozial- und Erziehungsdienst	141
Anlage 3	Regelvergütungstabellen für die unter die Anlagen 2, 2b und 2d fallenden Mitarbeiter	158
Anlage 3a	Regelvergütungstabellen für die unter die Anlagen 2a und 2c fallenden Mitarbeiter	167
Anlage 3b	(RK BW) – Regelvergütung untere Vergütungsgruppen im Bereich der stationären und ambulanten Altenhilfe	173
Anlage 4a	(RK BW) – Regelungen der Beschäftigungssicherung nach § 10 Abs. 3 AK-Ordnung in dem Gebiet der RK Baden-Württemberg	176
Anlage 4b	(RK BW) – Regelungen zur Beschäftigungssicherung und Vermeidung von betriebsbedingten Kündigungen sowie zur Vermeidung von Wettbewerbsnachteilen für Einrichtungen	178
Anlage 5	Arbeitszeitregelung	181
Anlage 5a	Sonderregelung zur Arbeitszeitregelung	193
Anlage 5b	Mobilzeit durch Dienstvereinbarung	198

Inhaltsübersicht

Anlage 5c	Langzeitkonto	201
Anlage 6	Überstundenregelung	202
Anlage 6a	Zeitzuschläge, Überstundenvergütung	204
Anlage 7	Ausbildungsverhältnisse	207
Anlage 7a	(derzeit nicht besetzt)	
Anlage 7b	Besondere Regelungen für Praktikanten	226
Anlage 8	Versorgungsordnungen	229
Anlage 9	Vermögenswirksame Leistungen	236
Anlage 10	(derzeit nicht besetzt)	
Anlage 11	Ordnung über die Gewährung von Beihilfen in Krankheits-, Geburts- und Todesfällen	239
Anlage 11a	Geburtsbeihilfe	240
Anlage 12	Bewertung der Unterkünfte der Mitarbeiter	241
Anlage 13	Bestimmungen über Umzugskostenvergütung und Trennungsgeld	244
Anlage 13a	Bestimmungen über Reisekostenerstattung	245
Anlage 14	Erholungsurlaub, Urlaubsgeld, Sonderurlaub	246
Anlage 15	Übergangsgeld	259
Anlage 16	Jubiläumszuwendung	263
Anlage 17	Altersteilzeitregelung	264
Anlage 17a	Altersteilzeit und flexible Arbeitszeit	270
Anlage 18	(derzeit nicht besetzt)	
Anlage 19	Modellprojekte	275
Anlage 20	Besondere Regelungen für Mitarbeiter in Integrationsprojekten	276
Anlage 21	Besondere Regelungen für Lehrkräfte	278
Anlage 22	Besondere Regelungen für Alltagsbegleiter	282
Anlage 23	Besondere Regelungen für Fahrdienste	285
Anlage 24	(derzeit nicht besetzt)	
Anlage 25	Übergangsregelungen für caritative Träger, die das Tarifrecht des öffentlichen Dienstes anwenden	287
Anlage 30	Besondere Regelungen für Ärztinnen und Ärzte	288
Anlage 31	Besondere Regelungen für Mitarbeiter im Pflegedienst in Krankenhäusern	313
Anlage 32	Besondere Regelungen für Mitarbeiter im Pflegedienst in sonstigen Einrichtungen	386
Anlage 33	Besondere Regelungen für Mitarbeiter im Sozial- und Erziehungsdienst	459

Inhaltsübersicht

Anhänge

Anhang C	Einleitende Hinweise	509
	Vergütungstabellen	513
Anhang E	Umrechnungstabelle	517

Zentral-KODA

Beschlüsse	Entgeltumwandlung	518
	Ordnung für den Arbeitszeitschutz im liturgischen Bereich	520
	Kinderbezogene Entgeltbestandteile	521
	Arbeitsvertragsformular	522
	Anrechnung von Vordienstzeiten	522

Ordnungen

Grundordnung des kirchlichen Dienstes im Rahmen kirchlicher Arbeitsverhältnisse 524

Rahmenordnung für eine Mitarbeitervertretungsordnung (MAVO) 529

Stichworte

A bis Z 567

Allgemeiner Teil

§ 1	Wesen der Caritas, Dienstgemeinschaft	8
§ 2	Geltungsbereich	8
§ 2a	Übergangsregelung für die Bundesländer und den Teil des Landes Berlin, für die das Grundgesetz vor dem 3. Oktober 1990 nicht galt	8
§ 3	Ausnahmen vom Geltungsbereich	13
§ 4	Allgemeine Dienstpflichten	14
§ 5	Besondere Dienstpflichten	14
§ 5a	Verschwiegenheitspflicht und Aussagegenehmigung in seelsorgerischen Angelegenheiten	15
§ 6	Personalakten	16
§ 7	Einstellung	16
§ 8	Ärztliche Untersuchungen während des Dienstverhältnisses	17
§ 9	Versetzung und Abordnung	17
§ 9a	Arbeitszeit	17
§ 9b	Arbeitsversäumnis	17
§ 10	Arbeitsbefreiung	18
§ 10a	Fort- und Weiterbildung	20
§ 11	Beschäftigungszeit	20
§ 11a	Dienstzeit	21
§ 11b	Ausschlussfrist zu § 11 und § 11a	22
§ 12	Dienstbezüge	22
§ 12a	Fürsorge bei Krankheit	22
§ 13	Erholungsurlaub	22
§ 14	Ordentliche Kündigung	22
§ 15	Sonderregelung für unkündbare Mitarbeiter	23
§ 16	Außerordentliche Kündigung	24
§ 17	Schriftform der Kündigung	25
§ 18	Beendigung des Dienstverhältnisses wegen verminderter Erwerbsfähigkeit	25
§ 19	Sonstige Beendigung des Dienstverhältnisses	26
§ 20	Zeugnis	27
§ 21	Schutzkleidung, Dienstkleidung	27

| § 22 | Schlichtungsverfahren | 27 |
| § 23 | Ausschlussfrist | 27 |

§ 1 Wesen der Caritas, Dienstgemeinschaft

Lebens- und Wesensäußerung

Dienstgemeinschaft Mitarbeiter

(1) [1]Die Caritas ist eine Lebens- und Wesensäußerung der katholischen Kirche. [2]Die dem Deutschen Caritasverband angeschlossenen Einrichtungen dienen dem gemeinsamen Werk christlicher Nächstenliebe. [3]Dienstgeber und Mitarbeiter bilden eine Dienstgemeinschaft und tragen gemeinsam zur Erfüllung der Aufgaben der Einrichtung bei. [4]Die Mitarbeiter haben den ihnen anvertrauten Dienst in Treue und in Erfüllung der allgemeinen und besonderen Dienstpflichten zu leisten.

Dienstgeber

(2) Der Treue des Mitarbeiters muss von Seiten des Dienstgebers die Treue und Fürsorge gegenüber dem Mitarbeiter entsprechen.

(3) Auf dieser Grundlage regeln sich alle Beziehungen zwischen Dienstgeber und Mitarbeiter.

§ 2 Geltungsbereich

Einrichtungen

(1) Die AVR finden Anwendung in allen in der Bundesrepublik Deutschland gelegenen Einrichtungen und Dienststellen, die dem Deutschen Caritasverband angeschlossen sind.

Mitarbeiter

(2) Die AVR gelten für alle Mitarbeiter mit Ausnahme der in § 3 genannten.

Anmerkung:
[1]Besondere diözesane Regelungen werden durch die AVR nicht berührt.
[2]Für die Einrichtungen des Kirchlichen Suchdienstes, Heimatortskarteien der kirchlichen Wohlfahrtsverbände, Lessingstraße 3, 80336 München, gelten grundsätzlich die AVR; soweit der Tarifvertrag für den öffentlichen Dienst (TVöD) für den Bereich des Bundes davon abweichende Regelungen enthält, gelten die Bestimmungen des TVöD.

§ 2a Übergangsregelung für die Bundesländer und den Teil des Landes Berlin, für die das Grundgesetz vor dem 3. Oktober 1990 nicht galt

Gebiet der neuen Bundesländer

(1) Die AVR gelten für die Dienstverhältnisse der Mitarbeiter im Gebiet der neuen Bundesländer Mecklenburg-Vorpommern, Brandenburg, Sachsen-Anhalt, Thüringen und Sachsen sowie in dem Teil des Landes Berlin, in dem das Grundgesetz bis einschließlich 2. Oktober 1990 nicht galt, nach Maßgabe der Absätze 2 bis 22.

(2) Allgemeiner Teil der AVR

Die Bestimmungen der §§ 1 bis 23 finden Anwendung.

Übergangsvorschriften zu den §§ 2 und 3: (entfallen)

Übergangsvorschrift zu § 11a Abs. 5 (Dienstzeit):
Zeiten erfüllter Wehrpflicht in der ehemaligen DDR werden angerechnet.

Übergangsvorschrift zu § 18 (Beendigung des Dienstverhältnisses wegen verminderter Erwerbsfähigkeit):
Von dieser Bestimmung bleiben die gesetzlichen Regelungen, die übergangsweise gelten, unberührt.

(3) Anlage 1 zu den AVR
Abweichungen von der Erhöhung des Bemessungssatzes zum 1. Januar 2007

Abweichungen vom Bemessungssatz

(a) Die Erhöhung des Bemessungssatzes ab 1. Januar 2007 kann bis zum 31. Dezember 2008 durch Dienstvereinbarung ganz oder teilweise ausgeschlossen werden.

(b) [1]Dabei hat der Dienstgeber die Mitarbeitervertretung in Schriftform über die wirtschaftliche und finanzielle Lage der Einrichtung so umfassend zu informieren, dass ein den tatsächlichen Verhältnissen entsprechendes Bild vermittelt wird. [2]Bestehen für die Einrichtung oder den Träger nach den Vorschriften des Handels- oder Steuerrechts Rechnungs-, Buchführungs- und Aufzeichnungspflichten, sind der Jahresabschluss nach den jeweils maßgeblichen Gliederungsvorschriften sowie der Anhang und, sofern zu erstellen, der Lagebericht vorzulegen. [3]Ist die Einrichtung eine Körperschaft des öffentlichen Rechts, ist der auf die Einrichtung bezogene Teil des Verwaltungshaushaltes und der Jahresrechnung vorzulegen. [4]Der Text dieser Dienstvereinbarung ist der zuständigen Unterkommission unter Mitteilung der Anzahl der betroffenen Mitarbeiter zur Kenntnisnahme vorzulegen.

(c) Soweit für Mitarbeiter zum 1. Januar 2007 der Beschluss einer Unterkommission gilt, kann der Anspruch auf die Anpassung ganz oder teilweise auch ohne Verpflichtung zur Vorlage der nach Absatz b Sätze 2 und 3 genannten Unterlagen für die Laufzeit des Beschlusses der Unterkommission durch Dienstvereinbarung ausgeschlossen werden.

Übergangsvorschrift zu Abschnitt III (Grundvergütung):
Bei Mitarbeitern, die am 30. Juni 1991 schon und am 1. Juli 1991 noch im Dienstverhältnis stehen, ist für die Zuordnung zur zutreffenden Lebensaltersstufe der Grundvergütung der Tag ihres Eintritts in den kirchlich-caritativen Dienst zugrunde zu legen.

Übergangsvorschrift zu Abschnitt XIV (Weihnachtszuwendung):
1. Die Höhe der Zuwendung nach Absatz e beträgt – unbeschadet des Absatzes f – 75 v.H. der Urlaubsvergütung, die dem Mitarbeiter zugestanden hätte, wenn er während des ganzen Monats September Erholungsurlaub gehabt hätte.

2. [1]Wegen der am 2. Oktober 2003 beschlossenen Festschreibung der Zuwendung beträgt abweichend von Ziffer 1 der Bemessungssatz für die Zuwendung ab 1. November 2004 61,60 von Hundert – für die Vergütungsgruppen 3 bis 1 bzw. Kr 12 bis Kr 14 ab 1. November 2004 61,60 von Hundert. [2]Für Auszubildende gemäß Abschnitt E der Anlage 7 zu den AVR beträgt der Bemessungssatz ab 1. November 2004 62,41 von Hundert. [3]Der vorstehende Bemessungssatz ändert sich jeweils von dem Zeitpunkt an, von dem an vor dem 1. Februar 2005 die Vergütungen der Mitarbeiter außerhalb des Geltungsbereichs des § 2a AT allgemein erhöht werden, nach den Grundsätzen, die seiner Berechnung zugrunde liegen.

Allgemeiner Teil – § 2a

(4) Anlagen 2, 2a, 2b, 2c und 2d zu den AVR (Vergütungsgruppen für Mitarbeiter)

Vergütungsgruppen

Die Anlagen 2, 2a, 2b, 2c und 2d werden mit folgender Maßgabe angewandt:

1.
   a) Bei Mitarbeitern, die am 30. Juni 1991 in einem Dienstverhältnis stehen, das am 1. Juli 1991 zu demselben Dienstgeber fortbesteht, und deren Eingruppierung von der Zeit einer Tätigkeit oder von der Zeit einer Bewährung in einer bestimmten Vergütungsgruppe bzw. Ziffer oder von der Zeit einer Berufstätigkeit abhängt, wird die vor dem 1. Juli 1991 zurückgelegte Zeit so berücksichtigt, wie sie zu berücksichtigen wäre, wenn die Anlagen 2, 2a, 2b, 2c und 2d in der Fassung vom 1. Juli 1991 bereits seit dem Tag ihres Eintritts in den kirchlich-caritativen Dienst gegolten hätten.

   b) Bei Mitarbeitern, die am 30. November 1991 in einem Dienstverhältnis stehen, das am 1. Dezember 1991 zu demselben Dienstgeber fortbesteht und deren Eingruppierung von der Zeit einer Tätigkeit oder von der Zeit einer Bewährung in einer bestimmten Vergütungsgruppe bzw. Ziffer oder von der Zeit einer Berufstätigkeit abhängt, wird ab 1. Dezember 1991 die vor dem 1. Dezember 1991 zurückgelegte Zeit entsprechend den allgemeinen Regelungen des Abschnitts Ia der Anlage 1 zu den AVR angerechnet.

2. (entfällt)

3. Die in den Tätigkeitsmerkmalen bzw. Anmerkungen in festen Beträgen ausgebrachten Zulagen werden vom 1. Januar 2007 an in Höhe von 93,5 v.H. gezahlt.

(5) Anlagen 3 bis 3d (Grundvergütung)

Tabellen

Für den in § 2a Abs. 1 AT beschriebenen Geltungsbereich sind die Grundvergütungen und Gesamtvergütungen in eigenen Tabellen festgelegt.

(6) Anlage 4 zu den AVR (Ortszuschlag)

Die Beträge des Ortszuschlags sind für den in § 2a Abs. 1 AT beschriebenen Geltungsbereich in einer eigenen Tabelle festgelegt.

(7) Anlage 5 zu den AVR (Arbeitszeitregelung)

Die Bestimmungen der §§ 1 bis 10 finden Anwendung.

Übergangsvorschrift zu § 1 Abs. 1 Satz 1 (Regelmäßige Arbeitszeit):

regelmäßige Arbeitszeit

Die regelmäßige Arbeitszeit der Mitarbeiter beträgt durchschnittlich 40 Stunden in der Woche statt 38,5 Stunden.

(7a) Anlage 5a zu den AVR (Sonderregelung zur Arbeitszeitregelung)

Die Bestimmungen der §§ 1 bis 3 finden Anwendung.

(7b) Anlage 5b zu den AVR (Mobilzeit durch Dienstvereinbarung)

Die Bestimmungen der §§ 1 bis 4 finden Anwendung.

(7c) Anlage 5c zu den AVR (Langzeitkonto)

Die Bestimmungen der §§ 1 bis 7 finden Anwendung.

(8) Anlage 6 zu den AVR (Überstundenregelung)

Die Bestimmungen der §§ 1 bis 4 finden Anwendung.

§ 2a – Allgemeiner Teil

(9) Anlage 6a zu den AVR (Zeitzuschläge, Überstundenvergütung)
Die Bestimmungen der §§ 1 und 2 finden Anwendung mit der Maßgabe, dass die Stundenvergütung für den in § 2a Abs. 1 AT beschriebenen Geltungsbereich in eigenen Tabellen festgelegt ist und die Zeitzuschläge für die Arbeit zwischen 20.00 Uhr und 6.00 Uhr bzw. die Arbeit an Samstagen in der Zeit von 13.00 Uhr bis 20.00 Uhr ab 1. Januar 2007 1,20 Euro bzw. 0,60 Euro betragen.

Zeitzuschläge

AT

(10) Anlage 7 zu den AVR (Ausbildungsverhältnisse)
Die Bestimmungen der Anlage 7 gelten mit folgender Maßgabe:

1. Die Höhe der Ausbildungsvergütung für die Schüler an Krankenpflegeschulen, Hebammenschulen sowie an Altenpflegeschulen gemäß § 1 Abs. a Buchstabe BII beträgt ab 1. Januar 2007

Schüler

im ersten Ausbildungsjahr	681,67 Euro,
im zweiten Ausbildungsjahr	737,31 Euro,
im dritten Ausbildungsjahr	826,95 Euro.

2. Die Höhe der Ausbildungsvergütung für die Krankenpflegehelfer gemäß § 1 Abs. a Buchstabe CII beträgt

ab 1. Januar 2007	619,84 Euro.

3. Die Höhe des Entgelts und des Verheiratetenzuschlags der Praktikanten nach abgelegtem Examen gemäß § 1 Abs. a Buchstabe D beträgt ab 1. Januar 2007:

Praktikanten

		Entgelt	Verheiratetenzuschlag
		Euro	Euro
1.	Pharmazeutisch-technische Assistent(inn)en	1.107,12	60,23
2.	Masseure und med. Bademeister/-innen	1.057,72	60,23
3.	Sozialarbeiter/-innen	1.302,60	63,21
4.	Sozialpädagog(inn)en	1.302,60	63,21
5.	Erzieher/-innen	1.107,12	60,23
6.	Kinderpfleger/-innen	1.057,72	60,23
7.	Altenpfleger/-innen	1.107,12	60,23
8.	Haus- und Familienpfleger/-innen	1.107,12	60,23
9.	Heilerziehungshelfer/-innen	1.057,72	60,23
10.	Heilerziehungspfleger/-innen	1.160,96	60,23
11.	Arbeitserzieher/-innen	1.160,96	60,23
12.	Rettungsassistent(inn)en	1.057,72	60,23

4. Die Höhe des Entgelts für Auszubildende gemäß § 1 Abs. 1 Buchstabe E beträgt ab 1. Januar 2007:

Auszubildende

im 1. Ausbildungsjahr	577,21 Euro,
im 2. Ausbildungsjahr	622,85 Euro,
im 3. Ausbildungsjahr	664,72 Euro,
im 4. Ausbildungsjahr	722,81 Euro.

Allgemeiner Teil – § 2a

(11) Anlage 8 zu den AVR (Versorgungsordnung)

Die Bestimmungen der Anlage 8 finden ab 1. Januar 1997 Anwendung.

(12) Anlage 9 zu den AVR (Vermögenswirksame Leistungen)

_{vermögens-wirksame Leistung}

¹Die Bestimmungen der §§ 1 bis 6 finden mit der Maßgabe Anwendung, dass die vermögenswirksame Leistung für den vollbeschäftigten Mitarbeiter und den zur Ausbildung Beschäftigten monatlich Euro 6,65 beträgt. ²Der nicht vollbeschäftigte Mitarbeiter erhält von dem Betrag nach Satz 1 den Teil, der dem Maß der mit ihm vereinbarten durchschnittlichen regelmäßigen wöchentlichen Arbeitszeit entspricht.

(13) Anlage 10 zu den AVR (Zulagen für Mitarbeiter)

Die Bestimmungen der §§ 1 bis 3 finden mit folgender Maßgabe Anwendung:

Übergangsvorschrift zu § 2 Absätze 2 und 4 der Anlage 10 zu den AVR ab 1. Januar 2007:

Allgemeine Zulage

(2) Sie beträgt monatlich in den Vergütungsgruppen 1b bis 1   40,19 Euro

2 bis 5b (ohne die nach 5b Ziffern 17 und 19 der Anlage 2 zu den AVR eingruppierten Meister) und Kr 7 bis Kr 14   107,15 Euro

5c bis 8 (einschließlich der nach 5 b Ziffern 17 und 19 der Anlage 2 zu den AVR eingruppierten Meister) und Kr 3 bis Kr 6   100,46 Euro

9a bis 12 und Kr 1 bis Kr 2   85,06 Euro

(3) (entfällt)

(4) Für die Dozenten und Lehrkräfte, die nach Ziffer VI der Anmerkungen zu den Tätigkeitsmerkmalen der Vergütungsgruppen 1 bis 12 der Anlage 2 zu den AVR nicht unter die Anlage 2 zu den AVR fallen, beträgt die allgemeine Zulage ab 1. Januar 2007 monatlich 40,19 Euro.

(14) Anlagen 11 und 11a zu den AVR (Beihilferegelung, Geburtsbeihilfe)

Geburtsbeihilfe

Die Bestimmungen über die Gewährung von Beihilfen in Krankheits-, Geburts- und Todesfällen in den Anlagen 11 und 11a finden mit der Maßgabe Anwendung, dass lediglich eine Geburtsbeihilfe gemäß Anlage 11a gewährt wird.

(15) Anlage 12 zu den AVR (Bewertung der Unterkünfte für Mitarbeiter)

Unterkünfte

Die Bestimmungen der §§ 1 bis 5 finden vorerst keine Anwendung.

(16) Anlagen 13 und 13a zu den AVR (Umzugskostenvergütung, Trennungsgeld und Reisekostenerstattung)

Die Bestimmungen über Umzugskostenvergütung, Trennungsgeld und Reisekostenerstattung finden Anwendung.

Übergangsvorschrift:
Solange noch keine entsprechenden Bestimmungen in dem jeweiligen Bereich vorliegen, gelten die entsprechenden Bestimmungen für die Angestellten des Bundes.

(17) Anlage 14 zu den AVR (Erholungsurlaub, Urlaubsgeld, Sonderurlaub)

Die Bestimmungen der §§ 1 bis 10 finden Anwendung.

Übergangsvorschrift zu § 4 (Zusatzurlaub): (entfällt)

Übergangsvorschriften zu § 6 Abs. 1 (Anspruch auf Urlaubsgeld):
1. (entfällt) 2. (entfällt)

Übergangsvorschrift zu § 7 Abs. 1 (Höhe des Urlaubsgeldes):
Das Urlaubsgeld für den am 1. Juli vollbeschäftigten Mitarbeiter und den zu seiner Ausbildung Beschäftigten beträgt ab 1. Januar 2012 261,57 Euro.

Urlaubsgeld

(18) Anlage 15 zu den AVR (Übergangsgeld)

Die Bestimmungen der §§ 1 bis 3 finden Anwendung.

Übergangsvorschriften zu den §§ 1 und 2: (entfallen)

(19) Anlage 16 zu den AVR (Jubiläumszuwendung)

Die Bestimmungen der §§ 1 und 2 finden Anwendung.

(20) Anlage 17 zu den AVR (Altersteilzeitregelung)

Die Bestimmungen der §§ 1 bis 11 finden Anwendung.

(21) (derzeit nicht besetzt)

(22) Anlage 19 zu den AVR (Modellprojekte)

Die Bestimmungen der §§ 1 bis 3 finden Anwendung.

(23) Anlage 20 zu den AVR (Alltagsbegleiter in der ambulanten Altenpflege)

Die Bestimmungen der §§ 1 bis 7 finden Anwendung.

(24) Besitzstandswahrung

¹Verringern sich für den Mitarbeiter, der am 30. Juni 1991 schon und am 1. Juli 1991 noch in einem unter die AVR fallenden Dienstverhältnis steht, durch die am 1. Juli 1991 in Kraft tretenden Regelungen die am 30. Juni 1991 nach den bisher geltenden Vorschriften zustehenden monatlichen Bezüge, wird der Unterschiedsbetrag als persönliche Zulage weitergezahlt. ²Die persönliche Zulage vermindert sich um Höhergruppierungsgewinne, um Zulagen (mit Ausnahme der Zulagen nach Abschnitt VII und VIII der Anlage 1 zu den AVR) sowie um allgemeine Anpassungen der Bezüge.

§ 3 Ausnahmen vom Geltungsbereich

Die AVR gelten nicht für:

(a) Mitarbeiter, deren Leistungsfähigkeit infolge einer körperlichen, geistigen, seelischen oder sonstigen Behinderung beeinträchtigt ist und deren Rehabilitation oder Resozialisierung durch Beschäftigungs- und Arbeitstherapiemaßnahmen angestrebt wird;

beeinträchtigte Leistungsfähigkeit

(b) Mitarbeiter, die nicht in erster Linie aus Gründen der Erwerbstätigkeit beschäftigt werden, sondern vorwiegend zu ihrer Betreuung, sofern die Anwendung der AVR nicht ausdrücklich schriftlich vereinbart ist;

Betreuung

(c) Mitarbeiter, die Tätigkeiten nach § 11 Abs. 3 SGB XII ausüben;

zumutbare Tätigkeit

fortdauernder Förderungsbedarf (d) Mitarbeiter mit fortdauerndem Förderungsbedarf, die sich zu Beschäftigungsbeginn in einer öffentlich geförderten Beschäftigungsmaßnahme (z.B. nach SGB II, SGB III) befinden und im Rahmen von Maßnahmen der Beschäftigung und/oder Qualifizierung zur Erlangung eines Arbeitsplatzes und/oder Erhaltung der Beschäftigungsfähigkeit eine fachliche und/oder sozialpädagogische Anleitung erhalten;

Ausbildung außerhalb Anlage 7 (e) Mitarbeiter, die für einen festumgrenzten Zeitraum ausschließlich zu ihrer Vor-, Aus- oder Weiterbildung beschäftigt werden, sofern diese öffentlich gefördert wird und nicht Anlage 7 zu den AVR anzuwenden ist;

Einzelvertrag (f) leitende Ärzte (Chefärzte) und vergleichbare leitende Mitarbeiter, wenn ihre Arbeitsbedingungen einzelvertraglich besonders vereinbart sind oder werden;

Dienstbezüge über AVR (g) Mitarbeiter, die über die höchste Vergütungsgruppe der AVR hinausgehende Dienstbezüge erhalten.

§ 4 Allgemeine Dienstpflichten

(1) Der Dienst in der katholischen Kirche fordert vom Dienstgeber und vom Mitarbeiter die Bereitschaft zu gemeinsam getragener Verantwortung und vertrauensvolle Zusammenarbeit unter Beachtung der Eigenart, die sich aus dem Auftrag der Kirche und ihrer besonderen Verfasstheit ergibt.

kirchliche Gesetze (2) Bei der Erfüllung der dienstlichen Aufgaben sind die allgemeinen und für einzelne Berufsgruppen erlassenen kirchlichen Gesetze und Vorschriften zu beachten.

Glaubens- und Sittenlehre (3) ¹Der Dienst in der katholischen Kirche erfordert vom katholischen Mitarbeiter, dass er seine persönliche Lebensführung nach der Glaubens- und Sittenlehre sowie den übrigen Normen der katholischen Kirche einrichtet. ²Die persönliche Lebensführung des nichtkatholischen Mitarbeiters darf dem kirchlichen Charakter der Einrichtung, in der er tätig ist, nicht widersprechen.

fachliches Können (4) ¹Jeder Mitarbeiter hat seine beruflichen Fähigkeiten und Erfahrungen nach bestem Können bei der Erfüllung des ihm übertragenen Dienstes einzusetzen. ²Er soll jederzeit bemüht sein, sein fachliches Können zu erweitern. ³Er hat die für seinen Arbeitsbereich bestehenden Gesetze und Verwaltungsbestimmungen und daneben die durch Dienstanweisungen oder Anordnungen seiner Vorgesetzten gegebenen Weisungen zu beachten.

Ordnungen der Einrichtung (5) Die Dienstordnung sowie die Haus- und Heimordnung sind für jeden Mitarbeiter verbindlich.

§ 5 Besondere Dienstpflichten

Verschwiegenheit (1) Das Gebot der Verschwiegenheit in allen dienstlichen Angelegenheiten besteht nicht nur während des Dienstverhältnisses, sondern auch nach dessen Beendigung.

Nebentätigkeit (2) ¹Die Ausübung einer Nebentätigkeit ist zulässig. ²Über die Aufnahme einer Nebentätigkeit ist der Dienstgeber zu unterrichten. ³Eine Nebentätigkeit ist unzulässig, wenn dadurch die Arbeitskraft der Mitarbeiter oder berechtigte Interessen des Dienstgebers erheblich beeinträchtigt werden. ⁴In diesem Fall kann der Dienstgeber eine Nebentätigkeit untersagen bzw. die Erlaubnis zur Nebentätigkeit einschränken.

(3) ¹Die Mitarbeiter sind grundsätzlich verpflichtet, sich auf Verlangen des Dienstgebers in zumutbarem Umfang an der Weiterbildung der Mitarbeiter und am Unterricht an den Schulen des Dienstgebers zu beteiligen. [Beteiligung an Weiterbildung]

²In akademischen Lehrkrankenhäusern sind die Ärzte im Rahmen ihres Dienstes verpflichtet, sich an der praktischen Ausbildung der Medizinstudenten in dem Krankenhaus zu beteiligen. ³Das gilt auch für sonstige Mitarbeiter, die an der Ausbildung auf Anordnung des Dienstgebers beteiligt werden.

⁴Die Ärzte sind verpflichtet, ärztliche Bescheinigungen auszustellen und auf Anordnung des Dienstgebers im Rahmen einer zugelassenen Nebentätigkeit des leitenden Arztes oder für einen Belegarzt des Krankenhauses ärztlich tätig zu werden. [Ärzte]

⁵Die ärztlichen Mitarbeiter und die Mitarbeiter im Pflegedienst sind verpflichtet, am Rettungsdienst im Notarztwagen oder Rettungshubschrauber teilzunehmen, wenn das Krankenhaus Träger oder Beteiligter des Rettungsdienstes ist. [Rettungsdienst]

(4) ¹Der Mitarbeiter darf Belohnungen und Geschenke in Bezug auf seine dienstliche Tätigkeit nur mit Zustimmung des Dienstgebers annehmen. ²Werden dem Mitarbeiter Belohnungen und Geschenke in Bezug auf seine dienstliche Tätigkeit angeboten, so hat er dies dem Dienstgeber unverzüglich und unaufgefordert mitzuteilen. [Belohnungen und Geschenke]

³Pflegliche Behandlung des Eigentums der Einrichtung und Sparsamkeit in seiner Verwendung gehören zu den selbstverständlichen Pflichten. [Sparsamkeit]

(5) ¹Wenn der Mitarbeiter seine Dienstpflicht vorsätzlich oder grob fahrlässig verletzt, so haftet er dem Dienstgeber für den dadurch entstandenen Schaden nach Maßgabe der gesetzlichen Bestimmungen. ²Beim Rettungsdienst im Notarztwagen oder Rettungshubschrauber (Abs. 3 Unterabs. 4) ist der Mitarbeiter in Fällen, in denen kein grob fahrlässiges und kein vorsätzliches Handeln vorliegt, von etwaigen Haftungsansprüchen freizustellen. [Haftung]

§ 5a Verschwiegenheitspflicht und Aussagegenehmigung in seelsorgerischen Angelegenheiten

(1) ¹Angelegenheiten, die einem Mitarbeiter im Zusammenhang mit seelsorgerischen Tätigkeiten oder zu seelsorgerischen Zwecken anvertraut wurden, unterliegen auch dann der Verschwiegenheit, wenn dieser nicht ausdrücklich zur Seelsorge beauftragt ist. ²Dies gilt auch über den Bereich eines Dienstgebers hinaus sowie nach Beendigung des Dienstverhältnisses.

(2) ¹Absatz 1 gilt nicht, soweit Tatsachen mitgeteilt werden, die offenkundig sind oder ihrer Bedeutung nach keiner Geheimhaltung bedürfen. ²Eine Verpflichtung, geplante Straftaten anzuzeigen, bleibt von Absatz 1 unberührt.

(3) ¹Ein Mitarbeiter, der vor Gericht oder außergerichtlich über Angelegenheiten, für die Absatz 1 gilt, aussagen oder Erklärungen abgeben soll, bedarf hierfür der Genehmigung. ²Dies gilt auch dann, wenn die Voraussetzungen des § 54 Straf-

Allgemeiner Teil – §§ 5a, 6, 7

prozessordnung (StPO) oder § 376 Zivilprozessordnung (ZPO) nicht erfüllt sind. ³Die Genehmigung erteilt der Dienstgeber oder, wenn das Dienstverhältnis beendet ist, der letzte Dienstgeber. ⁴Hat sich der Vorgang, der den Gegenstand der Äußerung bildet, bei einem früheren Dienstgeber ereignet, darf die Genehmigung nur mit dessen Zustimmung erteilt werden.

(4) ¹Die Genehmigung, als Zeuge auszusagen, soll nur zum Schutz des Seelsorgegeheimnisses versagt werden. ²Ist der Mitarbeiter Partei oder Beschuldigter in einem gerichtlichen Verfahren oder soll sein Vorbringen der Wahrnehmung seiner berechtigten Interessen dienen, darf die Genehmigung auch dann, wenn die Voraussetzungen des Satzes 1 erfüllt sind, nur versagt werden, wenn die dienstlichen Rücksichten dies unabweisbar erfordern. ³Wird sie versagt, ist dem Mitarbeiter der Schutz zu gewähren, den er zur Vertretung seiner Interessen benötigt.

§ 6 Personalakten

Personalakte (1) Für jeden Mitarbeiter ist eine Personalakte zu führen.

Einsicht (2) ¹Der Mitarbeiter hat ein Recht auf Einsicht in seine vollständigen Personalakten. ²Er kann von seinen Personalakten Abschriften verlangen.

Anhörung (3) ¹Der Mitarbeiter muss zu Beschwerden und Behauptungen jeder Art, die für ihn ungünstig sind oder ihm nachteilig werden können, vor Aufnahme in die Personalakten gehört werden. ²Seine Äußerungen sind zu den Personalakten zu nehmen.

§ 7 Einstellung

Dienstvertrag (1) ¹Der Mitarbeiter wird durch den Rechtsträger der Einrichtung (Dienstgeber) oder den von diesem Bevollmächtigten eingestellt. ²Der Dienstvertrag wird vor Dienstbeginn schriftlich unter Verwendung eines Musterdienstvertrages des Deutschen Caritasverbandes abgeschlossen.

³Mehrere Dienstverhältnisse zu demselben Dienstgeber dürfen nur begründet werden, wenn die jeweils übertragenen Tätigkeiten nicht in einem unmittelbaren Sachzusammenhang stehen. ⁴Andernfalls gelten sie als ein Dienstverhältnis.

zusätzliche Vereinbarungen (2) ¹Zusätzliche Vereinbarungen bedürfen zu ihrer Gültigkeit der Schriftform. ²Sie können gesondert gekündigt werden, soweit das in den AVR vorgesehen oder einzelvertraglich vereinbart ist.

ärztliches Zeugnis (3) ¹Die Einstellung setzt die persönliche Eignung und die notwendigen Kenntnisse und Fähigkeiten, in der Regel die erforderliche Fachausbildung, voraus. ²Der Dienstgeber kann die Vorlage eines ärztlichen Zeugnisses von einem Arzt seines Vertrauens verlangen.

Probezeit (4) ¹Die ersten sechs Monate des Dienstverhältnisses sind Probezeit, sofern im Dienstvertrag nicht auf eine Probezeit verzichtet oder eine kürzere Probezeit vereinbart worden ist oder der Mitarbeiter im unmittelbaren Anschluss an ein erfolgreich abgeschlossenes Lehr- oder Ausbildungsverhältnis bei demselben Dienstgeber eingestellt wird. ²Während der Probezeit kann das Dienstverhältnis beiderseits ohne Angabe von Gründen mit einer Frist von einem Monat zum Monatsende schriftlich gekündigt werden.

(5) Bei Antritt des Dienstes ist der Mitarbeiter auf treue und gewissenhafte Erfüllung seines Dienstes und die Einhaltung der Verschwiegenheit zu verpflichten.

§ 8 Ärztliche Untersuchungen während des Dienstverhältnisses

(1) Der Dienstgeber kann bei gegebener Veranlassung durch einen Arzt seines Vertrauens feststellen lassen, ob der Mitarbeiter dienstfähig und/oder frei von ansteckenden Krankheiten ist.

Ärztliches Attest zur Arbeitsfähigkeit

(2) ¹Entstehen dem Mitarbeiter aus vom Dienstgeber angeordneten ärztlichen Untersuchungen Kosten, sind sie vom Dienstgeber zu übernehmen. ²Das Ergebnis der ärztlichen Untersuchung ist dem Mitarbeiter auf seinen Antrag bekannt zu geben.

Kosten

(3) Gesetzliche Vorschriften, die den Mitarbeiter verpflichten oder berechtigen, sich ärztlich untersuchen zu lassen, bleiben unberührt.

Gesetze

§ 9 Versetzung und Abordnung

(1) ¹Der Mitarbeiter kann im Rahmen seiner vertraglich vorgesehenen Tätigkeit aus dienstlichen oder betrieblichen Gründen in eine andere Einrichtung desselben Dienstgebers unter Wahrung des Besitzstandes versetzt oder bis zu sechs Monaten abgeordnet werden. ²Vor der Versetzung oder Abordnung ist der Mitarbeiter zu hören. ³Zu einer Versetzung, die mit der Zuweisung eines anderen dienstlichen Wohnsitzes verbunden ist, ist die Zustimmung des Mitarbeiters erforderlich.

Versetzung Abordnung

(2) Von einer Versetzung oder Abordnung des Mitarbeiters soll Abstand genommen werden, wenn sie ihm aus persönlichen Gründen nicht zumutbar ist (z. B. mit Rücksicht auf seine Familie).

(3) Während der Probezeit (§ 7 Abs. 4) ist eine Versetzung oder Abordnung nur mit Zustimmung des Mitarbeiters zulässig.

(4) Die Zuweisung eines anderen Arbeitsplatzes in derselben Einrichtung ist keine Versetzung oder Abordnung im Sinne der Absätze 1 bis 3.

Zuweisung

§ 9a Arbeitszeit

¹Die Arbeitszeit aller Mitarbeiter bestimmt sich nach den Arbeitszeitregelungen der Anlagen 5 und 30 bis 33 zu den AVR. ²Daneben sind die Überstundenregelungen in den Anlagen 6 und 30 bis 33 zu den AVR und die Bestimmungen über die Zeitzuschläge und die Überstundenvergütung in den Anlagen 6a und 30 bis 33 zu den AVR zu beachten.

Arbeitszeit Anlage 5, 30–33

Überstunden Anlagen 6, 6a, 30–33

§ 9b Arbeitsversäumnis

¹Ein Fernbleiben vom Dienst, soweit es nicht durch Krankheit bedingt ist, bedarf vorheriger Zustimmung des Dienstgebers. ²Wenn die rechtzeitige Einholung der Zustimmung nicht möglich war, hat der Mitarbeiter seinen Dienstvorgesetzten unverzüglich über die Gründe des Fernbleibens zu unterrichten und die nachträgliche Genehmigung einzuholen. ³Bei nichtgenehmigtem Dienstversäumnis

Arbeitszeitversäumnis

kann eine entsprechende Kürzung der Dienstbezüge (Abschnitt II der Anlage 1 zu den AVR) und der in Monatsbeträgen festgelegten Zulagen für die versäumte Zeit oder eine Anrechnung auf den Erholungsurlaub erfolgen, wobei jedoch der gesetzliche Mindesturlaub nicht unterschritten werden darf. [4]Außerdem kann sie die Kündigung des Dienstverhältnisses nach sich ziehen.

§ 10 Arbeitsbefreiung

Grundsatz (1) Persönliche Angelegenheiten hat der Mitarbeiter außerhalb der Arbeitszeit zu erledigen.

Fälle der Arbeitsbefreiung (2) Als Fälle des § 616 BGB, in denen der Mitarbeiter unter Fortzahlung der Dienstbezüge (Abschnitt II der Anlage 1 zu den AVR) und der in Monatsbeiträgen festgelegten Zulagen in nachstehend genanntem Ausmaß von der Arbeit freigestellt wird, gelten nur die folgenden Anlässe:

Umzug	a) Umzug aus dienstlichem oder betrieblichem Grund an einen anderen Ort	1 Arbeitstag
Niederkunft	b) Niederkunft der Ehefrau	1 Arbeitstag
Tod eines Angehörigen	c) Tod des Ehegatten, eines Kindes oder Elternteils	2 Arbeitstage
Eheschließung	d) Kirchliche Eheschließung des Mitarbeiters	1 Arbeitstag
Taufe, Erstkommunion, Firmung	e) Taufe, Erstkommunion, Firmung und entsprechende religiöse Feiern eines Kindes des Mitarbeiters	1 Arbeitstag
	f) Kirchliche Eheschließung eines Kindes des Mitarbeiters	1 Arbeitstag
schwere Erkrankung	g) Schwere Erkrankung	
	aa) eines Angehörigen, soweit er in demselben Haushalt lebt	1 Arbeitstag im Kalenderjahr
	bb) eines Kindes, das das 14. Lebensjahr noch nicht vollendet hat, wenn im laufenden Kalenderjahr kein Anspruch nach § 45 SGB V besteht oder bestanden hat	bis zu vier Arbeitstagen im Kalenderjahr
	cc) einer Betreuungsperson, wenn der Mitarbeiter deshalb die Betreuung seines Kindes, das das 8. Lebensjahr noch nicht vollendet hat oder wegen körperlicher, geistiger oder seelischer Behinderung dauernd pflegebedürftig ist, übernehmen muss.	bis zu vier Arbeitstagen im Kalenderjahr

Eine Freistellung erfolgt nur, soweit eine andere Person zur Pflege oder Betreuung nicht sofort zur Verfügung steht und der Arzt in den Fällen der Doppelbuchstaben aa) und bb) die Notwendigkeit der Anwesenheit des Mitarbeiters zur vorläufigen Pflege bescheinigt. Die Freistellung darf insgesamt fünf Arbeitstage im Kalenderjahr nicht überschreiten.

§ 10 – Allgemeiner Teil

h) Ärztliche Behandlung des Mitarbeiters, wenn diese nach ärztlicher Bescheinigung während der Arbeitszeit erfolgen muss.	erforderliche nachgewiesene Abwesenheitszeit einschließlich erforderlicher Wegezeiten	ärztliche Behandlung

(3) ¹Bei Erfüllung allgemeiner staatsbürgerlicher Pflichten nach deutschem Recht, soweit die Arbeitsbefreiung gesetzlich vorgeschrieben ist und soweit die Pflichten nicht außerhalb der Arbeitszeit, gegebenenfalls nach ihrer Verlegung, wahrgenommen werden können, besteht der Anspruch auf Fortzahlung der Dienstbezüge (Abschnitt II der Anlage 1 zu den AVR) und der in Monatsbeträgen festgelegten Zulagen nur insoweit, als der Mitarbeiter nicht Ansprüche auf Ersatz dieser Bezüge geltend machen kann. ²Die fortgezahlten Bezüge gelten in Höhe des Ersatzanspruchs als Vorschuss auf die Leistungen der Kostenträger. ³Der Mitarbeiter hat den Ersatzanspruch geltend zu machen und die erhaltenen Beträge an den Dienstgeber abzuführen.

staatsbürgerliche Pflichten

(4) Der Dienstgeber kann aus anderen besonderen Anlässen als den in Abs. 2 Buchstaben a bis h genannten Arbeitsbefreiung unter Fortzahlung der Dienstbezüge (Abschnitt II der Anlage 1 zu den AVR) und der in Monatsbeträgen festgelegten Zulagen bis zu drei Tagen gewähren, sofern die dienstlichen und betrieblichen Verhältnisse es zulassen.

besondere Anlässe

(5) Der Mitarbeiter, der im Einverständnis mit dem Dienstgeber an Exerzitien teilnimmt, erhält hierfür im Kalenderjahr bis zu drei Arbeitstage Arbeitsbefreiung unter Fortzahlung der Dienstbezüge (Abschnitt II der Anlage 1 zu den AVR) und der in Monatsbeträgen festgelegten Zulagen.

Exerzitien

(6) ¹Der Mitarbeiter, der im Einverständnis mit dem Dienstgeber an fachlichen Fortbildungskursen teilnimmt, erhält hierfür im Kalenderjahr bis zu fünf Arbeitstage und, wenn er regelmäßig mehr als fünf Arbeitstage in der Woche arbeitet, bis zu sechs Arbeitstage Arbeitsbefreiung unter Fortzahlung der Dienstbezüge (Abschnitt II der Anlage 1 zu den AVR) und der in Monatsbeträgen festgelegten Zulagen.
²Diese ist auf einen gesetzlichen Anspruch auf Bildungsurlaub anzurechnen.

Fortbildungen

Sätze 2 und 3 (RK Ost):
²Für Mitarbeiter im Gebiet der Regionalkommission Ost erhöht sich der Anspruch auf Arbeitsbefreiung um einen weiteren Tag. ³Diese ist auf den gesetzlichen Anspruch auf Bildungsurlaub anzurechnen.

(7) ¹Die Mitglieder der Arbeitsrechtlichen Kommission erhalten für ihre Tätigkeit Arbeitsbefreiung unter Fortzahlung der Dienstbezüge (Abschn. II der Anlage 1 zu den AVR) und der in Monatsbeträgen festgelegten Zulagen. ²Die Mitglieder von Schlichtungsstellen gemäß § 22 AT AVR erhalten für die Teilnahme an deren Verhandlungen und die Mitglieder von Organen der Versorgungseinrichtungen der Mitarbeiter erhalten für die notwendige Dauer der Abwesenheit Arbeitsbefreiung

Mitglieder der AK

unter Fortzahlung der Dienstbezüge (Abschn. II der Anlage 1 zu den AVR) und der in Monatsbeträgen festgelegten Zulagen.

Teilnahme an Prüfungsgremien und Organen der SV

³Zur Teilnahme an Sitzungen von Prüfungs- und von Berufsbildungsausschüssen nach dem Berufsbildungsgesetz sowie für eine Tätigkeit in Organen von Sozialversicherungsträgern kann den Mitgliedern Arbeitsbefreiung unter Fortzahlung der Dienstbezüge (Abschnitt II der Anlage 1 zu den AVR) und der in Monatsbeträgen festgelegten Zulagen gewährt werden, sofern nicht dringende dienstliche oder betriebliche Interessen entgegenstehen.

(8) Soweit in einer diözesanen KODA-Regelung eine Arbeitsbefreiung für die Teilnahme an Tagungen von Vereinigungen im Sinne des Artikels 6 der Grundordnung des kirchlichen Dienstes im Rahmen kirchlicher Arbeitsverhältnisse besteht, hat der Mitarbeiter in einer Einrichtung mit Sitz in dieser Diözese einen Anspruch auf entsprechende Freistellung in demselben Umfang.

Arbeitsbefreiung ohne Dienstbezüge

(9) In begründeten Fällen kann bei Verzicht auf die Dienstbezüge kurzfristige Arbeitsbefreiung gewährt werden, wenn es die dienstlichen und betrieblichen Verhältnisse gestatten.

Anmerkung:
Als Zulagen, die in Monatsbeträgen festgelegt sind, gelten auch Monatspauschalen der in § 2 Abs. 3 der Anlage 14 zu den AVR genannten Bezüge.

§ 10a Fort- und Weiterbildung

Freistellung und Finanzierung der Maßnahme

(1) Wird ein Mitarbeiter auf Veranlassung und im Rahmen der Qualitätssicherung oder des Personalbedarfs des Dienstgebers fort- oder weitergebildet, werden, sofern keine Ansprüche gegen andere Kostenträger bestehen, vom Dienstgeber

a) dem Mitarbeiter, soweit er freigestellt werden muss, für die notwendige Fort- oder Weiterbildungszeit die bisherigen Dienstbezüge (Abschnitt II der Anlage 1 zu den AVR) fortgezahlt und

b) die Kosten der Fort- oder Weiterbildung getragen.

Erstattung der Aufwendungen

(2) ¹Der Mitarbeiter ist verpflichtet, dem Dienstgeber die Aufwendungen für eine Fort- oder Weiterbildung im Sinne des Absatzes 1 zu ersetzen, wenn das Dienstverhältnis auf Wunsch des Mitarbeiters oder aus einem von ihm zu vertretenden Grunde endet. ²Für jeden vollen Monat der Beschäftigung nach dem Ende der Fort- oder Weiterbildung werden 1/36 des Aufwendungsbetrages erlassen.

³Eine Rückzahlungsverpflichtung besteht nicht, wenn die Mitarbeiterin wegen Schwangerschaft oder wegen Niederkunft in den letzten drei Monaten kündigt oder einen Auflösungsvertrag geschlossen hat.

⁴In besonders gelagerten Fällen kann von der Rückzahlungsregelung zugunsten des Mitarbeiters abgewichen werden.

§ 11 Beschäftigungszeit

Beschäftigungszeit

(1) ¹Beschäftigungszeit ist die bei demselben Dienstgeber in einem Dienstverhältnis zurückgelegte Zeit, auch wenn sie unterbrochen worden ist.

²Zeiten einer Teilzeitbeschäftigung werden voll angerechnet.

[3]Ist der Mitarbeiter aus seinem Verschulden oder auf seinen eigenen Wunsch aus dem Dienstverhältnis ausgeschieden, so gelten vor dem Ausscheiden liegende Zeiten nicht als Beschäftigungszeit, es sei denn, dass er das Dienstverhältnis wegen eines mit Sicherheit erwarteten Personalabbaus oder wegen Unfähigkeit zur Fortsetzung der Arbeit infolge einer Körperbeschädigung oder einer in Ausübung oder infolge seiner Arbeit erlittenen Gesundheitsbeschädigung aufgelöst hat oder die Nichtanrechnung der Beschäftigungszeit aus sonstigen Gründen eine unbillige Härte darstellen würde.

(2) [1]Übernimmt ein Dienstgeber eine Einrichtung im Geltungsbereich der AVR oder in einem anderen Tätigkeitsbereich der katholischen Kirche, so werden dem Mitarbeiter die bei der Einrichtung zurückgelegten Zeiten nach Maßgabe des Abs. 1 als Beschäftigungszeit angerechnet. [2]Bei Übernahme einer Einrichtung aus einem anderen Tätigkeitsbereich können die bei dieser Einrichtung zurückgelegten Zeiten ganz oder teilweise als Beschäftigungszeit angerechnet werden, wenn in dieser Einrichtung den AVR entsprechende Regelungen galten.

(3) Bei dem Mitarbeiter, der am 31. Dezember 1987 schon und am 1. Januar 1988 noch in einem Dienstverhältnis gemäß Abs. 1 Satz 1 steht, gilt Abs. 1 Satz 2 in der ab 1. Januar 1988 geltenden Fassung, wenn der Mitarbeiter bis zum 31. Dezember 1989 nachweist, dass aufgrund dieser Vorschrift zusätzliche Beschäftigungszeiten anzurechnen sind.

Übergangsregelung zu § 11 Abs. 1:
Innerhalb des über den 31. März 1991 hinaus fortbestehenden Dienstverhältnisses eines Mitarbeiters bleibt die vor dem 1. April 1991 erreichte Beschäftigungszeit unberührt.

§ 11a   Dienstzeit

(1) [1]Die Dienstzeit umfasst die Beschäftigungszeit und die nach den Absätzen 2 bis 5 anzurechnenden Zeiten einer früheren Beschäftigung, soweit diese nicht schon bei der Berechnung der Beschäftigungszeit berücksichtigt sind. [2]Für die Anrechnung nach den Absätzen 2 bis 5 gilt § 11 Abs. 1 Unterabs. 2 entsprechend.

(2) Anzurechnen sind die Zeiten, die ein Mitarbeiter in einem Dienstverhältnis im Tätigkeitsbereich des Deutschen Caritasverbandes oder eines ihm angeschlossenen Mitgliedes oder in einem anderen Tätigkeitsbereich der katholischen Kirche verbrachte.

(3) [1]Die in Abs. 2 aufgeführten Zeiten werden nicht angerechnet, wenn der Mitarbeiter aus seinem Verschulden oder auf eigenen Wunsch aus dem Dienstverhältnis ausgeschieden ist. [2]Dies gilt nicht, wenn der Mitarbeiter im Anschluss an das bisherige Dienstverhältnis zu einer anderen Einrichtung desselben Dienstgebers oder zu einem anderen Dienstgeber im Tätigkeitsbereich des Deutschen Caritasverbandes oder eines ihm angeschlossenen Mitgliedes oder in einem anderen Tätigkeitsbereich der katholischen Kirche übergetreten ist, oder wenn er das Dienstverhältnis wegen eines mit Sicherheit erwarteten Personalabbaus oder wegen Unfähigkeit zur Fortsetzung der Arbeit infolge einer Körperbeschädigung oder in Ausübung oder infolge seiner Arbeit erlittenen Gesundheitsbeschädigung aufgelöst hat, oder die Nichtanrechnung eine unbillige Härte darstellen würde.

(4) Die Zeit anderer beruflicher Tätigkeiten kann ganz oder teilweise angerechnet werden, wenn die Tätigkeit Voraussetzung für die Einstellung war.

(5) Anzurechnen sind ferner

a) die Zeiten erfüllter Dienstpflicht in der Bundeswehr, Zeiten des zivilen Ersatzdienstes nach dem Gesetz über den zivilen Ersatzdienst und Zeiten des Zivildienstes nach dem Zivildienstgesetz sowie Zeiten einer Tätigkeit als Entwicklungshelfer, soweit diese vom Wehr- oder Zivildienst befreit,

b) die im Soldatenverhältnis in der Bundeswehr zurückgelegten Zeiten, soweit sie nicht nach Buchstabe a anzurechnen sind; Abs. 3 Sätze 1 und 2 sind sinngemäß anzuwenden.

Anmerkung:
Der Tätigkeit im Bereich der katholischen Kirche im Sinne von § 11a steht gleich eine Tätigkeit in der evangelischen Kirche, in einem Diakonischen Werk oder in einer Einrichtung, die dem Diakonischen Werk angeschlossen ist.

Übergangsregelung zu § 11a:
Innerhalb des über den 31. März 1991 hinaus fortbestehenden Dienstverhältnisses eines Mitarbeiters bleibt die vor dem 1. April 1991 erreichte Dienstzeit unberührt.

§ 11b Ausschlussfrist zu § 11 und § 11a

[1]Der Mitarbeiter hat die anrechnungsfähigen Beschäftigungs- und Dienstzeiten innerhalb einer Ausschlussfrist von drei Monaten nach Aufforderung durch den Dienstgeber nachzuweisen. [2]Zeiten, für die der Nachweis nicht fristgemäß erbracht wird, werden nicht angerechnet. [3]Kann der Nachweis aus einem vom Mitarbeiter nicht zu vertretenden Grunde innerhalb der Ausschlussfrist nicht erbracht werden, so ist die Frist auf einen vor Ablauf der Ausschlussfrist zu stellenden Antrag zu verlängern.

§ 12 Dienstbezüge

Dienstbezüge Anlage 1 — Die Dienstbezüge bestimmen sich nach dem Abschnitt II der Anlage 1 zu den AVR.

§ 12a Fürsorge bei Krankheit

Krankenbezüge Anlage 1 — Wer durch Krankheit oder Unfall dienstunfähig wird, erhält Krankenbezüge nach Maßgabe der Anlage 1 zu den AVR.

§ 13 Erholungsurlaub

Erholungsurlaub Anlage 14 — Die Ansprüche der Mitarbeiter auf Erholungsurlaub, Urlaubsgeld und Sonderurlaub regeln sich nach Anlage 14 zu den AVR.

§ 14 Ordentliche Kündigung

ordentliche Kündbarkeit — (1) Befristete und unbefristete Dienstverhältnisse können von beiden Vertragsparteien ordentlich gekündigt werden.

(2) Die Kündigungsfrist beträgt für den Dienstgeber und den Mitarbeiter in den ersten zwölf Monaten des Dienstverhältnisses einen Monat zum Monatsschluss. Darüber hinaus beträgt sie für den Dienstgeber und Mitarbeiter bei einer Beschäftigungszeit

a) bis zu fünf Jahren	6 Wochen
b) von mindestens fünf Jahren	3 Monate
c) von mindestens acht Jahren	4 Monate
d) von mindestens zehn Jahren	5 Monate
e) von mindestens zwölf Jahren	6 Monate

zum Schluss des Kalendervierteljahres.

(3) (entfällt)

(4) ¹Kündigt der Dienstgeber das Dienstverhältnis und bietet er dem Mitarbeiter die Fortsetzung des Dienstverhältnisses zu geänderten Arbeitsbedingungen an (Änderungskündigung), so finden die Kündigungsfristen nach Abs. 2 und Abs. 3 uneingeschränkt Anwendung. ²Der Mitarbeiter kann eine Änderungskündigung unter dem Vorbehalt annehmen, dass die Änderung der Arbeitsbedingungen nicht sozial ungerechtfertigt ist. ³Diesen Vorbehalt muss der Mitarbeiter dem Dienstgeber innerhalb der Kündigungsfrist, spätestens jedoch innerhalb von drei Wochen nach Zugang der Änderungskündigung schriftlich erklären. ⁴Der Vorbehalt erlischt, wenn der Mitarbeiter nicht fristgerecht das Arbeitsgericht anruft.

(5) Nach einer Beschäftigungszeit (§ 11) von 15 Jahren bei demselben Dienstgeber, frühestens jedoch nach dem vollendeten 40. Lebensjahr des Mitarbeiters, ist eine ordentliche Kündigung durch den Dienstgeber ausgeschlossen, soweit nicht § 15 etwas anderes bestimmt.

§ 15 Sonderregelung für unkündbare Mitarbeiter

(1) Dem grundsätzlich unkündbaren Mitarbeiter kann vom Dienstgeber außer nach § 16 Abs. 2 gekündigt werden, wenn der Mitarbeiter nicht weiterbeschäftigt werden kann, weil die Einrichtung, in der er tätig ist,

a) wesentlich eingeschränkt oder

b) aufgelöst wird.

(2) ¹Liegen keine Kündigungsgründe nach § 15 Abs. 1 oder § 16 Abs. 2 vor, ist dem Dienstgeber eine Kündigung des Dienstverhältnisses aus anderen Gründen nicht gestattet. ²Der Dienstgeber kann jedoch beim Vorliegen sonstiger wichtiger Gründe das Dienstverhältnis zum Zwecke der Herabgruppierung des Mitarbeiters um eine Vergütungs- bzw. Entgeltgruppe kündigen. ³Sonstige wichtige Gründe sind dann gegeben, wenn eine Weiterbeschäftigung des Mitarbeiters zu den bisherigen Vertragsbedingungen aus dienstlichen Gründen nachweisbar nicht möglich ist oder der Mitarbeiter dauernd außerstande ist, diejenigen Arbeitsleistungen zu erbringen, die er nach seinem Dienstvertrag zu erbringen hat und die nachweislich für die Einstufung in seine Vergütungs- bzw. Entgeltgruppe maßgebend sind.

Allgemeiner Teil – §§ 15, 16

Unkündbarkeit (Leistungsminderung)

(3) ¹Eine Kündigung nach den Bestimmungen des Abs. 1 Buchstabe a und Abs. 2 ist ausgeschlossen, wenn bei dem Mitarbeiter eine Leistungsminderung eingetreten ist, die durch einen Arbeitsunfall oder eine anerkannte Berufskrankheit im Sinne der §§ 8 und 9 SGB VII verursacht wurde, sofern die Leistungsminderung nicht auf einer vorsätzlichen oder grobfahrlässigen Handlung oder Unterlassung des Mitarbeiters beruht. ²Eine Kündigung ist auch dann ausgeschlossen, wenn eine Leistungsminderung auf einer durch langjährige Beschäftigung verursachten Abnahme der körperlichen oder geistigen Kräfte und Fähigkeiten nach einer Beschäftigungszeit (§ 11) von mindestens 20 Jahren beruht und der Mitarbeiter das 55. Lebensjahr vollendet hat.

Unkündbarkeit (Fristen)

(4) ¹Die Kündigung eines grundsätzlich unkündbaren Mitarbeiters (§ 14 Abs. 5) nach den Bestimmungen des § 15 ist nur mit einer Frist von sechs Monaten zum Schluss eines Kalendervierteljahres zulässig. ²Lehnt der Mitarbeiter die Fortsetzung des Dienstverhältnisses zu den ihm angebotenen geänderten Vertragsbedingungen ab, so gilt das Dienstverhältnis mit Ablauf der Kündigungsfrist als vertragsgemäß aufgelöst (§ 19 Abs. 2).

§ 16   Außerordentliche Kündigung

außerordentliche Kündbarkeit

(1) ¹Beim Vorliegen eines wichtigen Grundes im Sinne des § 626 BGB kann das Dienstverhältnis von beiden Vertragsparteien ohne Einhaltung einer Kündigungsfrist gekündigt werden. ²Ein wichtiger Grund liegt insbesondere vor bei Vertrauensbrüchen oder groben Achtungsverletzungen gegenüber Angehörigen der Dienstgemeinschaft, leitenden Personen oder wesentlichen Einrichtungen der Katholischen Kirche, bei schweren Vergehen gegen die Sittengesetze der Kirche oder die staatliche Rechtsordnung oder bei sonstigen groben Verletzungen der sich aus den AVR ergebenden Dienstpflichten.

wichtiger Grund

³Eine Kündigung des Dienstverhältnisses aus wichtigem Grund ist zulässig, wenn Tatsachen vorliegen, aufgrund derer dem Kündigenden unter Berücksichtigung aller Umstände des Einzelfalles und unter Abwägung der Interessen des Dienstgebers und des Mitarbeiters die Fortsetzung des Dienstverhältnisses bis zum Ablauf der Kündigungsfrist (§ 14) oder bis zu der vereinbarten Beendigung des Dienstverhältnisses (§ 19 Abs. 1, 3 und 4) nicht zugemutet werden kann.

⁴Die Kündigung kann nur innerhalb von zwei Wochen erfolgen. ⁵Die Frist beginnt mit dem Zeitpunkt, in dem der Kündigungsberechtigte von den für die Kündigung maßgebenden Tatsachen Kenntnis erlangt. ⁶Der Kündigende muss dem anderen Teil auf Verlangen den Kündigungsgrund unverzüglich schriftlich mitteilen.

Unkündbarkeit (Gründe in der Person / im Verhalten)

(2) Einem Mitarbeiter, dem gegenüber nach § 14 Abs. 5 die ordentliche Kündigung grundsätzlich ausgeschlossen ist, kann aus einem in seiner Person oder in seinem Verhalten liegenden wichtigen Grunde fristlos gekündigt werden.

Kündigung ohne Einhaltung einer Kündigungsfrist

(3) ¹Das Dienstverhältnis nach § 16e SGB II kann gemäß § 16e Abs. 8 SGB II in den dort genannten Fällen von beiden Vertragsparteien ohne Einhaltung einer Kündigungsfrist gekündigt werden. ²Absatz 1 Unterabsatz 3 findet entsprechend Anwendung.

§ 17 Schriftform der Kündigung

¹Kündigungen bedürfen zu ihrer Wirksamkeit der Schriftform. ²Kündigt der Dienstgeber das Dienstverhältnis nach Ablauf der Probezeit (§ 7 Abs. 4), soll er in dem Kündigungsschreiben den Kündigungsgrund angeben.

§ 18 Beendigung des Dienstverhältnisses wegen verminderter Erwerbsfähigkeit

(1) ¹Wird durch den Bescheid eines Rentenversicherungsträgers festgestellt, dass der Mitarbeiter erwerbsgemindert ist, so endet das Dienstverhältnis mit Ablauf des Monats, in dem der Bescheid zugestellt wird, sofern der Mitarbeiter eine außerhalb der gesetzlichen Rentenversicherung bestehende Versorgung durch den Dienstgeber oder durch eine Versorgungseinrichtung erhält, zu der der Dienstgeber Mittel beigesteuert hat. ²Beginnt die Rente wegen verminderter Erwerbsfähigkeit erst nach Zustellung des Rentenbescheides, endet das Dienstverhältnis mit Ablauf des dem Rentenbeginn vorangehenden Tages. ³Der Mitarbeiter hat den Dienstgeber von der Zustellung des Rentenbescheides unverzüglich zu unterrichten. ⁴Verzögert der Mitarbeiter schuldhaft den Rentenantrag oder bezieht er Altersrente nach § 236 oder § 236a SGB VI oder ist er nicht in der gesetzlichen Rentenversicherung versichert, so tritt anstelle des Bescheides des Rentenversicherungsträgers das Gutachten eines Amtsarztes. ⁵Das Dienstverhältnis endet in diesem Falle mit Ablauf des Monats, in dem dem Mitarbeiter das Gutachten bekannt gegeben worden ist.

Erwerbsminderung mit Zusatzversorgung

(2) ¹Erhält der Mitarbeiter keine außerhalb der gesetzlichen Rentenversicherung bestehende Versorgung durch den Dienstgeber oder durch eine Versorgungseinrichtung, zu der der Dienstgeber Mittel beigesteuert hat, so endet das Dienstverhältnis des kündbaren Mitarbeiters nach Ablauf der für ihn geltenden Kündigungsfrist, des unkündbaren Mitarbeiters (§ 14 Abs. 5) nach Ablauf einer Frist von sechs Monaten zum Schluss eines Kalendervierteljahres. ²Die Fristen beginnen mit der Zustellung des Rentenbescheides bzw. mit der Bekanntgabe des Gutachtens des Amtsarztes an den Mitarbeiter. ³Der Mitarbeiter hat den Dienstgeber von der Zustellung des Rentenbescheides unverzüglich zu unterrichten. ⁴Beginnt die Rente wegen verminderter Erwerbsfähigkeit erst nach der Zustellung des Rentenbescheides, beginnen die Fristen mit Ablauf des dem Rentenbeginn vorangehenden Tages.

Erwerbsminderung ohne Zusatzversorgung

(3) Das Dienstverhältnis endet bzw. ruht nicht, wenn der Mitarbeiter, der nur teilweise erwerbsgemindert ist, nach seinem vom Rentenversicherungsträger festgestellten Leistungsvermögen an seinem bisherigen oder einem anderen geeigneten und freien Arbeitsplatz weiterbeschäftigt werden könnte, soweit dringende dienstliche bzw. betriebliche Gründe nicht entgegenstehen und der Mitarbeiter innerhalb von zwei Wochen nach Zugang des Rentenbescheides seine Weiterbeschäftigung schriftlich beantragt.

teilweise Erwerbsminderung und Weiterbeschäftigung

(4) ¹Das Dienstverhältnis endet nicht, wenn nach dem Bescheid des Rentenversicherungsträgers eine befristete Rente wegen verminderter Erwerbsfähigkeit gewährt wird. ²In diesem Falle ruht das Dienstverhältnis mit allen Rechten und Pflichten von dem Tage an, der auf den nach Abs. 1 oder 2 maßgebenden Zeitpunkt folgt,

befristete Renten

bis zum Ablauf des Tages, bis zu dem die befristete Rente bewilligt ist, längstens jedoch bis zum Ablauf des Tages, an dem das Dienstverhältnis endet.

Schwerbehinderung (5) Liegt bei einem Mitarbeiter, der schwerbehindert im Sinne des Neunten Sozialgesetzbuches (SGB IX) ist, in dem Zeitpunkt, in dem nach den Abs. 1 und 2 das Dienstverhältnis wegen verminderter Erwerbsfähigkeit endet, die nach § 92 des SGB IX erforderliche Zustimmung des Integrationsamtes noch nicht vor, endet das Dienstverhältnis mit Ablauf des Tages der Zustellung des Zustimmungsbescheides des Integrationsamtes.

§ 19 Sonstige Beendigung des Dienstverhältnisses

Befristung (1) Befristete Dienstverhältnisse enden ohne Kündigung mit Ablauf des Zeitraumes, für den sie eingegangen sind, sofern nicht vorher eine Vertragsverlängerung schriftlich vereinbart worden ist.

Auflösungsvertrag (2) ¹Das Dienstverhältnis kann im gegenseitigen Einverständnis jederzeit durch einen Auflösungsvertrag beendigt werden.

²Bei Eintritt des Versicherungsfalls in der gesetzlichen Rentenversicherung vor Vollendung des gesetzlich festgelegten Alters zum Erreichen einer abschlagsfreien Regelaltersrente soll das Dienstverhältnis mit dem Ablauf des vorherigen Tages durch Abschluss eines Auflösungsvertrages beendet werden. ³Der Mitarbeiter soll dem Dienstgeber rechtzeitig die Antragstellung anzeigen.

Erreichen der abschlagsfreien Regelaltersrente (3) Das Dienstverhältnis endet ohne Kündigung mit Ende des Monats, in dem der Mitarbeiter das gesetzlich festgelegte Alter zum Erreichen einer abschlagsfreien Regelaltersrente vollendet.

Pflichtmitgliedschaft Versorgungswerke Ärzte (4) ¹Bei Ärzten, die Pflichtmitglieder der Baden-Württembergischen Versorgungsanstalt für Ärzte, Zahnärzte und Tierärzte, der Sächsischen Ärzteversorgung, der Versorgungseinrichtung der Bezirksärztekammer Trier oder der Ärzteversorgung Westfalen-Lippe sind, endet das Arbeitsverhältnis abweichend von § 19 Abs. 3 mit Erreichen der für das jeweilige ärztliche Versorgungswerk nach dem Stand vom 1. März 2013 geltenden Altersgrenze für eine abschlagsfreie Altersrente, sofern dies zu einem späteren Zeitpunkt als nach § 19 Abs. 3 erfolgt. ²Nach dem 1. März 2013 wirksam werdende Änderungen der satzungsmäßigen Bestimmungen der in Satz 1 genannten Versorgungswerke im Hinblick auf das Erreichen der Altersgrenze für eine abschlagsfreie Altersrente sind nur dann maßgeblich, wenn die sich daraus ergebende Altersgrenze mit der gesetzlich festgelegten Altersgrenze zum Erreichen einer abschlagsfreien Regelaltersrente übereinstimmt.

ausnahmsweise Weiterbeschäftigung (5) ¹Bei einer ausnahmsweisen Beschäftigung des Mitarbeiters über den in Abs. 3 genannten Termin hinaus ist ein neuer schriftlicher Dienstvertrag abzuschließen. ²Das Dienstverhältnis kann jederzeit mit einer Frist von vier Wochen zum Ende eines Monats gekündigt werden, wenn im Dienstvertrag keine anderweitige Vereinbarung getroffen ist. ³Dieser Dienstvertrag kann auch befristet abgeschlossen werden.

(6) Abs. 4 Sätze 2 und 3 gelten entsprechend für Mitarbeiter, die nach Vollendung des gesetzlich festgelegten Alters zum Erreichen einer abschlagsfreien Regelaltersrente eingestellt werden.

§ 20 Zeugnis

¹Jeder Mitarbeiter hat nach Beendigung des Dienstverhältnisses Anspruch auf Ausstellung eines Zeugnisses durch den Dienstgeber oder seinen Bevollmächtigten. ²Er kann in begründeten Fällen ein vorläufiges Zeugnis verlangen.

Zeugnis
Zwischenzeugnis

§ 21 Schutzkleidung, Dienstkleidung

(1) ¹Soweit das Tragen von Schutzkleidung gesetzlich vorgeschrieben oder vom Dienstgeber angeordnet ist, wird sie unentgeltlich gestellt. ²Sie bleibt Eigentum des Dienstgebers.

Schutzkleidung

(2) ¹Soweit das Tragen von Dienstkleidung vom Dienstgeber angeordnet ist, wird sie unentgeltlich gestellt. ²Sie bleibt Eigentum des Dienstgebers.

Dienstkleidung

(3) Die Reinigung der Schutzkleidung und der Dienstkleidung erfolgt auf Kosten der Einrichtung.

Reinigung

§ 22 Schlichtungsverfahren

(1) Dienstgeber und Mitarbeiter sind verpflichtet, bei Meinungsverschiedenheiten, die sich bei der Anwendung der AVR oder aus dem Dienstverhältnis ergeben, zunächst die bei dem zuständigen Diözesancaritasverband errichtete Schlichtungsstelle anzurufen, der es obliegt, aufgetretene Streitfälle zu schlichten.

diözesane Schlichtungsstelle

(2) ¹Die Schlichtungsstelle kann Fragen von grundsätzlicher Bedeutung der beim Deutschen Caritasverband errichteten Zentralen Schlichtungsstelle zur Begutachtung vorlegen. ²Die Zentrale Schlichtungsstelle ist unmittelbar zuständig für solche Meinungsverschiedenheiten, an denen ein Diözesancaritasverband beteiligt ist.

Zentrale Schlichtungsstelle

(3) Bei Meinungsverschiedenheiten zwischen Dienstgeber und einem Mitarbeiter der Zentrale des Deutschen Caritasverbandes wird unter Vermittlung des Erzbischofs von Freiburg eine besondere Schlichtungsstelle gebildet.

(4) Die Behandlung eines Falles vor der Schlichtungsstelle schließt die fristgerechte Anrufung des Arbeitsgerichtes nicht aus.

Arbeitsgericht

§ 23 Ausschlussfrist

(1) Ansprüche aus dem Dienstverhältnis verfallen, wenn sie nicht innerhalb einer Ausschlussfrist von sechs Monaten nach Fälligkeit vom Mitarbeiter oder vom Dienstgeber schriftlich geltend gemacht werden, soweit die AVR nichts anderes bestimmen.

Ausschlussfrist

(2) Für denselben Sachverhalt reicht die einmalige Geltendmachung des Anspruches aus, um die Ausschlussfrist auch für später fällig werdende Leistungen unwirksam zu machen.

Anlage 1: Vergütungsregelung

I	Eingruppierung	29
Ia	Anrechnung von Zeiten auf die Zeit einer Bewährung, Tätigkeit, Berufstätigkeit oder Berufsausübung auf die in den Tätigkeitsmerkmalen der Anlagen 2 bis 2d geforderten Zeiten	29
Ib	Vorübergehende Ausübung einer höherwertigen Tätigkeit	31
Ic	Eingruppierung bei nicht erfüllter Ausbildungsvoraussetzung	32
II	Dienstbezüge	32
IIa	Dienstbezüge teilzeitbeschäftigter Mitarbeiter	32
IIb	Nebenberuflich geringfügig Beschäftigte	33
III	Regelvergütung	33
IIIa	(RK Mitte) – Einmalzahlung 2014	39
IIIa	(RK Bayern) – Einmalzahlung 2014	39
IIIb	(RK Mitte) – Einmalzahlung 2015	39
IV	(RK Mitte/Bayern) – Dozenten und Lehrkräfte	40
IV	(RK Nord) – Dozenten und Lehrkräfte	40
IV	(RK BW/NRW) – Dozenten und Lehrkräfte	40
IV	(RK Ost) – Dozenten und Lehrkräfte	40
V	(RK Nord/NRW/Mitte/BW/Bayern) – Kinderzulage	41
V	(RK Ost) – Kinderzulage	44
VI	(derzeit nicht besetzt)	
VII	Wechselschicht- und Schichtzulage	50
VIIa	Heim- und Werkstattzulage	50
VIII	Sonstige Zulagen	51
VIIIa	Besondere Zulage	53
IX	Sachbezüge	53
IXa	Werkdienstwohnungen	53
X	Zusatzbestimmungen zu den Bezügen	54
XI	Vergütung für Sonderleistungen der Mitarbeiter	56
XII	Krankenbezüge	57
XIIa	Anzeige- und Nachweispflichten	60
XIIb	Forderungsübergang bei Dritthaftung	61
XIII	Zusätzliche Altersversorgung	61
XIV	Weihnachtszuwendung	62

(a) Anspruchsvoraussetzungen 62
(b) Anteilige Weihnachtszuwendung 62
(c) Rückzahlungsverpflichtung 63
(d) Höhe der Weihnachtszuwendung 63
(e) Gekürzte Weihnachtszuwendung 64
(f) Zahlung der Weihnachtszuwendung 64
(g) Anrechnung von Leistungen 65

XV Zuwendungen im Todesfall 66

I Eingruppierung

(a) ¹Die Eingruppierung des Mitarbeiters richtet sich nach den Tätigkeitsmerkmalen der Anlagen 2, 2a, 2b, 2c, 2d, 30, 31, 32 und 33 zu den AVR. ²Der Mitarbeiter erhält Vergütung nach der Vergütungs- bzw. Entgeltgruppe, in die er eingruppiert ist.

Tätigkeitsmerkmale siehe Anlagen 2, 2a-d

(b) ¹Der Mitarbeiter ist in die Vergütungs- bzw. Entgeltgruppe eingruppiert, deren Tätigkeitsmerkmale der gesamten von ihm nicht nur vorübergehend auszuübenden Tätigkeit entspricht.

Eingruppierungsautomatik

²Die gesamte auszuübende Tätigkeit entspricht den Tätigkeitsmerkmalen einer Vergütungs- bzw. Entgeltgruppe, wenn zeitlich mindestens zur Hälfte Arbeitsvorgänge anfallen, die für sich genommen die Anforderungen eines Tätigkeitsmerkmals oder mehrerer Tätigkeitsmerkmale dieser Vergütungs- bzw. Entgeltgruppe erfüllen. ³Kann die Erfüllung einer Anforderung in der Regel erst bei der Betrachtung mehrerer Arbeitsvorgänge festgestellt werden (z.B. vielseitige Fachkenntnisse), sind diese Arbeitsvorgänge für die Feststellung, ob diese Anforderung erfüllt ist, insoweit zusammen zu beurteilen.

„gesamte auszuübende Tätigkeit"

⁴Werden in einem Tätigkeitsmerkmal mehrere Anforderungen gestellt, gilt das in Unterabsatz 2 Satz 1 bestimmte Maß, ebenfalls bezogen auf die gesamte auszuübende Tätigkeit, für jede Anforderung.

⁵Ist in einem Tätigkeitsmerkmal ein von Unterabsatz 2 oder 3 abweichendes zeitliches Maß bestimmt, gilt dieses.

⁶Ist in einem Tätigkeitsmerkmal als Anforderung eine Voraussetzung in der Person des Mitarbeiters bestimmt, muss auch diese Anforderung erfüllt sein.

(c) Tätigkeitskombinationen, die in den Anlagen 2, 2a, 2b, 2c, 2d, 30, 31, 32 und 33 zu den AVR genannt sind, gelten als ein Tätigkeitsmerkmal, mit der Maßgabe, dass in diesen Fällen nicht nach Abs. b Unterabs. 2 zu prüfen ist, welche der kombinierten Tätigkeiten überwiegt.

Tätigkeitskombinationen

(d) Die Vergütungs- bzw. Entgeltgruppe des Mitarbeiters ist im Dienstvertrag anzugeben.

Angabe im Dienstvertrag

Ia Anrechnung von Zeiten auf die Zeit einer Bewährung, Tätigkeit, Berufstätigkeit oder Berufsausübung auf die in den Tätigkeitsmerkmalen der Anlagen 2 bis 2d geforderten Zeiten

Ist in einem Tätigkeitsmerkmal die Eingruppierung oder die Zahlung einer Vergütungsgruppenzulage bzw. Zulage von der Zurücklegung einer Zeit der Bewäh-

Anlage 1 – Ia

rung, Tätigkeit, Berufstätigkeit oder Berufsausübung abhängig, erfolgt die Anrechnung der Zeit nach folgenden Grundsätzen:

Anrechnung von Teilzeitbeschäftigung

(a) Zeiten einer Teilzeitbeschäftigung werden auf die im Tätigkeitsmerkmal geforderten Zeiten entsprechend ihrer Bezeichnung voll angerechnet.

Unterbrechungen möglich

(b) ¹Zeiten einer Bewährung, Tätigkeit, Berufstätigkeit oder Berufsausübung müssen nicht ununterbrochen zurückgelegt sein. ²Die Zeiten einer Unterbrechung sind jedoch nicht auf die im Tätigkeitsmerkmal geforderten Zeiten der Bewährung, Tätigkeit, Berufstätigkeit oder Berufsausübung anzurechnen.

Anrechnung von Unterbrechungszeiten

(c) ¹Folgende Zeiten einer Unterbrechung sind auf die im Tätigkeitsmerkmal geforderten Zeiten anzurechnen: Zeiten eines Urlaubs nach den §§ 3 und 4 der Anlage 14 zu den AVR, des § 10 Abs. 3 der Anlage 14 zu den AVR in der bis zum 31. Dezember 1995 gültigen Fassung und nach dem Neunten Sozialgesetzbuch, Zeiten einer Dienstbefreiung nach § 10 Abs. 2 und 3 AT, Zeiten einer Freistellung zur Fort- und Weiterbildung nach § 10a AT, Zeiten einer Dienstunfähigkeit nach Abschnitt XII Abs. b der Anlage 1 zu den AVR bis zu 26 Wochen, in den Fällen des Abschnitts XII Abs. d Unterabs. 3 der Anlage 1 zu den AVR bis zu 28 Wochen und Zeiten der Beschäftigungsverbote nach § 3 Abs. 2 und § 6 Abs. 1 des Mutterschutzgesetzes.

²Betragen die Zeiten der Dienstunfähigkeit oder der Beschäftigungsverbote nach dem Mutterschutzgesetz mehr als ein Viertel der im Tätigkeitsmerkmal geforderten Zeiten der Bewährung, Tätigkeit, Berufstätigkeit oder Berufsausübung, sind diese Zeiten nicht anzurechnen.

Erfüllung der Bewährungszeit

(d) ¹Ist in einem Tätigkeitsmerkmal die Eingruppierung von der Erfüllung einer Bewährungszeit abhängig, so ist das Erfordernis der Bewährung erfüllt, wenn sich der Mitarbeiter während der vorgeschriebenen Bewährungszeit den in der ihm übertragenen Tätigkeit auftretenden Anforderungen gewachsen gezeigt hat. ²Die Anforderungen ergeben sich aus dem Tätigkeitsmerkmal, dessen Voraussetzungen die dem Mitarbeiter übertragene Tätigkeit erfüllt und die der Vergütungsgruppe entspricht, in die der Mitarbeiter eingruppiert ist.

Anrechnung von Zeiten im Geltungsbereich der AVR

(e) Auf die im Tätigkeitsmerkmal geforderten Zeiten der Bewährung, Berufstätigkeit oder Berufsausübung sind alle im Geltungsbereich der AVR verbrachten Zeiten in dem für das Aufrücken jeweils maßgebenden Tätigkeitsmerkmal zusammenzurechnen.

und vergleichbaren Vergütungssystemen im kirchlichen Bereich

(f) Dies gilt auch für Zeiten, die bei vergleichbarer Tätigkeit und entsprechender Eingruppierung in einem den AVR vergleichbaren Vergütungssystem im sonstigen Tätigkeitsbereich der katholischen Kirche, der evangelischen Kirche, in einem Diakonischen Werk oder in einer Einrichtung, die dem Diakonischen Werk angeschlossen ist, verbracht worden sind.

außerhalb verbrachte Berufsjahre

(g) Außerhalb der genannten Bereiche verbrachte Berufsjahre können bei vergleichbarer Tätigkeit und entsprechender Eingruppierung auf die vorgenannten Zeiten entsprechend ihrer Benennung angerechnet werden.

anderweitige berufliche Tätigkeiten

(h) Eine anderweitige berufliche Tätigkeit kann ganz oder teilweise angerechnet werden, wenn die Tätigkeit Voraussetzung für die Einstellung war und dies im Dienstvertrag vereinbart wird.

(i) ¹Der Mitarbeiter ist nach Ablauf der im Tätigkeitsmerkmal geforderten Zeit einer Bewährung, Tätigkeit, Berufstätigkeit oder Berufsausübung höhergruppiert. ²Die sich aus der Höhergruppierung ergebende Vergütung erhält der Mitarbeiter vom Beginn des Monats an, in dem die Höhergruppierung wirksam wird.

Anmerkung zu Abs. a:
¹Für die Dauer des über den 30. November 1994 hinaus bestehenden Dienstverhältnisses bleiben die vor dem 1. Dezember 1994 erreichten Zeiten einer Bewährung, Tätigkeit, Berufstätigkeit oder Berufsausübung unberührt. ²Abweichend von Satz 1 werden auf Antrag des Mitarbeiters Zeiten einer Bewährung, Tätigkeit, Berufstätigkeit oder Berufsausübung in der ab 1. Dezember 1994 geltenden Fassung ab 1. Dezember 1994 berücksichtigt, wenn dies für die Mitarbeiter günstiger ist. ³Der Antrag ist spätestens bis zum 30. Juni 1995 schriftlich zu stellen. ⁴Ansprüche, die vom Dienstgeber anerkannt worden sind, bleiben unberührt; Ansprüche, die schriftlich geltend gemacht worden sind oder nach dem 30. November 1994 geltend gemacht werden, sind gemäß § 23 AT zu erfüllen.

Ib Vorübergehende Ausübung einer höherwertigen Tätigkeit

(a) ¹Wird dem Mitarbeiter vorübergehend eine andere Tätigkeit übertragen, die den Tätigkeitsmerkmalen einer höheren als seiner Vergütungs- bzw. Entgeltgruppe entspricht, und hat er sie mindestens einen Monat ausgeübt, erhält er für den Kalendermonat, in dem er mit der ihm übertragenen Tätigkeit begonnen hat, und für jeden folgenden vollen Kalendermonat dieser Tätigkeit eine persönliche Zulage.
²Wird dem Mitarbeiter vertretungsweise eine andere Tätigkeit übertragen, die dem Tätigkeitsmerkmal einer höheren als seiner Vergütungs- bzw. Entgeltgruppe entspricht und hat die Vertretung länger als drei Monate gedauert, erhält er nach Ablauf dieser Frist eine persönliche Zulage für den letzten Kalendermonat der Frist und für jeden folgenden vollen Kalendermonat der weiteren Vertretung.
³Bei der Berechnung der Frist sind bei mehreren Vertretungen Unterbrechungen von weniger als jeweils drei Wochen unschädlich. ⁴Auf die Frist von drei Monaten sind Zeiten der Ausübung einer höherwertigen Tätigkeit nach Unterabs. 1 anzurechnen, wenn die Vertretung sich unmittelbar anschließt oder zwischen der Beendigung der höherwertigen Tätigkeit und der Aufnahme der Vertretung ein Zeitraum von weniger als drei Wochen liegt.

(b) Die persönliche Zulage bemisst sich aus dem Unterschied zwischen den Dienstbezügen (Abschnitt II), die dem Mitarbeiter bei einer Höhergruppierung in die höhere Vergütungs- bzw. Entgeltgruppe zustehen würde, und den Dienstbezügen (Abschnitt II), die ihm in der Vergütungs- bzw. Entgeltgruppe zustehen, in die er eingruppiert ist.

(c) Zeiten, in denen die vorübergehend auszuübende Tätigkeit den Tätigkeitsmerkmalen einer höheren Vergütungs- bzw. Entgeltgruppe entspricht als der, in der der Mitarbeiter eingruppiert ist und für die der Mitarbeiter eine persönliche Zulage erhält, werden bei einem Aufrücken aus der höheren Vergütungs- bzw. Entgeltgruppe in die Aufstiegsvergütungsgruppe angerechnet.

Ic   Eingruppierung bei nicht erfüllter Ausbildungsvoraussetzung

Niedrigere Eingruppierung bei fehlender Ausbildung

Wird für die Eingruppierung eines Mitarbeiters in eine Vergütungs- bzw. Entgeltgruppe eine bestimmte Ausbildung vorausgesetzt und übt er die Tätigkeit dieser Vergütungs- bzw. Entgeltgruppe aus, ohne die Ausbildungsvoraussetzung hierfür zu erfüllen, so ist er bei der Einstellung (Abschnitt I der Anlage 1 zu den AVR) bzw. bei einer Höhergruppierung (Abschnitt Ia der Anlage 1 zu den AVR) eine Vergütungs- bzw. Entgeltgruppe niedriger als im Vergütungsgruppenverzeichnis (Anlagen 2, 2a, 2b, 2c, 2d, 31 oder 32 zu den AVR) vorgeschrieben, eingruppiert, sofern im Einzelfall nichts anderes bestimmt ist.

II   Dienstbezüge

¹Die dem Mitarbeiter monatlich zu gewährenden Dienstbezüge bestehen aus:
1. der Regelvergütung (Abschnitt III),
2. der Kinderzulage (Abschnitt V),
3. den sonstigen Zulagen (Abschnitt VIII).

²Abweichend von Unterabsatz 1 Nr. 1 und Nr. 2 bestehen die Dienstbezüge von Mitarbeitern, die von den Anlagen 30, 31, 32 und 33 zu den AVR erfasst werden, aus den in § 13 der Anlage 30 zu den AVR, in § 12 der Anlage 31 zu den AVR, in § 12 der Anlage 32 zu den AVR und in § 12 der Anlage 33 zu den AVR genannten Tabellenentgelten.

IIa   Dienstbezüge teilzeitbeschäftigter Mitarbeiter

anteilige Dienstbezüge entsprechend der vereinbarten durchschnittlichen Arbeitszeit

(a) ¹Teilzeitbeschäftigte Mitarbeiter erhalten von den Dienstbezügen, die für entsprechende Vollbeschäftigte festgelegt sind, den Teil, der dem Maß der mit ihnen vereinbarten durchschnittlichen Arbeitszeit entspricht. ²Arbeitsstunden, die der Mitarbeiter darüber hinaus leistet, können durch entsprechende Freizeit unter Fortzahlung der Dienstbezüge und der in Monatsbeträgen festgelegten Zulagen ausgeglichen werden. ³Soweit ein Ausgleich nicht erfolgt, erhält der Mitarbeiter für jede zusätzliche Arbeitsstunde den auf eine Stunde entfallenden Anteil der Dienstbezüge eines entsprechenden vollbeschäftigten Mitarbeiters.

⁴Zur Ermittlung des auf eine Stunde entfallenden Anteils der Dienstbezüge sind die Dienstbezüge des entsprechenden vollbeschäftigten Mitarbeiters durch das 4,348-fache der regelmäßigen wöchentlichen Arbeitszeit des entsprechenden vollbeschäftigten Mitarbeiters zu teilen.

(b) Abs. a gilt entsprechend für die in Monatsbeträgen festgelegten Zulagen, soweit diese nicht nur für vollbeschäftigte Mitarbeiter vorgesehen sind.

IIb   Nebenberuflich geringfügig Beschäftigte

§ 1 Geltungsbereich

Für Mitarbeiter, die eine Beschäftigung im Sinne von § 8 SGB IV – ohne Berücksichtigung des § 8 Abs. 2 Satz 1 SGB IV – nebenberuflich (§ 2) ausüben, gilt nachfolgende Regelung.

geringfügig   A 1

§ 2 Nebenberuflich Beschäftigte

¹Nebenberuflich tätig im Sinne dieser Regelung ist, wer eine Tätigkeit bis zu 13 Wochenstunden ausübt und monatlich nicht mehr als 400 Euro verdient. ²Im Übrigen wird die Nebenberuflichkeit über die Lohnsteuerrichtlinien 2008, R3.26 Absatz 2 zu § 3 Nr. 26 EStG definiert.

nebenberuflich

§ 3 Vergütung

1. ¹Mit dem Mitarbeiter kann einzelvertraglich eine pauschale Stundenvergütung vereinbart werden. ²In der Stundenvergütung ist ein Anteil für die Weihnachtszuwendung, das Urlaubsgeld sowie für Zeitzuschläge und Zulagen enthalten.

   pauschale Vergütung nach Nettoprinzip

2. Bei der Festlegung der pauschalen Stundenvergütung darf

   Untergrenze

   a) 7,50 Euro für Mitarbeiter der Anlagen 2, 2b, 30 und 33 zu den AVR,

   b) 9,00 Euro für Mitarbeiter der Anlagen 31 und 32 zu den AVR nicht unterschritten werden.

3. Die Bestimmungen der Anlage 8 zu den AVR finden Anwendung.

   Zusatzversorgung

§ 4 Beteiligung der Mitarbeitervertretung

Die Vertragsbedingungen sind der Mitarbeitervertretung mitzuteilen.

MAV-Information

§ 5 In-Kraft-Treten

Diese Regelung tritt zum 1. Januar 2011 in Kraft und ist auf 3 Jahre befristet.

Befristung der Regelung

§ 5 (RK Ost):

Die Regelung tritt zum 1. Januar 2012 in Kraft und ist auf 3 Jahre befristet, gilt aber längstens bis zu einem anderweitigen Beschluss der Bundeskommission.

III   Regelvergütung

A   Mitarbeiter, die unter die Anlagen 2, 2b und 2d zu den AVR fallen

§ 1 Anfangsregelvergütung

(a) Jeder neu eingestellte Mitarbeiter erhält die Anfangsregelvergütung (1. Stufe) seiner Vergütungsgruppe gemäß Anlage 3 zu den AVR in der Fassung der Region, unter deren Regelungszuständigkeit seine Einrichtung fällt.

(b) Nach je zwei Jahren erhält der Mitarbeiter bis zum Erreichen der Endregelvergütung (letzte Stufe) die Regelvergütung der nächst höheren Stufe seiner Vergütungsgruppe.

(c) Der Mitarbeiter erhält vom Beginn des Monats an, in dem die nächste Stufe erreicht wird, die Tabellenvergütung nach der neuen Stufe.

§ 2 Höhergruppierung

(a) Wird der Mitarbeiter höhergruppiert, erhält er vom Beginn des Monats an, in dem die Höhergruppierung wirksam wird, in der Aufrückungsgruppe die Regelvergütung der Stufe, deren Satz mindestens um den Differenzbetrag zwischen der Anfangsregelvergütung (1. Stufe) der bisherigen Vergütungsgruppe und der Aufrückungsgruppe höher ist als seine bisherige Regelvergütung, höchstens jedoch die Endregelvergütung (letzte Stufe) der Aufrückungsgruppe, bei einer Höhergruppierung in die Vergütungsgruppe 2 jedoch die Regelvergütung der nächst niedrigeren Stufe, mindestens aber die Anfangsregelvergütung (1. Stufe).

(b) Wird der Mitarbeiter nicht in die nächst höhere, sondern in eine darüber liegende Vergütungsgruppe höhergruppiert, so ist die Regelvergütung für jede dazwischen liegende Vergütungsgruppe nach Abs. a zu berechnen.

(c) Fällt der Zeitpunkt einer Steigerung der Regelvergütung nach § 1 Abs. b mit dem einer Höhergruppierung des Mitarbeiters zusammen, so ist zunächst die Steigerung in der bisherigen Vergütungsgruppe vorzunehmen und danach die Höhergruppierung durchzuführen.

(d) Nach der Höhergruppierung erhält der Mitarbeiter erstmals vom Beginn des Monats, in dem er die zwei Jahre nach § 1 Abs. b gerechnet ab seiner Einstellung vollendet, bis zum Erreichen der Endregelvergütung (letzte Stufe) die Regelvergütung der nächst höheren Stufe seiner Vergütungsgruppe.

§ 3 Anschlussdienstverhältnis

(a) Wird der Mitarbeiter in unmittelbarem Anschluss an ein Dienstverhältnis im Geltungsbereich der AVR oder im sonstigen Tätigkeitsbereich der katholischen Kirche eingestellt, so erhält er

aa) bei Einstellung in derselben Vergütungsgruppe,
- wenn seine bisherige Regelvergütung nach diesem Abschnitt oder einer entsprechenden Regelung bemessen war, die Regelvergütung der Stufe, die er beim Fortbestehen des Dienstverhältnisses am Einstellungstag vom bisherigen Dienstgeber erhalten hätte,
- wenn seine bisherige Regelvergütung in Abweichung von den Vorschriften dieses Abschnittes oder einer entsprechenden Regelung bemessen war, die Regelvergütung der Stufe, die er am Einstellungstag von seinem bisherigen Dienstgeber erhalten würde, wenn seine Regelvergütung ab dem Zeitpunkt, seit dem er ununterbrochen im Geltungsbereich der AVR oder im sonstigen Tätigkeitsbereich der katholischen Kirche tätig ist, nach diesem Abschnitt oder einer entsprechenden Regelung bemessen worden wäre,
- wenn seine bisherige Regelvergütung nach Anhang C der AVR oder einer entsprechenden Regelung bemessen war, die Regelvergütung der Stufe, deren Satz mindestens der Regelvergütung entspricht, die er beim Fortbestehen des

Dienstverhältnisses am Einstellungstag vom bisherigen Dienstgeber erhalten hätte, mindestens jedoch die Anfangsregelvergütung (1. Stufe).

bb) bei Einstellung in einer höheren Vergütungsgruppe die Regelvergütung der Stufe, die ihm zustünde, wenn er in der bisherigen Vergütungsgruppe entsprechend Buchst. aa eingestellt und er gleichzeitig höhergruppiert worden wäre;

cc) bei Einstellung in einer niedrigeren Vergütungsgruppe die Regelvergütung der Stufe, die ihm zustünde, wenn er in der bisherigen Vergütungsgruppe entsprechend Buchst. aa eingestellt und gleichzeitig herabgruppiert worden wäre.

(b) Abs. a gilt entsprechend, wenn der Mitarbeiter in unmittelbarem Anschluss an eine Tätigkeit im Rahmen eines Gestellungsvertrages eingestellt wird.

(c) Nach der Einstellung erhält der Mitarbeiter, soweit er nicht unter die Überleitungsregelung in Anlage 1a fällt, erstmals vom Beginn des Monats, in dem er die zwei Jahre nach § 1 Abs. b gerechnet ab seiner Einstellung vollendet, bis zum Erreichen der Endregelvergütung (letzte Stufe) die Regelvergütung der nächst höheren Stufe seiner Vergütungsgruppe.

§ 4 Längere Beurlaubung oder Ruhen des Dienstverhältnisses

(a) Der Mitarbeiter, der länger als sechs Monate ohne Bezüge beurlaubt gewesen ist oder dessen Dienstverhältnis aus einem anderen Grunde geruht hat, erhält

aa) bei Wiederaufnahme seiner Tätigkeit in derselben Vergütungsgruppe die Regelvergütung der Stufe, die für ihn mit Ablauf des Tages vor dem Beginn der Beurlaubung bzw. des Ruhens des Dienstverhältnisses maßgebend war,

bb) bei Wiederaufnahme seiner Tätigkeit in einer höheren Vergütungsgruppe die Regelvergütung der Stufe, die ihm zustände, wenn er in der bisherigen Vergütungsgruppe bliebe, seine Regelvergütung nach Buchst. aa) berechnet und er gleichzeitig höhergruppiert worden wäre,

cc) bei Wiederaufnahme seiner Tätigkeit in einer niedrigeren Vergütungsgruppe die Regelvergütung der Stufe, die ihm zustände, wenn er in der bisherigen Vergütungsgruppe bliebe, seine Regelvergütung nach Buchst. aa) berechnet und er gleichzeitig herabgruppiert worden wäre.

(b) Abs. a gilt nicht für die Zeit einer Kinderbetreuung bis zu drei Jahren für jedes Kind, für die Zeit des Grundwehrdienstes oder des Zivildienstes sowie für die Zeit eines Sonderurlaubes, die nach § 10 der Anlage 14 zu den AVR bei der Beschäftigungszeit berücksichtigt wird. § 3 Abs. b gilt entsprechend.

(c) [1]Nach der Wiederaufnahme seiner Tätigkeit erhält der Mitarbeiter erstmals vom Beginn des Monats, in dem er die zwei Jahre nach § 1 Abs. b gerechnet ab seiner Einstellung bzw. seines letzten Stufenaufstiegs vollendet, bis zum Erreichen der Endregelvergütung (letzte Stufe) die Regelvergütung der nächst höheren Stufe seiner Vergütungsgruppe. [2]Dabei wird die Zeit der Unterbrechung insofern berücksichtigt, als die Zeiten vor und nach der Unterbrechung bis zum Erreichen der zwei Jahre addiert werden.

§ 5 Herabgruppierung

(a) [1]Wird der Mitarbeiter herabgruppiert, erhält er in der Herabgruppierungsgruppe die Regelvergütung der Stufe, deren Satz mindestens um den Differenzbetrag

Anlage 1 – III

zwischen der Anfangsregelvergütung (1. Stufe) der bisherigen Vergütungsgruppe und der Herabgruppierungsgruppe niedriger ist als seine bisherige Regelvergütung, bei einer Herabgruppierung in die Vergütungsgruppe 3 jedoch die Regelvergütung der nächst höheren Stufe, höchstens jedoch die Endregelvergütung (letzte Stufe). ²Wird der Mitarbeiter nicht in die nächst niedrigere, sondern in eine darunter liegende Vergütungsgruppe herabgruppiert, so ist die Regelvergütung für jede dazwischen liegende Vergütungsgruppe nach Satz 1 zu berechnen.

(b) Nach der Herabgruppierung erhält der Mitarbeiter erstmals vom Beginn des Monats, in dem er die zwei Jahre nach § 1 Abs. b gerechnet ab seiner Einstellung vollendet, bis zum Erreichen der Endregelvergütung (letzte Stufe) die Regelvergütung der nächst höheren Stufe seiner Vergütungsgruppe.

Anmerkung 1 zu Abschnitt III A:

evangelischer Bereich

Der Tätigkeit im Bereich der katholischen Kirche im Sinne von Abschnitt III A steht gleich eine Tätigkeit in der evangelischen Kirche, in einem Diakonischen Werk oder in einer Einrichtung, die dem Diakonischen Werk angeschlossen ist.

Anmerkung 2 zu Abschnitt III A:

unmittelbarer Anschluss

¹Ein unmittelbarer Anschluss liegt nicht vor, wenn zwischen den Dienstverhältnissen ein oder mehrere Werktage – mit Ausnahme allgemein arbeitsfreier Werktage – liegen, in denen das Dienstverhältnis nicht bestand. ²Es ist jedoch unschädlich, wenn der Mitarbeiter in dem gesamten zwischen den Dienstverhältnissen liegenden Zeitraum dienstunfähig erkrankt war oder die Zeit zur Ausführung eines Umzuges an einen anderen Ort benötigt hat. ³Von der Voraussetzung des unmittelbaren Anschlusses kann abgewichen werden, wenn der Zeitraum zwischen dem Ende des bisherigen Dienstverhältnisses und dem Beginn des neuen Dienstverhältnisses ein Jahr nicht übersteigt.

Anmerkung 3 zu Abschnitt III A:

Zeiten der Einstellungsvoraussetzung

¹Zeiten bei anderen Arbeitgebern sind anzurechnen, sofern sie Voraussetzung für die Einstellung des Mitarbeiters sind. ²Ausbildungszeiten, die über drei Jahre hinausgehen, können angerechnet werden.

Anmerkung 4 zu Abschnitt III A:

RK Ost

Bei Mitarbeitern im Gebiet der Bundesländer Mecklenburg-Vorpommern, Brandenburg, Sachsen-Anhalt, Thüringen und Sachsen sowie in dem Teil des Landes Berlin, in dem das Grundgesetz bis einschließlich 2. Oktober 1990 nicht galt, die am 30. Juni 1991 schon und am 1. Juli 1991 noch im Dienstverhältnis standen, ist für die Zuordnung zur zutreffenden Regelvergütungsstufe der Tag ihres Eintritts in den kirchlich-caritativen Dienst zugrunde zu legen.

B Mitarbeiter, die unter die Anlage 2a und die Anlage 2c zu den AVR fallen

§ 1 Anfangsregelvergütung

(a) Jeder neu eingestellte Mitarbeiter erhält die Anfangsregelvergütung (1. Stufe) seiner Vergütungsgruppe gemäß Anlage 3a zu den AVR in der Fassung der Region, unter deren Regelungszuständigkeit seine Einrichtung fällt.

(b) Nach je zwei Jahren erhält der Mitarbeiter bis zum Erreichen der Endregelvergütung (letzte Stufe) die Regelvergütung der nächst höheren Stufe seiner Vergütungsgruppe.

(c) Der Mitarbeiter erhält vom Beginn des Monats an, in dem die nächste Stufe erreicht wird, die Tabellenvergütung nach der neuen Stufe.

§ 2 Höhergruppierung

(a) Wird der Mitarbeiter höhergruppiert, erhält er vom Beginn des Monats an, in dem die Höhergruppierung wirksam wird, in der Aufrückungsgruppe die Regelvergütung der Stufe, in der er sich in der bisherigen Vergütungsgruppe befand.

(b) Nach der Höhergruppierung erhält der Mitarbeiter erstmals vom Beginn des Monats, in dem er die zwei Jahre nach § 1 Abs. (b) gerechnet ab seiner Einstellung vollendet, bis zum Erreichen der Endregelvergütung (letzte Stufe) die Regelvergütung der nächst höheren Stufe seiner Vergütungsgruppe.

§ 3 Anschlussdienstverhältnis

(a) Wird der Mitarbeiter in unmittelbarem Anschluss an ein Dienstverhältnis im Geltungsbereich der AVR oder im sonstigen Tätigkeitsbereich der katholischen Kirche eingestellt, so erhält er

aa) bei Einstellung in derselben Vergutungsgruppe,
- wenn seine bisherige Regelvergütung nach diesem Abschnitt oder einer entsprechenden Regelung bemessen war, die Regelvergütung der Stufe, die er beim Fortbestehen des Dienstverhältnisses am Einstellungstag vom bisherigen Dienstgeber erhalten hätte,
- wenn seine bisherige Regelvergütung in Abweichung von den Vorschriften dieses Abschnittes oder einer entsprechenden Regelung bemessen war, die Regelvergütung der Stufe, die er am Einstellungstag von seinem bisherigen Dienstgeber erhalten würde, wenn seine Regelvergütung ab dem Zeitpunkt, seitdem er ununterbrochen im Geltungsbereich der AVR oder im sonstigen Tätigkeitsbereich der katholischen Kirche tätig ist, nach diesem Abschnitt oder einer entsprechenden Regelung bemessen worden wäre;

bb) bei Einstellung in einer höheren Vergütungsgruppe die Regelvergütung der Stufe, die ihm zustünde, wenn er in der bisherigen Vergütungsgruppe entsprechend Buchst. aa eingestellt und er gleichzeitig höhergruppiert worden wäre;

cc) bei Einstellung in einer niedrigeren Vergütungsgruppe die Regelvergütung der Stufe, die ihm zustünde, wenn er in der bisherigen Vergütungsgruppe entsprechend Buchst. aa eingestellt und gleichzeitig herabgruppiert worden wäre.

(b) Abs. a gilt entsprechend, wenn der Mitarbeiter in unmittelbarem Anschluss an eine Tätigkeit im Rahmen eines Gestellungsvertrages eingestellt wird.

(c) Nach der Einstellung erhält der Mitarbeiter, soweit er nicht unter die Überleitungsregelung in Anlage 1a fällt, erstmals vom Beginn des Monats, in dem er die zwei Jahre nach § 1 Abs. b gerechnet ab seiner Einstellung vollendet, bis zum Erreichen der Endregelvergütung (letzte Stufe) die Regelvergütung der nächst höheren Stufe seiner Vergütungsgruppe.

§ 4 Längere Beurlaubung oder Ruhen des Dienstverhältnisses

(a) Der Mitarbeiter, der länger als sechs Monate ohne Bezüge beurlaubt gewesen ist oder dessen Dienstverhältnis aus einem anderen Grunde geruht hat, erhält

aa) bei Wiederaufnahme seiner Tätigkeit in derselben Vergütungsgruppe die Regelvergütung der Stufe, die für ihn mit Ablauf des Tages vor dem Beginn der Beurlaubung bzw. des Ruhens des Dienstverhältnisses maßgebend war, bb) bei Wiederaufnahme seiner Tätigkeit in einer höheren Vergütungsgruppe die Regelvergütung der Stufe, die ihm zustände, wenn er in der bisherigen Vergütungsgruppe bliebe, seine Regelvergütung nach Buchst. aa berechnet und er gleichzeitig höhergruppiert worden wäre,

cc) bei Wiederaufnahme seiner Tätigkeit in einer niedrigeren Vergütungsgruppe die Regelvergütung der Stufe, die ihm zustände, wenn er in der bisherigen Vergütungsgruppe bliebe, seine Regelvergütung nach Buchst. aa berechnet und er gleichzeitig herabgruppiert worden wäre.

(b) ¹Abs. a gilt nicht für die Zeit einer Kinderbetreuung bis zu drei Jahren für jedes Kind, für die Zeit des Grundwehrdienstes oder des Zivildienstes sowie für die Zeit eines Sonderurlaubes, die nach § 10 der Anlage 14 zu den AVR bei der Beschäftigungszeit berücksichtigt wird. ²§ 3 Abs. b gilt entsprechend.

(c) ¹Nach der Wiederaufnahme seiner Tätigkeit erhält der Mitarbeiter erstmals vom Beginn des Monats, in dem er die zwei Jahre nach § 1 Abs. b gerechnet ab seiner Einstellung bzw. seines letzten Stufenaufstiegs vollendet, bis zum Erreichen der Endregelvergütung (letzte Stufe) die Regelvergütung der nächst höheren Stufe seiner Vergütungsgruppe. ²Dabei wird die Zeit der Unterbrechung insofern berücksichtigt, als die Zeiten vor und nach der Unterbrechung bis zum Erreichen der zwei Jahre addiert werden.

§ 5 Herabgruppierung

(a) Wird der Mitarbeiter herabgruppiert, erhält er in der Herabgruppierungsgruppe die Regelvergütung der Stufe, in der er sich in der bisherigen Vergütungsgruppe befand.

(b) Nach der Herabgruppierung erhält der Mitarbeiter erstmals vom Beginn des Monats, in dem er die zwei Jahre nach § 1 Abs. b gerechnet ab seiner Einstellung vollendet, bis zum Erreichen der Endregelvergütung (letzte Stufe) die Regelvergütung der nächst höheren Stufe seiner Vergütungsgruppe.

Anmerkung 1 zu Abschnitt III B:
Der Tätigkeit im Bereich der katholischen Kirche im Sinne von Abschnitt III B steht gleich eine Tätigkeit in der evangelischen Kirche, in einem Diakonischen Werk oder in einer Einrichtung, die dem Diakonischen Werk angeschlossen ist.

Anmerkung 2 zu Abschnitt III B:
¹Ein unmittelbarer Anschluss liegt nicht vor, wenn zwischen den Dienstverhältnissen ein oder mehrere Werktage – mit Ausnahme allgemein arbeitsfreier Werktage – liegen, in denen das Dienstverhältnis nicht bestand. ²Es ist jedoch unschädlich, wenn der Mitarbeiter in dem gesamten zwischen den Dienstverhältnissen liegenden Zeitraum dienstunfähig erkrankt war oder die Zeit zur Ausführung eines Umzuges an einen anderen Ort benötigt hat. ³Von der Voraussetzung des unmittelbaren Anschlusses kann abgewichen werden, wenn der Zeitraum zwischen dem Ende des bisherigen Dienstverhältnisses und dem Beginn des neuen Dienstverhältnisses ein Jahr nicht übersteigt.

Anmerkung 3 zu Abschnitt III B:
¹Zeiten bei anderen Arbeitgebern sind anzurechnen, sofern sie Voraussetzung für die Einstellung des Mitarbeiters sind. ²Ausbildungszeiten, die über drei Jahre hinausgehen, können angerechnet werden.

Anmerkung 4 zu Abschnitt III B:
Bei Mitarbeitern im Gebiet der Bundesländer Mecklenburg-Vorpommern, Brandenburg, Sachsen-Anhalt, Thüringen und Sachsen sowie in dem Teil des Landes Berlin, in dem das Grundgesetz bis einschließlich 2. Oktober 1990 nicht galt, die am 30. Juni 1991 schon und am 1. Juli 1991 noch im Dienstverhältnis standen, ist für die Zuordnung zur zutreffenden Regelvergütungsstufe der Tag ihres Eintritts in den kirchlich-caritativen Dienst zugrunde zu legen.

IIIa   (RK Mitte) – Einmalzahlung 2014

(1) ¹Die Mitarbeiter der Anlagen 2, 2a, 2b, 2c und 2d sowie der Anlagen 31, 32 und 33 erhalten für den Zeitraum vom 1. Juli 2014 bis 31. Dezember 2014 eine Einmalzahlung in Höhe von 18 Prozent des im Dezember 2014 gültigen individuellen Tabellenentgeltes sowie der regelmäßig auszuzahlenden dynamischen Vergütungsbestandteile. ²Bei in der Zeit zwischen dem 1. Juli und 31. Dezember 2014 eintretenden Mitarbeitern bemisst sich die Einmalzahlung entsprechend anteilig ab dem Tag des Beginns des Dienstverhältnisses.

(2) ¹Die Einmalzahlung nach Abs. 1 ist im Monat Dezember 2014 auszubezahlen. ²Ein Anspruch auf die Einmalzahlung besteht, wenn der Mitarbeiter an mindestens einem Tag des Jahres im Zeitraum 1. Juli 2014 bis 31. Dezember 2014 Anspruch auf Dienstbezüge (Vergütung, Urlaubsvergütung oder Krankenbezüge) hat; dies gilt auch für Kalendermonate, in denen nur wegen der Höhe der Barleistungen des Sozialversicherungsträgers Krankengeldzuschuss nicht bezahlt wird. ³Die Zahlung wird auch geleistet, wenn die Mitarbeiterin wegen Beschäftigungsverboten nach § 3 Abs. 2 und § 6 Abs. 1 MuSchG in dem Fälligkeitsmonat keine Bezüge erhalten hat.

IIIa   (RK Bayern) – Einmalzahlung 2014

(1) ¹Die Mitarbeiter der Anlagen 2, 2a, 2b, 2c und 2d sowie der Anlagen 22, 23, 31, 32 und 33 zu den AVR erhalten eine Einmalzahlung in Höhe von 20,9 Prozent des/der im Dezember 2014 gültigen individuellen Tabellenentgeltes/individuellen Regelvergütung. ²Die Einmalzahlung ist im Dezember 2014 fällig.

(2) ¹Ein Anspruch auf die Einmalzahlung besteht, wenn der Mitarbeiter an mindestens einem Tag im Dezember 2014 einen Anspruch auf Dienstbezüge (Vergütung, Urlaubsvergütung oder Krankenbezüge) hat; dies gilt auch, sofern nur wegen der Höhe der Barleistungen des Sozialversicherungsträgers Krankengeldzuschuss nicht bezahlt wird. ²Die Zahlung wird auch geleistet, wenn der Mitarbeiter wegen Beschäftigungsverboten nach § 3 Abs. 2 und § 6 Abs. 1 MuSchG in dem Fälligkeitsmonat keine Bezüge erhalten hat.

IIIb   (RK Mitte) – Einmalzahlung 2015

(1) ¹Die Mitarbeiter der Anlagen 22 und 23 erhalten für den Zeitraum vom 1. Juli 2014 bis 31. Dezember 2014 eine Einmalzahlung in Höhe von 18 Prozent des im Dezember 2014 gültigen individuellen Tabellenentgeltes sowie der regelmäßig auszuzahlenden dynamischen Vergütungsbestandteile. ²Bei in der Zeit zwischen dem 1. Juli und 31. Dezember 2014 eingetretenen Mitarbeitern bemisst sich die Einmalzahlung entsprechend anteilig ab dem Tag des Beginns des Dienstverhältnisses.

Anlage 1 – IIIb, IV

(2) ¹Die Einmalzahlung nach Abs. 1 ist im Monat April 2015 auszubezahlen. ²Ein Anspruch auf die Einmalzahlung besteht, wenn der Mitarbeiter an mindestens einem Tag des Jahres im Zeitraum 1. Juli 2014 bis 31. Dezember 2014 Anspruch auf Dienstbezüge (Vergütung, Urlaubsvergütung oder Krankenbezüge) hatte und das Dienstverhältnis über den 31. März 2015 hinaus fortbestand; dies gilt auch für Kalendermonate, in denen nur wegen der Höhe der Barleistungen des Sozialversicherungsträgers Krankengeldzuschuss nicht bezahlt wurde. ³Die Zahlung wird auch geleistet, wenn die Mitarbeiterin wegen Beschäftigungsverboten nach § 3 Abs. 2 und § 6 Abs. 1 MuSchG in dem Fälligkeitsmonat keine Bezüge erhält.

IV   (RK Mitte/Bayern) – Dozenten und Lehrkräfte

¹Bei Dozenten und Lehrkräften der Vergütungsgruppen 2 bis 5b nach Ziffer VI der Anmerkungen zu den Tätigkeitsmerkmalen der Anlage 2 zu den AVR wird die Regelvergütung wie folgt gekürzt:

ab 1. Januar 2015	85,12 Euro
ab 1. März 2015	87,16 Euro

²Bei Dozenten und Lehrkräften der Vergütungsgruppen 5c bis 8 nach Ziffer VI der Anmerkungen zu den Tätigkeitsmerkmalen der Vergütungsgruppen 1 bis 12 der Anlage 2 zu den AVR wird die Regelvergütung wie folgt gekürzt:

ab 1. Januar 2015	76,62 Euro
ab 1. März 2015	78,46 Euro

IV   (RK Nord) – Dozenten und Lehrkräfte

¹Bei Dozenten und Lehrkräften der Vergütungsgruppen 2 bis 5b nach Ziffer VI der Anmerkungen zu den Tätigkeitsmerkmalen der Anlage 2 zu den AVR wird die Regelvergütung wie folgt gekürzt:

ab 1. Januar 2015	85,12 Euro
ab 1. Juli 2015	87,16 Euro

²Bei Dozenten und Lehrkräften der Vergütungsgruppen 5c bis 8 nach Ziffer VI der Anmerkungen zu den Tätigkeitsmerkmalen der Vergütungsgruppen 1 bis 12 der Anlage 2 zu den AVR wird die Regelvergütung wie folgt gekürzt:

ab 1. Januar 2015	76,62 Euro
ab 1. Juli 2015	78,46 Euro

IV   (RK BW/NRW)– Dozenten und Lehrkräfte

¹Bei Dozenten und Lehrkräften der Vergütungsgruppen 2 bis 5b nach Ziffer VI der Anmerkungen zu den Tätigkeitsmerkmalen der Anlage 2 zu den AVR wird die Regelvergütung wie folgt gekürzt:

ab 1. Juli 2014	85,12 Euro
ab 1. März 2015	87,16 Euro

²Bei Dozenten und Lehrkräften der Vergütungsgruppen 5c bis 8 nach Ziffer VI der Anmerkungen zu den Tätigkeitsmerkmalen der Vergütungsgruppen 1 bis 12 der Anlage 2 zu den AVR wird die Regelvergütung wie folgt gekürzt:

| ab 1. Juli 2014 | 76,62 Euro |
| ab 1. März 2015 | 78,46 Euro |

IV (RK Ost) – Dozenten und Lehrkräfte

Bei Dozenten und Lehrkräften der Vergütungsgruppen 2 bis 5b nach Ziffer VI der Anmerkungen zu den Tätigkeitsmerkmalen der Anlage 2 zu den AVR wird die Regelvergütung wie folgt gekürzt:

| ab 1. Januar 2015 | 74,52 Euro |
| ab 1. Oktober 2015 | 76,31 Euro |

V (RK Nord/NRW/Mitte/BW/Bayern) – Kinderzulage
A Allgemeines

(a) Mitarbeiter, denen Kindergeld nach dem Einkommensteuergesetz oder nach dem Bundeskindergeldgesetz zusteht oder ohne Berücksichtigung des § 64 oder § 65 Einkommensteuergesetz oder des § 3 oder § 4 Bundeskindergeldgesetz zustehen würde, erhalten eine Kinderzulage nach Abschnitt B oder nach Abschnitt C. *Voraussetzungen*

(b) Die Kinderzulage wird für jeden Monat gezahlt, in dem mindestens für einen Tag die Voraussetzungen vorliegen.

B Mitarbeiter, deren Dienstverhältnis nach dem 30. Juni 2008 begonnen hat

Mitarbeiter, deren Dienstverhältnis nach dem 30. Juni 2008 begonnen hat, erhalten für jedes berücksichtigungsfähige Kind eine Kinderzulage in Höhe von monatlich 90,00 Euro.

C Mitarbeiter, deren Dienstverhältnis vor dem 1. Juli 2008 bestanden hat (Besitzstandregelung)

(a) *(RK NRW/BW):* Mitarbeiter, deren Dienstverhältnis vor dem 1. Juli 2008 bestanden hat, erhalten für jedes berücksichtigungsfähige Kind eine Kinderzulage in Höhe von:

| ab 1. Juli 2014 | 107,64 Euro |
| ab 1. März 2015 | 110,22 Euro |

(a) *(RK Mitte/Bayern):* Mitarbeiter, deren Dienstverhältnis vor dem 1. Juli 2008 bestanden hat, erhalten für jedes berücksichtigungsfähige Kind eine Kinderzulage in Höhe von:

| ab 1. Januar 2015 | 107,64 Euro |
| ab 1. März 2015 | 110,22 Euro |

(a) *(RK Nord):* Mitarbeiter, deren Dienstverhältnis vor dem 1. Juli 2008 bestanden hat, erhalten für jedes berücksichtigungsfähige Kind eine Kinderzulage in Höhe von:

Anlage 1 – V

ab 1. Januar 2015	107,64 Euro
ab 1. Juli 2015	110,22 Euro

(b) *(RK NRW/BW):* ¹Die Kinderzulage erhöht sich ab dem 1. Juli 2014 nach folgender Tabelle für

Mitarbeiter nach den Vergütungsgruppen	für das erste zu berücksichtigende Kind um	für jedes weitere zu berücksichtigende Kind um
12, 11, 10, 9 und Kr 1	6,08 Euro	30,40 Euro
9a und Kr 2	6,08 Euro	24,30 Euro
8	6,08 Euro	18,24 Euro

²Die Kinderzulage erhöht sich ab dem 1. März 2015 nach folgender Tabelle für

Mitarbeiter nach den Vergütungsgruppen	für das erste zu berücksichtigende Kind um	für jedes weitere zu berücksichtigende Kind um
12, 11, 10, 9 und Kr 1	6,23 Euro	31,13 Euro
9a und Kr 2	6,23 Euro	24,88 Euro
8	6,23 Euro	18,68 Euro

(b) *(RK Mitte/Bayern):* ¹Die Kinderzulage erhöht sich ab dem 1. Januar 2015 nach folgender Tabelle für

Mitarbeiter nach den Vergütungsgruppen	für das erste zu berücksichtigende Kind um	für jedes weitere zu berücksichtigende Kind um
12, 11, 10, 9 und Kr 1	6,08 Euro	30,40 Euro
9a und Kr 2	6,08 Euro	24,30 Euro
8	6,08 Euro	18,24 Euro

²Die Kinderzulage erhöht sich ab dem 1. März 2015 nach folgender Tabelle für

Mitarbeiter nach den Vergütungsgruppen	für das erste zu berücksichtigende Kind um	für jedes weitere zu berücksichtigende Kind um
12, 11, 10, 9 und Kr 1	6,23 Euro	31,13 Euro
9a und Kr 2	6,23 Euro	24,88 Euro
8	6,23 Euro	18,68 Euro

(b) *(RK Nord):* ¹Die Kinderzulage erhöht sich ab dem 1. Januar 2015 nach folgender Tabelle für

Mitarbeiter nach den Vergütungsgruppen	für das erste zu berücksichtigende Kind um	für jedes weitere zu berücksichtigende Kind um
12, 11, 10, 9 und Kr 1	6,08 Euro	30,40 Euro
9a und Kr 2	6,08 Euro	24,30 Euro
8	6,08 Euro	18,24 Euro

²Die Kinderzulage erhöht sich ab dem 1. Juli 2015 nach folgender Tabelle für

Mitarbeiter nach den Vergütungsgruppen	für das erste zu berücksichtigende Kind um	für jedes weitere zu berücksichtigende Kind um
12, 11, 10, 9 und Kr 1	6,23 Euro	31,13 Euro
9a und Kr 2	6,23 Euro	24,88 Euro
8	6,23 Euro	18,68 Euro

(c) (entfällt)

(d) ¹Bei der Bemessung der Kinderzulage finden die Konkurrenzregelungen in Abschnitt V Abs. i der Anlage 1 zu den AVR mit Stand zum 31. Dezember 2007 sinngemäß Anwendung. ²Diese lauten wie folgt:

Stünde neben dem Mitarbeiter einer anderen Person, die im Geltungsbereich der AVR oder in einem anderen Tätigkeitsbereich der katholischen Kirche tätig oder nach beamtenrechtlichen Grundsätzen versorgungsberechtigt ist, ein Anspruch auf Ortszuschlag der Stufe 3 oder einer der folgenden Stufen oder auf Familienzuschlag der Stufe 2 oder einer der folgenden Stufen oder ein Sozialzuschlag oder eine entsprechende Leistung wesentlich gleichen Inhalts zu, so wird der auf das Kind entfallende Unterschiedsbetrag zwischen den Stufen des Ortszuschlags dem Mitarbeiter gewährt, wenn und soweit ihm das Kindergeld nach dem Einkommensteuergesetz oder nach dem Bundeskindergeldgesetz gewährt wird oder ohne Berücksichtigung des § 65 Einkommensteuergesetz oder des § 4 Bundeskindergeldgesetz vorrangig zu gewähren wäre. Auf das Kind entfällt derjenige Unterschiedsbetrag, der sich aus der für die Anwendung des Einkommensteuergesetzes oder des Bundeskindergeldgesetzes maßgebenden Reihenfolge der Kinder ergibt. Abschnitt IIa der Anlage 1 zu den AVR findet auf den Unterschiedsbetrag keine Anwendung, wenn einer der Anspruchsberechtigten im Sinne des Satzes 1 vollbeschäftigt oder nach beamtenrechtlichen Grundsätzen versorgungsberechtigt ist; das gilt auch, wenn mehrere Anspruchsberechtigte teilzeitbeschäftigt sind, mit der Maßgabe, dass dann der Unterschiedsbetrag zwischen der Stufe 2 und der Stufe 3 oder einer der folgenden Stufen in Höhe des Gesamtbeschäftigungsumfangs der Anspruchsberechtigten gewährt wird, höchstens jedoch der auf das Kind entfallende Unterschiedsbetrag zwischen den Stufen des Ortszuschlages. Entsprechendes gilt auch für den Mitarbeiter, dem aus mehreren Rechtsverhältnissen ein Anspruch auf Ortszuschlag oder entsprechende Leistungen wesentlich gleichen Inhalts in Höhe der Stufe 3 oder einer der folgenden Stufen zusteht (Insichkonkurrenz).

Stünde neben dem Mitarbeiter einer anderen Person, die außerhalb der in Unterabsatz 1 Satz 1 genannten Bereiche tätig oder nach beamtenrechtlichen Grundsätzen versorgungsberechtigt ist, ein Anspruch auf Ortszuschlag oder Familienzuschlag oder Sozialzuschlag oder entsprechende Leistungen wesentlich gleichen Inhalts in Höhe der Stufe 3 oder einer der folgenden Stufen zu, so erhält der Mitarbeiter den Ortszuschlag der Stufe 1; erreicht der Anspruch der anderen Person nicht die Höhe der Stufe 3 oder einer der folgenden Stufen, so erhält der Mitarbeiter den Unterschiedsbetrag zwischen der Stufe 2 und der Stufe 3 bzw. einer der folgenden Stufen des für ihn maßgebenden Ortszuschlages in der Höhe gewährt, dass der Mitarbeiter und die andere Person den Unterschiedsbetrag zwischen der Stufe

Konkurrenzregelung s. Anlage 1 V Abs. i

2 und der Stufe 3 bzw. einer der folgenden Stufen insgesamt einmal erhalten. Dies gilt entsprechend auch für den Mitarbeiter, dem aus mehreren Rechtsverhältnissen ein Anspruch auf Ortszuschlag oder entsprechende Leistungen wesentlich gleichen Inhalts in Höhe der Stufe 3 oder einer der folgenden Stufen zusteht (Insichkonkurrenz). Ist der Ehegatte eines teilzeitbeschäftigten Mitarbeiters außerhalb der in Unterabsatz 1 Satz 1 genannten Bereiche ebenfalls teilzeitbeschäftigt und erhält er den Unterschiedsbetrag zwischen der Stufe 2 und der Stufe 3 oder einer der folgenden Stufen des Ortszuschlages anteilig zu seiner Arbeitszeit gewährt, so erhält der Mitarbeiter den Unterschiedsbetrag zwischen der Stufe 2 und der Stufe 3 oder einer der folgenden Stufen des Ortszuschlages in der Höhe, dass der Mitarbeiter und sein Ehegatte den Unterschiedsbetrag zwischen der Stufe 2 und der Stufe 3 oder einer der folgenden Stufen insgesamt in der Höhe erhalten, als wenn beide im Geltungsbereich der AVR teilzeitbeschäftigt wären.

Anmerkung:
Der Tätigkeit im Bereich der katholischen Kirche im Sinne von Abschnitt V steht gleich eine Tätigkeit in der evangelischen Kirche, in einem Diakonischen Werk oder in einer Einrichtung, die dem Diakonischen Werk angeschlossen ist.

(e) [1]Der Mitarbeiter erhält keine oder eine anteilige Kinderzulage nach Abs. a, soweit eine andere Person für dieses Kind eine kinderbezogene Besitzstandszulage nach einem Überleitungstarifvertrag des öffentlichen Dienstes oder einem Tarifvertrag oder Vergütungssystem wesentlich gleichen Inhalts erhält. [2]Die Höhe der anteiligen Kinderzulage wird nach den Grundsätzen des Abs. d berechnet.

V (RK Ost, Tarifgebiet Ost) – Kinderzulage
A Allgemeines

Voraussetzungen (a) Mitarbeiter, denen Kindergeld nach dem Einkommensteuergesetz oder nach dem Bundeskindergeldgesetz zusteht oder ohne Berücksichtigung des § 64 oder § 65 Einkommensteuergesetz oder des § 3 oder § 4 Bundeskindergeldgesetz zustehen würde, erhalten eine Kinderzulage nach Abschnitt B oder nach Abschnitt C.

(b) Die Kinderzulage wird für jeden Monat gezahlt, in dem mindestens für einen Tag die Voraussetzungen vorliegen.

B Mitarbeiter, deren Dienstverhältnis nach dem 30. Juni 2009 begonnen hat

In den Bistümern Dresden-Meißen, Erfurt, Görlitz und Magdeburg sowie in den Teilen der Erzbistümer Berlin und Hamburg, für die das Grundgesetz der Bundesrepublik Deutschland vor dem 3. Oktober 1990 nicht galt, ausgenommen das Gebiet des Bundeslandes Berlin, erhalten Mitarbeiter, deren Dienstverhältnis nach dem 30. Juni 2009 begonnen hat, für jedes berücksichtigungsfähige Kind eine Kinderzulage in Höhe von monatlich 85,20 Euro.

B2 Mitarbeiter, deren Dienstverhältnis nach dem 30. Juni 2008, aber vor dem 1. Juli 2009 begonnen hat

In den Bistümern Dresden-Meißen, Erfurt, Görlitz und Magdeburg sowie in den Teilen der Erzbistümer Berlin und Hamburg, für die das Grundgesetz der Bundesrepublik Deutschland vor dem 3. Oktober 1990 nicht galt, ausgenommen das

Gebiet des Bundeslandes Berlin, gilt für Mitarbeiter, deren Dienstverhältnis nach dem 30. Juni 2008, aber vor dem 1. Juli 2009 begonnen hat, die derzeitige Anwendungspraxis hinsichtlich der Zuordnung zu Ziffer B oder C solange weiter, bis durch Beschluss der Bundeskommission eine Festlegung erfolgt ist.

C Mitarbeiter, deren Dienstverhältnis vor dem 1. Juli 2008 bestanden hat (Besitzstandsregelung)

(a) ¹In den Bistümern Dresden-Meißen, Erfurt, Görlitz und Magdeburg sowie in den Teilen der Erzbistümer Berlin und Hamburg, für die das Grundgesetz vor dem 3. Oktober 1990 nicht galt, ausgenommen das Gebiet des Bundeslandes Berlin, erhalten Mitarbeiter, deren Dienstverhältnis vor dem 1. Juli 2008 bestanden hat und über den 30. Juni 2009 hinaus fortbesteht, für jedes berücksichtigungsfähige Kind eine Kinderzulage. ²Sie beträgt ab dem 1. Januar 2015 monatlich 101,18 Euro und ab dem 1. Oktober 2015 monatlich 103, 61 Euro.

(b) Die Kinderzulage erhöht sich ab dem 1. Januar 2015 nach folgender Tabelle für

Mitarbeiter nach den Vergütungsgruppen	für das erste zu berücksichtigende Kind	für jedes weitere zu berücksichtigende Kind
12, 11, 10, 9	5,27 Euro	26,38 Euro
Kr 1	5,72 Euro	28,57 Euro
Kr 2	5,72 Euro	22,84 Euro
9a	5,27 Euro	21,10 Euro
8	5,72 Euro	17,15 Euro

und ab dem 1. Oktober 2015 nach folgender Tabelle für

Mitarbeiter nach den Vergütungsgruppen	für das erste zu berücksichtigende Kind	für jedes weitere zu berücksichtigende Kind
12, 11, 10, 9	5,40 Euro	27,0l Euro
Kr 1	5,86 Euro	29,26 Euro
Kr 2	5,86 Euro	23,39 Euro
9a	5,40 Euro	21,61 Euro
8	5,86 Euro	17,56 Euro

(c) (entfällt)

(d) ¹Bei der Bemessung der Kinderzulage finden die Konkurrenzregelungen in Abschnitt V Abs. i der Anlage 1 zu den AVR mit Stand zum 31. Dezember 2007 sinngemäß Anwendung. ²Diese lauten wie folgt:

Konkurrenzregelung s. Anlage 1 V Abs. i

Stünde neben dem Mitarbeiter einer anderen Person, die im Geltungsbereich der AVR oder in einem anderen Tätigkeitsbereich der katholischen Kirche tätig oder nach beamtenrechtlichen Grundsätzen versorgungsberechtigt ist, ein Anspruch auf Ortszuschlag der Stufe 3 oder einer der folgenden Stufen oder auf Familienzuschlag der Stufe 2 oder einer der folgenden Stufen oder ein Sozialzuschlag oder eine entsprechende Leistung wesentlich gleichen Inhalts zu, so wird der auf das Kind entfallende Unterschiedsbetrag zwischen den Stufen des Ortszuschlags dem Mitarbeiter gewährt, wenn und soweit ihm das Kindergeld nach dem Einkommensteuergesetz oder nach dem Bundeskindergeldgesetz gewährt wird oder ohne Berücksichtigung des § 65 Einkommensteuergesetz oder des § 4 Bundeskindergeldgesetz vorrangig zu gewähren wäre. Auf das Kind entfällt derjenige Unterschiedsbetrag, der sich aus der für die Anwendung des Einkommensteuergesetzes oder des Bundeskindergeldgesetzes maßgebenden Reihenfolge der Kinder ergibt. Abschnitt IIa der Anlage 1 zu den AVR findet auf den Unterschiedsbetrag keine Anwendung, wenn einer der Anspruchsberechtigten im Sinne des Satzes 1 vollbeschäftigt oder nach beamtenrechtlichen Grundsätzen versorgungsberechtigt ist; das gilt auch, wenn mehrere Anspruchsberechtigte teilzeitbeschäftigt sind, mit der Maßgabe, dass dann der Unterschiedsbetrag zwischen der Stufe 2 und der Stufe 3 oder einer der folgenden Stufen in Höhe des Gesamtbeschäftigungsumfangs der Anspruchsberechtigten gewährt wird, höchstens jedoch der auf das Kind entfallende Unterschiedsbetrag zwischen den Stufen des Ortszuschlages. Entsprechendes gilt auch für den Mitarbeiter, dem aus mehreren Rechtsverhältnissen ein Anspruch auf Ortszuschlag oder entsprechende Leistungen wesentlich gleichen Inhalts in Höhe der Stufe 3 oder einer der folgenden Stufen zusteht (Insichkonkurrenz).*

Stünde neben dem Mitarbeiter einer anderen Person, die außerhalb der in Unterabsatz 1 Satz 1 genannten Bereiche tätig oder nach beamtenrechtlichen Grundsätzen versorgungsberechtigt ist, ein Anspruch auf Ortszuschlag oder Familienzuschlag oder Sozialzuschlag oder entsprechende Leistungen wesentlich gleichen Inhalts in Höhe der Stufe 3 oder einer der folgenden Stufen zu, so erhält der Mitarbeiter den Ortszuschlag der Stufe 1; erreicht der Anspruch der anderen Person nicht die Höhe der Stufe 3 oder einer der folgenden Stufen, so erhält der Mitarbeiter den Unterschiedsbetrag zwischen der Stufe 2 und der Stufe 3 bzw. einer der folgenden Stufen des für ihn maßgebenden Ortszuschlages in der Höhe gewährt, dass der Mitarbeiter und die andere Person den Unterschiedsbetrag zwischen der Stufe 2 und der Stufe 3 bzw. einer der folgenden Stufen insgesamt einmal erhalten. Dies gilt entsprechend auch für den Mitarbeiter, dem aus mehreren Rechtsverhältnissen ein Anspruch auf Ortszuschlag oder entsprechende Leistungen wesentlich gleichen Inhalts in Höhe der Stufe 3 oder einer der folgenden Stufen zusteht (Insichkonkurrenz). Ist der Ehegatte eines teilzeitbeschäftigten Mitarbeiters außerhalb der in Unterabsatz 1 Satz 1 genannten Bereiche ebenfalls teilzeitbeschäftigt und erhält er den Unterschiedsbetrag zwischen der Stufe 2 und der Stufe 3 oder einer der folgenden Stufen des Ortszuschlages anteilig zu seiner Arbeitszeit gewährt, so erhält der Mitarbeiter den Unterschiedsbetrag zwischen der Stufe 2 und der Stufe 3 oder einer der folgenden Stufen des Ortszuschlages in der Höhe, dass der Mitarbeiter und sein Ehegatte den Unterschiedsbetrag zwischen der Stufe 2 und der Stufe 3 oder einer der folgenden Stufen insgesamt in der Höhe erhalten, als wenn beide im Geltungsbereich der AVR teilzeitbeschäftigt wären.

Anmerkung:

Der Tätigkeit im Bereich der katholischen Kirche im Sinne von Abschnitt V steht gleich eine Tätigkeit in der evangelischen Kirche, in einem Diakonischen Werk oder in einer Einrichtung, die dem Diakonischen Werk angeschlossen ist.

(e) [1]Der Mitarbeiter erhält keine oder eine anteilige Kinderzulage nach Abs. a, soweit eine andere Person für dieses Kind eine kinderbezogene Besitzstandszulage nach einem Überleitungstarifvertrag des öffentlichen Dienstes oder einem

Tarifvertrag oder Vergütungssystem wesentlich gleichen Inhalts erhält. ²Die Höhe der anteiligen Kinderzulage wird nach den Grundsätzen des Abs. d berechnet.

V (RK Ost, Tarifgebiet West) – Kinderzulage
A Allgemeines

(a) Mitarbeiter, denen Kindergeld nach dem Einkommensteuergesetz oder nach dem Bundeskindergeldgesetz zusteht oder ohne Berücksichtigung des § 64 oder § 65 Einkommensteuergesetz oder des § 3 oder § 4 Bundeskindergeldgesetz zustehen würde, erhalten eine Kinderzulage nach Abschnitt B oder nach Abschnitt C.

Voraussetzungen — A 1

(b) Die Kinderzulage wird für jeden Monat gezahlt, in dem mindestens für einen Tag die Voraussetzungen vorliegen.

B Mitarbeiter, deren Dienstverhältnis nach dem 30. Juni 2009 begonnen hat

In den Teilen der Erzbistümer Berlin und Hamburg, für die das Grundgesetz der Bundesrepublik Deutschland vor dem 3. Oktober 1990 galt, zuzüglich des Teils des Bundeslandes Berlin, für den das Grundgesetz der Bundesrepublik Deutschland vor dem 3. Oktober 1990 nicht galt, erhalten Mitarbeiter, deren Dienstverhältnis nach dem 30. Juni 2009 begonnen hat, für jedes berücksichtigungsfähige Kind eine Kinderzulage in Höhe von monatlich 90,00 Euro.

B2 Mitarbeiter, deren Dienstverhältnis nach dem 30. Juni 2008, aber vor dem 1. Juli 2009 begonnen hat

In den Teilen der Erzbistümer Berlin und Hamburg, für die das Grundgesetz der Bundesrepublik Deutschland vor dem 3. Oktober 1990 galt, zuzüglich des Teils des Bundeslands Berlin, für den das Grundgesetz der Bundesrepublik Deutschland vor dem 3. Oktober 1990 nicht galt, gilt für Mitarbeiter, deren Dienstverhältnis nach dem 30. Juni 2008, aber vor dem 1. Juli 2009 begonnen hat, die derzeitige Anwendungspraxis hinsichtlich der Zuordnung zu Ziffer B oder C solange weiter, bis durch Beschluss der Bundeskommission eine Festlegung erfolgt ist.

C Mitarbeiter, deren Dienstverhältnis vor dem 1. Juli 2008 bestanden hat (Besitzstandsregelung)

(a) ¹In den Teilen der Erzbistümer Berlin und Hamburg, für die das Grundgesetz der Bundesrepublik Deutschland vor dem 3. Oktober 1990 galt, zuzüglich des Teils des Bundeslands Berlin, für den das Grundgesetz der Bundesrepublik Deutschland vor dem 3. Oktober 1990 nicht galt, erhalten Mitarbeiter, deren Dienstverhältnis vor dem 1. Juli 2008 bestanden hat und über den 30. Juni 2009 hinaus fortbesteht, für jedes berücksichtigungsfähige Kind eine Kinderzulage. ²Sie beträgt ab dem 1. Januar 2015 monatlich 104,41 Euro und ab dem 1. Oktober 2015 monatlich 106,92 Euro.

Anlage 1 – V

(b) ¹Die Kinderzulage erhöht sich ab dem 1. Januar 2015 nach folgender Tabelle für

Mitarbeiter nach den Vergütungsgruppen	für das erste zu berücksichtigende Kind	für jedes weitere zu berücksichtigende Kind
12, 11, 10, 9	5,51 Euro	27,55 Euro
Kr 1	5,89 Euro	29,49 Euro
Kr 2	5,89 Euro	23,57 Euro
9a	5,51 Euro	22,04 Euro
8	5,89 Euro	17,70 Euro

und ab dem 1. Oktober 2015 nach folgender Tabelle für

Mitarbeiter nach den Vergütungsgruppen	für das erste zu berücksichtigende Kind	für jedes weitere zu berücksichtigende Kind
12, 11, 10, 9	5,64 Euro	28,21 Euro
Kr 1	6,03 Euro	30,20 Euro
Kr 2	6,03 Euro	24,14 Euro
9a	5,64 Euro	22,57 Euro
8	6,03 Euro	18,12 Euro

(c) (entfällt)

Konkurrenzregelung s. Anlage 1 V Abs. i

(d) ¹Bei der Bemessung der Kinderzulage finden die Konkurrenzregelungen in Abschnitt V Abs. i der Anlage 1 zu den AVR mit Stand zum 31. Dezember 2007 sinngemäß Anwendung. ²Diese lauten wie folgt:

Stünde neben dem Mitarbeiter einer anderen Person, die im Geltungsbereich der AVR oder in einem anderen Tätigkeitsbereich der katholischen Kirche tätig oder nach beamtenrechtlichen Grundsätzen versorgungsberechtigt ist, ein Anspruch auf Ortszuschlag der Stufe 3 oder einer der folgenden Stufen oder auf Familienzuschlag der Stufe 2 oder einer der folgenden Stufen oder ein Sozialzuschlag oder eine entsprechende Leistung wesentlich gleichen Inhalts zu, so wird der auf das Kind entfallende Unterschiedsbetrag zwischen den Stufen des Ortszuschlags dem Mitarbeiter gewährt, wenn und soweit ihm das Kindergeld nach dem Einkommensteuergesetz oder nach dem Bundeskindergeldgesetz gewährt wird oder ohne Berücksichtigung des § 65 Einkommensteuergesetz oder des § 4 Bundeskindergeldgesetz vorrangig zu gewähren wäre. Auf das Kind entfällt derjenige Unterschiedsbetrag, der sich aus der für die Anwendung des Einkommensteuergesetzes oder des Bundeskindergeldgesetzes maßgebenden Reihenfolge der Kinder ergibt. Abschnitt IIa der Anlage 1 zu den AVR findet auf den Unterschiedsbetrag keine Anwendung, wenn einer der Anspruchsberechtigten im Sinne des Satzes 1 vollbeschäftigt oder nach beamtenrechtlichen Grundsätzen versorgungsberechtigt ist; das gilt auch, wenn mehrere Anspruchsberechtigte teilzeitbeschäftigt sind, mit der Maßgabe, dass dann der Unterschiedsbetrag zwischen der Stufe 2 und der Stufe 3 oder einer der folgenden Stufen in Höhe des Gesamtbeschäftigungsumfangs der Anspruchsberechtigten gewährt wird, höchstens jedoch der auf das Kind entfallende Unterschiedsbetrag zwischen den Stufen des Ortszuschlages.

Entsprechendes gilt auch für den Mitarbeiter, dem aus mehreren Rechtsverhältnissen ein Anspruch auf Ortszuschlag oder entsprechende Leistungen wesentlich gleichen Inhalts in Höhe der Stufe 3 oder einer der folgenden Stufen zusteht (Insichkonkurrenz).

Stünde neben dem Mitarbeiter einer anderen Person, die außerhalb der in Unterabsatz 1 Satz 1 genannten Bereiche tätig oder nach beamtenrechtlichen Grundsätzen versorgungsberechtigt ist, ein Anspruch auf Ortszuschlag oder Familienzuschlag oder Sozialzuschlag oder entsprechende Leistungen wesentlich gleichen Inhalts in Höhe der Stufe 3 oder einer der folgenden Stufen zu, so erhält der Mitarbeiter den Ortszuschlag der Stufe 1; erreicht der Anspruch der anderen Person nicht die Höhe der Stufe 3 oder einer der folgenden Stufen, so erhält der Mitarbeiter den Unterschiedsbetrag zwischen der Stufe 2 und der Stufe 3 bzw. einer der folgenden Stufen des für ihn maßgebenden Ortszuschlages in der Höhe gewährt, dass der Mitarbeiter und die andere Person den Unterschiedsbetrag zwischen der Stufe 2 und der Stufe 3 bzw. einer der folgenden Stufen insgesamt einmal erhalten. Dies gilt entsprechend auch für den Mitarbeiter, dem aus mehreren Rechtsverhältnissen ein Anspruch auf Ortszuschlag oder entsprechende Leistungen wesentlich gleichen Inhalts in Höhe der Stufe 3 oder einer der folgenden Stufen zusteht (Insichkonkurrenz). Ist der Ehegatte eines teilzeitbeschäftigten Mitarbeiters außerhalb der in Unterabsatz 1 Satz 1 genannten Bereiche ebenfalls teilzeitbeschäftigt und erhält er den Unterschiedsbetrag zwischen der Stufe 2 und der Stufe 3 oder einer der folgenden Stufen des Ortszuschlages anteilig zu seiner Arbeitszeit gewährt, so erhält der Mitarbeiter den Unterschiedsbetrag zwischen der Stufe 2 und der Stufe 3 oder einer der folgenden Stufen des Ortszuschlages in der Höhe, dass der Mitarbeiter und sein Ehegatte den Unterschiedsbetrag zwischen der Stufe 2 und der Stufe 3 oder einer der folgenden Stufen insgesamt in der Höhe erhalten, als wenn beide im Geltungsbereich der AVR teilzeitbeschäftigt wären.

Anmerkung:
Der Tätigkeit im Bereich der katholischen Kirche im Sinne von Abschnitt V steht gleich eine Tätigkeit in der evangelischen Kirche, in einem Diakonischen Werk oder in einer Einrichtung, die dem Diakonischen Werk angeschlossen ist.

(e) [1]Der Mitarbeiter erhält keine oder eine anteilige Kinderzulage nach Abs. a, soweit eine andere Person für dieses Kind eine kinderbezogene Besitzstandszulage nach einem Überleitungstarifvertrag des öffentlichen Dienstes oder einem Tarifvertrag oder Vergütungssystem wesentlich gleichen Inhalts erhält. [2]Die Höhe der anteiligen Kinderzulage wird nach den Grundsätzen des Abs. d berechnet.

VI (derzeit nicht besetzt)

VII Wechselschicht- und Schichtzulage

(a) Die Mitarbeiter erhalten eine Wechselschicht- oder Schichtzulage nach Maßgabe dieses Abschnitts.

Voraussetzungen „Wechselschicht" vgl. § 2 Abs. 2 Unterabs. 1 Anl. 5

(b) Der Mitarbeiter, der ständig nach einem Schichtplan (Dienstplan) eingesetzt ist, der einen regelmäßigen Wechsel der täglichen Arbeitszeit in Wechselschichten (§ 2 Abs. 2 Unterabs. 1 der Anlage 5 zu den AVR) vorsieht, erhält eine Wechselschichtzulage

in fünf Wochen 40 Nachtschichtstunden

1. in Höhe von 102,26 Euro monatlich, wenn er dabei in je fünf Wochen durchschnittlich mindestens 40 Arbeitsstunden in der dienstplanmäßigen oder betriebsüblichen Nachtschicht leistet,

in sieben Wochen 40 Nachtschichtstunden

2. in Höhe von 61,36 Euro monatlich, wenn er dabei in je sieben Wochen durchschnittlich mindestens 40 Arbeitsstunden in der dienstplanmäßigen oder betriebsüblichen Nachtschicht leistet.

Voraussetzungen „Schichtarbeit" vgl. § 2 Abs. 2 Unterabs. 2 Anl. 5

(c) Der Mitarbeiter, der ständig Schichtarbeit (§ 2 Abs. 2 Unterabs. 2 der Anlage 5 zu den AVR) oder Arbeit mit Arbeitsunterbrechung (geteilter Dienst) zu leisten hat, erhält eine Zulage

innerhalb von mind. 18 Std.

1. in Höhe von 46,02 Euro monatlich, wenn die Schichtarbeit oder der geteilte Dienst innerhalb einer Zeitspanne von mindestens 18 Stunden erbracht wird,

innerhalb von mind. 13 Std.

2. in Höhe von 35,79 Euro monatlich, wenn die Schichtarbeit oder der geteilte Dienst innerhalb einer Zeitspanne von mindestens 13 Stunden erbracht wird.

Anmerkung zu Abs. c:

Berechnung der Stundenzahl

[1]Zeitspanne ist die Zeit zwischen dem Beginn der frühesten und dem Ende der spätesten Schicht innerhalb von 24 Stunden. [2]Die geforderte Stundenzahl muss im Durchschnitt an den im Schichtplan vorgesehenen Arbeitstagen erreicht werden. [3]Sieht der Schichtplan mehr als fünf Arbeitstage wöchentlich vor, können, falls dies günstiger ist, der Berechnung des Durchschnitts fünf Arbeitstage wöchentlich zugrunde gelegt werden.

VIIa Heim- und Werkstattzulage

Heimzulagen

(a) [1]Mitarbeiter der Vergütungsgruppen 3 bis 9 sowie Mitarbeiter, die aufgrund eines Bewährungsaufstieges aus Vergütungsgruppe 3 in Vergütungsgruppe 2 eingruppiert sind und Mitarbeiter in den Entgeltgruppen S 2 bis S 18 der Anlage 33 zu den AVR, in

1. Heimen der Jugendhilfe (z.B. Erziehungsheimen, Heimen für Kinder und Jugendliche, Jugendwohnheimen, Internaten), in denen überwiegend Kinder oder Jugendliche oder junge Menschen mit wesentlichen Erziehungsschwierigkeiten ständig leben,
2. Heimen der Behindertenhilfe,
3. Heimen für Personen mit besonderen sozialen Schwierigkeiten (§ 1 Abs. 2 der Verordnung zur Durchführung der §§ 67ff. SGB XII)

erhalten für die Dauer ihrer Tätigkeit eine monatliche Zulage von 61,36 Euro. [2]Voraussetzung ist, dass die Mitarbeiter in der Pflege, Betreuung, Erziehung oder heilpädagogisch-therapeutischen Behandlung tätig sind. [3]Leben in diesen Heimen nicht überwiegend ständig solche Personen, beträgt die Zulage 30,68 Euro monatlich.

(b) ¹Mitarbeiter der Vergütungsgruppen 3 bis 9 sowie Mitarbeiter, die aufgrund eines Bewährungsaufstieges aus Vergütungsgruppe 3 in Vergütungsgruppe 2 eingruppiert sind und Mitarbeiter in den Entgeltgruppen S 2 bis S 18 der Anlage 33 zu den AVR
1. in Ausbildungs- oder Berufsbildungsstätten oder Berufsförderungswerkstätten
2. oder in Werkstätten für behinderte Menschen

erhalten für die Dauer ihrer Tätigkeit in der beruflichen Anleitung/ Ausbildung oder im begleitenden sozialen Dienst eine monatliche Zulage von 40,90 Euro.

²Die Zulage erhalten auch Mitarbeiter in Versorgungsbetrieben für die Dauer ihrer Tätigkeit, wenn sie in der beruflichen Anleitung/Ausbildung von Menschen mit Behinderungen tätig sind.

Werkstattzulagen

(c) ¹Die Zulage wird nur für Zeiträume gezahlt, für die Dienstbezüge (Vergütung, Urlaubsvergütung, Krankenbezüge) zustehen. ²Sie ist bei der Bemessung der Zuwendungen im Todesfall (Abschnitt XV der Anlage 1 zu den AVR) und des Übergangsgeldes (Anlage 15 zu den AVR) zu berücksichtigen.

Zahlungszeiträume

VIII Sonstige Zulagen

(a) Mitarbeiter, die durch die Art ihrer Tätigkeit aus ihrer Vergütungs- bzw. Entgeltgruppe hervorgehoben sind, können für die Dauer dieser Tätigkeit eine Stellenzulage erhalten.

Stellenzulage

(b) Bei besonders hochwertigen Leistungen des Mitarbeiters kann eine widerrufliche Leistungszulage gewährt werden.

Leistungszulage

(c) ¹Die Stellenzulage und die Leistungszulage sollen als prozentualer Zuschlag berechnet werden. ²Grundlage der Berechnung ist die Regelvergütung bzw. das Tabellenentgelt.

Berechnung der Zulagen

(d) Mitarbeiter, die einen Anspruch gemäß Abschnitt V Abs. c der Anlage 1 zu den AVR in der Fassung vom 1. Oktober 1966 erworben haben oder noch erwerben, behalten für ihre Person unter den dort gegebenen Voraussetzungen ihren Anspruch bei.

(e) ¹Mitarbeiter erhalten eine monatliche Zulage unter der Voraussetzung, dass die zulageberechtigende Tätigkeit mindestens 25 v.H. ihrer Arbeitszeit ausmacht. ²Zulagen erhalten:

Erschwerniszulagen

	Monatsbetrag
1. Mitarbeiter, die Desinfektionsarbeiten mit Ausnahme der Schädlingsbekämpfung ausüben.	10,23 Euro
2. Mitarbeiter, die bei Arbeiten mit gesundheitsschädigenden ätzenden oder giftigen Stoffen der Einwirkung dieser Stoffe ausgesetzt sind, wenn sie im Kalendermonat durchschnittlich mindestens ein Viertel der regelmäßigen Arbeitszeit in Räumen oder mindestens ein Drittel der regelmäßigen Arbeitszeit im Freien dieser Einwirkung ausgesetzt sind.	12,78 Euro

Anlage 1 – VIII

	Monatsbetrag
3. Mitarbeiter, die Versuchstiere in wissenschaftlichen Anstalten, Lehr-, Versuchs- oder Untersuchungsanstalten pflegen, wenn sie bei der Pflege der Tiere mit diesen in unmittelbare Berührung kommen.	15,34 Euro
4. • Pflegepersonen in psychiatrischen Krankenhäusern, Krankenhausabteilungen oder -stationen, in entsprechenden komplementären Einrichtungen oder in psychiatrischen Abteilungen / Stationen in Einrichtungen der stationären Altenhilfe, • Pflegepersonen in neurologischen Kliniken, Abteilungen oder Stationen, die ständig geisteskranke Patienten pflegen, • Mitarbeiter in psychiatrischen oder neurologischen Krankenhäusern, Kliniken oder Abteilungen, die im EEG-Dienst oder in der Röntgendiagnostik ständig mit geisteskranken Patienten Umgang haben, • Mitarbeiter der Physiotherapie / Krankengymnastik, die überwiegend mit geisteskranken Patienten Umgang haben, • sonstige Mitarbeiter, die ständig mit geisteskranken Patienten zu arbeitstherapeutischen Zwecken zusammenarbeiten oder sie hierbei beaufsichtigen.	15,34 Euro
5. Mitarbeiter, die in großen Behandlungsbecken (nicht in Badewannen) Unterwassermassagen oder Unterwasserbehandlungen ausführen, wenn sie im Kalendermonat durchschnittlich mindestens ein Viertel der regelmäßigen Arbeitszeit mit diesen Arbeiten beschäftigt sind.	10,23 Euro
6. Mitarbeiter als Sektionsgehilfen in der Human- oder Tiermedizin.	15,34 Euro
7. Mitarbeiter, die in Leichenschauhäusern oder in Einrichtungen, die die Aufgaben von Leichenschauhäusern zu erfüllen haben, Leichen versorgen und herrichten.	12,78 Euro
8. Mitarbeiter, die besonders schmutzige und besonders ekelerregende Arbeiten ausführen, wenn sie diese Arbeiten im Kalendermonat durchschnittlich zu einem Viertel der regelmäßigen Arbeitszeit gemäß Anlage 5 bzw. Anlage 30 bis 33 zu den AVR ausführen. (Besonders schmutzige und besonders ekelerregende Arbeiten sind z.B. das Beseitigen und der Transport von spezifischen Krankenhausabfällen; die Beseitigung von Verstopfungen in Toilettenanlagen, Spuck- und Waschbecken und Abflussleitungen; das Verlesen stark verschmutzter Wäsche und das Vorwaschen blutiger Operationswäsche oder stark verschmutzter Säuglings- oder Bettwäsche; das Reinigen ekelerregend verschmutzter Matratzen sowie Arbeiten beim Aufarbeiten von Matratzen.)	15,34 Euro

³Die genannten Zulagen werden mit Ausnahme der Zulage nach Ziffer 8 beim Vorliegen der Voraussetzungen neben der monatlichen Zulage nach Ziffer 1 der Anmerkungen zu den Tätigkeitsmerkmalen der Vergütungsgruppen Kr 1 bis Kr 14 (Anlage 2a bzw. Anlage 31 und 32 zu den AVR) gezahlt.

⁴Beginnt die zulageberechtigende Tätigkeit nicht am Ersten, sondern im Laufe eines Kalendermonats, so ist in diesem Monat für jeden Kalendertag ab Beginn dieser Tätigkeit 1/30 des Monatsbetrages zu zahlen.

⁵Die Zulage entfällt mit Ablauf des Kalendermonats, in dem die Voraussetzungen für die Gewährung der Zulage weggefallen sind.

VIIIa Besondere Zulage

Durch Dienstvereinbarung kann eine besondere Zulage gezahlt werden, wenn aufgrund besonderer örtlicher Verhältnisse für vergleichbare Mitarbeiter in anderen Einrichtungen und Diensten eine Zulage wegen erhöhter Lebenshaltungskosten (sog. Ballungsraumzulage) gewährt wird.   *Ballungsraumzulage*

IX Sachbezüge

(a) Eine Verpflichtung des Mitarbeiters, an der Anstaltsverpflegung ganz oder teilweise teilzunehmen sowie Unterkunft im Anstaltsbereich zu nehmen, wenn dies im Interesse des Dienstes erforderlich ist, kann im Dienstvertrag vereinbart werden.   *Verpflegung*

(b) ¹Die dem Mitarbeiter gewährte Verpflegung wird mit dem aufgrund des § 17 Abs. 1 Satz 1 Nr. 4 des SGB IV in der Sozialversicherungsentgeltverordnung allgemein festgesetzten Wert auf die Dienstbezüge angerechnet. ²Bei Diätverpflegung können dienstvertraglich höhere Sätze vereinbart werden.   *Sachbezugsverordnung gem. § 17 S. 1 Nr. 4 SGB IV*

(c) Eine dem Mitarbeiter auf dienstvertraglicher Grundlage gewährte Unterkunft wird nach Maßgabe der Anlage 12 zu den AVR auf die Dienstbezüge angerechnet.   *Unterkunft s. Anl. 12 Bewertung von Mitarbeiterunterkünften*

IXa Werkdienstwohnungen

(a) ¹Der Mitarbeiter ist verpflichtet, eine ihm zugewiesene Werkdienstwohnung zu beziehen, wenn die dienstlichen Verhältnisse es erfordern. ²Im Übrigen gelten für das Werkdienstwohnungsverhältnis vorbehaltlich der Absätze b und c die beim Dienstgeber jeweils maßgebenden Bestimmungen über Werkdienstwohnungen.

(b) Bezieht der Mitarbeiter als Inhaber einer Werkdienstwohnung von der Einrichtung Energie oder Brennstoff, so hat er die anteiligen Gestehungskosten zu tragen, wenn nicht der allgemeine Tarifpreis in Rechnung gestellt wird.

(c) ¹Beim Tode eines Mitarbeiters verbleiben die als Werkdienstwohnung zugewiesene Wohnung sowie Beleuchtung und Heizung für eine Übergangszeit bis zu sechs Monaten dem Ehegatten oder den Kindern, für die dem Mitarbeiter Kindergeld nach dem Einkommensteuergesetz oder nach dem Bundeskindergeldgesetz zugestanden hat oder ohne Berücksichtigung des § 64 oder § 65 Einkommensteuergesetz oder des § 3 oder § 4 Bundeskindergeldgesetz zugestanden hätte, nach Maßgabe der im Bereich des Dienstgebers jeweils geltenden Bestimmungen über

Werkdienstwohnungen. ²Auch der Dienstgeber soll sich um eine anderweitige Unterbringung der Hinterbliebenen bemühen.

X Zusatzbestimmungen zu den Bezügen

Auszahlungszeitpunkt für die monatliche Vergütung am letzten Werktag des Monats

(a) ¹Die Bezüge, die in Monatsbeträgen festgelegt sind, sind für den Kalendermonat zu berechnen und dem Mitarbeiter so rechtzeitig zu zahlen, dass er am letzten Werktag des Kalendermonats über sie verfügen kann. ²Die Bezüge sollen auf ein von dem Mitarbeiter eingerichtetes inländisches Konto gezahlt werden. ³Die Kosten der Übermittlung der Bezüge mit Ausnahme der Kosten für die Gutschrift auf dem Konto des Empfängers trägt der Dienstgeber; die Kontoeinrichtungs-, Kontoführungs- oder Buchungsgebühren trägt der Empfänger.

Auszahlungszeitpunkt für unständige Bezügebestandteile am letzten Werktag des folgenden Monats

⁴Die Bezüge, die nicht in Monatsbeträgen festgelegt sind, sind für den Kalendermonat zu berechnen. ⁵Sie sind dem Mitarbeiter, soweit Unterabsatz 3 nichts anderes bestimmt, so rechtzeitig zu zahlen, dass er über sie verfügen kann am letzten Werktag des Kalendermonats, der auf den folgt, in dem die für die Bezüge maßgebliche Arbeitsleistung erbracht worden ist.

⁶Der Zeitzuschlag nach

§ 3 Abs. 1 Satz 3 der Anlage 6 zu den AVR,

§ 7 Abs. 1 Buchst. a der Anlage 30 zu den AVR,

§ 6 Abs. 1 Buchst. a der Anlage 31 zu den AVR,

§ 6 Abs. 1 Buchst. a der Anlage 32 zu den AVR,

§ 6 Abs. 1 Buchst. a der Anlage 33 zu den AVR

und die Überstundenvergütung nach

§ 3 Abs. 2 der Anlage 6 zu den AVR,

§ 7 Abs. 1 Anmerkung zu Absatz 1 Satz 1 der Anlage 30 zu den AVR,

§ 6 Abs. 1 Anmerkung zu Absatz 1 Satz 1 der Anlage 31 zu den AVR,

§ 6 Abs. 1 Anmerkung zu Absatz 1 Satz 1 der Anlage 32 zu den AVR,

§ 6 Abs. 1 Anmerkung zu Absatz 1 Satz 1 der Anlage 33 zu den AVR

sind dem Mitarbeiter so rechtzeitig zu zahlen, dass er über die Überstundenabgeltung am letzten Werktag des Kalendermonats verfügen kann, der auf den folgt, in dem der im Einzelfall gemäß

§ 3 der Anlage 6 zu den AVR,

§ 5 Abs. 4, 5 der Anlage 30 zu den AVR,

§ 4 Abs. 7, 8 der Anlage 31 zu den AVR,

§ 4 Abs. 7, 8 der Anlage 32 zu den AVR,

§ 4 Abs. 7, 8 der Anlage 33 zu den AVR

angewandte Ausgleichszeitraum endet.

⁷Stehen dem Mitarbeiter Urlaubsbezüge nach § 2 der Anlage 14 zu den AVR oder Krankenbezüge nach Abschnitt XII der Anlage 1 zu den AVR für einen vollen Kalendermonat oder für Tage desselben zu und hat er Anspruch auf den Aufschlag nach § 2 Abs. 1 und 3 der Anlage 14 zu den AVR, so gilt für die Zahlung des Aufschlags Unterabsatz 2 Satz 2 entsprechend.

[8]Für einen Kalendermonat, für den dem Mitarbeiter weder Dienstbezüge (Abschnitt II der Anlage 1 zu den AVR) noch Urlaubsbezüge noch Krankenbezüge nach Abschnitt XII Abs. a der Anlage 1 zu den AVR zustehen, stehen ihm auch keine Bezüge zu, die nicht in Monatsbeträgen festgelegt sind; ausgenommen ist der Zuschuss nach Abschnitt XII Abs. d der Anlage 1 zu den AVR. [9]Stehen dem Mitarbeiter aus dem Vormonat oder Vorvormonat noch Bezüge nach Unterabsatz 2 Satz 2 oder nach Unterabsatz 3 und 4 dieses Absatzes zu, so sind diese so rechtzeitig zu zahlen, dass der Mitarbeiter über sie verfügen kann am letzten Werktag des Kalendermonats, an dem er erstmals wieder Dienstbezüge (Abschnitt II der Anlage 1 zu den AVR) oder Urlaubsbezüge (§ 2 der Anlage 14 zu den AVR) oder Krankenbezüge nach Abschnitt XII der Anlage 1 zu den AVR erhält.

Auszahlung bei fehlendem Anspruch auf Bezüge

[10]Endet das Dienstverhältnis in einem Kalendermonat, in dem dem Mitarbeiter weder Dienstbezüge noch Urlaubsbezüge noch Krankenbezüge nach Abschnitt XII Abs. b der Anlage 1 zu den AVR zustehen, so sind ihm aus einem Vormonat noch zustehende Bezüge, die nicht in Monatsbeträgen festgelegt sind, nach Beendigung des Dienstverhältnisses unverzüglich zu zahlen.

Auszahlungszeitpunkt bei Beendigung des Dienstverhältnisses und gleichgestellten langfristigen Unterbrechungen

[11]Im Sinne des Unterabsatzes 6 steht der Beendigung des Dienstverhältnisses gleich der Beginn

a) des Grundwehrdienstes oder des Zivildienstes,
b) des Ruhens des Dienstverhältnisses nach § 18 Abs. 4 Satz 2 AVR,
c) der Elternzeit nach dem Bundeselterngeld- und Elternzeitgesetz,
d) einer sonstigen Beurlaubung ohne Bezüge von länger als zwölf Monaten.

[12]Nimmt der Mitarbeiter die Tätigkeit wieder auf, wird er bei der Anwendung des Absatz a wie ein neueingestellter Mitarbeiter behandelt.

(b) [1]Besteht der Anspruch auf Dienstbezüge (Abschnitt II der Anlage 1 zu den AVR) und auf in Monatsbeträgen festgelegte Zulagen, auf Urlaubsvergütung oder auf Krankenbezüge nicht alle Tage eines Kalendermonats, wird nur der Teil gezahlt, der auf den Anspruchszeitraum entfällt. [2]Besteht für einzelne Stunden kein Anspruch, werden für jede nicht geleistete dienstplanmäßige bzw. betriebsübliche Arbeitsstunde die Dienstbezüge (Abschnitt II der Anlage 1 zu den AVR) und die in Monatsbeträgen festgelegten Zulagen um den auf eine Stunde entfallenden Anteil vermindert. [3]Zur Ermittlung des auf eine Stunde entfallenden Anteils sind die Dienstbezüge (Abschnitt II der Anlage 1 zu den AVR) und die in Monatsbeträgen festgelegten Zulagen durch das 4,348-fache der regelmäßigen wöchentlichen Arbeitszeit zu teilen.

Auszahlung bei „Teilmonaten"

[4]Ändert sich die Höhe der Dienstbezüge (Abschnitt II der Anlage 1 zu den AVR) und der in Monatsbeträgen festgelegten Zulagen im Laufe des Kalendermonats, so gilt Unterabsatz 1 entsprechend.

Auszahlung bei Änderung der Bezüge

(c) [1]Dem Mitarbeiter wird eine Abrechnung zur Verfügung gestellt, in der die Beträge, aus denen sich die Bezüge zusammensetzen, und die Abzüge getrennt aufgeführt sind. [2]Der Mitarbeiter hat sich bei der Auszahlung der Dienstbezüge sofort zu vergewissern, dass die Höhe der ausgezahlten Bezüge mit der Abrechnung übereinstimmt, und die etwaige Nichtübereinstimmung unverzüglich zu beanstanden. [3]Unterlässt der Mitarbeiter eine unverzügliche Beanstandung, so kann er diese später nicht mehr geltend machen. [4]Hiervon bleibt die Nachprüfung der Richtigkeit der Berechnung der Dienstbezüge unberührt. [5]Für Beanstandungen wegen nicht-

Anspruch auf Abrechnung der Dienstbezüge – Ausschlussfrist nach § 23 AT beachten

Anlage 1 – X, XI

zutreffender Berechnung der Dienstbezüge ist die Ausschlussfrist des § 23 AT einzuhalten.

Rückzahlung überzahlter Bezügebestandteile – insb. Krankenbezüge gem. Abschn. XII Abs. g

(d) ¹Hat der Mitarbeiter bei den Dienstbezügen eine Überzahlung erhalten, so ist er verpflichtet, diese dem Dienstgeber zurückzuerstatten. ²Die überzahlten Dienstbezüge können gegen zukünftig auszuzahlende Dienstbezüge aufgerechnet werden. ³Das gilt auch für Überzahlungen bei Bezügen nach Abschnitt XII, XIV und XV der Anlage 1 zu den AVR bzw. Jahressonderzahlungen nach den Anlagen 31 bis 33 zu den AVR, in Monatsbeiträgen festgelegte Zulagen und bei überhöhten sonstigen Leistungen sowie für alle dem Mitarbeiter ohne Rechtsgrund gewährten Bestandteile der Dienstbezüge (Abschnitt II Abs. a der Anlage 1 zu den AVR) bzw. der Bezüge nach Abschnitt XII bis XV der Anlage 1 zu den AVR bzw. Jahressonderzahlungen nach den Anlagen 31 bis 33 zu den AVR, in Monatsbeträgen festgelegten Zulagen und sonstigen Leistungen.

Rundungsvorschrift

(e) Ergibt sich bei der Berechnung von Beträgen ein Bruchteil eines Cent von mindestens 0,5, ist er aufzurunden, ein Bruchteil von weniger als 0,5 ist abzurunden.

Gehaltsabtretung grunds. ausgeschlossen § 399 BGB

(f) ¹Die Abtretung von Vergütungsansprüchen ist ausgeschlossen (§ 399 BGB). ²Im Einzelfall kann der Mitarbeiter mit dem Dienstgeber die Abtretbarkeit seiner Vergütungsansprüche schriftlich vereinbaren.

Anmerkung:
Die Regelung des Abs. a Unterabs. 7 gilt nur, wenn der maßgebende Zeitpunkt nach dem 31. Dezember 1987 liegt.

XI Vergütung für Sonderleistungen der Mitarbeiter

Gutachten

(a) ¹Die Mitarbeiter haben Gutachten, die ihnen dienstlich übertragen werden, anzufertigen oder bei der Anfertigung behilflich zu sein. ²Erhält der Dienstgeber vom Auftraggeber des Gutachtens eine besondere Bezahlung, durch die auch die Leistung des Mitarbeiters vergütet wird, so hat der das Gutachten anfertigende Mitarbeiter Anspruch auf Vergütung seiner Leistung entsprechend dem Maß seiner Beteiligung, soweit er das Gutachten außerhalb der Dienstzeit erstellt hat.

Ärzte

(b) Falls Oberärzte oder Assistenzärzte im Einvernehmen mit dem Dienstgeber für Leitende Ärzte (Chefärzte) tätig werden, haben sie für diese Tätigkeit keinen Anspruch auf Vergütung gegenüber dem Dienstgeber.

Weiterbildungsmaßnahmen

(c) Bei der Beteiligung an der Weiterbildung der Mitarbeiter oder am Unterricht an den Schulen des Dienstgebers (§ 5 Abs. 3 AT) erhält der Mitarbeiter nur dann eine besondere Vergütung, wenn er diese Tätigkeit einschließlich einer angemessenen Vorbereitungszeit nicht im Rahmen der für ihn maßgebenden wöchentlichen Arbeitszeit ausüben kann.

Einsatzzuschlag Rettungsdienst

(d) ¹Für jeden Einsatz im Rettungsdienst (§ 5 Abs. 3 Unterabs. 4 AT) erhält der Mitarbeiter, der nicht unter die Anlage 30 zu den AVR fällt, einen nicht zusatzversorgungspflichtigen Einsatzzuschlag.

(RK Mitte/Bayern):
²Der Einsatzzuschlag im Rettungsdienst beträgt

| ab 1. Januar 2015 | 18,39 Euro |
| ab 1. März 2015 | 18,83 Euro |

(RK Nord):
²Der Einsatzzuschlag im Rettungsdienst beträgt

| ab 1. Januar 2015 | 18,39 Euro |
| ab 1. Juli 2015 | 18,83 Euro |

(RK NRW/BW):
²Der Einsatzzuschlag im Rettungsdienst beträgt

| ab 1. Juli 2014 | 18,39 Euro |
| ab 1. März 2015 | 18,83 Euro |

(RK Ost – Tarifgebiet Ost):
²Der Einsatzzuschlag im Rettungsdienst beträgt

| ab 1. Januar 2015 | 17,28 Euro |
| ab 1. Oktober 2015 | 17,69 Euro |

(RK Ost – Tarifgebiet West):
²Der Einsatzzuschlag im Rettungsdienst beträgt

| ab 1. Januar 2015 | 17,84 Euro |
| ab 1. Oktober 2015 | 18,27 Euro |

³Dieser Betrag verändert sich zu demselben Zeitpunkt und in dem gleichen Ausmaß wie die Stundenvergütung der Vergütungsgruppe 2 der Anlage 2 zu den AVR. ⁴Der Einsatzzuschlag steht nicht zu, wenn dem Mitarbeiter wegen der Teilnahme am Rettungsdienst außer den Vergütungen nach den AVR sonstige Leistungen vom Dienstgeber oder von einem Dritten (z. B. private Unfallversicherung, für die der Dienstgeber oder ein Träger des Rettungsdienstes die Beiträge ganz oder teilweise trägt; die Liquidationsansprüche usw.) zustehen. ⁵Der Mitarbeiter kann auf die Leistungen verzichten.

(e) Besteht nach den vorstehenden Bestimmungen ein Anspruch auf Sondervergütung, so wird diese auf die Dienstbezüge nicht angerechnet.

XII Krankenbezüge

(a) ¹Wird der Mitarbeiter durch Arbeitsunfähigkeit infolge Krankheit an seiner Arbeitsleistung verhindert, ohne dass ihn ein Verschulden trifft, erhält er Krankenbezüge nach Maßgabe der Absätze b bis i.

unverschuldete Arbeitsunfähigkeit infolge Krankheit

²Als unverschuldete Arbeitsunfähigkeit im Sinne des Unterabsatzes 1 gilt auch die Arbeitsverhinderung infolge einer Maßnahme der medizinischen Vorsorge oder Rehabilitation, die ein Träger der gesetzlichen Renten-, Kranken- oder Unfallversicherung, eine Verwaltungsbehörde der Kriegsopferversorgung oder ein

Vorsorge- oder Rehamaßnahmen

Anlage 1 – XII

sonstiger Sozialleistungsträger bewilligt hat und die in einer Einrichtung der medizinischen Vorsorge oder Rehabilitation durchgeführt wird. ³Bei Mitarbeitern, die nicht Mitglied einer gesetzlichen Krankenkasse oder nicht in der gesetzlichen Rentenversicherung versichert sind, gilt Satz 1 dieses Unterabsatzes entsprechend, wenn eine Maßnahme der medizinischen Vorsorge oder Rehabilitation ärztlich verordnet worden ist und in einer Einrichtung der medizinischen Vorsorge oder Rehabilitation oder einer vergleichbaren Einrichtung durchgeführt wird.

Dauer bis zu 6 Wochen in Höhe der Urlaubsvergütung – s. Anl. 14, s. auch Abs. j

Anspruch bei Fortsetzungserkrankung

(b) ¹Der Mitarbeiter erhält bis zur Dauer von sechs Wochen Krankenbezüge in Höhe der Urlaubsvergütung, die ihm zustehen würde, wenn er Erholungsurlaub hätte. ²Der Anspruch nach Satz 1 entsteht erstmals nach vierwöchiger ununterbrochener Dauer des Dienstverhältnisses.

³Wird der Mitarbeiter infolge derselben Krankheit (Abs. a) erneut arbeitsunfähig, hat er wegen der erneuten Arbeitsunfähigkeit Anspruch auf Krankenbezüge nach Unterabsatz 1 für einen weiteren Zeitraum von sechs Wochen, wenn

aa) er vor der erneuten Arbeitsunfähigkeit mindestens sechs Monate nicht infolge derselben Krankheit arbeitsunfähig war oder

bb) seit dem Beginn der ersten Arbeitsunfähigkeit infolge derselben Krankheit eine Frist von zwölf Monaten abgelaufen ist.

Anspruch bei krankheitsbedingter Kündigung

⁴Der Anspruch auf die Krankenbezüge nach den Unterabsätzen 1 und 2 wird nicht dadurch berührt, dass der Dienstgeber das Dienstverhältnis aus Anlass der Arbeitsunfähigkeit kündigt. ⁵Das Gleiche gilt, wenn der Mitarbeiter das Dienstverhältnis aus einem vom Dienstgeber zu vertretenden Grund kündigt, der den Mitarbeiter zur Kündigung aus wichtigem Grund ohne Einhaltung einer Kündigungsfrist berechtigt.

Anspruch bei Ende des Dienstverhältnisses

⁶Endet das Dienstverhältnis vor Ablauf der in den Unterabsätzen 1 oder 2 genannten Frist von sechs Wochen nach dem Beginn der Arbeitsunfähigkeit, ohne dass es einer Kündigung bedarf, oder infolge einer Kündigung aus anderen als den in Unterabsatz 3 bezeichneten Gründen, endet der Anspruch mit dem Ende des Dienstverhältnisses.

Anspruch auf Krankengeldzuschuss

(c) ¹Nach Ablauf des nach Abs. b maßgebenden Zeitraumes erhält der Mitarbeiter für den Zeitraum, für den ihm Krankengeld oder die entsprechenden Leistungen aus der gesetzlichen Renten- oder Unfallversicherung oder nach dem Bundesversorgungsgesetz gezahlt werden, als Krankenbezüge einen Krankengeldzuschuss.

²Dies gilt nicht,

aa) wenn der Mitarbeiter Rente wegen voller Erwerbsminderung (§ 43 SGB VI) oder wegen Alters aus der gesetzlichen Rentenversicherung erhält,

bb) für den Zeitraum, für den die Mitarbeiterin Anspruch auf Mutterschaftsgeld nach § 200 RVO oder nach § 13 Abs. 2 MuSchG hat.

³Steht dem Mitarbeiter Anspruch auf Krankengeld aus der gesetzlichen Krankenversicherung für den Tag, an dem die Arbeitsunfähigkeit ärztlich festgestellt wird, nicht zu, erhält er für diesen Tag einen Krankenzuschuss in Höhe von 100 v.H. des Nettoarbeitsentgelts, wenn für diesen Tag infolge der Arbeitsunfähigkeit ein Vergütungsausfall eintritt.

Dauer des Anspruchs auf Krankengeldzuschuss

(d) ¹Der Krankengeldzuschuss wird bei einer Beschäftigungszeit (§ 11 AT AVR)
- von mehr als einem Jahr, längstens bis zum Ende der 13. Woche,
- von mehr als drei Jahren, längstens bis zum Ende der 26. Woche,

seit dem Beginn der Arbeitsunfähigkeit, jedoch nicht über den Zeitpunkt der Beendigung des Dienstverhältnisses hinaus, gezahlt.

²Vollendet der Mitarbeiter im Laufe der Arbeitsunfähigkeit eine Beschäftigungszeit von mehr als einem Jahr bzw. von mehr als drei Jahren, wird der Krankengeldzuschuss gezahlt, wie wenn er die maßgebende Beschäftigungszeit bei Beginn der Arbeitsunfähigkeit vollendet hätte.

³In den Fällen des Absatzes a Unterabs. 2 wird die Zeit der Maßnahme bis zu höchstens zwei Wochen nicht auf die Fristen des Unterabsatzes 1 angerechnet.

(e) ¹Innerhalb eines Kalenderjahres können die Bezüge nach Abs. b Unterabs. 1 oder 2 und der Krankengeldzuschuss bei einer Beschäftigungszeit
- von mehr als einem Jahr,
- längstens für die Dauer von 13 Wochen,
- von mehr als drei Jahren,
- längstens für die Dauer von 26 Wochen

bezogen werden; Abs. d Unterabs. 3 gilt entsprechend.

²Erstreckt sich eine Erkrankung ununterbrochen von einem Kalenderjahr in das nächste Kalenderjahr oder erleidet der Mitarbeiter im neuen Kalenderjahr innerhalb von 13 Wochen nach Wiederaufnahme der Arbeit einen Rückfall, bewendet es bei dem Anspruch aus dem vorhergehenden Jahr.

³Bei jeder neuen Arbeitsunfähigkeit besteht jedoch mindestens der sich aus Abs. b ergebende Anspruch.

(f) Bei der jeweils ersten Arbeitsunfähigkeit, die durch einen bei dem Dienstgeber erlittenen Arbeitsunfall oder durch eine bei dem Dienstgeber zugezogene Berufskrankheit verursacht ist, wird der Krankengeldzuschuss ohne Rücksicht auf die Beschäftigungszeit bis zum Ende der 26. Woche seit dem Beginn der Arbeitsunfähigkeit, jedoch nicht über den Zeitpunkt der Beendigung des Dienstverhältnisses hinaus, gezahlt, wenn der zuständige Unfallversicherungsträger den Arbeitsunfall oder die Berufskrankheit anerkennt.

(g) ¹Krankengeldzuschuss wird nicht über den Zeitpunkt hinaus gezahlt, von dem an der Mitarbeiter Bezüge aufgrund eigener Versicherung aus der gesetzlichen Rentenversicherung (einschließlich eines rentenersetzenden Übergangsgeldes im Sinne des § 20 SGB VI in Verbindung mit § 8 SGB IX), aus einer zusätzlichen Alters- und Hinterbliebenenversorgung oder aus einer sonstigen Versorgungseinrichtung erhält, zu der der Dienstgeber oder ein anderer Dienstgeber, der die AVR, eine vergleichbare kircheneigene Regelung, den Bundesangestelltentarifvertrag oder einen Tarifvertrag wesentlich gleichen Inhalts angewendet hat, die Mittel ganz oder teilweise beigesteuert hat.

²Überzahlter Krankengeldzuschuss und sonstige überzahlte Bezüge gelten als Vorschüsse auf die zustehenden Bezüge im Sinne des Unterabsatzes 1. ³Die Ansprüche des Mitarbeiters gehen insoweit auf den Dienstgeber über; § 53 SGB I bleibt unberührt.

⁴Der Dienstgeber kann von der Rückforderung des Teils des überzahlten Betrages, der nicht durch die für den Zeitraum der Überzahlung zustehenden Bezüge im Sinne des Unterabsatzes 1 ausgeglichen worden ist, absehen, es sei denn, der Mitarbeiter hat dem Dienstgeber die Zustellung des Rentenbescheides schuldhaft verspätet mitgeteilt.

Anlage 1 – XII, XIIa

Höhe und Berechnung des Krankengeldzuschusses

(h) ¹Der Krankengeldzuschuss wird in Höhe des Unterschiedsbetrages zwischen der Nettourlaubsvergütung und der um die gesetzlichen Beitragsanteile des Mitarbeiters zur gesetzlichen Renten-, Arbeitslosen- und sozialen Pflegeversicherung verminderten Leistungen der Sozialleistungsträger gezahlt. ²Nettourlaubsvergütung ist die um die gesetzlichen Abzüge verminderte Urlaubsvergütung (§ 2 Abs. 1 der Anlage 14 zu den AVR).

Krankengeldzuschuss für Privatversicherte

(i) ¹Anspruch auf Krankengeldzuschuss nach den Absätzen c bis h hat auch der Mitarbeiter, der in der gesetzlichen Krankenversicherung versicherungsfrei oder von der Versicherungspflicht in der gesetzlichen Krankenversicherung befreit ist. ²Dabei sind für die Anwendung des Absatzes h die Leistungen zugrunde zu legen, die dem Mitarbeiter als Pflichtversicherten in der gesetzlichen Krankenversicherung zustünden.

Krankengeld-zuschuss in den ersten 4 Wochen des Dienstverhältnisses, s. Abs. b Unterabs. 1 S. 2

(j) Abweichend von Abs. c Unterabsatz 1 und Abs. d erhält der Mitarbeiter in den ersten vier Wochen einer ununterbrochenen Dauer seines Dienstverhältnisses für den Zeitraum, für den ihm Krankengeld oder entsprechende Leistungen aus der gesetzlichen Renten- oder Unfallversicherung oder nach dem Bundesversorgungsgesetz gezahlt werden, als Krankenbezüge einen Krankengeldzuschuss.

Verschulden

Anmerkung zu Abs. a:
Ein Verschulden im Sinne des Absatzes a liegt nur dann vor, wenn die Arbeitsunfähigkeit vorsätzlich oder grob fahrlässig herbeigeführt wurde.

Anmerkung zu Abs. f:
Hat der Mitarbeiter in einem Fall des Absatzes f die Arbeit vor Ablauf der Bezugsfrist von 26 Wochen wieder aufgenommen und wird er vor Ablauf von sechs Monaten aufgrund desselben Arbeitsunfalls oder derselben Berufskrankheit erneut arbeitsunfähig, wird der Ablauf der Bezugsfrist, wenn dies für den Mitarbeiter günstiger ist, um die Zeit der Arbeitsfähigkeit hinausgeschoben.

Übergangsregelung:
Für Mitarbeiter, die am 31. Dezember 1995 in einem Dienstverhältnis stehen, das am 1. Januar 1996 bei demselben Dienstgeber fortbesteht, gilt für die Anwendung der vorstehenden Regelungen die zu diesem Zeitpunkt erreichte Dienstzeit als Beschäftigungszeit.

XIIa Anzeige- und Nachweispflichten

Anzeigepflicht Nachweispflicht

(a) ¹In den Fällen des Abschnitts XII Abs. a Unterabs. 1 ist der Mitarbeiter verpflichtet, dem Dienstgeber die Arbeitsunfähigkeit und deren voraussichtliche Dauer unverzüglich mitzuteilen. ²Dauert die Arbeitsunfähigkeit länger als drei Kalendertage, hat der Mitarbeiter eine ärztliche Bescheinigung über das Bestehen der Arbeitsunfähigkeit sowie deren voraussichtliche Dauer spätestens an dem darauffolgenden allgemeinen Arbeitstag dem Dienstgeber vorzulegen. ³Der Dienstgeber ist berechtigt, in Einzelfällen die Vorlage der ärztlichen Bescheinigung früher zu verlangen. ⁴Dauert die Arbeitsunfähigkeit länger als in der Bescheinigung angegeben, ist der Mitarbeiter verpflichtet, eine neue ärztliche Bescheinigung vorzulegen.

Auslandserkrankung

⁵Hält sich der Mitarbeiter bei Beginn der Arbeitsunfähigkeit im Ausland auf, ist er darüber hinaus verpflichtet, dem Dienstgeber die Arbeitsunfähigkeit, deren

voraussichtliche Dauer und die Adresse am Aufenthaltsort in der schnellstmöglichen Art der Übermittlung mitzuteilen. ⁶Die durch die Mitteilung entstehenden Kosten hat der Dienstgeber zu tragen. ⁷Darüber hinaus ist der Mitarbeiter, wenn er Mitglied einer gesetzlichen Krankenkasse ist, verpflichtet, auch dieser die Arbeitsunfähigkeit und deren voraussichtliche Dauer unverzüglich anzuzeigen. ⁸Kehrt ein arbeitsunfähig erkrankter Mitarbeiter in das Inland zurück, ist er verpflichtet, dem Dienstgeber seine Rückkehr unverzüglich anzuzeigen.

⁹Der Dienstgeber ist berechtigt, die Fortzahlung der Bezüge zu verweigern, solange der Mitarbeiter die von ihm nach Unterabsatz 1 vorzulegende ärztliche Bescheinigung nicht vorlegt oder den ihm nach Unterabsatz 2 obliegenden Verpflichtungen nicht nachkommt, es sei denn, dass der Mitarbeiter die Verletzung dieser ihm obliegenden Verpflichtungen nicht zu vertreten hat.

Verletzung der Anzeige- und Nachweispflicht

(b) In den Fällen des Abschnitts XII Abs. a Unterabs. 2 ist der Mitarbeiter verpflichtet, dem Arbeitgeber den Zeitpunkt des Antritts der Maßnahme, die voraussichtliche Dauer und die Verlängerung der Maßnahme unverzüglich mitzuteilen und ihm

Maßnahme der medizinischen Vorsorge und Rehabilitation

a) eine Bescheinigung über die Bewilligung der Maßnahme durch einen Sozialleistungsträger nach Abschnitt XII Abs. a Unterabs. 2 Satz 1 oder
b) eine ärztliche Bescheinigung über die Erforderlichkeit der Maßnahme im Sinne Abschnitt XII Abs. a Unterabs. 2 Satz 2 unverzüglich vorzulegen.

XIIb Forderungsübergang bei Dritthaftung

(a) Kann der Mitarbeiter aufgrund gesetzlicher Vorschriften von einem Dritten Schadensersatz wegen des Verdienstausfalls beanspruchen, der ihm durch die Arbeitsunfähigkeit entstanden ist, geht dieser Anspruch insoweit auf den Dienstgeber über, als dieser dem Mitarbeiter Krankenbezüge und sonstige Bezüge gezahlt und darauf entfallende, vom Dienstgeber zu tragende Beiträge zur Bundesagentur für Arbeit, Arbeitgeberanteile an Beiträgen zur Sozialversicherung und zur Pflegeversicherung sowie Umlagen (einschließlich der Pauschalsteuer) zu Einrichtungen der zusätzlichen Alters- und Hinterbliebenenversorgung abgeführt hat.

Schadensersatz gegen Dritte

(b) Der Mitarbeiter hat dem Dienstgeber unverzüglich die zur Geltendmachung des Schadensersatzanspruchs erforderlichen Angaben zu machen.

(c) Der Forderungsübergang nach Abs. a kann nicht zum Nachteil des Mitarbeiters geltend gemacht werden.

(d) Der Dienstgeber ist berechtigt, die Zahlung der Krankenbezüge und sonstiger Bezüge zu verweigern, wenn der Mitarbeiter den Übergang eines Schadensersatzanspruchs gegen einen Dritten auf den Dienstgeber verhindert, es sei denn, dass der Mitarbeiter die Verletzung dieser ihm obliegenden Verpflichtungen nicht zu vertreten hat.

XIII Zusätzliche Altersversorgung

¹Der Dienstgeber ist verpflichtet, die Versorgung der Mitarbeiter für Alter und Invalidität gemäß den Bestimmungen der Anlage 8 zu den AVR (Versorgungsordnung A / Versorgungsordnung B) zu veranlassen. ²Grundsätzlich findet Ver-

Zusatzversorgung, Anlage 8

sorgungsordnung A Anwendung. ³Versorgungsordnung B ist anzuwenden, sofern der Dienstgeber nicht Beteiligter einer öffentlich-rechtlichen Zusatzversorgungseinrichtung ist.

Anmerkung:
Soweit ein Dienstgeber die Versorgung der Mitarbeiter für Alter und Invalidität abweichend von Anlage 8 zu den AVR über eine kommunale Zusatzversorgungskasse veranlasst, findet § 1a Versorgungsordnung A der Anlage 8 zu den AVR Anwendung.

XIV Weihnachtszuwendung

(a) Anspruchsvoraussetzungen

<small>Anspruchsvoraussetzungen</small>

¹Der Mitarbeiter erhält in jedem Kalenderjahr eine Weihnachtszuwendung, wenn er

1. am 1. Dezember des laufenden Kalenderjahres im Dienst- oder Ausbildungsverhältnis (Buchst. A bis E der Anlage 7 zu den AVR) steht und
2. seit dem 1. Oktober ununterbrochen in einem Dienst- oder Ausbildungsverhältnis im Geltungsbereich der AVR oder in einem anderen Tätigkeitsbereich der katholischen Kirche gestanden hat oder im laufenden Kalenderjahr insgesamt sechs Monate bei demselben Dienstgeber in einem Dienst- oder Ausbildungsverhältnis gestanden hat oder steht und

<small>Ausscheiden vor dem 31.3. des Folgejahres, siehe Abs. c</small>

3. nicht in der Zeit vor dem 31. März des folgenden Kalenderjahres aus seinem Verschulden oder auf eigenen Wunsch aus dem am 1. Dezember bestehenden Dienst- oder Ausbildungsverhältnis ausscheidet, es sei denn, dass er im unmittelbaren Anschluss daran in ein Dienst- oder Ausbildungsverhältnis im Geltungsbereich der AVR oder in einem anderen Tätigkeitsbereich der katholischen Kirche eintritt.

<small>keine Bezüge im Dezember</small>

²Dem Mitarbeiter, der für den gesamten Monat Dezember keine Dienstbezüge erhält, weil er zur Ausübung einer entgeltlichen Beschäftigung oder Erwerbstätigkeit vom Dienst befreit ist, wird die Weihnachtszuwendung nicht gewährt.

(b) Anteilige Weihnachtszuwendung

<small>anteilige Weihnachtszuwendung bei vorzeitigem Ausscheiden in best. Fällen, s. auch Abs. d Unterabs. 4</small>

¹Der Mitarbeiter, dessen Dienst- oder Ausbildungsverhältnis vor dem 1. Dezember endet und der mindestens vom Beginn des Kalenderjahres an ununterbrochen in einem Dienst- oder Ausbildungsverhältnis im Geltungsbereich der AVR oder in einem anderen Tätigkeitsbereich der katholischen Kirche gestanden hat, erhält die anteilige Weihnachtszuwendung,

1. wenn er wegen

   a) Erreichens der Altersgrenze (§ 19 Abs. 3 und 4 AT) oder

   b) verminderter Erwerbsfähigkeit (§ 18 AT) oder

   c) Erfüllung der Voraussetzungen des § 9 Abs. 2 Buchstabe a oder b der Anlage 17 zu den AVR aus dem Dienstverhältnis ausgeschieden ist oder

   d) Erfüllung der Voraussetzungen zum Bezug der Altersrente nach § 36 oder § 37 SGB VI oder § 236 oder § 236a SGB VI oder

   e) eines mit Sicherheit zu erwartenden Personalabbaues gekündigt oder einen Auflösungsvertrag geschlossen hat oder

f) wenn er im unmittelbaren Anschluss an sein Dienst- oder Ausbildungsverhältnis in ein Dienst- oder Ausbildungsverhältnis im Geltungsbereich der AVR oder in einen anderen Tätigkeitsbereich der katholischen Kirche übertritt.

2. Die Mitarbeiterin außerdem, wenn sie wegen

   a) Schwangerschaft oder

   b) Niederkunft in den letzten drei Monaten oder

   c) Aufnahme eines Kindes in ihre Obhut mit dem Ziel der Annahme als Kind in den letzten drei Monaten oder

   d) Erfüllung der Voraussetzungen zum Bezug der Altersrente nach § 237a SGB VI

   gekündigt oder einen Auflösungsvertrag geschlossen hat.

²Satz 1 gilt entsprechend, wenn vor dem 1. Dezember das Ruhen des Dienstverhältnisses nach § 18 Abs. 4 AVR eintritt. ³Satz 1 Ziffer 2 Buchst. b gilt auch, wenn ein Mitarbeiter wegen der Niederkunft der Ehefrau in den letzten drei Monaten gekündigt oder einen Auflösungsvertrag geschlossen hat. ⁴Satz 1 Ziffer 2 Buchst. c gilt für Mitarbeiter entsprechend.

(c) Rückzahlungsverpflichtung

¹Hat ein Mitarbeiter die Weihnachtszuwendung nach Abs. a erhalten und scheidet er vor dem 31. März des folgenden Kalenderjahres aus seinem Verschulden oder auf eigenen Wunsch aus, so hat er sie in voller Höhe zurückzuzahlen. ²Die Pflicht zur Rückzahlung entfällt, wenn

Ausscheiden vor dem 31.3. des Folgejahres

1. der Mitarbeiter im unmittelbaren Anschluss an sein Dienst- oder Ausbildungsverhältnis in ein Dienst- oder Ausbildungsverhältnis zu einem anderen Dienstgeber im Geltungsbereich der AVR oder in einem anderen Tätigkeitsbereich der katholischen Kirche übertritt oder

2. der Mitarbeiter aus einem der in Abs. b Ziffer 1 Buchst. d und e genannten Gründe gekündigt oder einen Auflösungsvertrag geschlossen hat oder

3. der Mitarbeiter aus einem der in Abs. b Ziffer 2 genannten Gründe gekündigt oder einen Auflösungsvertrag geschlossen hat.

(d) Höhe der Weihnachtszuwendung

¹Die Weihnachtszuwendung beträgt – unbeschadet des Abs. e – 100 v.H. der dem Mitarbeiter nach § 2 der Anlage 14 zu den AVR während des Erholungsurlaubs zustehenden Bezüge, die diesem zugestanden hätten, wenn er während des ganzen Monats September Erholungsurlaub gehabt hätte. ²Dabei sind bei der Anwendung des § 2 Abs. 1 Satz 4 der Anlage 14 zu den AVR bei der 5-Tage-Woche 22 Urlaubstage, bei der 6-Tage-Woche 26 Urlaubstage und bei anderer Verteilung der Arbeitszeit die entsprechende Zahl von Urlaubstagen zugrunde zu legen.

Höhe entspricht grds. der Urlaubsvergütung für den Monat September gem. Anl. 14, s. auch Anm. 2

³In den Fällen, in denen am Tag vor Eintritt der Elternzeit Anspruch auf Bezüge oder auf Zuschuss zum Mutterschaftsgeld bestehen und während der Elternzeit eine Erziehungsgeld unschädliche Teilzeitbeschäftigung bei demselben Dienstgeber ausgeübt wird, bemisst sich die Weihnachtszuwendung abweichend von Unterabs. 1. ⁴Für jeden Kalendermonat bis zur Vollendung des 12. Lebensmonats des Kindes erhält der Mitarbeiter ein Zwölftel der Weihnachtszuwendung, deren Höhe sich aus dem Beschäftigungsumfang am Tage vor Beginn der Elternzeit

Anspruch trotz Reduzierung des Beschäftigungsumfangs in der Elternzeit in den ersten 12 Monaten, s. auch Anm. 3

ergibt, wenn dies für ihn günstiger ist. ⁵Für jeden Kalendermonat nach Vollendung des 12. Lebensmonats des Kindes erhält der Mitarbeiter ein Zwölftel der Weihnachtszuwendung, deren Höhe sich aus dem Beschäftigungsumfang im Bemessungsmonat (Abs. d Unterabs. 1 und 3 entsprechend) ergibt.

abweichender Bemessungsmonat bei späterem Beginn

⁶Für den Mitarbeiter, dessen Dienst- oder Ausbildungsverhältnis später als am 1. September des laufenden Kalenderjahres begonnen hat, tritt an die Stelle des Monats September der erste volle Kalendermonat des Dienst- oder Ausbildungsverhältnisses.

Bemessungsmonat bei anteiliger Weihnachtszuwendung gem. Abs. b

⁷Für den Mitarbeiter, der unter Absatz b fällt und der im Monat September nicht mehr im Dienst- oder Ausbildungsverhältnis gestanden hat, tritt an die Stelle des Monats September der letzte volle Kalendermonat, in dem das Dienst- oder Ausbildungsverhältnis vor dem Monat September bestanden hat.

Kinderzulage

⁸Die Weihnachtszuwendung nach Absatz d und e erhöht sich um 25,56 Euro für jedes Kind, für das dem Mitarbeiter für den Monat September bzw. nach Absatz d Unterabs. 2 oder 3 maßgebenden Kalendermonat Kindergeld nach dem Einkommensteuergesetz oder nach dem Bundeskindergeldgesetz zugestanden hat oder ohne Berücksichtigung des § 64 oder des § 65 Einkommensteuergesetzes oder des § 3 oder des § 4 Bundeskindergeldgesetz zugestanden hätte. ⁹Abschnitt V C Abs. d und Abs. e der Anlage 1 zu den AVR ist entsprechend anzuwenden.

Teilzeitbeschäftigung

¹⁰Hat die arbeitsvertraglich vereinbarte wöchentliche Arbeitszeit des Mitarbeiters in dem maßgebenden Kalendermonat weniger als die regelmäßige wöchentliche Arbeitszeit eines entsprechend vollbeschäftigten Mitarbeiters betragen, erhöht sich die Weihnachtszuwendung statt um den Bezug nach Unterabsatz 5 um den Anteil des Betrages, der dem Maße der mit ihm vereinbarten Arbeitszeit entspricht.

(e) Gekürzte Weihnachtszuwendung

gekürzte Weihnachtszuwendung bei späterem Eintritt

¹Der Mitarbeiter, der im laufenden Kalenderjahr nicht für alle Kalendermonate einen Anspruch auf Bezüge aus einem Dienst- oder Ausbildungsverhältnis bei demselben Dienstgeber hat, erhält eine gekürzte Weihnachtszuwendung. ²Sie beträgt für jeden Kalendermonat, für den der Mitarbeiter im laufenden Kalenderjahr Anspruch auf Bezüge hat, ein Zwölftel der Weihnachtszuwendung gemäß Absatz d.

Anrechnung von Monaten

³Angerechnet werden jedoch Kalendermonate, für die ein Mitarbeiter Krankenbezüge nach Abschnitt XII der Anlage I zu den AVR erhält oder keine Bezüge erhalten hat wegen

1. der Ableistung von Grundwehrdienst oder Zivildienst, wenn er vor dem 1. Dezember entlassen worden ist und nach der Entlassung die Arbeit unverzüglich wieder aufgenommen hat,
2. der Beschäftigungsverbote nach § 3 Abs. 2 und § 6 Abs. 1 des Mutterschutzgesetzes,
3. der Inanspruchnahme der Elternzeit nach dem Bundeselterngeld- und Elternzeitgesetz bis zur Vollendung des zwölften Lebensmonats des Kindes, wenn am Tage vor Eintritt der Elternzeit Anspruch auf Bezüge oder auf Zuschuss zum Mutterschaftsgeld bestanden hat.

(f) Zahlung der Weihnachtszuwendung

Auszahlungszeitpunkt 1. Dezember

¹Die Weihnachtszuwendung soll spätestens am 1. Dezember des laufenden Kalenderjahres gezahlt werden. ²Bei Beendigung des Dienst- oder Ausbildungsverhältnisses bzw. bei Eintritt des Ruhens des Dienstverhältnisses (§ 18 Abs. 4 AT)

soll die Weihnachtszuwendung bei Beendigung bzw. bei Eintritt des Ruhens des Dienst- oder Ausbildungsverhältnisses gezahlt werden.

(g) Anrechnung von Leistungen

¹Hat ein Mitarbeiter nach Absatz b oder entsprechenden Vorschriften einer anderen arbeitsrechtlichen Ordnung bereits eine Weihnachtszuwendung erhalten und erwirbt er für dasselbe Kalenderjahr einen weiteren Anspruch auf eine Weihnachtszuwendung, vermindert sich diese Weihnachtszuwendung um ein Zwölftel für jeden Kalendermonat, für den die Weihnachtszuwendung gezahlt worden ist. ²Dies gilt auch für eine Weihnachtszuwendung aus einer Beschäftigung während der Elternzeit nach dem Bundeselterngeld- und Elternzeitgesetz. ³Der Erhöhungsbetrag wird für das nach Absatz d Unterabs. 4 zu berücksichtigende Kind in jedem Kalenderjahr nur einmal bezahlt.

Anrechnung vergleichbarer Leistungen

Anmerkung 1:
Der Tätigkeit im Bereich der katholischen Kirche steht gleich eine Tätigkeit in der evangelischen Kirche, in einem Diakonischen Werk oder in einer Einrichtung, die dem Diakonischen Werk angeschlossen ist.

kirchlicher Bereich

Anmerkung 2: RK Nord/NRW/Mitte/BW/Bayern
Wegen der Festschreibung der Weihnachtszuwendung beträgt abweichend von Abs. d Unterabs. 1 Satz 1 der Bemessungssatz für die Weihnachtszuwendung ab 1. Januar 2009 77,51 v.H.

Anmerkung 2: RK Ost (Brandenburg, Mecklenburg-Vorpommern, Sachsen, Sachsen-Anhalt und Thüringen, soweit sie zu den [Erz-]Bistümern Berlin, Dresden-Meißen, Erfurt, Görlitz, Hamburg und Magdeburg gehören)
Wegen der Festschreibung der Weihnachtszuwendung beträgt abweichend von Abs. d Unterabs. 1 Satz 1 der Bemessungssatz für die Weihnachtszuwendung vom 1. Januar bis 31. Dezember 2009 59,23 v.H. und ab 1. Januar 2010 57,5 v.H.

Anmerkung 2: RK Ost (Berlin, Hamburg, Schleswig-Holstein)
Wegen der Festschreibung der Weihnachtszuwendung beträgt abweichend von Abs. d Unterabs. 1 Satz 1 der Bemessungssatz für die Weihnachtszuwendung vom 1. Januar bis 31. Dezember 2009 79,26 v.H. und ab dem 1. Januar 2010 78,47 v.H.

Anmerkung 3:
¹Der Vollendung des 12. Lebensmonates des Kindes in Abschnitt XIV Abs. d Unterabs. 2 und Abs. e Unterabs. 2 Nr. 3 ist im Falle der Annahme als Kind nach § 1752 BGB die Zeitspanne gleichzusetzen, die seit der Aufnahme des Kindes in die Obhut der Mitarbeiterin und des Mitarbeiters verstrichen ist. ²Der Anspruch besteht im Übrigen längstens bis zur Vollendung des 8. Lebensjahres.

XV Zuwendungen im Todesfall

Sterbegeld, Anspruchsberechtigte

(a) ¹Beim Tode des Mitarbeiters, der sich nicht im Sonderurlaub nach § 10 Abs. 1 der Anlage 14 zu den AVR befindet und dessen Dienstverhältnis nicht nach § 18 Abs. 4 AT ruht, erhalten

a) der überlebende Ehegatte,

b) die Abkömmlinge des Mitarbeiters

Sterbegeld.

Höhe

²Als Sterbegeld werden für die restlichen Kalendertage des Sterbemonats und für zwei weitere Monate die Dienstbezüge (Abschnitt II der Anlage 1 zu den AVR) des Verstorbenen gewährt.

weitere Anspruchsberechtigte, s. auch Abs. e

(b) Sind Anspruchsberechtigte im Sinne des Absatzes a nicht vorhanden, ist Sterbegeld auf Antrag zu gewähren

a) Verwandten der aufsteigenden Linie, Geschwistern, Geschwisterkindern sowie Stiefkindern, wenn sie zur Zeit des Todes des Mitarbeiters mit diesem in häuslicher Gemeinschaft gelebt haben oder wenn der Verstorbene ganz oder überwiegend ihr Ernährer gewesen ist;

b) sonstigen Personen, die die Kosten der letzten Krankheit oder der Bestattung getragen haben, bis zur Höhe ihrer Aufwendungen.

Sterbegeld in Sonderfällen

(c) ¹Hat der Mitarbeiter im Sterbemonat keinen Anspruch auf Dienstbezüge wegen Elternzeit oder auf Krankenbezüge wegen Ablauf der Fristen des Abschnitts XII der Anlage 1 zu den AVR oder hat die Mitarbeiterin zur Zeit ihres Todes Mutterschaftsgeld nach § 13 Mutterschutzgesetz bezogen, werden als Sterbegeld für den Sterbetag und die restlichen Kalendertage des Sterbemonats sowie für zwei weitere Monate die Dienstbezüge (Abschnitt II der Anlage 1 zu den AVR) des Verstorbenen gewährt. ²Das Sterbegeld wird in einer Summe ausgezahlt.

Anrechnung von Dienstbezügen

(d) Sind an den Verstorbenen Dienstbezüge oder Vorschüsse über den Sterbetag hinaus gezahlt worden, werden diese auf das Sterbegeld angerechnet.

(e) ¹Die Zahlung an einen der nach Abs. a oder Abs. b Berechtigten bringt den Anspruch der übrigen gegenüber dem Dienstgeber zum Erlöschen. ²Sind Berechtigte nach Abs. a oder Abs. b nicht vorhanden, werden über den Sterbetag hinausbezahlte Bezüge für den Sterbemonat nicht zurückgefordert.

(f) Wer den Tod des Mitarbeiters vorsätzlich herbeigeführt hat, hat keinen Anspruch auf das Sterbegeld.

(g) Das Sterbegeld verringert sich um den Betrag, den die nach Abs. a oder Abs. b Berechtigten als Sterbegeld aus einer zusätzlichen Alters- und Hinterbliebenenversorgung oder aus einer Ruhegeldeinrichtung erhalten.

Anmerkung:
Vergütungsgruppenzulagen gelten bei der Berechnung des Sterbegeldes als Bestandteil der Dienstbezüge (Abschnitt II der Anlage 1 zu den AVR).

Anlage 1a: Überleitungsregelungen zu Anlage 1 zu den AVR

§ 1	Geltungsbereich	67
§ 2	Überleitung von Mitarbeitern unter 21 bzw. 23 Jahren	67
§ 3	Stufenzuordnung gemäß Abschnitt III der Anlage 1 zu den AVR	68

§ 1 Geltungsbereich

[1]Diese Überleitungsregelung gilt für alle Mitarbeiter, die am 30. Juni 2008 in einem Dienstverhältnis gestanden haben, das am 1. Juli 2008 im Geltungsbereich der AVR fortbesteht, für die Dauer des ununterbrochen fortbestehenden Arbeitsverhältnisses. [2]Ein Dienstverhältnis besteht auch ununterbrochen fort bei der Verlängerung eines befristeten Dienstvertrags sowie bei Dienstgeberwechsel innerhalb des Geltungsbereichs der AVR. [3]Unterbrechungen von bis zu einem Monat sind unschädlich.

§ 2 Überleitung von Mitarbeitern unter 21 bzw. 23 Jahren

(1) [1]Mitarbeiter, die bis zum 31. Dezember 2007 einen Anspruch auf eine Grundvergütung nach Abschnitt IV der Anlage 1 zu den AVR oder auf eine Gesamtvergütung nach Abschnitt VI der Anlage 1 zu den AVR gehabt haben, erhalten ab dem 1. Januar 2008 eine Regelvergütung der Stufe 1 nach Abschnitt II der Anlage 1 zu den AVR.

[2]Nach je zwei Jahren, gerechnet ab dem 1. Januar 2008, erhält der Mitarbeiter bis zum Erreichen der Endregelvergütung (letzte Stufe) die Regelvergütung der nächst höheren Stufe seiner Vergütungsgruppe.

(2) [1]Abweichend davon erhalten Mitarbeiter im Gebiet der Bundesländer Mecklenburg-Vorpommern, Brandenburg, Sachsen-Anhalt, Thüringen und Sachsen eine Regelvergütung ab dem 1. April 2008.

[2]Nach je zwei Jahren, gerechnet ab dem 1. April 2008, erhält der Mitarbeiter bis zum Erreichen der Endregelvergütung (letzte Stufe) die Regelvergütung der nächst höheren Stufe seiner Vergütungsgruppe.

§ 3 Stufenzuordnung gemäß Abschnitt III der Anlage 1 zu den AVR

(1) ¹Zum 1. Januar 2008 werden zuerst alle Stufenveränderungen nach Abschnitt III der Anlage 1 zu den AVR mit zum Stand 31. Dezember 2007 vollzogen. ²Danach erfolgt die Zuordnung zu einer der Regelvergütungsstufen. ³Dabei wird von der Grundvergütungsstufe mit Stand zum 31. Dezember 2007 am 1. Januar 2008 nach folgender Überleitungstabelle in die zahlenmäßig gleiche Regelvergütungsstufe übergeleitet.

Grundvergütungsstufe mit Stand zum 31. Dezember 2007	1	2	3	4	5	6	7	8	9	10	11	12
Regelvergütungsstufe am 1. Januar 2008	1	2	3	4	5	6	7	8	9	10	11	12

(2) ¹Mitarbeiter, die zwischen dem 1. Januar 2008 und dem 31. Dezember 2009 nach der Regelung mit Stand zum 31. Dezember 2007 wegen Vollendung eines mit ungerader Zahl (Abschnitt III A der Anlage 1 zu den AVR) oder mit gerader Zahl (Abschnitt III B der Anlage 1 zu den AVR) bezeichneten Lebensjahres die nächst höhere Stufe ihrer Vergütungsstufe erhalten würden, werden so behandelt, wie wenn sie zu diesem Zeitpunkt die Voraussetzung nach Abschnitt A bzw. nach Abschnitt B der ab 1. Januar 2008 geltenden Fassung des Abschnitts III der Anlage 1 zu den AVR zum Aufstieg in die nächst höhere Stufe erfüllen würden. ²Auch nach dem 31. Dezember 2009 erfolgen die Stufenaufstiege nach dem (un-)geraden Geburtstag, solange die Mitarbeiter dem Geltungsbereich des § 1 der Anlage 1a unterfallen.

Anlage 1b:
Besitzstandregelungen zu Anlage 1 zu den AVR

§ 1	Geltungsbereich 69
§ 2	Zulage für die Vergütungsgruppen 12 bis 10 der Anlage 2 zu den AVR sowie die Vergütungsgruppen Kr 1 Ziffer 1 und Kr 2 Ziffern 3 und 4 der Anlagen 2a und 2c zu den AVR 69
§ 3	Zulage aufgrund des Wegfalls des Ortszuschlages der Stufe 2 in Abschnitt V der Anlage 1 zu den AVR 70

§ 1 Geltungsbereich

(1) ¹Diese Überleitungsregelung gilt für alle Mitarbeiter, die am 30. Juni 2008 in einem Dienstverhältnis gestanden haben, das am 1. Juli 2008 im Geltungsbereich der AVR fortbesteht, für die Dauer des ununterbrochen fortbestehenden Arbeitsverhältnisses. ²Ein Dienstverhältnis besteht auch ununterbrochen fort, bei der Verlängerung eines befristeten Dienstvertrages sowie bei Dienstgeberwechsel innerhalb des Geltungsbereichs der AVR. ³Unterbrechungen von bis zu einem Monat sind unschädlich.

(2) Teilzeitbeschäftigte erhalten den jeweiligen Teilbetrag der Besitzstandszulage, die dem Verhältnis der mit ihnen vereinbarten durchschnittlichen Arbeitszeit eines entsprechenden Vollbeschäftigten entspricht.

§ 2 Zulage für die Vergütungsgruppen 12 bis 10 der Anlage 2 zu den AVR sowie die Vergütungsgruppen Kr 1 Ziffer 1 und Kr 2 Ziffern 3 und 4 der Anlagen 2a und 2c zu den AVR

(1) *(RK Nord/NRW/Mitte/BW/Bayern):*
Mitarbeiter, die in die Vergütungsgruppen 12 bis 10 der Anlage 2 zu den AVR sowie in die Vergütungsgruppen Kr 1 Ziffer 1 und Kr 2 Ziffern 3 und 4 der Anlagen 2a und 2c zu den AVR eingruppiert sind, erhalten ab 1. Januar 2008 eine Zulage in Höhe von 50,00 Euro.

(1) *(RK Ost: Brandenburg, Mecklenburg-Vorpommern, Sachsen, Sachsen-Anhalt und Thüringen, soweit sie zu den [Erz-] Bistümern Berlin, Dresden-Meißen, Erfurt, Görlitz, Hamburg und Magdeburg gehören):*

(a) Mitarbeiter, die in die Vergütungsgruppen 12 bis 10 der Anlage 2 zu den AVR sowie in die Vergütungsgruppen Kr 1 Ziffer 1 und Kr 2 Ziffern 3 und 4 der

Anlage 1b – §§ 2, 3

Anlagen 2a und 2c zu den AVR eingruppiert sind mit Ausnahme der Alten- und Krankenpflegehelfer i.S.d. Ziffern 1 und 2 der Vergütungsgruppe Kr 2 der Anlagen 2a und 2c zu den AVR, erhalten ab 1. Juli 2009 eine Zulage in Höhe von 50,00 Euro.

(b) Für Mitarbeiter, deren Dienstverhältnis nach dem 30. Juni 2008, aber vor dem 1. Juli 2009 begonnen hat, gilt die derzeitige Anwendungspraxis hinsichtlich der Zuordnung solange weiter, bis durch Beschluss der Bundeskommission eine Festlegung erfolgt ist.

(1) *(RK Ost: Berlin, Hamburg, Schleswig-Holstein):*

(a) Mitarbeiter, die in die Vergütungsgruppen 12 bis 10 der Anlage 2 zu den AVR sowie in die Vergütungsgruppen Kr 1 Ziffer 1 und Kr 2 Ziffern 3 und 4 der Anlagen 2a und 2c zu den AVR eingruppiert sind mit Ausnahme der Alten- und Krankenpflegehelfer i.S.d. Ziffern 1 und 2 der Vergütungsgruppe Kr 2 der Anlagen 2a und 2c zu den AVR, erhalten ab 1. Juli 2009 eine Zulage in Höhe von 50,00 Euro.

(b) Für Mitarbeiter, deren Dienstverhältnis nach dem 30. Juni 2008, aber vor dem 1. Juli 2009 begonnen hat, gilt die derzeitige Anwendungspraxis hinsichtlich der Zuordnung solange weiter, bis durch Beschluss der Bundeskommission eine Festlegung erfolgt ist.

(2) Diese Zulage entfällt ab dem Zeitpunkt, zu dem die in Absatz 1 genannten Mitarbeiter in eine der Vergütungsgruppen 9 bis 1 der Anlage 2 zu den AVR oder in eine der Vergütungsgruppen Kr 3 bis Kr 14 der Anlagen 2a und 2c zu den AVR höhergruppiert werden.

§ 3 Zulage aufgrund des Wegfalls des Ortszuschlages der Stufe 2 in Abschnitt V der Anlage 1 zu den AVR

(1) *(RK Nord/NRW/Mitte/BW/Bayern):*
Mitarbeiter, die bis zum 30. Juni 2008 einen Anspruch auf Ortszuschlag der Stufe 2 gemäß Abschnitt V der Anlage 1 und Anlage 4 zu den AVR mit Stand zum 31. Dezember 2007 gehabt haben, erhalten ab dem 1. Januar 2008 stattdessen eine monatliche Besitzstandszulage.

(1) *(RK Ost):*

(a) Mitarbeiter, die bis zum 30. Juni 2008 einen Anspruch auf Ortszuschlag der Stufe 2 gemäß Abschnitt V der Anlage 1 und Anlage 4 zu den AVR mit Stand zum 31. Dezember 2007 gehabt haben, erhalten ab dem 1. Juli 2009 stattdessen eine monatliche Besitzstandszulage.

(b) Für Mitarbeiter, deren Dienstverhältnis nach dem 30. Juni 2008, aber vor dem 1. Juli 2009 begonnen hat, gilt die derzeitige Anwendungspraxis hinsichtlich der Besitzstandszulage so-lange weiter, bis durch Beschluss der Bundeskommission eine Festlegung erfolgt ist.

(2) *(RK NRW/BW):*
Die Zulage nach Absatz 1 beträgt monatlich:

Für Mitarbeiter der Vergütungsgruppen	ab dem 1.7.2014	ab dem 1.3.2015
1 bis 2, Kr 14, Kr 13	127,04 Euro	130,09 Euro
3 bis 5b, Kr 12 bis Kr 7	127,04 Euro	130,09 Euro
5c bis 12, Kr 6 bis Kr 1	121,01 Euro	123,91 Euro

(2) *(RK Mitte/Bayern):*
Die Zulage nach Absatz 1 beträgt monatlich:

Für Mitarbeiter der Vergütungsgruppen	ab dem 1.1.2015	ab dem 1.3.2015
1 bis 2, Kr 14, Kr 13	127,04 Euro	130,09 Euro
3 bis 5b, Kr 12 bis Kr 7	127,04 Euro	130,09 Euro
5c bis 12, Kr 6 bis Kr 1	121,01 Euro	123,91 Euro

(2) *(RK Nord):*
Die Zulage nach Absatz 1 beträgt monatlich:

Für Mitarbeiter der Vergütungsgruppen	ab dem 1.1.2015	ab dem 1.7.2015
1 bis 2, Kr 14, Kr 13	127,04 Euro	130,09 Euro
3 bis 5b, Kr 12 bis Kr 7	127,04 Euro	130,09 Euro
5c bis 12, Kr 6 bis Kr 1	121,01 Euro	123,91 Euro

(2) *(RK Ost)*
Die Zulage nach Absatz 1 beträgt monatlich:
(Tarifgebiet Ost):

Für Mitarbeiter der Vergütungsgruppen	ab 1.1.2015	ab 1.10.2015
1 bis 2, Kr 14, Kr 13	119,42 Euro	122,29 Euro
3 bis 5b, Kr 12 bis Kr 7	119,42 Euro	122,29 Euro
5c bis 8, Kr 6 bis Kr 1	113,75 Euro	116,48 Euro
9a bis 12	113,71 Euro	116,44 Euro

(Tarifgebiet West):

Für Mitarbeiter der Vergütungsgruppen	ab 1.1.2015	ab 1.10.2015
1 bis 2, Kr 14, Kr 13	123,23 Euro	126,19 Euro
3 bis 5b, Kr 12 bis Kr 7	123,23 Euro	126,19 Euro
5c bis 8, Kr 6 bis Kr 1	117,39 Euro	120,21 Euro
9a bis 12	113,71 Euro	116,44 Euro

Anlage 1b – § 3

(3) Die Zulage entfällt ab dem Zeitpunkt, zu dem die Voraussetzungen für die Gewährung des Ortszuschlages der Stufe 2 gemäß Abschnitt V der Anlage 1 und Anlage 4 zu den AVR bzw. gemäß § 2a Absatz 6 des Allgemeinen Teils der AVR und Anlage 4 (Ost) zu den AVR mit Stand zum 31. Dezember 2007 entfallen.

(4) ¹Bei der Bemessung der Zulage finden die Konkurrenzregelungen in Abschnitt V Absatz h der Anlage 1 zu den AVR mit Stand zum 31. Dezember 2007 sinngemäß Anwendung. ²Diese lauten wie folgt:

Sind beide Ehegatten im Geltungsbereich der AVR oder in einem anderen Tätigkeitsbereich der katholischen Kirche vollbeschäftigt und stünde ihnen der Ortszuschlag der Stufe 2 oder einer der folgenden Stufen oder eine entsprechende Leistung in Höhe des Unterschiedsbetrages zwischen der Stufe 1 und der Stufe 2 des Ortszuschlags der Tarifklasse Ib zu, so erhält der Mitarbeiter den Unterschiedsbetrag zwischen der Stufe 1 und der Stufe 2 des Ortszuschlages zur Hälfte. Ist einer der Ehegatten vollbeschäftigt und der andere teilzeitbeschäftigt, erhält der vollbeschäftigte Mitarbeiter den Unterschiedsbetrag zwischen der Stufe 1 und der Stufe 2 des für ihn maßgebenden Ortszuschlages ungekürzt; der teilzeitbeschäftigte Mitarbeiter erhält den Ortszuschlag der Stufe 1. Sind beide Ehegatten teilzeitbeschäftigt und beträgt der gemeinsame Beschäftigungsumfang nicht mehr als die durchschnittliche regelmäßige wöchentliche Arbeitszeit, so erhält der Mitarbeiter den Unterschiedsbetrag zwischen der Stufe 1 und der Stufe 2 des für ihn maßgebenden Ortszuschlages anteilig. Sind beide Ehegatten teilzeitbeschäftigt und beträgt der gemeinsame Beschäftigungsumfang mehr als die durchschnittliche regelmäßige wöchentliche Arbeitszeit, so erhält der Mitarbeiter abweichend von Abschnitt IIa der Anlage 1 zu den AVR den Unterschiedsbetrag zwischen der Stufe 1 und der Stufe 2 des für ihn maßgebenden Ortszuschlages in der Höhe, die dem Anteil seines Beschäftigungsumfangs an dem Gesamtbeschäftigungsumfang beider Ehegatten entspricht. Einer Beschäftigung steht eine Versorgungsberechtigung nach beamtenrechtlichen Grundsätzen gleich. Entsprechendes gilt auch für den Mitarbeiter, dem aus mehreren Rechtsverhältnissen ein Anspruch auf Ortszuschlag oder entsprechende Leistungen wesentlich gleichen Inhalts in Höhe der Stufe 2 oder einer der folgenden Stufen zusteht (Insichkonkurrenz).

Ist der Ehegatte des Mitarbeiters außerhalb der in Unterabs. 1 Satz 1 genannten Bereiche tätig oder nach beamtenrechtlichen Grundsätzen versorgungsberechtigt und hat er Anspruch auf Ortszuschlag oder entsprechende Leistungen wesentlich gleichen Inhalts in Höhe der Stufe 2 oder einer der folgenden Stufen oder auf Familienzuschlag der Stufe 1 oder einer der folgenden Stufen oder eine entsprechende Leistung in Höhe von mindestens dem Unterschiedsbetrag zwischen der Stufe 1 und der Stufe 2 des Ortszuschlags der Tarifklasse Ib, so erhält der Mitarbeiter den Ortszuschlag der Stufe 1. Erreicht der Anspruch des Ehegatten den Unterschiedsbetrag zwischen der Stufe 1 und der Stufe 2 des Ortszuschlages der Tarifklasse Ib nicht, beträgt er aber mindestens die Hälfte des Unterschiedsbetrags zwischen der Stufe 1 und der Stufe 2 des Ortszuschlags der Tarifklasse Ib, so erhält der Mitarbeiter den Unterschiedsbetrag zwischen der Stufe 1 und der Stufe 2 des für ihn maßgebenden Ortszuschlages zur Hälfte. Erreicht der Anspruch des Ehegatten wegen Teilzeitbeschäftigung nicht die Höhe der Stufe 2 oder einer der folgenden Stufen, so erhält der Mitarbeiter den Unterschiedsbetrag zwischen der Stufe 1 und der Stufe 2 des für ihn maßgebenden Ortszuschlages in der Höhe ge-

währt, dass der Mitarbeiter und sein Ehegatte den Unterschiedsbetrag zwischen der Stufe 1 und der Stufe 2 insgesamt einmal erhalten. Dies gilt entsprechend Abschnitt V Anlage 1 auch für den Mitarbeiter, dem aus mehreren Rechtsverhältnissen ein Anspruch auf Ortszuschlag oder entsprechende Leistungen wesentlich gleichen Inhalts in Höhe der Stufe 2 oder einer der folgenden Stufen zusteht (Insichkonkurrenz). Ist der Ehegatte eines teilzeitbeschäftigten Mitarbeiters außerhalb der in Unterabsatz 1 Satz 1 genannten Bereiche ebenfalls teilzeitbeschäftigt und erhält er den Unterschiedsbetrag zwischen der Stufe 1 und der Stufe 2 des für ihn maßgebenden Ortszuschlages anteilig zu seiner Arbeitszeit gewährt, so erhält der Mitarbeiter den Unterschiedsbetrag zwischen der Stufe 1 und der Stufe 2 des für ihn maßgebenden Ortszuschlags in der Höhe, dass der Mitarbeiter und sein Ehegatte den Unterschiedsbetrag zwischen der Stufe 1 und der Stufe 2 insgesamt in der Höhe erhalten, als wenn beide im Geltungsbereich der AVR teilzeitbeschäftigt wären.

Anmerkung 1:
Der Tätigkeit im Bereich der katholischen Kirche im Sinne von Abschnitt V steht gleich eine Tätigkeit in der evangelischen Kirche, in einem Diakonischen Werk oder in einer Einrichtung, die dem Diakonischen Werk angeschlossen ist.

Anmerkung 2:
Sind beide Ehegatten in einem Tätigkeitsbereich der katholischen Kirche beschäftigt und wendet der Dienstgeber des Ehegatten eine andere Konkurrenzregelung zum Ortszuschlag als die nach Abschnitt V an, so erhält der Mitarbeiter den Unterschiedsbetrag zwischen der Stufe 1 und der Stufe 2 des für ihn maßgebenden Ortszuschlages in der Höhe gewährt, dass die Ehegatten den Unterschiedsbetrag in Höhe ihres Gesamtbeschäftigungsumfangs, höchstens jedoch einmal erhalten

Anlage 1c (derzeit nicht besetzt)

Anlage 1d (RK Nord/Ost/NRW/Mitte/Bayern): Überleitungsregelungen anlässlich der Abschaffung von Anhang C für Bundeszentralen und Fachverbände

§ 1	Geltungsbereich	74
§ 2	Überleitung von Mitarbeitern von Anhang C zu den AVR in die Anlagen 2 bis 2d zu den AVR (Eingruppierung und Regelvergütungsstufe)	74
§ 3	Überleitungszeitraum	75
§ 4	Besitzstand	75
§ 5	Übergangszeitraum durch Antrag gemäß § 11 AK-Ordnung	76

§ 1 Geltungsbereich

(1) [1]Für alle Mitarbeiter der Bundeszentralen und Fachverbände findet mit Wirkung zum 1. Januar 2011 der Anhang C zu den AVR keine Anwendung mehr. [2]Als Rechtsfolge davon finden damit die entsprechenden Ausnahmeregelungen in den AVR keine Anwendung mehr, wie z. B. Abschnitt III, § 3 Abs. a lit. aa Unterabs. 3 der Anlage 1 zu den AVR, § 1 Abs. 5 der Anlage 6a zu den AVR, Abs. 4 der Anlage 11 zu den AVR, Abs. 4 der Anlage 13 zu den AVR, Abs. 4 der Anlage 13a zu den AVR.

(2) [1]Diese Überleitungsregelung gilt für alle Mitarbeiter, die am 31. Dezember 2010 in einem Dienstverhältnis nach Anhang C zu den AVR gestanden haben, das am 1. Januar 2011 im Geltungsbereich der AVR fortbesteht. [2]Ein Dienstverhältnis besteht auch fort, bei der Verlängerung eines befristeten Dienstvertrages sowie bei Dienstgeberwechsel innerhalb des Geltungsbereichs der AVR. [3]Unterbrechungen von bis zu einem Monat sind unschädlich.

§ 2 Überleitung von Mitarbeitern von Anhang C zu den AVR in die Anlagen 2 bis 2d zu den AVR (Eingruppierung und Regelvergütungsstufe)

[1]Mitarbeiter, die bis zum 31. Dezember 2010 nach Anhang C zu den AVR abweichend von Anlage 2 bis 2d zu den AVR sinngemäß entsprechend den Bestimmungen des öffentlichen Dienstes nach dem BAT/Bund-Länder eingruppiert waren und/oder nicht nach Anlage 3 zu den AVR vergütet wurden, werden mit

Ablauf des 31. Dezember 2010 in die nach den Anlagen 2 bis 2d zu den AVR maßgebliche Vergütungsgruppe eingruppiert. ²Der Mitarbeiter wird in die Regelvergütungsstufe innerhalb der jeweiligen Vergütungsgruppe übergeleitet, die dem Mitarbeiter zum 31. Dezember 2010 zugestanden hätte, wenn er ab Beginn des ersten Dienstverhältnisses im Geltungsbereich der AVR nach den AVR, Anlage 2 bis 2d, eingruppiert und nach Anlage 3 vergütet worden wäre. ³Er erhält ab dem 1. Januar 2011 eine Regelvergütung nach Anlage 3 zu den AVR bzw. Entgelt nach Anlage 30 bis 33 zu den AVR in der jeweils aktuell gültigen Fassung der jeweiligen Regionalkommission.

§ 3 Überleitungszeitraum

(1) Die Regelvergütung wird längstens während des Zeitraums der Überleitung gemäß Absatz 2 und 3 gekürzt.

(2) ¹Der Differenzbetrag zwischen der Vergütungshöhe nach Anhang C zu den AVR für den Monat Dezember 2010 und der nach Anlage 3 zu den AVR vorgesehenen Vergütungshöhe, die dem Mitarbeiter im Monat Dezember 2010 zustehen würde, wenn er ab Beginn des ersten Dienstverhältnisses im Geltungsbereich der AVR nach den AVR, Anlagen 2 bis 2d eingruppiert und nach Anlage 3 zu den AVR vergütet worden wäre, wird einmalig zum Stichtag ermittelt. ²Zur Monatsvergütung im Sinne dieser Vorschrift gehören die Regelvergütung gemäß Abschnitt III der Anlage 1 zu den AVR, die Kinderzulage gemäß Abschnitt V der Anlage 1 zu den AVR, die Besitzstandsregelungen gemäß Anlage 1b zu den AVR und weitere regelmäßig gewährte Zulagen. Für den Mitarbeiter, der nicht für alle Tage im Monat Dezember 2010 oder für keinen Tag dieses Monats Bezüge erhält, wird die Vergleichsvergütung so bestimmt, als hätte er für alle Tage dieses Monats Anspruch auf die Bezüge. ³Ruht das Beschäftigungsverhältnis im Dezember 2010, wird der Mitarbeiter bei der Berechnung der Vergleichsvergütung so gestellt, als würde das Beschäftigungsverhältnis im Dezember 2010 nicht ruhen.

(3) ¹Von der dem Mitarbeiter gemäß § 2 zustehenden Vergütung nach Anlage 3 zu den AVR bzw. dem Entgelt nach Anlage 30 bis 33 zu den AVR werden vom 1. Januar 2011 bis zum 30. Juni 2011 50% des Differenzbetrages nach Abs. 2 abgezogen. ²Ab dem 1. Juli 2011 wird die regelmäßige Vergütung nach Anlage 3 zu den AVR bzw. dem Entgelt nach Anlage 30 bis 33 zu den AVR in voller Höhe gezahlt.

§ 4 Besitzstand

(1) Die Mitarbeiter im Archiv- und Bibliotheksdienst, denen nach Anhang C ein Bewährungsaufstieg zusteht, den Anlage 2 zu den AVR nicht vorsieht und die am 1. Januar 2011 die für diese Höhergruppierung erforderliche Zeit der Bewährung oder Tätigkeit zur Hälfte erfüllt haben, sind zu dem Zeitpunkt, zu dem sie bei Fortgeltung des Anhang C höhergruppiert wären, in die nächst höhere Vergütungsgruppe nach Anlage 2 zu den AVR eingruppiert.

(2) Soweit ein Mitarbeiter nach der Überleitung schlechter gestellt wäre als zuvor, erhält er den gemäß § 3 Abs. 2 errechneten Differenzbetrag als Besitzstandszulage.

§ 5 Übergangszeitraum durch Antrag gemäß § 11 AK-Ordnung

(1) ¹Die Überleitung von Anhang C zu den AVR in die regulären AVR gemäß § 2 bis § 4 kann im Wege eines Antrages gemäß § 11 AK-Ordnung im Zeitraum vom 1. Januar 2011 längstens bis zum 31. Dezember 2012 abgeändert werden. ²Dem Antrag sind geeignete Unterlagen beizufügen.

(2) ¹Wird der Antrag gemäß § 11 AK-Ordnung bis spätestens zum 31. Dezember 2010 gestellt, gilt ab Antragseingang bis zur Entscheidung der zuständigen Unterkommission vorläufig die Höhe der Regelvergütung nach Anhang C mit Stand zum 31. Dezember 2010 als die Höhe der nach § 2 und § 3 auszuzahlenden Regelvergütung. ²Eingangsdatum ist das Datum des Zugangs des Antrags bei der Geschäftsstelle der Arbeitsrechtlichen Kommission beim Deutschen Caritasverband e.V. in Freiburg.

(3) Spätestens ab dem 1. Januar 2013 sind die Mitarbeiter so zu stellen, wie sie nach der Überleitung von Anhang C in die regulären AVR gemäß § 2 und § 3 zum 1. Januar 2013 stehen würden.

Anlage 1d (RK BW):
Überleitungsregelungen anlässlich der Abschaffung von Anhang C für Bundeszentralen und Fachverbände im Regelungsgebiet der Regionalkommission Baden-Württemberg

§ 1	Geltungsbereich	77
§ 2	Überleitung von Mitarbeitern von Anhang C in die Anlagen 2 bis 2d zu den AVR (Eingruppierung und Regelvergütungsstufe)	77
§ 3	Besitzstand	78
§ 4	Übergangszeitraum durch Antrag gemäß § 11 AK-Ordnung	78

§ 1 Geltungsbereich

(1) ¹Für alle Mitarbeiter der Bundeszentralen und Fachverbände im Regelungsgebiet der Regionalkommission Baden-Württemberg findet mit Wirkung zum 1. April 2011 der Anhang C keine Anwendung mehr. ²Als Rechtsfolge davon finden damit die entsprechenden Ausnahmeregelungen in den AVR keine Anwendung mehr, wie z. B. Abschnitt III, § 3 a lit. aa Unterabs. 3 der Anlage 1 zu den AVR, § 1 Abs. 5 der Anlage 6a zu den AVR, Abs. 4 der Anlage 11 zu den AVR; Abs. 4 der Anlage 13 zu den AVR; Abs. 4 der Anlage 13a zu den AVR.

(2) ¹Diese Überleitungsregelung gilt für alle Mitarbeiter, die am 31. März 2011 in einem Dienstverhältnis nach Anhang C gestanden haben, das am 1. April 2011 im Geltungsbereich der AVR fortbesteht. ²Ein Dienstverhältnis besteht auch fort, bei der Verlängerung eines befristeten Dienstvertrages sowie bei Dienstgeberwechsel innerhalb des Geltungsbereichs der AVR. ³Unterbrechungen von bis zu einem Monat sind unschädlich.

§ 2 Überleitung von Mitarbeitern von Anhang C in die Anlagen 2 bis 2d zu den AVR (Eingruppierung und Regelvergütungsstufe)

(1) ¹Mitarbeiter, die bis zum 31. März 2011 nach Anhang C abweichend von Anlage 2 bis 2d zu den AVR sinngemäß entsprechend den Bestimmungen des öffentlichen Dienstes nach dem BAT/Bund-Länder eingruppiert waren und/oder nicht nach Anlage 3 zu den AVR vergütet wurden, werden mit Ablauf des 31. März 2011 in die nach den Anlagen 2 bis 2d zu den AVR maßgebliche Vergütungsgruppe eingruppiert. ²Der Mitarbeiter wird in die Regelvergütungsstufe innerhalb

der jeweiligen Vergütungsgruppe übergeleitet, die dem Mitarbeiter zum 31. März 2011 zugestanden hätte, wenn er ab Beginn des ersten Dienstverhältnisses im Geltungsbereich der AVR nach den AVR, Anlage 2 bis 2d, eingruppiert und nach Anlage 3 vergütet worden wäre. ³Er erhält ab dem 1. April 2011 eine Regelvergütung nach Anlage 3 zu den AVR bzw. Entgelt nach Anlage 30 bis 33 zu den AVR in der jeweils aktuell gültigen Fassung der jeweiligen Regionalkommission.

(2) ¹Der Mitarbeiter, der nicht für alle Tage im Monat März 2011 oder für keinen Tag dieses Monats Bezüge erhält, wird gemäß Abs. 1 so übergeleitet, als hätte er für alle Tage dieses Monats Anspruch auf die Bezüge. ²Ruht das Beschäftigungsverhältnis im März 2011, wird der Mitarbeiter so gestellt, als würde das Beschäftigungsverhältnis im März 2011 nicht ruhen.

§ 3 Besitzstand

(1) Die Mitarbeiter im Archiv- und Bibliotheksdienst, denen nach Anhang C ein Bewährungsaufstieg zusteht, den die Anlage 2 zu den AVR nicht vorsieht und die am 1. April 2011 die für diese Höhergruppierung erforderliche Zeit der Bewährung oder Tätigkeit zur Hälfte erfüllt haben, sind zu dem Zeitpunkt, zu dem sie bei Fortgeltung des Anhang C höhergruppiert wären, in die nächst höhere Vergütungsgruppe nach Anlage 2 zu den AVR eingruppiert.

(2) ¹Soweit ein Mitarbeiter nach der Überleitung schlechter gestellt wäre als zuvor, erhält er zusätzlich den Differenzbetrag als Besitzstandswahrung. ²Mit dem nächsten regulären Stufenaufstieg wird dieser Mehrbetrag aus der Besitzstandswahrung entsprechend aufgezehrt.

(3) Mitarbeiter die mit Ablauf des 31. März 2011 in der Endstufe nach Anhang C sind und nach der Überleitung schlechter gestellt wären, erhalten den Mehrbetrag als dynamischen Besitzstand im Sinne linearer Vergütungsveränderungen.

§ 4 Übergangszeitraum durch Antrag gemäß § 11 AK-Ordnung

(1) ¹Die Überleitung von Anhang C in die regulären AVR gemäß § 2 bis § 4 kann im Wege eines Antrages gemäß § 11 AK-Ordnung im Zeitraum vom 1. April 2011 längstens bis zum 31. Dezember 2012 abgeändert werden. ²Dem Antrag sind geeignete Unterlagen beizufügen.

(2) ¹Wird der Antrag gemäß § 11 AK-Ordnung bis spätestens zum 31. März 2011 gestellt, gilt ab Antragseingang bis zur Entscheidung der zuständigen Unterkommission vorläufig die Höhe der Regelvergütung nach Anhang C mit Stand zum 31. März 2011 als die Höhe der nach § 2 und § 3 auszuzahlenden Regelvergütung. ²Eingangsdatum ist das Datum des Zugangs des Antrags bei der Geschäftsstelle der Arbeitsrechtlichen Kommission beim Deutschen Caritasverband e.V. in Freiburg.

(3) Spätestens ab dem 1. Januar 2013 sind die Mitarbeiter so zu stellen, wie sie nach der Überleitung von Anhang C in die regulären AVR gemäß § 2 und § 3 zum 1. Januar 2013 stehen würden.

Anlage 2:
Vergütungsgruppen für Mitarbeiter (allgemein)

Vergütungsgruppe 1 79
Vergütungsgruppe 1a 80
Vergütungsgruppe 1b 82
Vergütungsgruppe 2 83
Vergütungsgruppe 3 84
Vergütungsgruppe 4a 85
Vergütungsgruppe 4b 86
Vergütungsgruppe 5b 88
Vergütungsgruppe 5c 92
Vergütungsgruppe 6b 96
Vergütungsgruppe 7 100
Vergütungsgruppe 8 103
Vergütungsgruppe 9a 105
Vergütungsgruppe 9 105
Vergütungsgruppe 10 106
Vergütungsgruppe 11 107
Vergütungsgruppe 12 107
Anmerkungen 107

Vergütungsgruppe 1

1   Ärzte, die als ständige Vertreter des leitenden Arztes durch ausdrückliche Anordnung bestellt sind, wenn dem leitenden Arzt mindestens neun Ärzte ständig unterstellt sind [1, 2, 5]

2   Zahnärzte, die als ständige Vertreter des leitenden Zahnarztes durch ausdrückliche Anordnung bestellt sind, wenn dem leitenden Zahnarzt mindestens neun Zahnärzte ständig unterstellt sind [1, 2, 5]

3   Apotheker als Leiter von Apotheken, denen mindestens fünf Apotheker durch ausdrückliche Anordnung ständig unterstellt sind [1, 2]

4   Mitarbeiter im Verwaltungsdienst mit abgeschlossener wissenschaftlicher Hochschulbildung oder mit gleichwertigen Fähigkeiten und Erfahrungen in Dienststellen von zentraler bzw. überregionaler Bedeutung, die aufgrund ausdrücklicher Anordnung ein Aufgabengebiet, das sich auf den gesamten Zuständigkeitsbereich der Dienststelle erstreckt, abschließend bearbeiten und sich durch das Maß ihrer Verantwortung und den Umfang ihres Aufgabengebietes aus der Vergütungsgruppe 1b Ziffer 15 ausheben, nach zehnjähriger Bewährung in der Vergütungsgruppe 1a Ziffer 10 [3, 4, 103]

Anlage 2 – Vergütungsgruppen 1, 1a

5   Verwaltungsleiter mit abgeschlossener wissenschaftlicher Hochschulbildung oder mit gleichwertigen Fähigkeiten und Erfahrungen in Krankenhäusern mit mindestens 240 Betten und mindestens sieben Fachabteilungen, davon mindestens fünf klinische Fachabteilungen nach zehnjähriger Bewährung in Vergütungsgruppe 1a Ziffer 14b [8, 103, 114, 115]

6   Verwaltungsleiter mit abgeschlossener wissenschaftlicher Hochschulbildung oder mit gleichwertigen Fähigkeiten und Erfahrungen in Krankenhäusern mit mindestens 320 Betten nach zehnjähriger Bewährung in Vergütungsgruppe 1a Ziffer 14c [8, 103, 115]

7   Verwaltungsleiter mit abgeschlossener wissenschaftlicher Hochschulbildung oder mit gleichwertigen Fähigkeiten und Erfahrungen in Krankenhäusern mit mindestens 320 Betten und mit mindestens zehn Fachabteilungen, davon mindestens sechs klinischen Fachabteilungen [8, 103, 114, 115]

8   Geschäftsführer von Regional-, Kreis-, Ortscaritasverbänden und Fachverbänden mit abgeschlossener wissenschaftlicher Hochschulbildung oder mit gleichwertigen Fähigkeiten und Erfahrungen mit mindestens 300 Mitarbeitern nach zehnjähriger Bewährung in Vergütungsgruppe 1a Ziffer 7a [77, 103, 119]

Vergütungsgruppe 1a

1   Apotheker als Leiter von Apotheken, denen mindestens vier Apotheker durch ausdrückliche Anordnung ständig unterstellt sind [1, 2]

1a   Apotheker als Leiter von Apotheken nach sechsjähriger Bewährung in Vergütungsgruppe 1b Ziffer 1

2   Ärzte, denen mindestens fünf Ärzte oder Zahnärzte durch ausdrückliche Anordnung ständig unterstellt sind [1, 2]

3   Ärzte, die als ständige Vertreter des leitenden Arztes durch ausdrückliche Anordnung bestellt sind, wenn dem leitenden Arzt mindestens sechs Ärzte ständig unterstellt sind [1, 2, 5]

4   Ärzte, die aufgrund ausdrücklicher Anordnung einem der nachstehenden Gebiete vorstehen und überwiegend auf diesem Gebiet tätig sind, nach vierjähriger Tätigkeit in der Vergütungsgruppe 1b Ziffer 4: Anästhesie, Blutzentrale, Pathologie, Röntgenologie, Zentrallaboratorium [1]

5   Ärzte, die aufgrund ausdrücklicher Anordnung einen selbstständigen Funktionsbereich innerhalb einer Fachabteilung oder innerhalb eines Fachbereichs leiten und überwiegend in diesem Funktionsbereich tätig sind, nach vierjähriger Tätigkeit in Vergütungsgruppe 1b Ziffer 5 [1, 6]

6   Fachärzte mit entsprechender Tätigkeit nach achtjähriger ärztlicher Tätigkeit in Vergütungsgruppe 1b

7   Fachzahnärzte mit entsprechender Tätigkeit nach achtjähriger zahnärztlicher Tätigkeit in Vergütungsgruppe 1b

7a   Geschäftsführer von Regional-, Kreis-, Ortscaritasverbänden und Fachverbänden mit abgeschlossener wissenschaftlicher Hochschulbildung oder mit gleichwertigen Fähigkeiten und Erfahrungen mit mindestens 300 Mitarbeitern [77, 103, 119]

7b   Geschäftsführer von Regional-, Kreis-, Ortscaritasverbänden und Fachverbänden mit abgeschlossener wissenschaftlicher Hochschulbildung oder mit gleichwertigen Fähigkeiten und Erfahrungen mit mindestens 150 Mitarbeitern nach achtjähriger Bewährung in Vergütungsgruppe 1b Ziffer 9 [77, 103, 119]

Vergütungsgruppe 1a – Anlage 2

8   Mitarbeiter mit abgeschlossener wissenschaftlicher Hochschulbildung oder mit gleichwertigen Fähigkeiten und Erfahrungen in der Tätigkeit als Leiter von Einrichtungen mit mehr als 600 Betten [103]

9   (entfällt)

10 Mitarbeiter im Verwaltungsdienst mit abgeschlossener wissenschaftlicher Hochschulbildung oder mit gleichwertigen Fähigkeiten und Erfahrungen in Dienststellen von zentraler bzw. überregionaler Bedeutung, die aufgrund ausdrücklicher Anordnung ein Aufgabengebiet, das sich auf den gesamten Zuständigkeitsbereich der Dienststelle erstreckt, abschließend bearbeiten und sich durch das Maß ihrer Verantwortung und den Umfang ihres Aufgabengebietes erheblich aus der Vergütungsgruppe 1b Ziffer 15 herausheben [3, 4, 103]

11 Mitarbeiter im Verwaltungsdienst mit abgeschlossener wissenschaftlicher Hochschulbildung oder mit gleichwertigen Fähigkeiten und Erfahrungen in Dienststellen von zentraler bzw. überregionaler Bedeutung, die aufgrund ausdrücklicher Anordnung ein Aufgabengebiet, das sich auf den gesamten Zuständigkeitsbereich der Dienststelle erstreckt, abschließend bearbeiten, nach zehnjähriger Bewährung in Vergütungsgruppe 1b Ziffer 15 [3, 4, 103]

12 Mitarbeiter mit abgeschlossener wissenschaftlicher Hochschulbildung oder mit gleichwertigen Fähigkeiten und Erfahrungen, die sich aus der Vergütungsgruppe 1b mit Ausnahme der Ziffern 2, 6, 10, 13, 15, 19 und 20 durch hochwertige Leistungen in einem besonders schwierigen Aufgabenkreis herausheben [103]

13 Mitarbeiter mit abgeschlossener wissenschaftlicher Hochschulbildung oder mit gleichwertigen Fähigkeiten und Erfahrungen, denen mindestens fünf Mitarbeiter mindestens der Vergütungsgruppe 2 durch ausdrückliche Anordnung ständig unterstellt sind [103, 77]

14 Verwaltungsleiter mit abgeschlossener wissenschaftlicher Hochschulbildung oder mit gleichwertigen Fähigkeiten und Erfahrungen in Krankenhäusern mit mindestens 160 Betten und mit mindestens fünf Fachabteilungen, davon mindestens drei klinische Fachabteilungen nach achtjähriger Bewährung in Vergütungsgruppe 1b Ziffer 17 [8, 103, 114, 115]

14a Verwaltungsleiter mit abgeschlossener wissenschaftlicher Hochschulbildung oder mit gleichwertigen Fähigkeiten und Erfahrungen in Krankenhäusern mit mindestens 240 Betten nach achtjähriger Bewährung in Vergütungsgruppe 1b Ziffer 17a [8, 103, 115]

14b Verwaltungsleiter mit abgeschlossener wissenschaftlicher Hochschulbildung oder mit gleichwertigen Fähigkeiten und Erfahrungen in Krankenhäusern mit mindestens 240 Betten und mit mindestens sieben Fachabteilungen, davon mindestens fünf klinischen Fachabteilungen [8, 103, 114, 115]

14c Verwaltungsleiter mit abgeschlossener wissenschaftlicher Hochschulbildung oder mit gleichwertigen Fähigkeiten und Erfahrungen in Krankenhäusern mit mindestens 320 Betten [8, 103, 115]

15 Zahnärzte, denen mindestens fünf Zahnärzte durch ausdrückliche Anordnung ständig unterstellt sind [1, 2]

16 Zahnärzte, die als ständige Vertreter des leitenden Zahnarztes durch ausdrückliche Anordnung bestellt sind, wenn dem leitenden Zahnarzt mindestens sechs Zahnärzte ständig unterstellt sind [1, 2, 5]

17 Mitarbeiter, die aufgrund gleichwertiger Fähigkeiten und Erfahrungen hinsichtlich Aufgabenbereich und Verantwortung den Mitarbeitern in Tätigkeitsmerkmalen dieser Vergütungsgruppe vergleichbar sind [9, 103]

Anlage 2 – Vergütungsgruppe 1b

Vergütungsgruppe 1b

1. Apotheker als Leiter von Apotheken
2. Apotheker nach fünfjähriger Tätigkeit als Apotheker
3. Ärzte, die als ständige Vertreter des leitenden Arztes durch ausdrückliche Anordnung bestellt sind [1, 5]
4. Ärzte, die aufgrund ausdrücklicher Anordnung einem der nachstehenden Gebiete vorstehen und in nicht unerheblichem Umfang auf diesem Gebiet tätig sind: Anästhesie, Blutzentrale, Pathologie, Röntgenologie, Zentrallaboratorium [1, 7]
5. Ärzte, die aufgrund ausdrücklicher Anordnung einen selbstständigen Funktionsbereich innerhalb einer Fachabteilung oder innerhalb eines Fachbereiches leiten und in nicht unerheblichem Umfange in diesem Funktionsbereich tätig sind [1, 6, 7]
6. Ärzte nach fünfjähriger ärztlicher Tätigkeit
7. Fachärzte mit entsprechender Tätigkeit
8. Fachzahnärzte mit entsprechender Tätigkeit
9. Geschäftsführer von Regional-, Kreis-, Ortscaritasverbänden und Fachverbänden mit abgeschlossener wissenschaftlicher Hochschulbildung oder mit gleichwertigen Fähigkeiten und Erfahrungen mit mindestens 150 Mitarbeitern [77, 103, 119]
9a. Geschäftsführer von Regional-, Kreis-, Ortscaritasverbänden und Fachverbänden mit abgeschlossener wissenschaftlicher Hochschulbildung oder mit gleichwertigen Fähigkeiten und Erfahrungen mit mindestens 75 Mitarbeitern nach sechsjähriger Bewährung in Vergütungsgruppe 2 Ziffer 7 [77, 103, 119]

9b bis 9c (entfallen)

9d. Leiter von Einrichtungen der stationären Altenhilfe mit mindestens 160 Plätzen mit wissenschaftlicher Hochschulbildung oder mit gleichwertigen Fähigkeiten und Erfahrungen, denen wesentliche Funktionen der Betriebs- und Wirtschaftsführung übertragen sind, nach sechsjähriger Bewährung in Vergütungsgruppe 2 Ziffer 10b [14, 103]
10. Mitarbeiter mit abgeschlossener wissenschaftlicher Hochschulbildung oder mit gleichwertigen Fähigkeiten und Erfahrungen in der Tätigkeit als Leiter von Fachschulen (Fachakademien) nach sechsjähriger Bewährung in dieser Tätigkeit [103]
10a. Mitarbeiter mit abgeschlossener wissenschaftlicher Hochschulbildung oder mit gleichwertigen Fähigkeiten und Erfahrungen in der Tätigkeit als Leiter von Einrichtungen mit mehr als 400 Betten nach sechsjähriger Bewährung in Vergütungsgruppe 2 Ziffer 3 [103]

11 bis 11a (entfallen)

12. Mitarbeiter mit abgeschlossener wissenschaftlicher Hochschulbildung nach achtjähriger Bewährung in Vergütungsgruppe 2 Ziffer 12
13. Mitarbeiter mit abgeschlossener wissenschaftlicher Hochschulbildung oder mit gleichwertigen Fähigkeiten und Erfahrungen, die sich durch hochwertige Leistungen in einem besonders schwierigen Aufgabenkreis aus der Vergütungsgruppe 2 herausheben [103]
14. Mitarbeiter mit abgeschlossener wissenschaftlicher Hochschulbildung oder mit gleichwertigen Fähigkeiten und Erfahrungen, deren Tätigkeit im Verwaltungsdienst hochwertige Leistungen erfordert, nach sechsjähriger Bewährung in Vergütungsgruppe 2 Ziffer 13 [103]
15. Mitarbeiter im Verwaltungsdienst mit abgeschlossener wissenschaftlicher Hochschulbildung oder mit gleichwertigen Fähigkeiten und Erfahrungen in Dienststellen von zentraler bzw. überregionaler Bedeutung, die aufgrund ausdrücklicher Anordnung ein Aufgabengebiet, das sich auf den gesamten Zuständigkeitsbereich der Dienststelle erstreckt, abschließend bearbeiten [3, 4, 103]

16 Verwaltungsleiter mit abgeschlossener wissenschaftlicher Hochschulbildung oder mit gleichwertigen Fähigkeiten und Erfahrungen in Krankenhäusern mit mindestens 160 Betten nach sechsjähriger Bewährung in Vergütungsgruppe 2 Ziffer 16 [8, 103, 115]

17 Verwaltungsleiter mit abgeschlossener wissenschaftlicher Hochschulbildung oder mit gleichwertigen Fähigkeiten und Erfahrungen in Krankenhäusern mit mindestens 160 Betten und mit mindestens fünf Fachabteilungen, davon mindestens drei klinischen Fachabteilungen [8, 103, 114, 115]

17a Verwaltungsleiter mit abgeschlossener wissenschaftlicher Hochschulbildung oder mit gleichwertigen Fähigkeiten und Erfahrungen in Krankenhäusern mit mindestens 240 Betten [8, 103, 115]

18 Zahnärzte, die als ständige Vertreter des leitenden Zahnarztes durch ausdrückliche Anordnung bestellt sind [1, 5]

19 Zahnärzte nach fünfjähriger zahnärztlicher Tätigkeit

19a (entfällt)

20 Mitarbeiter, die aufgrund gleichwertiger Fähigkeiten und Erfahrungen hinsichtlich Aufgabenbereich und Verantwortung den Mitarbeitern in Tätigkeitsmerkmalen dieser Vergütungsgruppe vergleichbar sind [9, 103]

Vergütungsgruppe 2

1 Apotheker

2 Ärzte

3 Mitarbeiter mit abgeschlossener wissenschaftlicher Hochschulbildung oder mit gleichwertigen Fähigkeiten und Erfahrungen in der Tätigkeit als Leiter von Einrichtungen mit mehr als 400 Betten [103]

4 (entfällt)

5 Mitarbeiter mit abgeschlossener wissenschaftlicher Hochschulbildung oder mit gleichwertigen Fähigkeiten und Erfahrungen in der Tätigkeit als Leiter von Fachschulen (Fachakademien) [103]

6 (entfällt)

7 Geschäftsführer von Regional-, Kreis-, Ortscaritasverbänden und Fachverbänden mit abgeschlossener wissenschaftlicher Hochschulbildung oder mit gleichwertigen Fähigkeiten und Erfahrungen mit mindestens 75 Mitarbeitern [77, 103, 119]

7a Geschäftsführer von Regional-, Kreis-, Ortscaritasverbänden und Fachverbänden mit abgeschlossener Fachhochschulausbildung mit mindestens zehn Mitarbeitern nach fünfjähriger Bewährung in Vergütungsgruppe 3 Ziffer 15 [77, 119]

7b bis 7c (entfallen)

8 bis 10 (entfallen)

10a Leiter von Einrichtungen der stationären Altenhilfe mit mindestens 120 Plätzen, denen wesentliche Funktionen der Betriebs- und Wirtschaftsführung übertragen sind, nach fünfjähriger Bewährung in Vergütungsgruppe 3 Ziffer 2a [14]

10b Leiter von Einrichtungen der stationären Altenhilfe mit mindestens 160 Plätzen mit wissenschaftlicher Hochschulbildung oder mit gleichwertigen Fähigkeiten und Erfahrungen, denen wesentliche Funktionen der Betriebs- und Wirtschaftsführung übertragen sind [14, 103]

11   Mitarbeiter in der Verwaltung und Buchhaltung, deren Tätigkeit sich aus Vergütungsgruppe 4a Ziffer 25 durch das Maß der damit verbundenen Verantwortung erheblich heraushebt, nach achtjähriger Bewährung in Vergütungsgruppe 3 Ziffer 12 [127]

12   Mitarbeiter mit abgeschlossener wissenschaftlicher Hochschulbildung und entsprechender Tätigkeit

13   Mitarbeiter mit abgeschlossener wissenschaftlicher Hochschulbildung oder mit gleichwertigen Fähigkeiten und Erfahrungen, deren Tätigkeit im Verwaltungsdienst hochwertige Leistungen erfordert [103]

14   Mitarbeiter mit abgeschlossener wissenschaftlicher Hochschulbildung oder mit gleichwertigen Fähigkeiten und Erfahrungen, die als Assistenten des Verwaltungsleiters in Krankenhäusern mit mindestens 450 Betten berufen sind [1, 103]

15   Verwaltungsleiter in Krankenhäusern mit mindestens 80 Betten nach sechsjähriger Bewährung in Vergütungsgruppe 3 Ziffer 20a [1, 15]

16   Verwaltungsleiter mit abgeschlossener wissenschaftlicher Hochschulbildung oder mit gleichwertigen Fähigkeiten und Erfahrungen in Krankenhäusern mit mindestens 160 Betten [8, 103, 115]

17   Zahnärzte

17a bis 17b (entfallen)

18   Mitarbeiter, die aufgrund gleichwertiger Fähigkeiten und Erfahrungen hinsichtlich Aufgabenbereich und Verantwortung den Mitarbeitern in Tätigkeitsmerkmalen dieser Vergütungsgruppe vergleichbar sind [9, 103]

Vergütungsgruppe 3

1   Leiter des technischen Dienstes in Einrichtungen mit mindestens 450 Betten, die eine Ausbildung als Ingenieur oder Techniker nachweisen

2   Leiter von Einrichtungen der stationären Altenhilfe mit mindestens 80 Plätzen, denen wesentliche Funktionen der Betriebs- und Wirtschaftsführung übertragen sind, nach vierjähriger Bewährung in Vergütungsgruppe 4a Ziffer 8a [14]

2a Leiter von Einrichtungen der stationären Altenhilfe mit mindestens 120 Plätzen, denen wesentliche Funktionen der Betriebs- und Wirtschaftsführung übertragen sind [14]

3   Leiter von Fachschulen (Fachakademien), soweit die Eingruppierungsvoraussetzungen nach Vergütungsgruppe 2 nicht gegeben sind

4 bis 11 (entfallen)

12   Mitarbeiter in der Verwaltung und Buchhaltung, deren Tätigkeit sich aus Vergütungsgruppe 4a Ziffer 25 durch das Maß der damit verbundenen Verantwortung erheblich heraushebt [127]

13   Mitarbeiter in der Verwaltung und Buchhaltung, deren Tätigkeit sich aus Vergütungsgruppe 4b Ziffer 33 durch besondere Schwierigkeit und Bedeutung heraushebt, nach sechsjähriger Bewährung in Vergütungsgruppe 4a Ziffer 25 [126]

14   Mitarbeiter, die als Assistent des Verwaltungsleiters in Krankenhäusern mit mindestens 300 Betten berufen sind [1]

15   Geschäftsführer von Regional-, Kreis-, Ortscaritasverbänden und Fachverbänden mit abgeschlossener Fachhochschulausbildung mit mindestens zehn Mitarbeitern [77, 119]

15a Geschäftsführer von Regional-, Kreis-, Ortscaritasverbänden und Fachverbänden mit abgeschlossener Fachhochschulausbildung nach vierjähriger Bewährung in Vergütungsgruppe 4a Ziffer 12 [119]

15b bis 19 (entfallen)

19a Psychagogen, Kinder- und Jugendpsychotherapeuten mit staatlicher Anerkennung oder staatlicher Prüfung und entsprechender Tätigkeit

20 Verwaltungsleiter in Krankenhäusern mit weniger als 80 Betten nach vierjähriger Bewährung in Vergütungsgruppe 4a Ziffer 39 [115]

20a Verwaltungsleiter in Krankenhäusern mit mindestens 80 Betten [115]

21 Mitarbeiter, deren Aufgabenbereich und Verantwortung mit den Tätigkeitsmerkmalen dieser Vergütungsgruppe vergleichbar ist [9]

Vergütungsgruppe 4a

1 Audiometristen mit staatlicher Anerkennung oder mindestens zweijähriger Fachausbildung an Universitätskliniken oder medizinischen Akademien in einer Tätigkeit der Vergütungsgruppe 4b Ziffer 1 nach zweijähriger Tätigkeit

2 Beschäftigungstherapeuten/Ergotherapeuten mit staatlicher Anerkennung in einer Tätigkeit der Vergütungsgruppe 4b Ziffer 3 nach zweijähriger Bewährung in dieser Tätigkeit

3 Diätassistenten mit staatlicher Anerkennung in einer Tätigkeit der Vergütungsgruppe 4b Ziffer 6 nach zweijähriger Bewährung in dieser Tätigkeit

3a (entfällt)

4 Hauptamtliche Dozenten an Fachschulen nach einer zehnjährigen Bewährung in dieser Tätigkeit

4a Küchenleiter von Küchen, in denen durchschnittlich täglich mehr als 500 Vollportionen hergestellt werden, nach vierjähriger Bewährung in Vergütungsgruppe 4b Ziffer 11b [132, 133]

5 Physiotherapeuten/Krankengymnasten in einer Tätigkeit der Vergütungsgruppe 4b Ziffer 10 nach zweijähriger Bewährung in dieser Tätigkeit

6 Leitende Physiotherapeuten/Krankengymnasten in einer Tätigkeit der Vergütungsgruppe 4b Ziffer 12 nach zweijähriger Bewährung in dieser Tätigkeit [43]

7 Leitende medizinisch-technische Assistenten in einer Tätigkeit der Vergütungsgruppe 4b Ziffer 13 nach zweijähriger Bewährung in dieser Tätigkeit [54]

8 Leiter von Einrichtungen der stationären Altenhilfe mit mindestens 40 Plätzen, denen wesentliche Funktionen der Betriebs- und Wirtschaftsführung übertragen sind, nach vierjähriger Bewährung in Vergütungsgruppe 4b Ziffer 14a [14]

8a Leiter von Einrichtungen der stationären Altenhilfe mit mindestens 80 Plätzen, denen wesentliche Funktionen der Betriebs- und Wirtschaftsführung übertragen sind [14]

9 (entfällt)

10 Logopäden mit staatlicher Anerkennung oder mit mindestens zweijähriger Fachausbildung an Universitätskliniken oder medizinischen Akademien mit Prüfung in einer Tätigkeit der Vergütungsgruppe 4b Ziffer 16 nach zweijähriger Bewährung in dieser Tätigkeit

11 Medizinisch-technische Assistenten in einer Tätigkeit der Vergütungsgruppe 4b Ziffer 19 nach zweijähriger Bewährung in dieser Tätigkeit

11a bis 11d (entfallen)

Anlage 2 – Vergütungsgruppen 4a, 4b

12 Geschäftsführer von Regional-, Kreis-, Ortscaritasverbänden und Fachverbänden mit abgeschlossener Fachhochschulausbildung [119]

13 bis 24 (entfallen)

25 Mitarbeiter in der Verwaltung und Buchhaltung, deren Tätigkeit sich aus Vergütungsgruppe 4b Ziffer 33 durch besondere Schwierigkeit und Bedeutung heraushebt [126]

25a Mitarbeiter in der Verwaltung und Buchhaltung, deren Tätigkeit sich aus Vergütungsgruppe 5b Ziffer 56 dadurch heraushebt, dass sie besonders verantwortungsvoll ist, nach sechsjähriger Bewährung in Vergütungsgruppe 4b Ziffer 33 [125]

26 Orthoptisten mit staatlicher Anerkennung oder mit mindestens zweijähriger Fachausbildung an Universitätskliniken oder medizinischen Akademien mit Prüfung in einer Tätigkeit der Vergütungsgruppe 4b Ziffer 36 nach zweijähriger Bewährung in dieser Tätigkeit

27 Pharmazeutisch-technische Assistenten in einer Tätigkeit der Vergütungsgruppe 4b Ziffer 38 nach zweijähriger Bewährung in dieser Tätigkeit

28 bis 38 (entfallen)

39 Verwaltungsleiter in Krankenhäusern mit weniger als 80 Betten [115]

40 Mitarbeiter, deren Aufgabenbereich und Verantwortung mit den Tätigkeitsmerkmalen dieser Vergütungsgruppe vergleichbar ist [9]

Vergütungsgruppe 4b

1 Audiometristen mit staatlicher Anerkennung oder mit mindestens zweijähriger Fachausbildung an Universitätskliniken oder medizinischen Akademien, die als Erste Lehrkräfte an Lehranstalten für Audiometristen eingesetzt sind [40, 41]

2 Audiometristen mit staatlicher Anerkennung oder mit mindestens zweijähriger Fachausbildung an Universitätskliniken oder medizinischen Akademien in einer Tätigkeit der Vergütungsgruppe 5b Ziffer 1 oder 2 nach zweijähriger Bewährung in einer dieser Tätigkeiten

3 Beschäftigungstherapeuten/Ergotherapeuten mit staatlicher Anerkennung, die als Erste Lehrkräfte an staatlich anerkannten Lehranstalten für Beschäftigungstherapie eingesetzt sind [40, 41]

4 Beschäftigungstherapeuten/Ergotherapeuten mit staatlicher Anerkennung in einer Tätigkeit der Vergütungsgruppe 5b Ziffer 4 oder 6 nach zweijähriger Bewährung in einer dieser Tätigkeiten

5 (entfällt)

6 Diätassistenten mit staatlicher Anerkennung, die als Erste Lehrkräfte an staatlich anerkannten Lehranstalten für Diätassistenten eingesetzt sind [40, 41]

7 Diätassistenten mit staatlicher Anerkennung in einer Tätigkeit der Vergütungsgruppe 5b Ziffer 8, 9 oder 11 nach zweijähriger Bewährung in einer dieser Tätigkeiten

7a Diplom-Ingenieure mit Fachhochschulausbildung in der Tätigkeit von Beauftragten für die Medizingeräte-Verordnung nach vierjähriger Bewährung in Vergütungsgruppe 5b Ziffer 11a

8 Hauptamtliche Dozenten an Fachschulen

9 bis 9c (entfallen)

9d Hauswirtschaftliche Betriebsleiter mit staatlicher Prüfung und entsprechender Tätigkeit in Einrichtungen mit mehr als 300 Plätzen nach vierjähriger Bewährung in Vergütungsgruppe 5b Ziffer 70 [134]

10 Physiotherapeuten/Krankengymnasten, die als Erste Lehrkräfte an staatlich anerkannten Lehranstalten für Krankengymnasten eingesetzt sind [40, 41]

11 Physiotherapeuten/Krankengymnasten in einer Tätigkeit der Vergütungsgruppe 5b Ziffer 21, 22 oder 24 nach zweijähriger Bewährung in einer dieser Tätigkeiten

11a (entfällt)

11b Küchenleiter von Küchen, in denen durchschnittlich täglich mehr als 500 Vollportionen hergestellt werden [132, 133]

11c Küchenleiter von Küchen, in denen durchschnittlich täglich mehr als 300 Vollportionen hergestellt werden, nach vierjähriger Bewährung in Vergütungsgruppe 5b Ziffer 25 [132, 133]

11d Mitarbeiter, die durch ausdrückliche Anordnung als ständige Vertreter der Küchenleiter von Küchen, in denen durchschnittlich täglich mehr als 500 Vollportionen hergestellt werden, bestellt sind, nach vierjähriger Bewährung in Vergütungsgruppe 5b Ziffer 25c [48, 132, 133]

12 Leitende Physiotherapeuten/Krankengymnasten, denen mindestens 16 Physiotherapeuten/Krankengymnasten oder Mitarbeiter in der Tätigkeit von Physiotherapeuten/Krankengymnasten durch ausdrückliche Anordnung ständig unterstellt sind [43, 77]

13 Leitende medizinisch-technische Assistenten, denen mindestens 16 medizinisch-technische Assistenten, medizinisch-technische Gehilfen oder sonstige Mitarbeiter, die aufgrund gleichwertiger Fähigkeiten und ihrer Erfahrung entsprechende Tätigkeiten ausüben, durch ausdrückliche Anordnung ständig unterstellt sind [54, 77]

14 Leiter von Einrichtungen der stationären Altenhilfe, denen wesentliche Funktionen der Betriebs- und Wirtschaftsführung übertragen sind, nach zweijähriger Bewährung in Vergütungsgruppe 5b Ziffer 26 [14]

14a Leiter von Einrichtungen der stationären Altenhilfe mit mindestens 40 Plätzen, denen wesentliche Funktionen der Betriebs- und Wirtschaftsführung übertragen sind [14]

15 (entfällt)

16 Logopäden mit staatlicher Anerkennung oder mit mindestens zweijähriger Fachausbildung an Universitätskliniken oder medizinischen Akademien mit Prüfung, die als Erste Lehrkräfte an Lehranstalten für Logopäden eingesetzt sind [40, 41]

17 Logopäden mit staatlicher Anerkennung oder mit mindestens zweijähriger Fachausbildung an Universitätskliniken oder medizinischen Akademien mit Prüfung in einer Tätigkeit der Vergütungsgruppe 5b Ziffer 29 oder 30 nach zweijähriger Bewährung in einer dieser Tätigkeiten

18 Masseure, Masseure und medizinische Bademeister in einer Tätigkeit der Vergütungsgruppe 5b Ziffer 33 nach zweijähriger Bewährung in dieser Tätigkeit [44]

19 Medizinisch-technische Assistenten, die als Erste Lehrkräfte an staatlich anerkannten Lehranstalten für medizinisch-technische Assistenten eingesetzt sind [40, 41]

20 Medizinisch-technische Assistenten in einer Tätigkeit der Vergütungsgruppe 5b Ziffer 36, 38 oder 39 nach zweijähriger Bewährung in einer dieser Tätigkeiten

20a bis 20d (entfallen)

21 Mitarbeiter, die als Assistenten des Verwaltungsleiters in Krankenhäusern mit mindestens 180 Betten berufen sind [1]

22 bis 22a (entfallen)

Anlage 2 – Vergütungsgruppen 4b, 5b

23 Mitarbeiter, die in mehr als zwei fremden Sprachen geläufig nach Diktat schreiben und sich aus Vergütungsgruppe 5c Ziffer 48a dadurch herausheben, dass sie Schriftstücke in diesen Sprachen selbstständig abfassen, nach langjähriger Bewährung in Vergütungsgruppe 5b Ziffer 43

24 Mitarbeiter in Archiven mit abgeschlossener Fachausbildung, denen mehrere Archivangestellte oder gleichwertige Fachkräfte der Vergütungsgruppe 5b unterstellt sind [77]

25 bis 32 (entfallen)

33 Mitarbeiter in der Verwaltung und Buchhaltung, deren Tätigkeit sich aus der Vergütungsgruppe 5b Ziffer 56 dadurch heraushebt, dass sie besonders verantwortungsvoll ist [125]

34 Mitarbeiter in der Verwaltung und Buchhaltung, deren Tätigkeit gründliche, umfassende Fachkenntnisse und selbstständige Leistungen erfordert, nach vierjähriger Bewährung in Vergütungsgruppe 5b Ziffer 56 [56, 123, 124]

35 Mitarbeiter mit abgeschlossener Fachhochschulausbildung nach vierjähriger entsprechender Berufstätigkeit nach abgeschlossener Ausbildung [9]

36 Orthoptisten mit staatlicher Anerkennung oder mit mindestens zweijähriger Fachausbildung an Universitätskliniken oder medizinischen Akademien mit Prüfung, die als Erste Lehrkräfte an Lehranstalten für Orthoptisten eingesetzt sind [40, 41]

37 Orthoptisten mit staatlicher Anerkennung oder mit mindestens zweijähriger Fachausbildung an Universitätskliniken oder medizinischen Akademien mit Prüfung in einer Tätigkeit der Vergütungsgruppe 5b Ziffer 59, 60 oder 62 nach zweijähriger Bewährung in einer dieser Tätigkeiten

38 Pharmazeutisch-technische Assistenten, die als Erste Lehrkräfte an staatlich anerkannten Lehranstalten für pharmazeutisch-technische Assistenten eingesetzt sind [40, 41]

39 Pharmazeutisch-technische Assistenten in einer Tätigkeit der Vergütungsgruppe 5b Ziffer 63, 64 oder 65 nach zweijähriger Bewährung in einer dieser Tätigkeiten

40 bis 51 (entfallen)

52 Mitarbeiter, deren Aufgabenbereich und Verantwortung mit den Tätigkeitsmerkmalen dieser Vergütungsgruppe vergleichbar ist [9]

Vergütungsgruppe 5b

1 Audiometristen mit staatlicher Anerkennung oder mit mindestens zweijähriger Fachausbildung an Universitätskliniken oder medizinischen Akademien, die als Hilfskräfte bei wissenschaftlichen Forschungsaufgaben mit einem besonders hohen Maß von Verantwortlichkeit tätig sind

2 Audiometristen mit staatlicher Anerkennung oder mit mindestens zweijähriger Fachausbildung an Universitätskliniken oder medizinischen Akademien, die als Lehrkräfte an Lehranstalten für Audiometristen eingesetzt sind [40]

3 Audiometristen mit staatlicher Anerkennung oder mit mindestens zweijähriger Fachausbildung an Universitätskliniken oder medizinischen Akademien in einer Tätigkeit der Vergütungsgruppe 5c Ziffer 3 nach dreijähriger Bewährung in dieser Tätigkeit

4 Beschäftigungstherapeuten/Ergotherapeuten mit staatlicher Anerkennung, die als Lehrkräfte an staatlich anerkannten Lehranstalten für Beschäftigungstherapeuten/Ergotherapeuten eingesetzt sind [40]

5 Beschäftigungstherapeuten/Ergotherapeuten mit staatlicher Anerkennung in einer Tätigkeit der Vergütungsgruppe 5c Ziffer 6 nach dreijähriger Bewährung in dieser Tätigkeit

6	Beschäftigungstherapeuten/Ergotherapeuten mit staatlicher Anerkennung und entsprechender Tätigkeit, denen mindestens zwei Beschäftigungstherapeuten mit staatlicher Anerkennung oder Mitarbeiter in der Tätigkeit von Beschäftigungstherapeuten/Ergotherapeuten durch ausdrückliche Anordnung ständig unterstellt sind [77]
7	(entfällt)
8	Diätassistenten mit staatlicher Anerkennung als Leiter von Diätküchen, in denen durchschnittlich mindestens 400 Diätvollportionen täglich hergestellt werden [51]
9	Diätassistenten mit staatlicher Anerkennung, die als Lehrkräfte an staatlich anerkannten Lehranstalten für Diätassistenten eingesetzt sind [40]
10	Diätassistenten mit staatlicher Anerkennung in einer Tätigkeit der Vergütungsgruppe 5c Ziffer 9, 10 oder 13 nach dreijähriger Bewährung in einer dieser Tätigkeiten
11	Diätassistenten mit staatlicher Anerkennung sowie mit zusätzlicher Ausbildung als Ernährungsberater und mit entsprechender Tätigkeit
11a	Diplom-Ingenieure mit Fachhochschulausbildung in der Tätigkeit von Beauftragten für Medizingeräte-Verordnung
12 bis 15a (entfallen)	
16	Gutsverwalter mit Fachausbildung und großem Verantwortungsbereich
17	Gärtnermeister, denen mehrere Gärtnermeister durch ausdrückliche Anordnung ständig unterstellt sind [1, 77, 141]
17a	Gärtnermeister, die sich aus Vergütungsgruppe 6b dadurch herausheben, dass sie in einem besonders bedeutenden Arbeitsbereich mit einem höheren Maß an Verantwortlichkeit beschäftigt sind, nach vierjähriger Bewährung in Vergütungsgruppe 5c Ziffer 22 [141]
18 bis 18a (entfallen)	
19	Handwerksmeister, Industriemeister und sonstige Meister, die sich durch den Umfang und die Bedeutung ihres Aufgabenbereiches und durch große Selbstständigkeit wesentlich aus der Vergütungsgruppe 5c Ziffer 25 herausheben [141]
19a	Handwerksmeister und Industriemeister, die sich aus Vergütungsgruppe 6b dadurch herausheben, dass sie an einer besonders wichtigen Arbeitsstätte mit einem höheren Maß an Verantwortlichkeit beschäftigt sind, nach vierjähriger Bewährung in Vergütungsgruppe 5c Ziffer 23 [141]
19b	Handwerksmeister und Industriemeister, sofern sie große Arbeitsstätten (Bereiche, Werkstätten, Abteilungen oder Betriebe) zu beaufsichtigen haben, in denen Handwerker oder Facharbeiter beschäftigt sind, nach vierjähriger Bewährung in Vergütungsgruppe 5c Ziffer 25 [141]
20 bis 20c (entfallen)	
21	Physiotherapeuten/Krankengymnasten, die als Erste Lehrkräfte an staatlich anerkannten Lehranstalten für Masseure und medizinische Bademeister eingesetzt sind [40, 41]
22	Physiotherapeuten/Krankengymnasten, die als Lehrkräfte an staatlich anerkannten Lehranstalten für Physiotherapeuten/Krankengymnasten eingesetzt sind [40]
23	Physiotherapeuten/Krankengymnasten in einer Tätigkeit der Vergütungsgruppe 5c Ziffer 29 oder 31 nach dreijähriger Bewährung in diesen Tätigkeiten
24	Physiotherapeuten/Krankengymnasten mit entsprechender Tätigkeit, denen mindestens zwei Physiotherapeuten/Krankengymnasten oder Mitarbeiter in der Tätigkeit von Physiotherapeuten/Krankengymnasten durch ausdrückliche Anordnung ständig unterstellt sind [77]

Anlage 2 – Vergütungsgruppe 5b

25 Küchenleiter von Küchen, in denen durchschnittlich täglich mehr als 300 Vollportionen hergestellt werden [132, 133]

25a Küchenleiter von Küchen, in denen durchschnittlich täglich mehr als 120 Vollportionen hergestellt werden, nach vierjähriger Bewährung in Vergütungsgruppe 5c Ziffer 32a [132, 133]

25b Mitarbeiter, die durch ausdrückliche Anordnung als ständige Vertreter der Küchenleiter von Küchen, in denen durchschnittlich täglich mehr als 300 Vollportionen hergestellt werden, bestellt sind, nach vierjähriger Bewährung in Vergütungsgruppe 5c Ziffer 32c [48, 132, 133]

25c Mitarbeiter, die durch ausdrückliche Anordnung als ständige Vertreter der Küchenleiter von Küchen, in denen durchschnittlich täglich mehr als 500 Vollportionen hergestellt werden, bestellt sind [48, 132, 133]

26 Leiter von Einrichtungen der stationären Altenhilfe, denen wesentliche Funktionen der Betriebs- und Wirtschaftsführung übertragen sind [14]

27 (entfällt)

28 Leiter von Registraturen von besonderer Bedeutung

29 Logopäden mit staatlicher Anerkennung oder mit mindestens zweijähriger Fachausbildung an Universitätskliniken oder medizinischen Akademien mit Prüfung und entsprechender Tätigkeit, die als Hilfskräfte bei wissenschaftlichen Forschungsaufgaben mit einem besonders hohen Maß von Verantwortlichkeit tätig sind

30 Logopäden mit staatlicher Anerkennung oder mit mindestens zweijähriger Fachausbildung an Universitätskliniken oder medizinischen Akademien mit Prüfung, die als Lehrkräfte an Lehranstalten für Logopäden eingesetzt sind [40]

31 Logopäden mit staatlicher Anerkennung oder mit mindestens zweijähriger Fachausbildung an Universitätskliniken oder medizinischen Akademien mit Prüfung in einer Tätigkeit der Vergütungsgruppe 5c Ziffer 35 nach dreijähriger Bewährung in dieser Tätigkeit

32 (entfällt)

33 Masseure, Masseure und medizinische Bademeister, die als Erste Lehrkräfte an staatlich anerkannten Lehranstalten für Masseure und medizinische Bademeister eingesetzt sind [40, 41, 44]

34 Masseure, Masseure und medizinische Bademeister in einer Tätigkeit der Vergütungsgruppe 5c Ziffer 38 nach dreijähriger Bewährung in dieser Tätigkeit [40, 44]

34b (entfällt)

35 Masseure, Masseure und medizinische Bademeister in einer Tätigkeit der Vergütungsgruppe 5c Ziffer 36 nach zweijähriger Bewährung in dieser Tätigkeit [44]

36 Medizinisch-technische Assistenten, die als Lehrkräfte an staatlich anerkannten Lehranstalten für medizinisch-technische Assistenten eingesetzt sind [40]

37 Medizinisch-technische Assistenten in einer Tätigkeit der Vergütungsgruppe 5c Ziffer 41 nach dreijähriger Bewährung in dieser Tätigkeit

38 Medizinisch-technische Assistenten mit entsprechender Tätigkeit, denen mindestens zwei medizinisch-technische Assistenten, medizinisch-technische Gehilfen oder sonstige Mitarbeiter, die aufgrund gleichwertiger Fähigkeiten und ihrer Erfahrung entsprechende Tätigkeiten ausüben, durch ausdrückliche Anordnung ständig unterstellt sind [77]

39 Medizinisch-technische Assistenten mit entsprechender Tätigkeit, die als Hilfskräfte bei wissenschaftlichen Forschungsaufgaben mit einem besonders hohen Maß an Verantwortlichkeit tätig sind [53]

40 (entfällt)

41 Mitarbeiter als Berechner von Bezügen, deren Tätigkeit sich aus Vergütungsgruppe 6b Ziffer 44 dadurch heraushebt, dass sie aufgrund der angegebenen tatsächlichen Verhältnis-

se die Bezüge und Versorgungsbezüge selbstständig errechnen und die damit zusammenhängenden Arbeiten (z.B. Feststellung der Versicherungspflicht in der Sozialversicherung und der Zusatzversorgung, Bearbeitung von Abtretungen und Pfändungen) selbstständig ausführen sowie den damit zusammenhängenden Schriftwechsel selbstständig führen, nach sechsjähriger Bewährung in Vergütungsgruppe 5c Ziffer 42

42 (entfällt)

43 Mitarbeiter, die in mehr als zwei fremden Sprachen geläufig nach Diktat schreiben und sich aus Vergütungsgruppe 5c Ziffer 48a dadurch herausheben, dass sie Schriftstücke in diesen Sprachen selbstständig abfassen

44 Mitarbeiter, die in zwei fremden Sprachen geläufig nach Diktat schreiben und sich aus Vergütungsgruppe 6b Ziffer 45 dadurch herausheben, dass sie Schriftstücke in diesen Sprachen selbstständig abfassen, nach langjähriger Bewährung in Vergütungsgruppe 5c Ziffer 48

45 Mitarbeiter, die in mehr als zwei fremden Sprachen geläufig nach Diktat schreiben oder einfache Übersetzungen aus diesen oder in diese Sprachen anfertigen, nach langjähriger Bewährung in Vergütungsgruppe 5c Ziffer 48a [99]

46 Mitarbeiter in Archiven, mit abgeschlossener Fachausbildung sowie Mitarbeiter, die aufgrund gleichwertiger Fähigkeiten und ihrer Erfahrungen entsprechende Tätigkeiten ausüben

47 bis 54 (entfallen)

55 Mitarbeiter in der Verwaltung und Buchhaltung, deren Tätigkeit sich aus Vergütungsgruppe 6b Ziffer 57 dadurch heraushebt, dass sie selbstständige Leistungen erfordert, nach sechsjähriger Bewährung in Vergütungsgruppe 5c Ziffer 49 [123]

56 Mitarbeiter in der Verwaltung und Buchhaltung, deren Tätigkeit gründliche, umfassende Fachkenntnisse und selbstständige Leistungen erfordert [123, 124]

57 Mitarbeiter mit abgeschlossener Fachausbildung für den bibliothekarischen Dienst (Diplombibliothekare) mit entsprechender Tätigkeit

58 Mitarbeiter mit abgeschlossener Fachhochschulbildung und entsprechender Tätigkeit [9]

58a bis 58d (entfallen)

59 Orthoptisten mit staatlicher Anerkennung oder mindestens zweijähriger Fachausbildung an Universitätskliniken oder medizinischen Akademien mit Prüfung und entsprechender Tätigkeit, die als Hilfskräfte bei wissenschaftlichen Forschungsaufgaben mit einem besonders hohen Maß von Verantwortlichkeit tätig sind

60 Orthoptisten mit staatlicher Anerkennung oder mit mindestens zweijähriger Fachausbildung an Universitätskliniken oder medizinischen Akademien mit Prüfung, die als Lehrkräfte an Lehranstalten für Orthoptisten eingesetzt sind [40]

61 Orthoptisten mit staatlicher Anerkennung oder mit mindestens zweijähriger Fachausbildung an Universitätskliniken oder medizinischen Akademien mit Prüfung in einer Tätigkeit der Vergütungsgruppe 5c Ziffer 51 nach dreijähriger Bewährung in dieser Tätigkeit

62 Orthoptisten mit staatlicher Anerkennung oder mit mindestens zweijähriger Fachausbildung an Universitätskliniken oder medizinischen Akademien mit Prüfung und entsprechender Tätigkeit, denen mindestens zwei Orthoptisten oder Mitarbeiter in der Tätigkeit von Orthoptisten durch ausdrückliche Anordnung ständig unterstellt sind [77]

63 Pharmazeutisch-technische Assistenten, die als Lehrkräfte an staatlich anerkannten Lehranstalten für pharmazeutisch-technische Assistenten eingesetzt sind [40]

Anlage 2 – Vergütungsgruppen 5b, 5c

64 Pharmazeutisch-technische Assistenten mit entsprechender Tätigkeit, denen mindestens zwei pharmazeutisch-technische Assistenten oder Apothekenhelfer mit Tätigkeiten mindestens der Vergütungsgruppe 7 durch ausdrückliche Anordnung ständig unterstellt sind [49, 77]

65 Pharmazeutisch-technische Assistenten mit entsprechender Tätigkeit, die als Hilfskräfte bei wissenschaftlichen Forschungsaufgaben mit einem besonders hohen Maß von Verantwortlichkeit tätig sind

66 Präparatoren in einer Tätigkeit der Vergütungsgruppe 5c Ziffer 53 oder 54 nach dreijähriger Bewährung in einer dieser Tätigkeiten

67 bis 69 (entfallen)

69a Techniker mit staatlicher Anerkennung in der Tätigkeit von Beauftragten für die Medizingeräte-Verordnung nach dreijähriger Bewährung in Vergütungsgruppe 5c Ziffer 55a [129, 141]

70 Hauswirtschaftliche Betriebsleiter mit staatlicher Prüfung und entsprechender Tätigkeit in Einrichtungen mit mehr als 300 Plätzen [134]

70a Hauswirtschaftliche Betriebsleiter mit staatlicher Prüfung und entsprechender Tätigkeit in Einrichtungen mit mehr als 200 Plätzen nach vierjähriger Bewährung in Vergütungsgruppe 5c Ziffer 57 [134]

71 Mitarbeiter, deren Aufgabenbereich und Verantwortung mit den Tätigkeitsmerkmalen dieser Vergütungsgruppe vergleichbar ist [9]

Vergütungsgruppe 5c

1 (entfällt)

2 Audiometristen mit staatlicher Anerkennung oder mit mindestens zweijähriger Fachausbildung an Universitätskliniken oder medizinischen Akademien in einer Tätigkeit der Vergütungsgruppe 6b Ziffer 5 nach zweijähriger Bewährung in dieser Tätigkeit

3 Audiometristen mit staatlicher Anerkennung oder mit mindestens zweijähriger Fachausbildung an Universitätskliniken oder medizinischen Akademien mit entsprechender Tätigkeit nach sechsmonatiger Berufsausübung nach erlangter staatlicher Anerkennung bzw. nach Abschluss der genannten Fachausbildung, die überwiegend schwierige Aufgaben im Sinne der Vergütungsgruppe 6b Ziffer 5 erfüllen

4 Auswandererberater, sofern nicht aufgrund einer abgeschlossenen Ausbildung eine höhere Eingruppierung vorgesehen ist, nach vierjähriger Bewährung in der Vergütungsgruppe 6b Ziffer 8

5 Beschäftigungstherapeuten/Ergotherapeuten mit staatlicher Anerkennung in einer Tätigkeit der Vergütungsgruppe 6b Ziffer 9 nach zweijähriger Bewährung in dieser Tätigkeit

6 Beschäftigungstherapeuten/Ergotherapeuten mit staatlicher Anerkennung und entsprechender Tätigkeit nach sechsmonatiger Berufsausübung nach erlangter staatlicher Anerkennung, die überwiegend schwierige Aufgaben im Sinne der Vergütungsgruppe 6b Ziffer 9 erfüllen

7 Dermoplastiker (Moulageure) nach fünfjähriger Bewährung in dieser Tätigkeit

8 Desinfektoren mit Prüfung in einer Tätigkeit der Vergütungsgruppe 6b Ziffer 12 nach dreijähriger Bewährung in dieser Tätigkeit

9 Diätassistenten mit staatlicher Anerkennung als Leiter von Diätküchen, in denen durchschnittlich mindestens 200 Diätvollportionen täglich hergestellt werden [51]

10 Diätassistenten mit staatlicher Anerkennung, die als ständige Vertreter von Leiter von Diätküchen, in denen durchschnittlich mindestens 400 Diätvollportionen täglich hergestellt werden, durch ausdrückliche Anordnung bestellt sind [48, 51]

11 Diätassistenten mit staatlicher Anerkennung in einer Tätigkeit der Vergütungsgruppe 6b Ziffer 14, 15, 16 oder 17 nach zweijähriger Bewährung in einer dieser Tätigkeiten
12 Diätassistenten mit staatlicher Anerkennung nach sechsjähriger Bewährung in dieser Tätigkeit
13 Diätassistenten mit staatlicher Anerkennung und entsprechender Tätigkeit nach sechsmonatiger Berufsausübung nach erlangter staatlicher Anerkennung, die überwiegend schwierige Aufgaben im Sinne der Vergütungsgruppe 6b Ziffer 17 erfüllen
14 Dorfhelfer mit staatlicher Anerkennung und entsprechender Tätigkeit nach vierjähriger Bewährung in Vergütungsgruppe 6b Ziffer 19 [98]

15 bis 20b (entfallen)

21 Gartenbauinspektoren mit Diplom
22 Gärtnermeister, die sich aus der Vergütungsgruppe 6b dadurch herausheben, dass sie in einem besonders bedeutenden Arbeitsbereich mit einem höheren Maß an Verantwortlichkeit beschäftigt sind [141]
22a Gärtnermeister, soweit nicht anderweitig eingruppiert, nach vierjähriger Bewährung in Vergütungsgruppe 6b Ziffer 24 [141]
23 Handwerksmeister und Industriemeister, die sich aus der Vergütungsgruppe 6b dadurch herausheben, dass sie an einer besonders wichtigen Arbeitsstätte mit einem höheren Maß an Verantwortlichkeit beschäftigt sind [141]
23a Handwerksmeister und Industriemeister, soweit nicht anderweitig eingruppiert, nach vierjähriger Bewährung in Vergütungsgruppe 6b Ziffer 25 [141]
24 (entfällt)
25 Handwerksmeister und Industriemeister, sofern sie große Arbeitsstätten (Bereiche, Werkstätten, Abteilungen oder Betriebe) zu beaufsichtigen haben, in denen Handwerker oder Facharbeiter beschäftigt sind [141]
26 Familienpfleger mit staatlicher Anerkennung und entsprechender Tätigkeit nach vierjähriger Bewährung in Vergütungsgruppe 6b Ziffer 26 [98]
26a Hauswirtschaftsmeister nach vierjähriger Bewährung in Vergütungsgruppe 6b Ziffer 26c

27 bis 28a (entfallen)

29 Physiotherapeuten/Krankengymnasten, die als Lehrkräfte an staatlich anerkannten Lehranstalten für Masseure oder für Masseure und medizinische Bademeister eingesetzt sind [40]
30 Physiotherapeuten/Krankengymnasten in einer Tätigkeit der Vergütungsgruppe 6b Ziffer 28 nach zweijähriger Bewährung in dieser Tätigkeit
31 Physiotherapeuten/Krankengymnasten mit entsprechender Tätigkeit nach sechsmonatiger Berufsausübung nach erlangter staatlicher Erlaubnis, die überwiegend schwierige Aufgaben im Sinne der Vergütungsgruppe 6b Ziffer 28 erfüllen

31a bis 31b (entfallen)

32 Küchenleiter von Küchen, in denen durchschnittlich täglich mehr als 60 Vollportionen hergestellt werden, nach vierjähriger Bewährung in Vergütungsgruppe 6b Ziffer 31 [132, 133]
32a Küchenleiter von Küchen, in denen durchschnittlich täglich mehr als 120 Vollportionen hergestellt werden [132, 133]
32b Mitarbeiter, die durch ausdrückliche Anordnung als ständige Vertreter der Küchenleiter von Küchen, in denen durchschnittlich täglich mehr als 120 Vollportionen hergestellt

Anlage 2 – Vergütungsgruppe 5c

werden, bestellt sind, nach vierjähriger Bewährung in Vergütungsgruppe 6b Ziffer 31a [48, 132, 133]

32c Mitarbeiter, die durch ausdrückliche Anordnung als ständige Vertreter der Küchenleiter von Küchen, in denen durchschnittlich täglich mehr als 300 Vollportionen hergestellt werden, bestellt sind [48, 132, 133]

33 (entfällt)

34 Logopäden mit staatlicher Anerkennung oder mit mindestens zweijähriger Fachausbildung an Universitätskliniken oder medizinischen Akademien mit Prüfung in einer Tätigkeit der Vergütungsgruppe 6b Ziffer 36 nach zweijähriger Bewährung in dieser Tätigkeit

35 Logopäden mit staatlicher Anerkennung oder mit mindestens zweijähriger Fachausbildung an Universitätskliniken oder medizinischen Akademien mit Prüfung und entsprechender Tätigkeit nach sechsmonatiger Berufsausübung nach erlangter staatlicher Anerkennung bzw. nach Abschluss der genannten Fachausbildung, die überwiegend schwierige Aufgaben im Sinne der Vergütungsgruppe 6b Ziffer 35 erfüllen

36 Masseure, Masseure und medizinische Bademeister, die als Lehrkräfte an staatlich anerkannten Lehranstalten für Masseure oder Masseure und medizinische Bademeister eingesetzt sind [40, 44]

37 Masseure, Masseure und medizinische Bademeister in einer Tätigkeit der Vergütungsgruppe 6b Ziffer 39 oder 40 nach zweijähriger Bewährung in einer dieser Tätigkeiten [44]

38 Masseure, Masseure und medizinische Bademeister mit entsprechender Tätigkeit, denen mindestens acht Masseure, Masseure und medizinische Bademeister oder Mitarbeiter in der Tätigkeit von Masseuren oder Masseuren und medizinischen Bademeistern durch ausdrückliche Anordnung ständig unterstellt sind [44, 77]

39 Medizinisch-technische Assistenten in einer Tätigkeit der Vergütungsgruppe 6b Ziffer 42 nach zweijähriger Bewährung in dieser Tätigkeit [77]

40 Medizinisch-technische Assistenten mit entsprechender Tätigkeit nach sechsjähriger Bewährung in dieser Tätigkeit

41 Medizinisch-technische Assistenten mit entsprechender Tätigkeit nach sechsmonatiger Berufsausübung nach erlangter staatlicher Erlaubnis, die in nicht unerheblichem Umfange eine oder mehrere der folgenden Aufgaben erfüllen:

Wartung und Justierung von hochwertigen und schwierig zu bedienenden Messgeräten (z.B. Autoanalyzern) und Anlage der hierzu gehörenden Eichkurven, Bedienung eines Elektronenmikroskops sowie Vorbereitung der Präparate für Elektronenmikroskopie. Quantitative Bestimmung von Kupfer und Eisen, Bestimmung der Eisenbindungskapazität, schwierige Hormonbestimmungen, schwierige Fermentaktivitätsbestimmungen, schwierige gerinnungsphysiologische Untersuchungen. Virusisolierungen oder ähnliche schwierige mikrobiologische Verfahren, Gewebezüchtungen, schwierige Antikörperbestimmungen (z.B. Coombs-Test, Blutgruppen-Serologie). Vorbereitung und Durchführung von röntgenologischen Gefäßuntersuchungen in der Schädel-, Brust- oder Bauchhöhle. Mitwirkung bei Herzkatheterisierungen, Schichtaufnahmen in den drei Dimensionen mit Spezialgeräten, Encephalographien, Ventrikulographien, schwierigen intraoperativen Röntgenaufnahmen [46, 53]

41a Mitarbeiter als Berechner von Bezügen, deren Tätigkeit sich dadurch aus Vergütungsgruppe 7 Ziffer 36 heraushebt, dass sie aufgrund der angegebenen Merkmale die Bezüge selbstständig errechnen und die im Datenverarbeitungsverfahren erforderlichen Arbeiten und Kontrollen zur maschinellen Berechnung verantwortlich vornehmen und

Vergütungsgruppe 5c – Anlage 2

den damit verbundenen Schriftwechsel selbstständig führen, nach vierjähriger Bewährung in Vergütungsgruppe 6b Ziffer 44

42 Mitarbeiter als Berechner von Bezügen, deren Tätigkeit sich aus Vergütungsgruppe 6b Ziffer 44 dadurch heraushebt, dass sie aufgrund der angegebenen tatsächlichen Verhältnisse die Bezüge und Versorgungsbezüge selbstständig errechnen und die damit zusammenhängenden Arbeiten (z. B. Feststellung der Versicherungspflicht in der Sozialversicherung und der Zusatzversorgung, Bearbeitung von Abtretungen und Pfändungen) selbstständig ausführen sowie den damit zusammenhängenden Schriftwechsel selbstständig führen

42a Mitarbeiter mit einer für ihre Tätigkeit förderlichen Vorbildung als Leiter von Bahnhofsmissionen mit schwierigem Aufgabengebiet nach sechsjähriger Bewährung in Vergütungsgruppe 6b Ziffer 48b [137, 139]

43 bis 47 (entfallen)

48 Mitarbeiter, die in zwei fremden Sprachen geläufig nach Diktat schreiben und sich aus Vergütungsgruppe 6b Ziffer 45 dadurch herausheben, dass sie Schriftstücke in diesen Sprachen selbstständig abfassen

48a Mitarbeiter, die in mehr als zwei fremden Sprachen geläufig nach Diktat schreiben oder einfache Übersetzungen aus diesen oder in diese Sprachen anfertigen [99]

48b Mitarbeiter, die in zwei fremden Sprachen geläufig nach Diktat schreiben oder einfache Übersetzungen aus diesen oder in diese Sprachen anfertigen, nach mehrjähriger Bewährung in Vergütungsgruppe 6b Ziffer 45 [99]

48c Mitarbeiter in der Verwaltung und Buchhaltung, deren Tätigkeit gründliche und vielseitige Fachkenntnisse und mindestens zu einem Viertel selbstständige Leistungen erfordert, nach vierjähriger Bewährung in Vergütungsgruppe 6b Ziffer 57 [122, 123]

48d Mitarbeiter im Schreib- und Sekretariatsdienst, deren Tätigkeit Verwaltungsaufgaben umfasst, die gründliche und vielseitige Fachkenntnisse und mindestens zu einem Viertel selbstständige Leistungen erfordern, oder solche in besonders verantwortlicher Stellung nach vierjähriger Bewährung in Vergütungsgruppe 6b Ziffer 67 [122, 123]

49 Mitarbeiter in der Verwaltung und Buchhaltung, deren Tätigkeit sich aus Vergütungsgruppe 6b Ziffer 57 dadurch heraushebt, dass sie selbstständige Leistungen erfordert [123]

49a bis 49c (entfallen)

50 Orthoptisten mit staatlicher Anerkennung oder mit mindestens zweijähriger Fachausbildung an Universitätskliniken oder medizinischen Akademien mit Prüfung in einer Tätigkeit der Vergütungsgruppe 6b Ziffer 60 nach zweijähriger Bewährung in dieser Tätigkeit

51 Orthoptisten mit staatlicher Anerkennung oder mit mindestens zweijähriger Fachausbildung an Universitätskliniken oder medizinischen Akademien mit Prüfung und entsprechender Tätigkeit nach sechsmonatiger Berufsausübung nach erlangter staatlicher Anerkennung bzw. nach Abschluss der genannten Fachausbildung, die überwiegend schwierige Aufgaben im Sinne der Vergütungsgruppe 6b Ziffer 60 erfüllen

52 Pharmazeutisch-technische Assistenten in einer Tätigkeit der Vergütungsgruppe 6b Ziffer 62 nach zweijähriger Bewährung in dieser Tätigkeit

53 Präparatoren, denen mindestens zwei Präparatoren, davon mindestens einer mit Tätigkeiten der Vergütungsgruppe 6b Ziffer 65, durch ausdrückliche Anordnung ständig unterstellt sind [77]

54 Präparatoren in einer Tätigkeit der Vergütungsgruppe 6b Ziffer 64 oder 65 nach dreijähriger Bewährung in einer dieser Tätigkeiten

Anlage 2 – Vergütungsgruppen 5c, 6b

55 (entfällt)

55a Techniker mit staatlicher Anerkennung in der Tätigkeit von Beauftragten für die Medizingeräte-Verordnung [129, 141]

56 Verwalter von landwirtschaftlichen Betrieben mit einer dreijährigen Ausbildung in einer Ackerbauschule mit Fachprüfung, die in einem bedeutenden Arbeitsbereich mit einem hohen Maß von Verantwortlichkeit beschäftigt sind und durch den Umfang und die Bedeutung ihres Aufgabengebietes aus der Vergütungsgruppe 6b Ziffer 69 sich hervorheben

56a Wäschereileiter in Einrichtungen mit mehr als 300 Betten nach vierjähriger Bewährung in Vergütungsgruppe 6b Ziffer 70 [17, 135]

57 Hauswirtschaftliche Betriebsleiter mit staatlicher Prüfung und entsprechender Tätigkeit in Einrichtungen mit mehr als 200 Plätzen [134]

57a Hauswirtschaftliche Betriebsleiter mit staatlicher Prüfung und entsprechender Tätigkeit nach vierjähriger Bewährung in Vergütungsgruppe 6b Ziffer 26d [134]

58 Mitarbeiter, deren Aufgabenbereich und Verantwortung mit den Tätigkeitsmerkmalen dieser Vergütungsgruppe vergleichbar sind [9]

Vergütungsgruppe 6b

1 (entfällt)

2 Apothekenhelfer mit Abschlussprüfung in Arzneimittelausgabestellen, denen mindestens drei Apothekenhelfer oder Mitarbeiter in der Tätigkeit von Apothekenhelfern durch ausdrückliche Anordnung ständig unterstellt sind [49, 50, 77]

3 Apothekenhelfer mit Abschlussprüfung in einer Tätigkeit der Vergütungsgruppe 7 Ziffer 3 nach vierjähriger Bewährung in dieser Tätigkeit [49]

4 Arzthelfer mit Abschlussprüfung in einer Tätigkeit der Vergütungsgruppe 7 Ziffer 5 nach vierjähriger Bewährung in dieser Tätigkeit

5 Audiometristen mit staatlicher Anerkennung oder mit mindestens zweijähriger Fachausbildung an Universitätskliniken oder medizinischen Akademien mit entsprechender Tätigkeit, die in nicht unerheblichem Umfang schwierige Aufgaben erfüllen (als „schwierige Aufgaben" gelten z.B. Fertigung von Sprach-, Spiel- und Reflexaudiogrammen, Gehörprüfung bei Kleinkindern und Patienten mit geistigen Behinderungen sowie Gehörgeräteanpassung und Gehörerziehung – Hörtraining – bei Kleinkindern) [46]

6 Audiometristen mit staatlicher Anerkennung oder mit mindestens zweijähriger Fachausbildung an Universitätskliniken oder medizinischen Akademien und entsprechender Tätigkeit

7 (entfällt)

8 Auswandererberater, sofern nicht aufgrund einer abgeschlossenen Ausbildung eine höhere Eingruppierung vorgesehen ist

9 Beschäftigungstherapeuten/Ergotherapeuten mit staatlicher Anerkennung und entsprechender Tätigkeit, die in nicht unerheblichem Umfang schwierige Aufgaben erfüllen (als „schwierige Aufgaben" gelten z.B. Beschäftigungstherapie bei Querschnittslähmungen, in Kinderlähmungsfällen, mit spastisch Gelähmten, in Fällen von Dysmelien, in der Psychiatrie oder Geriatrie) [46]

10 Beschäftigungstherapeuten/Ergotherapeuten mit staatlicher Anerkennung und entsprechender Tätigkeit

11 Dermoplastiker (Moulageure) nach einjähriger Bewährung in Vergütungsgruppe 7 Ziffer 8

Vergütungsgruppe 6b – Anlage 2

12 Desinfektoren mit Prüfung als Leiter des technischen Betriebs von Desinfektionsanstalten, denen mindestens neun Desinfektoren mit Prüfung durch ausdrückliche Anordnung ständig unterstellt sind [47, 77]

13 Desinfektoren mit Prüfung in einer Tätigkeit der Vergütungsgruppe 7 Ziffer 9, 10 oder 11 nach dreijähriger Bewährung in einer dieser Tätigkeiten

14 Diätassistenten mit staatlicher Anerkennung als Diätküchenleiter (§ 19 RdErl. RuPr. MdI vom 5. April 1937), die als Diätküchenleiterinnen tätig sind [52]

15 Diätassistenten mit staatlicher Anerkennung als Leiter von Diätküchen, in denen durchschnittlich mindestens 50 Diätvollportionen täglich hergestellt werden [51]

16 Diätassistenten mit staatlicher Anerkennung, die als ständige Vertreter von Leiter von Diätküchen, in denen durchschnittlich mindestens 200 Diätvollportionen täglich hergestellt werden, durch ausdrückliche Anordnung bestellt sind [48, 51]

17 Diätassistenten mit staatlicher Anerkennung und entsprechender Tätigkeit, die in nicht unerheblichem Umfang schwierige Aufgaben erfüllen („schwierige Aufgaben" sind z.B. Diätberatung von einzelnen Patienten, selbstständige Durchführung von Ernährungserhebungen, Mitarbeit bei Grundlagenforschung im Fachbereich klinische Ernährungslehre, Herstellung und Berechnung spezifischer Diätformen bei dekompensierten Leberzirrhosen, Niereninsuffizienz, Hyperlipidämien, Stoffwechsel-Bilanz-Studien, Maldigestion und Malabsorption, nach Shuntoperationen, Kalzium-Test-Diäten, spezielle Anfertigung von Sonderernährung für Patienten auf Intensiv- und Wachstationen) [46]

18 Diätassistenten mit staatlicher Anerkennung und entsprechender Tätigkeit

19 Dorfhelfer mit staatlicher Anerkennung und entsprechender Tätigkeit [98]

20 bis 22a (entfallen)

23 Gartenbautechniker mit Gartenbauschule und staatlicher Prüfung

24 Gärtnermeister, soweit nicht anderweitig eingruppiert [141]

24a Gärtnermeister mit kleinerem Aufgabenbereich nach vierjähriger Bewährung in Vergütungsgruppe 7 Ziffer 16 [141]

25 Handwerksmeister und Industriemeister, soweit nicht anderweitig eingruppiert [141]

25a Handwerksmeister und Industriemeister mit kleinerem Aufgabenbereich nach vierjähriger Bewährung in Vergütungsgruppe 7 Ziffer 17 [141]

25b Handwerker mit abgeschlossener Fachausbildung in verantwortlicher und selbstständiger Stellung nach vierjähriger Bewährung in Vergütungsgruppe 7 Ziffer 18 [142]

25c Hausmeister mit abgeschlossener handwerklicher Fachausbildung und besonders schwierigem oder besonders vielseitigem Tätigkeitsbereich nach vierjähriger Bewährung in Vergütungsgruppe 7 Ziffer 19

26 Familienpfleger mit staatlicher Anerkennung und entsprechender Tätigkeit [98]

26a Hauswirtschafter mit abgeschlossener Fachausbildung in besonders verantwortlicher und selbstständiger Tätigkeit nach vierjähriger Bewährung in Vergütungsgruppe 7 Ziffer 20b

26b Hauswirtschaftsmeister, Wirtschafter mit staatlicher Prüfung mit kleinerem Aufgabenbereich nach vierjähriger Bewährung in Vergütungsgruppe 7 Ziffer 20c

26c Hauswirtschaftsmeister, soweit nicht anderweitig eingruppiert

26d Hauswirtschaftliche Betriebsleiter mit staatlicher Prüfung und entsprechender Tätigkeit [134]

27 bis 27a (entfallen)

Anlage 2 – Vergütungsgruppe 6b

28 Physiotherapeuten/Krankengymnasten mit entsprechender Tätigkeit, die in nicht unerheblichem Umfange schwierige Aufgaben erfüllen [16, 46]

29 Physiotherapeuten/Krankengymnasten mit entsprechender Tätigkeit

29a (entfällt)

30 Mitarbeiter, die durch ausdrückliche Anordnung als ständige Vertreter der Küchenleiter von Küchen, in denen durchschnittlich täglich mehr als 60 Vollportionen hergestellt werden, bestellt sind, nach vierjähriger Bewährung in Vergütungsgruppe 7 Ziffer 25 [48, 132, 133]

31 Küchenleiter von Küchen, in denen durchschnittlich täglich mehr als 60 Vollportionen hergestellt werden [132, 133]

31a Mitarbeiter, die durch ausdrückliche Anordnung als ständige Vertreter der Küchenleiter von Küchen, in denen durchschnittlich täglich mehr als 120 Vollportionen hergestellt werden, bestellt sind [48, 132, 133]

32 Kursusleiter mit Lehrbefähigung zur handwerklichen, landwirtschaftlichen oder hauswirtschaftlichen Ausbildung

32a Landwirtschaftlich oder gärtnerisch tätige Mitarbeiter mit abgeschlossener Fachausbildung in besonders verantwortlicher und selbstständiger Tätigkeit nach vierjähriger Bewährung in Vergütungsgruppe 7 Ziffer 26

33 (entfällt)

34 Leiter von Kassen, denen mindestens ein Mitarbeiter der Vergütungsgruppe 8 unterstellt ist

35 Logopäden mit staatlicher Anerkennung oder mindestens zweijähriger Fachausbildung an Universitätskliniken oder medizinischen Akademien mit Prüfung und entsprechender Tätigkeit, die in nicht unerheblichem Umfang schwierige Aufgaben erfüllen (als „schwierige Aufgaben" gelten z.B. die Behandlung von Kehlkopflosen, von Patienten nach Schlaganfällen oder Gehirnoperationen, von schwachsinnigen Patienten, von Aphasiepatienten, von Patienten mit spastischen Lähmungen im Bereich des Sprachapparates) [46]

36 Logopäden mit staatlicher Anerkennung oder mit mindestens zweijähriger Fachausbildung an Universitätskliniken oder medizinischen Akademien mit Prüfung und entsprechender Tätigkeit

37 (entfällt)

38 Masseure, Masseure und medizinische Bademeister in einer Tätigkeit der Vergütungsgruppe 7 Ziffer 29, 30 oder 32 nach zweijähriger Bewährung in einer dieser Tätigkeiten [44]

39 Masseure, Masseure und medizinische Bademeister mit entsprechender Tätigkeit, denen mindestens vier Masseure, Masseure und medizinische Bademeister oder Mitarbeiter in der Tätigkeit von Masseuren oder Masseuren und medizinischen Bademeistern durch ausdrückliche Anordnung ständig unterstellt sind [44, 77]

40 Masseure, Masseure und medizinische Bademeister mit entsprechender Tätigkeit, denen mindestens zwei Masseure, Masseure und medizinische Bademeister oder Mitarbeiter in der Tätigkeit von Masseuren oder Masseuren und medizinischen Bademeistern durch ausdrückliche Anordnung ständig unterstellt sind und die überwiegend schwierige Aufgaben im Sinne der Vergütungsgruppe 7 Ziffer 30 oder 32 erfüllen [44, 77]

41 Medizinisch-technische Assistenten mit entsprechender Tätigkeit

42 Medizinisch-technische Assistenten mit entsprechender Tätigkeit, die in nicht unerheblichem Umfange schwierige Aufgaben erfüllen (als „schwierige Aufgaben" gelten z.B. der Diagnostik vorausgehende technische Arbeiten bei überwiegend selbstständiger Verfahrenswahl auf histologischem, mikrobiologischem, serologischem und quantitativ klinisch-chemischem Gebiet; ferner schwierige röntgenologische Untersuchungs-

Vergütungsgruppe 6b – Anlage 2

verfahren, insbesondere zur röntgenologischen Funktionsdiagnostik, messtechnischen Aufgaben und Hilfeleistung bei der Verwendung von radioaktiven Stoffen sowie schwierige medizinisch-fotografische Verfahren) [46]

43 Medizinisch-technische Gehilfen mit staatlicher Prüfung nach zweisemestriger Ausbildung und entsprechender Tätigkeit, die in nicht unerheblichem Umfange schwierige Aufgaben im Sinne der Vergütungsgruppe 6b Ziffer 42 erfüllen, soweit diese nicht den medizinisch-technischen Assistenten vorbehalten sind, und sonstige Mitarbeiter, die aufgrund gleichwertiger Fähigkeiten und ihrer Erfahrungen entsprechende Tätigkeiten ausüben, nach vierjähriger Bewährung in dieser Tätigkeit [46]

44 Mitarbeiter als Berechner von Bezügen, deren Tätigkeit sich dadurch aus Vergütungsgruppe 7 Ziffer 36 heraushebt, dass sie aufgrund der angegebenen Merkmale die Bezüge selbstständig errechnen und die im Datenverarbeitungsverfahren erforderlichen Arbeiten und Kontrollen zur maschinellen Berechnung verantwortlich vornehmen und den damit verbundenen Schriftwechsel selbstständig führen

44a Mitarbeiter als Berechner von Bezügen (wie Vergütung, Krankenvergütung, Urlaubsvergütung, Zuschuss zum Mutterschaftsgeld, Urlaubsgeld) und Versorgungsbezügen, deren Tätigkeit gründliche Fachkenntnisse erfordert, nach vierjähriger Bewährung in Vergütungsgruppe 7 Ziffer 36 [121]

45 Mitarbeiter, die in zwei fremden Sprachen geläufig nach Diktat schreiben oder einfache Übersetzungen aus diesen oder in diese Sprachen anfertigen [99]

46 Mitarbeiter, die in einer fremden Sprache geläufig nach Diktat schreiben oder einfache Übersetzungen aus dieser oder in diese Sprache anfertigen, nach vierjähriger Bewährung in Vergütungsgruppe 7 Ziffer 37 [99]

47 (entfällt)

48 Mitarbeiter in Archiven in Tätigkeiten, die gründliche und vielseitige Fachkenntnisse im Archivdienst und in nicht unerheblichem Umfang selbstständige Leistungen erfordern

48a Mitarbeiter mit einer für ihre Tätigkeit förderlichen Vorbildung als Leiter von Bahnhofsmissionen mit umfangreichem Aufgabengebiet nach sechsjähriger Bewährung in Vergütungsgruppe 7 Ziffer 42c [137, 138]

48b Mitarbeiter mit einer für ihre Tätigkeit förderlichen Vorbildung als Leiter von Bahnhofsmissionen mit schwierigem Aufgabengebiet [137, 139]

49 bis 56 (entfallen)

57 Mitarbeiter in der Verwaltung und Buchhaltung, deren Tätigkeit gründliche und vielseitige Fachkenntnisse und mindestens zu einem Viertel selbstständige Leistungen erfordert [122, 123]

58 Mitarbeiter in der Verwaltung und Buchhaltung, deren Tätigkeit gründliche und vielseitige Fachkenntnisse erfordert, nach vierjähriger Bewährung in Vergütungsgruppe 7 Ziffer 47 [122]

58a bis 58c (entfallen)

59 Mitarbeiter mit abgeschlossener Fachschulbildung und entsprechender Tätigkeit

60 Orthoptisten mit staatlicher Anerkennung oder mit mindestens zweijähriger Fachausbildung an Universitätskliniken oder medizinischen Akademien mit Prüfung und entsprechender Tätigkeit, die in nicht unerheblichem Umfange schwierige Aufgaben erfüllen (als „schwierige Aufgaben" gelten z. B. die Behandlung eingefahrener beidäugiger Anomalien, exzentrischer Fixation und Kleinstanomalien) [46]

Anlage 2 – Vergütungsgruppe 6b, 7

61 Orthoptisten mit staatlicher Anerkennung oder mit mindestens zweijähriger Fachausbildung an Universitätskliniken oder medizinischen Akademien mit Prüfung und entsprechender Tätigkeit

62 Pharmazeutisch-technische Assistenten mit entsprechender Tätigkeit, die in nicht unerheblichem Umfange schwierige Aufgaben erfüllen [46, 55]

63 Pharmazeutisch-technische Assistenten mit entsprechender Tätigkeit

64 Präparatoren, denen mindestens zwei Präparatoren durch ausdrückliche Anordnung ständig unterstellt sind [77]

65 Präparatoren, die in nicht unerheblichem Umfange schwierige Aufgaben erfüllen („schwierige Aufgaben" sind z. B. Herstellung von Korrosionspräparaten, Darstellung feiner Gefäße und Nerven) [46]

66 Präparatoren mit entsprechender Tätigkeit nach dreijähriger Bewährung in dieser Tätigkeit

67 Mitarbeiter im Schreib- und Sekretariatsdienst, deren Tätigkeit Verwaltungsaufgaben umfasst, die gründliche und vielseitige Fachkenntnisse und mindestens zu einem Viertel selbstständige Leistungen erfordern, oder solche in besonders verantwortlicher Stellung [122, 123]

67a Mitarbeiter im Schreib- und Sekretariatsdienst, deren Tätigkeit sich aus Vergütungsgruppe 8 Ziffer 42 dadurch heraushebt, dass sie in erheblichem Umfang schwierigere und verantwortungsvolle Aufgaben umfasst oder außergewöhnliche Schreibleistungen erfordert, nach vierjähriger Bewährung in Vergütungsgruppe 7 Ziffer 63

68 Sektionsgehilfen in einer Tätigkeit der Vergütungsgruppe 7 nach sechsjähriger Bewährung in dieser Tätigkeit

69 Verwalter von landwirtschaftlichen Betrieben mit einer dreijährigen Ausbildung in einer Ackerbauschule und mit Fachprüfung

70 Wäschereileiter in Einrichtungen mit mehr als 300 Betten [17, 135]

70a (entfällt)

70b Wäschereileiter in Einrichtungen mit mehr als 200 Betten nach vierjähriger Bewährung in Vergütungsgruppe 7 Ziffer 66 [17, 135]

71 (entfällt)

72 Mitarbeiter, deren Aufgabenbereich und Verantwortung mit den Tätigkeitsmerkmalen dieser Vergütungsgruppe vergleichbar ist [9]

Vergütungsgruppe 7

1 (entfällt)

2 Apothekenhelfer mit Abschlussprüfung und entsprechender Tätigkeit nach dreijähriger Bewährung in dieser Tätigkeit nach Abschluss der Ausbildung [49]

3 Apothekenhelfer mit Abschlussprüfung und schwierigen Aufgaben („schwierige Aufgaben" sind z. B. Taxieren, Mitwirkung bei der Herstellung von sterilen Lösungen oder sonstigen Arzneimitteln unter Verantwortung eines Apothekers) [49]

4 Arzthelfer mit Abschlussprüfung und entsprechender Tätigkeit nach dreijähriger Bewährung in dieser Tätigkeit nach Abschluss der Ausbildung

5 Arzthelfer mit Abschlussprüfung und schwierigen Aufgaben („schwierige Aufgaben" sind z. B. Patientenabrechnungen im stationären und ambulanten Bereich, Durchführung von Elektro-Kardiogrammen mit allen Ableitungen, Einfärben von zytologischen Präparaten oder gleich schwierigen Einfärbungen)

6 bis 7 (entfallen)

Vergütungsgruppe 7 – Anlage 2

8 Dermoplastiker (Moulageure) mit entsprechender Tätigkeit
9 Desinfektoren mit Prüfung als ausdrücklich bestellte ständige Vertreter von Leitern des technischen Betriebes von Desinfektionsanstalten, denen mindestens neun Desinfektoren mit Prüfung durch ausdrückliche Anordnung ständig unterstellt sind [47, 48, 77]
10 Desinfektoren mit Prüfung und entsprechender Tätigkeit, denen mindestens vier Desinfektoren mit Prüfung durch ausdrückliche Anordnung ständig unterstellt sind [77]
11 Desinfektoren mit Prüfung, die in nicht unerheblichem Umfang Aufsichtstätigkeit bei Begasungen mit hochgiftigen Stoffen ausüben [46]
12 Desinfektoren mit Prüfung in einer Tätigkeit der Vergütungsgruppe 8 Ziffer 4 oder 7 nach dreijähriger Bewährung in einer dieser Tätigkeiten
13 bis 15 (entfallen)
16 Gärtnermeister mit kleinerem Aufgabenbereich [141]
17 Handwerksmeister und Industriemeister mit kleinerem Aufgabenbereich [141]
18 Handwerker mit abgeschlossener Fachausbildung in verantwortlicher und selbstständiger Tätigkeit [142]
18a Handwerker mit abgeschlossener Fachausbildung und entsprechender Tätigkeit nach zweijähriger Bewährung in Vergütungsgruppe 8 Ziffer 8 [142]
19 Hausmeister mit abgeschlossener handwerklicher Fachausbildung und besonders schwierigem oder besonders vielseitigem Tätigkeitsbereich
19a Hausmeister mit abgeschlossener handwerklicher Fachausbildung nach zweijähriger Bewährung in Vergütungsgruppe 8 Ziffer 9
20 (entfällt)
20a Hauswirtschafter mit abgeschlossener Fachausbildung nach zweijähriger Bewährung in Vergütungsgruppe 8 Ziffer 9a
20b Hauswirtschafter mit abgeschlossener Fachausbildung in besonders verantwortlicher und selbstständiger Tätigkeit
20c Hauswirtschaftsmeister, Wirtschafter mit staatlicher Prüfung mit kleinerem Aufgabenbereich
21 bis 23 (entfallen)
23a Köche nach zweijähriger Bewährung in Vergütungsgruppe 8 Ziffer 12
23b (entfällt)
24 (entfällt)
24a (entfällt)
25 Mitarbeiter, die durch ausdrückliche Anordnung als ständige Vertreter der Küchenleiter von Küchen, in denen durchschnittlich täglich mehr als 60 Vollportionen hergestellt werden, bestellt sind [48, 132, 133]
26 Landwirtschaftlich oder gärtnerisch tätige Mitarbeiter mit abgeschlossener Fachausbildung in besonders verantwortlicher und selbstständiger Tätigkeit
26a Landwirtschaftlich oder gärtnerisch tätige Mitarbeiter mit abgeschlossener Fachausbildung nach zweijähriger Bewährung in Vergütungsgruppe 8 Ziffer 15
27 (entfällt)
28 (entfällt)
29 Masseure, Masseure und medizinische Bademeister mit entsprechender Tätigkeit, denen mindestens zwei Masseure, Masseure und medizinische Bademeister oder Mitarbeiter in der Tätigkeit von Masseuren oder Masseuren und medizinischen Bademeistern durch ausdrückliche Anordnung ständig unterstellt sind [44, 77]

Anlage 2 – Vergütungsgruppe 7

30 Masseure mit entsprechender Tätigkeit, die schwierige Aufgaben erfüllen, nach sechsmonatiger Bewährung in dieser Tätigkeit (als „schwierige Aufgaben" gelten z. B. Verabreichung von Kohlesäuren- oder Sauerstoffbädern bei Herz- und Kreislaufbeschwerden, Massage- oder Bäderbehandlung nach Schlaganfällen oder bei Kinderlähmung, Massagebehandlung von Frischoperierten)

31 Masseure mit entsprechender Tätigkeit nach dreijähriger Bewährung in dieser Tätigkeit nach Abschluss der Ausbildung

32 Masseure und medizinische Bademeister mit entsprechender Tätigkeit, die schwierige Aufgaben erfüllen, nach Abschluss der Ausbildung [18, 44]

33 Masseure und medizinische Bademeister mit entsprechender Tätigkeit nach zweieinhalbjähriger Bewährung in dieser Tätigkeit [44]

34 (entfällt)

35 Medizinisch-technische Gehilfen mit staatlicher Prüfung nach zweisemestriger Ausbildung und mit entsprechender Tätigkeit und sonstige Mitarbeiter, die aufgrund gleichwertiger Fähigkeiten und ihrer Erfahrungen entsprechende Tätigkeiten ausüben, nach dreijähriger Bewährung in dieser Tätigkeit

36 Mitarbeiter als Berechner von Bezügen (wie Vergütung, Krankenvergütung, Urlaubsvergütung, Zuschuss zum Mutterschaftsgeld, Urlaubsgeld) und Versorgungsbezügen, deren Tätigkeit gründliche Fachkenntnisse erfordert [121]

37 Mitarbeiter, die in einer fremden Sprache geläufig nach Diktat schreiben oder einfache Übersetzungen aus dieser oder in diese Sprache anfertigen [99]

38 bis 41 (entfallen)

42 Mitarbeiter in Archiven mit gründlichen Fachkenntnissen

42a Mitarbeiter in der Bahnhofsmission mit einer für ihre Tätigkeit förderlichen Vorbildung und schwierigem Aufgabengebiet nach dreijähriger Bewährung in Vergütungsgruppe 8 Ziffer 20b [137, 139]

42b Mitarbeiter mit einer für ihre Tätigkeit förderlichen Vorbildung als Leiter von Bahnhofsmissionen mit einfachem Aufgabengebiet nach dreijähriger Bewährung in Vergütungsgruppe 8 Ziffer 20c [137]

42c Mitarbeiter mit einer für ihre Tätigkeit förderlichen Vorbildung als Leiter von Bahnhofsmissionen mit umfangreichem Aufgabengebiet [137, 138]

43 bis 46 (entfallen)

47 Mitarbeiter in der Verwaltung und Buchhaltung, deren Tätigkeit gründliche und vielseitige Fachkenntnisse erfordert [122]

48 (entfällt)

49 Mitarbeiter in der Verwaltung und Buchhaltung, deren Tätigkeit gründliche Fachkenntnisse erfordert, oder mit schwierigerer Tätigkeit, nach zweijähriger Bewährung in Vergütungsgruppe 8 Ziffer 25 [120, 121]

50 bis 51 (entfallen)

52 Mitarbeiter mit gründlichen Fachkenntnissen im Bibliotheksdienst

53 Mitarbeiter ohne staatliche Anerkennung in der Tätigkeit von Diätassistenten nach dreijähriger Bewährung in dieser Tätigkeit

54 Mitarbeiter ohne staatliche Anerkennung in der Tätigkeit von Audiometristen nach dreijähriger Bewährung in dieser Tätigkeit

55 Mitarbeiter ohne staatliche Anerkennung in der Tätigkeit von Beschäftigungstherapeuten/Ergotherapeuten nach dreijähriger Bewährung in dieser Tätigkeit

56 Mitarbeiter ohne staatliche Anerkennung in der Tätigkeit von Logopäden nach dreijähriger Bewährung in dieser Tätigkeit
57 Mitarbeiter ohne staatliche Anerkennung in der Tätigkeit von Orthoptisten nach dreijähriger Bewährung in dieser Tätigkeit
58 Mitarbeiter ohne staatliche Erlaubnis in der Tätigkeit von Physiotherapeuten/ Krankengymnasten nach dreijähriger Bewährung in dieser Tätigkeit
59 bis 60 (entfallen)
61 Präparatoren mit entsprechender Tätigkeit
62 (entfällt)
63 Mitarbeiter im Schreib- und Sekretariatsdienst, deren Tätigkeit sich aus Vergütungsgruppe 8 Ziffer 42 dadurch heraushebt, dass sie in erheblichem Umfang schwierigere und verantwortungsvolle Aufgaben umfasst oder außergewöhnliche Schreibleistungen erfordert
63a Mitarbeiter im Schreib- und Sekretariatsdienst, deren Tätigkeit sich aus Vergütungsgruppe 9 Ziffer 33 dadurch heraushebt, dass sie Schriftstücke nach skizzierten Angaben oder – bei wiederkehrenden Arbeiten – auch ohne Anleitung in Anlehnung an ähnliche Vorgänge erledigen nach zweijähriger Bewährung in Vergütungsgruppe 8 Ziffer 42
64 Sektionsgehilfen, die in nicht unerheblichem Umfange auch Präparatorentätigkeiten ausüben und denen mindestens zwei Sektionsgehilfen durch ausdrückliche Anordnung ständig unterstellt sind [46, 77]
64a Telefonisten mit umfangreicher oder schwieriger Tätigkeit nach zweijähriger Bewährung in Vergütungsgruppe 8 Ziffer 43
65 Verwalter von Landwirtschaftsbetrieben, landwirtschaftliche Baumeister mit Meisterprüfung oder landwirtschaftlicher Winterschule, Melker mit Fachprüfung
66 Wäschereileiter in Einrichtungen mit mehr als 200 Betten [135]
66a Wäschereileiter nach zweijähriger Bewährung in Vergütungsgruppe 8 Ziffer 44 [17, 135]
67 und 68 (entfallen)
69 Mitarbeiter, deren Aufgabengebiet und Verantwortung mit den Tätigkeitsmerkmalen dieser Vergütungsgruppe vergleichbar ist [9]

Vergütungsgruppe 8

1 Apothekenhelfer mit Abschlussprüfung und entsprechender Tätigkeit [49]
2 Arzthelfer mit Abschlussprüfung und entsprechender Tätigkeit
3 Bademeister mit staatlicher Prüfung
4 Desinfektoren mit Prüfung und entsprechender Tätigkeit, denen in nicht unerheblichem Umfange auch die Tätigkeiten eines Gesundheitsaufsehers übertragen sind [46]
5 Desinfektoren mit Prüfung und entsprechender Tätigkeit mit einer Handwerker- oder Facharbeiterausbildung
6 Desinfektoren mit Prüfung und entsprechender Tätigkeit nach einjähriger Bewährung in dieser Tätigkeit
7 Desinfektoren mit Prüfung und entsprechender Tätigkeit, denen mindestens zwei Desinfektoren mit Prüfung durch ausdrückliche Anordnung ständig unterstellt sind [77]
8 Handwerker mit abgeschlossener Fachausbildung und entsprechender Tätigkeit [142]
9 Hausmeister mit abgeschlossener handwerklicher Fachausbildung
9a Hauswirtschafter mit abgeschlossener Fachausbildung

Anlage 2 – Vergütungsgruppe 8

10 bis 11 (entfallen)
12 Köche mit Gehilfenprüfung
13 (entfällt)
13a bis 14 (entfallen)
15 Landwirtschaftlich oder gärtnerisch tätige Mitarbeiter mit abgeschlossener Fachausbildung
16 Masseure mit entsprechender Tätigkeit
17 Masseure und medizinische Bademeister mit entsprechender Tätigkeit [44]
18 Medizinisch-technische Gehilfen mit staatlicher Prüfung nach zweisemestriger Ausbildung und mit entsprechender Tätigkeit und sonstige Mitarbeiter, die aufgrund gleichwertiger Fähigkeiten und ihrer Erfahrungen entsprechende Tätigkeiten ausüben
19 bis 20 (entfallen)
20a Mitarbeiter in der Bahnhofsmission mit einer ihrer Tätigkeit förderlichen Vorbildung oder berufsbegleitenden Schulung nach zweijähriger Bewährung in Vergütungsgruppe 9a Ziffer 1c [137]
20b Mitarbeiter in der Bahnhofsmission mit einer für ihre Tätigkeit förderlichen Vorbildung und schwierigem Aufgabengebiet [137, 139]
20c Mitarbeiter mit einer für ihre Tätigkeit förderlichen Vorbildung als Leiter von Bahnhofsmissionen mit einfachem Aufgabengebiet [137]
21 bis 24a (entfallen)
25 Mitarbeiter in der Verwaltung und Buchhaltung, deren Tätigkeit gründliche Fachkenntnisse erfordert, oder mit schwierigerer Tätigkeit [120, 121]
26 (entfällt)
27 Mitarbeiter mit schwierigen Tätigkeiten in Archiven
28 Mitarbeiter mit schwierigen Tätigkeiten in Büchereien
29 Mitarbeiter ohne Prüfung in der Tätigkeit von Apothekenhelfer nach dreijähriger Bewährung in dieser Tätigkeit
30 Mitarbeiter ohne Prüfung in der Tätigkeit von Arzthelfer nach dreijähriger Bewährung in dieser Tätigkeit
31 Mitarbeiter ohne staatliche Anerkennung in der Tätigkeit von Audiometristen
32 Mitarbeiter ohne staatliche Anerkennung in der Tätigkeit von Beschäftigungstherapeuten/Ergotherapeuten
33 Mitarbeiter ohne staatliche Anerkennung in der Tätigkeit von Diätassistenten
34 Mitarbeiter ohne staatliche Erlaubnis in der Tätigkeit von Physiotherapeuten/ Krankengymnasten
35 Mitarbeiter ohne staatliche Anerkennung in der Tätigkeit von Logopäden
36 Mitarbeiter ohne staatliche Prüfung in der Tätigkeit von Masseuren oder von Masseuren und medizinischen Bademeistern nach dreijähriger Bewährung in dieser Tätigkeit [44, 45]
37 Mitarbeiter ohne staatliche Anerkennung in der Tätigkeit von Orthoptisten
38 Orthopädiemechaniker
39 bis 40 (entfallen)
41 Sektionsgehilfen nach einjähriger Bewährung in dieser Tätigkeit
42 Mitarbeiter im Schreib- und Sekretariatsdienst, deren Tätigkeit sich aus Vergütungsgruppe 9 Ziffer 33 dadurch heraushebt, dass sie Schriftstücke nach skizzierten Angaben oder – bei wiederkehrenden Arbeiten – auch ohne Anleitung in Anlehnung an ähnliche Vorgänge erledigen

43 Telefonisten mit umfangreicher oder schwieriger Tätigkeit
44 Wäschereileiter [17, 135]
45 (entfällt)
46 Mitarbeiter, deren Aufgabenbereich und Verantwortung mit den Tätigkeitsmerkmalen dieser Vergütungsgruppe vergleichbar ist [9]

Vergütungsgruppe 9a

1 bis 1a (entfallen)
1b Mitarbeiter in der Bahnhofsmission ohne Ausbildung nach zweijähriger Bewährung in Vergütungsgruppe 9 Ziffer 14a [143]
1c Mitarbeiter in der Bahnhofsmission mit einer ihrer Tätigkeit förderlichen Vorbildung oder berufsbegleitenden Schulung [137]
2 Mitarbeiter in der Verwaltung und Buchhaltung mit einfacheren Tätigkeiten nach zweijähriger Bewährung in Vergütungsgruppe 9 Ziffer 16 [21, 143]
2a Mitarbeiter mit Tätigkeiten in einem anerkannten Anlernberuf nach zweijähriger Bewährung in Vergütungsgruppe 9 Ziffer 17a [143]
2b Mitarbeiter mit Tätigkeiten, für die eine fachliche Einarbeitung erforderlich ist, mit selbstständiger Tätigkeit nach zweijähriger Bewährung in Vergütungsgruppe 9 Ziffer 9 [143]
3 Mitarbeiter mit einfacherer Tätigkeit in Archiven nach zweijähriger Bewährung in Vergütungsgruppe 9 Ziffer 18 [143]
4 Mitarbeiter mit einfacher Tätigkeit in Büchereien nach zweijähriger Bewährung in Vergütungsgruppe 9 Ziffer 20 [143]
4a Mitarbeiter ohne Ausbildung in der Tätigkeit von Dorfhelfern nach zweijähriger Bewährung in Vergütungsgruppe 9 Ziffer 23 [143]
4b Mitarbeiter ohne Ausbildung in der Tätigkeit von Familienpflegern nach zweijähriger Bewährung in Vergütungsgruppe 9 Ziffer 24 [143]
5 Pförtner in Einrichtungen mit mehr als 200 Betten nach zweijähriger Bewährung in Vergütungsgruppe 9 Ziffer 30 [143]
6 Mitarbeiter im Schreibdienst nach zweijähriger Bewährung in Vergütungsgruppe 9 Ziffer 33 [20, 143]
7 Telefonisten nach zweijähriger Bewährung in Vergütungsgruppe 9 Ziffer 35 [143]
8 Beiköche in selbstständiger Tätigkeit nach zweijähriger Bewährung in Vergütungsgruppe 9 Ziffer 1 [143]

Vergütungsgruppe 9

1 Beiköche in selbstständiger Tätigkeit
2 Beiköche nach zweijähriger Bewährung in Vergütungsgruppe 10 Ziffer 2 [136, 143]
3 Mitarbeiter mit Tätigkeiten, für die eine fachliche Einarbeitung erforderlich ist, nach zweijähriger Bewährung in Vergütungsgruppe 10 Ziffer 1 [143]
4 Boten nach zweijähriger Bewährung in Vergütungsgruppe 10 Ziffer 3 [143]
5 Desinfektoren mit Prüfung und entsprechender Tätigkeit
6 bis 7 (entfallen)
8 Hausmeister (Hauswarte), soweit nicht als Hausmeister mit abgeschlossener handwerklicher Fachausbildung in der Vergütungsgruppe 8, nach zweijähriger Bewährung in Vergütungsgruppe 10 Ziffer 6 [143]

Anlage 2 – Vergütungsgruppen 9, 10

9   Mitarbeiter mit Tätigkeiten, für die eine fachliche Einarbeitung erforderlich ist, mit selbstständiger Tätigkeit
10 bis 11 (entfallen)
12   Kraftfahrer ohne entsprechende handwerkliche Ausbildung nach zweijähriger Bewährung in Vergütungsgruppe 10 Ziffer 8 [143]
13   Landwirtschaftlich oder gärtnerisch tätige Mitarbeiter ohne Fachausbildung nach fünfjähriger Bewährung in Vergütungsgruppe 10 Ziffer 9 [143]
14   (entfällt)
14a   Mitarbeiter ohne Ausbildung in der Bahnhofsmission
14b bis 15 (entfallen)
16   Mitarbeiter in der Verwaltung und Buchhaltung mit einfacheren Tätigkeiten [21]
17   Mitarbeiter in der Verwaltung und Buchhaltung mit mechanischen Tätigkeiten nach zweijähriger Bewährung in Vergütungsgruppe 10 Ziffer 12 [22, 143]
17a   Mitarbeiter mit Tätigkeiten in einem anerkannten Anlernberuf
18   Mitarbeiter mit einfacherer Tätigkeit in Archiven
19   Mitarbeiter mit vorwiegend mechanischer Tätigkeit in Archiven nach zweijähriger Bewährung in Vergütungsgruppe 10 Ziffer 14 [143]
20   Mitarbeiter mit einfacher Tätigkeit in Büchereien
21   Mitarbeiter mit überwiegend mechanischer Tätigkeit in Büchereien nach zweijähriger Bewährung in Vergütungsgruppe 10 Ziffer 13 [143]
22   (entfällt)
23   Mitarbeiter ohne Ausbildung in der Tätigkeit von Dorfhelfern
24   Mitarbeiter ohne Ausbildung in der Tätigkeit von Familienpflegern
25   Mitarbeiter ohne Prüfung in der Tätigkeit von Apothekenhelfern
26   Mitarbeiter ohne Prüfung in der Tätigkeit von Arzthelfern
27   Mitarbeiter ohne staatliche Prüfung in der Tätigkeit von Masseuren oder von Masseuren und medizinischen Bademeistern
28 und 29 (entfallen)
30   Pförtner in Einrichtungen mit mehr als 200 Betten
31   Pförtner nach zweijähriger Bewährung in Vergütungsgruppe 10 Ziffer 16 [143]
32   (entfällt)
33   Mitarbeiter im Schreibdienst [20]
34   Sektionsgehilfen
35   Telefonisten
36 bis 37 (entfallen)
38   Mitarbeiter, deren Aufgabenbereich und Verantwortung mit den Tätigkeitsmerkmalen dieser Vergütungsgruppe vergleichbar ist [9]

Vergütungsgruppe 10

1   Mitarbeiter mit Tätigkeiten, für die eine fachliche Einarbeitung erforderlich ist
2   Beiköche
3   Boten
4 bis 5 (entfallen)
6   Hausmeister (Hauswarte), soweit nicht als Hausmeister mit abgeschlossener handwerklicher Fachausbildung in Vergütungsgruppe 8

Vergütungsgruppen 10, 11, 12, Anmerkungen – Anlage 2

6a Hauswirtschaftliche, gärtnerische und landwirtschaftliche Hilfskräfte sowie Reinigungskräfte nach zweijähriger Bewährung in Vergütungsgruppe 11 Ziffer 1 [143]
7   Helfer in sonstigen sozialen Einrichtungen
8   Kraftfahrer ohne entsprechende handwerkliche Ausbildung
9   Landwirtschaftlich oder gärtnerisch tätige Mitarbeiter ohne Fachausbildung
10 Laborgehilfen
11 bis 11a (entfallen)
12 Mitarbeiter in der Verwaltung und Buchhaltung mit mechanischen Tätigkeiten [22]
13 Mitarbeiter mit überwiegend mechanischer Tätigkeit in Büchereien
14 Mitarbeiter mit vorwiegend mechanischer Tätigkeit in Archiven
15 (entfällt)
16 Pförtner
17 Mitarbeiter, deren Aufgabenbereich und Verantwortung mit den Tätigkeitsmerkmalen dieser Vergütungsgruppe vergleichbar ist [9]

Vergütungsgruppe 11

1 Hauswirtschaftliche, gärtnerische und landwirtschaftliche Hilfskräfte sowie Reinigungskräfte
2 bis 3 (entfallen)

Vergütungsgruppe 12

1 Mitarbeiter, deren Beschäftigung nach § 3 Buchstabe a und b AVR erfolgt, wenn die Anwendung der AVR mit ihnen nicht ausdrücklich durch schriftlichen Vertrag ausgeschlossen wurde
2 bis 4 (entfallen)

Anmerkungen zu den Tätigkeitsmerkmalen der Vergütungsgruppen 1–12

Die nachstehenden Anmerkungen sind bei der Einstufung der Mitarbeiter in das Vergütungsgruppenverzeichnis zu beachten.

I

[1]Wissenschaftliche Hochschulen sind Universitäten, Technische Hochschulen sowie andere Hochschulen, die nach Landesrecht als wissenschaftliche Hochschulen anerkannt sind.

[2]Abgeschlossene wissenschaftliche Hochschulbildung liegt vor, wenn das Studium mit einer ersten Staatsprüfung oder mit einer Diplomprüfung beendet worden ist. [3]Der ersten Staatsprüfung oder der Diplomprüfung steht eine Promotion oder die akademische Abschlussprüfung (Magisterprüfung) einer Philosophischen Fakultät nur in den Fällen gleich, in denen die Ablegung einer ersten Staatsprüfung oder einer Diplomprüfung nach den einschlägigen Ausbildungsvorschriften nicht vorgesehen ist.

[4]Eine abgeschlossene wissenschaftliche Hochschulbildung setzt voraus, dass für den Abschluss eine Mindeststudienzeit von mehr als sechs Semestern – ohne etwaige Praxissemester, Prüfungssemester o.Ä. – vorgeschrieben ist.

Anlage 2 – Anmerkungen

II

[1] Die Rechtsstellung der Mitarbeiter, die beim Inkrafttreten der Beschlüsse der „Ständigen arbeitsrechtlichen Kommission" vom 16. und 26. Juli 1968 bzw. vom 11. Juni 1970 eine Tätigkeit ausgeübt haben, die nach der Neufassung des Berufsgruppenverzeichnisses bzw. nach der Änderung des Vergütungsgruppenverzeichnisses eine bestimmte Ausbildung für die Einstufung in einer Vergütungsgruppe voraussetzt, ohne diese nachweisen zu können, wird nicht vermindert. [2] Üben diese Mitarbeiter ihre Tätigkeit seit mindestens zehn Jahren zum Zeitpunkt des Inkrafttretens dieser Kommissionsbeschlüsse aus, so werden sie den Mitarbeitern mit der jeweils vorgeschriebenen Ausbildung gleichgestellt. [3] Für Mitarbeiter, die bei Inkrafttreten dieser Kommissionsbeschlüsse noch keine zehn Jahre ihre jetzige Tätigkeit ausüben, treten die Wirkungen dieser Kommissionsbeschlüsse in Kraft, sobald sie ununterbrochen mindestens zehn Jahre die bisherige Tätigkeit erfüllt haben.

III

Mitarbeiter, die mit berufsfremden Aufgaben betraut sind, sind entsprechend der ausgeübten Tätigkeit einzustufen.

IV

(entfällt)

V

Ist die Einstufung eines Mitarbeiters in eine bestimmte Vergütungsgruppe von der Anzahl der Betten in der Einrichtung abhängig, in der er tätig ist, so sind Personalbetten und vorübergehend zusätzlich aufgestellte Betten für die Benutzer der Einrichtung nicht anrechnungsfähig.

VI

[1] Die Aufnahme eigener Tätigkeitsmerkmale für Dozenten an Fachhochschulen in die Anlage 2 zu den AVR empfiehlt sich aufgrund der zu beachtenden unterschiedlichen landesrechtlichen Bestimmungen nicht. [2] Entsprechendes gilt für sonstige Lehrkräfte (Personen, bei denen die Vermittlung von Kenntnissen und Fertigkeiten im Rahmen eines Schulbetriebs der Tätigkeit das Gepräge gibt). [3] Die Eingruppierung erfolgt einzelvertraglich gemäß landesrechtlicher Vorschriften.

VII

[1] Aufgrund des Artikels 37 des Einigungsvertrages und der Vorschriften hierzu als gleichwertig festgestellte Abschlüsse, Prüfungen und Befähigungsnachweise stehen ab dem Zeitpunkt ihres Erwerbes den in den Tätigkeitsmerkmalen geforderten entsprechenden Anforderungen gleich. [2] Ist die Gleichwertigkeit erst nach Erfüllung zusätzlicher Erfordernisse festgestellt worden, gilt die Gleichstellung ab der Feststellung.

*   *

*

1   Die Berufung beziehungsweise Bestellung oder Anordnung erfolgt ausschließlich durch den Rechtsträger der Einrichtung.
2   Ist die Eingruppierung von der Zahl der unterstellten Ärzte, Apotheker oder Zahnärzte abhängig, gilt Folgendes:
    a) Für die Eingruppierung ist es unschädlich, wenn im Organisations- und Stellenplan zur Besetzung ausgewiesene Stellen nicht besetzt sind.

b) Bei der Zahl der unterstellten Ärzte, Apotheker und Zahnärzte zählen nur diejenigen unterstellten Ärzte, Apotheker und Zahnärzte mit, die in einem Dienstverhältnis zu demselben Dienstgeber stehen oder im Krankenhaus von diesem zur Krankenversorgung eingesetzt werden.

c) Teilzeitbeschäftigte zählen entsprechend dem Verhältnis der mit ihnen im Dienstvertrag vereinbarten Arbeitszeit zur regelmäßigen Arbeitszeit eines Vollbeschäftigten.

3 ¹Dienststellen von zentraler Bedeutung im Sinne dieser Einstufungsbestimmung sind Dienststellen, deren Aufgabenbereich sich über das Bundesgebiet erstreckt. ²Die Einstufungsvoraussetzung, „ein Aufgabengebiet abschließend bearbeiten", ist auch dann erfüllt, wenn der Mitarbeiter nicht die letzte Entscheidungsbefugnis besitzt.

4 ¹Dienststellen von überregionaler Bedeutung im Sinne dieser Einstufungsbestimmung sind Dienststellen, deren Aufgabenbereich sich mindestens auf den Gesamtbereich einer Diözese erstreckt. ²Die Einstufungsvoraussetzung, „ein Aufgabengebiet abschließend bearbeiten", ist auch dann erfüllt, wenn der Mitarbeiter nicht die letzte Entscheidungsbefugnis besitzt.

5 ¹Ständiger Vertreter im Sinne des Tätigkeitsmerkmals ist nur der Arzt (Zahnarzt), der den leitenden Arzt (leitenden Zahnarzt) in der Gesamtheit seiner Dienstaufgaben vertritt. ²Das Tätigkeitsmerkmal kann daher innerhalb einer Abteilung nur von einem Arzt (Zahnarzt) erfüllt werden.

6 Funktionsbereiche sind wissenschaftlich anerkannte Spezialgebiete innerhalb eines ärztlichen Fachgebietes, z. B. Nephrologie, Handchirurgie, Neuroradiologie, Elektroencephalographie, Herzkatheterisierung.

7 Der Umfang der Tätigkeit ist nicht mehr unerheblich, wenn er etwa ein Viertel der gesamten Tätigkeit ausmacht.

8 Verwaltungsleiter, die das Seminar für Krankenhausverwaltungen an der Universität Köln bzw. das Seminar für Krankenhausleitung und -verwaltung an der Universität Düsseldorf erfolgreich absolviert haben, erfüllen die Voraussetzung für das Eingruppierungsmerkmal gleichwertige Fähigkeiten.

9 Hier sind nur Mitarbeiter mit solchen Tätigkeiten einzustufen, für die im Vergütungsgruppenverzeichnis kein Tätigkeitsmerkmal ausdrucklich aufgeführt ist.

10 bis 13 (entfallen)

14 Wesentliche Funktionen der Betriebs- und Wirtschaftsführung liegen in der Regel vor, wenn Geschäftsführungsfunktionen des Einrichtungsträgers mit übertragen sind oder die Mittel eines Wirtschaftsplanes oder eines Teilwirtschaftsplanes im Wesentlichen eigenverantwortlich verwaltet werden und die Verantwortung für Personaleinsatz und Menschenführung übertragen ist.

15 Die Voraussetzung für die Einstufung in diese Vergütungsgruppe ist bei entsprechend ausgebildeten Mitarbeitern erfüllt, die an Höheren Fachschulen die Praxisanleitung zur Aufgabe haben.

16 ¹„Schwierige Aufgaben" sind z. B. Physiotherapie/Krankengymnastik nach Lungen- oder Herzoperationen, nach Herzinfarkten, bei Querschnittslähmungen, in Kinderlähmungsfällen, mit spastisch Gelähmten, in Fällen von Dysmelien, nach Verbrennungen, in der Psychiatrie oder Geriatrie, nach Einsatz von Endoprothesen.

²„Schwierige Aufgaben" im Sinne dieser Einstufungsbestimmungen werden von einem Mitarbeiter in „erheblichem Umfang" erfüllt, wenn sie seiner Gesamttätigkeit das Gepräge geben. ³Dabei brauchen die schwierigen Aufgaben nicht zu überwiegen.

Anlage 2 – Anmerkungen

17 Eine Einstufung als Wäschereileiter setzt voraus, dass der betreffende Mitarbeiter die Meisterprüfung abgelegt hat oder den erfolgreichen Besuch eines Wäscherei-Fachlehrgangs nachgewiesen hat.

18 Als „schwierige Aufgabe" im Sinne dieser Einstufungsbestimmungen gelten z. B. Verabreichung von Kohlensäure- oder Sauerstoffbädern bei Herz- und Kreislaufbeschwerden, Massage- oder Bäderbehandlungen nach Schlaganfällen oder bei Kinderlähmung, Massagebehandlung von Frischoperierten.

19 ¹Erforderlich sind gründliche Kenntnisse der Vergütungsregelung und der Versorgungsordnung. ²Eine entsprechende Tätigkeit ist bei überwiegender Beschäftigung mit Personalangelegenheiten gegeben.

20 Unter dieses Tätigkeitsmerkmal fallen Mitarbeiter mit einfacheren Tätigkeiten wie zum Beispiel Führung des allgemeinen Schriftwechsels nach Vordruck, Aufnahme von Stenogrammen und deren zügige Übertragung in Maschinenschrift, Schreiben nach Phonodiktat, Ausfüllen von formularmäßigen Bescheinigungen und Benachrichtigungen.

21 Einfachere Tätigkeiten sind in der Regel nach Schema zu erledigende Arbeiten, die über die mechanische Tätigkeit hinaus ein gewisses Maß an Überlegungen erfordern (z.B. Postannahme oder Postabfertigung; Bedienung von Vervielfältigungsgeräten; Verwaltung von Büromaterial und Vordrucken; Führung von Verzeichnissen, Listen, Karteien, die nach verschiedenen Merkmalen geordnet sind).

22 Mechanische Tätigkeiten sind Tätigkeiten, zu deren Erledigung nur wenig gedankliche Arbeit aufgewendet werden muss und die auf einen leicht übersehbaren, eng begrenzten Arbeitsbereich beschränkt sind (z. B. Hilfeleistung bei der Postabfertigung, in Büchereien oder Archiven; Fotokopieren; Ausschneide- und Klebearbeiten; Bereithaltung von Büromaterial).

23 bis 39 (entfallen)

40 ¹Das Tätigkeitsmerkmal ist nur erfüllt, wenn die Lehrtätigkeit überwiegt. ²Dabei ist von der für die in Betracht kommende Mitarbeitergruppe geltenden regelmäßigen Arbeitszeit auszugehen.

41 Erste Lehrkräfte sind Lehrkräfte, denen auch die Leitungsaufgaben der Lehranstalt unter der Verantwortung des Leiters der Lehranstalt durch ausdrückliche Anordnung übertragen sind.

42 (entfällt)

43 Leitende Physiotherapeuten/Krankengymnasten sind Physiotherapeuten/Krankengymnasten, denen unter der Verantwortung eines Arztes für eine physiotherapeutische Abteilung insbesondere die Arbeitseinteilung, die Überwachung des Arbeitsablaufs und der Arbeitsausführung durch ausdrückliche Anordnung übertragen sind.

44 Mitarbeiter, die aufgrund des Gesetzes des Freistaates Bayern über Masseure und medizinische Bademeister vom 28. September 1950 (Bayerisches Gesetz- und Verordnungsblatt S. 209) die staatliche Anerkennung als „medizinischer Bademeister" erhalten haben, sind nach den Tätigkeitsmerkmalen „für Masseure und medizinische Bademeister" einzugruppieren.

45 Das Tätigkeitsmerkmal erfasst auch die Kneippbademeister, sofern nicht ein anderes Tätigkeitsmerkmal gilt, weil der Kneippbademeister die Berufsbezeichnung „Masseur" oder „Masseur und medizinischer Bademeister" aufgrund staatlicher Erlaubnis führen darf.

Anmerkungen – Anlage 2

46 Der Umfang der schwierigen Aufgaben beziehungsweise der Tätigkeiten ist nicht mehr unerheblich, wenn er etwa ein Viertel der gesamten Tätigkeit ausmacht.

47 Zu den Desinfektionsanstalten rechnen sich auch entsprechende Einrichtungen mit anderer Bezeichnung.

48 Ständige Vertreter sind nicht die Vertreter in Urlaubs- und sonstigen Abwesenheitsfällen.

49 Den Apothekenhelfern mit Abschlussprüfung stehen Drogisten mit Abschlussprüfung gleich.

50 Apotheken sind keine Arzneimittelausgabestellen im Sinne dieses Tätigkeitsmerkmals.

51 a) Schonkost ist keine Diätkost.
b) [1]Die Tätigkeitsmerkmale sind auch erfüllt, wenn statt 400, 200 beziehungsweise 50 Diätvollportionen eine entsprechende Zahl von Teilportionen hergestellt wird. [2]Hierbei werden die Teilportionen mit dem Teilbetrag der Diätvollportionen angesetzt, der dem Sachbezugswert nach Abschnitt X Abs. e letzter Satz der Anlage 1 zu den AVR entspricht.

52 In den Ländern, in denen eine staatliche Anerkennung als Diätküchenleiter nicht erfolgt, gilt das Tätigkeitsmerkmal als erfüllt, wenn sich der Diätassistent drei Jahre als Diätküchenleiter bewährt hat.

53 Medizinisch-technische Assistenten, die im Rahmen ihrer Tätigkeit als Hilfskräfte bei wissenschaftlichen Forschungsaufgaben mit einem besonders hohen Maß von Verantwortlichkeit tätig sind, werden auch dann als solche eingruppiert, wenn sie im Rahmen dieser Tätigkeiten Aufgaben erfüllen, die im Tätigkeitsmerkmal der Vergütungsgruppe 5c Ziffer 38 genannt sind.

54 Leitende medizinisch-technische Assistenten im Sinne dieses Tätigkeitsmerkmals sind Assistenten, denen unter der Verantwortung eines Arztes für eine Laboratoriumsabteilung oder für eine radiologische Abteilung insbesondere die Arbeitseinteilung, die Überwachung des Arbeitsablaufs und der Arbeitsausführung durch ausdrückliche Anordnung übertragen sind.

55 [1]Als „schwierige Aufgaben" gelten z. B. in der chemisch-physikalischen Analyse: gravimetrische, titrimetrische und photometrische Bestimmungen einschließlich Komplexometrie, Leitfähigkeitsmessungen und chromatographische Analysen. [2]In der Pflanzenanalyse: Anfertigung mikroskopischer Schnitte. [3]Schwierige Identitäts- und Reinheitsprüfungen nach dem Deutschen Arzneibuch (Chemikalien, Drogen). [4]Herstellung und Kontrolle steriler Lösungen der verschiedensten Zusammensetzungen in größerem Umfang unter Verwendung moderner Apparaturen. [5]Herstellung von sonstigen Arzneimitteln in größerem Umfang unter Verwendung moderner in der Galenik gebräuchlicher Apparaturen (Suppositorien, Salben, Pulvergemische, Ampullen, Tabletten u.a.), Herstellung von Arzneizubereitungen nach Rezept oder Einzelvorschrift.

56 bis 76 (entfallen)

77 Soweit die Eingruppierung von der Zahl der unterstellten oder in dem betreffenden Bereich beschäftigten Mitarbeiter abhängt,
a) ist es für die Eingruppierung unschädlich, wenn im Organisations- und Stellenplan zur Besetzung ausgewiesene Stellen nicht besetzt sind,
b) zählen teilzeitbeschäftigte Mitarbeiter entsprechend dem Verhältnis der mit ihnen im Arbeitsvertrag vereinbarten Arbeitszeit zur regelmäßigen Arbeitszeit eines entsprechenden Vollbeschäftigten,

Anlage 2 – Anmerkungen

c) zählen Mitarbeiter, die zu einem Teil ihrer Arbeitszeit unterstellt oder zu einem Teil ihrer Arbeitszeit in einem Bereich beschäftigt sind, entsprechend dem Verhältnis dieses Anteils zur regelmäßigen Arbeitszeit eines entsprechenden Vollbeschäftigten.

78 bis 97 (entfallen)

98 [1]Der staatlichen Anerkennung steht in Ländern, in denen diese nicht erteilt wird, die abgeschlossene Fachausbildung gleich. [2]Die Fachausbildung gilt erst nach Ableistung des vorgeschriebenen Jahrespraktikums als abgeschlossen.

99 [1]Einfache Übersetzungen sind Übersetzungen von Texten, deren Verständnis in der Ausgangssprache weder inhaltlich noch sprachlich Schwierigkeiten bietet sowie von Texten, deren adäquate Wiedergabe in der Zielsprache keine besonderen Anforderungen an das Formulierungsvermögen stellt. [2]Die Übertragung einfacher Texte schließt auch die Erledigung der fremdsprachigen Routinekorrespondenz ein.

100 bis 102 (entfallen)

103 [1]Die Mitarbeiter müssen Fähigkeiten und Erfahrungen besitzen, die denen der Mitarbeiter mit der vorgeschriebenen Vor- und Ausbildung gleichwertig sind. [2]Es wird jedoch nicht das gleiche Wissen und Können gefordert, wie es durch die vorausgesetzte Vorbildung bzw. Ausbildung erworben wird. [3]Andererseits genügt es noch nicht, dass der Mitarbeiter nur auf einem begrenzten Einzelarbeitsgebiet Leistungen erbringt, die denen eines Angestellten mit der Vor- und Ausbildung gleichwertig sind. [4]Es muss eine der Vor- und Ausbildung ähnlich gründliche Beherrschung eines auch vom Umfang her entsprechenden Wissensgebiets gefordert werden.

104 bis 113 (entfallen)

114 [1]Als Fachabteilungen gelten beziehungsweise stehen diesen gleich

- Belegabteilungen,
- Vollapotheken,
- Schulen für Medizinalfachberufe,
- zentrale Versorgungseinrichtungen, die auch für andere Krankenhäuser und Einrichtungen bestimmte Versorgungsaufgaben wahrnehmen (z. B. Zentralwäscherei, Zentralküche),
- Sondereinrichtungen der Kranken-, Alten-, Jugend- und Behindertenhilfe.

[2]Als klinische Fachabteilungen im Sinne dieses Tätigkeitsmerkmals gelten bettenführende Fachabteilungen, die von einem hauptamtlich angestellten Leitenden Arzt geführt werden. Die Eigenschaft als Akademisches Lehrkrankenhaus steht dem Vorhandensein einer (weiteren) klinischen Fachabteilung gleich.

115 Dieses Tätigkeitsmerkmal ist erfüllt, wenn dem Mitarbeiter im Rahmen der Krankenhausleitung zumindest folgende Aufgaben übertragen sind:

a) Koordination der Planung und Organisation des gesamten Krankenhausbetriebes sowie Koordination der Planung von Neu- und Erweiterungsbauten,

b) Beschaffung,

c) Arbeitsgestaltung und Überwachung des wirtschaftlichen Versorgungsdienstes und des technischen Dienstes,

d) Vollzug und Überwachung des Gebührenwesens,

e) Krankenhausverwaltung (Personalwesen, Finanz- und Rechnungswesen und allgemeine Verwaltung).

116 (entfällt)

117 (entfällt)

118 (entfällt)

119 Dieses Tätigkeitsmerkmal ist erfüllt, wenn der Regional-, Kreis-, Ortscaritasverband bzw. Fachverband ein eingetragener Verein ist und dem Geschäftsführer mindestens die folgenden Aufgaben übertragen sind:

a) Koordination der Planung und Organisation des gesamten Vereins,

b) gesamte Verwaltung (Personalwesen, Finanz- und Rechnungswesen, allgemeine Verwaltung),

c) Mitgliedswesen.

120 Dazu sind gewisse allgemeine Grundkenntnisse erforderlich, die sich auf der Ebene der gründlichen Fachkenntnisse bewegen (z. B. Mitwirkung bei der Bearbeitung laufender oder gleichartiger Geschäfte nach Anleitung; Erledigung ständig wiederkehrender Arbeiten in Anlehnung an ähnliche Vorgänge; Prüfung von Rechnungen und Fertigung von Kassenanordnungen; Kontenführung).

121 [1]Gründliche Fachkenntnisse liegen vor, wenn zur abschließenden Bearbeitung routinemäßiger Normalfälle in einem eng begrenzten Aufgabengebiet Erlerntes oder durch Erfahrung gewonnenes Spezialwissen angewandt wird. [2]Hierzu gehört die nähere Kenntnis und gegebenenfalls die Anwendung von staatlichen und kirchlichen Gesetzen, Verwaltungsvorschriften und sonstigen Ordnungen.

122 Gründliche und vielseitige Fachkenntnisse verlangen gegenüber gründlichen Fachkenntnissen ein breites Aufgabengebiet mit verschiedenartigen Aufgaben, in denen ein fachliches Umdenken und die Anwendung mehrerer fachlicher Vorschriften und Regelungen geboten ist.

123 Selbstständige Leistungen erfordern insgesamt eine eigene Initiative, die nach Art und Umfang eine eigene geistige Beurteilung und Gedankenarbeit im Rahmen der geforderten Fachkenntnisse für das übertragene Aufgabengebiet sowie eine eigene Entschließung hinsichtlich des einzuschlagenden Weges und des zu findenden Ergebnisses verlangen. Die Letztverantwortung ist nicht erforderlich.

124 Gründliche, umfassende Fachkenntnisse erfordern gegenüber gründlichen und vielseitigen Fachkenntnissen eine Steigerung der Tiefe und Breite, das heißt der Qualität und dem Umfang nach.

125 [1]Besonders verantwortungsvolle Tätigkeit liegt dann vor, wenn sie unter Einbeziehung von gründlichen, umfassenden Fachkenntnissen und selbstständigen Leistungen deutlich erkennbare Auswirkungen im Innen- und Außenverhältnis zeitigt.

[2]Die besonders verantwortungsvolle Tätigkeit kann sich z. B. auf Aufsichts- und Leitungsfunktion beziehen; es können durch die Wahrnehmung der Tätigkeit in besonderer Verantwortlichkeit die kirchlich-caritativen oder materiellen Belange des Dienstgebers betroffen sein, oder sie kann sich auf die Lebensverhältnisse Dritter (z. B. Mitarbeiter, außenstehende Personen und Institutionen) erstrecken.

126 [1]Eine Tätigkeit von besonderer Schwierigkeit und Bedeutung liegt dann vor, wenn den gestellten Anforderungen nach zusätzliche Fachkenntnisse und Fähigkeiten über die der nächstniedrigen Vergütungsgruppen hinaus für die Aufgabenbewältigung notwendig sind und sie sich außerdem noch aus dieser durch ihre Bedeutung im Wirkungsgrad des Aufgabenfeldes heraushebt. [2]Beide Elemente – besondere Schwierigkeit und Bedeutung – müssen zusammenkommen.

[3]Die besondere Schwierigkeit der Tätigkeit liegt dann vor, wenn die zu bearbeitenden Tatbestands- und Rechtsmaterien umfangreich und vielschichtig sind, komplexe Zu-

sammenhänge analysiert und Lösungen unter hohem Abstraktionsgrad bewirkt werden müssen. [4]Die Bedeutung der Tätigkeit kann sich aus der Bearbeitung besonders wichtiger Fachbereiche oder solcher von grundsätzlicher Bedeutung ergeben. [5]Auch hier können mit der Tätigkeit deutlich erkennbare Auswirkungen im Innen- oder Außenverhältnis verbunden sein; es kann sich auch um eine richtungsweisende Tätigkeit gegenüber nachgeordneten Dienststellen handeln.

127 [1]Das hier geforderte Maß der Verantwortung muss die Tätigkeit entscheidend prägen, zumal schon für die Tätigkeit der Vergütungsgruppe 4b eine besondere Verantwortung verlangt wird. [2]Dabei muss es sich im Regelfall um besonders schwierige Grundsatzfragen oder wichtige Fachbereiche mit richtungweisender Bedeutung handeln. [3]Die wahrgenommene Tätigkeit kann sich z. B. darauf beziehen, dass in besonderer Intensität Leitungs-, Koordinierungs- oder aufsichtliche Tätigkeiten, schwierige und umfangreiche Aufgaben beim Personaleinsatz oder in der Menschenführung oder wirtschaftliche Verantwortung verlangt werden.

128 (entfällt)

129 Unter Technikern im Sinne dieses Tätigkeitsmerkmals sind Mitarbeiter zu verstehen, die

a) einen nach Maßgabe der Rahmenordnung für die Ausbildung von Technikern (Beschluss der Kultusministerkonferenz vom 27. April 1964 bzw. vom 18. Januar 1973) gestalteten Ausbildungsgang mit der vorgeschriebenen Prüfung erfolgreich abgeschlossen und die Berechtigung zur Führung der Berufsbezeichnung „Staatlich geprüfter Techniker" bzw. „Techniker mit staatlicher Abschlussprüfung" mit einem die Fachrichtung bezeichnenden Zusatz erworben haben, oder

b) einen nach Maßgabe über Fachschulen mit zweijähriger Ausbildungsdauer (Beschluss der Kultusministerkonferenz vom 27. Oktober 1980) gestalteten Ausbildungsgang mit der vorgeschriebenen Prüfung erfolgreich abgeschlossen und die Berechtigung zur Führung der ihrer Fachrichtung/ihrem Schwerpunkt zugeordneten Berufsbezeichnung „Staatlich geprüfter Techniker" erworben haben.

130 (entfällt)

131 (entfällt)

132 [1]Nach diesem Tätigkeitsmerkmal ist der Mitarbeiter eingruppiert, dem die Verantwortung für den Küchenbereich obliegt. [2]Er ist zuständig unter anderem für die Dienstplangestaltung dieses Bereiches, die Erstellung des Speiseplanes, die Menükalkulationen und den Einkauf von Lebensmitteln innerhalb des Budgets.

133 [1]Bei der Ermittlung der Anzahl der Vollportionen wird das Mittagessen mit 50 v.H., Abendessen und Frühstück jeweils 25 v.H., bewertet. [2]Hierbei steht eine Diätportion einer Vollportion gleich.

134 Ist dem Mitarbeiter neben der Verantwortung für die Wäscherei, die Reinigung, die Hausgestaltung, den Einkauf und den Personaleinsatz auch der Küchenbereich unterstellt, so erfolgt die Eingruppierung jeweils eine Vergütungsgruppe höher.

135 Werden Teile der Schmutzwäsche (z. B. Flachwäsche oder persönliche Wäsche) nicht in der Wäscherei der Einrichtung gewaschen, so erfolgt die Eingruppierung jeweils eine Vergütungsgruppe niedriger.

136 (entfällt)

137 Als förderliche Vorbildung gilt auch mehrjährige Erfahrung in ehrenamtlicher sozialer Tätigkeit.

138 Ein Aufgabengebiet ist umfangreich, wenn neben der Beratung, Weiterleitung und Betreuung unterschiedlicher und schwieriger Klienten Reisehilfen auf Bahnhöfen mittlerer Größe oder auf kleineren Bahnhöfen mit besonders großer Zahl von speziellen Klienten (z. B. auf Grenzbahnhöfen) gegeben werden.

139 Ein Aufgabengebiet ist schwierig, wenn neben der Beratung, Weiterleitung und Betreuung unterschiedlicher und schwieriger Klienten Reisehilfen auf Bahnhöfen mit besonders umfangreichem Reiseverkehr gegeben werden oder Bahnhofsmissionen durchgängige Öffnungszeiten haben.

140 (entfällt)

141 Diese Mitarbeiter erhalten eine monatliche Zulage in Höhe von 38,35 Euro.

142 Das Tätigkeitsmerkmal erfasst auch Kraftfahrer mit abgeschlossener Fachausbildung im Kraftfahrzeughandwerk oder anderen metallverarbeitenden Berufen.

143 ¹Das Tätigkeitsmerkmal ist nur erfüllt für Mitarbeiter, die am Tag vor dem Inkrafttreten[1] des Beschlusses der jeweiligen Regionalkommission in einem Dienstverhältnis gestanden haben, das am Tag des Inkrafttretens* des Beschlusses der jeweiligen Regionalkommission im Geltungsbereich der AVR fortbesteht, für die Dauer des ununterbrochen fortbestehenden Arbeitsverhältnisses. ²Ein Dienstverhältnis besteht auch ununterbrochen fort bei der Verlängerung eines befristeten Dienstvertrages sowie bei Dienstgeberwechsel innerhalb des Geltungsbereichs der AVR. ³Unterbrechungen von bis zu einem Monat sind unschädlich.

---

1 Inkrafttreten: RK BW/NRW/Bayern gültig ab 1.1.2011, RK Mitte gültig ab 1.4.2011, RK Nord gültig ab 1.7.2011, RK Ost gültig ab 1.7.2012.

Anlage 2a: Vergütungsgruppen für Mitarbeiter im Pflegedienst in stationären Einrichtungen

Geltungsbereich	116
Vergütungsgruppe Kr 1	117
Vergütungsgruppe Kr 2	117
Vergütungsgruppe Kr 3	117
Vergütungsgruppe Kr 4	117
Vergütungsgruppe Kr 5	117
Vergütungsgruppe Kr 5a	118
Vergütungsgruppe Kr 6	119
Vergütungsgruppe Kr 7	120
Vergütungsgruppe Kr 8	122
Vergütungsgruppe Kr 9	123
Vergütungsgruppe Kr 10	124
Vergütungsgruppe Kr 11	125
Vergütungsgruppe Kr 12	126
Vergütungsgruppe Kr 13	126
Vergütungsgruppe Kr 14	126
Anmerkungen	126

Geltungsbereich

[1]Diese Anlage findet mit Inkrafttreten[1] der Anlage 31 zu den AVR durch Beschluss der jeweiligen Regionalkommission in der jeweiligen Region keine Anwendung. [2]Dies gilt nicht für Mitarbeiter dieser Anlage, die am Tag des Inkrafttretens der Anlage 31 zu den AVR durch Beschluss der jeweiligen Regionalkommission in einem Dienstverhältnis gestanden haben, das am Tag nach dem Inkrafttreten der Anlage 31 zu den AVR durch Beschluss der jeweiligen Regionalkommission im Geltungsbereich der AVR fortbesteht und die nicht vom Geltungsbereich der Anlage 31 zu den AVR erfasst werden. [3]Dies sind die Mitarbeiter der Vergütungsgruppen Kr 13 mit Aufstieg nach 14 und Kr 14 der Anlage 2a zu den AVR.

---

1 Inkrafttreten: RK BW/NRW/Bayern gültig ab 1.1.2011, RK Mitte gültig ab 1.4.2011, RK Nord gültig ab 1.7.2011, RK Ost mit Ausnahme von § 14 gültig ab 1.7.2012, § 14 gültig ab 1.1.2013.

Vergütungsgruppe Kr 1

Kranken- und Altenpflege
1 Mitarbeiter in der Pflege ohne entsprechende Ausbildung (z. B. Pflegehelfer) [1]

Vergütungsgruppe Kr 2

Kranken- und Altenpflege
1 Krankenpflegehelfer mit entsprechender Tätigkeit [1, 1a]
2 Altenpflegehelfer mit entsprechender Tätigkeit [1, 1a, 14]
3 Mitarbeiter in der Pflege ohne entsprechende Ausbildung nach Ableistung eines qualifizierenden Kurses [1, 7]
4 Mitarbeiter in der Pflege ohne entsprechende Ausbildung nach sechsjähriger Bewährung in Vergütungsgruppe Kr 1 Ziffer 1

Vergütungsgruppe Kr 3

Kranken- und Altenpflege
1 Krankenpflegehelfer mit entsprechender Tätigkeit nach zweijähriger Tätigkeit in Vergütungsgruppe Kr 2 Ziffer 1 [1]
2 Altenpflegehelfer mit entsprechender Tätigkeit nach zweijähriger Tätigkeit in Vergütungsgruppe Kr 2 Ziffer 2 [1, 14]

Vergütungsgruppe Kr 4

Krankenpflege
1 Krankenpfleger mit entsprechender Tätigkeit [1]
2 Krankenpflegehelfer mit entsprechender Tätigkeit nach vierjähriger Bewährung in Vergütungsgruppe Kr 3 Ziffer 1

Altenpflege
3 Altenpfleger mit staatlicher Anerkennung mit entsprechender Tätigkeit [1]
4 Altenpflegehelfer mit entsprechender Tätigkeit nach vierjähriger Bewährung in Vergütungsgruppe Kr 3 Ziffer 2

Geburtshilfe/Entbindungspflege
5 Hebammen/Entbindungspfleger mit entsprechender Tätigkeit

Vergütungsgruppe Kr 5

Krankenpflege
1 Krankenpfleger mit entsprechender Tätigkeit nach zweijähriger Tätigkeit in Vergütungsgruppe Kr 4 Ziffer 1 [1]
2 Krankenpfleger, die als Krankenhaushygienepfleger stationsübergreifend und verantwortlich eingesetzt sind
3 Krankenpfleger, die
   a) im Operationsdienst als Operationspfleger oder als Anästhesiepfleger tätig sind

oder
b) die Herz-Lungen-Maschine vorbereiten und während der Operation zur Bedienung der Maschine herangezogen werden
oder
c) in Einheiten für Intensivmedizin tätig sind
oder
d) dem Arzt in erheblichem Umfange bei Herzkatheterisierungen, Dilatationen oder Angiographien unmittelbar assistieren
oder
e) in Dialyseeinheiten Kranke pflegen sowie die Geräte bedienen und überwachen
oder
f) in Ambulanzen oder Ambulanzen/Nothilfen Tätigkeiten gemäß Buchstabe a, c oder e ausüben.

Altenpflege

4   Altenpfleger mit staatlicher Anerkennung mit entsprechender Tätigkeit nach dreijähriger Tätigkeit in Vergütungsgruppe Kr 4 Ziffer 3 [1, 9]

Geburtshilfe/Entbindungspflege

5   Hebammen/Entbindungspfleger mit entsprechender Tätigkeit nach einjähriger Tätigkeit in Vergütungsgruppe Kr 4 Ziffer 5

Operationstechnische Assistenten

6   Operationstechnische Assistenten mit entsprechender Tätigkeit

Vergütungsgruppe Kr 5a

Krankenpflege

1   Krankenpfleger der Vergütungsgruppe Kr 5 Ziffern 1 bis 3 nach vierjähriger Bewährung in einer dieser Ziffern, frühestens jedoch nach sechsjähriger Berufstätigkeit nach Erlangung der staatlichen Erlaubnis [4]

2 bis 3   (entfallen)

4   Krankenpfleger, die durch ausdrückliche Anordnung als ständige Vertretung von Stations- oder Gruppenpflegern der Vergütungsgruppe Kr 6 Ziffer 6 bestellt sind [1, 8]

Altenpflege

5   Altenpfleger der Vergütungsgruppe Kr 5 Ziffer 4 nach vierjähriger Bewährung in dieser Ziffer

6   Altenpfleger mit staatlicher Anerkennung, die durch ausdrückliche Anordnung als Leitung einer Organisationseinheit bestellt sind [1, 2]

7   Altenpfleger mit staatlicher Anerkennung, die durch ausdrückliche Anordnung als ständige Vertretung der Leitung einer Organisationseinheit der Vergütungsgruppe Kr 6 Ziffer 19 bestellt sind [1, 8]

Geburtshilfe/Entbindungspflege

8   Hebammen/Entbindungspfleger der Vergütungsgruppe Kr 5 Ziffer 5 nach vierjähriger Bewährung in dieser Ziffer [4]

9 Hebammen/Entbindungspfleger, die durch ausdrückliche Anordnung zur/zum Vorsteherin/Vorsteher des Kreißsaals bestellt sind [13]

Vergütungsgruppe Kr 6

Krankenpflege

1 Fachkrankenpfleger bzw. Krankenpfleger mit erfolgreich abgeschlossener Weiterbildung und mit entsprechender Tätigkeit [1,3,10]
2 Krankenpfleger der Vergütungsgruppe Kr 5a Ziffer 4 nach fünfjähriger Bewährung in einer Tätigkeit in Vergütungsgruppe Kr 5a
3 Krankenpfleger der Vergütungsgruppe Kr 5 Ziffern 2 und 3 nach sechsjähriger Bewährung in der jeweiligen Ziffer der Vergütungsgruppe Kr 5 oder in dieser Tätigkeit in Vergütungsgruppe Kr 5a Ziffer 1
4 Krankenpfleger in der Intensivpflege/-medizin, die einer Einheit für Intensivmedizin vorstehen [1,3]
5 Krankenpfleger mit erfolgreich abgeschlossener sozialpsychiatrischer Zusatzausbildung und entsprechender Tätigkeit [1,15]
6 Krankenpfleger, die durch ausdrückliche Anordnung als Stationspfleger oder Gruppenpfleger bestellt sind [1,11,12]
7 Krankenpfleger, die

a) die Herz-Lungen-Maschine vorbereiten und während der Operation zur Bedienung der Maschine herangezogen werden

oder

b) in Blutzentralen tätig sind [5]

oder

c) in besonderen Behandlungs- und Untersuchungsräumen in mindestens zwei Teilgebieten der Endoskopie tätig sind

oder

d) dem Operationsdienst vorstehen

oder

e) dem Anästhesiedienst vorstehen,

denen jeweils weitere Pflegepersonen durch ausdrückliche Anordnung ständig unterstellt sind [6]
8 Krankenpfleger, die Gipsverbände in Gipsräumen anlegen, denen mindestens fünf Pflegepersonen durch ausdrückliche Anordnung ständig unterstellt sind [6]
9 Krankenpfleger in Ambulanzbereichen oder Ambulanzen/Nothilfen, denen mindestens sechs Pflegepersonen durch ausdrückliche Anordnung ständig unterstellt sind [6]
10 Krankenpfleger, denen mehrere Stationen, Pflegegruppen oder abgegrenzte Funktionsbereiche durch ausdrückliche Anordnung ständig unterstellt sind [1,6,12,16]
11 Krankenpfleger, die einer Dialyseeinheit vorstehen
12 Krankenpfleger, die dem zentralen Sterilisationsdienst vorstehen und denen mindestens acht Mitarbeiter durch ausdrückliche Anordnung ständig unterstellt sind [6]

Anlage 2a – Vergütungsgruppen Kr 6, 7

13 Krankenpfleger, die dem zentralen Sterilisationsdienst vorstehen und denen mindestens 36 Mitarbeiter durch ausdrückliche Anordnung ständig unterstellt sind [6]

14 Krankenpfleger, die durch ausdrückliche Anordnung als ständige Vertretung von Krankenpflegern der Vergütungsgruppe Kr 7 Ziffern 3 bis 4 bestellt sind [1, 8]

15 Krankenpfleger, die durch ausdrückliche Anordnung als ständige Vertretung von Stations- oder Gruppenpflegern der Vergütungsgruppe Kr 7 Ziffer 5 bestellt sind [1, 8]

16 Krankenpfleger, die durch ausdrückliche Anordnung als ständige Vertretung von Leitenden Krankenpflegern der Vergütungsgruppe Kr 7 Ziffer 2 bestellt sind [8]

17 Krankenpfleger, die als Unterrichtspfleger tätig sind [17]

Altenpflege

18 Altenpfleger der Vergütungsgruppe Kr 5a Ziffern 6 und 7 nach fünfjähriger Bewährung in der jeweiligen Ziffer

19 Altenpfleger mit staatlicher Anerkennung, die durch ausdrückliche Anordnung als Leitung einer Organisationseinheit bestellt sind und denen mindestens fünf Pflegepersonen durch ausdrückliche Anordnung ständig unterstellt sind [1, 2, 6]

20 Altenpfleger mit staatlicher Anerkennung, die durch ausdrückliche Anordnung als ständige Vertretung der Leitung einer Organisationseinheit der Vergütungsgruppe Kr 7 Ziffer 17 bestellt sind [1, 8]

21 Altenpfleger mit staatlicher Anerkennung, die durch ausdrückliche Anordnung als ständige Vertretung von Leitenden Altenpflegern der Vergütungsgruppe Kr 7 Ziffer 16 bestellt sind [8]

22 Altenpfleger mit staatlicher Anerkennung, die als Unterrichtsaltenpfleger tätig sind [19]

Geburtshilfe/Entbindungspflege

23 Hebammen/Entbindungspfleger, denen mindestens fünf Hebammen/Entbindungspfleger durch ausdrückliche Anordnung ständig unterstellt sind [6]

24 Hebammen/Entbindungspfleger, die durch ausdrückliche Anordnung als ständige Vertretung der Leitenden Hebammen/Entbindungspfleger der Vergütungsgruppe Kr 7 Ziffer 23 bestellt sind [8]

25 Hebammen/Entbindungspfleger, die als Lehrhebammen/-entbindungspfleger an Hebammenschulen tätig sind [18]

Operationstechnische Assistenten

26 Operationstechnische Assistenten nach sechsjähriger Bewährung in Vergütungsgruppe Kr 5 Ziffer 6

Vergütungsgruppe Kr 7

Krankenpflege

1 Krankenpfleger der Vergütungsgruppe Kr 6 Ziffern 4, 6, 7d) und e), 9, 10, 11, 13 bis 17 nach fünfjähriger Bewährung in der jeweiligen Ziffer

2 Leitende Krankenpfleger [20]

3 Krankenpfleger, die dem Operationsdienst vorstehen und denen mindestens zehn Pflegepersonen durch ausdrückliche Anordnung ständig unterstellt sind [6]

3a Krankenpfleger, die dem Anästhesiedienst vorstehen und denen mindestens fünf Pflegepersonen durch ausdrückliche Anordnung ständig unterstellt sind [6]

Vergütungsgruppe Kr 7 – Anlage 2a

4 Krankenpfleger, die einer Einheit für Intensivmedizin vorstehen und denen mindestens zwölf Pflegepersonen durch ausdrückliche Anordnung ständig unterstellt sind [1, 3, 6]

5 Krankenpfleger als Stationspfleger oder Gruppenpfleger, denen mindestens zwölf Pflegepersonen durch ausdrückliche Anordnung ständig unterstellt sind [1, 6, 11, 12]

6 Krankenpfleger in Blutzentralen, denen mindestens zwölf Pflegepersonen durch ausdrückliche Anordnung ständig unterstellt sind [5, 6]

7 Krankenpfleger in Ambulanzbereichen oder Ambulanzen/Nothilfen, denen mindestens zwölf Pflegepersonen durch ausdrückliche Anordnung ständig unterstellt sind [6]

8 Krankenpfleger, denen mehrere Stationen, Pflegegruppen oder abgegrenzte Funktionsbereiche mit insgesamt mindestens 24 Pflegepersonen durch ausdrückliche Anordnung ständig unterstellt sind [6, 12, 16]

9 Krankenpfleger, die einer Dialyseeinheit vorstehen und denen mindestens zwölf Pflegepersonen durch ausdrückliche Anordnung ständig unterstellt sind [6]

10 Krankenpfleger, die durch ausdrückliche Anordnung als ständige Vertretung von Krankenpflegern der Vergütungsgruppe 8 Ziffer 2 bis 3 bestellt sind [8]

11 Krankenpfleger, die durch ausdrückliche Anordnung als ständige Vertretung von Leitenden Krankenpflegern der Vergütungsgruppen Kr 8 Ziffer 6 oder Kr 8 Ziffer 5 bzw Kr 9 Ziffer 5 bestellt sind [8]

12 bis 14 (entfallen)

Altenpflege

15 Altenpfleger der Vergütungsgruppe Kr 6 Ziffern 19 bis 22 nach fünfjähriger Bewährung in der jeweiligen Ziffer

16 Altenpfleger mit staatlicher Anerkennung als Leitende Altenpfleger [25]

17 Altenpfleger mit staatlicher Anerkennung, die durch ausdrückliche Anordnung als Leitung einer Organisationseinheit bestellt sind und denen mindestens zwölf Pflegepersonen durch ausdrückliche Anordnung ständig unterstellt sind [1, 2, 6]

18 Altenpfleger mit staatlicher Anerkennung, die durch ausdrückliche Anordnung als ständige Vertretung von Leitenden Altenpflegern der Vergütungsgruppe Kr 8 Ziffer 13 bestellt sind [8]

19 bis 21 (entfallen)

Geburtshilfe/Entbindungspflege

22 Hebammen/Entbindungspfleger der Vergütungsgruppe Kr 6 Ziffern 23 bis 25 nach fünfjähriger Bewährung in der jeweiligen Ziffer

23 Leitende Hebammen/Entbindungspfleger in Frauenkliniken (Abteilungen für Geburtshilfe) [23]

24 Hebammen/Entbindungspfleger, denen mindestens zehn Hebammen/Entbindungspfleger durch ausdrückliche Anordnung ständig unterstellt sind [6]

25 Hebammen/Entbindungspfleger, die durch ausdrückliche Anordnung als ständige Vertretung von Leitenden Hebammen/Entbindungspflegern der Vergütungsgruppe Kr 8 Ziffer 18 bestellt sind [8]

26 bis 28 (entfallen)

Anlage 2a – Vergütungsgruppen Kr 8

Vergütungsgruppe Kr 8

Krankenpflege

1. Krankenpfleger der Vergütungsgruppe Kr 7 Ziffern 2 bis 5, 7 bis 11 nach fünfjähriger Bewährung in der jeweiligen Ziffer
2. Krankenpfleger, die dem Operationsdienst vorstehen und denen mindestens 20 Pflegepersonen durch ausdrückliche Anordnung ständig unterstellt sind [6]
2a. Krankenpfleger, die dem Anästhesiedienst vorstehen und denen mindestens zehn Pflegepersonen durch ausdrückliche Anordnung ständig unterstellt sind [6]
3. Krankenpfleger, die einer Einheit für Intensivmedizin vorstehen und denen mindestens 24 Pflegepersonen durch ausdrückliche Anordnung ständig unterstellt sind [3, 6]
4. Krankenpfleger, denen mehrere Stationen, Pflegegruppen oder abgegrenzte Funktionsbereiche mit insgesamt mindestens 48 Pflegepersonen durch ausdrückliche Anordnung ständig unterstellt sind [6, 12, 16]
5. Leitende Krankenpfleger, die der Krankenhausleitung angehören [20]
6. Leitende Krankenpfleger in Krankenhäusern bzw. Pflegebereichen, in denen mindestens 75 Pflegepersonen beschäftigt sind [6, 20]
7. Krankenpfleger, die durch ausdrückliche Anordnung als ständige Vertretung von Krankenpflegern der Vergütungsgruppe Kr 9 Ziffern 2 bis 3 bestellt sind [8]
8. Krankenpfleger, die durch ausdrückliche Anordnung als ständige Vertretung von Leitenden Krankenpflegern der Vergütungsgruppen Kr 9 Ziffer 7 und Kr 9 Ziffer 6 bzw. Kr 10 Ziffer 3 bestellt sind [8]
9. (entfällt)
10. Krankenpfleger mit mindestens einjähriger erfolgreich abgeschlossener Fachausbildung an Schulen für Unterrichtspfleger, die als Unterrichtspfleger an Krankenpflegeschulen oder Schulen für Krankenpflegehilfe tätig sind [17, 22, 29, 30]
11. Krankenpfleger mit mindestens einjähriger erfolgreich abgeschlossener Fachausbildung an Schulen für Unterrichtspfleger, die als Unterrichtspfleger an Krankenpflegeschulen oder Schulen für Krankenpflegehilfe tätig und durch ausdrückliche Anordnung als ständige Vertretung von Leitenden Unterrichtspflegern der Vergütungsgruppe Kr 9 Ziffer 9 bestellt sind [8, 17, 22, 29, 30]

Altenpflege

12. Altenpfleger der Vergütungsgruppe Kr 7 Ziffern 16 bis 18 nach fünfjähriger Bewährung in der jeweiligen Ziffer
13. Altenpfleger mit staatlicher Anerkennung als Leitende Altenpfleger in Einrichtungen, in denen mindestens 30 Pflegepersonen beschäftigt sind [6, 25]
14. Altenpfleger mit staatlicher Anerkennung, die durch ausdrückliche Anordnung als ständige Vertretung von Leitenden Altenpflegern der Vergütungsgruppe Kr 9 Ziffer 12 bestellt sind [8]
15. Altenpfleger mit staatlicher Anerkennung und mindestens einjähriger erfolgreich abgeschlossener Fachausbildung an Schulen für Unterrichtsaltenpfleger, die als Unterrichtsaltenpfleger an Schulen für Altenpflege tätig sind [19, 22, 24]
16. Altenpfleger mit staatlicher Anerkennung und mindestens einjähriger erfolgreich abgeschlossener Fachausbildung an Schulen für Unterrichtsaltenpfleger, die durch ausdrückliche Anordnung als ständige Vertretung von Leitenden Unterrichtsaltenpflegern der Vergütungsgruppe Kr 9 Ziffer 13 bestellt sind [8, 19, 22, 24]

Geburtshilfe/Entbindungspflege

17 Hebammen/Entbindungspfleger der Vergütungsgruppe Kr 7 Ziffern 23 bis 25 nach fünfjähriger Bewährung in der jeweiligen Ziffer
18 Leitende Hebammen/Entbindungspfleger in Frauenkliniken (Abteilungen für Geburtshilfe) mit Hebammenschule, denen mindestens 75 Pflegepersonen durch ausdrückliche Anordnung ständig unterstellt sind [6, 23]
19 Hebammen/Entbindungspfleger, die durch ausdrückliche Anordnung als ständige Vertretung von Leitenden Hebammen/Entbindungspflegern der Vergütungsgruppe Kr 9 Ziffer 15 bestellt sind [8]
19a Hebammen/Entbindungspfleger mit mindestens einjähriger erfolgreich abgeschlossener Fachausbildung an Schulen für Lehrhebammen/-entbindungspfleger, die als Lehrhebammen/-entbindungspfleger an Hebammenschulen tätig sind [18, 22, 24]
20 Hebammen/Entbindungspfleger mit mindestens einjähriger erfolgreich abgeschlossener Fachausbildung an Schulen für Lehrhebammen/-entbindungspfleger, die als Lehrhebammen/-entbindungspfleger an Hebammenschulen tätig und durch ausdrückliche Anordnung als ständige Vertretung von Ersten Lehrhebammen/-entbindungspflegern der Vergütungsgruppe Kr 9 Ziffer 14a bestellt sind [8, 18, 22, 24]

Vergütungsgruppe Kr 9

Krankenpflege

1 Krankenpfleger der Vergütungsgruppe Kr 8 Ziffern 2 bis 11 nach fünfjähriger Bewährung in der jeweiligen Ziffer
2 Krankenpfleger, die dem Operationsdienst vorstehen und denen mindestens 40 Pflegepersonen durch ausdrückliche Anordnung ständig unterstellt sind [6]
2a Krankenpfleger, die dem Anästhesiedienst vorstehen und denen mindestens 20 Pflegepersonen durch ausdrückliche Anordnung unterstellt sind [6]
3 Krankenpfleger, die einer Einheit für Intensivmedizin vorstehen und denen mindestens 48 Pflegepersonen durch ausdrückliche Anordnung ständig unterstellt sind [3, 6]
4 Krankenpfleger, denen mehrere Stationen, Pflegegruppen oder abgegrenzte Funktionsbereiche mit insgesamt mindestens 96 Pflegepersonen durch ausdrückliche Anordnung ständig unterstellt sind [6, 12, 16]
5 Leitende Krankenpfleger mit entsprechender Weiterbildung, die der Krankenhausleitung angehören [20, 21]
6 Leitende Krankenpfleger, die der Krankenhausleitung angehören, in Krankenhäusern, in denen mindestens 75 Pflegepersonen beschäftigt sind [6, 20]
7 Leitende Krankenpfleger in Krankenhäusern bzw. Pflegebereichen, in denen mindestens 150 Pflegepersonen beschäftigt sind [6, 20]
8 Krankenpfleger, die durch ausdrückliche Anordnung als ständige Vertretung von Leitenden Krankenpflegern der Vergütungsgruppen Kr 10 Ziffer 5 und Kr 10 Ziffer 4 bzw. Kr 11 Ziffer 2 bestellt sind [8]
9 Krankenpfleger mit mindestens einjähriger erfolgreich abgeschlossener Fachausbildung an Schulen für Unterrichtspfleger, die als Leitende Unterrichtspfleger an Krankenpflegeschulen oder Schulen für Krankenpflegehilfe tätig sind [22, 26, 29, 30]
10 Krankenpfleger mit mindestens einjähriger erfolgreich abgeschlossener Fachausbildung an Schulen für Unterrichtspfleger, die als Unterrichtspfleger an Krankenpflegeschulen

oder Schulen für Krankenpflegehilfe tätig und durch ausdrückliche Anordnung als ständige Vertretung von Leitenden Unterrichtspflegern der Vergütungsgruppe Kr 10 Ziffer 7 bestellt sind [8, 17, 22, 29, 30]

Altenpflege

11 Altenpfleger der Vergütungsgruppe Kr 8 Ziffern 13 bis 16 nach fünfjähriger Bewährung in der jeweiligen Ziffer

12 Altenpfleger mit staatlicher Anerkennung als Leitende Altenpfleger in Einrichtungen, in denen mindestens 60 Pflegepersonen beschäftigt sind [6, 25]

13 Altenpfleger mit staatlicher Anerkennung und mindestens einjähriger erfolgreich abgeschlossener Fachausbildung an Schulen für Unterrichtsaltenpfleger, die als Leitende Unterrichtsaltenpfleger an Schulen für Altenpflege tätig sind [22, 24, 28]

13a Altenpfleger mit staatlicher Anerkennung und mindestens einjähriger erfolgreich abgeschlossener Fachausbildung an Schulen für Unterrichtsaltenpfleger, die durch ausdrückliche Anordnung als ständige Vertretung von Leitenden Unterrichtsaltenpflegern der Vergütungsgruppe Kr 10 Ziffer 8a bestellt sind [8, 19, 22, 24]

Geburtshilfe/Entbindungspflege

14 Hebammen/Entbindungspfleger der Vergütungsgruppe Kr 8 Ziffern 18 bis 20 nach fünfjähriger Bewährung in der jeweiligen Ziffer

14a Hebammen/Entbindungspfleger mit mindestens einjähriger erfolgreich abgeschlossener Fachausbildung an Schulen für Lehrhebammen/-entbindungspfleger, die als Erste Lehrhebammen/-entbindungspfleger an Hebammenschulen tätig sind [22, 24, 27]

15 Leitende Hebammen/Entbindungspfleger in Frauenkliniken (Abteilungen für Geburtshilfe) mit Hebammenschule, denen mindestens 150 Pflegepersonen durch ausdrückliche Anordnung ständig unterstellt sind [6, 23]

Vergütungsgruppe Kr 10

Krankenpflege

1 Krankenpfleger der Vergütungsgruppe Kr 9 Ziffern 2 bis 10 nach fünfjähriger Bewährung in der jeweiligen Ziffer

2 Krankenpfleger, denen mehrere Stationen, Pflegegruppen oder abgegrenzte Funktionsbereiche mit insgesamt mindestens 192 Pflegepersonen durch ausdrückliche Anordnung ständig unterstellt sind [6, 12, 16]

3 Leitende Krankenpfleger mit entsprechender Weiterbildung, die der Krankenhausleitung angehören, in Krankenhäusern bzw. Pflegebereichen, in denen mindestens 75 Pflegepersonen beschäftigt sind [6, 20, 21]

4 Leitende Krankenpfleger, die der Krankenhausleitung angehören, in Krankenhäusern, in denen mindestens 150 Pflegepersonen beschäftigt sind [6, 20]

5 Leitende Krankenpfleger in Krankenhäusern bzw. Pflegebereichen, in denen mindestens 300 Pflegepersonen beschäftigt sind [6, 20]

6 Krankenpfleger, die durch ausdrückliche Anordnung als ständige Vertretung von Leitenden Krankenpflegern der Vergütungsgruppen Kr 11 Ziffer 4 und Kr 11 Ziffer 3 bzw. Kr 12 Ziffer 2 bestellt sind [8]

7 Krankenpfleger mit mindestens einjähriger erfolgreich abgeschlossener Fachausbildung an Schulen für Unterrichtspfleger, die als Leitende Unterrichtspfleger an Krankenpfle-

geschulen oder Schulen für Krankenpflegehilfe mit durchschnittlich mindestens 75 Lehrgangsteilnehmern tätig sind [22, 26, 29, 30]

7a Krankenpfleger mit mindestens einjähriger erfolgreich abgeschlossener Fachausbildung an Schulen für Unterrichtspfleger, die als Unterrichtspfleger an Krankenpflegeschulen oder Schulen für Krankenpflegehilfe tätig und durch ausdrückliche Anordnung als ständige Vertretung von Leitenden Unterrichtspflegern der Vergütungsgruppe Kr 11 Ziffer 6 bestellt sind [8, 17, 22, 29, 30]

Altenpflege

8 Altenpfleger der Vergütungsgruppe Kr 9 Ziffern 12 bis 13a nach fünfjähriger Bewährung in der jeweiligen Ziffer

8a Altenpfleger mit staatlicher Anerkennung und mindestens einjähriger erfolgreich abgeschlossener Fachausbildung an Schulen für Unterrichtsaltenpfleger, die als Leitende Unterrichtsaltenpfleger an Schulen für Altenpflege mit durchschnittlich mindestens 75 Lehrgangsteilnehmern tätig sind [22, 24, 28]

8b Altenpfleger mit staatlicher Anerkennung als Leitende Altenpfleger in Einrichtungen, in denen mindestens 90 Pflegepersonen beschäftigt sind [6, 25]

Geburtshilfe/Entbindungspflege

9 Hebammen/Entbindungspfleger der Vergütungsgruppe Kr 9 Ziffern 14a und 15 nach fünfjähriger Bewährung in diesen Ziffern

Vergütungsgruppe Kr 11

Krankenpflege

1 Krankenpfleger der Vergütungsgruppe Kr 10 Ziffern 2 bis 7a nach fünfjähriger Bewährung in der jeweiligen Ziffer

2 Leitende Krankenpfleger mit entsprechender Weiterbildung, die der Krankenhausleitung angehören, in Krankenhäusern, in denen mindestens 150 Pflegepersonen beschäftigt sind [6, 20, 21]

3 Leitende Krankenpfleger, die der Krankenhausleitung angehören, in Krankenhäusern, in denen mindestens 300 Pflegepersonen beschäftigt sind [6, 20]

4 Leitende Krankenpfleger in Krankenhäusern bzw. Pflegebereichen, in denen mindestens 600 Pflegepersonen beschäftigt sind [6, 20]

5 Krankenpfleger, die durch ausdrückliche Anordnung als ständige Vertretung von Leitenden Krankenpflegern der Vergütungsgruppen Kr 12 Ziffer 4 und Kr 12 Ziffer 3 bzw. Kr 13 Ziffer 2 bestellt sind [8]

6 Krankenpfleger mit mindestens einjähriger erfolgreich abgeschlossener Fachausbildung an Schulen für Unterrichtspfleger, die als Leitende Unterrichtspfleger an Krankenpflegeschulen oder Schulen für Krankenpflegehilfe mit durchschnittlich mindestens 150 Lehrgangsteilnehmern tätig sind [22, 26, 29, 30]

Altenpflege

7 Altenpfleger der Vergütungsgruppe Kr 10 Ziffer 8a und 8b nach fünfjähriger Bewährung in dieser Ziffer

Anlage 2a – Vergütungsgruppen Kr 12, 13, 14, Anmerkungen

Vergütungsgruppe Kr 12

1 Krankenpfleger der Vergütungsgruppe Kr 11 Ziffern 2 bis 6 nach fünfjähriger Bewährung in der jeweiligen Ziffer

2 Leitende Krankenpfleger mit entsprechender Weiterbildung, die der Krankenhausleitung angehören, in Krankenhäusern, in denen mindestens 300 Pflegepersonen beschäftigt sind [6, 20, 21]

3 Leitende Krankenpfleger, die der Krankenhausleitung angehören, in Krankenhäusern, in denen mindestens 600 Pflegepersonen beschäftigt sind [6, 20]

4 Leitende Krankenpfleger in Krankenhäusern bzw. Pflegebereichen, in denen mindestens 900 Pflegepersonen beschäftigt sind [6, 20]

5 Krankenpfleger, die durch ausdrückliche Anordnung als ständige Vertretung von Leitenden Krankenpflegern der Vergütungsgruppen Kr 13 Ziffer 3 bzw. Kr 14 Ziffer 2 bestellt sind [8]

Vergütungsgruppe Kr 13

1 Leitende Krankenpfleger der Vergütungsgruppe Kr 12 Ziffern 2 bis 5 nach fünfjähriger Bewährung in der jeweiligen Ziffer

2 Leitende Krankenpfleger mit entsprechender Weiterbildung, die der Krankenhausleitung angehören, in Krankenhäusern, in denen mindestens 600 Pflegepersonen beschäftigt sind [6, 20, 21]

3 Leitende Krankenpfleger, die der Krankenhausleitung angehören, in Krankenhäusern, in denen mindestens 900 Pflegepersonen beschäftigt sind [6, 20]

Vergütungsgruppe Kr 14

1 Leitende Krankenpfleger der Vergütungsgruppe Kr 13 Ziffer 2 oder 3 nach fünfjähriger Bewährung in der jeweiligen Ziffer

2 Leitende Krankenpfleger mit entsprechender Weiterbildung, die der Krankenhausleitung angehören, in Krankenhäusern, in denen mindestens 900 Pflegepersonen beschäftigt sind [6, 20, 21]

Anmerkungen zu den Tätigkeitsmerkmalen der Vergütungsgruppen Kr 1 bis Kr 14

Die nachstehenden Anmerkungen sind bei der Eingruppierung der Mitarbeiter zu beachten.

I

Die Tätigkeitsmerkmale der Vergütungsgruppen Kr 1 bis Kr 14 gelten nur für Mitarbeiter in stationären Einrichtungen.

II

Die Ziffern I bis VII der Anmerkungen zu den Tätigkeitsmerkmalen der Vergütungsgruppen 1 bis 12 der Anlage 2 zu den AVR gelten sinngemäß.

III

[1]Unter Krankenpflegern sind Gesundheits- und Krankenpfleger sowie Gesundheits- und Kinderkrankenpfleger nach dem Krankenpflegegesetz zu verstehen. [2]Unter Altenpfleger mit staatlicher Anerkennung sind auch Altenpfleger mit Abschlussprüfung zu verstehen.

IV

[1]Krankenpfleger, die Tätigkeiten von Gesundheits- und Kinderkrankenpflegern bzw. Altenpflegern ausüben, sind als Gesundheits- und Kinderkrankenpfleger bzw. Altenpfleger eingruppiert.

[2]Gesundheits- und Kinderkrankenpfleger, die Tätigkeiten von Krankenpflegern bzw. Altenpflegern ausüben, sind als Krankenpfleger bzw. Altenpfleger eingruppiert. [3]Altenpfleger, die Tätigkeiten von Krankenpflegern ausüben, sind als Krankenpfleger eingruppiert; soweit deren Eingruppierung von der Zeit einer Tätigkeit oder von der Zeit einer Berufstätigkeit abhängt, sind jedoch die für Altenpfleger geltenden Zeiten maßgebend.

V

Bei den Tätigkeitsmerkmalen, die einen Bewährungsaufstieg vorsehen, gelten jeweils auch die Anmerkungen zu der in Bezug genommenen Ziffer der Vergütungsgruppe, aus der der Bewährungsaufstieg erfolgt.

VI

[1]Die Dienstbezüge (Abschnitt II der Anlage 1 zu den AVR) der Mitarbeiter, die am 31. Juli 1989 in einem Dienstverhältnis stehen, das am 1. August 1989 zu demselben Dienstgeber fortbesteht, und die am 31. Juli 1989 die Dienstbezüge aus einer höheren Vergütungsgruppe erhalten als aus der Vergütungsgruppe, in der sie nach dem Wirksamwerden der Beschlüsse der Arbeitsrechtlichen Kommission vom 29. August 1989 zur Anlage 2a zu den AVR eingruppiert sind, wird durch die Neuregelung nicht berührt.

[2]Bei den Mitarbeitern, die am 31. Juli 1989 in einem Dienstverhältnis stehen, das am 1. August 1989 zu demselben Dienstgeber fortbesteht, und deren Eingruppierung von der Zeit einer Tätigkeit oder von der Zeit einer Bewährung in einer bestimmten Vergütungsgruppe bzw. Ziffer oder von der Zeit einer Berufstätigkeit abhängt, wird die vor dem 1. August 1989 zurückgelegte Zeit so berücksichtigt, wie sie zu berücksichtigen wäre, wenn die Neuregelung bereits seit Beginn des Dienstverhältnisses gegolten hätte.

* *
*

1 (1) Pflegepersonen der Vergütungsgruppen Kr 1 bis Kr 7, die die Grund- und Behandlungspflege zeitlich überwiegend bei

a) an schweren Infektionskrankheiten erkrankten Patienten (z. B. Tuberkulose-Patienten), die wegen der Ansteckungsgefahr in besonderen Infektionsabteilungen oder Infektionsstationen untergebracht sind,

b) Kranken in geschlossenen oder halbgeschlossenen (Open-door-system) psychiatrischen Abteilungen oder Stationen,

Anlage 2a – Anmerkungen

c) Kranken in geriatrischen Abteilungen bzw. Stationen oder pflegebedürftigen Personen in Einrichtungen der Altenhilfe,

d) gelähmten oder an Multipler Sklerose erkrankten Patienten,

e) Patienten nach Transplantationen innerer Organe oder von Knochenmark,

f) an AIDS (Vollbild) erkrankten Patienten,

g) Patienten, bei denen Chemotherapien durchgeführt oder die mit Strahlen oder mit inkorporierten radioaktiven Stoffen behandelt werden,

ausüben, erhalten für die Dauer dieser Tätigkeit eine monatliche Zulage von 46,02 Euro.

(1a) Pflegepersonen der Vergütungsgruppen Kr 1 bis Kr 7, die zeitlich überwiegend in Einheiten für Intensivmedizin Patienten pflegen, erhalten für die Dauer dieser Tätigkeit eine monatliche Zulage von 46,02 Euro.

(2) ¹Krankenpfleger/Altenpfleger der Vergütungsgruppen Kr 5a bis Kr 8, die als

a) Stationspfleger, Gruppenpfleger, Stationspfleger oder

b) Krankenpfleger, Altenpfleger in anderen Tätigkeiten mit unterstellten Pflegepersonen

eingesetzt sind, erhalten die Zulage nach Abs. 1 oder 1a ebenfalls, wenn alle ihnen durch ausdrückliche Anordnung ständig unterstellten Pflegepersonen Anspruch auf eine Zulage nach Abs. 1 oder 1a haben. ²Die Zulage steht auch Krankenpflegern, Altenpflegern zu, die durch ausdrückliche Anordnung als ständige Vertretung einer in Satz 1 genannten Anspruchsberechtigten bestellt sind.

(3) ¹Pflegepersonen der Vergütungsgruppen Kr 1 bis Kr 7, welche die Grund- und Behandlungspflege bei schwerbrandverletzten Patienten in Einheiten für Schwerbrandverletzte, denen durch die Zentralstelle für die Vermittlung Schwerbrandverletzter in der Bundesrepublik Deutschland bei der Behörde für Arbeit, Gesundheit und Soziales der Freien und Hansestadt Hamburg Schwerbrandverletzte vermittelt werden, ausüben, erhalten eine Zulage von 10 v.H. der Stundenvergütung (§ 2 der Anlage 6a zu den AVR), der Vergütungsgruppe Kr 5 für jede volle Arbeitsstunde dieser Pflegetätigkeit. ²Eine nach Abs. 1, 1a oder 2 zustehende Zulage vermindert sich um den Betrag, der in demselben Kalendermonat nach Satz 1 zusteht.

1a *(RK NRW/BW):*
¹Diese Mitarbeiter erhalten eine monatliche Zulage in Höhe von

ab 1. Juli 2014	59,42 Euro
ab 1. März 2015	60,85 Euro

²Diese Zulage entfällt in Abweichung zu Anmerkung V ab dem Zeitpunkt, zu dem die Mitarbeiter der Vergütungsgruppe Kr 2 Ziffern 1 und 2 höhergruppiert werden.

1a *(RK Mitte/Bayern):*
¹Diese Mitarbeiter erhalten eine monatliche Zulage in Höhe von

ab 1. Januar 2015	59,42 Euro
ab 1. März 2015	60,85 Euro

²Diese Zulage entfällt in Abweichung zu Anmerkung V ab dem Zeitpunkt, zu dem die Mitarbeiter der Vergütungsgruppe Kr 2 Ziffern 1 und 2 höhergruppiert werden.

Anmerkungen – Anlage 2a

1a *(RK Nord):*
[1]Diese Mitarbeiter erhalten eine monatliche Zulage in Höhe von

ab 1. Januar 2015	59,42 Euro
ab 1. Juli 2015	60,85 Euro

[2]Diese Zulage entfällt in Abweichung zu Anmerkung V ab dem Zeitpunkt, zu dem die Mitarbeiter der Vergütungsgruppe Kr 2 Ziffern 1 und 2 höhergruppiert werden.

1a *(RK Ost)*
[1]Diese Mitarbeiter erhalten eine monatliche Zulage in Höhe von

(Tarifgebiet Ost):

ab 1. Januar 2015	55,86 Euro
ab 1. Oktober 2015	57,20 Euro

(Tarifgebiet West):

ab 1. Januar 2015	57,64 Euro
ab 1. Oktober 2015	59,02 Euro

[2]Diese Zulage entfällt in Abweichung zu Anmerkung V ab dem Zeitpunkt, zu dem die Mitarbeiter der Vergütungsgruppe Kr 2 Ziffern 1 und 2 höhergruppiert werden.

2 [1]Unter Altenpflegern in der Leitung einer Organisationseinheit (z. B. Station) sind Pflegekräfte in Einrichtungen der Altenhilfe zu verstehen, die dem Pflegedienst in einer Organisationseinheit vorstehen. [2]Es handelt sich um das sachliche Vorstehen.

3 [1]Einheiten für Intensivmedizin sind Stationen für Intensivbehandlungen und Intensivüberwachung. [2]Dazu gehören auch Wachstationen, die für Intensivbehandlung und Intensivüberwachung eingerichtet sind.

4 Der Bewährungsaufstieg erfolgt frühestens nach sechsjähriger Berufstätigkeit nach Erlangung der staatlichen Erlaubnis.

5 Als Blutzentralen gelten Einrichtungen, in denen Blut abgenommen, konserviert und verteilt wird.

6 Soweit die Eingruppierung von der Zahl der unterstellten oder in dem betreffenden Bereich beschäftigten Personen abhängt,

(a) ist es für die Eingruppierung unschädlich, wenn im Organisations- und Stellenplan zur Besetzung ausgewiesene Stellen nicht besetzt sind,

(b) zählen teilzeitbeschäftigte Personen entsprechend dem Verhältnis der mit ihnen im Arbeitsvertrag vereinbarten Arbeitszeit zur regelmäßigen Arbeitszeit eines entsprechenden Vollbeschäftigten,

(c) zählen Personen, die zu einem Teil ihrer Arbeitszeit unterstellt oder zu einem Teil ihrer Arbeitszeit in einem Bereich beschäftigt sind, entsprechend dem Verhältnis dieses Anteils zur regelmäßigen Arbeitszeit eines entsprechenden Vollbeschäftigten,

(d) bleiben Schüler in der Krankenpflege, Kinderkrankenpflege, Krankenpflegehilfe und Entbindungspflege sowie Personen, die sich in einer Ausbildung in der Altenpflege befinden, außer Betracht; für die Berücksichtigung von Stellen, auf die Schüler angerechnet werden, gilt Buchstabe a.

7 Ein qualifizierender Kurs im Sinne dieses Tätigkeitsmerkmales liegt vor, wenn der Kurs mindestens 110 theoretische Unterrichtsstunden umfasst (z. B. Schwesternhelferinnen-Kurs).

Anlage 2a – Anmerkungen

8   Ständige Vertretung ist nicht die Vertretung in Urlaubs- oder sonstigen Abwesenheitsfällen.

9   Für Altenpfleger mit einer dreijährigen Ausbildung verkürzt sich die Zeit der Tätigkeit um ein Jahr.

10 Die Weiterbildung setzt voraus, dass mindestens 720 Unterrichtsstunden (zu mindestens 45 Minuten) theoretischer und praktischer Unterricht bei Vollzeitausbildung innerhalb eines Jahres und bei berufsbegleitender Ausbildung innerhalb von zwei Jahren an einer staatlich anerkannten Weiterbildungsstätte oder an einer Weiterbildungsstätte, die von der Deutschen Krankenhausgesellschaft zur Durchführung der Weiterbildungen nach den entsprechenden DKG-Empfehlungen anerkannt worden ist, vermittelt werden.

11 [1]Unter Stationspflegern sind Pflegepersonen zu verstehen, die dem Pflegedienst auf der Station vorstehen. [2]Es handelt sich um das sachliche Vorstehen. [3]In psychiatrischen Krankenhäusern entspricht im Allgemeinen eine Abteilung der Station in allgemeinen Krankenhäusern.

12 [1]Die Tätigkeitsmerkmale, die auf das Gruppenpflegesystem abgestellt sind, gelten nur in den Krankenhäusern, in denen der Krankenhausträger das Gruppenpflegesystem eingeführt hat. [2]Unter Gruppenpflegern sind die Pflegepersonen zu verstehen, die dem Pflegedienst einer Gruppe vorstehen. [3]Es handelt sich um das sachliche Vorstehen.

13 Dieses Tätigkeitsmerkmal setzt nicht voraus, dass der/dem vorstehenden Hebamme/Entbindungspfleger weitere Personen unterstellt sind.

14 [1]In dieser Vergütungsgruppe ist eingruppiert, wer eine mindestens einjährige Ausbildung zum staatlich anerkannten Altenpflegehelfer oder eine vom Deutschen Caritasverband anerkannte vergleichbare Ausbildung hat. [2]Die vergleichbare Ausbildung muss mindestens 550 theoretische Unterrichtsstunden umfassen.

15 Eine Zusatzausbildung im Sinne dieses Tätigkeitsmerkmals liegt nur dann vor, wenn sie durch einen mindestens einjährigen Lehrgang oder mindestens zwei Jahren berufsbegleitend vermittelt wird.

16 Wenn in den Funktionsbereichen außer Pflegepersonen auch sonstige Mitarbeiter unterstellt sind, gelten sie als Pflegepersonen.

17 Unterrichtspfleger sind Krankenpfleger, die mindestens zur Hälfte ihrer Arbeitszeit als Lehrkräfte an Krankenpflegeschulen oder Schulen für Krankenpflegehilfe eingesetzt sind.

18 Lehrhebammen/-entbindungspfleger sind Hebammen/Entbindungspfleger, die mindestens zur Hälfte ihrer Arbeitszeit als Lehrkräfte an Hebammenschulen eingesetzt sind.

19 Unterrichtsaltenpfleger sind Altenpfleger, die mindestens zur Hälfte ihrer Arbeitszeit als Lehrkräfte an Schulen für Altenpflege eingesetzt sind.

20 Leitende Krankenpfleger sind Krankenpfleger, die die Gesamtverantwortung für den Pflegedienst des Krankenhauses bzw. des zugeteilten Pflegebereichs haben; dies setzt voraus, dass ihnen gegenüber kein weiterer Leitender Krankenpfleger und kein(e) Leitende(r) Hebamme/Entbindungspfleger hinsichtlich des Pflegedienstes weisungsbefugt ist.

21 [1]In dieser Vergütungsgruppe ist eingruppiert, wer eine Weiterbildung zur Pflegedienstleitung erfolgreich abgeschlossen hat. [2]Die Weiterbildung setzt voraus, dass mindestens 2000 Stunden zu mindestens je 45 Unterrichtsminuten theoretischer Unterricht innerhalb von zwei Jahren und bei berufsbegleitender Weiterbildung innerhalb von längstens drei Jahren vermittelt werden. [3]In dieser Vergütungsgruppe ist ebenfalls eingruppiert, wer vor dem 31. Dezember 1990 eine vergleichbare Weiterbildung zur Pflegedienstleitung mit einer geringeren Anzahl an theoretischen Unterrichtsstunden begonnen hat.

Anmerkungen – Anlage 2a

22 ¹In dieser Vergütungsgruppe ist eingruppiert, wer eine Weiterbildung zum/zur Unterrichtspfleger, Lehrhebamme/-entbindungspfleger erfolgreich abgeschlossen hat. ²Die Weiterbildung setzt voraus, dass mindestens 2000 Stunden zu mindestens je 45 Unterrichtsminuten theoretischer Unterricht innerhalb von zwei Jahren und bei berufsbegleitender Ausbildung innerhalb von längstens drei Jahren vermittelt werden. ³In dieser Vergütungsgruppe ist ebenfalls eingruppiert, wer vor dem 31. Dezember 1990 eine vergleichbare Weiterbildung zur/zum Unterrichtspfleger, Lehrhebamme/-entbindungspfleger mit einer geringeren Anzahl an theoretischen Unterrichtsstunden begonnen hat.

23 Leitende Hebammen/Entbindungspfleger sind Hebammen/Entbindungspfleger, die die Gesamtverantwortung für den Pflegedienst des Krankenhauses bzw. des zugeteilten Pflegebereichs haben; dies setzt voraus, dass ihnen gegenüber kein(e) weitere(r) Leitende(r) Hebamme/Entbindungspfleger und kein Leitender Krankenpfleger hinsichtlich des Pflegedienstes weisungsbefugt ist.

24 Eine einjährige Fachausbildung an Schulen für Unterrichtspfleger gilt als einjährige Fachausbildung an Schulen für Lehrhebammen/-entbindungspfleger bzw. für Unterrichtsaltenpfleger.

25 Leitende Altenpfleger sind Altenpfleger, die die Gesamtverantwortung für den Pflegedienst der Einrichtung haben; dies setzt voraus, dass ihnen gegenüber kein weiterer Leitender Altenpfleger und kein Leitender Krankenpfleger weisungsbefugt ist.

26 Leitende Unterrichtspfleger sind Unterrichtspfleger, die eine Krankenpflegeschule oder Schule für Krankenpflegehilfe allein oder gemeinsam mit einem Arzt oder einem Leitenden Krankenpfleger leiten (§ 5 Abs. 2 Nr. 1 bzw. § 10 Abs. 2 Nr. 1 des Krankenpflegegesetzes).

27 Erste(r) Lehrhebamme/-entbindungspfleger sind Lehrhebammen/-entbindungspfleger, die eine Hebammenschule allein oder gemeinsam mit einem Arzt leiten (§ 6 Abs. 2 Nr. 1 des Hebammengesetzes).

28 Leitende Unterrichtsaltenpfleger sind Unterrichtsaltenpfleger, die eine Schule für Altenpflege allein oder als Mitglied der Schulleitung leiten.

29 ¹In dieser Vergütungsgruppe sind auch Diplom-Medizin-Pädagogen mit abgeschlossener wissenschaftlicher Hochschulbildung in der Tätigkeit von Unterrichtspflegern an Krankenpflegeschulen oder Schulen für Krankenpflegehilfe eingruppiert. ²Sie erhalten eine Vergütungsgruppenzulage zwischen ihrer Regelvergütung und der Regelvergütung der nächsthöheren Vergütungsgruppe.

30 Bei den Diplom-Medizin-Pädagogen, die am 31. Dezember 1991 in einem Dienstverhältnis stehen, das am 1. Januar 1992 zu demselben Dienstgeber fortbesteht, und deren Eingruppierung von der Zeit einer Bewährung in einer bestimmten Vergütungsgruppe bzw. Ziffer abhängt, wird die vor dem 1. Januar 1992 zurückgelegte Zeit so berücksichtigt, wie sie zu berücksichtigen wäre, wenn die Neuregelung bereits seit Beginn des Dienstverhältnisses bestanden hätte.

Anlage 2b: Vergütungsgruppen für Mitarbeiter im Rettungsdienst/Krankentransport

Vergütungsgruppe 4b 132
Vergütungsgruppe 5b 132
Vergütungsgruppe 5c 132
Vergütungsgruppe 6b 132
Vergütungsgruppe 7 133
Vergütungsgruppe 8 133
Vergütungsgruppe 9a 133
Anmerkungen 133

Vergütungsgruppe 4b

1   Rettungsassistenten als Leiter einer Rettungswache mit mindestens neun Rettungsmitteln nach vierjähriger Bewährung in einer Tätigkeit in Vergütungsgruppe 5b
2   Rettungsassistenten als Leiter einer Rettungswache mit mindestens zwölf Rettungsmitteln nach vierjähriger Tätigkeit in Vergütungsgruppe 5b [A]

Vergütungsgruppe 5b

1   Rettungsassistenten als Leiter einer Rettungswache mit mindestens drei Rettungsmitteln nach vierjähriger Bewährung in einer Tätigkeit in Vergütungsgruppe 5c
2   Rettungsassistenten als Leiter einer Rettungswache mit mindestens neun Rettungsmitteln
3   Rettungsassistenten als Leiter einer Rettungswache mit mindestens zwölf Rettungsmitteln
4   Rettungsassistenten als Lehrrettungsassistenten mit entsprechender Zusatzausbildung in einer Lehrrettungswache nach vierjähriger Bewährung in Vergütungsgruppe 5c Ziffer 3

Vergütungsgruppe 5c

1   Rettungsassistenten als Leiter einer Rettungswache nach sechsjähriger Bewährung in Vergütungsgruppe 6 b Ziffer 2
2   Rettungsassistenten als Leiter einer Rettungswache mit mindestens drei Rettungsmitteln
3   Rettungsassistenten als Lehrrettungsassistenten mit entsprechender Zusatzausbildung in einer Lehrrettungswache

Vergütungsgruppe 6b

1   Rettungsassistenten mit entsprechender Tätigkeit nach sechsjähriger Bewährung in Vergütungsgruppe 7 Ziffer 1
2   Rettungsassistenten als Leiter einer Rettungswache

Vergütungsgruppe 7
1 Rettungsassistenten mit entsprechender Tätigkeit
2 Rettungssanitäter mit entsprechender Tätigkeit nach dreijähriger Bewährung in Vergütungsgruppe 8 Ziffer 1

Vergütungsgruppe 8
1 Rettungssanitäter mit entsprechender Tätigkeit
2 Rettungshelfer nach dreijähriger Bewährung in Vergütungsgruppe 9a Ziffer 1

Vergütungsgruppe 9a
1 Rettungshelfer mit entsprechender Tätigkeit

Anmerkungen zu den Tätigkeitsmerkmalen der Vergütungsgruppen 4b bis 9a

I

¹Die nachstehenden Anmerkungen sind bei der Eingruppierung der Mitarbeiter zu beachten.
²Die Ziffern I bis VII der Anmerkungen zu den Tätigkeitsmerkmalen der Vergütungsgruppen 1 bis 12 der Anlage 2 zu den AVR gelten sinngemäß.

II

Die Mitarbeiter im Rettungsdienst/Krankentransport erhalten folgende Zulagen:
1. Rettungssanitäter als Mitarbeiter in der Leitstelle des Rettungsdienstes erhalten für die Dauer dieser Tätigkeit eine Zulage in Höhe von monatlich 46,02 Euro.
2. Rettungsassistenten als Leiter einer Rettungswache mit einem Rettungsmittel erhalten für die Dauer dieser Tätigkeit eine Zulage in Höhe von monatlich 46,02 Euro.
3. Rettungsassistenten als Leiter einer Rettungswache mit zwei Rettungsmitteln erhalten für die Dauer dieser Tätigkeit eine Zulage in Höhe von monatlich 76,69 Euro.

III

Für Mitarbeiter, die am 31. Oktober 2004 in einem Dienstverhältnis stehen, das am 1. November 2004 zu demselben Dienstgeber fortbesteht, gelten weiterhin die Tätigkeitsmerkmale der Anlage 2b zu den AVR in der bis 31. Oktober 2004 gültigen Fassung.

IV

Beschreibung des Rettungsdienstes/Krankentransports
1. Einrichtungen des Rettungsdienstes
1.1 Leitstelle
Die Leitstelle ist eine ständig besetzte Einrichtung zur Annahme von Meldungen sowie zum Alarmieren, Koordinieren und Lenken des Rettungsdienstes.
1.2 Rettungswache
Die Rettungswache ist eine Einrichtung des organisierten Rettungsdienstes, in der Einsatzkräfte, Rettungsmittel und sonstige Ausstattung einsatzbereit gehalten werden.
1.2.1 Lehrrettungswache
Die Lehrrettungswache ist eine Rettungswache im Sinne des Absatzes 1.2. Darüber hinaus ist sie gemäß § 7 Abs. 1 des Rettungsassistentengesetzes von der zuständigen Landes-/Kommunalbehörde zur Annahme von Rettungsassistenten-Praktikanten ermächtigt.

Anlage 2b – Anmerkungen

1.3 In einigen Gebieten werden „Außenstellen" benachbarter, ständig besetzter Rettungswachen eingerichtet, die zur flächendeckenden Versorgung tagsüber notwendig sind, aber nachts wegen der geringen Einsatzfrequenz nicht immer besetzt sind (sie sind als Teil der jeweiligen Rettungswache zu verstehen).

2. Rettungsmittel

2.1 Krankenkraftwagen nach DIN 75080 (Teil 1)

2.1.1 Rettungswagen nach DIN 75080 (Teil 2)
Rettungswagen im Sinne dieser Norm sind Fahrzeuge, die zum Herstellen und Aufrechterhalten der Transportfähigkeit von Notfallpatienten vor und während des Transportes bestimmt sind.

2.1.2 Krankentransportwagen nach DIN 75080 (Teil 3)
Krankentransportwagen im Sinne dieser Norm sind Fahrzeuge, die grundsätzlich für den Transport von Nicht-Notfallpatienten bestimmt sind.

2.2 Notarztwagen
Notarztwagen sind Rettungswagen nach DIN 75080 (Teil 2), die vorwiegend mit einem Notarzt besetzt sind.

2.3 Notarzt-Einsatzfahrzeug nach DIN 75079
Das Notarzt-Einsatzfahrzeug ist ein Spezialfahrzeug für den Rettungsdienst, das sich zum Transport des Notarztes und der medizinisch-technischen Ausrüstung für die Wiederherstellung und Aufrechterhaltung der Vitalfunktion von Notfallpatienten besonders eignet.

2.4 Rettungshubschrauber nach DIN 13230 (Teil 1)
Der Rettungshubschrauber ist ein speziell ausgestatteter Hubschrauber, der zum Herstellen und Aufrechterhalten der Transportfähigkeit von Notfallpatienten sowie zum schonenden Lufttransport von Patienten bestimmt ist.

3. Rettungsdienst nach DIN 13050
[1]Der Rettungsdienst ist organisierte Hilfe und hat die Aufgabe, bei Notfallpatienten am Notfallort lebensrettende Maßnahmen durchzuführen und ihre Transportfähigkeit herzustellen sowie diese Personen unter Aufrechterhaltung der Transportfähigkeit und Vermeidung weiterer Schäden in eine geeignete Gesundheitseinrichtung/Krankenhaus zu befördern (Notfallrettung). [2]Aufgabe des Rettungsdienstes ist es auch, Kranke, Verletzte oder sonstige hilfsbedürftige Personen, die keine Notfallpatienten sind, unter sachgerechter Betreuung zu befördern (Krankentransport).

Anmerkung:
[1]Der ärztliche Not- und Bereitschaftsdienst (Synonyme: ärztlicher Notfalldienst oder ärztlicher Notdienst) ist ein von den ärztlichen Körperschaften eingerichteter Dienst zur ambulanten ärztlichen Betreuung Erkrankter, Verletzter oder sonstiger Hilfsbedürftiger außerhalb der ortsüblichen Sprechstunde. [2]Dieser Not- und Bereitschaftsdienst ist nicht Teil des Rettungsdienstes im Sinne der DIN-Norm 13050.

4. Personal im Rettungsdienst

4.1 Rettungshelfer
Rettungshelfer sind Mitarbeiter im Rettungsdienst, die nach sechswöchiger Ausbildung in einer Schule und anschließenden jeweils zweiwöchigen Praktika in einem Krankenhaus sowie in einer Rettungswache vorwiegend im Krankentransport Verwendung finden können.

4.2 Rettungssanitäter
[1]Rettungssanitäter sind Mitarbeiter im Rettungsdienst, die sich einer Ausbildung der vom Bund-/Länderausschuss Rettungswesen in Abstimmung mit den Hilfsorganisationen empfohlenen 520-Stunden-Mindestausbildung unterzogen haben. [2]Der Ausbildungsgang gliedert sich in 160 Stunden theoretischer Ausbildung, 160 Stunden Krankenhauspraktikum sowie 160 Stunden Rettungswachenpraktikum. [3]Den Abschluss des Lehrganges bildet ein 40 Stunden dauern-

Anmerkungen – Anlage 2b

der Abschlusslehrgang mit schriftlicher, mündlicher und praktischer Prüfung. [4]Dem Rettungssanitäter stehen Personen gleich, die durch Gesetz, Verordnung oder Organisationsbestimmung gleichgestellt sind.

4.3 Rettungsassistent

[1]Rettungsassistenten sind Mitarbeiter im Rettungsdienst, die gemäß Rettungsassistentengesetz übergeleitet oder ausgebildet worden sind. [2]Sofern nicht eine Überleitung erfolgte, gliedert sich der Ausbildungsgang in 780 Stunden theoretischer Ausbildung, 420 Stunden Krankenhauspraktikum sowie eine staatliche Prüfung. [3]Dieser schließt sich eine 1600 Stunden umfassende Praktikantentätigkeit in einer Lehrrettungswache an.

4.4 Lehrrettungsassistent

[1]Der Lehrrettungsassistent ist in einer Lehrrettungswache tätig und vermittelt vorwiegend dem Rettungsassistenten-Praktikanten praktische Fertigkeiten. [2]Er beaufsichtigt die praktische Tätigkeit der Praktikanten gemäß § 7 Abs. 2 des Rettungsassistentengesetzes. [3]Die Tätigkeit als Lehrrettungsassistent kann nur von Personen ausgeführt werden, die über die entsprechenden Voraussetzungen verfügen. [4]Dies sind z. B. erfolgreiche Teilnahme an einem mehrwöchigen Lehrgang, Nachweis über mehrjährige Erfahrungen im Rettungsdienst sowie kontinuierliche Teilnahme an Fortbildungsveranstaltungen.

A *(RK NRW/BW):*

Diese Mitarbeiter erhalten nach vierjähriger Bewährung in dieser Ziffer eine monatliche Vergütungsgruppenzulage in Höhe von

ab 1. Juli 2014	145,27 Euro
ab 1. März 2015	148,76 Euro

A *(RK Mitte/Bayern):*

Diese Mitarbeiter erhalten nach vierjähriger Bewährung in dieser Ziffer eine monatliche Vergütungsgruppenzulage in Höhe von

ab 1. Januar 2015	145,27 Euro
ab 1. März 2015	148,76 Euro

A *(RK Nord):*

Diese Mitarbeiter erhalten nach vierjähriger Bewährung in dieser Ziffer eine monatliche Vergütungsgruppenzulage in Höhe von

ab 1. Januar 2015	145,27 Euro
ab 1. Juli 2015	148,76 Euro

A *(RK Ost)*
(Tarifgebiet Ost):

Diese Mitarbeiter erhalten nach vierjähriger Bewährung in dieser Ziffer eine monatliche Vergütungsgruppenzulage in Höhe von

ab 1. Januar 2015	136,56 Euro
ab 1. Oktober 2015	139,84 Euro

A *(Tarifgebiet West):*

ab 1. Januar 2015	140,91 Euro
ab 1. Oktober 2015	144,29 Euro

Anlage 2c:
Vergütungsgruppen für Mitarbeiter im Pflegedienst in ambulanten Einrichtungen

Vergütungsgruppe Kr 1 136
Vergütungsgruppe Kr 2 136
Vergütungsgruppe Kr 3 136
Vergütungsgruppe Kr 4 136
Vergütungsgruppe Kr 5 137
Vergütungsgruppe Kr 5a 137
Vergütungsgruppe Kr 6 137
Vergütungsgruppe Kr 7 137
Vergütungsgruppe Kr 8 137
Vergütungsgruppe Kr 9 138
Vergütungsgruppe Kr 10 138
Anmerkungen 138

Vergütungsgruppe Kr 1

1 Mitarbeiter in der Pflege ohne entsprechende Ausbildung (z. B. Pflegehelfer) [1]

Vergütungsgruppe Kr 2

1 Krankenpflegehelfer mit entsprechender Tätigkeit [1, 1a]
2 Altenpflegehelfer mit entsprechender Tätigkeit [1, 1a, 9]
3 Mitarbeiter in der Pflege ohne entsprechende Ausbildung nach Ableistung eines qualifizierenden Kurses [1, 4]
4 Mitarbeiter in der Pflege ohne entsprechende Ausbildung nach sechsjähriger Bewährung in Vergütungsgruppe Kr 1 Ziffer 1

Vergütungsgruppe Kr 3

1 Krankenpflegehelfer mit entsprechender Tätigkeit nach zweijähriger Tätigkeit in Vergütungsgruppe Kr 2 Ziffer 1 [1]
2 Altenpflegehelfer mit entsprechender Tätigkeit nach zweijähriger Tätigkeit in Vergütungsgruppe Kr 2 Ziffer 2 [1, 9]

Vergütungsgruppe Kr 4

1 Krankenpfleger mit entsprechender Tätigkeit [1]
2 Krankenpflegehelfer mit entsprechender Tätigkeit nach vierjähriger Bewährung in Vergütungsgruppe Kr 3 Ziffer 1
3 Altenpfleger mit staatlicher Anerkennung mit entsprechender Tätigkeit [1]
4 Altenpflegehelfer mit entsprechender Tätigkeit nach vierjähriger Bewährung in Vergütungsgruppe Kr 3 Ziffer 2

Vergütungsgruppen Kr 5, 5a, 6, 7, 8 – Anlage 2c

Vergütungsgruppe Kr 5

1 Krankenpfleger mit entsprechender Tätigkeit nach zweijähriger Tätigkeit in Vergütungsgruppe Kr 4 Ziffer 1 [1]
2 Krankenpfleger, Altenpfleger in der Tätigkeit als Gemeindekrankenpfleger (Caritaspflegestation, Sozialstation) [1, 8]
3 Altenpfleger mit staatlicher Anerkennung mit entsprechender Tätigkeit nach dreijähriger Tätigkeit in Vergütungsgruppe Kr 4 Ziffer 3 [1, 6]

Vergütungsgruppe Kr 5a

1 Krankenpfleger, Altenpfleger der Vergütungsgruppe Kr 5 Ziffern 1 und 2 nach vierjähriger Bewährung in einer dieser Ziffern, frühestens jedoch nach sechsjähriger Berufstätigkeit nach Erlangung der staatlichen Erlaubnis [2]
2 Krankenpfleger mit erfolgreich abgeschlossener Weiterbildung in der Gemeindekrankenpflege [1, 7]
3 Altenpfleger der Vergütungsgruppe Kr 5 Ziffer 3 nach vierjähriger Bewährung in dieser Ziffer

Vergütungsgruppe Kr 6

1 Krankenpfleger, Altenpfleger der Vergütungsgruppe Kr 5 Ziffer 2 nach sechsjähriger Bewährung in dieser Ziffer oder in der Tätigkeit als Gemeindekrankenpfleger in Vergütungsgruppe Kr 5a Ziffer 1
2 Krankenpfleger der Vergütungsgruppe Kr 5a Ziffer 2 nach dreijähriger Bewährung in dieser Ziffer
3 Krankenpfleger, Altenpfleger als Leitung einer Caritaspflegestation/Sozialstation, denen mindestens drei Pflegepersonen durch ausdrückliche Anordnung ständig unterstellt sind [1, 3]
4 Krankenpfleger, Altenpfleger, die durch ausdrückliche Anordnung als ständige Vertretung der Leitung einer Caritaspflegestation/Sozialstation der Vergütungsgruppe Kr 7 Ziffer 2 bestellt sind [1, 5]

Vergütungsgruppe Kr 7

1 Krankenpfleger, Altenpfleger der Vergütungsgruppe Kr 6 Ziffer 3 oder 4 nach fünfjähriger Bewährung in der jeweiligen Ziffer
2 Krankenpfleger, Altenpfleger als Leitung einer Caritaspflegestation/Sozialstation, denen mindestens zehn Pflegepersonen oder sechs Pflegefachkräfte durch ausdrückliche Anordnung ständig unterstellt sind [1, 3]
3 Krankenpfleger, Altenpfleger, die durch ausdrückliche Anordnung als ständige Vertretung der Leitung einer Caritaspflegestation/Sozialstation der Vergütungsgruppe Kr 8 Ziffer 2 bestellt sind [1, 5]

Vergütungsgruppe Kr 8

1 Krankenpfleger, Altenpfleger der Vergütungsgruppe Kr 7 Ziffern 2 oder 3 nach fünfjähriger Bewährung in der jeweiligen Ziffer
2 Krankenpfleger, Altenpfleger, als Leitung einer Caritaspflegestation/Sozialstation, denen mindestens 25 Pflegepersonen oder zehn Pflegefachkräfte durch ausdrückliche Anordnung ständig unterstellt sind [1, 3]

Anlage 2c – Vergütungsgruppen Kr 8, 9, 10, Anmerkungen

3   Krankenpfleger, Altenpfleger, die durch ausdrückliche Anordnung als ständige Vertretung der Leitung einer Caritaspflegestation/Sozialstation der Vergütungsgruppe Kr 9 Ziffer 2 bestellt sind [1, 5]

Vergütungsgruppe Kr 9

1   Krankenpfleger, Altenpfleger der Vergütungsgruppe Kr 8 Ziffer 2 oder 3 nach fünfjähriger Bewährung in der jeweiligen Ziffer

2   Krankenpfleger, Altenpfleger als Leitung einer Caritaspflegestation/Sozialstation, denen mindestens 50 Pflegepersonen oder 25 Pflegefachkräfte durch ausdrückliche Anordnung ständig unterstellt sind [3]

Vergütungsgruppe Kr 10

1   Krankenpfleger, Altenpfleger der Vergütungsgruppe Kr 9 Ziffer 2 nach fünfjähriger Bewährung in dieser Ziffer

Anmerkungen zu den Tätigkeitsmerkmalen der Vergütungsgruppen Kr 1 bis Kr 10

Die nachstehenden Anmerkungen sind bei der Eingruppierung der Mitarbeiter zu beachten.

I

Die Tätigkeitsmerkmale der Vergütungsgruppen Kr 1 bis Kr 10 gelten nur für Mitarbeiter in ambulanten Einrichtungen.

II

Die Ziffern I bis VII der Anmerkungen zu den Tätigkeitsmerkmalen der Vergütungsgruppen 1 bis 12 der Anlage 2 zu den AVR gelten sinngemäß.

III

[1]Unter Krankenpflegern sind Gesundheits- und Krankenpfleger sowie Gesundheits- und Kinderkrankenpfleger nach dem Krankenpflegegesetz zu verstehen. [2]Unter Altenpflegern mit staatlicher Anerkennung sind auch Altenpfleger mit Abschlussprüfung zu verstehen.

IV

[1]Krankenpfleger, die Tätigkeiten von Gesundheits- und Kinderkrankenpflegern bzw. Altenpflegern ausüben, sind als Gesundheits- und Kinderkrankenpfleger bzw. Altenpfleger eingruppiert.

[2]Gesundheits- und Kinderkrankenpfleger, die Tätigkeiten von Krankenpfleger bzw. Altenpflegern ausüben, sind als Krankenpfleger bzw. Altenpfleger eingruppiert.

[3]Altenpfleger, die Tätigkeiten von Krankenpflegern ausüben, sind als Krankenpfleger eingruppiert; soweit deren Eingruppierung von der Zeit einer Tätigkeit oder von der Zeit einer Berufstätigkeit abhängt, sind jedoch die für Altenpfleger geltenden Zeiten maßgebend.

V

Bei den Tätigkeitsmerkmalen, die einen Bewährungsaufstieg vorsehen, gelten jeweils auch die Anmerkungen zu der in Bezug genommenen Ziffer der Vergütungsgruppe, aus der der Bewährungsaufstieg erfolgt.

VI

[1]Die Dienstbezüge (Abschnitt II der Anlage 1 zu den AVR) der Mitarbeiter, die am 31. Juli 1989 in einem Dienstverhältnis stehen, das am 1. August 1989 zu demselben Dienstgeber fortbesteht, und die am 31. Juli 1989 höhere Dienstbezüge aus einer anderen Vergütungsgruppe erhalten als aus der Vergütungsgruppe, in der sie nach dem Wirksamwerden der Beschlüsse der Arbeitsrechtlichen Kommission vom 25. Oktober 1989 zu Anlage 2c zu den AVR eingruppiert sind, werden durch die Neuregelung nicht berührt. [2]Abweichend davon erfolgt auf Antrag des Mitarbeiters die Eingruppierung nach Anlage 2c zu den AVR. [3]Der Antrag ist bis spätestens 31. Dezember 1990 zu stellen.

[4]Bei den Mitarbeitern, die am 31. Juli 1989 in einem Dienstverhältnis stehen, das am 1. August 1989 zu demselben Dienstgeber fortbesteht, und deren Eingruppierung von der Zeit einer Tätigkeit oder von der Zeit einer Bewährung in einer bestimmten Vergütungsgruppe bzw. Ziffer oder von der Zeit einer Berufstätigkeit abhängt, wird die vor dem 1. August 1989 zurückgelegte Zeit so berücksichtigt, wie sie zu berücksichtigen wäre, wenn die Neuregelung bereits seit Beginn des Dienstverhältnisses gegolten hätte.

* *
*

1 Pflegepersonen der Vergütungsgruppen Kr 1 bis Kr 10, die die Grund- und Behandlungspflege zeitlich überwiegend in der häuslichen Pflege ausüben, erhalten für die Dauer dieser Tätigkeit eine monatliche Zulage von 46,02 Euro.

1a *(RK NRW/BW):*
[1]Diese Mitarbeiter erhalten eine monatliche Zulage in Höhe von

| ab 1. Juli 2014 | 59,42 Euro |
| ab 1. März 2015 | 60,85 Euro |

[2]Diese Zulage entfällt in Abweichung zu Anmerkung V ab dem Zeitpunkt, zu dem die Mitarbeiter der Vergütungsgruppe Kr 2 Ziffern 1 und 2 höhergruppiert werden.

1a *(RK Mitte/Bayern):*
[1]Diese Mitarbeiter erhalten eine monatliche Zulage in Höhe von

| ab 1. Januar 2015 | 59,42 Euro |
| ab 1. März 2015 | 60,85 Euro |

[2]Diese Zulage entfällt in Abweichung zu Anmerkung V ab dem Zeitpunkt, zu dem die Mitarbeiter der Vergütungsgruppe Kr 2 Ziffern 1 und 2 höhergruppiert werden.

1a *(RK Nord):*
[1]Diese Mitarbeiter erhalten eine monatliche Zulage in Höhe von

| ab 1. Januar 2015 | 59,42 Euro |
| ab 1. Juli 2015 | 60,85 Euro |

[2]Diese Zulage entfällt in Abweichung zu Anmerkung V ab dem Zeitpunkt, zu dem die Mitarbeiter der Vergütungsgruppe Kr 2 Ziffern 1 und 2 höhergruppiert werden.

1a *(RK Ost)*
[1]Diese Mitarbeiter erhalten eine monatliche Zulage in Höhe von

Anlage 2c – Anmerkungen

(Tarifgebiet Ost):

ab 1. Januar 2015	55,86 Euro
ab 1. Oktober 2015	57,20 Euro

(Tarifgebiet West):

ab 1. Januar 2015	57,64 Euro
ab 1. Oktober 2015	59,02 Euro

[2]Diese Zulage entfällt in Abweichung zu Anmerkung V ab dem Zeitpunkt, zu dem die Mitarbeiter der Vergütungsgruppe Kr 2 Ziffern 1 und 2 höhergruppiert werden.

2 Der Bewährungsaufstieg erfolgt frühestens nach sechsjähriger Berufstätigkeit nach Erlangung der staatlichen Erlaubnis.

3 [1]Die Eingruppierung als Leitung einer Caritaspflegestation/Sozialstation setzt eine abgeschlossene Ausbildung als Pflegefachkraft voraus.
[2]Soweit die Eingruppierung von der Zahl der unterstellten oder in dem betreffenden Bereich beschäftigten Personen abhängt,
(a) ist es für die Eingruppierung unschädlich, wenn im Organisations- und Stellenplan zur Besetzung ausgewiesene Stellen nicht besetzt sind,
(b) zählen teilzeitbeschäftigte Personen entsprechend dem Verhältnis der mit ihnen im Arbeitsvertrag vereinbarten Arbeitszeit zur regelmäßigen Arbeitszeit eines entsprechenden Vollbeschäftigten,
(c) zählen Personen, die zu einem Teil ihrer Arbeitszeit unterstellt oder zu einem Teil ihrer Arbeitszeit in einem Bereich beschäftigt sind, entsprechend dem Verhältnis dieses Anteils zur regelmäßigen Arbeitszeit eines entsprechenden Vollbeschäftigten,
(d) bleiben Schüler in der Krankenpflege, Kinderkrankenpflege, Krankenpflegehilfe und Entbindungspflege sowie Personen, die sich in einer Ausbildung in der Altenpflege befinden, außer Betracht; für die Berücksichtigung von Stellen, auf die Schüler angerechnet werden, gilt Buchstabe a.
[3]Wenn in der Caritaspflegestation/Sozialstation außer Pflegepersonen auch sonstige Mitarbeiter unterstellt sind, gelten sie als Pflegepersonen.

4 Ein qualifizierender Kurs im Sinne dieses Tätigkeitsmerkmales liegt vor, wenn der Kurs mindestens 110 theoretische Unterrichtsstunden umfasst (z.B. Schwesternhelferinnen-Kurs).

5 Ständige Vertretung ist nicht die Vertretung in Urlaubs- oder sonstigen Abwesenheitsfällen.

6 Für Altenpfleger mit einer dreijährigen Ausbildung verkürzt sich die Zeit der Tätigkeit um ein Jahr.

7 Die Weiterbildung setzt voraus, dass mindestens 720 Stunden zu mindestens je 45 Unterrichtsminuten theoretischer und praktischer Unterricht bei Vollzeitausbildung innerhalb eines Jahres und bei berufsbegleitender Ausbildung innerhalb von zwei Jahren vermittelt werden.

8 Unter dieses Tätigkeitsmerkmal fällt, wer die häusliche Betreuung von Alten und Kranken und ihre medizinische Versorgung im Rahmen des Berufsbildes der Krankenpfleger, Altenpfleger eigenständig wahrnimmt.

9 [1]In dieser Vergütungsgruppe ist eingruppiert, wer eine mindestens einjährige Ausbildung zur staatlich anerkannten Altenpflegehelfer oder eine vom Deutschen Caritasverband anerkannte vergleichbare Ausbildung hat. [2]Die vergleichbare Ausbildung muss mindestens 550 theoretische Unterrichtsstunden umfassen.

Anlage 2d:
Vergütungsgruppen für Mitarbeiter im Sozial- und Erziehungsdienst

Geltungsbereich	141
Vergütungsgruppe 1a	142
Vergütungsgruppe 1b	142
Vergütungsgruppe 2	142
Vergütungsgruppe 3	143
Vergütungsgruppe 4a	144
Vergütungsgruppe 4b	146
Vergütungsgruppe 5b	148
Vergütungsgruppe 5c	149
Vergütungsgruppe 6b	150
Vergütungsgruppe 7	150
Vergütungsgruppe 8	151
Vergütungsgruppe 9	151
Anmerkungen	151

Geltungsbereich

[1]Diese Anlage findet mit Inkrafttreten[1] der Anlage 33 zu den AVR durch Beschluss der jeweiligen Regionalkommission in der jeweiligen Region keine Anwendung. [2]Dies gilt nicht für Mitarbeiter dieser Anlage, die am Tag des Inkrafttretens* der Anlage 33 zu den AVR durch Beschluss der jeweiligen Regionalkommission in einem Dienstverhältnis gestanden haben, das am Tag nach dem Inkrafttreten* der Anlage 33 zu den AVR durch Beschluss der jeweiligen Regionalkommission im Geltungsbereich der AVR fortbesteht und die nicht vom Geltungsbereich der Anlage 33 zu den AVR erfasst werden.

Satz 3 (RK Nord/NRW/Mitte/BW/Bayern):
[3]Dies sind die Mitarbeiter der Vergütungsgruppen 2 mit Aufstieg nach 1b und 1a der Anlage 2d zu den AVR.

Satz 3 (RK Ost):
[3]Dies sind insbesondere die Mitarbeiter der Vergütungsgruppen 2 mit Aufstieg nach 1b und 1a der Anlage 2d zu den AVR.

---

1 Inkrafttreten: RK BW/NRW/Bayern gültig ab 1.1.2011, RK Mitte gültig ab 1.4.2011, RK Nord gültig ab 1.7.2011, RK Ost mit Ausnahme von § 14 gültig ab 1.7.2012, § 14 gültig ab 1.1.2013

Anlage 2d – Vergütungsgruppen 1a, 1b, 2

Vergütungsgruppe 1a

1 Mitarbeiter mit abgeschlossener wissenschaftlicher Hochschulbildung oder gleichwertigen Fähigkeiten und Erfahrungen in der Tätigkeit als Leiter von Erziehungs- oder Eheberatungsstellen, denen mindestens sechs weitere in der Beratungsstelle vollbeschäftigte Mitarbeiter in der Tätigkeit als Erziehungs- bzw. Eheberater unterstellt sind [1]

2 Mitarbeiter mit abgeschlossener wissenschaftlicher Hochschulbildung oder gleichwertigen Fähigkeiten und Erfahrungen als Leiter des Bereiches der beruflichen Ausbildung mit einer Durchschnittsbelegung von mindestens 360 Plätzen in Einrichtungen der Erziehungs- oder Behindertenhilfe nach zehnjähriger Bewährung in Vergütungsgruppe 1b Ziffer 1b [1, 10, 27]

Vergütungsgruppe 1b

1 Mitarbeiter mit abgeschlossener wissenschaftlicher Hochschulbildung oder gleichwertigen Fähigkeiten und Erfahrungen als Leiter einer Werkstatt für behinderte Menschen mit einer Durchschnittsbelegung von mindestens 300 Plätzen nach sechsjähriger Bewährung in Vergütungsgruppe 2 Ziffer 3 [1, 19]

1a Mitarbeiter mit abgeschlossener wissenschaftlicher Hochschulbildung oder gleichwertigen Fähigkeiten und Erfahrungen als Leiter des Bereiches der beruflichen Ausbildung mit einer Durchschnittsbelegung von mindestens 240 Plätzen in Einrichtungen der Erziehungs- oder Behindertenhilfe nach sechsjähriger Bewährung in Vergütungsgruppe 2 Ziffer 1b [1, 10, 27]

1b Mitarbeiter mit abgeschlossener wissenschaftlicher Hochschulbildung oder gleichwertigen Fähigkeiten und Erfahrungen als Leiter des Bereiches der beruflichen Ausbildung mit einer Durchschnittsbelegung von mindestens 360 Plätzen in Einrichtungen der Erziehungs- oder Behindertenhilfe [1, 10, 27]

2 Mitarbeiter mit abgeschlossener wissenschaftlicher Hochschulbildung oder gleichwertigen Fähigkeiten und Erfahrungen in der Tätigkeit als Leiter von Erziehungs- oder Eheberatungsstellen nach sechsjähriger Bewährung in Vergütungsgruppe 2 Ziffer 5 [1]

3 Mitarbeiter mit abgeschlossener wissenschaftlicher Hochschulbildung oder gleichwertigen Fähigkeiten und Erfahrungen in der Tätigkeit als Leiter von Erziehungs- oder Eheberatungsstellen, denen mindestens drei weitere in der Beratungsstelle vollbeschäftigte Mitarbeiter in der Tätigkeit als Erziehungs- bzw. Eheberater unterstellt sind [1]

Vergütungsgruppe 2

1 Mitarbeiter als Leiter von Heimen der Erziehungs-, Behinderten- oder Gefährdetenhilfe mit einer Durchschnittsbelegung von mindestens 90 Plätzen oder acht Gruppen nach fünfjähriger Bewährung in Vergütungsgruppe 3 Ziffer 4 [10, 11]

1a Mitarbeiter mit abgeschlossener Fachhochschulausbildung als Leiter des Bereiches der beruflichen Ausbildung mit einer Durchschnittsbelegung von mindestens 180 Plätzen in Einrichtungen der Erziehungs-, Behinderten-, Suchtkranken-, Wohnungslosen- oder Straffälligenhilfe nach sechsjähriger Bewährung in Vergütungsgruppe 3 Ziffer 5b [10, 27]

1b Mitarbeiter mit abgeschlossener wissenschaftlicher Hochschulbildung oder gleichwertigen Fähigkeiten und Erfahrungen als Leiter des Bereiches der beruflichen Ausbildung mit einer Durchschnittsbelegung von mindestens 240 Plätzen in Einrichtungen der Erziehungs- oder Behindertenhilfe [1, 10, 27]

2 Mitarbeiter mit abgeschlossener Fachhochschulausbildung als Leiter einer Werkstatt für behinderte Menschen mit einer Durchschnittsbelegung von mindestens 180 Plätzen nach sechsjähriger Bewährung in Vergütungsgruppe 3 Ziffer 8 [17, 19]

Vergütungsgruppen 2, 3 – Anlage 2d

3   Mitarbeiter mit abgeschlossener wissenschaftlicher Hochschulbildung oder gleichwertigen Fähigkeiten und Erfahrungen als Leiter einer Werkstatt für behinderte Menschen mit einer Durchschnittsbelegung von mindestens 300 Plätzen [1, 19]

4   Diplom-Sozialarbeiter, Diplom-Sozialpädagogen, Diplom-Heilpädagogen mit staatlicher Anerkennung und entsprechender Tätigkeit, in Dienststellen von zentraler beziehungsweise überregionaler Bedeutung, die aufgrund ausdrücklicher Anordnung ein Aufgabengebiet, das sich auf den gesamten Zuständigkeitsbereich der Dienststelle erstreckt, abschließend bearbeiten und sich durch das Maß ihrer Verantwortung erheblich aus Vergütungsgruppe 4a Ziffer 22 hervorheben, nach fünfjähriger Bewährung in Vergütungsgruppe 3 Ziffer 12 [14]

5   Mitarbeiter mit abgeschlossener wissenschaftlicher Hochschulbildung oder gleichwertigen Fähigkeiten und Erfahrungen in der Tätigkeit als Leiter von Erziehungs- oder Eheberatungsstellen [1]

Vergütungsgruppe 3

1   Mitarbeiter als Leiter von Tageseinrichtungen für Kinder mit einer Durchschnittsbelegung von mindestens 180 Plätzen oder mindestens acht Gruppen nach vierjähriger Bewährung in Vergütungsgruppe 4a Ziffer 3 [9, 10]

2   Mitarbeiter als Leiter von Tageseinrichtungen für Kinder mit Behinderungen im Sinne des § 39 BSHG oder für Kinder oder Jugendliche mit wesentlichen Erziehungsschwierigkeiten mit einer Durchschnittsbelegung von mindestens 90 Plätzen nach vierjähriger Bewährung in Vergütungsgruppe 4a Ziffer 8 [9, 10]

3   Mitarbeiter als Leiter von Heimen der Erziehungs-, Behinderten- oder Gefährdetenhilfe mit einer Durchschnittsbelegung von mindestens 50 Plätzen oder vier Gruppen nach vierjähriger Bewährung in Vergütungsgruppe 4a Ziffer 12 [10, 11]

4   Mitarbeiter als Leiter von Heimen der Erziehungs-, Behinderten- oder Gefährdetenhilfe mit einer Durchschnittsbelegung von mindestens 90 Plätzen oder acht Gruppen [10, 11]

5   Mitarbeiter, die durch ausdrückliche Anordnung als ständige Vertreter der Leiter von Heimen der Erziehungs-, Behinderten- oder Gefährdetenhilfe mit einer Durchschnittsbelegung von mindestens 90 Plätzen oder acht Gruppen bestellt sind, nach vierjähriger Bewährung in Vergütungsgruppe 4a Ziffer 14 [4, 10, 11]

5a Mitarbeiter als Leiter des Bereiches der beruflichen Ausbildung/Anleitung mit einer Durchschnittsbelegung von mindestens 120 Plätzen oder mindestens zwölf Gruppen in Einrichtungen der Erziehungs-, Behinderten-, Suchtkranken-, Wohnungslosen- oder Straffälligenhilfe nach vierjähriger Bewährung in Vergütungsgruppe 4a Ziffer 14b [10, 24, 27, 28]

5b Mitarbeiter als Leiter des Bereiches der beruflichen Ausbildung mit einer Durchschnittsbelegung von mindestens 180 Plätzen in Einrichtungen der Erziehungs-, Behinderten-, Suchtkranken-, Wohnungslosen- oder Straffälligenhilfe [10, 27]

6   Mitarbeiter als technische Leiter einer Werkstatt für behinderte Menschen mit einer Durchschnittsbelegung von mindestens 300 Plätzen nach vierjähriger Bewährung in Vergütungsgruppe 4a Ziffer 16 [18, 19]

7   Mitarbeiter als Leiter einer Werkstatt für behinderte Menschen mit einer Durchschnittsbelegung von mindestens 120 Plätzen nach vierjähriger Bewährung in Vergütungsgruppe 4a Ziffer 18 [17, 19]

8   Mitarbeiter mit abgeschlossener Fachhochschulausbildung in der Tätigkeit als Leiter einer Werkstatt für behinderte Menschen mit einer Durchschnittsbelegung von mindestens 180 Plätzen [17, 19]

Anlage 2d – Vergütungsgruppen 3, 4a

9 Diplom-Sozialarbeiter, Diplom-Sozialpädagogen, Diplom-Heilpädagogen mit staatlicher Anerkennung und entsprechender Tätigkeit, denen die Leitung eines Fachdienstes durch ausdrückliche Anordnung übertragen ist, nach vierjähriger Bewährung in Vergütungsgruppe 4a Ziffer 21

10 Diplom-Sozialarbeiter, Diplom-Sozialpädagogen, Diplom-Heilpädagogen mit staatlicher Anerkennung und entsprechender Tätigkeit, denen die Fachberatung von caritativen Diensten oder Einrichtungen übertragen ist, nach vierjähriger Bewährung in Vergütungsgruppe 4a Ziffer 22 [7]

11 Diplom-Sozialarbeiter, Diplom-Sozialpädagogen, Diplom-Heilpädagogen mit staatlicher Anerkennung und entsprechender Tätigkeit, deren Tätigkeit sich durch das Maß der damit verbundenen Verantwortung erheblich aus Vergütungsgruppe 4b Ziffer 24 heraushebt, nach vierjähriger Bewährung in Vergütungsgruppe 4a Ziffer 23

12 Diplom-Sozialarbeiter, Diplom-Sozialpädagogen, Diplom-Heilpädagogen mit staatlicher Anerkennung und entsprechender Tätigkeit in Dienststellen von zentraler bzw. überregionaler Bedeutung, die aufgrund ausdrücklicher Anordnung ein Aufgabengebiet, das sich auf den gesamten Zuständigkeitsbereich der Dienststelle erstreckt, abschließend bearbeiten und sich durch das Maß ihrer Verantwortung erheblich aus Vergütungsgruppe 4a Ziffer 22 heraushebt [14]

Vergütungsgruppe 4a

1 Mitarbeiter als Leiter von Tageseinrichtungen für Kinder mit einer Durchschnittsbelegung von mindestens 100 Plätzen oder mindestens fünf Gruppen nach vierjähriger Bewährung in Vergütungsgruppe 4b Ziffer 5 [9, 10]

2 Mitarbeiter als Leiter von Tageseinrichtungen für Kinder mit einer Durchschnittsbelegung von mindestens 130 Plätzen oder mindestens sechs Gruppen [9, 10, F]

3 Mitarbeiter als Leiter von Tageseinrichtungen für Kinder mit einer Durchschnittsbelegung von mindestens 180 Plätzen oder mindestens acht Gruppen [9, 10]

4 Mitarbeiter, die durch ausdrückliche Anordnung als ständige Vertreter der Leiter von Tageseinrichtungen für Kinder mit einer Durchschnittsbelegung von mindestens 130 Plätzen oder mindestens sechs Gruppen bestellt sind, nach vierjähriger Bewährung in Vergütungsgruppe 4b Ziffer 8 [4, 9, 10]

5 Mitarbeiter, die durch ausdrückliche Anordnung als ständige Vertreter der Leiter von Tageseinrichtungen für Kinder mit einer Durchschnittsbelegung von mindestens 180 Plätzen oder mindestens acht Gruppen bestellt sind [4, 9, 10, F]

6 Mitarbeiter als Leiter von Tageseinrichtungen für Kinder mit Behinderungen im Sinne des § 39 BSHG oder für Kinder oder Jugendliche mit wesentlichen Erziehungsschwierigkeiten mit einer Durchschnittsbelegung von mindestens 40 Plätzen nach vierjähriger Bewährung in Vergütungsgruppe 4b Ziffer 10 [9, 10]

7 Mitarbeiter als Leiter von Tageseinrichtungen für Kinder mit Behinderungen im Sinne des § 39 BSHG oder für Kinder oder Jugendliche mit wesentlichen Erziehungsschwierigkeiten mit einer Durchschnittsbelegung von mindestens 70 Plätzen [9, 10, F]

8 Mitarbeiter als Leiter von Tageseinrichtungen für Kinder mit Behinderungen im Sinne des § 39 BSHG oder für Kinder oder Jugendliche mit wesentlichen Erziehungsschwierigkeiten mit einer Durchschnittsbelegung von mindestens 90 Plätzen [9, 10]

9 Mitarbeiter, die durch ausdrückliche Anordnung als ständige Vertreter der Leiter von Tageseinrichtungen für Kinder mit Behinderungen im Sinne des § 39 BSHG oder für Kinder oder Jugendliche mit wesentlichen Erziehungsschwierigkeiten mit einer Durch-

schnittsbelegung von mindestens 70 Plätzen bestellt sind, nach vierjähriger Bewährung in Vergütungsgruppe 4b Ziffer 12 [4, 9, 10]

10 Mitarbeiter, die durch ausdrückliche Anordnung als ständige Vertreter der Leiter von Tageseinrichtungen für Kinder mit Behinderungen im Sinne des § 39 BSHG oder für Kinder oder Jugendliche mit wesentlichen Erziehungsschwierigkeiten mit einer Durchschnittsbelegung von mindestens 90 Plätzen bestellt sind [4, 9, 10, F]

11 Mitarbeiter als Leiter von Heimen der Erziehungs-, Behinderten- oder Gefährdetenhilfe nach vierjähriger Bewährung in Vergütungsgruppe 4b Ziffer 13 [11]

12 Mitarbeiter als Leiter von Heimen der Erziehungs-, Behinderten- oder Gefährdetenhilfe mit einer Durchschnittsbelegung von mindestens 50 Plätzen oder vier Gruppen [10, 11]

13 Mitarbeiter, die durch ausdrückliche Anordnung als ständige Vertreter der Leiter von Heimen der Erziehungs-, Behinderten- oder Gefährdetenhilfe mit einer Durchschnittsbelegung von mindestens 50 Plätzen oder vier Gruppen bestellt sind, nach vierjähriger Bewährung in Vergütungsgruppe 4b Ziffer 15 [4, 10, 11]

14 Mitarbeiter, die durch ausdrückliche Anordnung als ständige Vertreter der Leiter von Heimen der Erziehungs-, Behinderten- oder Gefährdetenhilfe mit einer Durchschnittsbelegung von mindestens 90 Plätzen oder acht Gruppen bestellt sind [4, 10, 11]

14a Mitarbeiter als Leiter von mindestens drei Teilbereichen in der beruflichen Ausbildung/Anleitung in Einrichtungen der Erziehungs-, Behinderten-, Suchtkranken-, Wohnungslosen- oder Straffälligenhilfe, nach vierjähriger Bewährung in Vergütungsgruppe 4b Ziffer 17 [24, 26]

14b Mitarbeiter als Leiter des Bereiches der beruflichen Ausbildung/Anleitung mit einer Durchschnittsbelegung von mindestens 120 Plätzen oder mindestens zwölf Gruppen in Einrichtungen der Erziehungs-, Behinderten-, Suchtkranken-, Wohnungslosen- oder Straffälligenhilfe [10, 24, 27, 28]

14c Mitarbeiter als Leiter des Bereiches der beruflichen Ausbildung/Anleitung mit einer Durchschnittsbelegung von mindestens 60 Plätzen oder mindestens sechs Gruppen in Einrichtungen der Erziehungs-, Behinderten-, Suchtkranken-, Wohnungslosen- oder Straffälligenhilfe nach vierjähriger Bewährung in Vergütungsgruppe 4b Ziffer 17a [24, 27, 28]

15 Mitarbeiter als technische Leiter einer Werkstatt für behinderte Menschen mit einer Durchschnittsbelegung von mindestens 180 Plätzen nach vierjähriger Bewährung in Vergütungsgruppe 4b Ziffer 20 [18, 19]

16 Mitarbeiter als technische Leiter einer Werkstatt für behinderte Menschen mit einer Durchschnittsbelegung von mindestens 300 Plätzen [18, 19]

17 Mitarbeiter als Leiter einer Werkstatt für behinderte Menschen nach vierjähriger Bewährung in Vergütungsgruppe 4b Ziffer 21 [17]

18 Mitarbeiter als Leiter einer Werkstatt für behinderte Menschen mit einer Durchschnittsbelegung von mindestens 120 Plätzen [17, 19]

19 Diplom-Sozialarbeiter, Diplom-Sozialpädagogen, Diplom-Heilpädagogen mit staatlicher Anerkennung und entsprechender Tätigkeit in Fachdiensten nach vierjähriger Bewährung in Vergütungsgruppe 4b Ziffer 23 [12]

20 Diplom-Sozialarbeiter, Diplom-Sozialpädagogen, Diplom-Heilpädagogen mit staatlicher Anerkennung und entsprechender Tätigkeit

a) in gruppenergänzenden Diensten in Einrichtungen der Erziehungs-, Behinderten- oder Gefährdetenhilfe,

b) als Leiter einer Gruppe in Einrichtungen der Erziehungs-, Behinderten- oder Gefährdetenhilfe,

c) in entsprechenden eigenverantwortlichen Tätigkeiten

Anlage 2d – Vergütungsgruppen 4a, 4b

nach fünfjähriger Bewährung in Vergütungsgruppe 4b Ziffer 24

21 Diplom-Sozialarbeiter, Diplom-Sozialpädagogen, Diplom-Heilpädagogen mit staatlicher Anerkennung und entsprechender Tätigkeit, denen die Leitung eines Fachdienstes durch ausdrückliche Anordnung übertragen ist

22 Diplom-Sozialarbeiter, Diplom-Sozialpädagogen, Diplom-Heilpädagogen mit staatlicher Anerkennung und entsprechender Tätigkeit, denen die Fachberatung von caritativen Diensten oder Einrichtungen übertragen ist [7]

23 Diplom-Sozialarbeiter, Diplom-Sozialpädagogen, Diplom-Heilpädagogen mit staatlicher Anerkennung und entsprechender Tätigkeit, deren Tätigkeit sich durch das Maß der damit verbundenen Verantwortung erheblich aus Vergütungsgruppe 4b Ziffer 24 heraushebt

Vergütungsgruppe 4b

1 Heilpädagogen mit staatlicher Anerkennung und entsprechender Tätigkeit
   a) in der Erziehungsberatung, der psychosozialen Beratung, der Frühförderung, der Pflegeelternberatung,
   b) in gruppenergänzenden Diensten in Einrichtungen der Erziehungs-, Behindertenhilfe oder Gefährdetenhilfe,
   c) als Leiter einer Gruppe in Einrichtungen der Erziehungs-, Behinderten- oder Gefährdetenhilfe,
   d) in entsprechenden eigenverantwortlichen Tätigkeiten
   nach vierjähriger Bewährung in Vergütungsgruppe 5b Ziffer 6 [8]

2 Heilpädagogen mit staatlicher Anerkennung, Erzieher mit staatlicher Anerkennung und sonderpädagogischer Zusatzausbildung und entsprechender Tätigkeit in Sonderschulen und Einrichtungen, die der Vorbereitung auf den Sonderschulbesuch dienen, nach vierjähriger Bewährung in Vergütungsgruppe 5b Ziffer 7 [8, 20]

3 Mitarbeiter als Leiter von Tageseinrichtungen für Kinder mit einer Durchschnittsbelegung von mindestens 40 Plätzen oder mindestens zwei Gruppen nach vierjähriger Bewährung in Vergütungsgruppe 5b Ziffer 8 [9, 10]

4 Mitarbeiter als Leiter von Tageseinrichtungen für Kinder mit einer Durchschnittsbelegung von mindestens 70 Plätzen oder mindestens vier Gruppen [9, 10, D]

5 Mitarbeiter als Leiter von Tageseinrichtungen für Kinder mit einer Durchschnittsbelegung von mindestens 100 Plätzen oder mindestens fünf Gruppen [9, 10]

6 Mitarbeiter, die durch ausdrückliche Anordnung als ständige Vertreter der Leiter von Tageseinrichtungen für Kinder mit einer Durchschnittsbelegung von mindestens 70 Plätzen oder mindestens vier Gruppen bestellt sind, nach vierjähriger Bewährung in Vergütungsgruppe 5b Ziffer 9 [4, 9, 10]

7 Mitarbeiter, die durch ausdrückliche Anordnung als ständige Vertreter der Leiter von Tageseinrichtungen für Kinder mit einer Durchschnittsbelegung von mindestens 100 Plätzen oder mindestens fünf Gruppen bestellt sind [4, 9, 10, D]

8 Mitarbeiter, die durch ausdrückliche Anordnung als ständige Vertreter der Leiter von Tageseinrichtungen für Kinder mit einer Durchschnittsbelegung von mindestens 130 Plätzen oder mindestens sechs Gruppen bestellt sind [4, 9, 10]

9 Mitarbeiter als Leiter von Tageseinrichtungen für Kinder mit Behinderungen im Sinne des § 39 BSHG oder für Kinder oder Jugendliche mit wesentlichen Erziehungsschwierigkeiten [9, D]

Vergütungsgruppe 4b – Anlage 2d

10   Mitarbeiter als Leiter von Tageseinrichtungen für Kinder mit Behinderungen im Sinne des § 39 BSHG oder für Kinder oder Jugendliche mit wesentlichen Erziehungsschwierigkeiten mit einer Durchschnittsbelegung von mindestens 40 Plätzen [9, 10]

11   Mitarbeiter, die durch ausdrückliche Anordnung als ständige Vertreter der Leiter von Tageseinrichtungen für Kinder mit Behinderungen im Sinne des § 39 BSHG oder für Kinder oder Jugendliche mit wesentlichen Erziehungsschwierigkeiten mit einer Durchschnittsbelegung von mindestens 40 Plätzen bestellt sind [4, 9, 10, D]

12   Mitarbeiter, die durch ausdrückliche Anordnung als ständige Vertreter der Leiter von Tageseinrichtungen für Kinder mit Behinderungen im Sinne des § 39 BSHG oder für Kinder oder Jugendliche mit wesentlichen Erziehungsschwierigkeiten mit einer Durchschnittsbelegung von mindestens 70 Plätzen bestellt sind [4, 9, 10]

13   Mitarbeiter als Leiter von Heimen der Erziehungs-, Behinderten- oder Gefährdetenhilfe [11]

14   Mitarbeiter, die durch ausdrückliche Anordnung als ständige Vertreter der Leiter von Heimen der Erziehungs-, Behinderten- oder Gefährdetenhilfe bestellt sind [4, 11, D]

15   Mitarbeiter, die durch ausdrückliche Anordnung als ständige Vertreter der Leiter von Heimen der Erziehungs-, Behinderten- oder Gefährdetenhilfe mit einer Durchschnittsbelegung von mindestens 50 Plätzen oder vier Gruppen bestellt sind [4, 10, 11]

16   Mitarbeiter als Leiter eines Teilbereiches in der beruflichen Ausbildung/Anleitung in Einrichtungen der Erziehungs-, Behinderten-, Suchtkranken-, Wohnungslosen- oder Straffälligenhilfe, nach vierjähriger Bewährung in Vergütungsgruppe 5b Ziffer 13 [23, 24, 26]

17   Mitarbeiter als Leiter von mindestens drei Teilbereichen in der beruflichen Ausbildung/Anleitung in Einrichtungen der Erziehungs-, Behinderten-, Suchtkranken-, Wohnungslosen- oder Straffälligenhilfe [23, 24, 26]

17a   Mitarbeiter als Leiter des Bereiches der beruflichen Ausbildung/Anleitung mit einer Durchschnittsbelegung von mindestens 60 Plätzen oder mindestens sechs Gruppen in Einrichtungen der Erziehungs-, Behinderten-, Suchtkranken-, Wohnungslosen- oder Straffälligenhilfe [24, 27, 28]

18   Mitarbeiter mit Meisterprüfung, Techniker und mit sonderpädagogischer Zusatzqualifikation sowie Arbeitserzieher mit staatlicher Anerkennung in einer Werkstatt für behinderte Menschen als Leiter einer Abteilung, nach vierjähriger Bewährung in Vergütungsgruppe 5b Ziffer 15 [16, 21, 23]

19   Mitarbeiter als technische Leiter einer Werkstatt für behinderte Menschen nach vierjähriger Bewährung in Vergütungsgruppe 5b Ziffer 16 [18, 23]

20   Mitarbeiter als technische Leiter einer Werkstatt für behinderte Menschen mit einer Durchschnittsbelegung von mindestens 180 Plätzen [19, 23]

21   Mitarbeiter als Leiter einer Werkstatt für behinderte Menschen [17]

22   Diplom-Sozialarbeiter, Diplom-Sozialpädagogen, Diplom-Heilpädagogen mit staatlicher Anerkennung und entsprechender Tätigkeit nach zweijähriger Bewährung in Vergütungsgruppe 5b Ziffer 18 [E]

23   Diplom-Sozialarbeiter, Diplom-Sozialpädagogen, Diplom-Heilpädagogen mit staatlicher Anerkennung und entsprechender Tätigkeit in Fachdiensten, frühestens jedoch nach zweijähriger Berufstätigkeit nach Erlangung der staatlichen Anerkennung [12]

24   Diplom-Sozialarbeiter, Diplom-Sozialpädagogen, Diplom-Heilpädagogen mit staatlicher Anerkennung und entsprechender Tätigkeit

a) in gruppenergänzenden Diensten in Einrichtungen der Erziehungs-, Behinderten- oder Gefährdetenhilfe,

b) als Leiter einer Gruppe in Einrichtungen der Erziehungs-, Behinderten- oder Gefährdetenhilfe,

Anlage 2d – Vergütungsgruppen Kr 4b, 5b

c) in entsprechenden eigenverantwortlichen Tätigkeiten

25 Sozialberater ausländischer Arbeitnehmer in überörtlichen Einrichtungen, sofern nicht aufgrund einer abgeschlossenen Ausbildung eine höhere Eingruppierung vorgesehen ist, nach vierjähriger Bewährung in Vergütungsgruppe 5b Ziffer 17 [15]

Vergütungsgruppe 5b

1 Erzieher, Heilerziehungspfleger mit staatlicher Anerkennung und entsprechender Tätigkeit mit besonders schwierigen fachlichen Tätigkeiten nach vierjähriger Bewährung in Vergütungsgruppe 5c Ziffer 2 [3, 5, 6]

2 Erzieher, Heilerziehungspfleger mit staatlicher Anerkennung und entsprechender Tätigkeit mit besonders schwierigen fachlichen Tätigkeiten und mit fachlichen koordinierenden Aufgaben für mindestens zwei Mitarbeiter im Erziehungsdienst [3, 5, 6, C]

3 Arbeitserzieher mit staatlicher Anerkennung als verantwortliche Leiter eines Arbeitsbereiches, wenn ihnen mindestens zwei Mitarbeiter durch ausdrückliche Anordnung ständig unterstellt sind, nach vierjähriger Bewährung in Vergütungsgruppe 5c Ziffer 5

4 Eheberater, sofern nicht aufgrund einer abgeschlossenen Fachhochschul- oder Hochschulausbildung eine höhere Eingruppierung vorgesehen ist, nach vierjähriger entsprechender Berufstätigkeit in Vergütungsgruppe 5c Ziffer 3

5 Heilpädagogen mit staatlicher Anerkennung und entsprechender Tätigkeit nach vierjähriger Bewährung in Vergütungsgruppe 5c Ziffer 6 [8]

6 Heilpädagogen mit staatlicher Anerkennung und entsprechender Tätigkeit

a) in der Erziehungsberatung, der psychosozialen Beratung, der Frühförderung, der Pflegeelternberatung [8]

b) in gruppenergänzenden Diensten in Einrichtungen der Erziehungs-, Behinderten- oder Gefährdetenhilfe [8]

c) als Leiter einer Gruppe in Einrichtungen der Erziehungs-, Behinderten- oder Gefährdetenhilfe [8]

d) in entsprechenden eigenverantwortlichen Tätigkeiten [8]

7 Heilpädagogen mit staatlicher Anerkennung, Erzieher mit staatlicher Anerkennung und mit sonderpädagogischer Zusatzausbildung mit entsprechender Tätigkeit in Sonderschulen und Einrichtungen, die der Vorbereitung auf den Sonderschulbesuch dienen [8, 20]

8 Mitarbeiter als Leiter von Tageseinrichtungen für Kinder mit einer Durchschnittsbelegung von mindestens 40 Plätzen oder mindestens zwei Gruppen [9, 10]

9 Mitarbeiter, die durch ausdrückliche Anordnung als ständige Vertreter der Leiter von Tageseinrichtungen für Kinder mit einer Durchschnittsbelegung von mindestens 70 Plätzen oder mindestens vier Gruppen bestellt sind [4, 9, 10]

10 Mitarbeiter, die durch ausdrückliche Anordnung als ständige Vertreter der Leiter von Tageseinrichtungen für Kinder mit Behinderungen im Sinne des § 39 BSHG oder für Kinder oder Jugendliche mit wesentlichen Erziehungsschwierigkeiten bestellt sind [4, 9, C]

11 Mitarbeiter mit Meisterprüfung, Arbeitserzieher in der beruflichen Ausbildung/ Anleitung in Einrichtungen der Erziehungs-, Behinderten-, Suchtkranken-, Wohnungslosen- oder Straffälligenhilfe nach vierjähriger Bewährung in Vergütungsgruppe 5c Ziffer 11 [23, 24, 25, 29, 30]

12 (entfällt)

13 Mitarbeiter als Leiter eines Teilbereiches in der beruflichen Ausbildung/Anleitung in Einrichtungen der Erziehungs-, Behinderten-, Suchtkranken-, Wohnungslosen- oder Straffälligenhilfe [23, 24, 26]

14 Mitarbeiter mit Meisterprüfung, Techniker und mit sonderpädagogischer Zusatzqualifikation oder Arbeitserzieher mit staatlicher Anerkennung als Gruppenleiter in einer Werkstatt für behinderte Menschen nach vierjähriger Bewährung in Vergütungsgruppe 5c Ziffer 14 [16, 22, 23]

15 Mitarbeiter mit Meisterprüfung, Techniker und mit sonderpädagogischer Zusatzqualifikation oder Arbeitserzieher mit staatlicher Anerkennung in einer Werkstatt für behinderte Menschen als Leiter einer Abteilung [16, 21, 22, 23]

16 Mitarbeiter als technische Leiter einer Werkstatt für behinderte Menschen [18, 23]

17 Sozialberater ausländischer Arbeitnehmer in überörtlichen Einrichtungen, sofern nicht aufgrund einer abgeschlossenen Ausbildung eine höhere Eingruppierung vorgesehen ist, nach zweijähriger entsprechender Berufstätigkeit in Vergütungsgruppe 5c Ziffer 15 [15]

18 Diplom-Sozialarbeiter, Diplom-Sozialpädagogen, Diplom-Heilpädagogen mit staatlicher Anerkennung und entsprechender Tätigkeit

Vergütungsgruppe 5c

1 Erzieher, Heilerziehungspfleger mit staatlicher Anerkennung und entsprechender Tätigkeit nach dreijähriger Bewährung in Vergütungsgruppe 6b Ziffer 2 [3, 5, 13, A]

2 Erzieher, Heilerziehungspfleger mit staatlicher Anerkennung und entsprechender Tätigkeit mit besonders schwierigen fachlichen Tätigkeiten [3, 5, 6]

3 Eheberater, sofern nicht aufgrund einer abgeschlossenen Fachhochschulausbildung eine höhere Eingruppierung vorgesehen ist

4 Arbeitserzieher mit staatlicher Anerkennung und entsprechender Tätigkeit nach dreijähriger Bewährung in Vergütungsgruppe 6b Ziffer 3 [A]

5 Arbeitserzieher mit staatlicher Anerkennung und entsprechender Tätigkeit als verantwortliche Leiter eines Arbeitsbereiches, wenn ihnen mindestens zwei Mitarbeiter durch ausdrückliche Anordnung ständig unterstellt sind

6 Heilpädagogen mit staatlicher Anerkennung und entsprechender Tätigkeit [8]

7 Mitarbeiter als Leiter von Tageseinrichtungen für Kinder [9, B]

8 Mitarbeiter, die durch ausdrückliche Anordnung als ständige Vertreter der Leiter von Tageseinrichtungen für Kinder mit einer Durchschnittsbelegung von mindestens 40 Plätzen oder mindestens zwei Gruppen bestellt sind [4, 9, 10, B]

9 Mitarbeiter mit abgeschlossener Berufsausbildung in der beruflichen Ausbildung/Anleitung in Einrichtungen der Erziehungs-, Behinderten-, Suchtkranken-, Wohnungslosen- oder Straffälligenhilfe nach vierjähriger Bewährung in Vergütungsgruppe 6b Ziffer 6 [24, 29, 30]

10 Mitarbeiter mit Meisterprüfung in der beruflichen Ausbildung/Anleitung in Einrichtungen der Erziehungs-, Behinderten-, Suchtkranken-, Wohnungslosen- oder Straffälligenhilfe nach vierjähriger Bewährung in Vergütungsgruppe 6b Ziffer 7 [23, 24, 25]

11 Mitarbeiter mit Meisterprüfung, Arbeitserzieher in der beruflichen Ausbildung/ Anleitung in Einrichtungen der Erziehungs-, Behinderten-, Suchtkranken-, Wohnungslosen- oder Straffälligenhilfe [23, 24, 25, 29, 30]

12 (entfällt)

13 Mitarbeiter mit abgeschlossener Berufsausbildung als Handwerker oder Facharbeiter oder entsprechender abgeschlossener Berufsausbildung und mit sonderpädagogischer Zusatzqualifikation als Gruppenleiter in einer Werkstatt für behinderte Menschen nach vierjähriger Bewährung in Vergütungsgruppe 6b Ziffer 8 [16]

Anlage 2d – Vergütungsgruppen 5c, 6b, 7

13a Mitarbeiter mit Meisterprüfung, Techniker als Gruppenleiter in einer Werkstatt für behinderte Menschen nach vierjähriger Bewährung in Vergütungsgruppe 6b Ziffer 9 [23]

14 Mitarbeiter mit Meisterprüfung, Techniker und mit sonderpädagogischer Zusatzqualifikation oder Arbeitserzieher mit staatlicher Anerkennung als Gruppenleiter in einer Werkstatt für behinderte Menschen [16, 22, 23]

15 Sozialberater ausländischer Arbeitnehmer in überörtlichen Einrichtungen, sofern nicht aufgrund einer abgeschlossenen Ausbildung eine höhere Eingruppierung vorgesehen ist [15]

Vergütungsgruppe 6b

1 Kinderpfleger, Heilerziehungshelfer mit staatlicher Anerkennung oder mit staatlicher Prüfung und entsprechender Tätigkeit mit schwierigen fachlichen Tätigkeiten nach fünfjähriger Bewährung in Vergütungsgruppe 7 Ziffer 2 [2, 3]

2 Erzieher, Heilerziehungspfleger mit staatlicher Anerkennung und entsprechender Tätigkeit [3, 5, 13]

3 Arbeitserzieher mit staatlicher Anerkennung und entsprechender Tätigkeit

4 Mitarbeiter, die aufgrund gleichwertiger Fähigkeiten und ihrer Erfahrungen Tätigkeiten von Kinderpflegern, Heilerziehungshelfern mit staatlicher Anerkennung oder mit staatlicher Prüfung ausüben mit schwierigen fachlichen Tätigkeiten nach fünfjähriger Bewährung in Vergütungsgruppe 7 Ziffer 4 [1, 2, 3]

5 Mitarbeiter mit abgeschlossener Berufsausbildung in der beruflichen Ausbildung/Anleitung in Einrichtungen der Erziehungs-, Behinderten-, Suchtkranken-, Wohnungslosen- oder Straffälligenhilfe nach vierjähriger Bewährung in Vergütungsgruppe 7 Ziffer 6 [24]

6 Mitarbeiter mit abgeschlossener Berufsausbildung in der beruflichen Ausbildung/Anleitung in Einrichtungen der Erziehungs-, Behinderten-, Suchtkranken-, Wohnungslosen- oder Straffälligenhilfe [24, 29, 30]

7 Mitarbeiter mit Meisterprüfung in der beruflichen Ausbildung/Anleitung in Einrichtungen der Erziehungs-, Behinderten-, Suchtkranken-, Wohnungslosen- oder Straffälligenhilfe [23, 24, 25]

7a Mitarbeiter mit abgeschlossener Berufsausbildung als Handwerker oder Facharbeiter oder entsprechender abgeschlossener Berufsausbildung als Gruppenleiter in einer Werkstatt für behinderte Menschen nach vierjähriger Bewährung in Vergütungsgruppe 7 Ziffer 7

8 Mitarbeiter mit abgeschlossener Berufsausbildung als Handwerker oder Facharbeiter oder entsprechender abgeschlossener Berufsausbildung und mit sonderpädagogischer Zusatzqualifikation als Gruppenleiter in einer Werkstatt für behinderte Menschen [16]

9 Mitarbeiter mit Meisterprüfung, Techniker als Gruppenleiter in einer Werkstatt für behinderte Menschen [22, 23]

Vergütungsgruppe 7

1 Kinderpfleger, Heilerziehungshelfer mit staatlicher Anerkennung oder mit staatlicher Prüfung und entsprechender Tätigkeit nach zweijähriger Bewährung in Vergütungsgruppe 8 Ziffer 1 [3]

2 Kinderpfleger, Heilerziehungshelfer mit staatlicher Anerkennung oder mit staatlicher Prüfung und entsprechender Tätigkeit mit schwierigen fachlichen Tätigkeiten [2, 3]

3 Mitarbeiter, die aufgrund gleichwertiger Fähigkeiten und ihrer Erfahrungen Tätigkeiten von Kinderpflegern, Heilerziehungshelfern mit staatlicher Anerkennung oder mit staatlicher Prüfung ausüben, nach zweijähriger Bewährung in Vergütungsgruppe 8 Ziffer 2 [1, 3]

Vergütungsgruppen 7, 8, 9, Anmerkungen – Anlage 2d

4   Mitarbeiter, die aufgrund gleichwertiger Fähigkeiten und ihrer Erfahrungen Tätigkeiten von Kinderpflegern, Heilerziehungshelfern mit staatlicher Anerkennung oder mit staatlicher Prüfung ausüben mit schwierigen fachlichen Tätigkeiten [1, 2, 3]

5   Mitarbeiter in der Tätigkeit von Erziehern, Heilerziehungspflegern mit staatlicher Anerkennung [3]

6   Mitarbeiter mit abgeschlossener Berufsausbildung in der beruflichen Ausbildung/Anleitung in Einrichtungen der Erziehungs-, Behinderten-, Suchtkranken-, Wohnungslosen- oder Straffälligenhilfe [24]

7   Mitarbeiter mit abgeschlossener Berufsausbildung als Handwerker oder Facharbeiter oder entsprechender abgeschlossener Berufsausbildung als Gruppenleiter in einer Werkstatt für behinderte Menschen

Vergütungsgruppe 8

1   Kinderpfleger, Heilerziehungshelfer mit staatlicher Anerkennung oder mit staatlicher Prüfung und entsprechender Tätigkeit [3]

2   Mitarbeiter, die aufgrund gleichwertiger Fähigkeiten und ihrer Erfahrungen Tätigkeiten von Kinderpflegern, Heilerziehungshelfern mit staatlicher Anerkennung oder mit staatlicher Prüfung ausüben [1, 3]

Vergütungsgruppe 9

1   Mitarbeiter ohne entsprechende Ausbildung [3]

Anmerkungen zu den Tätigkeitsmerkmalen der Vergütungsgruppen 1a bis 9

Die nachstehenden Anmerkungen sind bei der Eingruppierung der Mitarbeiter zu beachten.

I

Die Ziffern I bis VII der Anmerkungen zu den Tätigkeitsmerkmalen der Vergütungsgruppen 1 bis 12 der Anlage 2 zu den AVR gelten sinngemäß.

II

[1]Die Dienstbezüge (Abschnitt II der Anlage 1 zu den AVR) der Mitarbeiter, die am 31. Dezember 1990 in einem Dienstverhältnis stehen, das am 1. Januar 1991 zu demselben Dienstgeber fortbesteht, und die am 31. Dezember 1990 die Dienstbezüge aus einer höheren Vergütungsgruppe erhalten als aus der Vergütungsgruppe, in der sie nach dem Wirksamwerden der Beschlüsse der Arbeitsrechtlichen Kommission vom 13. Juni 1991 zur Anlage 2d zu den AVR eingruppiert sind, wird durch die Neuregelung nicht berührt.

[2]Bei den Mitarbeitern, die am 31. Dezember 1990 in einem Dienstverhältnis stehen, das am 1. Januar 1991 zu demselben Dienstgeber fortbesteht, und deren Eingruppierung von der Zeit einer Bewährung in einer bestimmten Vergütungsgruppe bzw. Ziffer abhängt, wird die vor dem 1. Januar 1991 zurückgelegte Zeit so berücksichtigt, wie sie zu berücksichtigen wäre, wenn die Neuregelung bereits seit Beginn des Dienstverhältnisses bestanden hätte.

[3]Für Mitarbeiter, die am 31. Dezember 1990 in einem Dienstverhältnis stehen, das am 1. Januar 1991 zu demselben Dienstgeber fortbesteht und die durch die Neuregelung eine längere

Bewährungszeit zurücklegen müssen und die am 31. Dezember 1990 bereits die Hälfte der Bewährungszeit der bis zu diesem Zeitpunkt geltenden Regelung zurückgelegt haben, gelten die Bewährungszeiten der bisherigen Regelung fort.

III

Die Dienstbezüge (Abschnitt II der Anlage 1 zu den AVR) der Mitarbeiter, die am 31. Januar 1994 in einem Dienstverhältnis stehen, das am 1. Februar 1994 zu demselben Dienstgeber fortbesteht, und die am 31. Januar 1994 die Dienstbezüge aus einer höheren Vergütungsgruppe erhalten als aus der Vergütungsgruppe, in der sie nach dem Wirksamwerden der Beschlüsse der Arbeitsrechtlichen Kommission vom 9. Dezember 1993 zur Anlage 2d zu den AVR eingruppiert sind, werden durch die Neuregelung nicht berührt.

* *
*

(RK NRW/BW):

A Diese Mitarbeiter erhalten nach vierjähriger Tätigkeit in dieser Ziffer eine monatliche Vergütungsgruppenzulage.
B Diese Mitarbeiter erhalten eine monatliche Vergütungsgruppenzulage.
C Diese Mitarbeiter erhalten eine monatliche Vergütungsgruppenzulage.
D Diese Mitarbeiter erhalten nach vierjähriger Bewährung in dieser Ziffer eine monatliche Vergütungsgruppenzulage.
E Diese Mitarbeiter erhalten nach sechsjähriger Tätigkeit in dieser Ziffer eine monatliche Vergütungsgruppenzulage.
F Diese Mitarbeiter erhalten nach vierjähriger Bewährung in dieser Ziffer eine monatliche Vergütungsgruppenzulage.

Die Vergütungsgruppenzulage nach den Anmerkungen A bis F beträgt in Euro:

ab	A	B	C	D	E	F
1. Juli 2014	98,99	118,80	131,20	145,27	121,06	161,20
1. März 2015	101,37	121,65	134,35	148,76	123,97	165,07

(RK Mitte/Bayern):

A Diese Mitarbeiter erhalten nach vierjähriger Tätigkeit in dieser Ziffer eine monatliche Vergütungsgruppenzulage.
B Diese Mitarbeiter erhalten eine monatliche Vergütungsgruppenzulage.
C Diese Mitarbeiter erhalten eine monatliche Vergütungsgruppenzulage.
D Diese Mitarbeiter erhalten nach vierjähriger Bewährung in dieser Ziffer eine monatliche Vergütungsgruppenzulage.
E Diese Mitarbeiter erhalten nach sechsjähriger Tätigkeit in dieser Ziffer eine monatliche Vergütungsgruppenzulage.
F Diese Mitarbeiter erhalten nach vierjähriger Bewährung in dieser Ziffer eine monatliche Vergütungsgruppenzulage.

Die Vergütungsgruppenzulage nach den Anmerkungen A bis F beträgt in Euro:

ab	A	B	C	D	E	F
1. Januar 2015	98,99	118,80	131,20	145,27	121,06	161,20
1. März 2015	101,37	121,65	134,35	148,76	123,97	165,07

(RK Nord):

A Diese Mitarbeiter erhalten nach vierjähriger Tätigkeit in dieser Ziffer eine monatliche Vergütungsgruppenzulage.
B Diese Mitarbeiter erhalten eine monatliche Vergütungsgruppenzulage.
C Diese Mitarbeiter erhalten eine monatliche Vergütungsgruppenzulage.
D Diese Mitarbeiter erhalten nach vierjähriger Bewährung in dieser Ziffer eine monatliche Vergütungsgruppenzulage.
E Diese Mitarbeiter erhalten nach sechsjähriger Tätigkeit in dieser Ziffer eine monatliche Vergütungsgruppenzulage.
F Diese Mitarbeiter erhalten nach vierjähriger Bewährung in dieser Ziffer eine monatliche Vergütungsgruppenzulage.

Die Vergütungsgruppenzulage nach den Anmerkungen A bis F beträgt in Euro:

ab	A	B	C	D	E	F
1. Januar 2015	98,99	118,80	131,20	145,27	121,06	161,20
1. Juli 2015	101,37	121,65	134,35	148,76	123,97	165,07

(RK Ost)

A Diese Mitarbeiter erhalten nach vierjähriger Tätigkeit in dieser Ziffer eine monatliche Vergütungsgruppenzulage.
B Diese Mitarbeiter erhalten eine monatliche Vergütungsgruppenzulage.
C Diese Mitarbeiter erhalten eine monatliche Vergütungsgruppenzulage.
D Diese Mitarbeiter erhalten nach vierjähriger Bewährung in dieser Ziffer eine monatliche Vergütungsgruppenzulage.
E Diese Mitarbeiter erhalten nach sechsjähriger Tätigkeit in dieser Ziffer eine monatliche Vergütungsgruppenzulage.
F Diese Mitarbeiter erhalten nach vierjähriger Bewährung in dieser Ziffer eine monatliche Vergütungsgruppenzulage.

Die Vergütungsgruppenzulage nach den Anmerkungen A bis F beträgt in Euro:

(Tarifgebiet Ost):

ab	A	B	C	D	E	F
1. Januar 2015	93,05	111,67	123,33	136,56	113,79	151,52
1. Oktober 2015	95,28	114,35	126,29	139,84	116,52	155,16

(Tarifgebiet West):

ab	A	B	C	D	E	F
1. Januar 2015	96,03	115,24	127,27	140,91	117,42	156,36
1. Oktober 2015	98,33	118,01	130,32	144,29	120,24	160,11

1 [1]Die Mitarbeiter müssen Fähigkeiten und Erfahrungen besitzen, die denen der Mitarbeiter mit der vorgeschriebenen Vor- und Ausbildung gleichwertig sind. [2]Es wird jedoch nicht das gleiche Wissen und Können gefordert, wie es durch die vorausgesetzte Vorbildung bzw. Ausbildung erworben wird. [3]Andererseits genügt es noch nicht, dass der Mitarbeiter nur auf einem begrenzten Einzelarbeitsgebiet Leistungen erbringt, die denen eines Mitarbeiters mit der Vor- und Ausbildung gleichwertig sind. [4]Es muss eine der Vor- und Aus-

bildung ähnlich gründliche Beherrschung eines auch vom Umfang her entsprechenden Wissensgebiets gefordert werden.

2 Schwierige fachliche Tätigkeiten sind z.B.:
a) Tätigkeiten in Einrichtungen für Menschen mit Behinderungen im Sinne des § 39 BSHG bzw. § 68 BSHG und in psychiatrischen Kliniken,
b) alleinverantwortliche Betreuung von Gruppen, z.B. in Randzeiten,
c) Tätigkeiten in Integrationsgruppen (Erziehungsgruppen, denen besondere Aufgaben in der gemeinsamen Förderung von Kindern mit und ohne Behinderungen zugewiesen sind) mit einem Anteil von mindestens einem Drittel von Menschen mit Behinderungen im Sinne des § 39 BSHG bzw. § 68 BSHG in Einrichtungen der Kindertagesbetreuung,
d) Tätigkeiten in Gruppen von Menschen mit Behinderungen im Sinne des § 39 BSHG bzw. § 68 BSHG oder in Gruppen von Kindern oder Jugendlichen mit wesentlichen Erziehungsschwierigkeiten,
e) Tätigkeiten in geschlossenen (gesicherten) Gruppen.

3 Als entsprechende Tätigkeit gilt auch die Betreuung von über 18-jährigen Personen (z.B. in Einrichtungen für Menschen mit Behinderungen im Sinne des § 39 BSHG oder für Obdachlose).

4 Ständige Vertreter sind nicht Vertreter in Urlaubs- und sonstigen Abwesenheitsfällen.

5 Nach diesem Tätigkeitsmerkmal sind auch
a) Kindergärtner und Hortner mit staatlicher Anerkennung oder staatlicher Prüfung,
b) Kinderkrankenschwestern/-pfleger, die in Kinderkrippen tätig sind,
c) Heilerziehungspfleger mit staatlicher Prüfung oder staatlicher Erlaubnis,
d) Krankenschwestern/-pfleger, Kinderkrankenschwestern/-pfleger, Altenpfleger mit staatlicher Anerkennung in Einrichtungen der Behindertenhilfe,
e) Arbeitserzieher, sofern ihnen die im Tätigkeitsmerkmal beschriebenen Aufgaben übertragen sind und keine speziellere Eingruppierungsziffer zutrifft,
eingruppiert.

6 Besonders schwierige fachliche Tätigkeiten sind z.B.:
a) Tätigkeiten in Integrationsgruppen (Erziehungsgruppen, denen besondere Aufgaben in der gemeinsamen Förderung von Kindern mit und ohne Behinderungen zugewiesen sind) mit einem Anteil von mindestens einem Drittel von Menschen mit Behinderungen im Sinne des § 39 BSHG bzw. § 68 BSHG in Einrichtungen der Kindertagesbetreuung,
b) Tätigkeiten in Gruppen von Menschen mit Behinderungen im Sinne des § 39 BSHG bzw. § 68 BSHG oder von Kindern oder Jugendlichen mit wesentlichen Erziehungsschwierigkeiten,
c) Tätigkeiten in Jugendzentren, Häusern der offenen Tür,
d) Tätigkeiten in geschlossenen (gesicherten) Gruppen,
e) fachliche Koordinierungstätigkeiten für mindestens vier Mitarbeiter mindestens der Vergütungsgruppe 6b,
f) Tätigkeiten eines Facherziehers mit einrichtungsübergreifenden Aufgaben.

7 Caritative Dienste oder Einrichtungen sind z.B. Tageseinrichtungen für Kinder; Einrichtungen der Erziehungs-, Behinderten- oder Gefährdetenhilfe; Einrichtungen der Altenhilfe; Sozialstationen.

8 Unter Heilpädagogen mit staatlicher Anerkennung sind Mitarbeiter zu verstehen, die einen nach Maßgabe der Rahmenvereinbarung über die Ausbildung und Prüfung an

Anmerkungen – Anlage 2d

Fachschulen für Heilpädagogik (Beschluss der Kultusministerkonferenz vom 12. September 1986) gestalteten Ausbildungsgang mit der vorgeschriebenen Prüfung erfolgreich abgeschlossen und die Berechtigung zur Führung der Berufsbezeichnung „staatlich anerkannter Heilpädagoge" erworben haben.

9 Tageseinrichtungen für Kinder im Sinne dieses Tätigkeitsmerkmals sind Krippen, Kindergärten, Horte, Kinderbetreuungsstuben, Kinderhäuser und Tageseinrichtungen der örtlichen Kindererholungsfürsorge.

10 Der Ermittlung der Durchschnittsbelegung ist für das jeweilige Kalenderjahr grundsätzlich die Zahl der vom 1. Oktober bis 31. Dezember des vorangegangenen Kalenderjahres vergebenen, je Tag gleichzeitig belegbaren Plätze zugrunde zu legen.

11 Heime der Erziehungs-, Behinderten- oder Jugendhilfe sind Einrichtungen, in denen überwiegend Personen ständig leben, die Hilfen nach den §§ 39ff. BSHG und § 72 BSHG erhalten, oder in denen überwiegend Kinder oder Jugendliche oder junge Erwachsene mit wesentlichen Erziehungsschwierigkeiten ständig leben.

12 Fachdienste sind z. B.
- Allgemeiner sozialer Dienst,
- Adoptions- und Pflegekindervermittlung,
- Asylbewerber-, Aussiedler- und Ausländerberatung,
- Beratung von HIV-Infizierten oder an AIDS erkrankten Personen,
- Ehe-, Familien- und Lebensberatung,
- Erziehungsberatung,
- Erziehungsbeistandschaft,
- Gemeindecaritas,
- Wohnungslosenhilfe,
- Tätigkeit in ambulanten und stationären Einrichtungen der Suchtkrankenhilfe oder für psychisch Kranke,
- Schuldnerberatung,
- Schwangerschaftskonfliktberatung,
- Sozialpädagogische Familienhilfe,
- Straffälligenhilfe.

13 Erzieher in einer Gruppe einer Tageseinrichtung für Kinder, die die Tätigkeiten von Erziehungshilfskräften (sogenannte „Zweitkräfte") ausüben, sind in Vergütungsgruppe 7 eingruppiert; eine Höhergruppierung erfolgt nach dreijähriger Bewährung in dieser Tätigkeit nach Vergütungsgruppe 6b.

14 ¹Dienststellen von zentraler Bedeutung im Sinne dieser Eingruppierungsbestimmung sind Dienststellen, deren Aufgabenbereich sich über das Bundesgebiet erstreckt. ²Dienststellen von überregionaler Bedeutung im Sinne dieser Einstufungsbestimmung sind Dienststellen, deren Aufgabenbereich sich mindestens auf den Gesamtbereich einer Diözese erstreckt.
³Die Eingruppierungsvoraussetzung „ein Aufgabengebiet abschließend zu bearbeiten" ist auch dann erfüllt, wenn der Mitarbeiter nicht die letzte Entscheidungsbefugnis besitzt.

15 Sozialberater, die eine im Ausland erworbene abgeschlossene Fach-, Fachhochschulausbildung als Sozialarbeiter, Jugendleiter, Lehrer, Soziologe, Jurist, Dipl.-Volkswirt, Philologe, Theologe oder in einem sozialarbeitsverwandten Beruf nachweisen, sind wie Sozialarbeiter einzugruppieren.

16 ¹Voraussetzung für die Eingruppierung ist, dass der Mitarbeiter über eine sonderpädagogische Zusatzqualifikation im Sinne der Werkstättenverordnung nach dem Neunten

Anlage 2d – Anmerkungen

Buch des Sozialgesetzbuches verfügt. ²Der sonderpädagogischen Zusatzqualifikation gleichgestellt ist der Abschluss als geprüfte Fachkraft für Arbeits- und Berufsförderung in Werkstätten für behinderte Menschen.

17 ¹Der Werkstattleiter soll in der Regel über einen Fachhochschulabschluss im kaufmännischen oder technischen Bereich oder einen gleichwertigen Bildungsstand, über ausreichende Berufserfahrung und eine sonderpädagogische Zusatzqualifikation verfügen. ²Entsprechende Berufsqualifikationen aus dem sozialen Bereich reichen aus, wenn die zur Leitung einer Werkstatt erforderlichen Kenntnisse und Fähigkeiten im kaufmännischen und technischen Bereich anderweitig erworben worden sind. ³Ihm muss die technische, kaufmännische, verwaltungs- und personalmäßige Leitung der Werkstatt obliegen.

18 Nach diesem Tätigkeitsmerkmal ist nur der Mitarbeiter eingruppiert, dem die Verantwortung für den technischen Bereich der Werkstatt nach Weisung des Leiters der Werkstatt für behinderte Menschen obliegt.

19 ¹Der Ermittlung der Durchschnittsbelegung ist die Zahl der tatsächlich belegten, nicht jedoch die Zahl der vorhandenen Plätze zugrunde zu legen. ²Vorübergehend oder für kurze Zeit, z.B. wegen Erkrankung, nicht belegte Plätze sind mitzurechnen. ³Der Ermittlung der Durchschnittsbelegung ist ein längerer Zeitraum zugrunde zu legen. ⁴Zeiten, in denen die Einrichtung vorübergehend nicht oder nur gering belegt ist, sind außer Betracht zu lassen. ⁵Bei der Feststellung der Durchschnittsbelegung ist von der täglichen Höchstbelegung auszugehen.

20 Die sonderpädagogische Zusatzqualifikation verlangt, dass sie durch einen mindestens einjährigen Lehrgang oder in einer mindestens zweijährigen berufsbegleitenden Ausbildung vermittelt worden ist; die Ausbildung muss mit einer staatlichen oder staatlich anerkannten Prüfung abgeschlossen werden.

21 Nach diesem Tätigkeitsmerkmal ist der Gruppenleiter eingruppiert, dem die Leitung eines Arbeitsbereichs (z.B. Holz, Metall) übertragen ist und dem zusätzlich mindestens zwei weitere Gruppen zugeordnet sind.

22 Unter Techniker im Sinne dieses Tätigkeitsmerkmals sind Mitarbeiter zu verstehen, die
a) einen nach Maßgabe der Rahmenordnung für die Ausbildung von Technikern (Beschluss der Kultusministerkonferenz vom 27. April 1964 bzw. vom 18. Januar 1973) gestalteten Ausbildungsgang mit der vorgeschriebenen Prüfung erfolgreich abgeschlossen und die Berechtigung zur Führung der Berufsbezeichnung „Staatlich geprüfter Techniker" bzw. „Techniker mit staatlicher Abschlussprüfung" mit einem die Fachrichtung bezeichnenden Zusatz erworben haben, oder
b) einem nach Maßgabe über Fachschulen mit zweijähriger Ausbildungsdauer (Beschluss der Kultusministerkonferenz vom 27. Oktober 1980) gestalteten Ausbildungsgang mit der vorgeschriebenen Prüfung erfolgreich abgeschlossen und die Berechtigung zur Führung der ihrer Fachrichtung/Schwerpunkt zugeordneten Berufsbezeichnung „Staatlich geprüfter Techniker" erworben haben.

23 Diese Mitarbeiter erhalten eine monatliche Zulage in Höhe von 38,35 Euro.

24 Berufliche Anleitung umfasst im Wesentlichen Arbeitstraining, Arbeitsanleitung und Arbeitstherapie im Rahmen der medizinischen, beruflichen und sozialen Rehabilitation sowie der Resozialisierung.

25 Dem Mitarbeiter mit Meisterprüfung sind gleichgestellt Techniker im Sinne der Anmerkung 22 sowie Mitarbeiter, die einen vergleichbaren Ausbildungsgang mit vorgeschriebener Prüfung erfolgreich abgeschlossen haben (z.B. staatlich geprüfte Betriebswirte, staatlich geprüfte Ökotrophologen).

26 Ein Teilbereich ist die Zusammenfassung von mehreren Ausbildungs- oder Anleitungsgruppen. Eine Gruppe ist eine Organisationseinheit, in der mehrere auszubildende oder anzuleitende Personen zusammengefasst sind und für die ein Ausbilder/Anleiter verantwortlich ist.

27 Die Leitung des Bereiches der beruflichen Ausbildung/Anleitung umfasst im Wesentlichen die Verantwortung für Organisation, Koordination, Überwachung und Planung der beruflichen Ausbildung/Anleitung in einer Einrichtung.

28 Eine Gruppe ist eine Organisationseinheit, in der mehrere auszubildende oder anzuleitende Personen zusammengefasst sind und für die ein Ausbilder/Anleiter verantwortlich ist.

29 Voraussetzung für die Eingruppierung von Mitarbeitern mit abgeschlossener Berufsausbildung/Meisterprüfung ist

a) in Einrichtungen der Suchtkranken-, Wohnungslosen- oder Straffälligenhilfe, dass der Mitarbeiter über eine sonderpädagogische Zusatzqualifikation verfügt, die der sonderpädagogischen Zusatzqualifikation im Sinne der Werkstättenverordnung nach dem Neunten Sozialgesetzbuch entspricht,

b) in Einrichtungen der Erziehungshilfe, dass der Mitarbeiter über eine sonderpädagogische Zusatzqualifikation verfügt, die den Richtlinien über die Ausbilder-Fortbildung des Verbandes katholischer Einrichtungen der Heim- und Heilpädagogik entspricht.

30 Voraussetzung für die Eingruppierung ist in Einrichtungen der Behindertenhilfe, dass der Mitarbeiter anstelle der sonderpädagogischen Zusatzqualifikation über die Ausbildereignungsprüfung verfügt.

Anlage 3: Regelvergütung

Anlage 3 (RK NRW/BW, gültig ab 1. Juli 2014;
RK Mitte/Bayern/Nord, gültig ab 1. Januar 2015)
Regelvergütung für die unter die **Anlagen 2, 2b, 2d** fallenden Mitarbeiter ... 159

Anlage 3 (RK NRW/Mitte/BW/Bayern, gültig ab 1. März 2015;
RK Nord, gültig ab 1. Juli 2015)
Regelvergütung für die unter die **Anlagen 2, 2b, 2d** fallenden Mitarbeiter ... 160

Anlage 3 (RK Ost – Tarifgebiet Ost)
Regelvergütung für die unter die **Anlagen 2, 2b und 2d** fallenden Mitarbeiter
– gültig ab 1. Januar 2015 161
– gültig ab 1. Oktober 2015 162
– gültig ab 1. März 2016 163

Anlage 3 (RK Ost – Tarifgebiet West)
Regelvergütung für die unter die **Anlagen 2, 2b und 2d** fallenden Mitarbeiter
– gültig ab 1. Januar 2015 164
– gültig ab 1. Oktober 2015 165
– gültig ab 1. März 2016 166

Anlage 3a (RK NRW/BW, gültig ab 1. Juli 2014; RK Mitte/Bayern/Nord,
gültig ab 1. Januar 2015)
Regelvergütung für die unter die **Anlagen 2a, 2c** fallenden Mitarbeiter 167

Anlage 3a (RK NRW/Mitte/BW/Bayern, gültig ab 1. März 2015;
RK Nord, gültig ab 1. Juli 2015)
Regelvergütung für die unter die **Anlagen 2a, 2c** fallenden Mitarbeiter 168

Anlage 3a (RK Ost – Tarifgebiet Ost)
Regelvergütung für die unter die **Anlagen 2a und 2c** fallenden Mitarbeiter
– gültig ab 1. Januar 2015 169
– gültig ab 1. Oktober 2015 170

Anlage 3a (RK Ost – Tarifgebiet West)
Regelvergütung für die unter die **Anlagen 2a und 2c** fallenden Mitarbeiter
– gültig ab 1. Januar 2015 171
– gültig ab 1. Oktober 2015 172

Anlage 3b (RK BW)
Regelvergütung untere Vergütungsgruppen im Bereich
der stationären und ambulanten Altenhilfe 173

RK NRW/Mitte/BW/Bayern/Nord – Anlage 3

Anlage 3 (RK NRW/BW, gültig ab 1. Juli 2014; RK Mitte/Bayern/Nord gültig ab 1. Januar 2015)
Regelvergütung für die unter die **Anlagen 2, 2b und 2d** fallenden Mitarbeiter

Verg.-Gr.	Stufe											
	1	2	3	4	5	6	7	8	9	10	11	12
1	4.264,42	4.637,89	5.011,36	5.207,30	5.403,20	5.599,05	5.794,97	5.990,87	6.186,73	6.382,66	6.578,55	6.757,91
1a	3.947,71	4.269,95	4.592,15	4.771,56	4.950,98	5.130,38	5.309,84	5.489,22	5.668,69	5.848,05	6.027,47	6.108,02
1b	3.660,30	3.936,72	4.213,19	4.388,92	4.564,71	4.740,45	4.916,18	5.091,94	5.267,68	5.443,46	5.516,68	–
2	3.483,62	3.719,75	3.955,93	4.102,37	4.248,83	4.395,34	4.541,81	4.688,27	4.834,70	4.981,15	5.074,58	–
3	3.170,82	3.374,03	3.577,24	3.710,91	3.844,54	3.978,21	4.111,82	4.245,46	4.379,14	4.512,79	4.532,92	–
4a	2.954,79	3.128,68	3.302,62	3.419,82	3.536,99	3.654,14	3.771,30	3.888,51	4.005,65	4.117,34	–	–
4b	2.758,87	2.905,35	3.051,82	3.154,34	3.256,85	3.359,37	3.461,91	3.564,44	3.666,98	3.747,50	–	–
5b	2.584,90	2.703,99	2.828,48	2.920,00	3.007,89	3.095,79	3.183,64	3.271,50	3.359,37	3.417,95	–	–
5c	2.401,96	2.494,42	2.590,05	2.669,99	2.754,20	2.838,39	2.922,63	3.006,83	3.081,87	–	–	–
6b	2.274,67	2.351,65	2.428,66	2.482,87	2.538,90	2.595,01	2.653,52	2.715,72	2.778,00	2.823,76	–	–
7	2.159,97	2.224,44	2.288,84	2.334,37	2.379,92	2.425,46	2.471,30	2.519,12	2.566,99	2.596,70	–	–
8	2.054,76	2.108,19	2.161,60	2.196,17	2.227,58	2.258,97	2.290,39	2.321,82	2.353,21	2.384,66	2.414,48	–
9a	1.986,47	2.026,77	2.067,07	2.098,37	2.129,66	2.160,99	2.192,32	2.223,66	2.254,94	–	–	–
9	1.939,39	1.983,35	2.027,35	2.060,35	2.090,18	2.120,05	2.149,87	2.179,73	–	–	–	–
10	1.793,55	1.829,69	1.865,85	1.898,83	1.928,64	1.958,48	1.988,34	2.018,19	2.038,64	–	–	–
11	1.691,46	1.719,72	1.748,00	1.770,02	1.791,97	1.813,99	1.835,95	1.857,99	1.879,97	–	–	–
12	1.600,36	1.628,62	1.656,92	1.678,88	1.700,90	1.722,87	1.744,88	1.766,86	1.788,85	–	–	–

Anlage 3 – RK NRW/Mitte/BW/Bayern/Nord

Anlage 3 (RK NRW/Mitte/BW/Bayern, gültig ab 1. März 2015; RK Nord, gültig ab 1. Juli 2015) Regelvergütung für die unter die **Anlagen 2, 2b und 2d** fallenden Mitarbeiter

Verg.-Gr.	1	2	3	4	5	6	7	8	9	10	11	12
1	4.366,77	4.749,20	5.131,63	5.332,28	5.532,88	5.733,43	5.934,05	6.134,65	6.335,21	6.535,84	6.736,44	6.920,10
1a	4.042,46	4.372,43	4.702,36	4.886,08	5.069,80	5.253,51	5.437,28	5.620,96	5.804,74	5.988,40	6.172,13	6.254,61
1b	3.748,15	4.031,20	4.314,31	4.494,25	4.674,26	4.854,22	5.034,17	5.214,15	5.394,10	5.574,10	5.649,08	–
2	3.567,23	3.809,02	4.050,87	4.200,83	4.350,80	4.500,83	4.650,81	4.800,79	4.950,73	5.100,70	5.196,37	–
3	3.246,92	3.455,01	3.663,09	3.799,97	3.936,81	4.073,69	4.210,50	4.347,35	4.484,24	4.621,10	4.641,71	–
4a	3.029,74	3.203,77	3.381,88	3.501,90	3.621,88	3.741,84	3.861,81	3.981,83	4.101,79	4.216,16	–	–
4b	2.834,95	2.980,59	3.126,20	3.230,04	3.335,01	3.439,99	3.545,00	3.649,99	3.754,99	3.837,44	–	–
5b	2.662,00	2.780,40	2.904,17	2.995,15	3.082,53	3.170,09	3.260,05	3.350,02	3.439,99	3.499,98	–	–
5c	2.480,13	2.572,05	2.667,12	2.746,59	2.830,32	2.914,02	2.997,76	3.081,47	3.156,08	–	–	–
6b	2.353,58	2.430,12	2.506,67	2.560,56	2.616,27	2.672,06	2.730,22	2.792,06	2.853,98	2.899,47	–	–
7	2.239,55	2.303,64	2.367,66	2.412,93	2.458,21	2.503,50	2.549,06	2.596,61	2.644,19	2.673,74	–	–
8	2.134,95	2.188,07	2.241,17	2.275,53	2.306,76	2.337,97	2.369,21	2.400,45	2.431,66	2.462,92	2.492,58	–
9a	2.067,06	2.107,13	2.147,18	2.178,30	2.209,41	2.240,56	2.271,71	2.302,86	2.333,96	–	–	–
9	2.020,25	2.063,95	2.107,70	2.140,51	2.170,16	2.199,86	2.229,50	2.259,19	–	–	–	–
10	1.875,26	1.911,19	1.947,14	1.979,92	2.009,57	2.039,23	2.068,92	2.098,60	2.118,92	–	–	–
11	1.757,14	1.801,86	1.829,98	1.851,87	1.873,69	1.895,59	1.917,42	1.939,32	1.961,18	–	–	–
12	1.683,20	1.711,29	1.739,43	1.761,26	1.783,15	1.804,99	1.826,88	1.848,73	1.870,59	–	–	–

RK Ost – Tarifgebiet Ost – Anlage 3

Anlage 3 (RK Ost – Tarifgebiet Ost, gültig ab 1. Januar 2015)
Regelvergütung für die unter die **Anlagen 2, 2b und 2d** fallenden Mitarbeiter

Verg.-Gr.	Stufe 1	2	3	4	5	6	7	8	9	10	11	12
1	3.923,27	4.266,86	4.610,45	4.790,72	4.970,94	5.151,13	5.331,37	5.511,60	5.691,79	5.872,05	6.052,27	6.217,28
1a	3.631,89	3.928,35	4.224,78	4.389,84	4.554,90	4.719,95	4.885,05	5.050,08	5.215,19	5.380,21	5.545,27	5.619,38
1b	3.367,48	3.621,78	3.876,13	4.037,81	4.199,53	4.361,21	4.522,89	4.684,58	4.846,27	5.007,98	5.075,35	–
2	3.204,93	3.422,17	3.639,46	3.774,18	3.908,92	4.043,71	4.178,47	4.313,21	4.447,92	4.582,66	4.668,61	–
3	2.917,15	3.104,11	3.291,06	3.414,04	3.536,98	3.659,95	3.782,87	3.905,82	4.028,81	4.151,77	4.170,29	–
4a	2.718,41	2.878,39	3.038,41	3.146,23	3.254,03	3.361,81	3.469,60	3.577,43	3.685,20	3.787,95	–	–
4b	2.538,16	2.672,92	2.807,67	2.901,99	2.996,30	3.090,62	3.184,96	3.279,28	3.373,62	3.447,70	–	–
5b	2.378,11	2.487,67	2.602,20	2.686,40	2.767,26	2.848,13	2.928,95	3.009,73	3.090,62	3.144,51	–	–
5c	2.209,80	2.294,87	2.382,85	2.456,39	2.533,86	2.611,32	2.688,82	2.766,23	2.835,32	–	–	–
6b	2.092,70	2.163,52	2.234,37	2.284,24	2.335,79	2.387,41	2.441,24	2.498,46	2.555,76	2.597,86	–	–
7	1.987,17	2.046,48	2.105,73	2.147,62	2.189,53	2.231,42	2.273,60	2.317,59	2.361,63	2.388,96	–	–
8	1.890,38	1.939,53	1.988,67	2.020,48	2.049,37	2.078,25	2.107,16	2.136,07	2.164,95	2.193,89	2.221,32	–
9a	1.767,96	1.803,83	1.839,69	1.867,55	1.895,40	1.923,28	1.951,16	1.979,06	2.006,90	–	–	–
9	1.726,06	1.765,18	1.804,34	1.833,71	1.860,26	1.886,84	1.913,38	1.939,96	–	–	–	–
10	1.596,26	1.628,42	1.660,61	1.689,96	1.716,49	1.743,05	1.769,62	1.796,19	1.814,39	–	–	–
11	1.505,40	1.530,55	1.555,72	1.575,32	1.594,85	1.614,45	1.634,00	1.653,61	1.673,17	–	–	–
12	1.424,32	1.449,47	1.474,66	1.494,20	1.513,80	1.533,35	1.552,94	1.572,51	1.592,08	–	–	–

Anlage 3 (RK Ost – Tarifgebiet Ost, gültig ab 1. Oktober 2015)
Regelvergütung für die unter die **Anlagen 2, 2b und 2d fallenden Mitarbeiter**

Verg.-Gr.	1	2	3	4	5	6	7	8	9	10	11	12
1	4.017,43	4.369,26	4.721,10	4.905,70	5.090,25	5.274,76	5.459,33	5.643,88	5.828,39	6.012,97	6.197,52	6.366,49
1a	3.719,06	4.022,64	4.326,17	4.495,19	4.664,22	4.833,23	5.002,30	5.171,28	5.340,36	5.509,33	5.678,36	5.754,24
1b	3.448,30	3.708,70	3.969,17	4.134,71	4.300,32	4.465,88	4.631,44	4.797,02	4.962,57	5.128,17	5.197,15	–
2	3.281,85	3.504,30	3.726,80	3.864,76	4.002,74	4.140,76	4.278,75	4.416,73	4.554,67	4.692,64	4.780,66	–
3	2.987,17	3.178,61	3.370,04	3.495,97	3.621,87	3.747,79	3.873,66	3.999,56	4.125,50	4.251,41	4.270,37	–
4a	2.787,36	2.947,47	3.111,33	3.221,75	3.332,13	3.442,49	3.552,87	3.663,28	3.773,65	3.878,87	–	–
4b	2.608,15	2.742,14	2.876,10	2.971,64	3.068,21	3.164,79	3.261,40	3.357,99	3.454,59	3.530,44	–	–
5b	2.449,04	2.557,97	2.671,84	2.755,54	2.835,93	2.916,48	2.999,25	3.082,02	3.164,79	3.219,98	–	–
5c	2.281,72	2.366,29	2.453,75	2.526,86	2.603,89	2.680,90	2.757,94	2.834,95	2.903,59	–	–	–
6b	2.165,29	2.235,71	2.306,14	2.355,72	2.406,97	2.458,30	2.511,80	2.568,70	2.625,66	2.667,51	–	–
7	2.060,39	2.119,35	2.178,25	2.219,90	2.261,55	2.303,22	2.345,14	2.388,88	2.432,65	2.459,84	–	–
8	1.964,15	2.013,02	2.061,88	2.093,49	2.122,22	2.150,93	2.179,67	2.208,41	2.237,13	2.265,89	2.293,17	–
9a	1.819,01	1.854,27	1.889,52	1.916,90	1.944,28	1.971,69	1.999,10	2.026,52	2.053,88	–	–	–
9	1.777,82	1.816,28	1.854,78	1.883,65	1.909,74	1.935,88	1.961,96	1.988,09	–	–	–	–
10	1.650,23	1.681,85	1.713,48	1.742,33	1.768,42	1.794,52	1.820,65	1.846,77	1.864,65	–	–	–
11	1.546,28	1.585,64	1.610,38	1.629,65	1.648,85	1.668,12	1.687,33	1.706,60	1.725,84	–	–	–
12	1.481,22	1.505,94	1.530,70	1.549,91	1.569,17	1.588,39	1.607,65	1.626,88	1.646,12	–	–	–

Anlage 3 (RK Ost – Tarifgebiet Ost, gültig ab 1. März 2016)
Regelvergütung für die unter die Anlagen 2, 2b und 2d fallenden Mitarbeiter

RK Ost – Tarifgebiet Ost – Anlage 3

Verg.-Gr.	1	2	3	4	5	6	7	8	9	10	11	12
1	4.017,43	4.369,26	4.721,10	4.905,70	5.090,25	5.274,76	5.459,33	5.643,88	5.828,39	6.012,97	6.197,52	6.366,49
1a	3.719,06	4.022,64	4.326,17	4.495,19	4.664,22	4.833,23	5.002,30	5.171,28	5.340,36	5.509,33	5.678,36	5.754,24
1b	3.448,30	3.708,70	3.969,17	4.134,71	4.300,32	4.465,88	4.631,44	4.797,02	4.962,57	5.128,17	5.197,15	–
2	3.281,85	3.504,30	3.726,80	3.864,76	4.002,74	4.140,76	4.278,75	4.416,73	4.554,67	4.692,64	4.780,66	–
3	2.987,17	3.178,61	3.370,04	3.495,97	3.621,87	3.747,79	3.873,66	3.999,56	4.125,50	4.251,41	4.270,37	–
4a	2.787,36	2.947,47	3.111,33	3.221,75	3.332,13	3.442,49	3.552,87	3.663,28	3.773,65	3.878,87	–	–
4b	2.608,15	2.742,14	2.876,10	2.971,64	3.068,21	3.164,79	3.261,40	3.357,99	3.454,59	3.530,44	–	–
5b	2.449,04	2.557,97	2.671,84	2.755,54	2.835,93	2.916,48	2.999,25	3.082,02	3.164,79	3.219,98	–	–
5c	2.281,72	2.366,29	2.453,75	2.526,86	2.603,89	2.680,90	2.757,94	2.834,95	2.903,59	–	–	–
6b	2.165,29	2.235,71	2.306,14	2.355,72	2.406,97	2.458,30	2.511,80	2.568,70	2.625,66	2.667,51	–	–
7	2.060,39	2.119,35	2.178,25	2.219,90	2.261,55	2.303,22	2.345,14	2.388,88	2.432,65	2.459,84	–	–
8	1.964,15	2.013,02	2.061,88	2.093,49	2.122,22	2.150,93	2.179,67	2.208,41	2.237,13	2.265,89	2.293,17	–
9a	1.839,68	1.875,35	1.910,99	1.938,69	1.966,37	1.994,10	2.021,82	2.049,55	2.077,22	–	–	–
9	1.798,02	1.836,92	1.875,85	1.905,05	1.931,44	1.957,88	1.984,26	2.010,68	–	–	–	–
10	1.668,98	1.700,96	1.732,95	1.762,13	1.788,52	1.814,91	1.841,34	1.867,75	1.885,84	–	–	–
11	1.563,85	1.603,66	1.628,68	1.648,16	1.667,58	1.687,08	1.706,50	1.725,99	1.745,45	–	–	–
12	1.498,05	1.523,05	1.548,09	1.567,52	1.587,00	1.606,44	1.625,92	1.645,37	1.664,83	–	–	–

Anlage 3 – RK Ost – Tarifgebiet West

Anlage 3 (RK Ost – Tarifgebiet West, gültig ab 1. Januar 2015)
Regelvergütung für die unter die **Anlagen 2, 2b und 2d** fallenden Mitarbeiter

Verg.-Gr.	Stufe											
	1	2	3	4	5	6	7	8	9	10	11	12
1	4.093,84	4.452,37	4.810,91	4.999,01	5.187,07	5.375,09	5.563,17	5.751,24	5.939,26	6.127,35	6.315,41	6.487,59
1a	3.789,80	4.099,15	4.408,46	4.580,70	4.752,94	4.925,16	5.097,45	5.269,65	5.441,94	5.614,13	5.786,37	5.863,70
1b	3.513,89	3.779,25	4.044,66	4.213,36	4.382,12	4.550,83	4.719,53	4.888,26	5.056,97	5.225,72	5.296,01	–
2	3.344,28	3.570,96	3.797,69	3.938,28	4.078,88	4.219,53	4.360,14	4.500,74	4.641,31	4.781,90	4.871,60	–
3	3.043,99	3.239,07	3.434,15	3.562,47	3.690,76	3.819,08	3.947,35	4.075,64	4.203,97	4.332,28	4.351,60	–
4a	2.836,60	3.003,53	3.170,52	3.283,03	3.395,51	3.507,97	3.620,45	3.732,97	3.845,42	3.952,65	–	–
4b	2.648,52	2.789,14	2.929,75	3.028,17	3.126,58	3.225,00	3.323,43	3.421,86	3.520,30	3.597,60	–	–
5a	2.481,50	2.595,83	2.715,34	2.803,20	2.887,57	2.971,96	3.056,29	3.140,64	3.225,00	3.281,23	–	–
5c	2.305,88	2.394,64	2.486,45	2.563,19	2.644,03	2.724,85	2.805,72	2.886,56	2.958,60	–	–	–
6b	2.183,68	2.257,58	2.331,51	2.383,56	2.437,34	2.491,21	2.547,38	2.607,09	2.666,88	2.710,81	–	–
7	2.073,57	2.135,46	2.197,29	2.241,00	2.284,72	2.328,44	2.372,45	2.418,36	2.464,31	2.492,83	–	–
8	1.972,57	2.023,86	2.075,14	2.108,32	2.138,48	2.168,61	2.198,77	2.228,95	2.259,08	2.289,27	2.317,90	–
9a	1.847,42	1.884,90	1.922,38	1.951,48	1.980,58	2.009,72	2.038,86	2.068,00	2.097,09	–	–	–
9	1.803,63	1.844,52	1.885,44	1.916,13	1.943,87	1.971,65	1.999,38	2.027,15	–	–	–	–
10	1.668,00	1.701,61	1.735,24	1.765,91	1.793,64	1.821,39	1.849,16	1.876,92	1.895,94	–	–	–
11	1.573,06	1.599,34	1.625,64	1.646,12	1.666,53	1.687,01	1.707,43	1.727,93	1.748,37	–	–	–
12	1.488,33	1.514,62	1.540,94	1.561,36	1.581,84	1.602,27	1.622,74	1.643,18	1.663,63	–	–	–

Anlage 3 (RK Ost – Tarifgebiet West, gültig ab 1. Oktober 2015)
Regelvergütung für die unter die **Anlagen 2, 2b und 2d** fallenden Mitarbeiter

Verg.-Gr.	Stufe											
	1	2	3	4	5	6	7	8	9	10	11	12
1	4.192,10	4.559,23	4.926,36	5.118,99	5.311,56	5.504,09	5.696,69	5.889,26	6.081,80	6.274,41	6.466,98	6.643,30
1a	3.880,76	4.197,53	4.514,27	4.690,64	4.867,01	5.043,37	5.219,79	5.396,12	5.572,55	5.748,86	5.925,24	6.004,43
1b	3.598,22	3.869,95	4.141,74	4.314,48	4.487,29	4.660,05	4.832,80	5.005,58	5.178,34	5.351,14	5.423,12	–
2	3.424,54	3.656,66	3.888,84	4.032,80	4.176,77	4.320,80	4.464,78	4.608,76	4.752,70	4.896,67	4.988,52	–
3	3.117,04	3.316,81	3.516,57	3.647,97	3.779,34	3.910,74	4.042,08	4.173,46	4.304,87	4.436,26	4.456,04	–
4a	2.908,55	3.075,62	3.246,60	3.361,82	3.477,00	3.592,17	3.707,34	3.822,56	3.937,72	4.047,51	–	–
4b	2.721,55	2.861,37	3.001,15	3.100,84	3.201,61	3.302,39	3.403,20	3.503,99	3.604,79	3.683,94	–	–
5b	2.555,52	2.669,18	2.788,00	2.875,34	2.959,23	3.043,29	3.129,65	3.216,02	3.302,39	3.359,98	–	–
5c	2.380,92	2.469,17	2.560,44	2.636,73	2.717,11	2.797,46	2.877,85	2.958,21	3.029,84	–	–	–
6b	2.259,44	2.332,92	2.406,40	2.458,14	2.511,62	2.565,18	2.621,01	2.680,38	2.739,82	2.783,49	–	–
7	2.149,97	2.211,49	2.272,95	2.316,41	2.359,88	2.403,36	2.447,10	2.492,75	2.538,42	2.566,79	–	–
8	2.049,55	2.100,55	2.151,52	2.184,51	2.214,49	2.244,45	2.274,44	2.304,43	2.334,39	2.364,40	2.392,88	–
9a	1.901,70	1.938,56	1.975,41	2.004,04	2.032,66	2.061,32	2.089,97	2.118,63	2.147,24	–	–	–
9	1.858,63	1.898,83	1.939,08	1.969,27	1.996,55	2.023,87	2.051,14	2.078,45	–	–	–	–
10	1.725,24	1.758,29	1.791,37	1.821,53	1.848,80	1.876,09	1.903,41	1.930,71	1.949,41	–	–	–
11	1.616,57	1.657,71	1.683,58	1.703,72	1.723,79	1.743,94	1.764,03	1.784,17	1.804,29	–	–	–
12	1.548,54	1.574,39	1.600,28	1.620,36	1.640,50	1.660,59	1.680,73	1.700,83	1.720,94	–	–	–

Anlage 3 (RK Ost – Tarifgebiet West, gültig ab 1. März 2016)
Regelvergütung für die unter die **Anlagen 2, 2b und 2d** fallenden Mitarbeiter

Verg.-Gr.	\multicolumn{12}{c}{Stufe}											
	1	2	3	4	5	6	7	8	9	10	11	12
1	4.192,10	4.559,23	4.926,36	5.118,99	5.311,56	5.504,09	5.696,69	5.889,26	6.081,80	6.274,41	6.466,98	6.643,30
1a	3.880,76	4.197,53	4.514,27	4.690,64	4.867,01	5.043,37	5.219,79	5.396,12	5.572,55	5.748,86	5.925,24	6.004,43
1b	3.598,22	3.869,95	4.141,74	4.314,48	4.487,29	4.660,05	4.832,80	5.005,58	5.178,34	5.351,14	5.423,12	–
2	3.424,54	3.656,66	3.888,84	4.032,80	4.176,77	4.320,80	4.464,78	4.608,76	4.752,70	4.896,67	4.988,52	–
3	3.117,04	3.316,81	3.516,57	3.647,97	3.779,34	3.910,74	4.042,08	4.173,46	4.304,87	4.436,26	4.456,04	–
4a	2.908,55	3.075,62	3.246,60	3.361,82	3.477,00	3.592,17	3.707,34	3.822,56	3.937,72	4.047,51	–	–
4b	2.721,55	2.861,37	3.001,15	3.100,84	3.201,61	3.302,39	3.403,20	3.503,99	3.604,79	3.683,94	–	–
5b	2.555,52	2.669,18	2.788,00	2.875,34	2.959,23	3.043,29	3.129,65	3.216,02	3.302,39	3.359,98	–	–
5c	2.380,92	2.469,17	2.560,44	2.636,73	2.717,11	2.797,46	2.877,85	2.958,21	3.029,84	–	–	–
6b	2.259,44	2.332,92	2.406,40	2.458,14	2.511,62	2.565,18	2.621,01	2.680,38	2.739,82	2.783,49	–	–
7	2.149,97	2.211,49	2.272,95	2.316,41	2.359,88	2.403,36	2.447,10	2.492,75	2.538,42	2.566,79	–	–
8	2.049,55	2.100,55	2.151,52	2.184,51	2.214,49	2.244,45	2.274,44	2.304,43	2.334,39	2.364,40	2.392,88	–
9a	1.922,37	1.959,63	1.996,88	2.025,82	2.054,75	2.083,72	2.112,69	2.141,66	2.170,58	–	–	–
9	1.878,83	1.919,47	1.960,16	1.990,67	2.018,25	2.045,87	2.073,44	2.101,05	–	–	–	–
10	1.743,99	1.777,41	1.810,84	1.841,33	1.868,90	1.896,48	1.924,10	1.951,70	1.970,60	–	–	–
11	1.634,14	1.675,73	1.701,88	1.722,24	1.742,53	1.762,90	1.783,20	1.803,57	1.823,90	–	–	–
12	1.565,38	1.591,50	1.617,67	1.637,97	1.658,33	1.678,64	1.699,00	1.719,32	1.739,65	–	–	–

**Anlage 3a (RK NRW/BW, gültig ab 1. Juli 2014; RK Mitte/Bayern/Nord, gültig ab 1. Januar 2015)
Regelvergütung für die unter die Anlagen 2a und 2c fallenden Mitarbeiter**

Verg.-Gr.	1	2	3	4	Stufe 5	6	7	8	9
Kr 14	4.508,61	4.642,42	4.776,22	4.880,32	4.984,39	5.088,49	5.192,55	5.296,65	5.400,72
Kr 13	4.033,67	4.167,47	4.301,31	4.405,38	4.509,43	4.613,53	4.717,63	4.821,69	4.925,79
Kr 12	3.718,92	3.843,56	3.968,16	4.065,06	4.162,00	4.258,92	4.355,84	4.452,74	4.549,71
Kr 11	3.507,19	3.626,79	3.746,40	3.839,44	3.932,46	4.025,49	4.118,50	4.211,52	4.304,55
Kr 10	3.304,70	3.415,67	3.526,64	3.612,93	3.699,25	3.785,51	3.871,82	3.958,11	4.044,42
Kr 9	3.118,86	3.221,44	3.324,08	3.403,90	3.483,72	3.563,55	3.643,36	3.723,17	3.802,98
Kr 8	2.946,15	3.041,21	3.136,30	3.210,25	3.284,23	3.358,17	3.432,10	3.506,07	3.580,00
Kr 7	2.788,28	2.876,11	2.963,92	3.032,24	3.100,55	3.168,86	3.237,16	3.305,47	3.373,75
Kr 6	2.602,63	2.683,12	2.763,60	2.826,18	2.888,79	2.951,39	3.013,99	3.076,58	3.139,19
Kr 5a	2.515,30	2.590,55	2.665,78	2.724,32	2.782,81	2.841,36	2.899,89	2.958,42	3.016,91
Kr 5	2.455,33	2.526,54	2.597,73	2.653,08	2.708,49	2.763,84	2.819,18	2.874,57	2.929,96
Kr 4	2.346,95	2.410,23	2.473,51	2.522,73	2.571,94	2.621,15	2.670,39	2.719,61	2.768,80
Kr 3	2.246,42	2.300,19	2.353,97	2.395,80	2.437,61	2.479,45	2.521,25	2.563,08	2.604,90
Kr 2	2.073,18	2.120,30	2.167,44	2.204,12	2.240,74	2.277,42	2.314,05	2.350,73	2.387,38
Kr 1	1.986,78	2.028,74	2.070,69	2.103,30	2.135,92	2.168,55	2.201,17	2.233,76	2.266,40

Anlage 3a – RK NRW/Mitte/BW/Bayern/Nord

Anlage 3a (RK NRW/Mitte/BW/Bayern, gültig ab 1. März 2015; RK Nord, gültig ab 1. Juli 2015) Regelvergütung für die unter die **Anlagen 2a und 2c** fallenden Mitarbeiter

Verg.-Gr.	Stufe								
	1	2	3	4	5	6	7	8	9
Kr 14	4.616,82	4.753,84	4.890,85	4.997,45	5.104,02	5.210,61	5.317,17	5.423,77	5.530,34
Kr 13	4.130,48	4.267,49	4.404,54	4.511,11	4.617,66	4.724,25	4.830,85	4.937,41	5.044,01
Kr 12	3.808,17	3.935,81	4.063,40	4.162,62	4.261,89	4.361,13	4.460,38	4.559,61	4.658,90
Kr 11	3.591,36	3.713,83	3.836,31	3.931,59	4.026,84	4.122,10	4.217,34	4.312,60	4.407,86
Kr 10	3.384,01	3.497,65	3.611,28	3.699,64	3.788,03	3.876,36	3.964,74	4.053,10	4.141,49
Kr 9	3.193,71	3.298,75	3.403,86	3.485,59	3.567,33	3.649,08	3.730,80	3.812,53	3.894,25
Kr 8	3.021,15	3.115,65	3.211,57	3.287,30	3.363,05	3.438,77	3.514,47	3.590,22	3.665,92
Kr 7	2.864,20	2.951,52	3.038,81	3.106,73	3.174,96	3.244,91	3.314,85	3.384,80	3.454,72
Kr 6	2.679,63	2.759,65	2.839,66	2.901,87	2.964,12	3.026,36	3.088,59	3.150,82	3.214,53
Kr 5a	2.592,81	2.667,62	2.742,42	2.800,61	2.858,76	2.916,97	2.975,16	3.033,34	3.091,50
Kr 5	2.533,19	2.603,98	2.674,76	2.729,79	2.784,87	2.839,90	2.894,92	2.949,98	3.005,05
Kr 4	2.425,44	2.488,35	2.551,27	2.600,19	2.649,12	2.698,05	2.746,99	2.795,93	2.844,84
Kr 3	2.325,49	2.378,95	2.432,42	2.474,00	2.515,57	2.557,16	2.598,73	2.640,31	2.681,89
Kr 2	2.153,27	2.200,10	2.246,97	2.283,44	2.319,85	2.356,32	2.392,73	2.429,19	2.465,63
Kr 1	2.067,36	2.109,08	2.150,79	2.183,21	2.215,64	2.248,08	2.280,51	2.312,91	2.345,36

Anlage 3a (RK Ost – Tarifgebiet Ost, gültig ab 1. Januar 2015)
Regelvergütung für die unter die **Anlagen 2a und 2c** fallenden Mitarbeiter

RK Ost – Tarifgebiet Ost – Anlage 3a

Verg.-Gr.	Stufe								
	1	2	3	4	5	6	7	8	9
Kr 14	4.147,92	4.271,03	4.394,12	4.489,89	4.585,64	4.681,41	4.777,15	4.872,92	4.968,66
Kr 13	3.710,98	3.834,07	3.957,21	4.052,95	4.148,68	4.244,45	4.340,22	4.435,95	4.531,73
Kr 12	3.421,41	3.536,08	3.650,71	3.739,86	3.829,04	3.918,21	4.007,37	4.096,52	4.185,73
Kr 11	3.226,61	3.336,65	3.446,69	3.532,28	3.617,86	3.703,45	3.789,02	3.874,60	3.960,19
Kr 10	3.040,32	3.142,42	3.244,51	3.323,90	3.403,31	3.482,67	3.562,07	3.641,46	3.720,87
Kr 9	2.869,35	2.963,72	3.058,15	3.131,59	3.205,02	3.278,47	3.351,89	3.425,32	3.498,74
Kr 8	2.710,46	2.797,91	2.885,40	2.953,43	3.021,49	3.089,52	3.157,53	3.225,58	3.293,60
Kr 7	2.565,22	2.646,02	2.726,81	2.789,66	2.852,51	2.915,35	2.978,19	3.041,03	3.103,85
Kr 6	2.394,42	2.468,47	2.542,51	2.600,09	2.657,69	2.715,28	2.772,87	2.830,45	2.888,05
Kr 5a	2.314,08	2.383,31	2.452,52	2.506,37	2.560,19	2.614,05	2.667,90	2.721,75	2.775,56
Kr 5	2.258,90	2.324,42	2.389,91	2.440,83	2.491,81	2.542,73	2.593,65	2.644,60	2.695,56
Kr 4	2.159,19	2.217,41	2.275,63	2.320,91	2.366,18	2.411,46	2.456,76	2.502,04	2.547,30
Kr 3	2.066,71	2.116,17	2.165,65	2.204,14	2.242,60	2.281,09	2.319,55	2.358,03	2.396,51
Kr 2	1.907,33	1.950,68	1.994,04	2.027,79	2.061,48	2.095,23	2.128,93	2.162,67	2.196,39
Kr 1	1.827,84	1.866,44	1.905,03	1.935,04	1.965,05	1.995,07	2.025,08	2.055,06	2.085,09

A 3

Anlage 3a – RK Ost – Tarifgebiet Ost

Anlage 3a (RK Ost – Tarifgebiet Ost, gültig ab 1. Oktober 2015)
Regelvergütung für die unter die **Anlagen 2a und 2c fallenden Mitarbeiter**

Verg.-Gr.	Stufe								
	1	2	3	4	5	6	7	8	9
Kr 14	4.247,47	4.373,53	4.499,58	4.597,65	4.695,70	4.793,76	4.891,80	4.989,87	5.087,91
Kr 13	3.800,04	3.926,09	4.052,18	4.150,22	4.248,25	4.346,31	4.444,38	4.542,42	4.640,49
Kr 12	3.503,52	3.620,95	3.738,33	3.829,61	3.920,94	4.012,24	4.103,55	4.194,84	4.286,19
Kr 11	3.304,05	3.416,72	3.529,41	3.617,06	3.704,69	3.792,33	3.879,95	3.967,59	4.055,23
Kr 10	3.113,29	3.217,84	3.322,38	3.403,67	3.484,99	3.566,25	3.647,56	3.728,85	3.810,17
Kr 9	2.938,21	3.034,85	3.131,55	3.206,74	3.281,94	3.357,15	3.432,34	3.507,53	3.582,71
Kr 8	2.779,46	2.866,40	2.954,64	3.024,32	3.094,01	3.163,67	3.233,31	3.303,00	3.372,65
Kr 7	2.635,06	2.715,40	2.795,71	2.858,19	2.920,96	2.985,32	3.049,66	3.114,02	3.178,34
Kr 6	2.465,26	2.538,88	2.612,49	2.669,72	2.726,99	2.784,25	2.841,50	2.898,75	2.957,37
Kr 5a	2.385,39	2.454,21	2.523,03	2.576,56	2.630,06	2.683,61	2.737,15	2.790,67	2.844,18
Kr 5	2.330,53	2.395,66	2.460,78	2.511,41	2.562,08	2.612,71	2.663,33	2.713,98	2.764,65
Kr 4	2.231,40	2.289,28	2.347,17	2.392,17	2.437,19	2.482,21	2.527,23	2.572,26	2.617,25
Kr 3	2.139,45	2.188,63	2.237,83	2.276,08	2.314,32	2.352,59	2.390,83	2.429,09	2.467,34
Kr 2	1.981,01	2.024,09	2.067,21	2.100,76	2.134,26	2.167,81	2.201,31	2.234,85	2.268,38
Kr 1	1.901,97	1.940,35	1.978,73	2.008,55	2.038,39	2.068,23	2.098,07	2.127,88	2.157,73

RK Ost – Tarifgebiet West – Anlage 3a

Anlage 3a (RK Ost – Tarifgebiet West, gültig ab 1. Januar 2015)
Regelvergütung für die unter die **Anlagen 2a und 2c** fallenden Mitarbeiter

Verg.-Gr.	1	2	3	4	Stufe 5	6	7	8	9
Kr 14	4.328,27	4.456,72	4.585,17	4.685,11	4.785,01	4.884,95	4.984,85	5.084,78	5.184,69
Kr 13	3.872,32	4.000,77	4.129,26	4.229,16	4.329,05	4.428,99	4.528,92	4.628,82	4.728,76
Kr 12	3.570,16	3.689,82	3.809,43	3.902,46	3.995,52	4.088,56	4.181,61	4.274,63	4.367,72
Kr 11	3.366,90	3.481,72	3.596,54	3.685,86	3.775,16	3.864,47	3.953,76	4.043,06	4.132,37
Kr 10	3.172,51	3.279,04	3.385,57	3.468,41	3.551,28	3.634,09	3.716,95	3.799,79	3.882,64
Kr 9	2.994,11	3.092,58	3.191,12	3.267,74	3.344,37	3.421,01	3.497,63	3.574,24	3.650,86
Kr 8	2.828,30	2.919,56	3.010,85	3.081,84	3.152,86	3.223,84	3.294,82	3.365,83	3.436,80
Kr 7	2.676,75	2.761,07	2.845,36	2.910,95	2.976,53	3.042,11	3.107,67	3.173,25	3.238,80
Kr 6	2.498,52	2.575,80	2.653,06	2.713,13	2.773,24	2.833,33	2.893,43	2.953,52	3.013,62
Kr 5a	2.414,69	2.486,93	2.559,15	2.615,35	2.671,50	2.727,71	2.783,89	2.840,08	2.896,23
Kr 5	2.357,12	2.425,48	2.493,82	2.546,96	2.600,15	2.653,29	2.706,41	2.759,59	2.812,76
Kr 4	2.253,07	2.313,82	2.374,57	2.421,82	2.469,06	2.516,30	2.563,57	2.610,83	2.658,05
Kr 3	2.156,56	2.208,18	2.259,81	2.299,97	2.340,11	2.380,27	2.420,40	2.460,56	2.500,70
Kr 2	1.990,25	2.035,49	2.080,74	2.115,96	2.151,11	2.186,32	2.221,49	2.256,70	2.291,88
Kr 1	1.907,31	1.947,59	1.987,86	2.019,17	2.050,48	2.081,81	2.113,12	2.144,41	2.175,74

Anlage 3a – RK Ost – Tarifgebiet West

Anlage 3a (RK Ost – Tarifgebiet West, gültig ab 1. Oktober 2015) Regelvergütung für die unter die Anlagen 2a und 2c fallenden Mitarbeiter

Verg.-Gr.	1	2	3	4	Stufe 5	6	7	8	9
Kr 14	4.432,15	4.563,69	4.695,22	4.797,55	4.899,86	5.002,19	5.104,48	5.206,82	5.309,13
Kr 13	3.965,26	4.096,79	4.228,36	4.330,67	4.432,95	4.535,28	4.637,62	4.739,91	4.842,25
Kr 12	3.655,84	3.778,38	3.900,86	3.996,12	4.091,41	4.186,68	4.281,96	4.377,23	4.472,54
Kr 11	3.447,71	3.565,28	3.682,86	3.774,33	3.865,77	3.957,22	4.048,65	4.140,10	4.231,55
Kr 10	3.248,65	3.357,74	3.466,83	3.551,65	3.636,51	3.721,31	3.806,15	3.890,98	3.975,83
Kr 9	3.065,96	3.166,80	3.267,71	3.346,17	3.424,64	3.503,12	3.581,57	3.660,03	3.738,48
Kr 8	2.900,30	2.991,02	3.083,11	3.155,81	3.228,53	3.301,22	3.373,89	3.446,61	3.519,28
Kr 7	2.749,63	2.833,46	2.917,26	2.982,46	3.047,96	3.115,11	3.182,26	3.249,41	3.316,53
Kr 6	2.572,44	2.649,26	2.726,07	2.785,80	2.845,56	2.905,31	2.965,05	3.024,79	3.085,95
Kr 5a	2.489,10	2.560,92	2.632,72	2.688,59	2.744,41	2.800,29	2.856,15	2.912,01	2.967,84
Kr 5	2.431,86	2.499,82	2.567,77	2.620,60	2.673,48	2.726,30	2.779,12	2.831,98	2.884,85
Kr 4	2.328,42	2.388,82	2.449,22	2.496,18	2.543,16	2.590,13	2.637,11	2.684,09	2.731,05
Kr 3	2.232,47	2.283,79	2.335,12	2.375,04	2.414,95	2.454,87	2.494,78	2.534,70	2.574,61
Kr 2	2.067,14	2.112,10	2.157,09	2.192,10	2.227,06	2.262,07	2.297,02	2.332,02	2.367,00
Kr 1	1.984,67	2.024,72	2.064,76	2.095,88	2.127,01	2.158,16	2.189,29	2.220,39	2.251,55

Anlage 3b (RK BW)
Regelvergütung untere Vergütungsgruppen im Bereich der stationären und ambulanten Altenhilfe

1. Für die Mitarbeiter der Vergütungsgruppen 9a bis 12 der Anlage 2 zu den AVR mit Ausnahme der Mitarbeiter der VG 9a Ziffer 8, VG 9 Ziffer 1 und 2 sowie VG 10 Ziffer 2, die ab dem 1. Januar 2011 neu eingestellt werden, wird die Höhe der Regelvergütung nach der im Anschluss wiedergegebenen Fassung festgelegt. **(Regelvergütung Anlage 3 AVR – Neueinstellung)**

2. [1]Für die Mitarbeiter der Vergütungsgruppen 9a bis 12 der Anlage 2 zu den AVR mit Ausnahme der Mitarbeiter der VG 9a Ziffer 8, VG 9 Ziffer 1 und 2 sowie VG 10 Ziffer 2, die am 31.Dezember 2010 in einem Dienstverhältnis gestanden haben, das am 1. Januar 2011 im Geltungsbereich der AVR fortbesteht, wird die Höhe der Regelvergütung nach der im Anschluss wiedergegebenen Fassung festgelegt **(Regelvergütung Anlage 3 AVR – Bestandsmitarbeiter)**. [2]Ein Dienstverhältnis besteht auch fort bei der Verlängerung eines befristeten Dienstvertrages sowie bei Dienstgeberwechsel innerhalb des Geltungsbereichs der AVR. [3]Unterbrechungen von bis zu sieben Wochen sind unschädlich.

3. Für die Mitarbeiter der Vergütungsgruppen 9a bis 12 der Anlage 2 zu den AVR mit Ausnahme der Mitarbeiter der VG 9a Ziffer 8, VG 9 Ziffer 1 und 2 sowie VG 10 Ziffer 2, die ab dem 31. Dezember 2009 neu eingestellt und gemäß Anlage 3b in der Fassung vom 31. Dezember 2009 bis 31. Dezember 2010 vergütet wurden, wird die Höhe der Regelvergütung nach der im Anschluss wiedergegebenen Fassung wie für Neueinstellungen festgelegt. **(Regelvergütung Anlage 3 AVR – Neueinstellung bzw. Überführung aus Anlage 3b (alt))**

4. [1]Ausgenommen von den Regelungen zu Ziffer 1 bis 3 sind ferner Mitarbeiter in Tätigkeiten, die eine abgeschlossene Ausbildung von mindestens einem Jahr haben, und deren Ausbildung für diese Tätigkeit erforderlich ist.

[2]Werden einschlägige gesetzliche Mindestlöhne hierdurch unterschritten, so gelten mindestens diese.

5. Diese Anlage und ihre Regelungen sind bis zum 31. Dezember 2016 befristet.

Anlage 3b – RK BW

Anlage 3b (RK BW) – Regelvergütung bei Neueinstellungen
(gültig ab 1. Juli 2014)

Verg.-Gr.	Regelvergütungsstufen								
	1	2	3	4	5	6	7	8	9
9a	1.926,87	1.965,97	2.005,06	2.035,41	2.065,77	2.096,15	2.126,56	2.156,94	2.187,29
9	1.881,19	1.923,84	1.966,52	1.998,53	2.027,47	2.056,45	2.085,37	2.114,32	–
10	1.739,74	1.774,79	1.809,86	1.841,87	1.870,78	1.899,73	1.928,69	1.957,65	1.977,47
11	1.640,72	1.668,14	1.695,56	1.716,92	1.738,21	1.759,57	1.780,88	1.802,24	1.823,57
12	1.589,18	1.589,18	1.607,21	1.628,51	1.649,87	1.671,20	1.692,53	1.713,86	1.735,18

(gültig ab 1. März 2015)

Verg.-Gr.	Regelvergütungsstufen								
	1	2	3	4	5	6	7	8	9
9a	2.007,81	2.046,68	2.085,54	2.115,72	2.145,89	2.176,10	2.206,33	2.236,54	2.266,71
9	1.962,39	2.004,80	2.047,22	2.079,05	2.107,82	2.136,63	2.165,38	2.194,17	–
10	1.821,77	1.856,61	1.891,48	1.923,30	1.952,04	1.980,83	2.009,61	2.038,41	2.058,11
11	1.704,44	1.750,58	1.777,84	1.799,08	1.820,24	1.841,48	1.862,67	1.883,90	1.905,11
12	1.672,08	1.672,08	1.690,01	1.711,19	1.732,42	1.753,62	1.774,83	1.796,03	1.817,23

Anlage 3b (RK BW) – Regelvergütung bei Bestandsmitarbeitern (gültig ab 1. Juli 2014)

Verg.-Gr.	Regelvergütungsstufen								
	1	2	3	4	5	6	7	8	9
9a	1.963,90	2.003,75	2.043,58	2.074,52	2.105,47	2.136,45	2.167,42	2.198,39	2.229,32
9	1.917,36	1.960,82	2.004,31	2.036,94	2.066,44	2.095,96	2.125,45	2.154,96	–
10	1.773,19	1.808,91	1.844,64	1.877,26	1.906,75	1.936,24	1.965,74	1.995,27	2.015,48
11	1.672,26	1.700,20	1.728,14	1.749,91	1.771,62	1.793,39	1.815,10	1.836,88	1.858,61
12	1.589,18	1.610,12	1.638,10	1.659,81	1.681,57	1.703,31	1.725,05	1.746,79	1.768,53

(gültig ab 1. März 2015)

Verg.-Gr.	Regelvergütungsstufen								
	1	2	3	4	5	6	7	8	9
9a	2.044,62	2.084,24	2.123,84	2.154,60	2.185,37	2.216,16	2.246,95	2.277,74	2.308,50
9	1.998,35	2.041,56	2.084,79	2.117,23	2.146,56	2.175,91	2.205,22	2.234,56	–
10	1.855,02	1.890,53	1.926,05	1.958,48	1.987,80	2.017,12	2.046,45	2.075,81	2.095,90
11	1.737,20	1.782,46	1.810,24	1.831,87	1.853,46	1.875,11	1.896,68	1.918,34	1.939,95
12	1.672,08	1.692,90	1.720,72	1.742,31	1.763,93	1.785,55	1.807,17	1.828,77	1.850,39

Anlage 4a (RK BW):
Regelungen der Beschäftigungssicherung nach § 10 Abs. 3 AK-Ordnung in dem Gebiet der Regionalkommission Baden-Württemberg

	Vermeidung von Outsourcing	176
§ 1	Geltungsbereich	176
§ 2	Verzicht von Outsourcing und betriebsbedingten Kündigungen	176
§ 3	Regelvergütung	177
§ 4	Darlegung	177
§ 5	Befristung	177

¹Die Regionalkommission Baden-Württemberg ist sich einig, dass aufgrund schwerwiegender Veränderung der Marktssituation bzw. der wirtschaftlichen Situation Einrichtungsteile in ihrem Bestand gefährdet sein können. ²Um Outsourcing und betriebsbedingte Kündigungen in solchen Einrichtungsteilen zu vermeiden, beschließt die Regionalkommission Baden-Württemberg gemäß § 10 Abs. 3 i.V.m. § 11 AK-Ordnung die nachfolgenden Schritte.

Vermeidung von Outsourcing

Für das Gebiet der Regionalkommission Baden-Württemberg der Arbeitsrechtlichen Kommission wird zur Sicherung der Beschäftigung und Wettbewerbsfähigkeit und zur Stabilisierung der wirtschaftlichen Situation folgendes beschlossen:

§ 1 Geltungsbereich

Diese Vereinbarung gilt für Einrichtungen, die der Regelungszuständigkeit der Regionalkommission Baden-Württemberg gem. § 2 Abs. 5 AK-Ordnung unterliegen und für die ein entsprechender Antrag gem. § 11 AK-Ordnung gestellt ist.

§ 2 Verzicht auf Outsourcing und betriebsbedingte Kündigungen

¹Die Regionalkommission Baden-Württemberg wird in einem Sonderverfahren die unter § 3 und § 4 genannten Maßnahmen für die Zeit bis zunächst längstens zum 31. Dezember 2015 beschließen.

²Während der Laufzeit eines Beschlusses sind für die betroffenen Einrichtungen sowohl Outsourcing als auch betriebsbedingte Kündigungen ausgeschlossen bzw. letztere nur mit ausdrücklicher Zustimmung der Mitarbeitervertretung zulässig.

§ 3 Regelvergütung

¹Für alle Mitarbeiter einer Einrichtung, die von einer Maßnahme nach § 1 Abs. 1 direkt betroffen sind, kann die Regelvergütung i. S. v. Abschnitt II Ziffer 1 der Anlage 1 zu den AVR um bis zu 10 v. H. abgesenkt werden für den Zeitraum bis zunächst längstens zum 31. Dezember 2015. ²Werden einschlägige gesetzliche Mindestlöhne hierdurch unterschritten, so gelten mindestens diese.

§ 4 Darlegung

¹Eine Outsourcingabsicht muss begründet werden. ²Dazu ist insbesondere erforderlich, dass mindestens ein Angebot eines einschlägigen Dienstleisters außerhalb des Geltungsbereichs der AVR und eine Stellungnahme der Mitarbeitervertretung vorgelegt werden. ³Weiter muss der Träger der Einrichtung schriftlich versichern, dass er während der Laufzeit des Beschlusses in der Einrichtung nicht ausgründet und nicht betriebsbedingt kündigt bzw. letzteres nur mit ausdrücklicher Zustimmung der Mitarbeitervertretung.

§ 5 Befristung

Diese Regelung ist bis zum 31. Dezember 2016 befristet.

Anlage 4b (RK BW):
Regelung zur Beschäftigungssicherung und Vermeidung von betriebsbedingten Kündigungen sowie zur Vermeidung von Wettbewerbsnachteilen für Einrichtungen

	Präambel	178
§ 1	Geltungsbereich	178
§ 2	Antrag bei der Regionalkommission / Verfahren	179
§ 3a	Voraussetzungen für einen Absenkungsantrag	179
§ 3b	Voraussetzungen für einen Absenkungsantag für Mitarbeiter in der Altenhilfe nach Anlage 32 zu den AVR	179
§ 4	Umfang der Absenkung der Vergütung	180
§ 5	Befristung	180

Präambel

Zur Vermeidung weiterer Ausgründungen und zur Sicherung von Arbeitsplätzen, sowie zur Vermeidung von Wettbewerbsnachteilen für die Einrichtungen wird auf der Basis der Beschlüsse der Regionalkommission vom 10. November 2010 und vom 16. November 2012 ein Verfahren eingeführt, mittels dessen Einrichtungen die Möglichkeit eingeräumt wird, für Mitarbeiter der VG 9a bis 12 der Anlage 2 zu den AVR, mit Ausnahme der Mitarbeiter der VG 9a Ziffer 8, VG 9 Ziffer 1 und 2 sowie VG 10 Ziffer 2, außerdem für Mitarbeiter in der Altenhilfe gemäß Anlage 32 zu den AVR, eine Absenkung der Dienstbezüge zu den AVR um bis zu 10 v.H. zu beantragen.

§ 1 Geltungsbereich

Diese Regelung gilt für Mitarbeiter der VG 9a bis 12 der Anlage 2 zu den AVR mit Ausnahme der Mitarbeiter der VG 9a Ziffer 8, VG 9 Ziffer 1 und 2 sowie VG 10 Ziffer 2, außerdem für Mitarbeiter in der Altenhilfe gemäß Anlage 32 zu den AVR im örtlichen Geltungsbereich der Regionalkommission Baden-Württemberg, für die ein den nachfolgenden Bestimmungen entsprechender Antrag auf Absenkung der Vergütung gestellt wird.

§ 2 Antrag bei der Regionalkommission / Verfahren

(1) Liegen in einer Einrichtung im Sinne der Mitarbeitervertretungsordnung die unter § 3 im einzelnen genannten Voraussetzungen vor, kann der Dienstgeber einen Antrag auf Absenkung der Vergütung der VG 9a bis 12, mit Ausnahme der Mitarbeiter der VG 9a Ziffer 8, VG 9 Ziffer 1 und 2 sowie VG 10 Ziffer 2 der Anlage 2, außerdem für Mitarbeiter in der Altenhilfe gemäß Anlage 32 zu den AVR, entsprechend § 4 stellen.

(2) ¹Mit dem Antrag sind die Berechnung der Quote gemäß § 3 Abs. 2 oder 3 und eine Personalliste der Regionalkommission vorzulegen, aus der sich die individuellen Absenkungen der betroffenen Mitarbeiter ergeben. ²Die Regionalkommission überträgt die Bearbeitung des Antrags zur abschließenden Behandlung und Beschlussfassung an die jeweils zuständige Unterkommission.

§ 3a Voraussetzungen für einen Absenkungsantrag

(1) Um einen entsprechenden Antrag bei der Regionalkommission stellen zu können und die Vergütung des einzelnen Mitarbeiters abzusenken, muss der Anteil der Arbeitgeberpersonalkosten der VG 9a bis 12, mit Ausnahme der Mitarbeiter der VG 9a Ziffer 8, VG 9 Ziffer 1 und 2 sowie VG 10 Ziffer 2, an den Gesamtarbeitgeberpersonalkosten in der Einrichtung mehr als 10 v.H. betragen und die durchschnittliche Vergütung im Sinne des § 2 Abs. 1 der Mitarbeiter der VG 9a bis 12 der Anlage 2, mit Ausnahme der Mitarbeiter der VG 9a Ziffer 8, VG 9 Ziffer 1 und 2 sowie VG 10 Ziffer 2, muss 35 v.H. über dem zu diesem Zeitpunkt geltenden Mindestlohntarifvertrag für die gewerblich Beschäftigten im Gebäudereiniger-Handwerk liegen oder

(2) der Anteil der Arbeitgeberpersonalkosten der VG 9a bis 12 der Anlage 2, mit Ausnahme der Mitarbeiter der VG 9a Ziffer 8, VG 9 Ziffer 1 und 2 sowie VG 10 Ziffer 2, an den Gesamtarbeitgeberpersonalkosten in der Einrichtung muss mehr als 5 v.H. betragen und die durchschnittliche Vergütung im Sinne des § 2 Abs. 1 der Mitarbeiter der VG 9a bis 12, mit Ausnahme der Mitarbeiter der VG 9a Ziffer 8, VG 9 Ziffer 1 und 2 sowie VG 10 Ziffer 2, der Anlage 2 muss 40 v.H. über dem zu diesem Zeitpunkt geltenden Mindestlohntarifvertrag für die gewerblich Beschäftigten im Gebäudereiniger-Handwerk liegen.

§ 3b Voraussetzungen für einen Absenkungsantrag für Mitarbeiter in der Altenhilfe nach Anlage 32 zu den AVR

Um einen entsprechenden Antrag bei der Regionalkommission stellen zu können und das Entgelt des einzelnen Mitarbeiters abzusenken, muss der Antragsteller
- die Wettbewerbssituation im Einzugsbereich (der Einzugsbereich definiert sich durch den Einzugsbereich der Bewohner der Einrichtung und zuständige Kostenträger),
- die Belegungssituation,
- die Personalkostenquote der Mitarbeiter in der Altenhilfe nach Anlage 32 AVR in Bezug auf die Gesamtkosten,

- die Darstellung der durchschnittlichen Personalkosten pro Vollkraft in der Altenhilfe nach Anlage 32 AVR im Verhältnis zu den durch die Pflegesätze refinanzierten Personalkosten pro Vollkraft bzw. im Bereich der ambulanten Altenhilfe im Verhältnis zu maßgeblichen Betriebsvergleichen und
- die Personalstatistik (Inhalte müssen mindestens sein die Darstellung der Anzahl der ungelernten und einjährig ausgebildeten Mitarbeiter und der Fachkräfte; jeweilige Stufenzuordnung)

beschreiben.

§ 4   Umfang der Absenkung der Vergütung / des Entgelts

(1) Die dem Mitarbeiter monatlich zu gewährenden Dienstbezüge gemäß Abschnitt II der Anlage 1 zu den AVR bzw. das zu gewährende Tabellenentgelt gemäß § 12 der Anlage 32 zu den AVR, sowie die Vergütungsanteile, die aus Besitzstandszulagen der Anlage 1b zu den AVR resultieren, können um bis zu 10 v.H. gekürzt werden.

(2) Die sich dabei ergebende Vergütung muss mindestens 30 v.H. über dem zu diesem Zeitpunkt geltenden Mindestlohntarifvertrag für die gewerblich Beschäftigten im Gebäudereiniger-Handwerk bzw. dem Mindestlohn für die Arbeitnehmer in der Pflege liegen.

(3) [1]Die Absenkung der Vergütung ist für eine Laufzeit von bis zu 5 Jahren zulässig. [2]Eine Verlängerung ist möglich. [3]Dabei sind erneut Anträge an die Regionalkommission zu stellen.

§ 5   Befristung

Diese Anlage ist bis zum 31. Dezember 2016 befristet.

Anlage 5:
Arbeitszeitregelung

§ 1	Arbeitszeit, Ruhepausen, Ruhezeiten	181
§ 1a	Teilzeitbeschäftigung	184
§ 1b	Arbeitszeitverkürzung durch freie Tage	184
§ 2	Nacht-, Wechselschicht- und Schichtarbeit, Sonn- und Feiertagsarbeit	185
§ 3	Arbeitszeit an Samstagen und Vorfesttagen	186
§ 4	Nichtdienstplanmäßige Arbeit	186
§ 5	Kurzarbeit	187
§ 6	Sonderbestimmungen bei Dienstreisen	188
§ 7	Bereitschaftsdienst und Rufbereitschaft	188
§ 8	Bereitschaftsdienst und Rufbereitschaft in Krankenhäusern und Heimen	189
§ 9	Bereitschaftsdienst- und Rufbereitschaftschaftsentgelt in Krankenhäusern und Heimen	191
§ 10	Sonderregelung für Mitarbeiter in häuslichen Gemeinschaften	192

§ 1 Arbeitszeit, Ruhepausen, Ruhezeiten

(1) *(RK NRW/RK Mitte):*
¹Die regelmäßige Arbeitszeit der Mitarbeiter beträgt ab dem 1. September 2009 durchschnittlich 39 Stunden in der Woche.

²Der Berechnung des Durchschnitts der wöchentlichen Arbeitszeit ist in der Regel ein Zeitraum von 13 Wochen zugrunde zu legen. ³Durch Dienstvereinbarung kann ein Zeitraum von bis zu 52 Wochen zugrunde gelegt werden.

⁴Die werktägliche Arbeitszeit der Mitarbeiter darf acht Stunden nicht überschreiten. ⁵Sie kann auf bis zu zehn Stunden nur verlängert werden, wenn innerhalb der genannten Zeiträume im Durchschnitt acht Stunden werktäglich nicht überschritten werden.

(1) *(RK Bayern):*
¹Die regelmäßige Arbeitszeit der Mitarbeiter beträgt ab dem 1. Juli 2009 durchschnittlich 39 Stunden in der Woche. ²Bei der Erhöhung der Arbeitszeit haben die teilzeitbeschäftigten Mitarbeiter ein Wahlrecht, ob sie eine entsprechende Reduzierung ihrer Vergütung bei gleich bleibender Arbeitszeit oder eine anteilige Erhöhung der Arbeitszeit ohne zusätzliche Vergütungserhöhung akzeptieren, soweit betriebliche Interessen nicht entgegenstehen.

Randnotizen: regelmäßige Arbeitszeit; durchschnittliche wöchentliche Arbeitszeit; A 5; werktägliche Arbeitszeit; regelmäßige Arbeitszeit

Anlage 5 – § 1

durchschnittliche wöchentliche Arbeitszeit	³Der Berechnung des Durchschnitts der wöchentlichen Arbeitszeit ist in der Regel ein Zeitraum von 13 Wochen zugrunde zu legen. ⁴Durch Dienstvereinbarung kann ein Zeitraum von bis zu 52 Wochen zugrunde gelegt werden.
werktägliche Arbeitszeit	⁵Die werktägliche Arbeitszeit der Mitarbeiter darf acht Stunden nicht überschreiten. ⁶Sie kann auf bis zu zehn Stunden nur verlängert werden, wenn innerhalb der genannten Zeiträume im Durchschnitt acht Stunden werktäglich nicht überschritten werden.

(1) *(RK Nord/RK BW):*

regelmäßige Arbeitszeit	¹Die regelmäßige Arbeitszeit der Mitarbeiter beträgt ab dem 1. Januar 2010 durchschnittlich 39 Stunden in der Woche.
durchschnittliche wöchentliche Arbeitszeit	²Der Berechnung des Durchschnitts der wöchentlichen Arbeitszeit ist in der Regel ein Zeitraum von 13 Wochen zugrunde zu legen. ³Durch Dienstvereinbarung kann ein Zeitraum von bis zu 52 Wochen zugrunde gelegt werden.
werktägliche Arbeitszeit	⁴Die werktägliche Arbeitszeit der Mitarbeiter darf acht Stunden nicht überschreiten. ⁵Sie kann auf bis zu zehn Stunden nur verlängert werden, wenn innerhalb der genannten Zeiträume im Durchschnitt acht Stunden werktäglich nicht überschritten werden.

(1) *(RK Ost: Brandenburg, Mecklenburg-Vorpommern, Sachsen, Sachsen-Anhalt und Thüringen, soweit sie zu den [Erz-] Bistümern Berlin, Dresden-Meißen, Erfurt, Görlitz, Hamburg und Magdeburg gehören):*

regelmäßige Arbeitszeit	¹Die regelmäßige Arbeitszeit der Mitarbeiter beträgt ab dem 1. Juli 2009 durchschnittlich 40 Stunden in der Woche.
durchschnittliche wöchentliche Arbeitszeit	²Der Berechnung des Durchschnitts der wöchentlichen Arbeitszeit ist in der Regel ein Zeitraum von 13 Wochen zugrunde zu legen. ³Durch Dienstvereinbarung kann ein Zeitraum von bis zu 52 Wochen zugrunde gelegt werden.
werktägliche Arbeitszeit	⁴Die werktägliche Arbeitszeit der Mitarbeiter darf acht Stunden nicht überschreiten. ⁵Sie kann auf bis zu zehn Stunden nur verlängert werden, wenn innerhalb der genannten Zeiträume im Durchschnitt acht Stunden werktäglich nicht überschritten werden.

(1) *(RK Ost: Berlin, Hamburg, Schleswig-Holstein)*

regelmäßige Arbeitszeit	¹Die regelmäßige Arbeitszeit der Mitarbeiter beträgt in den Bundesländern Hamburg und Schleswig-Holstein sowie in dem Teil des Landes Berlin, in dem das Grundgesetz bereits vor dem 2. Oktober 1990 galt, ab dem 1. Juli 2009 durchschnittlich 38,5 Stunden in der Woche. ²Die regelmäßige Arbeitszeit der Mitarbeiter für den Teil des Landes Berlin, in dem das Grundgesetz vor dem 3. Oktober 1990 nicht galt, beträgt ab dem 1. Juli 2009 durchschnittlich 40 Stunden in der Woche.
durchschnittliche wöchentliche Arbeitszeit	³Der Berechnung des Durchschnitts der wöchentlichen Arbeitszeit ist in der Regel ein Zeitraum von 13 Wochen zugrunde zu legen. ⁴Durch Dienstvereinbarung kann ein Zeitraum von bis zu 52 Wochen zugrunde gelegt werden.
werktägliche Arbeitszeit	⁵Die werktägliche Arbeitszeit der Mitarbeiter darf acht Stunden nicht überschreiten. ⁶Sie kann auf bis zu zehn Stunden nur verlängert werden, wenn innerhalb der genannten Zeiträume im Durchschnitt acht Stunden werktäglich nicht überschritten werden.

§ 1 – Anlage 5

(2) Die regelmäßige Arbeitszeit kann auf durchschnittlich 48 Stunden in der Woche und über zehn Stunden werktäglich verlängert werden, wenn in die Arbeitszeit regelmäßig und in erheblichem Umfang Arbeitsbereitschaft fällt. — Arbeitsbereitschaft

(3) (entfällt)

(4) In Einrichtungen, die in bestimmten Zeiten des Jahres regelmäßig zu saisonbedingt erheblich verstärkter Tätigkeit genötigt sind, kann für diese Zeit die regelmäßige Arbeitszeit bis zu zehn Stunden täglich und 60 Stunden wöchentlich verlängert werden, sofern die regelmäßige Arbeitszeit in den übrigen Zeiten des Jahres entsprechend verkürzt wird (Jahreszeitenausgleich). — Saisonarbeiten

(5) (entfällt)

(6) ¹Zur regelmäßigen Arbeitszeit gehören nicht Zeiten, in denen der Mitarbeiter Arbeiten im Sinne des Abschnitts XI der Anlage 1 zu den AVR ausübt, sofern er für diese eine zusätzliche Vergütung zu seinen Dienstbezügen erhält. ²Das gilt auch für Zeiten, in denen Mitarbeiter eine Nebenbeschäftigung (§ 5 AT) wahrnehmen.

(7) ¹Die Arbeitszeit ist mindestens durch die gesetzlich vorgeschriebenen Ruhepausen zu unterbrechen. ²Die Ruhepausen werden nicht in die Arbeitszeit eingerechnet. — Ruhepausen

³Durch Dienstvereinbarung¹ kann

a) in Schichtbetrieben die Gesamtdauer der Ruhepausen nach § 4 Satz 2 ArbZG auf Kurzpausen von angemessener Dauer aufgeteilt werden.

b) bei der Behandlung, Pflege und Betreuung von Personen die Lage und Dauer der Ruhepausen der Eigenart dieser Tätigkeit entsprechend unter Berücksichtigung des Wohls dieser Personen angepasst werden.

(8) ¹Die wöchentliche Arbeitszeit ist unter Beachtung der gesetzlichen Bestimmungen auf die Tage in der Woche zu verteilen, an denen in der Einrichtung regelmäßig gearbeitet wird. ²Eine Woche ist der Zeitraum von Montag 0.00 Uhr bis Sonntag 24.00 Uhr. ³Dienstplanmäßige Arbeit ist die Arbeit, die innerhalb der regelmäßigen Arbeitszeit an den nach dem Dienstplan festgelegten Kalendertagen regelmäßig zu leisten ist. ⁴Die Arbeitszeit kann innerhalb einer Einrichtung für die Mitarbeiter verschiedener Dienstbereiche unterschiedlich verteilt werden, wenn das aus dienstlichen Gründen geboten ist. — wöchentliche Arbeitszeit / dienstplanmäßige Arbeit / Verteilung der Arbeitszeit

(9) Die Arbeitszeit beginnt und endet an der Arbeitsstelle (Verwaltungs-/Betriebsbereich in dem Gebäude/Gebäudeteil, in dem der Mitarbeiter arbeitet), bei wechselnder Arbeitsstelle an der jeweils vorgeschriebenen Arbeitsstelle. — Beginn und Ende

(10) ¹Die Mitarbeiter müssen nach Beendigung der täglichen Arbeitszeit eine ununterbrochene Ruhezeit von mindestens elf Stunden haben. ²Die Ruhezeit kann auf mindestens neun Stunden verkürzt werden, wenn die Art der Arbeit dies erfordert und die Kürzung der Ruhezeit innerhalb von dreizehn Wochen ausgeglichen wird. — Ruhezeit

³Abweichend von Unterabsatz 1 Satz 1 sind in Krankenhäusern und anderen Einrichtungen zur Behandlung, Pflege und Betreuung von Personen Kürzungen der Ruhezeit durch Inanspruchnahmen während der Rufbereitschaft, die mindestens die Hälfte der Ruhezeit betragen, unmittelbar anschließend auszugleichen. ⁴Be-

---
1 Vgl. § 38 (Rahmen-) MAVO.

trägt die Inanspruchnahme während der Rufbereitschaft weniger als die Hälfte der Ruhezeit, ist ein Ausgleich zu anderer Zeit möglich.

Nachtarbeitnehmer (11) Die vorstehenden Regelungen gelten auch für Nachtarbeitnehmer im Sinne des Arbeitszeitgesetzes.

Anmerkung zu Absatz 11:
[1]Nachtarbeitnehmer im Sinne des § 2 Abs. 5 ArbZG sind Mitarbeiter, die aufgrund ihrer Arbeitszeitgestaltung normalerweise Nachtarbeit in Wechselschicht zu leisten haben oder Nachtarbeit an mindestens 48 Tagen im Kalenderjahr leisten. [2]Nachtarbeit im Sinne des § 2 Abs. 4 ArbZG ist jede Arbeit, die mehr als zwei Stunden der Nachtzeit umfasst. [3]Nachtzeit im Sinne des § 2 Abs. 3 ArbZG ist die Zeit von 23.00 bis 6.00 Uhr.

§ 1a Teilzeitbeschäftigung

Anspruch auf Teilzeit (1) [1]Mit vollbeschäftigten Mitarbeitern soll auf Antrag eine geringere als die regelmäßige Arbeitszeit vereinbart werden, wenn sie

Kind pflegebedürftiger Angehöriger
a) mindestens ein Kind unter 18 Jahren oder

b) einen nach ärztlichem Gutachten pflegebedürftigen sonstigen Angehörigen

tatsächlich betreuen oder pflegen und dringende dienstliche und betriebliche Belange nicht entgegenstehen.

Befristung der Reduzierung [2]Die Teilzeitbeschäftigung nach Unterabs. 1 ist auf bis zu fünf Jahre zu befristen, soweit der Mitarbeiter dies in dem Antrag auf Reduzierung der Arbeitszeit verlangt. [3]Sie kann verlängert werden; der Antrag ist bis spätestens sechs Monate vor Ablauf der vereinbarten Teilzeitbeschäftigung zu stellen.

andere Fälle [4]Vollbeschäftigte Mitarbeiter, die in anderen als den in Unterabs. 1 genannten Fällen eine Teilzeitbeschäftigung vereinbaren wollen, können von ihrem Dienstgeber verlangen, dass er mit ihnen die Möglichkeit einer Teilzeitbeschäftigung mit dem Ziel erörtert, zu einer entsprechenden Vereinbarung zu gelangen.

unbefristete Reduzierung [5]Ist mit einem früher vollbeschäftigten Mitarbeiter auf seinen Wunsch eine nicht befristete Teilzeitbeschäftigung vereinbart worden, soll der Mitarbeiter bei späterer Besetzung eines Vollzeitarbeitsplatzes bei gleicher Eignung im Rahmen der dienstlichen bzw. betrieblichen Möglichkeiten bevorzugt berücksichtigt werden.

[6]Die Unterabsätze 1 bis 4 gelten entsprechend für teilzeitbeschäftigte Mitarbeiter, wenn sie eine Herabsetzung ihrer dienstvertraglich vereinbarten Arbeitszeit beantragen.

TzBfG (2) Für Einrichtungen mit mehr als 15 Mitarbeitern gilt im Übrigen § 8 des Gesetzes über Teilzeitarbeit und befristete Arbeitsverträge.

§ 1b Arbeitszeitverkürzung durch freie Tage

AZV-Tag (1) [1]Der Mitarbeiter wird in jedem Kalenderjahr an einem Arbeitstag (§ 3 Abs. 4 der Anlage 14 zu den AVR) von der Arbeit freigestellt. [2]Für die Zeit der Freistellung erhält der Mitarbeiter die Dienstbezüge (Abschnitt II der Anlage 1 zu den AVR) und die in Monatsbeträgen festgelegten Zulagen fortgezahlt. [3]Die Dauer der Freistellung beträgt höchstens ein Fünftel der für den Mitarbeiter geltenden durchschnittlichen wöchentlichen Arbeitszeit.

regelmäßige Dienstbezüge

Dauer

(2) Der neu eingestellte Mitarbeiter erwirbt den Anspruch auf die Freistellung erstmals, wenn das Dienstverhältnis fünf Monate ununterbrochen bestanden hat. — *Wartezeit*

(3) ¹Wird der Mitarbeiter an dem für die Freistellung vorgesehenen Tag aus dienstlichen bzw. betrieblichen Gründen zur Arbeit herangezogen, ist die Freistellung innerhalb desselben Kalenderjahres nachzuholen. ²Ist dies aus dienstlichen bzw. betrieblichen Gründen nicht möglich, ist die Freistellung innerhalb des folgenden Kalenderjahres nachzuholen. ³Eine Nachholung in anderen Fällen ist nicht zulässig. — *Nachholen bei dienstlicher Verhinderung*

(4) Der Anspruch auf Freistellung kann nicht abgegolten werden. — *Abgeltungsverbot*

(5) Ist der Mitarbeiter in einem anderen Rechtsverhältnis im Geltungsbereich der AVR oder in einem anderen Tätigkeitsbereich der katholischen Kirche nach dieser oder einer entsprechenden Vorschrift für dasselbe Kalenderjahr bereits an einem Tag freigestellt worden, gilt der Anspruch nach Abs. 1 als erfüllt. — *Anrechnung anderer AZV-Tage*

§ 2 Nacht-, Wechselschicht- und Schicht-arbeit, Sonn- und Feiertagsarbeit

(1) In Einrichtungen bzw. Einrichtungsstellen, deren Aufgaben Nacht-, Wechselschicht-, Schicht-, Sonn- oder Feiertagsarbeit erfordern, muss dienstplanmäßig bzw. betriebsüblich entsprechend gearbeitet werden. — *Nacht-, Wechselschicht-, Schicht-, Sonn- oder Feiertagsarbeit*

(2) ¹Wechselschichtarbeit ist die Arbeit nach einem Schichtplan (Dienstplan), der einen regelmäßigen Wechsel der täglichen Arbeitszeit in Wechselschichten mit Nachtschichtfolge vorsieht. ²Wechselschichten sind Arbeitsschichten, in denen ununterbrochen – werktags, sonntags und feiertags – bei Tag und Nacht an allen Kalendertagen gearbeitet wird; eine Unterbrechung der Arbeitsleistung von höchstens 48 Stunden in der Zeit von freitags 12.00 Uhr bis zum folgenden Montag 12.00 Uhr bleibt außer Betracht. ³Eine Nachtschichtfolge liegt vor, wenn der Mitarbeiter längstens nach Ablauf eines Monats erneut zur Nachtschicht herangezogen wird. — *Wechselschichtarbeit*

⁴Schichtarbeit ist die Arbeit nach einem Schichtplan (Dienstplan), der einen regelmäßigen Wechsel der täglichen Arbeitszeit im Zeitabschnitt von längstens einem Monat von einer Schichtart in eine andere (so z.B. von der Frühschicht in die Spätschicht oder gegebenenfalls in die Nachtschicht) vorsieht. — *Schichtarbeit*

(3) ¹Sonntagsarbeit ist die Arbeit von 0.00 Uhr bis 24.00 Uhr an Sonntagen. ²Bei Sonntagsarbeit sollen im Monat zwei Sonntage arbeitsfrei sein. ³Werden Mitarbeiter an einem Sonntag beschäftigt, müssen sie einen Ersatzruhetag haben, der innerhalb eines den Beschäftigungstag einschließenden Zeitraums von zwei Wochen zu gewähren ist. ⁴Der Ersatzruhetag darf nicht auf einen gesetzlichen Feiertag fallen. — *Sonntagsarbeit* / *Ersatzruhetag*

⁵Feiertagsarbeit ist die Arbeit von 0.00 Uhr bis 24.00 Uhr an gesetzlichen Feiertagen. ⁶Werden Mitarbeiter an einem auf einen Werktag fallenden gesetzlichen Feiertag beschäftigt, müssen sie einen Ersatzruhetag haben, der innerhalb eines Zeitraums von 13 Wochen zu gewähren ist. ⁷Der Ersatzruhetag darf nicht auf einen anderen gesetzlichen Feiertag fallen. ⁸Für die geleistete dienstplanmäßige bzw. betriebsübliche Arbeitszeit sollen die Mitarbeiter eine entsprechende Freizeit an einem Werktag innerhalb eines Zeitraums von 13 Wochen unter Fortzahlung der Dienstbezüge (Abschnitt II der Anlage 1 zu den AVR) und der in Monatsbeträgen festgelegten Zulagen erhalten, wenn die dienstlichen oder betrieblichen Verhält- — *Feiertagsarbeit* / *Ersatzruhetag* / *bezahlter Freizeitausgleich*

nisse es zulassen. ⁹Kann diese Freizeit nicht erteilt werden, erhält der Mitarbeiter für jede nicht ausgeglichene Arbeitsstunde den Zeitzuschlag nach § 1 Abs. 1 Satz 2 Buchstabe c Doppelbuchstabe aa der Anlage 6a zu den AVR.

¹⁰Für die Mitarbeiter, die an Sonn- und Feiertagen beschäftigt werden, gelten im Übrigen die Regelungen des § 1.

vollkontinuierlicher Schichtbetrieb

(4) In Einrichtungen bzw. Einrichtungsstellen mit vollkontinuierlichem Schichtbetrieb kann die Arbeitszeit an Sonn- und Feiertagen auf bis zu zwölf Stunden verlängert werden, wenn dadurch zusätzliche freie Schichten an Sonn- und Feiertagen erreicht werden.

§ 3 Arbeitszeit an Samstagen und Vorfesttagen

Samstagsarbeit

(1) Die Mitarbeiter sollen zu Arbeiten an Samstagen nicht herangezogen werden, soweit die dienstlichen oder betrieblichen Verhältnisse es zulassen.

Vorfesttagsarbeit

(2) ¹Vorfesttage sind die Tage vor dem ersten Weihnachtsfeiertag, vor dem Neujahrstag, vor dem Ostersonntag und vor dem Pfingstsonntag.

Arbeitsbefreiung

²Die Mitarbeiter erhalten an dem Tage vor dem ersten Weihnachtsfeiertag und vor dem Neujahrstag jeweils von 00.00 Uhr bis 24.00 Uhr sowie an dem Tage vor dem Ostersonntag und vor dem Pfingstsonntag jeweils von 12.00 Uhr bis 24.00 Uhr Arbeitsbefreiung unter Fortzahlung der Dienstbezüge (Abschnitt II der Anlage 1 zu den AVR) und der in Monatsbeträgen festgelegten Zulagen, soweit die dienstlichen oder betrieblichen Verhältnisse es zulassen.

bezahlter Freizeitausgleich

³Dem Mitarbeiter, dem diese Arbeitsbefreiung aus dienstlichen oder betrieblichen Gründen nicht erteilt werden kann, wird an einem anderen Tage entsprechende Freizeit unter Fortzahlung der Dienstbezüge (Abschnitt II der Anlage 1 zu den AVR) und der in Monatsbeträgen festgelegten Zulagen erteilt.

zusätzliche Freizeit

⁴Für Arbeit an den Tagen vor dem ersten Weihnachtsfeiertag und vor dem Neujahrstag erhält der Mitarbeiter zusätzliche Freizeit unter Fortzahlung der Dienstbezüge (Abschnitt II der Anlage 1 zu den AVR) und der in Monatsbeträgen festgelegten Zulagen im Umfang von 35 v.H. der tatsächlich geleisteten Arbeitszeit.

⁵Kann die Freizeit aus dienstlichen oder betrieblichen Gründen nicht erteilt werden, wird der Zeitzuschlag nach § 1 Abs. 1 Satz 2 Buchstabe d der Anlage 6a zu den AVR gezahlt.

§ 4 Nichtdienstplanmäßige Arbeit

Ruhepause bei nichtdienstplanmäßiger Arbeit im unmittelbaren Anschluss an Arbeitszeit

(1) ¹Mitarbeiter, die in unmittelbarem Anschluss an die dienstplanmäßige bzw. betriebsübliche tägliche Arbeitszeit mindestens zwei Stunden zur Arbeitsleistung herangezogen werden, erhalten eine viertelstündige Pause gewährt, die als Arbeitszeit anzurechnen ist. ²Beträgt die Arbeitsleistung mehr als drei Stunden, ist eine insgesamt halbstündige Pause zu gewähren, die als Arbeitszeit anzurechnen ist.

Vergütungsberechnung bei nicht dienstplanmäßiger Arbeit ohne Anschluss zur Arbeitszeit

(2) ¹Wird Nacht-, Sonntags- oder Feiertagsarbeit geleistet, die sich nicht unmittelbar an die dienstplanmäßige bzw. betriebsübliche tägliche Arbeitszeit anschließt, werden für die Vergütungsberechnung mindestens drei Arbeitsstunden angesetzt. ²Bei mehreren Inanspruchnahmen bis zum nächsten dienstplanmäßigen bzw. betriebsüblichen Arbeitsbeginn wird die Stundengarantie nach Satz 1 nur einmal, und zwar für die kürzeste Inanspruchnahme angesetzt.

³Voraussetzung für die Anwendung des Unterabsatzes 1 ist bei Mitarbeitern, die innerhalb der Einrichtung wohnen, dass die Arbeitsleistung außerhalb der Einrichtung erbracht wird.

⁴Unterabsatz 1 gilt nicht für gelegentliche unwesentliche Arbeitsleistungen, die die Freizeit des Mitarbeiters nur unerheblich (etwa 15 Minuten) in Anspruch nehmen, oder für Arbeitsleistungen während der Rufbereitschaft.

§ 5   Kurzarbeit

(1) ¹Bei einem vorübergehenden unvermeidbaren Arbeitsausfall aufgrund wirtschaftlicher Ursachen einschließlich darauf beruhender Veränderungen der Strukturen in der Einrichtung oder aufgrund eines unabwendbaren Ereignisses kann der Dienstgeber nach Abschluss einer Dienstvereinbarung die dienstvertraglich vereinbarte Arbeitszeit für die gesamte Einrichtung oder für Teile davon kürzen, wenn mindestens ein Drittel der in der Einrichtung beschäftigten Mitarbeiter von einem Vergütungsausfall von jeweils mehr als 10 v.H. ihrer monatlichen Bruttovergütung betroffen ist. ²In Einrichtungen ohne Mitarbeitervertretung ist die Kurzarbeit mit jedem betroffenen Mitarbeiter gesondert zu vereinbaren. ³Die Dienstvereinbarung muss unter anderem Folgendes regeln: *Voraussetzungen*

Dienstvereinbarung

a) Persönlicher Geltungsbereich; Auszubildende nach Anlage 7 zu den AVR sind davon auszunehmen;

b) Beginn und Dauer der Kurzarbeit; dabei muss zwischen dem Abschluss der Dienstvereinbarung und dem Beginn der Kurzarbeit ein Zeitraum von einer Woche liegen;

c) Lage und Verteilung der Arbeitszeit.

(2) ¹Die Mitarbeitervertretung ist über die beabsichtigte Einführung von Kurzarbeit unverzüglich und umfassend zu informieren. ²Sie ist verpflichtet, ihren Beschluss unverzüglich herbeizuführen und dem Dienstgeber mitzuteilen; der Dienstgeber kann bis zur endgültigen Entscheidung vorläufige Maßnahmen treffen. ³Die betroffenen Mitarbeiter sind mindestens eine Woche vorher über die geplanten Maßnahmen zu unterrichten; dies soll in einer Mitarbeiterversammlung erfolgen. *Unterrichtungspflichten*

(3) Vor der Einführung von Kurzarbeit sind Zeitguthaben nach § 3 der Anlage 5b zu den AVR und § 9 der Anlagen 31 bis 33 zu den AVR abzubauen. *Zeitguthaben*

(4) ¹Für die Berechnung der Dienstbezüge gemäß Abschnitt II der Anlage 1 zu den AVR und der Krankenbezüge gemäß Abschnitt XII der Anlage 1 zu den AVR gilt Abschnitt IIa mit Ausnahme von Abs. b zweiter Halbsatz der Anlage 1 zu den AVR entsprechend. ²Für die Anwendung sonstiger Bestimmungen der AVR bleibt die Kürzung der dienstvertraglich vereinbarten Arbeitszeit und die sich daraus ergebende Minderung der Bezüge außer Betracht. *Dienstbezüge*

(5) Mitarbeiter, deren Arbeitszeit länger als drei zusammenhängende Wochen verkürzt worden ist, können ihr Dienstverhältnis mit einer Frist von einem Monat zum Monatsende kündigen. *Verkürzung Kündigungsfrist*

(6) ¹Dienstgeber oder Mitarbeitervertretung haben den Arbeitsausfall dem zuständigen Arbeitsamt nach Maßgabe der gesetzlichen Vorschriften anzuzeigen und einen Antrag auf Kurzarbeitergeld zu stellen. ²Der Dienstgeber hat der Mitarbeitervertretung die für eine Stellungnahme erforderlichen Informationen zu geben.

Anlage 5 – §§ 6, 7

§ 6 Sonderbestimmungen bei Dienstreisen

Arbeitszeit bei Dienstreisen

(1) ¹Bei Dienstreisen wird als Arbeitszeit nur die Zeit der tatsächlichen dienstlichen Inanspruchnahme am auswärtigen Geschäftsort angerechnet. ²Die notwendige Reisezeit wird daneben grundsätzlich in vollem Umfang als Arbeitszeit bewertet, wobei für die Zeit der tatsächlichen dienstlichen Inanspruchnahme und für die notwendige Reisezeit insgesamt höchstens zehn Stunden als tägliche Arbeitszeit angerechnet werden. ³Es wird jedoch für jeden Tag, an dem der Mitarbeiter sich außerhalb des Beschäftigungsortes aufhalten muss, mindestens die dienstplanmäßige bzw. betriebsübliche Arbeitszeit berücksichtigt.

Reisedauer

(2) Für die Berechnung der Reisedauer sind die gemäß der Anlage 13a zu den AVR bei dem jeweiligen Dienstgeber geltenden Vorschriften des Reisekostenrechts sinngemäß anzuwenden.

§ 7 Bereitschaftsdienst und Rufbereitschaft

Verpflichtung

(1) ¹Auf Anordnung des Dienstgebers haben voll- und teilzeitbeschäftigte Mitarbeiter außerhalb der regelmäßigen Arbeitszeit Dienstleistungen in der Form des Bereitschaftsdienstes oder der Rufbereitschaft zu erbringen.

²Teilzeitkräfte dürfen durchschnittlich nicht zu mehr Bereitschaftsdiensten herangezogen werden als Vollzeitkräfte der gleichen Abteilung im Durchschnitt leisten.

Voraussetzung

³Der Dienstgeber darf Bereitschaftsdienst nur anordnen, wenn zu erwarten ist, dass zwar Arbeit anfällt, erfahrungsgemäß aber die Zeit ohne Arbeitsleistung überwiegt. ⁴Eine Rufbereitschaft darf er nur anordnen, wenn innerhalb eines Zeitraumes von sechs Kalendermonaten im Durchschnitt weniger Arbeit als zu einem Achtel der Zeit der Rufbereitschaft anfällt.

Bereitschaftsdienst

(2) ¹Bei Bereitschaftsdiensten ist der Mitarbeiter verpflichtet, sich außerhalb der regelmäßigen Arbeitszeit an einer vom Dienstgeber bestimmten Stelle aufzuhalten, um im Bedarfsfalle die Arbeit aufzunehmen. ²Als Bereitschaftsdienst gilt nicht das Wohnen im Bereich der Einrichtung.

Rufbereitschaft

(3) ¹Während der Rufbereitschaft hält sich der Mitarbeiter außerhalb der regelmäßigen Arbeitszeit an einem von ihm selbst gewählten Ort auf, an dem seine Erreichbarkeit sichergestellt ist, um bei Abruf kurzfristig die Arbeit aufzunehmen. ²Als Rufbereitschaft gilt nicht das Wohnen im Bereich der Einrichtung.

Dienste sind keine Nachtarbeit

(4) Auf die Nachtarbeitsstunden in § 4 Abs. 2 der Anlage 14 zu den AVR werden Bereitschaftsdienste und Rufbereitschaften einschließlich der in der Rufbereitschaft erbrachten Arbeitsleistung nicht angerechnet.

Vergütungsberechnung Bereitschaftsdienst

(5) ¹Zum Zwecke der Vergütungsberechnung wird die Zeit des Bereitschaftsdienstes einschließlich der geleisteten Arbeit mit 25 v.H. als Arbeitszeit gewertet und mit der Überstundenvergütung (§ 1 Abs. 3 Unterabs. 2 der Anlage 6a zu den AVR) vergütet.

²Die danach errechnete Arbeitszeit kann stattdessen bis zum Ende des dritten Kalendermonats durch entsprechende Freizeit abgegolten werden (Freizeitausgleich). ³Für den Freizeitausgleich ist eine angefangene halbe Stunde, die sich bei der Berechnung ergeben hat, auf eine halbe Stunde aufzurunden. ⁴Für die Zeit des Freizeitausgleichs werden die Dienstbezüge (Abschnitt II der Anlage 1 zu den AVR) und die in Monatsbeträgen festgelegten Zulagen fortgezahlt.

(5a) Zusätzlich zu Abs. 5 wird die Zeit des Bereitschaftsdienstes einschließlich der geleisteten Arbeit in der Zeit von 20.00 Uhr bis 6.00 Uhr mit einem Zuschlag in Höhe von 15 v.H. der Stundenvergütung nach § 2 der Anlage 6a zu den AVR vergütet.

(6) ¹Zum Zwecke der Vergütungsberechnung wird die Zeit der Rufbereitschaft mit 12,5 v.H. als Arbeitszeit gewertet und mit der Überstundenvergütung (§ 1 Abs. 3 Unterabs. 2 der Anlage 6a zu den AVR) vergütet. Vergütungs-
berechnung
Rufbereitschaft

²Für angefallene Arbeit einschließlich einer etwaigen Wegezeit wird daneben die Überstundenvergütung gezahlt. ³Für eine Heranziehung zur Arbeit außerhalb des Aufenthaltsortes werden mindestens drei Stunden angesetzt. ⁴Wird der Mitarbeiter während der Rufbereitschaft mehrmals zur Arbeit herangezogen, wird die Stundengarantie nur einmal, und zwar für die kürzeste Inanspruchnahme, angesetzt.

⁵Überstundenvergütung für die sich nach Unterabsatz 2 ergebenden Stunden entfällt, soweit entsprechende Arbeitsbefreiung erteilt wird (Freizeitausgleich). ⁶Für den Freizeitausgleich gilt Abs. 5 Sätze 3 und 4 entsprechend.

(7) ¹Bei Mitarbeitern, die ständig zu Bereitschaftsdiensten bzw. Rufbereitschaften herangezogen werden, kann ein Ausgleich durch eine pauschale Abgeltung erfolgen. ²Die pauschale Abgeltung kann sowohl als zusätzliche Freizeit wie auch als zusätzliche Vergütung gewährt werden. ³Die Höhe der pauschalen Abgeltung soll grundsätzlich der Einzelberechnung der durchschnittlich in den Kalendermonaten für den Mitarbeiter anfallenden Bereitschaftsdienste bzw. Rufbereitschaften entsprechen. pauschale
Abgeltung

§ 8 Bereitschaftsdienst und Rufbereitschaft in Krankenhäusern und Heimen

(1) Abweichend von § 7 gilt diese Bestimmung für Mitarbeiter in Anwendungs-
bereich, vgl.
auch Abs. 9 und
Anmerkung

a) Krankenhäusern, Heil-, Pflege- und Entbindungseinrichtungen,

b) medizinischen Instituten von Kranken-, Heil- und Pflegeeinrichtungen,

c) sonstigen Einrichtungen und Heimen, in denen die betreuten Personen in ärztlicher Behandlung stehen, und in Altenpflegeheimen und Pflegebereichen in Altenheimen oder

d) Einrichtungen und Heimen, die der Förderung der Gesundheit, der Erziehung, Fürsorge oder Betreuung von Kindern und Jugendlichen, der Fürsorge oder Betreuung von obdachlosen, alten, gebrechlichen, erwerbsbeschränkten oder sonstigen hilfsbedürftigen Personen dienen, auch wenn diese Einrichtungen nicht der ärztlichen Behandlung der betreuten Personen dienen.

(2) ¹Bereitschaftsdienst leisten Mitarbeiter, die sich auf Anordnung des Dienstgebers außerhalb der regelmäßigen Arbeitszeit an einer vom Dienstgeber bestimmten Stelle aufhalten, um im Bedarfsfall die Arbeit aufzunehmen. ²Der Dienstgeber darf Bereitschaftsdienst nur anordnen, wenn zu erwarten ist, dass zwar Arbeit anfällt, erfahrungsgemäß aber die Zeit ohne Arbeitsleistung überwiegt. Bereitschafts-
dienst

(3) Abweichend von den §§ 3, 5 und 6 Abs. 2 ArbZG kann im Rahmen des § 7 ArbZG aufgrund einer Dienstvereinbarung die tägliche Arbeitszeit im Sinne des Arbeitszeitgesetzes über acht Stunden hinaus verlängert werden, wenn mindes- Arbeitszeit-
erweiterung
13/16 Stunden

Anlage 5 – § 8

tens die acht Stunden überschreitende Zeit im Rahmen von Bereitschaftsdienst geleistet wird, und zwar wie folgt:

a) bei Bereitschaftsdiensten der Stufe A und B bis zu insgesamt maximal 16 Stunden täglich; die gesetzlich vorgesehene Pause verlängert diesen Zeitraum nicht,

b) bei Bereitschaftsdiensten der Stufen C und D bis zu insgesamt maximal 13 Stunden täglich; die gesetzlich vorgeschriebene Pause verlängert diesen Zeitraum nicht.

24-Stunden-Dienste

(4) ¹Im Rahmen des § 7 ArbZG kann unter den Voraussetzungen

a) einer Prüfung alternativer Arbeitszeitmodelle,

b) einer Belastungsanalyse gemäß § 5 ArbSchG und

c) gegebenenfalls daraus resultierender Maßnahmen zur Gewährleistung des Gesundheitsschutzes

aufgrund einer Dienstvereinbarung von den Regelungen des Arbeitszeitgesetzes abgewichen werden. ²Abweichend von den §§ 5 und 6 Abs. 2 ArbZG kann die tägliche Arbeitszeit im Sinne des Arbeitszeitgesetzes über acht Stunden hinaus verlängert werden, wenn in die Arbeitszeit regelmäßig und in erheblichem Umfang Bereitschaftsdienst fällt. ³Hierbei darf die tägliche Arbeitszeit ausschließlich der Pausen maximal 24 Stunden betragen. ⁴Unter den vorgenannten Voraussetzungen darf die Vollarbeit in Verbindung mit Bereitschaftsdiensten der Stufen A und B insgesamt bis zu 16 Stunden betragen. ⁵Dabei ist sicherzustellen, dass

a) auf einen Zeitabschnitt der Vollarbeit in mindestens demselben zeitlichen Umfang ein Zeitabschnitt des Bereitschaftsdienstes folgt,

b) die Zeitabschnitte der Vollarbeit 8 Stunden nicht überschreiten und

c) mindestens ein Zeitabschnitt des Bereitschaftsdienstes 6 Stunden erreicht.

„Opt-out"

(5) ¹Unter den Voraussetzungen des Absatzes 4 Satz 1 kann die tägliche Arbeitszeit gemäß § 7 Abs. 2a ArbZG ohne Ausgleich verlängert werden, wobei

a) bei Bereitschaftsdiensten der Stufen A und B eine wöchentliche Arbeitszeit von bis zu maximal durchschnittlich 58 Stunden,

b) bei Bereitschaftsdiensten der Stufen C und D eine wöchentliche Arbeitszeit von bis zu maximal durchschnittlich 54 Stunden zulässig ist.

²Die Arbeitszeit darf nur verlängert werden, wenn der Mitarbeiter schriftlich eingewilligt hat. ³Er kann die Einwilligung mit einer Frist von sechs Monaten schriftlich widerrufen. ⁴Der Dienstgeber darf einen Mitarbeiter nicht benachteiligen, weil dieser die Einwilligung zur Verlängerung der Arbeitszeit nicht erklärt oder die Einwilligung widerrufen hat.

Ausgleichszeitraum

(6) Für den Ausgleichszeitraum nach den Absätzen 3 bis 5 gilt ein Zeitraum von bis zu einem Jahr.

Rufbereitschaft

(7) ¹Rufbereitschaft leisten Mitarbeiter, die sich außerhalb der regelmäßigen Arbeitszeit an einem von ihnen selbst gewählten Ort aufhalten, an dem ihre Erreichbarkeit sichergestellt ist, um bei Abruf kurzfristig die Arbeit aufzunehmen. ²Der Dienstgeber darf Rufbereitschaft nur anordnen, wenn erfahrungsgemäß lediglich in Ausnahmefällen Arbeit anfällt. ³Durch tatsächliche Arbeitsleistung innerhalb der Rufbereitschaft kann die tägliche Höchstarbeitszeit von zehn Stunden (§ 3 ArbZG) überschritten werden (§ 7 ArbZG).

§§ 8, 9 – Anlage 5

(8) ¹Auf der Grundlage einer Dienstvereinbarung kann bei der Behandlung, Pflege und Betreuung von Personen, wenn solche Dienste nach der Eigenart dieser Tätigkeit und zur Erhaltung des Wohles dieser Personen erforderlich sind, die tägliche Arbeitszeit im Schichtdienst, ausschließlich der Pausen, auf bis zu 12 Stunden verlängert werden. ²In unmittelbarer Folge dürfen höchstens 5 Zwölf-Stunden-Schichten und innerhalb von zwei Wochen nicht mehr als 8 Zwölf-Stunden-Schichten geleistet werden. ³Solche Schichten können nicht mit Bereitschaftsdienst kombiniert werden. ⁴Abweichend von § 1 Abs. 10 der Anlage 5 kann bei Anordnung von Zwölf-Stunden-Schichten die Ruhezeit nicht verkürzt werden.

Abweichung durch Dienstvereinbarung

(9) ¹Für Mitarbeiter gemäß Absatz 1 Buchstabe d gelten die Absätze 2 bis 8 mit der Maßgabe, dass die Grenzen für die Stufen A und B einzuhalten sind. ²Dazu gehören auch die Beschäftigten in Einrichtungen, in denen die betreuten Personen nicht regelmäßig ärztlich behandelt und beaufsichtigt werden (Erholungsheime). ³Für die Ärzte in diesen Einrichtungen gelten die Absätze 2 bis 8 ohne Einschränkungen.

Anwendungsbereich

Anmerkung zu Abs. 1:
Unter Buchstabe d fallen auch Rettungsdienste.

§ 9 Bereitschaftsdienst- und Rufbereitschaftsentgelt in Krankenhäusern und Heimen

(1) Zum Zwecke der Vergütungsberechnung der unter § 8 Absatz 1 Buchstaben a bis c fallenden Mitarbeiter wird die Zeit des Bereitschaftsdienstes einschließlich der geleisteten Arbeit wie folgt als Arbeitszeit gewertet:

Vergütungsberechnung

a) Nach dem Maß während des Bereitschaftsdienstes erfahrungsgemäß durchschnittlich anfallender Arbeitsleistungen wird die Zeit des Bereitschaftsdienstes wie folgt als Arbeitszeit gewertet:

Bereitschaftsdienst Krankenhäuser, Heime

Stufe	Arbeitsleistung innerhalb des Bereitschaftsdienstes	Bewertung als Arbeitszeit
A	0 bis 10 v.H.	15 v.H.
B	mehr als 10 bis 25 v.H.	25 v.H.
C	mehr als 25 bis 40 v.H.	40 v.H.
D	mehr als 40 bis 49 v.H.	55 v.H.

b) Entsprechend der Zahl der vom Mitarbeiter je Kalendermonat abgeleisteten Bereitschaftsdienste wird die Zeit eines jeden Bereitschaftsdienstes zusätzlich wie folgt als Arbeitszeit gewertet:

Zahl der Bereitschaftsdienste im Kalendermonat	Bewertung als Arbeitszeit
1. bis 8. Bereitschaftsdienst	25 v.H.
9. bis 12. Bereitschaftsdienst	35 v.H.
13. und folgende Bereitschaftsdienste	45 v.H.

c) Die Zuweisung zu den einzelnen Stufen des Bereitschaftsdienstes erfolgt durch die Einrichtungsleitung und die Mitarbeitervertretung.

Anlage 5 – §§ 9, 10

(2) ¹Zum Zwecke der Vergütungsberechnung der unter § 8 Abs. 1 Buchstabe d fallenden Mitarbeiter wird die Zeit des Bereitschaftsdienstes einschließlich der geleisteten Arbeit mit 25 v.H. als Arbeitszeit bewertet. ²Leistet der Mitarbeiter in einem Kalendermonat mehr als acht Bereitschaftsdienste, wird die Zeit eines jeden über acht Bereitschaftsdienste hinausgehenden Bereitschaftsdienstes zusätzlich mit 15 v.H. als Arbeitszeit gewertet.

(2a) Zusätzlich zu Abs. 1 und Abs. 2 wird die Zeit des Bereitschaftsdienstes einschließlich der geleisteten Arbeit in der Zeit von 20.00 Uhr bis 6.00 Uhr mit einem Zuschlag in Höhe von 15 v.H. der Stundenvergütung nach § 2 der Anlage 6a zu den AVR vergütet.

(3) ¹Für die nach Abs. 1 und Abs. 2 errechnete Arbeitszeit wird die Überstundenvergütung nach § 1 Abs. 3 Unterabs. 2 der Anlage 6a zu den AVR bezahlt. ²Für die Zeit des Bereitschaftsdienstes einschließlich der geleisteten Arbeit und für die Zeit der Rufbereitschaft werden Zeitzuschläge nicht gezahlt.

(4) ¹Die nach Abs. 1 und Abs. 2 errechnete Arbeitszeit kann auch durch entsprechende Freizeit abgegolten werden. ²Für den Freizeitausgleich ist eine angefangene halbe Stunde, die sich bei der Berechnung ergeben hat, auf eine halbe Stunde aufzurunden. ³Für die Zeit des Freizeitausgleichs werden die Dienstbezüge (Abschnitt II der Anlage 1 zu den AVR) und die in Monatsbeträgen festgelegten Zulagen fortgezahlt.

Vergütungsberechnung

(5) ¹Zum Zwecke der Vergütungsberechnung wird die Zeit der Rufbereitschaft mit 12,5 v.H. als Arbeitszeit gewertet und mit der Überstundenvergütung nach § 1 Abs. 3 Unterabs. 2 der Anlage 6a zu den AVR vergütet.

Rufbereitschaft Krankenhäuser, Heime

²Für anfallende Arbeit einschließlich einer etwaigen Wegezeit wird daneben die Überstundenvergütung (§ 1 Abs. 3 Unterabs. 2 der Anlage 6a zu den AVR) gezahlt. ³Für eine Heranziehung zur Arbeit außerhalb des Aufenthaltsortes werden mindestens drei Stunden angesetzt. ⁴Wird der Mitarbeiter während der Rufbereitschaft mehrmals zur Arbeit herangezogen, wird die Stundengarantie nur einmal, und zwar für die kürzeste Inspruchnahme, angesetzt.

⁵Die Überstundenvergütung für die sich nach Unterabs. 2 ergebenden Stunden entfällt, soweit entsprechende Arbeitsbefreiung erteilt wird (Freizeitausgleich). ⁶Für Freizeitausgleich gilt Abs. 4 entsprechend.

pauschale Abgeltung

(6) Ein Ausgleich für Bereitschaftsdienste und Rufbereitschaften kann entsprechend der Regelung des § 7 Abs. 7 durch pauschale Abgeltung vorgenommen werden.

§ 10 Sonderregelung für Mitarbeiter in häuslichen Gemeinschaften

häusliche Gemeinschaft

Bei Mitarbeitern, die in häuslicher Gemeinschaft mit den ihnen anvertrauten Personen zusammenleben und sie eigenverantwortlich erziehen, pflegen oder betreuen (§ 18 Abs. 1 Nr. 3 ArbZG), kann, sofern die Eigenart des Dienstes es erfordert, einzelvertraglich von den Arbeitszeitregelungen der Anlage 5, 32 und 33 zu den AVR abgewichen werden.

Anlage 5a:
Sonderregelung zur Arbeitszeitregelung

§ 1	Geltungsbereich	193
§ 2	Regelmäßige Arbeitszeit	193
§ 3	Regelung zur Abgeltung der Bereitschaftsdienste und Rufbereitschaften	194
	Musterdienstvereinbarung	194
	Präambel	194
	§ 1 Geltungsbereich	194
	§ 2 Begriffsbestimmungen	195
	§ 3 Dauer des Berechnungszeitraumes	195
	§ 4 Ansparphase	196
	§ 5 Ausgleichsphase	196
	§ 6 Sonstige Bestimmungen	197

§ 1 Geltungsbereich

Diese Regelung gilt für Mitarbeiter in Heimen der Jugendhilfe (z. B. Erziehungsheimen, Heimen für Kinder und Jugendliche, Jugendwohnheimen, Internaten), in denen überwiegend Kinder und Jugendliche oder junge Menschen mit wesentlichen Erziehungsschwierigkeiten ständig leben, in Heimen der Behindertenhilfe und in Heimen für Personen mit besonderen sozialen Schwierigkeiten, die in der Pflege, Betreuung, Erziehung oder heilpädagogisch-therapeutischen Behandlung tätig sind und die sich mit der Anwendbarkeit der Regelungen der Anlage 5a zu den AVR auf ihre Dienstverhältnisse einverstanden erklärt haben.

§ 2 Regelmäßige Arbeitszeit

(1) Für die in § 1 genannten Mitarbeiter kann durch Dienstvereinbarung[1] geregelt werden, dass der Berechnung des Durchschnitts der regelmäßigen wöchentlichen Arbeitszeit ein Zeitraum von bis zu 260 Wochen zugrunde gelegt werden kann.

(2) ¹Dabei ist die Musterdienstvereinbarung der Arbeitsrechtlichen Kommission zugrunde zu legen. ²Von ihr kann nicht zum Nachteil des Mitarbeiters abgewichen werden.

---

1 Vgl. § 38 (Rahmen-)MAVO.

Anlage 5a – § 3

§ 3 Regelung zur Abgeltung der Bereitschaftsdienste und Rufbereitschaften

¹In der Dienstvereinbarung kann für den Freizeitausgleich von Bereitschaftsdiensten und Rufbereitschaften der Ausgleichszeitraum entsprechend § 2 verlängert werden.

²Die Arbeitsrechtliche Kommission empfiehlt den Abschluss folgender Musterdienstvereinbarung, die Mindestanforderungen festlegt:

Musterdienstvereinbarung

Zwischen der Einrichtung/Dienststelle

und

der Mitarbeitervertretung der Einrichtung/Dienststelle

wird zum Zwecke der Arbeitszeitflexibilisierung folgende Dienstvereinbarung geschlossen:

Präambel

Zweck ¹In Heimen der Jugendhilfe/Behindertenhilfe/Heimen für Personen mit besonderen sozialen Schwierigkeiten hat sich ein breites Spektrum erzieherischer, pädagogischer und therapeutischer Hilfen und Fördermaßnahmen entwickelt, um den betreuten Menschen, die aufgrund ihrer Lebenssituation und sozialen Notlage Heimaufenthalt in Anspruch nehmen müssen, individuell gestaltete und ganzheitliche Hilfen anbieten zu können. ²Diese Aufgabenstellung der Erziehung und Betreuung innerhalb und außerhalb der Heime kann nur schwer im Rahmen der sich immer weiter verkürzenden regelmäßigen wöchentlichen Arbeitszeit durchgeführt werden, da dadurch die Kontinuität der Arbeitszeit einerseits und der Ausgleich für Mehrarbeit und Überstunden andererseits nicht ausreichend Berücksichtigung finden. ³Deshalb müssen auf der Grundlage der AVR und der gesetzlichen Bestimmungen zur Arbeitszeit Regelungen gefunden werden, die möglichst günstige Bedingungen für stabile und tragfähige Beziehungen zwischen Betreuten und Mitarbeitern schaffen und bewahren und die den in der Betreuung tätigen Mitarbeitern nach Zeiten intensiver Arbeit Zeiten der Regeneration ermöglichen, um den mit dem Erziehungsdienst verbundenen psychischen Belastungen entgegenzuwirken. ⁴Dies ist das Ziel dieser Dienstvereinbarung.

§ 1 Geltungsbereich

Geltungsbereich (1) Auf der Grundlage dieser Dienstvereinbarung nach § 2 der Anlage 5a zu den AVR können Einzelvereinbarungen zwischen Dienstgeber und Mitarbeitern, die in der Pflege, Betreuung, Erziehung oder heilpädagogisch-therapeutischen Behandlung in Heimen der Jugendhilfe (z. B. Erziehungsheimen, Heimen für Kinder und Jugendliche, Jugendwohnheimen, Internaten), in denen überwiegend Kinder oder Jugendliche oder junge Menschen mit wesentlichen Erziehungsschwierigkeiten ständig leben / in Heimen der Behindertenhilfe / in Heimen für Personen mit besonderen sozialen Schwierigkeiten tätig sind und dort Gruppen von Kindern/Jugendlichen/Menschen mit Behinderungen/Personen mit besonderen sozialen Schwierigkeiten betreuen, abgeschlossen werden.[1]

Einzelvereinbarung

---

1 In der Dienstvereinbarung sind das Heim, der Mitarbeiterkreis und die Bezeichnung der betreuten Gruppe genau anzugeben.

(2) Die Dienstvereinbarung setzt Mindestbestimmungen fest. Davon zum Nachteil des Mitarbeiters abweichende Einzelvereinbarungen sind unwirksam.

Dienstvereinbarung

§ 2 Begriffsbestimmungen

(1) ¹Unter „Berechnungszeitraum" wird im Folgenden der Zeitraum verstanden, der der Berechnung des Durchschnitts der regelmäßigen wöchentlichen Arbeitszeit oder des arbeitsvertraglich vereinbarten Bruchteils der regelmäßigen wöchentlichen Arbeitszeit zugrunde gelegt wird. ²Der Berechnungszeitraum gliedert sich in eine Anspar- und eine Ausgleichsphase.

Berechnungszeitraum (Definition)

(2) Unter „Ansparphase" wird der Teil des Berechnungszeitraumes verstanden, in dem der Mitarbeiter wöchentlich durchschnittlich eine höhere Anzahl von Arbeitsstunden gemäß § 4 dieser Vereinbarung als der regelmäßigen wöchentlichen Arbeitszeit nach § 1 Abs. 1 der Anlage 5 bzw. § 2 Abs. 1 der Anlage 33 zu den AVR bzw. als ihrem im Verhältnis hierzu vereinbarten persönlichen Beschäftigungsumfang entspricht leistet und/oder der Zeitraum, in dem er durch Ableistung von Bereitschafts- oder Rufbereitschaftsdiensten einen Freizeitausgleichsanspruch nach § 9 Abs. 4 und Abs. 5 der Anlage 5 bzw. § 7 der Anlage 33 zu den AVR erlangt.

(3) ¹Unter „Ausgleichsphase" werden jene Wochen verstanden, während derer der Mitarbeiter keinen Dienst leistet, um die zuvor über die regelmäßige wöchentliche Arbeitszeit hinaus oder über die arbeitsvertraglich vereinbarte Arbeitszeit hinaus geleisteten Arbeitszeiten auszugleichen und/oder um den nach Ableistung der Bereitschafts- oder Rufbereitschaftsdienste nach § 9 Abs. 4 und Abs. 5 der Anlage 5 bzw. § 7 der Anlage 33 zu den AVR errechneten Freizeitausgleich in Anspruch zu nehmen. ²Mit dem Ende der Ausgleichsphase endet der Berechnungszeitraum.

Ausgleichsphase (Definition)

§ 3 Dauer des Berechnungszeitraumes

(1) ¹Der Berechnungszeitraum beträgt .... Wochen.[1]
²Dies ist die Höchstdauer des im Einzelvertrag festgelegten Berechnungszeitraumes.

Gestaltung des Berechnungszeitraums vgl. § 2 Abs. 1

(2) Der Berechnungszeitraum endet auch vor Ablauf des vereinbarten Zeitpunktes

a) mit dem Ausscheiden des Mitarbeiters aus dem Dienstverhältnis,

b) mit Beginn der Elternzeit,

c) mit Beginn eines Sonderurlaubs nach § 10 Abs. 1 der Anlage 14 zu den AVR, wenn der Sonderurlaub vier Wochen übersteigt.

(3) Nicht zum Berechnungszeitraum zählen

a) Zeiten, in denen der Mitarbeiter dienstunfähig ist,

b) Zeiten der gesetzlichen Beschäftigungsverbote nach §§ 3 Abs. 2 und 6 Abs. 1 des Mutterschutzgesetzes,

c) Zeiten des Erholungsurlaubes (§§ 1, 3 der Anlage 14 zu den AVR), Zusatzurlaub nach § 4 der Anlage 14 zu den AVR, Sonderurlaub nach § 10 Abs. 1 der

---

[1] Der Berechnungszeitraum darf höchstens 260 Wochen betragen (vgl. § 2 der Anlage 5a zu den AVR).

Anlage 5a – § 3

Anlage 14 zu den AVR bis zu vier Wochen, § 10 Abs. 3 der Anlage 14 zu den AVR

bis zu sechs Wochen und Zeiten einer Fort- und Weiterbildung nach § 10a AT und Zeiten des gesetzlichen Bildungsurlaubes.

§ 4 Ansparphase

Gestaltung der Ansparphase, vgl. § 2 Abs. 2

[1]Während der Ansparphase leisten die Mitarbeiter wöchentlich im Durchschnitt ………… dienstplanmäßige Arbeitsstunden / die laut Einzelvertrag vereinbarten dienstplanmäßigen Arbeitsstunden[1] oder einen Bruchteil der dienstplanmäßigen Arbeitsstunden für Vollzeitbeschäftigte[2] entsprechend dem arbeitsvertraglich vereinbarten Bruchteil der regelmäßigen wöchentlichen Arbeitszeit gemäß § 1 Abs. 1 der Anlage 5 bzw. § 2 Abs. 1 der Anlage 33 zu den AVR und/oder ………… Stunden / Bereitschafts- und/oder Rufbereitschaftsdienste, für die der Freizeitausgleichsanspruch nach § 9 Abs. 4 und Abs. 5 der Anlage 5 bzw. § 7 der Anlage 33 zu den AVR berechnet wird. [2]Dabei sind die gesetzlichen Vorschriften zu beachten.

§ 5 Ausgleichsphase

Gestaltung der Ausgleichsphase, vgl. § 2 Abs. 3

(1) Die Ausgleichsphase beträgt in Wochen

a) bei Vollzeitbeschäftigten:

$$\frac{X + Y}{Z}$$

Definition:

X = in der Ansparphase über die regelmäßige wöchentliche Arbeitszeit hinaus geleistete Stunden

Y = in der Ansparphase erworbene Ausgleichsstunden für Bereitschafts- und Rufbereitschaftsdienste

Z = regelmäßige wöchentliche Arbeitszeit nach § 1 Abs. 1 der Anlage 5 zu den AVR in der jeweils gültigen Fassung.

b) bei Teilzeitbeschäftigten:

$$\frac{A + B}{C}$$

Definition:

A = in der Ansparphase über die vereinbarte wöchentliche Arbeitszeit hinaus geleistete Stunden

---

1 Hier ist anzugeben, wieviel Stunden wöchentlich dienstplanmäßig gearbeitet werden darf, wobei die Musterdienstvereinbarung auch vorsieht, dass auf die Einzelverträge verwiesen wird.

2 Die Bruchteilsregelung bezieht sich auf die Angabe der dienstplanmäßigen Stunden für Teilzeitbeschäftigte. Bei diesen bleibt die Angabe der Arbeitsstunden den Einzelverträgen vorbehalten.

B = in der Ansparphase erworbene Ausgleichsstunden für Bereitschafts- und Rufbereitschaftsdienste

C = arbeitsvertraglich festgelegte wöchentliche Arbeitszeit.

(2) Die Ausgleichsphase ist zusammenhängend in Anspruch zu nehmen.

(3) Die Ausgleichsphase liegt am Ende des Berechnungszeitraumes.

(4) ¹Wenn der Mitarbeiter während der Ausgleichsphase erkrankt und dadurch den Ausgleich nicht in Anspruch nehmen kann, so hat er dies dem Dienstgeber unverzüglich anzuzeigen. ²§ 1 Abs. 7 Unterabs. 1 der Anlage 14 zu den AVR gilt entsprechend. ³Die durch Krankheit nicht beanspruchten Ausgleichstage sind unmittelbar im Anschluss an das geplante Ende der Ausgleichsphase (oder bei darüber hinaus andauernder Krankheit unmittelbar nach dem Ende der Krankheit) in Anspruch zu nehmen. ⁴Der Berechnungszeitraum verlängert sich entsprechend.

(5) Für die Ausgleichsphase werden die Vergütung nach Abschnitt II der Anlage 1 zu den AVR und die in Monatsbeträgen festgelegten Zulagen bezahlt.

(6) ¹Bei Kündigung oder einvernehmlicher Auflösung des Dienstvertrages oder bei Sonderurlaub muss die Ausgleichszeit vor dem Ausscheiden bzw. dem Antritt des Urlaubes gewährt und in Anspruch genommen werden. ²Eine Verweigerung aus dienstlichen Gründen ist nicht möglich.

(7) Wenn in den in Absatz 6 genannten Fällen eine Inanspruchnahme wegen der Erkrankung des Mitarbeiters nicht möglich oder die Kündigungsfrist nicht ausreichend ist, werden Ausgleichszeiten, die nicht gewährt werden konnten, durch die Zahlung der Stundenvergütung nach § 2 der Anlage 6a zu den AVR ausgeglichen.

(8) Bei Tod des Mitarbeiters erhöht sich die nach Abschnitt XV der Anlage 1 zu den AVR zu zahlende Zuwendung im Todesfall um den nach Absatz 7 errechneten und noch nicht ausbezahlten Betrag.

(9) Die Inanspruchnahme von Ausgleichstagen begründet keine Verminderung der Anzahl der Tage des Erholungsurlaubes.

§ 6 Sonstige Bestimmungen

(1) Die Vereinbarung tritt zum .... in Kraft.

(2) ¹Die Vereinbarung kann von jeder Partei mit einer Frist von drei Monaten zum Monatsende gekündigt werden. ²Bestehende Einzelvereinbarungen bleiben hiervon unberührt.

Anlage 5b: Mobilzeit durch Dienstvereinbarung

§ 1	Geltungsdauer	198
§ 2	Information	198
§ 3	Arbeitszeitkonten	198
§ 4	Zeitgutschriften	200

Ziele einer Dienstvereinbarung nach dieser Anlage sind die Stärkung der Arbeitszeitökonomie in den Einrichtungen, die Erhöhung der Arbeitszeitsouveränität der Mitarbeiter und die Schaffung bzw. der Erhalt von Arbeitsplätzen.

§ 1 Geltungsdauer

Diese Regelung gilt ab dem 1. November 2006.

§ 2 Information

Information

Eine nach dieser Anlage abzuschließende Dienstvereinbarung soll vom Dienstgeber dem zuständigen Diözesan-Caritasverband und von der Mitarbeitervertretung der zuständigen Diözesanen Arbeitsgemeinschaft der Mitarbeitervertretungen zur Kenntnisnahme übermittelt werden.

§ 3 Arbeitszeitkonten

Arten der Zeitdifferenzen

(1) [1]Durch Dienstvereinbarung können für Mitarbeiter Arbeitszeitkonten geführt werden, in denen Abweichungen der individuellen Arbeitszeit gegenüber der dienstvertraglich vereinbarten wöchentlichen Arbeitszeit (Zeitdifferenzen) festgehalten werden.
[2]Solche Zeitdifferenzen entstehen durch ein Überschreiten der dienstvertraglich vereinbarten wöchentlichen Arbeitszeit als Plusstunden oder durch ein Unterschreiten der dienstvertraglich vereinbarten wöchentlichen Arbeitszeit als Minusstunden.
[3]Daneben können Zeitdifferenzen auch durch zusätzlich vom Dienstgeber angeordnete Plusstunden, durch vom Dienstplan oder der betriebsüblich festgesetzten Arbeitszeit abweichende Minusstunden und durch Zeitgutschriften gemäß § 4 entstehen. [4]Bereitschafts- und Rufbereitschaftsdienstzeiten gemäß den §§ 7 bis 9 der Anlage 5 zu den AVR, die durch entsprechende Freizeit abgegolten werden, können ebenfalls dem Arbeitszeitkonto gutgeschrieben werden.

Arbeitszeitkonto statt Ausgleichszeitraum

(2) [1]Das Arbeitszeitkonto des Mitarbeiters tritt an die Stelle des Ausgleichszeitraums gemäß § 1 Absatz 1 der Anlage 5 zu den AVR. [2]Arbeitsstunden, die

§ 3 – Anlage 5b

dem Arbeitszeitkonto als Plusstunden gutgeschrieben werden, sind keine zeitzuschlagspflichtigen Überstunden. ³Bei der Anordnung von Plusstunden ist § 1 Absatz 1 Satz 2 bis 4 der Anlage 6 zu den AVR entsprechend anzuwenden.

(3) Die Dienstvereinbarung muss folgende Rahmenbedingungen einhalten:

1. Festlegung des persönlichen Geltungsbereichs, also der betroffenen Mitarbeiter(-gruppen) bzw. der betroffenen (Arbeits-)Bereiche; *[Gestaltungselemente / Geltungsbereich]*
2. Festlegung der Zeitarten, die als Plus- oder Minusstunden Gegenstand des Arbeitszeitkontos sind (Über- oder Unterschreiten der dienstvertraglich vereinbarten wöchentlichen Arbeitszeit, zusätzlich vom Dienstgeber angeordnete Plusstunden, vom Dienstplan oder der betriebsüblichen Arbeitszeit abweichende Minusstunden, durch entsprechende Freizeit abgegoltene Bereitschafts- und Rufbereitschaftsdienstzeiten gemäß §§ 7 bis 9 der Anlage 5 zu den AVR, Zeitgutschriften gemäß § 4); *[Zeitarten]*
3. Festlegung der Grenzen für die Plus- und Minusstunden im persönlichen Arbeitszeitkonto des Mitarbeiters; diese dürfen jeweils das Dreifache der dienstvertraglich vereinbarten wöchentlichen Arbeitszeit des Mitarbeiters (bei einem Vollzeitbeschäftigten derzeit 115,5 bzw. 120 Stunden) nicht übersteigen; darüber hinausgehende Plusstunden eines Mitarbeiters sind zeitzuschlagspflichtige Überstunden; *[Grenzen Plus- und Minusstunden]*
4. Festlegung, dass zusätzlich angeordnete Plusstunden, die über die dienstplanmäßige bzw. betriebsüblich festgesetzte Arbeitszeit hinausgehen, nur bis zu einer bestimmten Grenze, höchstens jedoch 10 Stunden in der Woche, dem Arbeitszeitkonto des Mitarbeiters gutgeschrieben werden können; weitere angeordnete Plusstunden sind zeitzuschlagspflichtige Überstunden, soweit dadurch unter Berücksichtigung der individuellen Zumutbarkeit bei ihrer Anordnung die regelmäßige Arbeitszeit gemäß § 1 Absatz 1 der Anlage 5 zu den AVR überschritten wird; *[Grenzen zusätzlicher Plusstunden]*
5. Festlegung, in welchen Zeitblöcken der Zeitausgleich des Mitarbeiters bei einem Zeitguthaben des Arbeitszeitkontos erfolgt (stundenweise, halbe, ganze oder mehrere zusammenhängende Tage); dabei sind die dienstlichen Belange zu berücksichtigen; bei dienstplanmäßiger oder betriebsüblich festgesetzter Arbeitszeit setzt der Dienstgeber auf Antrag des Mitarbeiters den Ausgleich zeitlich fest; dabei hat er die Wünsche des Mitarbeiters zu berücksichtigen, es sei denn, dass dringende dienstliche Belange diesen entgegenstehen; *[Zeitausgleich]*
6. Festlegung, dass Minusstunden nur insoweit mit Erholungsurlaubstagen verrechnet werden dürfen, als der Mindesturlaub nach dem Bundesurlaubsgesetz nicht berührt wird; *[Verrechnung Urlaub]*
7. Festlegung, dass bei dienstplanmäßiger oder betriebsüblich festgesetzter Arbeitszeit eine Ankündigungsfrist für die Anordnung von zusätzlichen Plusstunden und für den Wegfall von durch Dienstplan oder betriebsüblich festgesetzten Arbeitsstunden zu beachten ist; diese Frist soll mindestens 24 Stunden betragen; *[Ankündigungsfrist Plusstunden] [A 5b]*
8. Festlegung, dass mit Beendigung des Dienstverhältnisses, vor Antritt einer Elternzeit nach dem Bundeselterngeld- und Elternzeitgesetz und vor Antritt eines Sonderurlaubs nach § 10 der Anlage 14 zu den AVR das Arbeits- *[Ausgleich bei Beendigung]*

zeitkonto auszugleichen ist; Plusstunden, die nicht in Freizeit ausgeglichen werden können, sind als zeitzuschlagspflichtige Überstunden zu vergüten, Minusstunden, die vom Mitarbeiter nicht mehr als Arbeitsleistung erbracht werden können, sind bei der Vergütung als nicht erbrachte Arbeitszeit zu berücksichtigen, es sei denn, der Dienstgeber hat sie ausdrücklich angeordnet;

Erholungsurlaub, Arbeitsunfähigkeit

9. Festlegung, dass bei Abwesenheitszeiten, in denen die Vergütung fortzuzahlen ist (Erholungsurlaub, Arbeitsunfähigkeit), entweder die dienstplanmäßig oder betriebsüblich festgesetzte Arbeitszeit (Ausfallprinzip) oder die durchschnittlich auf einen Arbeitstag entfallende Arbeitszeit (Durchschnittsprinzip) zu berücksichtigen ist;

Anlage 5, Arbeitszeitgesetze

10. Festlegung, ob bei einer Arbeitsunfähigkeit des Mitarbeiters während des Zeitausgleichs Urlaubsgrundsätze Anwendung finden;

11. Festlegung, dass die Arbeitszeit des Mitarbeiters im Übrigen unter Beachtung der Anlage 5 zu den AVR und der gesetzlichen Bestimmungen zur Arbeitszeit festgesetzt wird, soweit nicht in dieser Anlage davon abgewichen wird;

Führung Arbeitszeitkonto

12. Festlegung über die Art der Führung und Kontrolle des Arbeitszeitkontos der Mitarbeiter;

Laufzeit

13. Festlegung der Laufzeit der Dienstvereinbarung; Festlegung, dass die Nachwirkung der Dienstvereinbarung ausgeschlossen wird.

§ 4 Zeitgutschriften

Zeitgutschrift statt Festzuschläge

(1) Durch Dienstvereinbarung können dem Mitarbeiter statt Zeitzuschlägen gemäß § 1 der Anlage 6a zu den AVR auch folgende Zeitgutschriften gewährt werden:

1. für Arbeit an Sonntagen 15 bis 20 Minuten je Stunde;

2. für Arbeit an gesetzlichen Feiertagen 21 bis 30 Minuten je Stunde;

3. für Arbeit zwischen 20.00 Uhr und 06.00 Uhr 10 Minuten je Stunde;

4. für Arbeit an Samstagen in der Zeit von 13.00 Uhr bis 20.00 Uhr 5 Minuten je Stunde.

(2) Beim Zusammentreffen mehrerer Zeitgutschriften nach Absatz 1 Nr. 1, 2 und 4 wird jeweils nur die höchste Zeitgutschrift gewährt.

Anlage 5c:
Langzeitkonto

¹Der Dienstgeber kann mit dem Mitarbeiter die Einrichtung eines Langzeitkontos vereinbaren. ²In diesem Fall ist die Mitarbeitervertretung zu beteiligen und – bei Insolvenzfähigkeit des Dienstgebers – eine Regelung zur Insolvenzsicherung zu treffen.

Anlage 6: Überstundenregelung

§ 1	Anordnung von Überstunden	202
§ 2	Dienstreisen	202
§ 3	Abgeltung von Überstunden	202
§ 4	Berechnung der Überstunden und pauschale Überstundenregelung	203

§ 1 Anordnung von Überstunden

Anordnung Überstunden, vgl. Anmerkung

(1) ¹Die auf Anordnung des Dienstgebers oder seines Bevollmächtigten bzw. des unmittelbaren Vorgesetzten nach Maßgabe des Absatzes 3 Satz 1 geleisteten Arbeitsstunden, die über die im Rahmen der regelmäßigen Arbeitszeit (§ 1 Abs. 1 bis Abs. 4 der Anlage 5 zu den AVR) für die Woche dienstplanmäßig bzw. betriebsüblich festgesetzten Arbeitsstunden hinausgehen, sind Überstunden. ²Sie dürfen nur angeordnet werden, wenn ein dringendes dienstliches Bedürfnis besteht. ³Die Mitarbeiter sollen möglichst gleichmäßig zu Überstunden herangezogen werden. ⁴Ist die Notwendigkeit von Überstunden voraussehbar, sollen sie spätestens am Vortag angekündigt werden.

Voraussetzungen

(2) (entfällt)

gelegentliche Überstunden

andere Überstunden

(3) ¹Gelegentliche Überstunden können für insgesamt sechs Arbeitstage innerhalb eines Kalendermonats auch vom unmittelbaren Vorgesetzten angeordnet werden. ²Andere Überstunden sind durch den Dienstgeber oder seinen Bevollmächtigten vorher schriftlich anzuordnen. ³Ein Anspruch auf Überstundenabgeltung für Arbeitsstunden, die über die regelmäßige Arbeitszeit (§ 1 Abs. 1 bis Abs. 4 der Anlage 5 zu den AVR) hinaus geleistet werden, ohne dass diese als Überstunden nach Satz 1 oder Satz 2 angeordnet waren, besteht nicht. ⁴Satz 1 gilt nicht für Mitarbeiter der in § 8 Abs. 1 Buchstaben a bis c der Anlage 5 zu den AVR genannten Einrichtungen, die unter die Anlage 2a zu den AVR fallen.

§ 2 Dienstreisen

(1) Die Anrechnung auf die regelmäßige Arbeitszeit ergibt sich aus § 6 der Anlage 5 zu den AVR.

(2) (entfällt)

§ 3 Abgeltung von Überstunden

bezahlter Freizeitausgleich

(1) ¹Die vom Mitarbeiter geleisteten Überstunden sind grundsätzlich durch entsprechende Arbeitsbefreiung bis zum Ende des nächsten Kalendermonats auszugleichen; im begründeten Einzelfall kann die Frist für den Ausgleich im Einver-

nehmen mit dem Mitarbeiter verlängert werden. ²Für die Zeit der Arbeitsbefreiung zum Zwecke des Überstundenausgleichs erhält der Mitarbeiter die Dienstbezüge (Abschnitt II der Anlage 1 zu den AVR) und die in Monatsbeträgen festgelegten Zulagen fortgezahlt. ³Zuzüglich ist ihm nach Ablauf des Ausgleichszeitraums lediglich der Zeitzuschlag für Überstunden (§ 1 Abs. 1 Satz 2 Buchst. a der Anlage 6a zu den AVR) zu zahlen. ⁴Abweichend von Satz 1 kann in Einrichtungen, die zeitweise ganz oder zum Teil geschlossen sind, der Ausgleich durch zusätzliche zusammenhängende Arbeitsbefreiung in den belegungsfreien bzw. belegungsarmen Zeiten erfolgen. ⁵Eine Woche zusätzliche Arbeitsbefreiung entspricht dabei 38,5 Stunden. ⁶Satz 2 und Satz 3 bleiben unberührt.

(2) Ist ein Ausgleich der Überstunden durch entsprechende Arbeitsbefreiung nach Absatz 1 nicht oder nicht im vollen Umfange möglich, erhält der Mitarbeiter für jede nicht ausgeglichene Überstunde die Überstundenvergütung nach § 1 Abs. 3 Unterabs. 2 der Anlage 6a zu den AVR gezahlt.

<small>finanzielle Abgeltung</small>

§ 4 Berechnung der Überstunden und pauschale Überstundenvergütung

(1) Bei der Berechnung der Überstunden sind für jeden im Berechnungszeitraum liegenden Urlaubstag, Krankheitstag sowie für jeden sonstigen Tag einschließlich eines Wochenfeiertages, an dem der Mitarbeiter von der Arbeit freigestellt war, die Stunden mitzuzählen, die der Mitarbeiter ohne diese Ausfallsgründe innerhalb der regelmäßigen Arbeitszeit dienstplanmäßig bzw. betriebsüblich geleistet hätte. Vor- und nachgeleistete Arbeitsstunden bleiben unberücksichtigt.

<small>freigestellte Tage</small>

(2) ¹Mit Mitarbeitern, die regelmäßig Überstunden zu leisten haben, kann anstelle der nach § 1 Abs. 3 Unterabsatz 2 der Anlage 6a zu den AVR zu zahlenden Überstundenvergütung eine pauschale Überstundenvergütung vereinbart werden, sofern diese nicht durch Arbeitsbefreiung gemäß § 3 Abs. 1 ausgeglichen werden können. ²Die Höhe der pauschalen Überstundenvergütung soll grundsätzlich der Einzelberechnung der durchschnittlich im Kalendermonat für den Mitarbeiter anfallenden Überstunden entsprechen.

<small>pauschale Überstundenvergütung</small>

Anmerkungen zu Anlage 6
¹Mehrarbeitsstunden sind die auf Anordnung über die dienstvertraglich vereinbarte Arbeitszeit hinaus geleisteten Arbeitsstunden.

<small>Mehrarbeitsstunden (Definition)</small>

²Überstunden sind die auf Anordnung geleisteten Mehrarbeitsstunden, die über die im Rahmen der durchschnittlichen regelmäßigen wöchentlichen Arbeitszeit (§ 1 der Anlage 5 zu den AVR) für die Woche dienstplanmäßig bzw. betriebsüblich festgelegten Arbeitsstunden hinausgehen.

<small>Überstunden (Definition)</small>

Anlage 6a: Zeitzuschläge Überstundenvergütung

§ 1	Zeitzuschläge	204
§ 2	Stundenvergütung	205

§ 1 Zeitzuschläge

(1) ¹Der Mitarbeiter erhält neben seinen Dienstbezügen (Abschnitt II der Anlage 1 zu den AVR) Zeitzuschläge. ²Sie betragen je Stunde

Überstunden	a) für Überstunden in den Vergütungsgruppen	
	1 bis 4b, Kr 14 bis Kr 9	15 v.H.
	5b, Kr 8 und Kr 7	20 v.H.
	5c bis 12, Kr 6 bis Kr 1	25 v.H.
Arbeit an Sonntagen	b) für Arbeit an Sonntagen	25 v.H.
	c) für Arbeit	
Arbeit an gesetzlichen Feiertagen	aa) an gesetzlichen Feiertagen, die auf einen Werktag fallen ohne Freizeitausgleich	135 v.H.
	bb) an gesetzlichen Feiertagen, die auf einen Werktag fallen bei Freizeitausgleich	35 v.H.
	cc) an gesetzlichen Feiertagen, die auf einen Sonntag fallen	50 v.H.
Oster-/Pfingstsonntag	dd) am Ostersonntag, Pfingstsonntag	35 v.H.
	d) soweit nach § 3 Abs. 2 der Anlage 5 zu den AVR kein Freizeitausgleich erteilt wird	
Arbeit an Vorfesttagen	aa) an dem Tage vor dem Ostersonntag und Pfingstsonntag für die Arbeit von 12.00 Uhr bis 24.00 Uhr	25 v.H.
	bb) an dem Tage vor dem ersten Weihnachtsfeiertag und vor dem Neujahrstag für die Arbeit von 00.00 Uhr bis 24.00 Uhr	135 v.H.
	der Stundenvergütung	
Nachtarbeit	e) Arbeit zwischen 20.00 Uhr und 6.00 Uhr	
	(RK NRW/BW):	
	ab 1. Juli 2014	1,45 Euro
	ab 1. März 2015	1,48 Euro

§ 1 – Anlage 6a

(RK Mitte/Bayern):
ab 1. Januar 2015   1,45 Euro
ab 1. März 2015   1,48 Euro

(RK Nord):
ab 1. Januar 2015   1,45 Euro
ab 1. Juli 2015   1,48 Euro

(RK Ost)
(Tarifgebiet Ost):
ab 1. Januar 2015   1,37 Euro
ab 1. Oktober 2015   1,41 Euro

(Tarifgebiet West):
ab 1. Januar 2015   1,40 Euro
ab 1. Oktober 2015   1,44 Euro

f) für Arbeiten an Samstagen in der Zeit von   *Samstagsarbeit*
13.00 Uhr bis 20.00 Uhr

(RK NRW/BW):
ab 1. Juli 2014   0,72 Euro
ab 1. März 2015   0,74 Euro

(RK Mitte/Bayern):
ab 1. Januar 2015   0,72 Euro
ab 1. März 2015   0,74 Euro

(RK Nord):
ab 1. Januar 2015   0,72 Euro
ab 1. Juli 2015   0,74 Euro

(RK Ost)
(Tarifgebiet Ost):
ab 1. Januar 2015   0,68 Euro
ab 1. Oktober 2015   0,70 Euro

(Tarifgebiet West):
ab 1. Januar 2015   0,70 Euro
ab 1. Oktober 2015   0,72 Euro

(2) [1]Beim Zusammentreffen mehrerer Zeitzuschläge nach Abs. 1 Satz 2 Buchst. b bis d und f wird nur der jeweils höchste Zeitzuschlag gezahlt.   *Verhältnis mehrerer Zeitzuschläge*

[2]Der Zeitzuschlag nach Abs. 1 Satz 2 Buchstaben e und f wird nicht gezahlt neben Zulagen, Zuschlägen und Entschädigungen, in denen bereits eine entsprechende Leistung enthalten ist.

[3]Für die Zeit des Bereitschaftsdienstes einschließlich der geleisteten Arbeit und für die Zeit der Rufbereitschaft werden Zeitzuschläge nicht gezahlt. [4]Für die Zeit der innerhalb der Rufbereitschaft tatsächlich geleisteten Arbeit einschließlich einer etwaigen Wegezeit werden gegebenenfalls die Zeitzuschläge nach Abs. 1 Satz 2 Buchstaben b bis f bezahlt. [5]Die Unterabsätze 1 und 2 bleiben unberührt.   *Zeitzuschläge und Dienste*

⁶Der Zeitzuschlag nach Abs. 1 Satz 2 Buchstabe e wird nicht gezahlt für Bürodienst, der sonst üblicherweise nur in den Tagesstunden geleistet wird, und für nächtliche Dienstgeschäfte, für die, ohne dass eine Unterkunft genommen worden ist, Übernachtungsgeld gezahlt wird.

Überstundenvergütung

(3) ¹Die Stundenvergütung ergibt sich für jede Vergütungsgruppe aus § 2 der Anlage 6a zu den AVR.

²Die Stundenvergütung zuzüglich des Zeitzuschlags nach Abs. 1 Satz 2 Buchstabe a ist die Überstundenvergütung.

pauschalierte Zeitzuschläge

(4) Die Zeitzuschläge können gegebenenfalls einschließlich der Stundenvergütung nach Abs. 3 Unterabs. 1 aufgrund einer einzelvertraglichen Regelung, die schriftlich abzufassen ist, oder einer betrieblichen Vereinbarung pauschaliert werden.

(5) ¹Abs. 1 Satz 2 Buchstaben b bis d und f gilt nicht für Mitarbeiter der Vergütungsgruppe 1 bis 4b der Dienststellen, in denen Anhang C der AVR Anwendung findet; der Zeitzuschlag nach Abs. 1 Satz 2 Buchstabe e beträgt für

(RK Nord/NRW/Mitte/BW/Bayern) ab 1. Januar 2011 0,39 Euro je Stunde;

(RK Ost) ab 1. Januar 2012 0,39 Euro je Stunde.

²Für die bei diesen Dienststellen beschäftigten übrigen Mitarbeiter gilt Abs. 1 Satz 2 Buchstaben b bis d mit der Maßgabe, dass der Zeitzuschlag jeweils ab 1. Januar 0,39 Euro je Stunde beträgt.

§ 2 Stundenvergütung

Berechnungsformel

Die Stundenvergütungen werden je Vergütungsgruppe in der Anlage 3 und in der Anlage 3a zu den AVR nach folgender Formel ermittelt:

$$\frac{\text{Regelvergütung Stufe 4}}{\text{durchschnittliche regelmäßige Wochenarbeitszeit} \times 4{,}348}$$

Anlage 7: Ausbildungsverhältnisse

	A (entfällt)	
	B I (entfällt)	
	B II Schüler an Kranken- und Kinderkrankenpflegeschulen, Hebammenschulen sowie an Altenpflegeschulen	208
§ 1	Ausbildungsvergütung	209
§ 2	Wöchentliche und tägliche Ausbildungszeit	210
§ 3	Sonstige Ausbildungsbedingungen	210
§ 3a	Ärztliche Untersuchung	211
§ 4	Entschädigung bei Ausbildungsfahrten	211
§ 4a	Familienheimfahrten	211
§ 5	Krankenbezüge	212
§ 6	Fortzahlung der Ausbildungsvergütung in besonderen Fällen	212
§ 7	Erholungsurlaub	212
§ 8	Freistellung vor der staatlichen Prüfung	212
§ 9	Ausbildungsmittel	212
§ 10	Mitteilungspflicht und Weiterarbeit	213
§ 11	Sonstige Bestimmungen	213
§ 12	Ausbildung Notfallsanitäter	213
	C I (entfällt)	213
	C II Krankenpflegehelfer sowie Altenpflegehelfer	214
§ 1	Ausbildungsvergütung	214
§ 2	Wöchentliche und tägliche Ausbildungszeit	214
§ 3	Sonstige Ausbildungsbedingungen	215
§ 3a	Ärztliche Untersuchung	215
§ 4	Entschädigung bei Ausbildungsfahrten	216
§ 4a	Familienheimfahrten	216
§ 5	Krankenbezüge	216
§ 6	Fortzahlung der Ausbildungsvergütung in besonderen Fällen	217
§ 7	Erholungsurlaub	217
§ 8	Freistellung vor der staatlichen Prüfung	217
§ 9	Ausbildungsmittel	217
§ 10	Mitteilungspflicht und Weiterarbeit	217
§ 11	Sonstige Bestimmungen	217

	D Praktikanten nach abgelegtem Examen	218
§ 1	Entgelt	218
§ 2	Arbeitszeit	220
§ 3	Krankenbezüge	221
§ 4	Erholungsurlaub	221
§ 5	Sonstige Bestimmungen	221
	E Auszubildende	222
§ 1	Entgelt	222
§ 2	Entgelt in besonderen Fällen	223
§ 3	Ausbildungsvertrag	223
§ 4	Ärztliche Untersuchungen	223
§ 5	Schweigepflicht	224
§ 6	Arbeitszeit	224
§ 7	Krankenbezüge	224
§ 8	Erholungsurlaub	225
§ 9	Mitteilungspflicht	225
§ 10	Sonstige Bestimmungen	225
§ 11	Duales Studium	225

A (entfällt)

B I (entfällt)

B II Schüler an Kranken- und Kinderkrankenpflegeschulen, Hebammenschulen sowie an Altenpflegeschulen

Geltungsbereich [1]Diese Ordnung gilt für die Schüler, die nach Maßgabe des Krankenpflegegesetzes vom 16. Juli 2003 (Bundesgesetzblatt I Seite 1442), des Hebammengesetzes vom 4. Juni 1985 (Bundesgesetzblatt I, Seite 902) oder des Altenpflegegesetzes vom 25. August 2003 (Bundesgesetzblatt I, Seite 1690) in der jeweils geltenden Fassung in Schulen an Krankenhäusern oder in Altenpflegeschulen ausgebildet werden. [2]Die Ordnung wird ergänzt durch das Krankenpflegegesetz, das Hebammengesetz, das Altenpflegegesetz und die hierzu erlassenen Ausbildungs- und Prüfungsordnungen in den jeweils geltenden Fassungen sowie durch die Vereinbarungen des schriftlich abzuschließenden Ausbildungsvertrages.

B II – Anlage 7

§ 1 Ausbildungsvergütung

(a) *(RK NRW/Mitte/BW/Bayern):*
¹Der Schüler erhält monatlich eine Ausbildungshilfe. ²Sie beträgt

	ab 1. September 2014[1]
im ersten Ausbildungsjahr	975,69 Euro
im zweiten Ausbildungsjahr	1.037,07 Euro
im dritten Ausbildungsjahr	1.138,38 Euro

(a) *(RK Nord):*
¹Der Schüler erhält monatlich eine Ausbildungshilfe. ²Sie beträgt

	ab 1. Januar 2015[1]
im ersten Ausbildungsjahr	975,69 Euro
im zweiten Ausbildungsjahr	1.037,07 Euro
im dritten Ausbildungsjahr	1.138,38 Euro

(a) *(RK Ost, Tarifgebiet Ost):*
¹Der Schüler erhält monatlich eine Ausbildungshilfe. ²In den Bistümern Dresden-Meißen, Erfurt, Görlitz und Magdeburg sowie in den Teilen der Erzbistümer Berlin und Hamburg, für die das Grundgesetz der Bundesrepublik Deutschland vor dem 3. Oktober 1990 nicht galt, ausgenommen das Gebiet des Bundeslandes Berlin, beträgt sie

	ab 1. März 2015[1]
im ersten Ausbildungsjahr	860,02 Euro
im zweiten Ausbildungsjahr	919,60 Euro
im dritten Ausbildungsjahr	1.015,59 Euro

(a) *(RK Ost, Tarifgebiet West):*
¹Der Schüler erhält monatlich eine Ausbildungshilfe. ²In den Teilen der Erzbistümer Berlin und Hamburg, für die das Grundgesetz der Bundesrepublik Deutschland vor dem 3. Oktober 1990 galt, zuzüglich des Teils des Bundeslandes Berlin, für den das Grundgesetz der Bundesrepublik Deutschland vor dem 3. Oktober 1990 nicht galt, beträgt sie

	ab 1. März 2015[1]
im ersten Ausbildungsjahr	902,13 Euro
im zweiten Ausbildungsjahr	964,84 Euro
im dritten Ausbildungsjahr	1.065,88 Euro

---

1 Die Bundeskommission erhöht die Vergütung der Auszubildenden und Praktikanten nach Anlage 7 zu den AVR ausgehend von dem am 1. Februar 2013 geltenden Wert ab 1. September 2014 um 60,00 Euro. Soweit im Jahr des Inkrafttretens des Beschlusses der jeweiligen Regionalkommission (RK NRW/Mitte/BW/Bayern: 2014; RK Ost/Nord: 2015) Ausbildungs- und Praktikantenverhältnisse vor dem 1. September des Jahres des Inkrafttretens des Beschlusses der jeweiligen Regionalkommission begonnen haben, gelten die so erhöhten Werte in diesem Jahr bereits ab Beginn der Ausbildungs- und Praktikantenverhältnisse.

(b) ¹Wird die Ausbildungzeit des Schülers gemäß §§ 7, 8 Krankenpflegegesetz, § 8 Hebammengesetz oder § 7 Altenpflegegesetz verkürzt, gilt bei der Anwendung von Abs. a die Zeit der Verkürzung als zurückgelegte Ausbildungzeit.
²Wird die Ausbildungzeit gemäß § 18 Abs. 2 Krankenpflegegesetz, § 17 Abs. 2 Hebammengesetz oder § 19 Abs. 2 Altenpflegegesetz verlängert, erhält der Schüler während der verlängerten Ausbildungzeit die Ausbildungsvergütung des zuletzt maßgebenden Ausbildungsjahres.

(c) Für die Berechnung und Auszahlung der Bezüge gilt Abschnitt X der Anlage 1 zu den AVR entsprechend.

(d) (entfällt)

§ 2 Wöchentliche und tägliche Ausbildungzeit

regelmäßige Arbeitszeit

(a) Die durchschnittliche regelmäßige wöchentliche Ausbildungzeit und die tägliche Ausbildungzeit des Schülers, der nicht unter das Jugendarbeitsschutzgesetz fällt, richten sich nach den Bestimmungen, die für die Arbeitszeit der beim Träger der Ausbildung in dem Beruf beschäftigten Mitarbeiter gelten, für den er ausgebildet wird.

Sonn-, Feiertags-, Nachtarbeit

(b) Im Rahmen des Ausbildungszwecks darf der Schüler auch an Sonntagen und Wochenfeiertagen sowie in der Nacht ausgebildet werden.

Überstunden

(c) Eine über die durchschnittliche regelmäßige wöchentliche Ausbildungzeit hinausgehende Beschäftigung ist nur ausnahmsweise zulässig.

§ 3 Sonstige Ausbildungsbedingungen

Geschenke, Nebentätigkeit, Abgeltung für Dienste und Überstunden

(a) ¹Für Belohnungen und Geschenke, Nebentätigkeiten, für die Ausbildung an Samstagen, Sonntagen, Feiertagen und Vorfesttagen, für den Bereitschaftsdienst und die Rufbereitschaft, für die Überstunden und für die Zeitzuschläge gelten die Vorschriften sinngemäß, die jeweils für die beim Träger der Ausbildung in dem künftigen Beruf des Schülers beschäftigten Mitarbeiter maßgebend sind. ²Dabei gilt als Stundenvergütung im Sinne des § 2 der Anlage 6a zu den AVR der auf die Stunde entfallende Anteil der Ausbildungsvergütung (§ 1 Abs. a). ³Zur Ermittlung dieses Anteils ist die jeweilige Ausbildungsvergütung durch das 4,348fache der durchschnittlichen regelmäßigen wöchentlichen Ausbildungzeit zu teilen.

(b) Bei Vorliegen der Voraussetzungen erhält der Schüler

aa) die Zulagen nach Abschnitt VIII Abs. e der Anlage 1 zu den AVR und die in den Anmerkungen zu den Tätigkeitsmerkmalen der Vergütungsgruppen Kr 1 bis Kr 14 der Anlage 2a zu den AVR in der Anmerkung 1 aufgeführten Zulagen zur Hälfte,

Wechselschicht- und Schichtzulage

bb) die Wechselschicht- und Schichtzulage nach Abschnitt VII der Anlage 1 zu den AVR zu drei Vierteln.

Sachbezüge

(c) ¹Sachbezüge sind in Höhe der durch Rechtsverordnung nach § 17 Abs. 1 Nr. 3 SGB IV bestimmten Werte anzurechnen, jedoch nicht über 75 v.H. der Brutto-Ausbildungsvergütung hinaus. ²Kann der Schüler während der Zeit, für die die Ausbildungsvergütung bei Arbeitsunfähigkeit oder bei Erholungsurlaub fortzuzahlen ist, Sachbezüge aus berechtigtem Grund nicht abnehmen, sind diese nach den Sachbezugswerten abzugelten, jedoch nicht über 75 v.H. der Brutto-Ausbildungsvergütung hinaus.

(d) Wird auf der Grundlage des Ausbildungsvertrages eine Mitarbeiterunterkunft zur Verfügung gestellt, so wird deren Wert nach der Anlage 12 zu den AVR in ihrer jeweils geltenden Fassung bewertet mit der Maßgabe, dass der nach § 3 Abs. (1) Unterabs. 1 der Anlage 12 zu den AVR maßgebende Quadratmetersatz um 15 v.H. zu kürzen ist. — Mitarbeiterunterkunft

§ 3a Ärztliche Untersuchung

(1) Der Schüler hat auf Verlangen des Trägers der Ausbildung vor seiner Einstellung seine körperliche Eignung (Gesundheits- und Entwicklungsstand, körperliche Beschaffenheit und Arbeitsfähigkeit) durch das Zeugnis eines vom Träger der Ausbildung bestimmten Arztes nachzuweisen. — vor Einstellung

(2) ¹Der Träger der Ausbildung kann den Schüler bei gegebener Veranlassung ärztlich untersuchen lassen. ²Von der Befugnis darf nicht willkürlich Gebrauch gemacht werden. — in Ausbildung

(3) ¹Der Träger der Ausbildung kann den Schüler auch bei Beendigung des Ausbildungsverhältnisses untersuchen lassen. ²Auf Verlangen des Schülers ist er hierzu verpflichtet. — Beendigung

(4) ¹Die Kosten der Untersuchung trägt der Träger der Ausbildung. ²Das Ergebnis der ärztlichen Untersuchung ist dem Schüler auf seinen Antrag bekannt zu geben. — Kosten

§ 4 Entschädigung bei Ausbildungsfahrten

¹Abweichend von der bei Dienstreisen und Abordnungen maßgeblichen Reisekostenregelung (Anlage 13a zu den AVR) werden bei Reisen zur vorübergehenden Ausbildung an einer anderen Einrichtung außerhalb des Beschäftigungsortes (politische Gemeinde) sowie zur Teilnahme am Unterricht, an Vorträgen, an Arbeitsgemeinschaften oder an Übungen zum Zwecke der Ausbildung die notwendigen Fahrtkosten bis zur Höhe der Kosten für die Fahrkarte der jeweils niedrigsten Klasse des billigsten regelmäßig verkehrenden Beförderungsmittels (im Eisenbahnverkehr ohne Zuschläge) erstattet. ²Möglichkeiten zur Erlangung von Fahrpreisermäßigungen (z.B. Schülerfahrkarten oder Fahrkarten für Berufstätige) sind auszunutzen. — Reisen zum Zweck der Ausbildung

§ 4a Familienheimfahrten

¹Für Familienheimfahrten vom Ort der Ausbildungsanstalt zum Wohnort der Eltern, des Erziehungsberechtigten oder des Ehegatten und zurück werden dem Schüler monatlich einmal die notwendigen Fahrtkosten bis zur Höhe der Kosten der Fahrkarte der jeweils niedrigsten Klasse des billigsten regelmäßig verkehrenden Beförderungsmittels (im Eisenbahnverkehr ohne Zuschläge) – für Familienheimfahrten in das Ausland höchstens die entsprechenden Kosten für die Fahrt bis zum inländischen Grenzort – erstattet, wenn der Wohnort der Eltern, des Erziehungsberechtigten oder des Ehegatten so weit vom Ort der Ausbildungsanstalt entfernt ist, dass der Schüler nicht täglich zu diesem Wohnort zurückkehren kann und daher außerhalb wohnen muss. ²Möglichkeiten zur Erlangung von Fahrpreisermäßigungen (z.B. Schülerfahrkarten oder Fahrkarten für Berufstätige) sind auszunutzen. — Familienheimfahrten

§ 5 Krankenbezüge

Krankenbezüge ¹Bei unverschuldeter Arbeitsunfähigkeit erhält der Schüler bis zur Dauer von sechs Wochen Krankenbezüge in Höhe des Entgeltes, das ihm während des Erholungsurlaubs zusteht.

Arbeitsunfall Berufskrankheit ²Bei der jeweils ersten Arbeitsunfähigkeit, die durch einen bei dem Dienstgeber erlittenen Arbeitsunfall oder durch eine bei dem Dienstgeber zugezogene Berufskrankheit verursacht ist, erhält der Schüler nach Ablauf des nach Unterabsatz 1 maßgebenden Zeitraumes bis zum Ende der 26. Woche seit dem Beginn der Arbeitsunfähigkeit als Krankenbezüge einen Krankengeldzuschuss in Höhe des Unterschiedsbetrages zwischen der Nettourlaubsvergütung und der um die gesetzlichen Beitragsanteile des Schülers zur gesetzlichen Renten-, Arbeitslosen- und sozialen Pflegeversicherung verminderten Leistungen der Sozialleistungsträger gezahlt, wenn der zuständige Unfallversicherungsträger den Arbeitsunfall oder die Berufskrankheit anerkennt. ³Nettourlaubsvergütung ist die um die gesetzlichen Abzüge verminderte Urlaubsvergütung.

⁴Im Übrigen gelten Abschnitt XII Abs. a Unterabs. 2 der Anlage 1 zu den AVR (Regelungen zur Maßnahme der medizinischen Vorsorge oder Rehabilitation und Wiederholungserkrankung), Abschnitt XIIa der Anlage 1 zu den AVR (Anzeige- und Nachweispflichten) und Abschnitt XIIb der Anlage 1 zu den AVR (Forderungsübergang bei Dritthaftung).

§ 6 Fortzahlung der Ausbildungsvergütung in besonderen Fällen

Dem Schüler ist die Ausbildungshilfe für die Zeit der Freistellung vor der staatlichen Prüfung (§ 8) und zur Teilnahme an der staatlichen Prüfung fortzuzahlen.

§ 7 Erholungsurlaub

Erholungsurlaub ¹Der Schüler erhält in jedem Kalenderjahr Erholungsurlaub in entsprechender Anwendung der Vorschriften der Anlage 14 zu den AVR. ²Während des Erholungsurlaubes werden die Ausbildungsvergütung (§ 1 Abs. a) und die Zulagen nach § 3 Abs. b weitergezahlt. ³Der Teil der Bezüge, der nicht in Monatsbeträgen festgelegt ist, wird durch einen Aufschlag berücksichtigt, der in sinngemäß entsprechender Anwendung des § 2 Abs. 3 der Anlage 14 zu den AVR zu errechnen ist.

§ 8 Freistellung vor der staatlichen Prüfung

bezahlte Prüfungsvorbereitung, vgl. § 6 ¹Dem Schüler ist vor der staatlichen Prüfung an fünf Ausbildungstagen, bei der Sechstagewoche an sechs Ausbildungstagen Gelegenheit zu geben, sich ohne Bindung an die planmäßige Ausbildung auf die Prüfung vorzubereiten. ²Der Anspruch nach Satz 1 verkürzt sich um die Zeit, für die die Schüler zur Vorbereitung auf die staatliche Prüfung besonders zusammengefasst werden; der Schüler erhält jedoch mindestens zwei freie Ausbildungstage.

§ 9 Ausbildungsmittel

Ausbildungsmittel Der Träger der Ausbildung hat dem Schüler kostenlos die Ausbildungsmittel, Instrumente und Apparate zur Verfügung zu stellen, die zur Ausbildung und zum Ablegen der staatlichen Prüfung erforderlich sind.

§ 10 Mitteilungspflicht und Weiterarbeit

(a) ¹Beabsichtigt der Träger der Ausbildung, den Schüler nach Abschluss der Ausbildung in ein Dienstverhältnis zu übernehmen, hat er dies dem Schüler drei Monate vor dem Ende der Ausbildungszeit schriftlich mitzuteilen. ²In der Mitteilung kann der Träger der Ausbildung die Übernahme von dem Ergebnis der staatlichen Prüfung abhängig machen. ³Innerhalb von vier Wochen nach Zugang der Mitteilung hat der Schüler schriftlich zu erklären, ob er beabsichtigt, in ein Dienstverhältnis zu dem Träger der Ausbildung zu treten.

⁴Beabsichtigt der Träger der Ausbildung, den Schüler nicht in ein Dienstverhältnis zu übernehmen, hat er ihm dies drei Monate vor dem Ende der Ausbildungszeit schriftlich mitzuteilen.

Übernahme in ein Dienstverhältnis — A 7

(b) Wird der Schüler im Anschluss an das Ausbildungsverhältnis beschäftigt, ohne dass hierüber ausdrücklich etwas vereinbart worden ist, so gilt ein Dienstverhältnis auf unbestimmte Zeit als begründet.

§ 11 Sonstige Bestimmungen

(a) Soweit in dieser Ordnung und in gesetzlichen Regelungen für den Schüler keine besonderen Vorschriften vorgesehen sind, finden die Vorschriften für Mitarbeiter in den AVR sinngemäß Anwendung.

AVR-Anwendung

(b) Die Ausbildungszeit als Schüler wird auf die Beschäftigungszeit (§ 11 AT) und die Dienstzeit (§ 11a AT) nicht angerechnet.

§ 12 Ausbildung Notfallsanitäter

Die Regelungen dieses Abschnitts finden ebenfalls Anwendung auf Schülerinnen und Schüler, die nach Maßgabe des Gesetzes über den Beruf der Notfallsanitäterin und des Notfallsanitäters (Notfallsanitätergesetz – NotSanG) vom 22. Mai 2013 in der jeweils gültigen Fassung eine Ausbildung zur Notfallsanitäterin bzw. zum Notfallsanitäter in der Zeit vom 1. Januar 2014 bis einschließlich 31. Dezember 2016 beginnen.

Notfallsanitäter

C I   (entfällt)

Anlage 7 – C II

C II Krankenpflegehelfer sowie Altenpflegehelfer

Geltungsbereich ¹Diese Ordnung gilt für die Schüler, die nach Maßgabe des Krankenpflegegesetzes vom 16. Juli 2003 (Bundesgesetzblatt I, Seite 1442) und nach Maßgabe des Altenpflegegesetzes vom 25. August 2003 (Bundesgesetzblatt I, Seite 1690) in der jeweils geltenden Fassung in Schulen an Krankenhäusern oder in Altenpflegeschulen ausgebildet werden. ²Die Ordnung wird ergänzt durch das Krankenpflegegesetz, das Altenpflegegesetz und die hierzu erlassenen Ausbildungs- und Prüfungsordnungen in der jeweils geltenden Fassung sowie die Vereinbarungen des schriftlich abzuschließenden Ausbildungsvertrages.

§ 1 Ausbildungsvergütung

(a) *(RK NRW/Mitte/BW/Bayern):*
¹Der Schüler erhält monatlich eine Ausbildungsvergütung. ²Sie beträgt

ab 1. September 2014¹	899,91 Euro

(a) *(RK Nord):*
¹Der Schüler erhält monatlich eine Ausbildungsvergütung. ²Sie beträgt

ab 1. Januar 2015¹	899,91 Euro

(a) *(RK Ost, Tarifgebiet Ost):*
¹Der Schüler erhält monatlich eine Ausbildungsvergütung. ²Sie beträgt in den Bistümern Dresden-Meißen, Erfurt, Görlitz und Magdeburg sowie in den Teilen der Erzbistümer Berlin und Hamburg, für die das Grundgesetz vor dem 3. Oktober 1990 nicht galt, ausgenommen das Gebiet des Bundeslandes Berlin, ab 1. März 2015¹: 793,80 Euro.

(a) *(RK Ost, Tarifgebiet West):*
¹Der Schüler erhält monatlich eine Ausbildungsvergütung. ²Sie beträgt sie in den Teilen der Erzbistümer Berlin und Hamburg, für die das Grundgesetz der Bundesrepublik Deutschland vor dem 3. Oktober 1990 galt, zuzüglich des Teils des Bundeslandes Berlin, für den das Grundgesetz der Bundesrepublik Deutschland vor dem 3. Oktober 1990 nicht galt, ab 1. März 2015¹: 832,43 Euro.

(b) Für die Berechnung und Auszahlung der Bezüge gilt Abschnitt X der Anlage 1 zu den AVR entsprechend.

(c) (entfällt)

§ 2 Wöchentliche und tägliche Ausbildungszeit

regelmäßige Ausbildungszeit (a) Die durchschnittliche regelmäßige wöchentliche Ausbildungszeit und die tägliche Ausbildungszeit des Schülers, der nicht unter das Jugendarbeitsschutzgesetz fällt, richten sich nach den Bestimmungen, die für die Arbeitszeit der beim Träger der Ausbildung beschäftigten Krankenpflegehelfer gelten.

---

1 Die Bundeskommission erhöht die Vergütung der Auszubildenden und Praktikanten nach Anlage 7 zu den AVR ausgehend von dem am 1. Februar 2013 geltenden Wert ab 1. September 2014 um 60,00 Euro. Soweit im Jahr des Inkrafttretens des Beschlusses der jeweiligen Regionalkommission (RK NRW/Mitte/BW/Bayern: 2014; RK Ost/Nord: 2015) Ausbildungs- und Praktikantenverhältnisse vor dem 1. September des Jahres des Inkrafttretens des Beschlusses der jeweiligen Regionalkommission begonnen haben, gelten die so erhöhten Werte in diesem Jahr bereits ab Beginn der Ausbildungs- und Praktikantenverhältnisse.

(b) Im Rahmen des Ausbildungszwecks darf der Schüler auch an Sonntagen und Wochenfeiertagen sowie in der Nacht ausgebildet werden.

Sonn-, Feiertags-, Nachtarbeit

(c) Eine über die durchschnittliche regelmäßige wöchentliche Ausbildungszeit hinausgehende Beschäftigung ist nur ausnahmsweise zulässig.

Überstunden

§ 3 Sonstige Ausbildungsbedingungen

(a) ¹Für Belohnungen und Geschenke, Nebentätigkeiten, für die Ausbildung an Samstagen, Sonntagen, Feiertagen und Vorfesttagen, für den Bereitschaftsdienst und die Rufbereitschaft, für die Überstunden und für die Zeitzuschläge gelten die Vorschriften sinngemäß, die jeweils für die beim Träger der Ausbildung in dem künftigen Beruf des Schülers beschäftigten Mitarbeiter maßgebend sind. ²Dabei gilt als Stundenvergütung im Sinne des § 2 der Anlage 6a zu den AVR der auf die Stunde entfallende Anteil der Ausbildungsvergütung (§ 1 Abs. a). ³Zur Ermittlung dieses Anteils ist die jeweilige Ausbildungsvergütung durch das 4,348fache der durchschnittlichen regelmäßigen wöchentlichen Ausbildungszeit zu teilen.

Geschenke, Nebentätigkeit, Abgeltung für Dienste und Überstunden

(b) Bei Vorliegen der Voraussetzungen erhält der Schüler

aa) die Zulagen nach Abschnitt VIII Abs. e der Anlage 1 zu den AVR und die in den Anmerkungen zu den Tätigkeitsmerkmalen der Vergütungsgruppen Kr 1 bis Kr 14 der Anlage 2a zu den AVR in der Anmerkung 1 aufgeführten Zulagen zur Hälfte,

bb) die Wechselschicht- und Schichtzulage nach Abschnitt VII der Anlage 1 zu den AVR zu drei Vierteln.

Wechselschicht- und Schichtzulage

(c) ¹Sachbezüge sind in Höhe der durch Rechtsverordnung nach § 17 Abs. 1 Nr. 3 SGB IV bestimmten Werte anzurechnen, jedoch nicht über 75 v.H. der Brutto-Ausbildungsvergütung hinaus. ²Kann der Schüler während der Zeit, für die die Ausbildungsvergütung bei Arbeitsunfähigkeit oder bei Erholungsurlaub fortzuzahlen ist, Sachbezüge aus berechtigtem Grunde nicht abnehmen, sind diese nach den Sachbezugswerten abzugelten, jedoch nicht über 75 v.H. der Brutto-Ausbildungsvergütung hinaus.

Sachbezüge

(d) Wird auf der Grundlage des Ausbildungsvertrages eine Mitarbeiterunterkunft zur Verfügung gestellt, so wird deren Wert nach der Anlage 12 zu den AVR in ihrer jeweils geltenden Fassung bewertet mit der Maßgabe, dass der nach § 3 Abs. 1 Unterabs. 1 der Anlage 12 zu den AVR maßgebende Quadratmetersatz um 15 v.H. zu kürzen ist.

Mitarbeiterunterkunft

§ 3a Ärztliche Untersuchung

(1) Der Schüler hat auf Verlangen des Trägers der Ausbildung vor seiner Einstellung seine körperliche Eignung (Gesundheits- und Entwicklungsstand, körperliche Beschaffenheit und Arbeitsfähigkeit) durch das Zeugnis eines vom Träger der Ausbildung bestimmten Arztes nachzuweisen.

vor Einstellung

(2) ¹Der Träger der Ausbildung kann den Schüler bei gegebener Veranlassung ärztlich untersuchen lassen. ²Von der Befugnis darf nicht willkürlich Gebrauch gemacht werden.

in Ausbildung

(3) ¹Der Träger der Ausbildung kann den Schüler auch bei Beendigung des Ausbildungsverhältnisses untersuchen lassen. ²Auf Verlangen des Schülers ist er hierzu verpflichtet.

Beendigung

Anlage 7 – C II

Kosten (4) ¹Die Kosten der Untersuchung trägt der Träger der Ausbildung. ²Das Ergebnis der ärztlichen Untersuchung ist dem Schüler auf seinen Antrag bekannt zu geben.

§ 4 Entschädigung bei Ausbildungsfahrten

Reisen zum Zweck der Ausbildung ¹Abweichend von der bei Dienstreisen und Abordnungen maßgeblichen Reisekostenregelung (Anlage 13a zu den AVR) werden bei Reisen zur vorübergehenden Ausbildung an einer anderen Einrichtung außerhalb des Beschäftigungsortes (politische Gemeinde) sowie zur Teilnahme am Unterricht, an Vorträgen, an Arbeitsgemeinschaften oder an Übungen zum Zwecke der Ausbildung die notwendigen Fahrtkosten bis zur Höhe der Kosten für die Fahrkarte der jeweils niedrigsten Klasse des billigsten regelmäßig verkehrenden Beförderungsmittels (im Eisenbahnverkehr ohne Zuschläge) erstattet.

²Möglichkeiten zur Erlangung von Fahrpreisermäßigungen (z. B. Schülerfahrkarten oder Fahrkarten für Berufstätige) sind auszunutzen.

§ 4a Familienheimfahrten

Familienheimfahrten ¹Für Familienheimfahrten vom Ort der Ausbildungsanstalt zum Wohnort der Eltern, des Erziehungsberechtigten oder des Ehegatten und zurück werden dem Schüler monatlich einmal die notwendigen Fahrtkosten bis zur Höhe der Kosten der Fahrkarte der jeweils niedrigsten Klasse des billigsten regelmäßig verkehrenden Beförderungsmittels (im Eisenbahnverkehr ohne Zuschläge) – für Familienheimfahrten in das Ausland höchstens die entsprechenden Kosten für die Fahrt bis zum inländischen Grenzort – erstattet, wenn der Wohnort der Eltern, des Erziehungsberechtigten oder des Ehegatten so weit vom Ort der Ausbildungsanstalt entfernt ist, dass der Schüler nicht täglich zu diesem Wohnort zurückkehren kann und daher außerhalb wohnen muss. ²Möglichkeiten zur Erlangung von Fahrpreisermäßigungen (z. B. Schülerfahrkarten oder Fahrkarten für Berufstätige) sind auszunutzen.

§ 5 Krankenbezüge

Krankenbezüge ¹Bei unverschuldeter Arbeitsunfähigkeit erhält der Schüler bis zur Dauer von sechs Wochen Krankenbezüge in Höhe des Entgeltes, das ihm während des Erholungsurlaubs zusteht.

Arbeitsunfall Berufskrankheit ²Bei der jeweils ersten Arbeitsunfähigkeit, die durch einen bei dem Dienstgeber erlittenen Arbeitsunfall oder durch eine bei dem Dienstgeber zugezogene Berufskrankheit verursacht ist, erhält der Schüler nach Ablauf des nach Unterabsatz 1 maßgebenden Zeitraumes bis zum Ende der 26. Woche seit dem Beginn der Arbeitsunfähigkeit als Krankenbezüge einen Krankengeldzuschuss in Höhe des Unterschiedsbetrages zwischen der Nettourlaubsvergütung und der um die gesetzlichen Beitragsanteile des Schülers zur gesetzlichen Renten-, Arbeitslosen- und sozialen Pflegeversicherung verminderten Leistungen der Sozialleistungsträger gezahlt, wenn der zuständige Unfallversicherungsträger den Arbeitsunfall oder die Berufskrankheit anerkennt. ³Nettourlaubsvergütung ist die um die gesetzlichen Abzüge verminderte Urlaubsvergütung.

⁴Im Übrigen gelten Abschnitt XII Abs. a Unterabs. 2 der Anlage 1 zu den AVR (Regelungen zur Maßnahme der medizinischen Vorsorge oder Rehabilitation und Wiederholungserkrankung), Abschnitt XIIa der Anlage 1 zu den AVR (Anzeige- und Nachweispflichten) und Abschnitt XIIb der Anlage 1 zu den AVR (Forderungsübergang bei Dritthaftung).

§ 6 Fortzahlung der Ausbildungsvergütung in besonderen Fällen

Dem Schüler ist die Ausbildungsvergütung für die Zeit der Freistellung vor der staatlichen Prüfung (§ 8) und zur Teilnahme an der staatlichen Prüfung fortzuzahlen.

§ 7 Erholungsurlaub

¹Der Schüler erhält in jedem Kalenderjahr Erholungsurlaub in entsprechender Anwendung der Vorschriften der Anlage 14 zu den AVR. ²Während des Erholungsurlaubes werden die Ausbildungshilfe (§ 1 Abs. a) und die Zulagen nach § 3 Abs. b weitergezahlt. ³Der Teil der Bezüge, der nicht in Monatsbeträgen festgelegt ist, wird durch einen Aufschlag berücksichtigt, der in sinngemäß entsprechender Anwendung des § 2 Abs. 3 der Anlage 14 zu den AVR zu errechnen ist.

§ 8 Freistellung vor der staatlichen Prüfung

¹Dem Schüler ist vor der staatlichen Prüfung an fünf Ausbildungstagen, bei der Sechstagewoche an sechs Ausbildungstagen Gelegenheit zu geben, sich ohne Bindung an die planmäßige Ausbildung auf die Prüfung vorzubereiten. ²Der Anspruch nach Satz 1 verkürzt sich um die Zeit, für die die Schüler zur Vorbereitung auf die staatliche Prüfung besonders zusammengefasst werden; der Schüler erhält jedoch mindestens zwei freie Ausbildungstage.

§ 9 Ausbildungsmittel

Der Träger der Ausbildung hat dem Schüler kostenlos die Ausbildungsmittel, Instrumente und Apparate zur Verfügung zu stellen, die zur Ausbildung und zum Ablegen der staatlichen Prüfung erforderlich sind.

§ 10 Mitteilungspflicht und Weiterarbeit

(a) ¹Beabsichtigt der Träger der Ausbildung, den Schüler nach Abschluss der Ausbildung in ein Dienstverhältnis zu übernehmen, hat er dies dem Schüler drei Monate vor dem Ende der Ausbildungszeit schriftlich mitzuteilen. ²In der Mitteilung kann der Träger der Ausbildung die Übernahme von dem Ergebnis der staatlichen Prüfung abhängig machen. ³Innerhalb von vier Wochen nach Zugang der Mitteilung hat der Schüler schriftlich zu erklären, ob er beabsichtigt, in ein Dienstverhältnis zu dem Träger der Ausbildung zu treten.

⁴Beabsichtigt der Träger der Ausbildung, den Schüler nicht in ein Dienstverhältnis zu übernehmen, hat er ihm dies drei Monate vor dem Ende der Ausbildungszeit schriftlich mitzuteilen.

(b) Wird der Schüler im Anschluss an das Ausbildungsverhältnis beschäftigt, ohne dass hierüber ausdrücklich etwas vereinbart worden ist, so gilt ein Dienstverhältnis auf unbestimmte Zeit als begründet.

§ 11 Sonstige Bestimmungen

(a) Soweit in dieser Ordnung und in gesetzlichen Regelungen für den Schüler keine besonderen Vorschriften vorgesehen sind, finden die Vorschriften für Mitarbeiter in den Arbeitsvertragsrichtlinien sinngemäß Anwendung.

(b) Die Ausbildungszeit als Schüler wird auf die Beschäftigungszeit (§ 11 AT) und die Dienstzeit (§ 11a AT) nicht angerechnet.

Anlage 7 – D

D Praktikanten nach abgelegtem Examen

Geltungsbereich Soweit die Ausbildungsbestimmungen nach abgelegtem Examen ein Praktikum zur Erlangung der staatlichen Anerkennung vorschreiben, gelten für die zu ihrer Ausbildung Beschäftigten die nachstehenden Regelungen:

§ 1 Entgelt

(a) *(RK NRW/Mitte/BW/Bayern):*
¹Praktikanten erhalten ein monatliches Entgelt. ²Es beträgt für:

	ab 1. September 2014¹
1. Pharmazeutisch-technische Assistent(inn)en	1.433,13 Euro
2. Masseure und med. Bademeister/-innen	1.379,07 Euro
3. Sozialarbeiter/-innen	1.647,05 Euro
4. Sozialpädagog(inn)en	1.647,05 Euro
5. Erzieher/-innen	1.433,13 Euro
6. Kinderpfleger/-innen	1.379,07 Euro
7. Altenpfleger/-innen	1.433,13 Euro
8. Haus- und Familienpfleger/-innen	1.433,13 Euro
9. Heilerziehungshelfer/-innen	1.379,07 Euro
10. Heilerziehungspfleger/-innen	1.492,05 Euro
11. Arbeitserzieher/-innen	1.492,05 Euro
12. Rettungsassistent(inn)en	1.379,07 Euro

(a) *(RK Nord):*
¹Praktikanten erhalten ein monatliches Entgelt. ²Es beträgt für:

	ab 1. Januar 2015¹
1. Pharmazeutisch-technische Assistent(inn)en	1.433,13 Euro
2. Masseure und med. Bademeister/-innen	1.379,07 Euro
3. Sozialarbeiter/-innen	1.647,05 Euro
4. Sozialpädagog(inn)en	1.647,05 Euro
5. Erzieher/-innen	1.433,13 Euro
6. Kinderpfleger/-innen	1.379,07 Euro
7. Altenpfleger/-innen	1.433,13 Euro
8. Haus- und Familienpfleger/-innen	1.433,13 Euro
9. Heilerziehungshelfer/-innen	1.379,07 Euro
10. Heilerziehungspfleger/-innen	1.492,05 Euro
11. Arbeitserzieher/-innen	1.492,05 Euro
12. Rettungsassistent(inn)en	1.379,07 Euro

---

1 Die Bundeskommission erhöht die Vergütung der Auszubildenden und Praktikanten nach Anlage 7 zu den AVR ausgehend von dem am 1. Februar 2013 geltenden Wert ab 1. September 2014 um 60,00 Euro. Soweit im Jahr des Inkrafttretens des Beschlusses der jeweiligen Regionalkommission (RK NRW/Mitte/BW/Bayern: 2014; RK Ost/Nord: 2015) Ausbildungs- und Praktikantenverhältnisse vor dem 1. September des Jahres des Inkrafttretens des Beschlusses der jeweiligen Regionalkommission begonnen haben, gelten die so erhöhten Werte in diesem Jahr bereits ab Beginn der Ausbildungs- und Praktikantenverhältnisse.

(a) *(RK Ost, Tarifgebiet Ost):*
[1]Praktikanten erhalten ein monatliches Entgelt. [2]In den Bistümern Dresden-Meißen, Erfurt, Görlitz und Magdeburg sowie in den Teilen der Erzbistümer Berlin und Hamburg, für die das Grundgesetz der Bundesrepublik Deutschland vor dem 3. Oktober 1990 nicht galt, ausgenommen das Gebiet des Bundeslandes Berlin, beträgt es für:

		ab 1. März 2015[1]
1.	Pharmazeutisch-technische Assistent(inn)en	1.315,60 Euro
2.	Masseure und med. Bademeister/-innen	1.262,70 Euro
3.	Sozialarbeiter/-innen	1.524,92 Euro
4.	Sozialpädagog(inn)en	1.524,92 Euro
5.	Erzieher/-innen	1.315,60 Euro
6.	Kinderpfleger/-innen	1.262,70 Euro
7.	Altenpfleger/-innen	1.315,60 Euro
8.	Haus- und Familienpfleger/-innen	1.315,60 Euro
9.	Heilerziehungshelfer/-innen	1.262,70 Euro
10.	Heilerziehungspfleger/-innen	1.373,25 Euro
11.	Arbeitserzieher/-innen	1.373,25 Euro
12.	Rettungsassistent(inn)en	1.262,70 Euro

(a) *(RK Ost, Tarifgebiet West):*
[1]Praktikanten erhalten ein monatliches Entgelt. [2]In den Teilen der Erzbistümer Berlin und Hamburg, für die das Grundgesetz der Bundesrepublik Deutschland vor dem 3. Oktober 1990 galt, zuzüglich des Teils des Bundeslandes Berlin, für den das Grundgesetz der Bundesrepublik Deutschland vor dem 3. Oktober 1990 nicht galt, beträgt es für

		ab 1. März 2015[1]
1.	Pharmazeutisch-technische Assistent(inn)en	1.381,68 Euro
2.	Masseure und med. Bademeister/-innen	1.325,99 Euro
3.	Sozialarbeiter/-innen	1.602,02 Euro
4.	Sozialpädagog(inn)en	1.602,02 Euro
5.	Erzieher/-innen	1.381,68 Euro
6.	Kinderpfleger/-innen	1.325,99 Euro
7.	Altenpfleger/-innen	1.381,68 Euro
8.	Haus- und Familienpfleger/-innen	1.381,68 Euro
9.	Heilerziehungshelfer/-innen	1.325,99 Euro
10.	Heilerziehungspfleger/-innen	1.442,36 Euro
11.	Arbeitserzieher/-innen	1.442,36 Euro
12.	Rettungsassistent(inn)en	1.325,99 Euro

1 Die Bundeskommission erhöht die Vergütung der Auszubildenden und Praktikanten nach Anlage 7 zu den AVR ausgehend von dem am 1. Februar 2013 geltenden Wert ab 1. September 2014 um 60,00 Euro. Soweit im Jahr des Inkrafttretens des Beschlusses der jeweiligen Regionalkommission (RK NRW/Mitte/BW/Bayern: 2014; RK Ost/Nord: 2015) Ausbildungs- und Praktikantenverhältnisse vor dem 1. September des Jahres des Inkrafttretens des Beschlusses der jeweiligen Regionalkommission begonnen haben, gelten die so erhöhten Werte in diesem Jahr bereits ab Beginn der Ausbildungs- und Praktikantenverhältnisse.

Anlage 7 – D

Vergütung durch Dritte
(b) ¹Auf die Entgelte werden alle Zuschüsse und gewährten Stipendien in voller Höhe angerechnet.

Zeitzuschläge
²Als Zeitzuschläge (mit Ausnahme der Zeitzuschläge für die Arbeit an Samstagen in der Zeit von 13.00 Uhr bis 20.00 Uhr und während der Nacht) gemäß Anlage 6a zu den AVR werden an Praktikanten 50 v.H. der Stundenvergütung der Vergütungsgruppe gezahlt, die jeweils für die beim Dienstgeber in dem künftigen Beruf des Praktikanten beschäftigten Mitarbeiter maßgebend ist. ³Die Zeitzuschläge für Arbeit an Samstagen in der Zeit von 13.00 Uhr bis 20.00 Uhr und während der Nacht werden in voller Höhe gezahlt.

(c) (entfällt)

Sachgezüge Unterkunft
(d) ¹Für Praktikanten, die in der Einrichtung, in der sie zur Ausbildung beschäftigt werden, Kost und/oder Unterkunft erhalten, werden diese nach Abschnitt IX der Anlage 1 zu den AVR auf das Entgelt angerechnet.
²Bei Praktikanten ist der nach § 3 Abs. 1 Unterabs. 1 der Anlage 12 zu den AVR maßgebende Quadratmetersatz um 15 v.H. zu kürzen.

Heimzulage
(e) Praktikanten im Erziehungsdienst erhalten eine Heimzulage in derselben Höhe, wie sie in Abschnitt VIIa der Anlage 1 zu den AVR angegeben ist, unter den dort genannten Bedingungen.

Anmerkung 1:

Praktikumsverhältnis Dienstverhältnis
¹Mit Praktikanten, die unter Buchst. D der Anlage 7 zu den AVR fallen, ist für die Ausbildungszeit eine Vereinbarung nach diesen Bestimmungen zu treffen. ²Eine hiervon abweichende Vertragsregelung ist grundsätzlich nicht möglich. ³Wird ein Praktikant aufgrund der Personalsituation ausnahmsweise während des Praktikums bereits mit der Wahrnehmung der Aufgaben eines entsprechend ausgebildeten Mitarbeiters betraut, so unterliegt er weiterhin den Vorschriften in Buchst. D der Anlage 7 zu den AVR. ⁴Diese Tätigkeit ist daher nicht auf die Dauer der Berufstätigkeit anzurechnen, die nach bestimmten Tätigkeitsmerkmalen für eine Höhergruppierung zurückgelegt sein muss. ⁵Für die Dauer der Übertragung der Aufgabe eines entsprechend ausgebildeten Mitarbeiters erhält der Praktikant zu dem Entgelt gemäß § 1 eine Zulage in Höhe des Differenzbetrages zwischen dem Entgelt und den Dienstbezügen der Eingangsgruppe des Berufes, zu dem der Praktikant ausgebildet wird.

Anmerkung 2:
Bis zu einer endgültigen Regelung ist Buchst. D der Anlage 7 zu den AVR für die Absolventen der Fachhochschulen für Sozialarbeit und Sozialpädagogik weiterhin anzuwenden, soweit das Praktikum nach Beendigung des 6. Fachhochschulsemesters abgeleistet wird.

§ 2   Arbeitszeit

regelmäßige Ausbildungszeit
(a) Für Praktikanten findet die Arbeitszeitregelung der Anlage 5 zu den AVR Anwendung.

Abgeltung für Dienste und Überstunden
(b) ¹Für Praktikanten finden die Anlagen 6 und 6a zu den AVR sinngemäß Anwendung. ²Für die Barabgeltung des Bereitschaftsdienstes, der Rufbereitschaft und der Überstunden ist die Vergütungsgruppe zugrunde zu legen, die für die

Angehörigen des Berufes, für den der Praktikant ausgebildet wird, als Eingangsgruppe festgelegt ist. ³Für Zeitzuschläge gilt § 1 Abs. b.

§ 3 Krankenbezüge

¹Bei unverschuldeter Arbeitsunfähigkeit erhält der Praktikant bis zur Dauer von sechs Wochen Krankenbezüge in Höhe des Entgelts, das ihm während des Erholungsurlaubs zusteht.

Krankenbezüge

²Bei der jeweils ersten Arbeitsunfähigkeit, die durch einen bei dem Dienstgeber erlittenen Arbeitsunfall oder durch eine bei dem Dienstgeber zugezogene Berufskrankheit verursacht ist, erhält der Praktikant nach Ablauf des nach Unterabsatz 1 maßgebenden Zeitraumes bis zum Ende der 26. Woche seit dem Beginn der Arbeitsunfähigkeit als Krankenbezüge einen Krankengeldzuschuss in Höhe des Unterschiedsbetrages zwischen der Nettourlaubsvergütung und der um die gesetzlichen Beitragsanteile des Praktikanten zur gesetzlichen Renten-, Arbeitslosen- und sozialen Pflegeversicherung verminderten Leistungen der Sozialleistungsträger gezahlt, wenn der zuständige Unfallversicherungsträger den Arbeitsunfall oder die Berufskrankheit anerkennt. ³Nettourlaubsvergütung ist die um die gesetzlichen Abzüge verminderte Urlaubsvergütung.

Arbeitsunfall Berufskrankheit

⁴Im Übrigen gelten Abschnitt XII Abs. a Unterabs. 2 der Anlage 1 zu den AVR (Regelungen zur Maßnahme der medizinischen Vorsorge oder Rehabilitation und Wiederholungserkrankung), Abschnitt XIIa der Anlage 1 zu den AVR (Anzeige- und Nachweispflichten) und Abschnitt XIIb der Anlage 1 zu den AVR (Forderungsübergang bei Dritthaftung).

§ 4 Erholungsurlaub

Praktikanten wird während ihrer Ausbildung der Urlaub nach Anlage 14 zu den AVR gewährt.

Erholungsurlaub

§ 5 Sonstige Bestimmungen

(a) ¹Die Annahme des Praktikanten zur Ausbildung in einer Einrichtung erfolgt durch die Rechtsträger dieser Einrichtung oder durch dessen Bevollmächtigten. ²Mit dem Praktikanten ist vor Beginn der Ausbildung eine Ausbildungsvereinbarung schriftlich abzuschließen.

(b) ¹Soweit vorstehend für Praktikanten keine abweichende Regelung vorgesehen ist, finden die AVR sinngemäß Anwendung. ²Die Bestimmungen der §§ 1, 4, 5, 8, 20, 21, 22 und 23 AT finden uneingeschränkt Anwendung.

AVR-Anwendung

(c) Die Ausbildungszeit der Praktikanten wird auf die Beschäftigungszeit (§ 11 AT) und die Dienstzeit (§ 11a AT) nicht angerechnet.

E Auszubildende

Für Auszubildende in den Einrichtungen im Geltungsbereich der AVR (§ 2 Abs. 1 AT) gelten für die Dauer der Ausbildungszeit die nachstehenden Regelungen:

§ 1 Entgelt

(1) *(RK NRW/Mitte/BW/Bayern):*
¹Auszubildende erhalten ein monatliches Entgelt. ²Es beträgt

	ab 1. September 2014[1]
im ersten Ausbildungsjahr	853,26 Euro
im zweiten Ausbildungsjahr	903,20 Euro
im dritten Ausbildungsjahr	949,02 Euro
im vierten Ausbildungsjahr	1.012,59 Euro

(1) *(RK Nord):*
¹Auszubildende erhalten ein monatliches Entgelt. ²Es beträgt

	ab 1. Januar 2015[1]
im ersten Ausbildungsjahr	853,26 Euro
im zweiten Ausbildungsjahr	903,20 Euro
im dritten Ausbildungsjahr	949,02 Euro
im vierten Ausbildungsjahr	1.012,59 Euro

(1) *(RK Ost, Tarifgebiet Ost):*
¹Auszubildende erhalten ein monatliches Entgelt. ²Es beträgt

	ab 1. März 2015[1]
im ersten Ausbildungsjahr	748,16 Euro
im zweiten Ausbildungsjahr	797,03 Euro
im dritten Ausbildungsjahr	841,86 Euro
im vierten Ausbildungsjahr	904,08 Euro

---

1 Die Bundeskommission erhöht die Vergütung der Auszubildenden und Praktikanten nach Anlage 7 zu den AVR ausgehend von dem am 1. Februar 2013 geltenden Wert ab 1. September 2014 um 60,00 Euro. Soweit im Jahr des Inkrafttretens des Beschlusses der jeweiligen Regionalkommission (RK NRW/Mitte/BW/Bayern: 2014; RK Ost/Nord: 2015) Ausbildungs- und Praktikantenverhältnisse vor dem 1. September des Jahres des Inkrafttretens des Beschlusses der jeweiligen Regionalkommission begonnen haben, gelten die so erhöhten Werte in diesem Jahr bereits ab Beginn der Ausbildungs- und Praktikantenverhältnisse.

E – Anlage 7

(1) *(RK Ost, Tarifgebiet West):*
¹Auszubildende erhalten ein monatliches Entgelt. ²Es beträgt

	ab 1. März 2015¹
im ersten Ausbildungsjahr	784,39 Euro
im zweiten Ausbildungsjahr	835,83 Euro
im dritten Ausbildungsjahr	883,02 Euro
im vierten Ausbildungsjahr	948,50 Euro

(2) ¹Für Auszubildende, die in der Einrichtung, in der sie ausgebildet werden, Kost und/oder Unterkunft erhalten, werden diese nach Abschnitt IX der Anlage 1 zu den AVR auf das Entgelt angerechnet.
²Es müssen jedoch mindestens 40 v.H. des Bruttoentgeltes gezahlt werden.

(3) (entfällt)

§ 2 Entgelt in besonderen Fällen

(1) Wird aufgrund der Ausbildungsbestimmungen (Berufsbild usw.) ein erfolgreicher Handelsschulabschluss oder eine andere Vorbildung auf die Ausbildungszeit angerechnet, so gilt für die Höhe des Entgeltes der Zeitraum, um den die Ausbildungszeit verkürzt wird, als abgeleistete Ausbildungszeit. — Vorbildungszeiten

(2) Hat der Auszubildende vor der Beendigung der vereinbarten Ausbildungszeit die Abschlussprüfung bestanden, so erhält er, wenn er weiterbeschäftigt wird, von dem Tage an, der auf den Tag der bestandenen Abschlussprüfung folgt, die seiner Tätigkeit entsprechenden Bezüge nach den Bestimmungen der AVR. — Vergütung nach Abschlussprüfung

(3) ¹Besteht der Auszubildende die Abschlussprüfung nicht, verlängert sich die Ausbildungszeit auf sein Verlangen bis zur nächstmöglichen Wiederholungsprüfung, höchstens jedoch um ein Jahr. ²Während des Zeitraumes der Verlängerung wird das Entgelt des letzten regelmäßigen Ausbildungsabschnittes gezahlt. — Verlängerung der Ausbildung

(4) (entfällt)

§ 3 Ausbildungsvertrag

Bei Beginn eines Ausbildungsverhältnisses ist ein schriftlicher Ausbildungsvertrag abzuschließen. — Ausbildungsvertrag

§ 4 Ärztliche Untersuchungen

(1) Der Auszubildende hat auf Verlangen des Ausbildenden vor seiner Einstellung seine körperliche Eignung (Gesundheits- und Entwicklungsstand, körperliche Beschaffenheit und Arbeitsfähigkeit) durch das Zeugnis eines vom Auszubildenden bestimmten Arztes nachzuweisen. — vor Einstellung

---

1 Die Bundeskommission erhöht die Vergütung der Auszubildenden und Praktikanten nach Anlage 7 zu den AVR ausgehend von dem am 1. Februar 2013 geltenden Wert ab 1. September 2014 um 60,00 Euro. Soweit im Jahr des Inkrafttretens des Beschlusses der jeweiligen Regionalkommission (RK NRW/Mitte/BW/Bayern: 2014; RK Ost/Nord: 2015) Ausbildungs- und Praktikantenverhältnisse vor dem 1. September des Jahres des Inkrafttretens des Beschlusses der jeweiligen Regionalkommission begonnen haben, gelten die so erhöhten Werte in diesem Jahr bereits ab Beginn der Ausbildungs- und Praktikantenverhältnisse.

Anlage 7 – E

in Ausbildung (2) Der Ausbildende kann den Auszubildenden jederzeit ärztlich untersuchen lassen.

(3) Der Ausbildende hat den Auszubildenden, der besonderen Ansteckungsgefahren ausgesetzt, in einer gesundheitsgefährdenden Einrichtung beschäftigt oder mit der Zubereitung von Speisen beauftragt ist, in regelmäßigen Zeitabständen ärztlich untersuchen zu lassen.

Kosten (4) Die Kosten der Untersuchung trägt der Ausbildende.

§ 5 Schweigepflicht

Verschwiegenheit (1) Der Auszubildende hat über Angelegenheiten der Einrichtung, deren Geheimhaltung auf Weisung des Lehrherrn angeordnet ist, Verschwiegenheit zu bewahren.

(2) Ohne Genehmigung des Lehrherrn darf der Auszubildende von Schriftstücken, Zeichnungen oder bildlichen Darstellungen, von chemischen Stoffen oder Werkstoffen, von Herstellungsverfahren, von Maschinenteilen oder anderen geformten Körpern zu außerdienstlichen Zwecken weder sich noch einem anderen Kenntnis, Abschriften, Ab- oder Nachbildungen verschaffen.

(3) Der Auszubildende hat auf Verlangen des Lehrherrn Schriftstücke, Zeichnungen, bildliche Darstellungen usw. sowie Aufzeichnungen über Vorgänge der Einrichtung herauszugeben.

Verschwiegenheit (4) Der Auszubildende hat auch nach Beendigung des Ausbildungsverhältnisses über Angelegenheiten, die der Schweigepflicht unterliegen, Verschwiegenheit zu bewahren.

§ 6 Arbeitszeit

regelmäßige Ausbildungszeit (1) Für Auszubildende richtet sich die regelmäßige wöchentliche Ausbildungszeit nach der regelmäßigen wöchentlichen Arbeitszeit gemäß Anlage 5 zu den AVR.

Abgeltung für Dienste und Überstunden (2) ^{1}Für Auszubildende finden die Anlagen 6 und 6a zu den AVR sinngemäß Anwendung. ^{2}Für Auszubildende wird für die Barabgeltung der Bereitschaftsdienste, Überstunden und Zeitzuschläge die Vergütungsgruppe zugrunde gelegt, die für die Angehörigen des Berufes, für den der Lehrling oder Anlernling ausgebildet wird, als Eingangsgruppe festgelegt ist. ^{3}Sie erhalten für Bereitschaftsdienste, Überstunden und die Zeitzuschläge (mit Ausnahme der Zeitzuschläge für die Arbeit an Samstagen in der Zeit von 13.00 Uhr bis 20.00 Uhr und während der Nacht) 50 v.H. der für die Mitarbeiter der jeweiligen Vergütungsgruppe maßgebenden Beträge gezahlt.

Samstags-, Nachtarbeit ^{4}Die Zeitzuschläge für die Arbeit an Samstagen in der Zeit von 13.00 Uhr bis 20.00 Uhr und während der Nacht werden jedoch in voller Höhe gezahlt.

Anmerkung zu Abs. 1:
Bei der Anwendung der vorstehenden Bestimmungen sind für Jugendliche die Vorschriften des Jugendarbeitsschutzgesetzes zu beachten.

§ 7 Krankenbezüge

Krankenbezüge ^{1}Bei unverschuldeter Arbeitsunfähigkeit erhält der Auszubildende bis zur Dauer von sechs Wochen Krankenbezüge in Höhe der Ausbildungsvergütung.

²Bei der jeweils ersten Arbeitsunfähigkeit, die durch einen bei dem Ausbildenden erlittenen Arbeitsunfall oder durch eine bei dem Ausbildenden zugezogene Berufskrankheit verursacht ist, erhält der Auszubildende nach Ablauf des nach Unterabsatz 1 maßgebenden Zeitraums bis zum Ende der 26. Woche seit dem Beginn der Arbeitsunfähigkeit als Krankenbezüge einen Krankengeldzuschuss in Höhe des Unterschiedsbetrages zwischen dem Nettoentgelt und der um die gesetzlichen Beitragsanteile des Auszubildenden zur gesetzlichen Renten-, Arbeitslosen- und sozialen Pflegeversicherung verminderten Leistungen des Sozialleistungsträgers gezahlt, wenn der zuständige Unfallversicherungsträger den Arbeitsunfall oder die Berufskrankheit anerkennt.

Arbeitsunfall Berufskrankheit

³Im Übrigen gelten Abschnitt XII Abs. a Unterabs. 2 der Anlage 1 zu den AVR (Regelungen zur Maßnahme der medizinischen Vorsorge oder Rehabilitation und Wiederholungserkrankung), Abschnitt XIIa der Anlage 1 zu den AVR (Anzeige- und Nachweispflichten) und Abschnitt XIIb der Anlage 1 zu den AVR (Forderungsübergang bei Dritthaftung).

§ 8 Erholungsurlaub

Den Auszubildenden wird Erholungsurlaub gemäß Anlage 14 zu den AVR gewährt, soweit nicht eine für den Auszubildenden günstigere gesetzliche Regelung besteht.

Erholungsurlaub

§ 9 Mitteilungspflicht

¹Der Ausbildende soll dem Auszubildenden spätestens zwei Monate vor Beendigung des Ausbildungsverhältnisses mitteilen, ob er beabsichtigt, ihn in ein Dienstverhältnis zu übernehmen. ²In der Mitteilung kann der Ausbildende die Übernahme vom Ergebnis der Abschlussprüfung abhängig machen.

Übernahme in ein Dienstverhältnis

§ 10 Sonstige Bestimmungen

(1) ¹Soweit vorstehend für Auszubildende keine abweichende Regelung vorgesehen ist, finden die AVR entsprechend Anwendung. ²Die Bestimmungen der §§ 1, 4, 5, 21, 22 und 23 AT finden uneingeschränkt Anwendung.

AVR-Anwendung

(2) Für Auszubildende, auf die beim Inkrafttreten dieser Bestimmungen eine günstigere Regelung Anwendung findet, ist diese weiterhin gültig.

(3) Die Ausbildungszeit des Auszubildenden wird auf die Beschäftigungszeit (§ 11 AT) und die Dienstzeit (§ 11a AT) nicht angerechnet.

§ 11 Duales Studium

¹Die Regelungen dieses Abschnitts finden ebenfalls Anwendung auf Ausbildungen im Rahmen dualer Studiengänge, die vom 1. Januar 2013 bis einschließlich 31. Dezember 2015 begonnen werden. ²Duale Studiengänge im Sinne von Satz 1 kombinieren ein Studium (z.B. an einer Fachhochschule, einer Universität, einer Berufsakademie) mit der praxisorientierten Ausbildung in den beteiligten Ausbildungsstätten.

Duales Studium

Anlage 7a (derzeit nicht besetzt)

Anlage 7b: Besondere Regelungen für Praktikanten

	Abschnitt A	226
§ 1	Geltungsbereich	226
§ 2	Vergütung	226
§ 3	Wöchentliche und tägliche Arbeitszeit	227
§ 4	Erholungsurlaub	227
§ 5	Sonstige Fälle der Fortzahlung der Vergütung	227
§ 6	Reisekostenerstattung	227
§ 7	Sonstige Bestimmungen	227
	Abschnitt B	228
§ 1	Geltungsbereich	228
§ 2	Vergütung	228
§ 3	Sonstige Bestimmungen	228

Abschnitt A

§ 1 Geltungsbereich

Praktikanten nach BBiG

(1) ¹Abschnitt A der Anlage 7b zu den AVR gilt für Praktikanten, die unter den Geltungsbereich des Berufsbildungsgesetzes (BBiG) fallen und deren Rechtsverhältnisse nicht durch Anlage 7 zu den AVR geregelt sind. ²Praktikanten, die unter den Geltungsbereich des BBiG fallen, sind nach § 26 BBiG Personen, die eingestellt werden, um berufliche Fertigkeiten, Kenntnisse, Fähigkeiten oder berufliche Erfahrungen zu erwerben, soweit keine Berufsausbildungsverhältnis im Sinne des BBiG und kein Dienstverhältnis besteht und das Praktikum nicht Bestandteil eines den Schulgesetzen der Länder unterliegenden Schulverhältnisses ist (Praktikanten als Schüler bzw. Studierende von Haupt-, Fach-, Berufsfach-, Fachober-, Fachhoch- und Hochschulen).

(2) ¹Die Regelung dieses Abschnitts gilt für Praktikanten, die in die Einrichtung eingegliedert sind. ²Das ist nur dann der Fall, wenn der Praktikant während seiner gesamten täglichen Arbeitszeit in der Einrichtung praktisch tätig ist. ³Die praktische Tätigkeit begleitende Unterrichtsveranstaltungen sind unschädlich.

§ 2 Vergütung

Praktikumsvergütung

(1) ¹Es besteht ein Anspruch auf eine angemessene Vergütung. ²Es gilt folgender Rahmen für eine angemessene Vergütung:

a) Dauer des Praktikums von 0 bis 3 Monaten: 0,00 Euro
b) Dauer des Praktikums von 3 bis 6 Monaten: 100,00 – 250,00 Euro monatlich
c) Dauer des Praktikums von 6 bis 12 Monaten: 250,00 – 400,00 Euro monatlich.

(2) ¹Das Rahmenentgelt gemäß Absatz 1 gilt für vollbeschäftigte Praktikanten. ²Für teilzeitbeschäftigte Praktikanten gilt Abschnitt IIa der Anlage 1 zu den AVR entsprechend. ³Ist die Vergütung nicht für einen ganzen Monat zu zahlen, gilt § 18 Abs. 1 Satz 2 BBiG entsprechend.

§ 3   Wöchentliche und tägliche Arbeitszeit

(1) Die durchschnittliche regelmäßige wöchentliche Ausbildungszeit und die tägliche Ausbildungszeit des Praktikanten, der nicht unter das Jugendarbeitsschutzgesetz fällt, richten sich nach den Bestimmungen, die für die Arbeitszeit der beim Träger des Praktikums in dem Beruf beschäftigten Mitarbeiter gelten, für den er ein Praktikum ableistet.

(2) Im Rahmen des Ausbildungszwecks darf der Praktikant, der nicht unter das Jugendarbeitsschutzgesetz fällt, innerhalb des gesetzlich zulässigen Rahmens auch an Sonntagen und Wochenfeiertagen sowie in der Nacht beschäftigt werden.

(3) Eine über die durchschnittliche regelmäßige wöchentliche Arbeitszeit hinausgehende Beschäftigung ist nur ausnahmsweise zulässig.

§ 4   Erholungsurlaub

Es besteht ein Anspruch auf Gewährung von Erholungsurlaub in entsprechender Anwendung der Anlage 14 zu den AVR.

§ 5   Sonstige Fälle der Fortzahlung der Vergütung

Im Übrigen gilt für die Fortzahlung der Vergütung § 19 BBiG entsprechend.

§ 6   Reisekostenerstattung

(1) Bei Dienstreisen erhalten Praktikanten eine Entschädigung in entsprechender Anwendung der Anlage 13a zu den AVR.

(2) Abweichend von der bei Dienstreisen und Abordnungen maßgeblichen Reisekostenregelung (Anlage 13a zu den AVR) können bei Reisen zur vorübergehenden Ausbildung an einer anderen Einrichtung außerhalb des Beschäftigungsortes (politische Gemeinde) sowie zur Teilnahme am Unterricht, an Vorträgen, an Arbeitsgemeinschaften oder an Übungen zum Zwecke der Ausbildung die notwendigen Fahrtkosten erstattet werden.

(3) Für Familienheimfahrten vom Ort der Ausbildungsstätte zum Wohnort der Eltern, des Erziehungsberechtigten oder des Ehegatten und zurück können monatlich einmal die notwendigen Fahrtkosten erstattet werden.

§ 7   Sonstige Bestimmungen

(1) § 10 Allgemeiner Teil zu den AVR findet entsprechend Anwendung.

(2) Soweit vorstehend für Praktikanten keine abweichende Regelung vorgesehen ist, gelten die §§ 10 bis 23 und 25 BBiG mit der Maßgabe, dass die gesetzliche

Probezeit abgekürzt und bei vorzeitiger Lösung des Vertragsverhältnisses nach Ablauf der Probezeit abweichend von § 23 Abs. 1 Satz 1 BBiG Schadensersatz nicht verlangt werden kann.

(3) Zwischen dem Rechtsträger der Einrichtung oder durch dessen Bevollmächtigten und dem Praktikanten ist vor Beginn des Praktikums eine Praktikumsvereinbarung schriftlich abzuschließen.

Abschnitt B

§ 1 Geltungsbereich

Ausbildungspraktikanten außerhalb des BBiG

(1) ¹Abschnitt B der Anlage 7b zu den AVR gilt für Praktikanten, die nicht unter den Geltungsbereich des BBiG fallen und deren Rechtsverhältnisse nicht durch Anlage 7 zu den AVR geregelt sind. ²Praktikanten, die nicht unter den Geltungsbereich des BBiG fallen, sind insbesondere solche, die ein Praktikum ableisten, das Bestandteil einer Schul- oder Hochschulausbildung ist. ³Dazu gehören z.B. Praktika von Studierenden der Fachhochschulen während der Praxissemester, Praktika von Fachoberschülern, Praktika, die Schüler von Hauptschulen, von Fachschulen oder von Berufsfachschulen (Erzieher, Kinderpfleger usw.) abzuleisten haben, sowie Zwischen- oder Blockpraktika von Studierenden der Fachhochschulen und der Hochschulen, die in Studien- oder Prüfungsordnungen vorgeschrieben sind. ⁴Dies gilt auch für die praktische Ausbildung der Studierenden der Medizin in Krankenhäusern.

(2) ¹Die Regelung dieses Abschnitts gilt für Praktikanten, die in die Einrichtung eingegliedert sind. ²Das ist nur dann der Fall, wenn der Praktikant während seiner gesamten täglichen Arbeitszeit in der Einrichtung praktisch tätig ist. ³Gelegentliche, die praktische Tätigkeit begleitende Unterrichtsveranstaltungen sind unschädlich.

§ 2 Vergütung

¹Eine Verpflichtung zur Zahlung einer Vergütung besteht nicht. ²In Anerkennung der Arbeitsleistung kann während des Praktikums eine Vergütung gezahlt werden. ³Die Höhe der Vergütung kann durch Dienstvereinbarung mit der Mitarbeitervertretung gemäß § 38 Abs. 1 Ziffer 1 MAVO geregelt werden.

§ 3 Sonstige Bestimmungen

Im Übrigen finden die §§ 6 und 7 Abs. 1 und 3 des Abschnitts A dieser Anlage Anwendung.

Anlage 8: Versorgungsordnungen

	Versorgungsordnung A (VersO A)	229
§ 1	Gesamtversorgung	229
§ 1a	Umlagesatz	230
§ 2	Ausnahmeregelung	230
§ 3	Versteuerung der Umlage	230
§ 4	Freiwillige Versicherung in der gesetzlichen Rentenversicherung	230
§ 5	Lebensversicherung anstelle der Versicherung in der gesetzlichen Rentenversicherung	231
§ 6	Versicherungs- oder Versorgungseinrichtungen im Sinne des § 7 Abs. 2 AVG	231
§ 7	Ergänzende freiwillige Versicherung in der gesetzlichen Rentenversicherung	232
§ 8	Versicherungs- oder Versorgungseinrichtungen im Sinne des § 7 Abs. 2 AVG	232
§ 9	Berufsständische Versicherungs- oder Versorgungseinrichtungen	232
	Versorgungsordnung B (VersO B)	233
§ 1	Geltungsbereich	233
§ 2	Versicherung	233
§ 3	Anmeldung und Abmeldung	233
§ 4	Beiträge	233
§ 5	Beitragsfreie Zeiten	234
§ 6	Freiwillige Versicherung	235
§ 7	Arbeitsplatzwechsel	235
§ 8	Schlussbestimmungen	235

Versorgungsordnung A (VersO A)

§ 1 Gesamtversorgung

siehe Anlage 1 Abschnitt XIII

Versorgungsanspruch

(1) Mitarbeiter und die zu ihrer Ausbildung Beschäftigten (Anlage 7 zu den AVR), für die nach der Satzung der Kirchlichen Zusatzversorgungskasse des Verbandes der Diözesen Deutschlands (im Folgenden Zusatzversorgungskasse genannt) Versicherungspflicht besteht, sind durch ihren Dienstgeber bei der Zusatzversor-

Anlage 8 – Versorgungsordnung A

gungskasse zum Zwecke der Alters-, Berufsunfähigkeits- und Erwerbsunfähigkeitsversorgung sowie der Versorgung ihrer Hinterbliebenen zu versichern.

Zusatzversorgungskasse

(2) Der Versorgungsanspruch des Mitarbeiters und des zu seiner Ausbildung Beschäftigten sowie der Versorgungsanspruch eines ihrer Hinterbliebenen richten sich ausschließlich nach der Satzung der Zusatzversorgungskasse und ihrer Ausführungsbestimmungen und können nur gegenüber der Zusatzversorgungskasse geltend gemacht werden.

§ 1a Umlagesatz

Umlage

¹Der Dienstgeber hat eine monatliche Umlage in Höhe des nach §§ 62 und 63 der Satzung der Zusatzversorgungskasse festgesetzten Satzes des zusatzversorgungspflichtigen Entgelts (Abs. 7) des Mitarbeiters einschließlich des vom Mitarbeiter zu zahlenden Beitrags an die Zusatzversorgung abzuführen. ²Bis zu einem Umlagesatz von 5,2 v.H. trägt der Dienstgeber die Umlage allein, der darüber hinausgehende Finanzierungsbedarf wird zur Hälfte vom Dienstgeber durch eine Umlage und zur Hälfte vom Mitarbeiter durch einen Beitrag getragen. ³Den Beitrag des Mitarbeiters behält der Dienstgeber vom Arbeitsentgelt ein.

§ 2 Ausnahmeregelung

öffentlich-rechtliche Kassen als Ausnahme

¹Die Versicherung bei der Zusatzversorgungskasse entfällt für die Mitarbeiter, die bei einem Dienstgeber beschäftigt sind, der Beteiligter ist bei einer Zusatzversorgungseinrichtung, mit der die Zusatzversorgungskasse ein Überleitungsabkommen abgeschlossen hat oder ein solches abschließen kann, für die Dauer der Versicherung bei dieser Zusatzversorgungseinrichtung. ²Die Ansprüche dieser Mitarbeiter bestimmen sich ausschließlich nach der Satzung der jeweiligen Zusatzversorgungseinrichtung.

§ 3 Versteuerung der Umlage

Lohnsteuer Umlage

Die auf die Umlage (§ 62 Abs. 1 Satzung der Zusatzversorgungskasse) entfallende Lohnsteuer trägt der Dienstgeber, solange die rechtliche Möglichkeit der Pauschalierung der Lohnsteuer gegeben ist.

§ 4 Freiwillige Versicherung in der gesetzlichen Rentenversicherung

(1) ¹Der bei der Zusatzversorgungskasse pflichtversicherte Mitarbeiter, der in der Rentenversicherung der Angestellten aufgrund des Artikels 2 § 1 AnVNG von der Versicherungspflicht befreit ist, aber die Möglichkeit der freiwilligen Versicherung nach § 10 AVG, § 1233 RVO oder der Fortsetzung der Selbstversicherung oder Weiterversicherung nach Artikel 2 § 5 Abs. 1 AnVNG oder Artikel 2 § 4 Abs. 1 AnVNG (freiwillige Versicherung) hat, hat sich für jeden Kalendermonat, für den ihm Dienstbezüge (Abschnitt II der Anlage 1 zu den AVR), Urlaubsvergütung (§ 2 der Anlage 14 zu den AVR) oder Krankenbezüge (Abschnitt XII Abs. b und d der Anlage 1 zu den AVR) zustehen, freiwillig zu versichern. ²Als Beitrag zur freiwilligen Versicherung ist der Betrag zu entrichten, der als Beitrag zur gesetzlichen Rentenversicherung zu zahlen wäre, wenn der Mitarbeiter dort pflichtversichert wäre, mindestens jedoch der Betrag, der als Mindestbeitrag für die freiwillige Versicherung in der gesetzlichen Rentenversicherung jeweils festgelegt ist. ³§ 2 Abs. 3 der Verordnung über das Entrichten von Beiträgen zu den

Rentenversicherungen der Arbeiter und Angestellten ist anzuwenden. ⁴Für die Bestimmung der Beitragsklasse gilt § 114 AVG sinngemäß.

⁵Der Dienstgeber trägt die Hälfte des Beitrages zu dieser Versicherung.

(2) Der Dienstgeber behält den vom Mitarbeiter zu tragenden Teil des Beitrages von dessen Bezügen ein und führt den Beitrag nach der Verordnung über das Entrichten von Beiträgen zu den Rentenversicherungen der Arbeiter und Angestellten ab.

(3) Abs. 1 gilt nicht, solange der Mitarbeiter einen Zuschuss nach § 5 oder § 6 erhält.

§ 5 Lebensversicherung anstelle der Versicherung in der gesetzlichen Rentenversicherung

(1) ¹Der bei der Versorgungskasse pflichtversicherte Mitarbeiter, der in der Rentenversicherung der Angestellten aufgrund des Artikels 2 § 1 AnVNG von der Versicherungspflicht befreit ist und der für sich und seine Hinterbliebenen einen Lebensversicherungsvertrag abgeschlossen hat, erhält auf seinen Antrag für die Zeit, für die ihm Dienstbezüge (Abschnitt II der Anlage 1 zu den AVR), Urlaubsvergütung (§ 2 der Anlage 14 zu den AVR) oder Krankenbezüge (Abschnitt XII Abs. b und d der Anlage 1 zu den AVR) zustehen, einen Zuschuss in Höhe der Hälfte des Beitrages zu dieser Versicherung: ²Er erhält jedoch nicht mehr als den Betrag, den der Dienstgeber bei einer freiwilligen Versicherung des Mitarbeiters nach § 4 zu tragen hätte.

(2) Der Zuschuss nach Abs. 1 wird nicht gewährt, wenn der Mitarbeiter über die Lebensversicherung ohne vorherige Zustimmung des Dienstgebers durch Abtretung oder Verpfändung verfügt.

§ 6 Versicherungs- oder Versorgungseinrichtungen im Sinne des § 7 Abs. 2 AVG

(1) Der bei der Zusatzversorgungskasse pflichtversicherte Mitarbeiter, der Mitglied einer Versicherungs- oder Versorgungseinrichtung im Sinne des § 7 Abs. 2 AVG ist und

a) nach § 7 Abs. 2 AVG von der Versicherungspflicht in der Rentenversicherung der Angestellten befreit ist oder

b) in der Rentenversicherung der Angestellten aufgrund des Artikels 2 § 1 AnVNG von der Versicherungspflicht befreit ist,

erhält auf seinen Antrag für die Zeit, für die ihm Dienstbezüge (Abschnitt II der Anlage 1 zu den AVR), Urlaubsvergütung (§ 2 der Anlage 14 zu den AVR) oder Krankenbezüge (Abschnitt XII Abs. b und d der Anlage 1 zu den AVR) zustehen, einen Zuschuss zu den Beiträgen zu dieser Versicherungs- oder Versorgungseinrichtung.

(2) Der Zuschuss beträgt die Hälfte des monatlichen Beitrages, jedoch nicht mehr als den Betrag, den der Dienstgeber bei einer freiwilligen Versicherung des Mitarbeiters nach § 4 zu tragen hätte.

(3) Solange ein Zuschuss nach Abs. 1 Satz 1 gewährt wird, ist § 5 nicht anzuwenden.

Anlage 8 – Versorgungsordnung A

§ 7 Ergänzende freiwillige Versicherung in der gesetzlichen Rentenversicherung

Erreicht der Zuschuss des Dienstgebers nach § 5 oder § 6 nicht den Betrag, den der Dienstgeber bei einer freiwilligen Versicherung nach § 4 zu entrichten hätte, erhält der Mitarbeiter auf Antrag einen Zuschuss zu dem Beitrag zu einer freiwilligen Versicherung in der gesetzlichen Rentenversicherung in Höhe des Differenzbetrages, höchstens jedoch in Höhe der Hälfte des Beitrages. § 4 Abs. 2 gilt entsprechend.

§ 8 Versicherungs- oder Versorgungseinrichtungen im Sinne des § 7 Abs. 2 AVG

(1) Der nach § 17 Abs. 1 Satzung der Zusatzversorgungskasse bei der Zusatzversorgungskasse nicht zu versichernde Mitarbeiter, der

a) nach § 7 Abs. 2 AVG von der Versicherungspflicht in der Rentenversicherung der Angestellten befreit ist oder

b) in der Rentenversicherung der Angestellten aufgrund des Artikels 2 § 1 AnVNG von der Versicherungspflicht befreit ist,

erhält auf seinen Antrag für die Zeit, für die ihm Dienstbezüge (Abschnitt II der Anlage 1 zu den AVR), Urlaubsvergütung (§ 2 der Anlage 14 zu den AVR) oder Krankenbezüge (Abschnitt XII Abs. b und d der Anlage 1 zu den AVR) zustehen, einen Zuschuss zu den Beiträgen zu der Versicherungs- oder Versorgungseinrichtung im Sinne des § 7 Abs. 2 AVG.

(2) Der Zuschuss beträgt die Hälfte des monatlichen Beitrages, jedoch nicht mehr als den Betrag, den der Dienstgeber bei einer freiwilligen Versicherung des Mitarbeiters nach § 4 zu tragen hätte.

§ 9 Berufsständische Versicherungs- oder Versorgungseinrichtungen

(1) Der nach § 17 Abs. 5 Satzung der Zusatzversorgungskasse bei der Zusatzversorgungskasse nicht zu versichernde Mitarbeiter, der in der Rentenversicherung der Angestellten aufgrund des Artikels 2 § 1 AnVNG von der Versicherungspflicht befreit ist, kann auf seinen Antrag für die Zeit, für die er ohne Befreiung bei der Zusatzversorgungskasse zu versichern wäre und für die ihm Dienstbezüge (Abschnitt II der Anlage 1 zu den AVR), Urlaubsvergütung (§ 2 der Anlage 14 zu den AVR) oder Krankenbezüge (Abschnitt XII Abs. b und d der Anlage 1 zu den AVR) zustehen, einen Zuschuss zu den Beiträgen zu dieser Versicherungs- oder Versorgungseinrichtung erhalten.

(2) Der Zuschuss beträgt die Hälfte des monatlichen Beitrages, jedoch nicht mehr als den Betrag, den der Dienstgeber bei einer freiwilligen Versicherung des Mitarbeiters nach § 4 zu tragen hätte.

Versorgungsordnung B (VersO B)

¹Die „Ständige Arbeitsrechtliche Kommission" hat am 15. Oktober 1965 die nachstehende Versorgungsordnung für die Mitarbeiter im Geltungsbereich der AVR beschlossen und mit Wirkung vom 1. April 1966 in Kraft gesetzt. ²Diese bezweckt eine Alters-, Invaliden- und Hinterbliebenenversorgung für Mitarbeiter durch Entrichtung von Versicherungsbeiträgen.

siehe Anlage 1 Abschnitt XIII

§ 1 Geltungsbereich

(1) Der Versicherungspflicht unterliegt vom Beginn des Dienst- und Ausbildungsverhältnisses an der Mitarbeiter bzw. der gemäß Buchstabe A, B und E der Anlage 7 zu den AVR zu seiner Ausbildung Beschäftigte,

Versicherte

a) der das 17. Lebensjahr vollendet hat und
b) auf dessen Dienst- bzw. Ausbildungsverhältnis die AVR Anwendung finden (§ 2 AT).

(2) Ausgenommen von der Versicherungspflicht ist ein Mitarbeiter,

a) der aus der gesetzlichen Rentenversicherung Altersruhegeld oder Renten wegen verminderter Erwerbsfähigkeit erhält,
b) der für nicht mehr als sechs Monate eingestellt wird, es sei denn, dass er bis zum Beginn des Dienstverhältnisses bei der Selbsthilfe zusatzversichert gewesen ist,
c) der nicht in der gesetzlichen Rentenversicherung zu versichern ist.

§ 2 Versicherung

¹Die Zusatzversorgung erfolgt durch Abschluss einer Zusatzrentenversicherung bei der „Selbsthilfe Zusatzrentenkasse der Deutschen Caritas VVaG" (Selbsthilfe) nach Maßgabe dieser Versorgungsordnung.

Versicherung

²Die Ansprüche der Versicherten bestimmen sich nach der Satzung der Selbsthilfe.

Satzung der SELBSTHILFE s. Ordnungen

§ 3 Anmeldung und Abmeldung

(1) ¹Der Dienstgeber meldet den Mitarbeiter mit Beginn des versicherungspflichtigen Dienst- bzw. Ausbildungsverhältnisses bei der Selbsthilfe an. ²Die Aufnahme des Mitarbeiters in die Selbsthilfe wird diesem durch Zustellung eines Mitgliedsausweises, dem Dienstgeber durch eine entsprechende Bestätigung nachgewiesen.

Beginn

(2) ¹Der Dienstgeber meldet den Mitarbeiter mit Ende des versicherungspflichtigen Dienst- bzw. Ausbildungsverhältnisses bei der Selbsthilfe ab. ²Die vollzogene Abmeldung wird dem Versicherten von der Selbsthilfe bestätigt; gleichzeitig wird der Versicherte unter Angabe der erreichten Rentenanwartschaft davon in Kenntnis gesetzt, welche Möglichkeiten zur Fortsetzung des Versicherungsverhältnisses durch Beitragsfreistellung (§ 5) oder durch Begründung einer freiwilligen Mitgliedschaft (§ 6) bestehen.

Ende

§ 4 Beiträge

(1) ¹Die Beiträge zur Zusatzversicherung trägt der Dienstgeber. ²Er trägt des Weiteren die auf die Beiträge entfallende Lohnsteuer, solange die rechtliche Möglich-

Beiträge

keit der Pauschalierung der Lohnsteuer gegeben ist. ³Beitragspflicht besteht für den Zeitraum, für den dem Mitarbeiter ein Anspruch auf Dienstbezüge nach den AVR oder auf Sozialbezüge nach Anlage 1 zu den AVR zusteht.

(2) ¹Der Beitrag der Zusatzversicherung (Pflichtversicherung) ist vom versicherungspflichtigen Beschäftigungsentgelt mit einem Beitragssatz von 7,5% zu berechnen.

Beitragsgrundlage

²Als versicherungspflichtiges Beschäftigungsentgelt ist zu berücksichtigen:

a) Dienstbezüge nach Abschnitt II der Anlage 1,

b) tarifliche monatliche Zulagen für besondere Tätigkeiten (z. B. Wechselschicht- und Schichtzulage, Heim- und Werkstattzulage, Pflegezulage),

c) Vergütung für Bereitschafts- und Rufbereitschaftsdienste sowie Zuschläge für Überstunden.

Zusatzbeitrag

(3) Überschreitet das versicherungspflichtige Beschäftigungsentgelt die jeweils gültige Beitragsbemessungsgrenze in der gesetzlichen Rentenversicherung, ist für den übersteigenden Anteil des Beschäftigungsentgelts ein zusätzlicher Beitrag in Höhe von 9% zu entrichten.

(3a) Für Versicherungsverhältnisse, die vor dem 1. Januar 1997 begründet wurden, seither ununterbrochen bestehen und in denen bereits vor diesem Zeitpunkt das versicherungspflichtige Beschäftigungsentgelt die jeweils gültige Beitragsbemessungsgrenze in der gesetzlichen Rentenversicherung überschritten hat oder bis zum 31. Dezember 2006 noch überschreiten wird, ist für den übersteigenden Anteil des Beschäftigungsentgelts ein zusätzlicher Beitrag in der Höhe zu entrichten, der sich aus der Multiplikation dieses Anteils mit dem jeweils gültigen Beitragssatz in der gesetzlichen Rentenversicherung ergibt.

freiwillige Zusatzversicherung

(4) ¹Dem Mitarbeiter steht es frei, eine höhere Rentenanwartschaft durch zusätzliche Beiträge oder einen zweiten Rentenvertrag (freiwillige Versicherung) sicherzustellen. ²Die hierfür erforderlichen Beiträge hat er selbst zu tragen.

(5) Die Pflichtbeiträge sind der Selbsthilfe monatlich durch den Dienstgeber für jeden einzelnen Versicherten nachzuweisen; die Beiträge sind unverzüglich nach Erstellung der monatlichen Gehaltsabrechnung in einer Summe an die Selbsthilfe abzuführen.

Übergangsregelung zu Abs. 2:
Für Einrichtungen, für die § 2a AT AVR Anwendung findet, ist der Beitrag der Zusatzversicherung mit einem Beitragssatz in Höhe von 1,5 v.H. zu berechnen.

§ 5 Beitragsfreie Zeiten

Beitragsfreiheit

(1) Beitragspflicht besteht nicht für Zeiten, für die der Mitarbeiter keinen Anspruch auf Dienstbezüge nach den AVR oder auf Sozialbezüge nach Anlage 1 zu den AVR hat.

(2) ¹Entfällt wegen Beendigung des Dienst- bzw. Ausbildungsverhältnisses die Beitragspflicht des Dienstgebers für ein bestehendes Versicherungsverhältnis, ohne dass der Versicherte von der Möglichkeit der freiwilligen Beitragsentrichtung gemäß § 6 Gebrauch macht, wird das Versicherungsverhältnis beitragsfrei fortgesetzt. ²In diesem Fall wird eine Rentenanwartschaft nach Maßgabe des zum

Zeitpunkt der Beitragsfreistellung vorhandenen Deckungskapitals berechnet. ³Der Anspruch des Versicherten auf Teilnahme an künftigen Leistungserhöhungen aus der satzungsmäßigen Überschussverwendung bleibt von der Beitragsfreistellung unberührt.

(3) Wird die versicherungspflichtige Tätigkeit wegen des Eintritts einer verminderten Erwerbsfähigkeit beendet, so wird das Versicherungsverhältnis bis zur Vorlage des Rentenbescheides der gesetzlichen Rentenversicherung, höchstens jedoch für die Dauer von drei Monaten, ohne Beitragsleistung fortgesetzt; das Versicherungsverhältnis wird beitragsfrei gestellt, wenn der Rentenbescheid binnen der vorgenannten Frist nicht vorgelegt wird.

§ 6 Freiwillige Versicherung

¹Entfällt die Beitragspflicht des Dienstgebers für eine bestehende Versicherung, so kann der Versicherte die bisherige Pflichtversicherung nach Maßgabe der Satzung der Selbsthilfe mit eigener Beitragsleistung als freiwillige Versicherung fortführen. ²Hinsichtlich der Beitragshöhe kann der Versicherte jeden Beitrag wählen zwischen dem tariflichen Mindestbeitrag und dem vom Dienstgeber für den letzten vollen Beschäftigungsmonat abgeführten Pflichtbeitrag.

freiwillige Versicherung in Zeiten der Beitragsfreiheit

§ 7 Arbeitsplatzwechsel

Scheidet ein bei der Selbsthilfe pflichtversicherter Mitarbeiter aus dem Dienst- bzw. Ausbildungsverhältnis aus und nimmt er eine Tätigkeit bei einem Dienstgeber auf, der die Versorgungsordnung B anwendet, so ist die begonnene Pflichtversicherung fortzusetzen.

Stellenwechsel

§ 8 Schlussbestimmungen

¹Soweit Dienstgeber vor Inkrafttreten dieser Versorgungsordnung B für ihre Mitarbeiter gleichwertige Maßnahmen zur Alterssicherung getroffen haben, werden diese als Ersatzregelung durch die „Arbeitsrechtliche Kommission" auf Antrag dann anerkannt, wenn die Gleichwertigkeit nachgewiesen wird. ²Sofern Gleichwertigkeit nicht vorliegt, ist der Differenzanspruch zu ermitteln und durch eine Zusatzrente nach Maßgabe der Versorgungsordnung B zu decken.

³Die vorstehende Versorgungsordnung ist unter Wahrung des Grundsatzes von Treu und Glauben auszulegen und veränderten Verhältnissen in diesem Sinn anzupassen.

Anlage 9: Vermögenswirksame Leistungen

§ 1	Voraussetzungen und Höhe der vermögenswirksamen Leistungen	236
§ 2	Mitteilung der Anlageart	237
§ 3	Entstehung und Fälligkeit des Anspruches	237
§ 4	Änderungen der vermögenswirksamen Anlage	237
§ 5	Nachweis bei Anlage nach § 2 Abs. 1 des Vermögensbildungsgesetzes	238

Voraussetzungen (Berechtigte) Voll- und teilzeitbeschäftigte Mitarbeiter und zu ihrer Ausbildung Beschäftigte (Anlage 7 zu den AVR) erhalten nach Maßgabe der nachstehenden Bestimmungen vermögenswirksame Leistungen.

§ 1 Voraussetzungen und Höhe der vermögenswirksamen Leistungen

Anspruch (1) Der Mitarbeiter und der zu seiner Ausbildung Beschäftigte erhalten monatlich eine vermögenswirksame Leistung im Sinne des Vermögensbildungsgesetzes.

(2) Der Mitarbeiter, der im Voraus nur auf eine kalendermäßig bestimmte Zeit oder für eine Aufgabe von begrenzter Dauer bzw. zur Vertretung oder Aushilfe eingestellt ist oder wird, hat Anspruch auf die vermögenswirksame Leistung nach Abs. 1 nur, wenn das Dienstverhältnis voraussichtlich mindestens sechs Monate dauert.

Höhe (3) ¹Die vermögenswirksame Leistung beträgt monatlich

a) für den vollbeschäftigten Mitarbeiter   Euro 6,65

b) (entfällt)

c) für den teilzeitbeschäftigten Mitarbeiter vom Betrag nach Buchstabe a den Teil, der dem Maß der mit ihm vereinbarten durchschnittlichen regelmäßigen wöchentlichen Arbeitszeit entspricht,

d) für den zu seiner Ausbildung Beschäftigten   Euro 13,29,

e) für die in Buchst. d Genannten, deren Ausbildungsvergütung bzw. Entgelt zuzüglich der Zulage nach § 2 der Anlage 7a zu den AVR, monatlich mindestens 971,45 Euro beträgt,   Euro 6,65.

²Die Höhe der vermögenswirksamen Leistungen für die unter Buchst. a bis d genannten Mitarbeiter richtet sich ausschließlich nach der am Ersten des jeweiligen Kalendermonats vertraglich vereinbarten Arbeitszeit. ³Wird das Dienstverhältnis nach dem Ersten eines Kalendermonats begründet, so ist für diesen Monat die für den Beginn des Dienstverhältnisses vertraglich vereinbarte Arbeitszeit maßgebend.

(4) ¹Die vermögenswirksame Leistung wird nur für die Kalendermonate gewährt, für die dem Mitarbeiter Dienstbezüge, Urlaubsvergütung nach § 2 der Anlage 14 zu den AVR oder Krankenbezüge zustehen. ²Für Zeiten, für die Krankengeldzuschuss zusteht, ist die vermögenswirksame Leistung Teil des Krankengeldzuschusses. ³Für den zu seiner Ausbildung Beschäftigten treten anstelle der Dienstbezüge die Ausbildungsvergütung bzw. der Unterhaltszuschuss.

<small>Voraussetzungen (Dauer)</small>

(5) Die vermögenswirksame Leistung bleibt bei der Berechnung der Beiträge zur Zusatzversorgung unberücksichtigt.

§ 2 Mitteilung der Anlageart

(1) Der Mitarbeiter und der zu seiner Ausbildung Beschäftigte teilen dem Dienstgeber schriftlich die Art der gewählten Anlage mit und geben hierbei, soweit dies nach der Art der Anlage erforderlich ist, das Unternehmen oder Institut mit der Nummer des Kontos an, auf das die Leistungen eingezahlt werden sollen.

<small>Anlageart</small>

(2) ¹Der Mitarbeiter und der zu seiner Ausbildung Beschäftigte erhalten auf Antrag anstelle der vermögenswirksamen Leistung nach Absatz 1 eine monatliche Zulage in gleicher Höhe wie nach § 1 Abs. 3 zur Brutto-Entgeltumwandlung, wenn diese gemäß der Regelung zur Entgeltumwandlung der Zentralen Kommission zur Ordnung des Arbeitsvertragsrechts im kirchlichen Dienst (Zentral-KODA) vom 15. April 2002 in ihrer jeweils gültigen Fassung durchgeführt wird. ²Auf die Zulage nach Satz 1 sind die Regelungen über vermögenswirksame Leistungen entsprechend anzuwenden.

§ 3 Entstehung und Fälligkeit des Anspruchs

(1) ¹Der Anspruch auf die vermögenswirksame Leistung entsteht frühestens für den Kalendermonat, in dem der Mitarbeiter bzw. der zu seiner Ausbildung Beschäftigte seinem Dienstgeber die nach § 2 erforderlichen Angaben mitteilt, und für die beiden vorangegangenen Kalendermonate desselben Kalenderjahres. ²Die Ansprüche auf die vermögenswirksame Leistung werden erstmals am Letzten des zweiten auf die Mitteilung folgenden Kalendermonats fällig.

<small>Beginn</small>

<small>Fälligkeit</small>

(2) ¹Der Anspruch entsteht nicht für einen Kalendermonat, für den dem Mitarbeiter bzw. dem zu seiner Ausbildung Beschäftigten von seinem oder einem anderen Dienstgeber eine vermögenswirksame Leistung aus diesem oder einem früher begründeten Dienst- oder Rechtsverhältnis erbracht wird. ²Das gilt nicht, wenn der Anspruch mit einem gegen einen anderen Dienstgeber bestehenden Anspruch auf eine vermögenswirksame Leistung von weniger als 6,65 Euro zusammentrifft.

§ 4 Änderungen der vermögenswirksamen Anlage

(1) Der Mitarbeiter bzw. der zu seiner Ausbildung Beschäftigte kann während des Kalenderjahres die Art der vermögenswirksamen Anlage nach Anlage 9 zu den AVR und das Unternehmen oder Institut, bei dem sie erfolgen soll, nur mit Zustimmung des Dienstgebers wechseln.

<small>Anlageart</small>

(2) Für die vermögenswirksame Leistung gemäß Anlage 9 zu den AVR und die vermögenswirksame Anlage von Teilen der Dienstbezüge nach § 4 Abs. 1 des Vermö-

Anlage 9 – §§ 4, 5

gensbildungsgesetzes soll der Mitarbeiter bzw. der zu seiner Ausbildung Beschäftigte möglichst dieselbe Anlageart und dasselbe Unternehmen oder Institut wählen.

(3) Die Änderung einer schon bestehenden Vereinbarung nach § 4 Abs. 1 des Vermögensbildungsgesetzes bedarf nicht der Zustimmung des Dienstgebers, wenn der Mitarbeiter bzw. der zu seiner Ausbildung Beschäftigte die Änderung aus Anlass der erstmaligen Gewährung der vermögenswirksamen Leistung nach dieser Anlage 9 zu den AVR verlangt.

(4) In den Fällen der Absätze 1 und 3 gilt § 3 Abs. 1 Satz 2 entsprechend.

§ 5 Nachweis bei Anlage nach § 2 Abs. 1 des Vermögensbildungsgesetzes

Anlageart Bei einer vermögenswirksamen Anlage nach § 2 Abs. 1 Nr. 5 des Vermögensbildungsgesetzes hat der Mitarbeiter seinem Dienstgeber die zweckentsprechende Verwendung der vermögenswirksamen Leistungen auf Verlangen nachzuweisen; das Auslaufen der Entschuldung hat er unverzüglich anzuzeigen.

Anlage 10 (derzeit nicht besetzt)

Anlage 11:
Ordnung über die Gewährung von Beihilfen in Krankheits-, Geburts- und Todesfällen

(1) ¹Der Mitarbeiter hat nach Maßgabe der nachstehenden Bestimmungen der Ziffern 2 bis 7 Anspruch auf Beihilfe. ²Abweichend von Unterabsatz 1 hat keinen Anspruch auf Beihilfe: [Anspruch]

a) der Mitarbeiter, der aufgrund seiner Tätigkeit im öffentlichen Dienst eine Beihilfeberechtigung hat,

b) der krankenversicherungspflichtige Mitarbeiter, der aufgrund der Tätigkeit seines Ehegatten im öffentlichen Dienst im Beihilfefalle eine berücksichtigungsfähige oder selbst beihilfeberechtigte Person darstellt.

³Aufwendungen im Sinne des § 9 der Beihilfevorschriften (Bund) sind nicht beihilfefähig. ⁴Innerhalb eines über den 31. Dezember 1991 hinaus fortbestehenden Dienstverhältnisses bleiben solche Aufwendungen jedoch bis zum 31. Dezember 1992 weiter beihilfefähig, wenn für solche Aufwendungen für dieselbe Person vor dem 1. Januar 1992 Beihilfe zu gewähren war. ⁵Diese Regelung gilt, soweit eine diözesane Regelung nichts anderes bestimmt.

(2) In Dienststellen und Einrichtungen, die in einer Diözese ihren Sitz haben, in der eine Beihilfeordnung (Beihilfevorschriften) rechtsverbindlich durch eine entsprechende Veröffentlichung im Amtsblatt erlassen wurde, regelt sich der Anspruch des Mitarbeiters auf Beihilfe nach dieser Ordnung, sofern Ziffer 4 nichts anderes bestimmt. [Diözese]

(3) Soweit in einer Diözese keine Beihilfeordnung im Sinne der Ziffer 2 erlassen wurde, regelt sich bis zum Inkrafttreten einer solchen der Anspruch des Mitarbeiters auf Beihilfe nach den Beihilfevorschriften, die jeweils für die Angestellten des Bundeslandes Anwendung finden, in dem die Dienststelle oder Einrichtung ihren Sitz hat, sofern nicht Ziffer 4 anzuwenden ist. [Bundesland]

(4) In Dienststellen, die unter Anhang C der AVR fallen, regelt sich der Anspruch des Mitarbeiters auf Beihilfe, soweit nicht zum Zeitpunkt der Inkraftsetzung dieser Ordnung eine rechtsverbindliche Beihilfeordnung bestand, nach den für die Angestellten des Bundes gültigen Beihilfevorschriften.

(5) Beihilfen werden nicht gewährt zu Aufwendungen aus Anlass medizinischer Eingriffe (z. B. Schwangerschaftsabbrüche und Sterilisationen), die gegen kirchliche Grundsätze verstoßen. [kirchliche Grundsätze]

(6) ¹Die Beihilfen werden nur auf Antrag gewährt. ²Der Antrag ist beim Dienstgeber zu stellen. ³Die Beihilfe ist vom Dienstgeber zu zahlen. [Antrag]

(7) Beihilfen sind nicht zusatzversorgungspflichtig.

Anlage 11a: Geburtsbeihilfe

Antrag [1]Der Mitarbeiter erhält bei der Geburt eines Kindes auf Antrag eine Geburtsbeihilfe von 358 Euro je Kind. [2]Die Geburtsbeihilfe erhält auch der Mitarbeiter, der ein Kind, das das zweite Lebensjahr noch nicht vollendet hat, als Kind annimmt oder mit dem Ziel der Annahme in seinen Haushalt aufnimmt und die zur Annahme erforderliche Einwilligung der Eltern (§§ 1747, 1748 BGB) erteilt ist. [3]Die Geburtsbeihilfe ist nicht zusatzversorgungspflichtig.

mehrere Dienstverhältnisse [4]Hat ein Mitarbeiter aus mehreren Dienstverhältnissen im Geltungsbereich der AVR Anspruch auf Geburtsbeihilfe, erhält er diese von den Dienstgebern zu gleichen Anteilen. [5]Haben beide Elternteile aus einem Dienstverhältnis im Geltungsbereich der AVR Anspruch auf Geburtsbeihilfe, erhält diese die Mutter. [6]Wird einem Elternteil in Geburtsfällen nach Anlage 11 zu den AVR oder aus einem Beschäftigungsverhältnis im kirchlichen und öffentlichen Dienst oder aus einer Beihilfeversicherung eine Beihilfe oder ähnliche Leistung gewährt, so ist diese auf den Anspruch auf Geburtsbeihilfe für den Mitarbeiter anzurechnen.

Anlage 12: Bewertung der Unterkünfte für Mitarbeiter

§ 1	Geltungsbereich	241
§ 2	Mitarbeiterunterkünfte	241
§ 3	Bewertung der Mitarbeiterunterkünfte	241
§ 4	Anpassung des Wertes der Mitarbeiterunterkünfte	243

§ 1 Geltungsbereich

(1) Die Anlage 12 zu den AVR gilt für die unter Anlagen 2, 2a, 2b, 2c, 2d, 30, 31, 32 und 33 zu den AVR fallenden Mitarbeiter uneingeschränkt.

Voraussetzungen (Berechtigte)

(2) Für die zu ihrer Ausbildung Beschäftigten (Anlage 7 zu den AVR) findet die Anlage 12 zu den AVR nach Maßgabe der im Einzelfall in der Anlage 7 zu den AVR getroffenen Regelung Anwendung. Sie gilt nicht für Auszubildende.

§ 2 Mitarbeiterunterkünfte

(1) ¹Der Wert einer dem Mitarbeiter auf dienstvertraglicher Grundlage gewährten Mitarbeiterunterkunft ist unter Berücksichtigung in ihrer Nutzfläche und ihrer Ausstattung auf die Dienstbezüge anzurechnen. ²Für Zeiten, für die kein Anspruch auf Dienstbezüge besteht, hat der Mitarbeiter dem Dienstgeber den Wert zu vergüten.

Voraussetzungen (Dauer)

(2) Mitarbeiterunterkünfte im Sinne der Anlage 12 zu den AVR sind möblierte Wohnungen, möblierte Wohnräume und möblierte Schlafräume, die im Eigentum, in der Verwaltung oder in der Nutzung des Dienstgebers stehen und die dem Mitarbeiter zur alleinigen Benutzung – bei Mehrbettzimmern zur gemeinsamen Benutzung durch festgelegte Personenzahl – überlassen werden.

Mitarbeiterunterkünfte (Definition)

§ 3 Bewertung der Mitarbeiterunterkünfte

(1) ¹Der Wert der Mitarbeiterunterkünfte wird ab 1. Januar 2015 wie folgt festgelegt:

Bewertung

Wertklasse	Mitarbeiterunterkünfte	Euro je qm Nutzfläche monatlich
1	ohne ausreichende Gemeinschaftseinrichtungen	7,49
2	mit ausreichenden Gemeinschaftseinrichtungen	8,30
3	mit eigenem Bad oder Dusche	9,49
4	mit eigener Toilette und Bad oder Dusche	10,55
5	mit eigener Kochnische, Toilette und Bad oder Dusche	11,25

Anlage 12 – § 3

große Unterkünfte ²Bei einer Nutzfläche von mehr als 25 qm erhöhen sich für die über 25 qm hinausgehende Nutzfläche die Quadratmetersätze um 10 v.H. ³Bei Mitarbeiterunterkünften mit einer Nutzfläche von weniger als 12 qm ermäßigen sich die Quadratmetersätze um 10 v.H.

beeinträchtigte Unterkünfte ⁴Wird die Nutzung der Mitarbeiterunterkunft durch besondere Umstände erheblich beeinträchtigt (z. B. Ofenheizung, kein fließendes Wasser, Unterbringung in einem Patientenzimmer, das vorübergehend als Personalunterkunft verwendet wird und in dem die Bewohner erheblichen Störungen durch den Krankenhausbetrieb ausgesetzt sind), sollen die Quadratmetersätze um bis zu 10 v.H., beim Zusammentreffen mehrerer solcher Umstände um bis zu 25 v.H. ermäßigt werden; beim Zusammentreffen zahlreicher außergewöhnlicher Beeinträchtigungen kann die Ermäßigung bis zu 33 1/3 v.H. betragen.

Nutzfläche (2) ¹Bei der Ermittlung der Nutzfläche ist von den Fertigmaßen auszugehen. ²Balkonflächen sind mit 25 v.H. und Flächen unter Dachschrägen mit 50 v.H. anzurechnen. ³Die Nutzfläche von Bädern oder Duschen in Nasszellen, die zwei Mitarbeiterunterkünften zugeordnet sind, ist den beiden Mitarbeiterunterkünften je zur Hälfte zuzurechnen.

Gemeinschaftseinrichtungen (3) ¹Ausreichende Gemeinschaftseinrichtungen im Sinne des Abs. 1 haben Mitarbeiterunterkünfte, wenn

a) in Wohnheimen eine ausreichende Zahl von Bädern oder Duschen, von Toiletten und von Kochgelegenheiten für die Bewohner des Wohnheimes,

b) in anderen Gebäuden als Wohnheimen eine ausreichende Zahl von Bädern oder Duschen, von Toiletten und von Kochgelegenheiten zur Benutzung nur durch die Mitarbeiter des Dienstgebers

vorhanden ist.

²Die Gemeinschaftseinrichtungen sind nicht ausreichend, wenn

a) für mehr als sechs Wohnplätze nur eine Toilette und ein Bad oder eine Dusche oder

b) für mehr als zehn Wohnplätze nur eine Kochgelegenheit

vorhanden ist.

³Bäder oder Duschen in Nasszellen, die zwei Mitarbeiterunterkünften zugeordnet sind (Zugang von beiden Unterkünften bzw. über einen gemeinsamen Vorraum), gelten als eigenes Bad oder Dusche im Sinne des Absatzes 1.

Nebenkosten (4) ¹Mit dem sich aus Abs. 1 ergebenden Wert sind die üblichen Nebenkosten abgegolten. ²Zu diesen gehören die Kosten für Heizung, Strom, Wasser (einschließlich Warmwasser), die Gestellung sowie die Reinigung der Bettwäsche und der Handtücher. ³Werden diese Nebenleistungen teilweise nicht erbracht oder wird die Mitarbeiterunterkunft auf eigenen Wunsch von dem Mitarbeiter ganz oder teilweise möbliert, ist eine Herabsetzung des Wertes ausgeschlossen.

⁴Wird die Mitarbeiterunterkunft auf Kosten des Dienstgebers gereinigt oder werden vom Dienstgeber andere als allgemein übliche Nebenleistungen erbracht (z. B. besondere Ausstattung mit erheblich höherwertigen Möbeln, Reinigung der Körperwäsche), ist ein Zuschlag in Höhe der Selbstkosten zu erheben.

⁵Steht eine gemeinschaftliche Waschmaschine zur Reinigung der Körperwäsche zur Verfügung, ist dafür ein monatlicher Pauschbetrag ab 1. Januar 2015 von Euro 4,49 zu erheben, sofern die Waschmaschine nicht mit einem Münzautomaten ausgestattet ist.

Waschmaschine

(5) Wird eine Mitarbeiterunterkunft von mehreren Personen benutzt, werden dem einzelnen Mitarbeiter bei Einrichtung der Mitarbeiterunterkunft

Nutzung durch mehrere Personen

a) für zwei Personen 66 2/3 v.H.,

b) für drei Personen 40 v.H.

des vollen Wertes angerechnet.

§ 4 Anpassung des Wertes der Mitarbeiterunterkünfte

Die in § 3 Abs. 1 und Abs. 4 Unterabs. 3 genannten Beträge sind jeweils zu demselben Zeitpunkt und demselben Vomhundertsatz zu erhöhen oder zu vermindern, um der aufgrund des § 17 Abs. 1 Satz 1 Nr. 4 des SGB IV in der Sozialversicherungsentgeltverordnung allgemein festgesetzte Wert für Wohnungen mit Heizung und Beleuchtung erhöht oder vermindert wird.

Anpassung

A 12

Anlage 13: Bestimmungen über Umzugskostenvergütung und Trennungsgeld

Anspruch (1) Der Mitarbeiter hat nach Maßgabe der nachstehenden Bestimmungen Anspruch auf Umzugskostenvergütung und Trennungsgeld.

Diözese (2) In Dienststellen und Einrichtungen, die in einer Diözese ihren Sitz haben, in der Bestimmungen über Umzugskostenvergütung und Trennungsgeld rechtsverbindlich durch eine entsprechende Veröffentlichung im Amtsblatt erlassen wurden, regelt sich der Anspruch des Mitarbeiters auf Umzugskostenvergütung und Trennungsgeld nach dieser Ordnung, sofern Ziffer 4 nichts anderes bestimmt.

Bundesland (3) Soweit in einer Diözese keine Bestimmungen über Umzugskostenvergütung und Trennungsgeld im Sinne der Ziffer 2 erlassen wurden, regelt sich bis zum Inkrafttreten solcher Bestimmungen der Anspruch des Mitarbeiters auf Umzugskostenvergütung und Trennungsgeld nach dem Umzugskostenrecht, das jeweils für die Angestellten des Bundeslandes Anwendung findet, in dem die Dienststelle oder Einrichtung ihren Sitz hat, sofern nicht Ziffer 4 anzuwenden ist.

(4) In Dienststellen, die unter Anhang C der AVR fallen, regelt sich der Anspruch des Mitarbeiters auf Umzugskostenvergütung und Trennungsgeld nach dem für die Angestellten des Bundes gültigen Umzugskostenrecht.

Antrag (5) ¹Die Umzugskostenvergütung und das Trennungsgeld werden nur auf Antrag gewährt. ²Der Antrag ist beim Dienstgeber zu stellen. Umzugskostenvergütung und Trennungsgeld ist vom Dienstgeber zu zahlen.

Anlage 13a: Bestimmungen über Reisekostenerstattung

(1) Der Mitarbeiter hat nach Maßgabe der nachstehenden Bestimmungen Anspruch auf Reisekostenerstattung. — Anspruch

(2) Soweit in einer Einrichtung oder Dienststelle eine eigene Reisekostenregelung nicht besteht, regelt sich der Anspruch auf Reisekostenerstattung nach der in der jeweiligen Diözese geltenden Ordnung. — Einrichtung / Diözese

(3) Soweit Regelungen über Reisekostenerstattung im Sinne der Ziffer 2 nicht erlassen wurden, regelt sich bis zum Inkrafttreten solcher Regelungen der Anspruch des Mitarbeiters auf Reisekostenerstattung nach dem Reisekostenrecht, das jeweils für die Angestellten des Bundeslandes Anwendung findet, in dem die Dienststelle oder Einrichtung ihren Sitz hat, sofern Ziffer 4 nichts anderes bestimmt. — Bundesland

(4) In Dienststellen, die unter Anhang C der AVR fallen, gilt Ziffer 3 mit der Maßgabe, dass anstelle des Reisekostenrechts für die Angestellten des jeweiligen Bundeslandes das für die Angestellten des Bundes geltende Reisekostenrecht tritt.

(5) [1]Reisekosten werden nur auf Antrag gewährt. [2]Der Antrag ist beim Dienstgeber zu stellen. [3]Reisekosten sind vom Dienstgeber zu zahlen. — Antrag

Anlage 14: Erholungsurlaub, Urlaubsgeld, Sonderurlaub

	I. Erholungsurlaub	246
§ 1	Entstehung des Anspruchs	247
§ 2	Bezüge während des Erholungsurlaubs	248
§ 3	Dauer des Erholungsurlaubs	250
§ 3a	(RK Nord/NRW/Mitte/BW/Bayern) Besitzstandsregelung	251
§ 3a	(RK Ost)	251
§ 4	Zusatzurlaub	251
§ 5	Urlaub bei Beendigung des Dienstverhältnisses	253
	II. Urlaubsgeld	254
§ 6	Anspruchsvoraussetzung	254
§ 7	Höhe des Urlaubsgeldes	255
§ 8	Anrechnung von Leistungen	257
§ 9	Auszahlung des Urlaubsgeldes	257
	III. Sonderurlaub	257
§ 10	Sonderurlaub	257

I. Erholungsurlaub

§ 1 Entstehung des Anspruchs

Anspruch (1) ¹Die Mitarbeiter und die zu ihrer Ausbildung Beschäftigten erhalten in jedem Urlaubsjahr den gesetzlichen Mindesturlaub von vier Wochen und haben einen weitergehenden Urlaubsanspruch im Gesamtumfang des § 3 Abs. 1. ²Urlaubsjahr ist das Kalenderjahr.

Zweck (2) ¹Der Erholungsurlaub dient der Erhaltung der Gesundheit. ²Der Mitarbeiter ist deshalb verpflichtet, den Erholungsurlaub tatsächlich zu nehmen und darf während des Erholungsurlaubs keine dem Urlaubszweck widersprechende Erwerbstätigkeit leisten.

Festsetzung (3) ¹Der Dienstgeber setzt auf Antrag des Mitarbeiters den Erholungsurlaub zeitlich fest. ²Dabei hat er die Urlaubswünsche des Mitarbeiters zu berücksichtigen, es sei denn, dass dringende dienstliche Belange oder Urlaubswünsche anderer Mitarbeiter, die unter sozialen Gesichtspunkten den Vorrang verdienen, diesen entgegenstehen.

³Der Urlaub ist zu gewähren, wenn der Mitarbeiter dies im Anschluss an eine Maßnahme der medizinischen Vorsorge oder Rehabilitation (Abschnitt XII Abs. a Unterabs. 2 der Anlage 1 zu den AVR) verlangt.

(4) ¹Der Erholungsurlaub soll grundsätzlich zusammenhängend gewährt werden. ²Kann der Erholungsurlaub aus dringenden dienstlichen Gründen nicht zusammenhängend gewährt werden oder ist eine Teilung des Erholungsurlaubs aus Gründen gerechtfertigt, die in der Person des Mitarbeiters liegen, so ist diese zulässig. ³Bei einer Teilung muss jedoch ein Teil des Erholungsurlaubs so bemessen sein, dass der Mitarbeiter mindestens für 14 aufeinanderfolgende Werktage vom Dienst befreit ist.

(5) ¹Der Erholungsurlaub ist spätestens bis zum Ende des Urlaubsjahres anzutreten. ²Kann der Erholungsurlaub aus dringenden dienstlichen Gründen oder aus Gründen, die in der Person des Mitarbeiters liegen, bis zum Ende des Urlaubsjahres nicht angetreten werden, ist er bis zum 30. April des folgenden Urlaubsjahres anzutreten. ³Hat der Mitarbeiter den ihm zustehenden Urlaub vor dem Beginn der Elternzeit nicht oder nicht vollständig erhalten, so ist ihm der Resturlaub nach der Elternzeit im laufenden oder im nächsten Urlaubsjahr zu gewähren. ⁴Wird die Wartezeit (Abs. 6) erst nach Ablauf des Urlaubsjahres erfüllt, ist der Urlaub spätestens bis zum Ende des folgenden Urlaubsjahres anzutreten. ⁵Kann der gesetzliche Mindesturlaub und der Zusatzurlaub nach § 125 SGB IX infolge Arbeitsunfähigkeit nicht angetreten werden, erlischt dieser Urlaubsanspruch 15 Monate nach Ablauf des Urlaubsjahres. ⁶Kann der weitergehende Urlaubsanspruch infolge von Arbeitsunfähigkeit nicht angetreten werden, gilt § 1 Abs. 5 Unterabsatz 1 Satz 2.

Antritt

(6) ¹Der Erholungsurlaub kann erstmalig nach Ablauf von sechs Monaten seit Einstellung (Wartezeit) geltend gemacht werden.

Wartezeit, vgl. Abs. 5 Unterabs. 2

²Beginnt oder endet das Dienstverhältnis im Laufe des Urlaubsjahres, so beträgt der Urlaubsanspruch ein Zwölftel für jeden vollen Beschäftigungsmonat. ³Entsprechendes gilt, wenn gemäß § 18 Abs. 4 AT das Ruhen des Dienstverhältnisses eintritt. ⁴Scheidet der Mitarbeiter wegen verminderter Erwerbsfähigkeit (§ 18 Abs. 1 und 2 AT AVR) oder durch Erreichung der Altersgrenze (§ 19 Abs. 3 AT) aus dem Dienstverhältnis aus, so beträgt der Urlaubsanspruch sechs Zwölftel, wenn das Dienstverhältnis in der ersten Hälfte des Urlaubsjahres endet, und zwölf Zwölftel, wenn das Dienstverhältnis in der zweiten Hälfte des Urlaubsjahres endet.

Berechnung bei Veränderungen im Urlaubsjahr

⁵Der Urlaubsanspruch vermindert sich für jeden vollen Kalendermonat der Elternzeit ohne Teilzeitbeschäftigung und eines Sonderurlaubs nach § 10 jeweils um ein Zwölftel. ⁶Die Verminderung unterbleibt für drei Kalendermonate eines Sonderurlaubs zum Zwecke der beruflichen Fortbildung, wenn der Dienstgeber ein dienstliches oder betriebliches Interesse an der Beurlaubung schriftlich anerkannt hat.

⁷Ergeben sich bei der Berechnung des anteiligen Jahresurlaubs Bruchteile eines Urlaubstages, die mindestens einen halben Tag ergeben, sind diese auf einen vollen Urlaubstag aufzurunden. ⁸Vor Anwendung der Unterabsätze 2 und 3 sind der Erholungsurlaub und ein etwaiger Zusatzurlaub, mit Ausnahme des Zusatzurlaubs nach dem Neunten Sozialgesetzbuch, zusammenzurechnen.

Bruchteile Urlaubstage

Anlage 14 – I. Erholungsurlaub

Erkrankung (7) ¹Erkrankt der Mitarbeiter während des Erholungsurlaubs und zeigt er dies unverzüglich an, so werden ihm die durch ärztliches Zeugnis nachgewiesenen Krankheitstage, an denen der Mitarbeiter arbeitsunfähig war, auf den Urlaub nicht angerechnet; Abschnitt XIIa Abs. a der Anlage 1 zu den AVR gilt entsprechend. ²Der Mitarbeiter hat nach Ablauf des Erholungsurlaubs seinen Dienst an dem im Voraus festgelegten Tag wieder aufzunehmen. ³Dauert die Arbeitsunfähigkeit über diesen Zeitpunkt hinaus an, so hat er nach Wiederherstellung der Dienstfähigkeit unverzüglich den Dienst aufzunehmen. ⁴Die wegen Arbeitsunfähigkeit nachzugewährenden Urlaubstage werden vom Dienstgeber auf Antrag des Mitarbeiters erneut festgesetzt.

§ 2 Bezüge während des Erholungsurlaubs

Urlaubsbezüge (1) ¹Während des Erholungsurlaubs erhält der Mitarbeiter die Dienstbezüge nach Abschnitt II der Anlage 1 zu den AVR einschließlich der Zulagen, die in Monatsbeträgen festgelegt sind, die er erhalten würde, wenn er sich nicht im Urlaub befände. ²Haben sich die Dienstbezüge und die Zulagen oder eine dieser Leistungen während der letzten drei Kalendermonate vor dem Beginn des Erholungsurlaubs zuungunsten des Mitarbeiters verändert, so bemessen sich diese während des Erholungsurlaubs nach den durchschnittlichen Dienstbezügen bzw. Zulagen, die der Mitarbeiter im genannten Berechnungszeitraum erhalten hat. ³Dabei bleiben Kürzungen der Dienstbezüge bzw. der Zulagen, die im Berechnungszeitraum infolge von Kurzarbeit, Arbeitsausfällen oder unverschuldeter Arbeitsversäumnis eintreten, für die Berechnung der Dienstbezüge bzw. Zulagen außer Betracht. ⁴Beim Vorliegen der Voraussetzungen erhält der Mitarbeiter zusätzlich pro Urlaubstag einen Aufschlag nach Abs. 3.

(2) ¹Als Zulagen, die in Monatsbeträgen festgelegt sind, gelten auch Monatspauschalen der in Abs. 3 genannten Bezüge. ²Solange dem Mitarbeiter die Monatspauschale zusteht, sind die entsprechenden Bezüge bei der Errechnung des Aufschlages nicht zu berücksichtigen.

Aufschlag, vgl. Abs. 1, letzter Satz (3) Der Aufschlag ermittelt sich aus dem Tagesdurchschnitt der Zeitzuschläge nach
§ 1 Abs. 1 Satz 2 Buchst. b bis f der Anlage 6a zu den AVR,
§ 7 Abs. 1 Buchst. b bis e der Anlage 30 zu den AVR,
§ 6 Abs. 1 Buchst. b bis f der Anlage 31 zu den AVR,
§ 6 Abs. 1 Buchst. b bis f der Anlage 32 zu den AVR,
§ 6 Abs. 1 Buchst. b bis f der Anlage 33 zu den AVR,
der Überstundenvergütung nach
§ 1 Abs. 3 Unterabs. 2 der Anlage 6a zu den AVR,
§ 7 Abs. 1 Satz 1 Buchst. a der Anlage 30 zu den AVR,
§ 6 Abs. 1 Satz 1 Buchst. a der Anlage 31 zu den AVR,
§ 6 Abs. 1 Satz 1 Buchst. a der Anlage 32 zu den AVR,
§ 6 Abs. 1 Satz 1 Buchst. a der Anlage 33 zu den AVR,
dem Zeitzuschlag nach
§ 1 Abs. 1 Satz 2 Buchst. a der Anlage 6a zu den AVR,
§ 7 Abs. 1 Satz 1 Buchst. a der Anlage 30 zu den AVR,
§ 6 Abs. 1 Satz 1 Buchst. a der Anlage 31 zu den AVR,
§ 6 Abs. 1 Satz 1 Buchst. a der Anlage 32 zu den AVR,

I. Erholungsurlaub – Anlage 14

§ 6 Abs. 1 Satz 1 Buchst. a der Anlage 33 zu den AVR
für ausgeglichene Überstunden,
der Vergütung für Bereitschaftsdienst und Rufbereitschaft nach
§ 7 Abs. 5 und 6, § 9 Abs. 1, 2, 3 und 5 der Anlage 5 zu den AVR
§ 8 und § 7 Abs. 3 der Anlage 30 zu den AVR,
§ 7 und § 6 Abs. 3 der Anlage 31 zu den AVR,
§ 7 und § 6 Abs. 3 der Anlage 32 zu den AVR,
§ 7 und § 6 Abs. 3 der Anlage 33 zu den AVR,
der Mehrarbeitsvergütung für teilzeitbeschäftigte Mitarbeiter nach Abschnitt IIa Satz 3 der Anlage 1 zu den AVR, sowie den Aufschlagszahlungen nach dieser Vorschrift während der letzten drei Kalendermonate vor Beginn des Urlaubs.

(4) ¹Der Tagesdurchschnitt nach Absatz 3 beträgt bei der Verteilung der durchschnittlichen regelmäßigen Arbeitszeit auf fünf Tage 1/65, bei einer Verteilung auf sechs Tage 1/78 aus der Summe der in den dem Urlaubsbeginn vorangegangenen drei Kalendermonaten gezahlten Zeitzuschläge nach — *Berechnung Aufschlag*
§ 1 Abs. 1 Satz 2 Buchst. b bis f der Anlage 6a zu den AVR,
§ 7 Abs. 1 Buchst. b bis e der Anlage 30 zu den AVR,
§ 6 Abs. 1 Buchst. b bis f der Anlage 31 zu den AVR,
§ 6 Abs. 1 Buchst. b bis f der Anlage 32 zu den AVR,
§ 6 Abs. 1 Buchst. b bis f der Anlage 33 zu den AVR,
der Überstundenvergütung nach
§ 1 Abs. 3 Unterabs. 2 der Anlage 6a zu den AVR,
§ 7 Abs. 1 Satz 1 Anmerkung zu Absatz 1 Satz 1 der Anlage 30 zu den AVR,
§ 6 Abs. 1 Satz 1 Anmerkung zu Absatz 1 Satz 1 der Anlage 31 zu den AVR,
§ 6 Abs. 1 Satz 1 Anmerkung zu Absatz 1 Satz 1 der Anlage 32 zu den AVR,
§ 6 Abs. 1 Satz 1 Anmerkung zu Absatz 1 Satz 1 der Anlage 33 zu den AVR,
des Zeitzuschlages nach
§ 1 Abs. 1 Satz 2 Buchst. a der Anlage 6a zu den AVR,
§ 7 Abs. 1 Satz 1 Buchst. a der Anlage 30 zu den AVR,
§ 6 Abs. 1 Satz 1 Buchst. a der Anlage 31 zu den AVR,
§ 6 Abs. 1 Satz 1 Buchst. a der Anlage 32 zu den AVR,
§ 6 Abs. 1 Satz 1 Buchst. a der Anlage 33 zu den AVR
für ausgeglichene Überstunden,
der Vergütung für Bereitschaftsdienst und Rufbereitschaft nach
§ 7 Abs. 5 und 6, § 9 Abs. 1, 2, 3 und 5 der Anlage 5 zu den AVR,
§ 8 und § 7 Abs. 3 der Anlage 30 zu den AVR,
§ 7 und § 6 Abs. 3 der Anlage 31 zu den AVR,
§ 7 und § 6 Abs. 3 der Anlage 32 zu den AVR,
§ 7 und § 6 Abs. 3 der Anlage 33 zu den AVR,
der Mehrarbeitsvergütung für teilzeitbeschäftigte Mitarbeiter nach Abschnitt IIa Satz 3 der Anlage 1 zu den AVR sowie der Aufschlagszahlungen nach Absatz 3.
²Ist die durchschnittliche regelmäßige wöchentliche Arbeitszeit weder auf fünf noch auf sechs Tage verteilt, ist der Tagesdurchschnitt entsprechend zu ermitteln.
³Maßgebend ist die Verteilung der Arbeitszeit zu Beginn des Drei-Kalendermonate-Berechnungszeitraumes.

(5) ¹Werden die in Abs. 3 genannten Bezüge in Monatspauschalen festgesetzt (vgl. z. B. § 1 Abs. 4 der Anlage 6a zu den AVR), ist Abs. 2 zu beachten. ²Wird eine der Leistungen nach Abs. 3, die im Drei-Kalendermonate-Berechnungszeit-

Anlage 14 – I. Erholungsurlaub

raum zur Auszahlung gelangt, dem Mitarbeiter nicht für jeden Monat mit einer Monatspauschale vergütet, gilt die Monatspauschale in diesem Falle nicht als eine in Monatsbeträgen festgelegte Zulage. ³Die Monatspauschale ist in diesem Falle in die Berechnung des Tagesdurchschnitts gemäß Abs. 4 einzubeziehen.

Erwerbstätigkeit im Urlaub

(6) Mitarbeiter, die ohne Erlaubnis während des Urlaubs gegen Entgelt arbeiten, verlieren hierdurch den Anspruch auf die Urlaubsvergütung für die Tage der Erwerbstätigkeit.

§ 3 Dauer des Erholungsurlaubs

(1) ¹Der Urlaub des Mitarbeiters, dessen durchschnittliche regelmäßige wöchentliche Arbeitszeit auf 5 Arbeitstage in der Kalenderwoche verteilt ist (Fünftagewoche), beträgt 30 Arbeitstage, soweit nicht eine für den Mitarbeiter günstigere gesetzliche Regelung (z.B. für Jugendliche und schwerbehinderte Menschen) oder für die zu ihrer Ausbildung Beschäftigten (Anlage 7 zu den AVR) eine Sonderregelung getroffen ist. ²Der Umfang des Urlaubs in Satz 1 gilt ab 1. Januar 2015.

(2) (entfällt)

(3) (entfällt)

Urlaubsberechnung (Alter)

(4) ¹Für die Urlaubsberechnung wird das Lebensjahr des Mitarbeiters zugrunde gelegt, das er im Laufe des Urlaubsjahres vollendet. ²Für die Urlaubsberechnung bei Jugendlichen ist das Lebensalter zu Beginn des Urlaubsjahres maßgebend. ³Arbeitstage sind alle Kalendertage, an denen der Mitarbeiter dienstplanmäßig oder in seiner Einrichtung oder Dienststelle üblicherweise zu arbeiten hat oder zu arbeiten hätte, mit Ausnahme der auf Arbeitstage fallenden gesetzlichen Feiertage, für die kein Freizeitausgleich gewährt wird. ⁴Endet eine Dienstleistung nicht an dem Kalendertag, an dem sie begonnen hat, gilt als Arbeitstag der Kalendertag, an dem die Dienstleistung begonnen hat.

mehr als 5-Tage-Woche

(5) ¹Ist die durchschnittliche regelmäßige wöchentliche Arbeitszeit regelmäßig oder dienstplanmäßig im Durchschnitt des Urlaubsjahres auf mehr als fünf Arbeitstage in der Kalenderwoche verteilt, erhöht sich der Urlaub für jeden zusätzlichen Arbeitstag im Urlaubsjahr um 1/260 des Urlaubs nach Abs. 1 und § 4 zuzüglich eines etwaigen Zusatzurlaubs. ²Ein Zusatzurlaub nach § 4 Abs. 2 bis Abs. 7 nach dem Neunten Sozialgesetzbuch und nach den Vorschriften für politisch Verfolgte bleibt dabei unberücksichtigt.

weniger als 5-Tage-Woche

³Ist die durchschnittliche regelmäßige wöchentliche Arbeitszeit regelmäßig oder dienstplanmäßig im Durchschnitt des Urlaubsjahres auf weniger als fünf Arbeitstage in der Kalenderwoche verteilt, vermindert sich der Urlaub für jeden zusätzlichen arbeitsfreien Tag im Urlaubsjahr um 1/260 des Urlaub nach Abs. 1 und § 4 zuzüglich eines etwaigen Zusatzurlaubs. ⁴Ein Zusatzurlaub nach § 4 Abs. 2 bis Abs. 7, nach dem Neunten Buch Sozialgesetzbuch und nach den Vorschriften für politisch Verfolgte bleibt dabei unberücksichtigt.

Änderung der Tage-Woche

⁵Wird die Verteilung der durchschnittlichen regelmäßigen wöchentlichen Arbeitszeit während des Urlaubsjahres auf Dauer oder jahreszeitlich bedingt vorübergehend geändert, ist die Zahl der Arbeitstage zugrunde zu legen, die sich ergeben würde, wenn die für die Urlaubszeit maßgebende Verteilung der Arbeitszeit für das ganze Urlaubsjahr gelten würde.

I. Erholungsurlaub – Anlage 14

⁶Ergeben sich bei der Berechnung des Erholungsurlaubs nach den Unterabsätzen 1 bis 3 Bruchteile eines Urlaubstages, die mindestens einen halben Tag ergeben, so sind diese auf einen vollen Urlaubstag aufzurunden.

Bruchteile Urlaubstage

§ 3a (RK Nord/NRW/Mitte/BW/Bayern) Besitzstandsregelung

¹Abweichend von § 3 Abs. 1 beträgt der Urlaubsanspruch für Mitarbeiter, deren Dienstverhältnis über den 31. Dezember 2011 fortbestanden hat und die spätestens am 31. Dezember 2012 das 40. Lebensjahr vollenden, 30 Arbeitstage für die Dauer des ununterbrochen fortbestehenden Dienstverhältnisses. ²Für das Jahr 2012 über den Wortlaut des § 3 Abs. 1 in der am Tag vor dem Inkrafttreten geltenden Fassung hinaus zustehende Urlaubsansprüche bleiben für das Jahr 2012 durch die Neuregelung des § 3 Abs. 1 unberührt.

§ 3a (RK Ost)

Die Mitarbeiter in den (Erz-)Bistümern Berlin, Dresden-Meißen, Erfurt, Görlitz, Hamburg und Magdeburg erhalten im Jahr 2012 einmalig zwei zusätzliche Urlaubstage.

§ 4 Zusatzurlaub

(1) Zu dem nach § 3 zu gewährenden Urlaub erhalten einen Zusatzurlaub von fünf Arbeitstagen die Mitarbeiter, die mehr als 50 v.H. der regelmäßigen Arbeitszeit (Anlage 5 zu den AVR)

Ankündigung des Mitarbeiters

A 14

a) in Kontrollbereichen von Bestrahlungsabteilungen arbeiten oder in Laboratorien mit Radionukliden umgehen,

b) mit der Pflege und Behandlung von Infektionskranken betraut sind,

c) mit infektiösem Material arbeiten.

(2) ¹Der Mitarbeiter, der Wechselschichtarbeit (§ 2 Abs. 2 Unterabs. 1 der Anlage 5 zu den AVR) oder Schichtarbeit (§ 2 Abs. 2 Unterabs. 2 der Anlage 5 zu den AVR) zu leisten hat, erhält bei einer Leistung im Kalenderjahr von mindestens

Wechselschichtarbeit Schichtarbeit

113 Arbeitsstunden zwischen 20.00 Uhr und 6.00 Uhr	1 Arbeitstag,
225 Arbeitsstunden zwischen 20.00 Uhr und 6.00 Uhr	2 Arbeitstage,
338 Arbeitsstunden zwischen 20.00 Uhr und 6.00 Uhr	3 Arbeitstage,
450 Arbeitsstunden zwischen 20.00 Uhr und 6.00 Uhr	4 Arbeitstage

Zusatzurlaub im Urlaubsjahr.

²Der Mitarbeiter, der die Voraussetzungen nach Satz 1 nicht erfüllt, erhält bei einer Leistung im Kalenderjahr von mindestens

Nachtarbeit

150 Arbeitsstunden zwischen 20.00 Uhr und 6.00 Uhr	1 Arbeitstag,
300 Arbeitsstunden zwischen 20.00 Uhr und 6.00 Uhr	2 Arbeitstage,
450 Arbeitsstunden zwischen 20.00 Uhr und 6.00 Uhr	3 Arbeitstage,
600 Arbeitsstunden zwischen 20.00 Uhr und 6.00 Uhr	4 Arbeitstage

Zusatzurlaub im Urlaubsjahr.

Anlage 14 – I. Erholungsurlaub

50. Lebensjahr (3) Für den Mitarbeiter, der spätestens mit Ablauf des Urlaubsjahres, in dem der Anspruch auf Zusatzurlaub nach Abs. 2 entsteht, das 50. Lebensjahr vollendet hat, erhöht sich der Zusatzurlaub nach Abs. 2 um einen Arbeitstag.

Nachtarbeitszeit (Definition) (4) Bei der Anwendung des Abs. 2 werden nur die im Rahmen der regelmäßigen Arbeitszeit in der Zeit zwischen 20.00 Uhr und 6.00 Uhr dienstplanmäßig bzw. betriebsüblich geleisteten Arbeitsstunden berücksichtigt.

Höchstgrenze (5) Der Zusatzurlaub nach Abs. 2 darf insgesamt vier Arbeitstage – in Fällen des Abs. 3 fünf Arbeitstage – für das Urlaubsjahr nicht überschreiten.

(6) [1]Die Mitarbeiter erhalten für die Zeit der Bereitschaftsdienste in den Nachtstunden einen Zusatzurlaub in Höhe von zwei Arbeitstagen pro Kalenderjahr, sofern mindestens 288 Stunden der Bereitschaftsdienste kalenderjährlich in die Zeit zwischen 20 Uhr und 6 Uhr fallen. [2]Nachtarbeitsstunden, die in Zeiträumen geleistet werden, für die Zusatzurlaub für Wechselschicht- oder Schichtarbeit zusteht, bleiben unberücksichtigt.

Anmerkung zu Abs. 6:
Davon abweichend erhalten die Mitarbeiter im Jahre 2013 einen Zusatzurlaub von einem Arbeitstag, sofern die Zeit der Bereitschaftsdienste in den Nachtstunden mindestens 144 Stunden erreicht.

Teilzeit (7) [1]Bei dem nicht vollbeschäftigten Mitarbeiter ist die Zahl der in Abs. 2 sowie der in Abs. 6 geforderten Nachtarbeitsstunden entsprechend dem Verhältnis der vereinbarten durchschnittlichen Arbeitszeit zur regelmäßigen Arbeitszeit eines entsprechend vollbeschäftigten Mitarbeiters zu kürzen. [2]Ist die vereinbarte Arbeitszeit im Durchschnitt des Urlaubsjahres auf weniger oder mehr als fünf Arbeitstage in der Kalenderwoche verteilt, ist der Zusatzurlaub in entsprechender Anwendung des § 3 Abs. 5 Unterabs. 1 und 2 zu ermitteln. [3]Ergeben sich bei der Berechnung des Zusatzurlaubs Bruchteile eines Urlaubstages, die mindestens einen halben Tag ergeben, so sind diese auf einen vollen Urlaubstag aufzurunden.

Bemessung Fälligkeit (8) [1]Der Zusatzurlaub bemisst sich nach der bei demselben Dienstgeber im vorangegangenen Kalenderjahr erbrachten Arbeitsleistung. [2]Der Anspruch auf Zusatzurlaub entsteht mit Beginn des auf die Arbeitsleistung folgenden Urlaubsjahres. [3]Etwas anderes gilt für Zusatzurlaub nach Abs. 6: Der Anspruch auf Zusatzurlaub bemisst sich nach den abgeleisteten Nachtarbeitsstunden und entsteht im laufenden Jahr, sobald die Voraussetzungen nach Abs. 6 Satz 1 erfüllt sind.

Höchstgrenze (9) [1]Zusatzurlaub nach Abs. 1 bis Abs. 8 wird bei Zusammentreffen mehrerer Anspruchsvoraussetzungen bei der Fünf-Tage-Woche nur bis zu insgesamt fünf Arbeitstagen im Urlaubsjahr gewährt. [2]Besteht allein Anspruch auf Zusatzurlaub nach Abs. 1, werden der Zusatzurlaub und der Erholungsurlaub nach § 3 bei der Fünf-Tage-Woche nur bis zu 34 Arbeitstagen im Urlaubsjahr gewährt. [3]Bei einer anderweitigen Verteilung der regelmäßigen Arbeitszeit (§ 3 Abs. 5 Unterabs. 1 und 2) erhöht oder vermindert sich die höchstmögliche Anzahl der Zusatzurlaubstage (Satz 1) und der Gesamturlaubstage (Satz 2) entsprechend.

§ 5 Urlaub bei Beendigung des Dienstverhältnisses

(1) ¹Soweit im Zeitpunkt einer Kündigung des Dienstverhältnisses der entstandene Urlaubsanspruch (§ 1 Abs. 6) noch nicht erfüllt ist, ist der Erholungsurlaub während der Kündigungsfrist zu gewähren und zu nehmen. ²Soweit der Erholungsurlaub aus dienstlichen Gründen nicht gewährt werden kann oder die Kündigungsfrist nicht ausreicht oder das Dienstverhältnis durch Auflösungsvertrag (§ 19 Abs. 2 AT) endet, ist der Erholungsurlaub abzugelten. ³Dasselbe gilt, wenn das Dienstverhältnis wegen verminderter Erwerbsfähigkeit endet (§ 18 Abs. 1 und 2 AT) oder zum Ruhen kommt (§ 18 Abs. 4 AT). ⁴Kann wegen Arbeitsunfähigkeit der Erholungsurlaub bis zur Beendigung des Dienstverhältnisses nicht mehr genommen werden, besteht ein Abgeltungsanspruch für den gesetzlichen Mindesturlaub und den Zusatzurlaub nach § 125 SGB IX. ⁵Der weitergehende Urlaubsanspruch wird nur dann abgegolten, wenn nach Ausscheiden des Mitarbeiters aus dem Dienstverhältnis dessen Arbeitsunfähigkeit noch im Urlaubsjahr, für das der Urlaubsanspruch entstanden ist, bzw. im Übertragungszeitraum (§ 1 Abs. 5) so rechtzeitig endet, dass bei bestehendem Dienstverhältnis der Urlaub hätte verwirklicht werden können. ⁶Wird Urlaub abgegolten, so erhält der Mitarbeiter für jeden abzugeltenden Urlaubstag bei einer Verteilung der durchschnittlichen regelmäßigen wöchentlichen Arbeitszeit auf fünf Tage 1/22, bei einer Verteilung auf sechs Tage 1/26 der Dienstbezüge nach Abschnitt II der Anlage 1 zu den AVR einschließlich der Zulagen, die in Monatsbeträgen festgelegt sind. ⁷Zusätzlich erhält der Mitarbeiter beim Vorliegen der Voraussetzungen pro Urlaubstag, der abgegolten wird, einen Aufschlag nach § 2 Abs. 3. ⁸In anderen Fällen ist der Bruchteil entsprechend zu ermitteln.

Beendigung Dienstverhältnis

(2) ¹Erholungsurlaub, der im selben Urlaubsjahr von einem früheren Dienstgeber gewährt oder abgegolten wurde, wird auf die Urlaubsdauer angerechnet. ²Beim Ausscheiden eines Mitarbeiters ist der Dienstgeber verpflichtet, in einer Bescheinigung die Dauer des in dem laufenden Urlaubsjahr erhaltenen oder abgegoltenen Erholungsurlaubs zu vermerken und dem Mitarbeiter auszuhändigen.

mehrere Dienstverhältnisse

II. Urlaubsgeld

§ 6 Anspruchsvoraussetzung

Anspruch
Voraussetzungen

(1) ¹Der Mitarbeiter und der gemäß Anlage 7 zu den AVR zu seiner Ausbildung Beschäftigte erhält in jedem Kalenderjahr ein Urlaubsgeld, wenn er
1. am 1. Juli in einem Dienst- oder Ausbildungsverhältnis steht und
2. seit dem 1. Januar ununterbrochen als Mitarbeiter, Krankenpflegeschüler, Kinderkrankenpflegeschüler, Krankenpflegehelfer, Praktikant, Lehrling und Anlernling (Anlage 7 zu den AVR) im Geltungsbereich der AVR oder in einem anderen Tätigkeitsbereich der katholischen Kirche gestanden hat und
3. mindestens für einen Teil des Monats Juli Anspruch auf Vergütung, Urlaubsvergütung oder Krankenbezüge hat.

²Besteht ein solcher Anspruch nur wegen Ablaufs der Bezugsfristen für die Krankenbezüge oder wegen des Bezugs von Mutterschaftsgeld oder wegen Inanspruchnahme der Elternzeit nicht, genügt es, wenn ein Anspruch auf Vergütung oder Bezüge für mindestens drei volle Kalendermonate des ersten Kalenderhalbjahres bestanden hat. ³Ist nur wegen des Bezugs von Mutterschaftsgeld oder wegen Inanspruchnahme der Elternzeit auch die Voraussetzung des Satzes 2 nicht erfüllt, ist dies unschädlich, wenn der Mitarbeiter im unmittelbaren Anschluss an den Ablauf der Schutzfristen des § 6 Mutterschutzgesetz oder im unmittelbaren Anschluss an die Elternzeit – oder lediglich wegen Arbeitsunfähigkeit oder Erholungsurlaubs später als am ersten Arbeitstag nach Ablauf der Schutzfristen bzw. der Elternzeit – die Arbeit in diesem Kalenderjahr wieder aufnimmt.

(2) (entfällt)

(3) Das Urlaubsgeld ist nicht gesamtversorgungsfähig und bei der Bemessung sonstiger Leistungen nicht zu berücksichtigen.

Unterbrechung nach Abs. 1 Nr. 2

(4) ¹Eine Unterbrechung im Sinne des Abs. 1 Nr. 2 liegt vor, wenn zwischen den Dienstverhältnissen bzw. Ausbildungsverhältnissen im Sinne dieser Vorschrift ein oder mehrere Werktage – mit Ausnahme allgemein arbeitsfreier Werktage – liegen, an denen das Dienstverhältnis oder Ausbildungsverhältnis nicht bestand. ²Es ist jedoch unschädlich, wenn der Mitarbeiter in dem zwischen diesen Rechtsverhältnissen liegenden gesamten Zeitraum arbeitsunfähig krank war oder die Zeit zur Ausführung eines Umzuges an einen anderen Ort benötigt hat.

Anmerkung 1:

kirchlicher Bereich
Der Tätigkeit im Bereich der katholischen Kirche steht gleich eine Tätigkeit in der evangelischen Kirche, in einem diakonischen Werk oder in einer Einrichtung, die dem diakonischen Werk angeschlossen ist.

Anmerkung 2:

Als Anspruch auf Vergütung oder Bezüge (Abs. 1 Satz 2) gilt auch der Anspruch auf Zuschuss zum Mutterschaftsgeld für die Zeit der Schutzfrist nach § 3 Abs. 2 Mutterschutzgesetz.

II. Urlaubsgeld – Anlage 14

§ 7 Höhe des Urlaubsgeldes

(1) *(RK NRW/BW):*
Das Urlaubsgeld beträgt   Höhe
(a) für die am 1. Juli vollbeschäftigten Mitarbeiter der Vergütungsgruppen 1 bis 5b der Anlagen 2, 2b und 2d zu den AVR und der Vergütungsgruppen Kr14 bis Kr7 der Anlagen 2a und 2c zu den AVR

ab 1. Juli 2014	286,71 Euro
ab 1. März 2015	293,59 Euro

(b) für die am 1. Juli vollbeschäftigten Mitarbeiter der Vergütungsgruppen 5c bis 12 der Anlagen 2, 2b und 2d zu den AVR und der Vergütungsgruppen Kr6 bis Kr1 der Anlagen 2a und 2c zu den AVR

ab 1. Juli 2014	372,72 Euro
ab 1. März 2015	381,67 Euro

(c) für den gemäß der Anlage 7 zu den AVR zu seiner Ausbildung Beschäftigten vom 1. Januar 2011 bis 31. Juli 2011 260,27 Euro und ab 1. August 2011 261,57 Euro.

(RK Mitte):
Das Urlaubsgeld beträgt   Höhe
(a) für die am 1. Juli vollbeschäftigten Mitarbeiter der Vergütungsgruppen 1 bis 5b der Anlagen 2, 2b und 2d zu den AVR und der Vergütungsgruppen Kr14 bis Kr7 der Anlagen 2a und 2c zu den AVR

ab 1. Januar 2015	286,71 Euro
ab 1. März 2015	293,59 Euro

(b) für die am 1. Juli vollbeschäftigten Mitarbeiter der Vergütungsgruppen 5c bis 12 der Anlagen 2, 2b und 2d zu den AVR und der Vergütungsgruppen Kr6 bis Kr1 der Anlagen 2a und 2c zu den AVR

ab 1. Januar 2015	372,72 Euro
ab 1. März 2015	381,67 Euro

(c) für den gemäß der Anlage 7 zu den AVR zu seiner Ausbildung Beschäftigten ab 1. Januar 2011 258,72 Euro, ab 1. Juni 2011 261,57 Euro.

(RK Bayern):
Das Urlaubsgeld beträgt   Höhe
(a) für die am 1. Juli vollbeschäftigten Mitarbeiter der Vergütungsgruppen 1 bis 5b der Anlagen 2, 2b und 2d zu den AVR und der Vergütungsgruppen Kr14 bis Kr7 der Anlagen 2a und 2c zu den AVR

ab 1. März 2015	293,59 Euro

(b) für die am 1. Juli vollbeschäftigten Mitarbeiter der Vergütungsgruppen 5c bis 12 der Anlagen 2, 2b und 2d zu den AVR und der Vergütungsgruppen Kr6 bis Kr1 der Anlagen 2a und 2c zu den AVR

Anlage 14 – II. Urlaubsgeld

| ab 1. März 2015 | 381,67 Euro |

(c) für den gemäß der Anlage 7 zu den AVR zu seiner Ausbildung Beschäftigten vom 1. Januar 2011 bis 31. Juli 2011 260,27 Euro und ab 1. August 2011 261,57 Euro.

(1) *(RK Nord):*

Höhe Das Urlaubsgeld beträgt

(a) für die am 1. Juli vollbeschäftigten Mitarbeiter der Vergütungsgruppen 1 bis 5b der Anlagen 2, 2b und 2d zu den AVR und der Vergütungsgruppen Kr14 bis Kr7 der Anlagen 2a und 2c zu den AVR

| ab 1. Januar 2015 | 286,71 Euro |
| ab 1. Juli 2015 | 293,59 Euro |

(b) für die am 1. Juli vollbeschäftigten Mitarbeiter der Vergütungsgruppen 5c bis 12 der Anlagen 2, 2b und 2d zu den AVR und der Vergütungsgruppen Kr6 bis Kr1 der Anlagen 2a und 2c zu den AVR

| ab 1. Januar 2015 | 372,72 Euro |
| ab 1. Juli 2015 | 381,67 Euro |

(c) für den gemäß der Anlage 7 zu den AVR zu seiner Ausbildung Beschäftigten ab 1. Januar 2011 bis 31. Juli 2011 260,27 Euro und ab 1. August 2011 261,57 Euro.

(1) *(RK Ost):*

Höhe Das Urlaubsgeld beträgt

(a) für die am 1. Juli vollbeschäftigten Mitarbeiter der Vergütungsgruppen 1 bis 5b der Anlagen 2, 2b und 2d zu den AVR und der Vergütungsgruppen Kr14 bis Kr7 der Anlagen 2a und 2c zu den AVR

(Tarifgebiet Ost):

| ab 1. Januar 2015 | 269,51 Euro |
| ab 1. März 2015 | 275,98 Euro |

(Tarifgebiet West):

| ab 1. Januar 2015 | 278,11 Euro |
| ab 1. März 2015 | 284,78 Euro |

(b) für die am 1. Juli vollbeschäftigten Mitarbeiter der Vergütungsgruppen 5c bis 12 der Anlagen 2, 2b und 2d zu den AVR und der Vergütungsgruppen Kr6 bis Kr1 der Anlagen 2a und 2c zu den AVR

(Tarifgebiet Ost):

| ab 1. Januar 2015 | 350,35 Euro |
| ab 1. März 2015 | 358,76 Euro |

(Tarifgebiet West):

| ab 1. Januar 2015 | 361,53 Euro |
| ab 1. März 2015 | 370,21 Euro |

(c) für den gemäß der Anlage 7 zu den AVR zu seiner Ausbildung Beschäftigten
(Tarifgebiet Ost):
ab 1. Januar 2014: 261,66 Euro.

(Tarifgebiet West):
ab 1. Januar 2014: 270,01 Euro.

(2) Der am 1. Juli teilzeitbeschäftigte Mitarbeiter, der unter die Anlagen 2, 2a, 2b, 2c oder 2d zu den AVR fällt, erhält vom Urlaubsgeld für Vollbeschäftigte den Anteil, der dem Maß der mit ihm vereinbarten durchschnittlichen Arbeitszeit entspricht. *Teilzeit*

§ 8 Anrechnung von Leistungen

Wird dem Mitarbeiter oder dem zu seiner Ausbildung Beschäftigten bereits aus einem anderen Rechtsgrunde ein Urlaubsgeld oder eine ihrer Art nach entsprechende Leistung vom Dienstgeber gewährt, ist diese Leistung auf das nach § 7 zu zahlende Urlaubsgeld anzurechnen. *Anrechnung vergleichbarer Leistungen*

§ 9 Auszahlung des Urlaubsgeldes

(1) ¹Das Urlaubsgeld ist mit den Bezügen für den Monat Juli auszuzahlen. ²In den Fällen des § 6 Abs. 1 Nr. 3 Satz 3 wird das Urlaubsgeld mit den ersten Bezügen nach Wiederaufnahme der Arbeit ausgezahlt. *Fälligkeit*

(2) Ist das Urlaubsgeld gezahlt worden, obwohl es nicht zustand, ist es in voller Höhe zurückzuzahlen.

III. Sonderurlaub

§ 10 Sonderurlaub

(1) Der Mitarbeiter soll auf Antrag Sonderurlaub unter Wegfall der Bezüge erhalten, wenn er *Anspruch*

a) mindestens ein Kind unter 18 Jahren oder *Voraussetzungen*

b) einen nach ärztlichem Attest pflegebedürftigen sonstigen Angehörigen

tatsächlich betreut oder pflegt und dringende dienstliche bzw. betriebliche Belange nicht entgegenstehen.

(2) Sonderurlaub unter Wegfall der Bezüge aus anderen als den in Abs. 1 genannten Gründen kann bei Vorliegen eines wichtigen Grundes gewährt werden, wenn die dienstlichen oder betrieblichen Verhältnisse es gestatten.

(3) Der Mitarbeiter soll den Sonderurlaub schriftlich spätestens drei Monate vor dem Zeitpunkt, ab dem Sonderurlaub in Anspruch genommen werden soll, beim Dienstgeber unter Angabe des Zeitraums, für den er ihn in Anspruch nehmen will, beantragen. *Frist*

(4) ¹Der Sonderurlaub soll nicht länger als fünf Jahre einschließlich der Elternzeit des Mitarbeiters betragen. ²Er kann verlängert werden; ein Antrag auf Verlängerung ist spätestens sechs Monate vor Ablauf des Sonderurlaubs zu stellen. *Dauer*

Anlage 14 – III. Sonderurlaub

vorzeitige Beendigung (5) Sonderurlaub kann mit Zustimmung des Dienstgebers vorzeitig beendet werden.

(6) Wenn der Sonderurlaub vier Wochen übersteigt, gilt die Zeit des Sonderurlaubs nicht als Beschäftigungszeit nach § 11 Allgemeiner Teil AVR, es sei denn, der Dienstgeber hat vor Antritt des Sonderurlaubs ein dienstliches oder betriebliches Interesse an der Beurlaubung schriftlich anerkannt.

entgeltliche Beschäftigung (7) [1]Während der Zeit des Sonderurlaubs kann der Mitarbeiter eine entgeltliche Beschäftigung nur mit Zustimmung des Dienstgebers ausüben. [2]Die wöchentliche Arbeitszeit soll 19 Stunden nicht übersteigen. [3]Die Beschäftigung darf dem Zweck des Sonderurlaubs nicht zuwiderlaufen.

Anmerkung 1 zu Anlage 14:
Mitarbeiter, deren Gesamturlaub im Kalenderjahr 1977 höher war als der Gesamturlaub 1978, erhalten beim Vorliegen gleicher Voraussetzungen einen Gesamturlaub in Höhe des für 1977 zustehenden Urlaubs, solange dieser günstiger ist als die Neuregelung.

Anmerkung 2 zu Anlage 14:
Jugendarbeitsschutzgesetz [1]Eine für den jugendlichen Mitarbeiter günstigere Regelung gilt nach § 19 Abs. 2 Jugendarbeitsschutzgesetz nur, wenn der Jugendliche zu Beginn des Kalenderjahres noch nicht 16 Jahre alt ist; in diesem Falle erhält der Jugendliche einen Urlaub von 30 Werktagen. [2]Als Werktage gelten dabei alle Kalendertage, die nicht Sonn- oder gesetzliche Feiertage sind.

Anmerkung 3 zu Anlage 14:
schwerbehinderte Menschen [1]Schwerbehinderte Menschen erhalten gemäß § 125 SGB IX einen Zusatzurlaub.

Anlage 15: Übergangsgeld

§ 1	Voraussetzungen für Zahlung des Übergangsgeldes	259
§ 2	Bemessung des Übergangsgeldes	260
§ 3	Auszahlung des Übergangsgeldes	262

§ 1 Voraussetzungen für Zahlung des Übergangsgeldes

(1) Der Mitarbeiter, der am Tage der Beendigung des Dienstverhältnisses

a) das 21. Lebensjahr vollendet hat und

b) in einem ununterbrochenen Dienstverhältnis von mindestens einem Jahr bei demselben Dienstgeber gestanden hat,

erhält beim Ausscheiden ein Übergangsgeld.

Anspruchsvoraussetzungen

(2) Das Übergangsgeld wird nicht gewährt, wenn

a) der Mitarbeiter das Ausscheiden verschuldet hat,

b) der Mitarbeiter gekündigt hat,

c) das Dienstverhältnis durch Auflösungsvertrag (§ 19 Abs. 2 AT) beendet ist,

d) der Mitarbeiter eine Abfindung aufgrund des Kündigungsschutzgesetzes erhält,

e) der Mitarbeiter aufgrund eines Vergleichs ausscheidet, in dem vom Dienstgeber eine Geldzahlung ohne Arbeitsleistung zugebilligt wird,

f) sich unmittelbar an das beendete Dienstverhältnis ein neues, mit Einkommen verbundenes Beschäftigungsverhältnis anschließt,

g) der Mitarbeiter eine ihm nachgewiesene Arbeitsstelle ausgeschlagen hat, deren Annahme ihm billigerweise zugemutet werden konnte,

h) dem Mitarbeiter aufgrund Satzung, Gesetzes, Tarifvertrages, kircheneigener Regelung oder sonstiger Regelung im Falle des Ausscheidens vor Eintritt eines Versicherungsfalles im Sinne der gesetzlichen Rentenversicherung eine laufende Versorgungsleistung gewährt wird oder die Anwartschaft auf eine solche Leistung gesichert ist,

i) der Mitarbeiter aus eigener Erwerbstätigkeit eine Rente aus der gesetzlichen Rentenversicherung oder Leistungen aus einer Versicherung oder Versorgung erhält oder beanspruchen kann, zu der der Dienstgeber oder ein anderer Arbeitgeber, der die AVR oder eine vergleichbare kircheneigene Regelung oder den Bundesangestelltentarifvertrag oder einen Tarifvertrag wesentlich gleichen Inhalts anwendet, Mittel ganz oder teilweise beisteuert oder beigesteuert hat.

Ausnahmen

Anlage 15 – §§ 1, 2

Rückausnahmen (3) ¹Auch in den Fällen des Abs. 2 Buchstaben b und c wird Übergangsgeld gewährt, wenn

1. der Mitarbeiter wegen

   a) eines mit Sicherheit erwarteten Personalabbaues,

   b) einer Körperbeschädigung, die ihn zur Fortsetzung der Arbeit unfähig macht,

   c) einer in Ausübung oder infolge seiner Arbeit erlittenen Gesundheitsschädigung, die seine Arbeitsfähigkeit für längere Zeit wesentlich herabsetzt,

   d) (entfällt)

2. die Mitarbeiterin außerdem wegen

   a) Schwangerschaft,

   b) Niederkunft in den letzten drei Monaten,

   c) Aufnahme eines Kindes in ihre Obhut mit dem Ziel der Annahme als Kind in den letzten drei Monaten

   d) (entfällt)

gekündigt oder einen Auflösungsvertrag (§ 19 Abs. 2 AT) geschlossen hat. ²Satz 1 Ziffer 2 Buchst. b gilt auch, wenn ein Mitarbeiter wegen Niederkunft der Ehefrau in den letzten drei Monaten gekündigt oder einen Auflösungsvertrag (§ 19 Abs. 2 AT) geschlossen hat. ³Satz 1 Ziffer 2 Buchstabe c gilt für Mitarbeiter entsprechend.

Anrechnung anderer fiktiver Einkommen (4) Tritt der Mitarbeiter innerhalb eines Zeitraumes, während dessen er Übergangsgeld erhält, in ein neues, mit Einkommen verbundenes Beschäftigungsverhältnis ein oder wird ihm während dieses Zeitraumes eine Arbeitsstelle nachgewiesen, deren Annahme ihm billigerweise zugemutet werden kann, so steht ihm Übergangsgeld von dem Tag an nicht zu, an dem er das neue Beschäftigungsverhältnis angetreten hat oder hätte antreten können.

§ 2 Bemessung des Übergangsgeldes

Höhe (1) ¹Das Übergangsgeld wird nach den dem Mitarbeiter am Tage vor dem Ausscheiden zustehenden Dienstbezügen (Abschnitt II der Anlage 1 zu den AVR) bemessen. ²Stehen für diesen Tag keine Dienstbezüge zu, so wird das Übergangsgeld nach den Dienstbezügen bemessen, die dem Mitarbeiter bei voller Arbeitsleistung am Tage vor dem Ausscheiden zugestanden hätten.

Umfang (2) Das Übergangsgeld beträgt für jedes volle Jahr der dem Ausscheiden vorangegangenen Zeiten, die in einem oder mehreren ohne Unterbrechung aneinandergereihten Beschäftigungsverhältnissen im Geltungsbereich der AVR oder in einem anderen Tätigkeitsbereich der katholischen Kirche zurückgelegt sind, ein Viertel der Dienstbezüge des letzten Monats, höchstens jedoch das Vierfache der Dienstbezüge des letzten Monats.

(3) ¹Beschäftigungszeiten

a) ohne Dienstbezüge wegen Beurlaubung oder Sonderurlaub nach § 10 Abs. 1 der Anlage 14 zu den AVR,

b) in einem Ausbildungsverhältnis

bleiben unberücksichtigt.

§ 2 – Anlage 15

²Als Unterbrechung im Sinne des Abs. 2 gilt jeder zwischen den Beschäftigungsverhältnissen liegende, einen oder mehrere Werktage – mit Ausnahme allgemein arbeitsfreier Werktage – umfassende Zeitraum, in dem ein Beschäftigungsverhältnis nicht bestand. ³Als Unterbrechung gilt nicht, wenn der Mitarbeiter in dem zwischen zwei Beschäftigungsverhältnissen liegenden gesamten Zeitraum arbeitsunfähig krank war oder die Zeit zur Ausführung eines Umzuges an einen anderen Ort benötigt wurde.

(4) Wurde dem Mitarbeiter bereits Übergangsgeld oder eine Abfindung gewährt, so bleiben die davor liegenden Zeiträume bei der Bemessung des Übergangsgeldes unberücksichtigt. *Anrechnung vergleichbarer Leistungen*

(5) ¹Werden dem Mitarbeiter laufende Versorgungsbezüge, laufende Unterstützungen, Arbeitslosengeld, Arbeitslosenhilfe, sonstige laufende Bezüge aus öffentlichen Mitteln, Renten aus der gesetzlichen Rentenversicherung, die nicht unter § 1 Abs. 2 Buchst. i fallen, oder Renten und vergleichbare Leistungen eines ausländischen Versicherungsträgers gezahlt oder hätte der Mitarbeiter, der nicht unter § 1 Abs. 3 Ziff. 2 fällt, bei unverzüglicher Antragstellung nach Beendigung des Dienstverhältnisses Anspruch auf Arbeitslosengeld oder Arbeitslosenhilfe, so erhält er ohne Rücksicht darauf, ob der Dienstgeber dazu Mittel beigesteuert hat, das Übergangsgeld nur insoweit, als die genannten Bezüge für denselben Zeitraum hinter dem Übergangsgeld zurückbleiben. *andere Leistungen*

²Zu den Bezügen im Sinne des Satzes 1 gehören nicht

a) Renten nach dem Bundesversorgungsgesetz,

b) der nach dem Beamtenversorgungsrecht neben dem Ruhegehalt zu zahlende Unfallausgleich oder Hilflosigkeitszuschlag,

c) Unfallrenten nach dem Siebten Buch Sozialgesetzbuch (SGB VII),

d) Renten nach den Gesetzen zur Entschädigung der Opfer der nationalsozialistischen Verfolgung (Bundesentschädigungsgesetz sowie die entsprechenden Gesetze der Länder), soweit sie an Verfolgte oder deren Hinterbliebene als Entschädigungen für Schaden an Leben oder an Körper oder Gesundheit geleistet werden,

e) Kriegsschadenrenten nach dem Lastenausgleichsgesetz,

f) Renten nach dem Gesetz zur Abgeltung von Besatzungsschäden,

g) (entfällt)

h) Blindenhilfe nach § 72 SGB XII,

i) Kindergeld nach dem Einkommensteuergesetz (EStG) oder nach dem Bundeskindergeldgesetz (BKGG) oder Leistungen im Sinne des § 65 Abs. 1, Nrn. 1 bis 3 EStG oder des § 4 Abs. 1 Nrn. 1 bis 3 BKGG sowie Kindergeld aufgrund des Rechts der Europäischen Gemeinschaften oder aufgrund zwischenstaatlicher Abkommen in Verbindung mit dem BKGG.

Anmerkung:
Vergütungsgruppenzulagen gelten bei der Bemessung des Übergangsgeldes als Bestandteil der Dienstbezüge (Abschnitt II der Anlage 1 zu den AVR).

§ 3 Auszahlung des Übergangsgeldes

Fälligkeit (1) ¹Das Übergangsgeld wird in Monatsbeträgen am letzten Tage eines Monats gezahlt, erstmals am letzten Tage des auf das Ausscheiden folgenden Monats. ²Die Auszahlung unterbleibt, bis etwaige Vorschüsse durch Aufrechnung getilgt sind. ³Vor der Zahlung hat der Mitarbeiter anzugeben, ob und welche laufenden Bezüge nach § 2 Abs. 5 gewährt werden. ⁴Ferner hat er zu versichern, dass er keine andere Beschäftigung angetreten hat.

(2) Zu Siedlungszwecken oder zur Begründung oder zum Erwerb eines eigenen gewerblichen Unternehmens kann das Übergangsgeld in einer Summe ausgezahlt werden.

(3) ¹Beim Tode des Mitarbeiters wird der noch nicht gezahlte Betrag an den Ehegatten oder die Kinder, für die dem Mitarbeiter Kindergeld nach dem Einkommensteuergesetz oder nach dem Bundeskindergeldgesetz zugestanden hat oder ohne Berücksichtigung des § 64 oder § 65 Einkommensteuergesetz oder des § 3 oder § 4 Bundeskindergeldgesetz zugestanden hätte, in einer Summe gezahlt. ²Die Zahlung an einen der nach Satz 1 Berechtigten bringt den Anspruch der übrigen gegenüber dem Dienstgeber zum Erlöschen.

Anlage 16: Jubiläumszuwendung

§ 1	Anspruchsvoraussetzungen	263
§ 2	Höhe der Jubiläumszuwendung	263
§ 3	Jubiläumszuwendung als Zusatzurlaub	263

§ 1 Anspruchsvoraussetzungen

(1) Der Mitarbeiter erhält nach einer Jubiläumsdienstzeit von 25, 40 und 50 Jahren jeweils eine Jubiläumszuwendung.

Anspruch

(2) Die Jubiläumsdienstzeit umfasst die Beschäftigungszeit (§ 11 AT).

Voraussetzungen

(3) ¹Anzurechnen sind ferner die Zeiten, die ein Mitarbeiter in einem Dienstverhältnis oder Ausbildungsverhältnis (Anlage 7 zu den AVR) im Tätigkeitsbereich des Deutschen Caritasverbandes oder eines ihm angeschlossenen Mitgliedes oder in einem anderen Tätigkeitsbereich der katholischen Kirche verbrachte. ²Zeiten mit weniger als der durchschnittlichen regelmäßigen wöchentlichen Arbeitszeit werden in vollem Umfang berücksichtigt.

(4) ¹Die in Abs. 3 aufgeführten Zeiten werden nicht angerechnet, wenn der Mitarbeiter aus seinem Verschulden oder auf eigenen Wunsch aus dem Dienstverhältnis ausgeschieden ist. ²Dies gilt nicht, wenn der Mitarbeiter im Anschluss an das bisherige Dienstverhältnis zu einer anderen Einrichtung desselben Dienstgebers oder zu einem anderen Dienstgeber im Tätigkeitsbereich des Deutschen Caritasverbandes oder eines ihm angeschlossenen Mitgliedes oder in einen anderen Tätigkeitsbereich der katholischen Kirche übergetreten ist oder wenn er das Dienstverhältnis wegen eines mit Sicherheit erwarteten Personalabbaus oder wegen Unfähigkeit zur Fortsetzung der Arbeit infolge einer Körperschädigung oder in Ausübung oder infolge seiner Arbeit erlittenen Gesundheitsbeschädigung aufgelöst hat oder die Nichtanrechnung eine unbillige Härte darstellen würde.

§ 2 Höhe der Jubiläumszuwendung

Die Jubiläumszuwendung beträgt nach einer Jubiläumsdienstzeit

Höhe

von 25 Jahren	613,55 Euro
von 40 Jahren	1.022,58 Euro
von 50 Jahren	1.227,10 Euro.

§ 3 Jubiläumszuwendung als Zusatzurlaub

¹Durch Vereinbarung zwischen Dienstgeber und Mitarbeiter kann statt der Jubiläumszuwendung Zusatzurlaub in entsprechendem Umfang vereinbart werden. ²Für diesen Zusatzurlaub finden die Regelungen des § 4 Abs. 9 der Anlage 14 zu den AVR, des § 17 Abs. 5 der Anlage 30, des § 17 Abs. 7 der Anlagen 31 und 32 sowie des § 16 Abs. 7 der Anlage 33 keine Anwendung.

Zusatzurlaub in entsprechendem Umfang

Anlage 17: Altersteilzeitregelung

	Präambel	264
§ 1	Geltungsbereich	264
§ 2	Voraussetzungen der Altersteilzeitarbeit	264
§ 3	Reduzierung und Verteilung der Arbeitszeit	265
§ 4	Höhe der Bezüge	265
§ 5	Aufstockungsleistungen	266
§ 6	Nebentätigkeit	267
§ 7	Urlaub	267
§ 8	Nichtbestehende bzw. ruhende Aufstockungsleistungen	268
§ 9	Ende des Dienstverhältnisses	268
§ 10	Mitwirkungspflicht	269
§ 11	Inkrafttreten, Geltungsdauer	269

Präambel

Zweck Mit dieser Regelung soll älteren Menschen ein gleitender Übergang vom Erwerbsleben in den Ruhestand ermöglicht und damit Auszubildenden, Ausgebildeten und Arbeitslosen Beschäftigungsmöglichkeiten eröffnet werden.

§ 1 Geltungsbereich

Altersteilzeitgesetz Diese Regelung gilt für Mitarbeiter, die als Übergang vom Erwerbsleben in den Ruhestand ihre Arbeitszeit auf der Grundlage des Altersteilzeitgesetzes (ATG) in der jeweils geltenden Fassung vermindern.

§ 2 Voraussetzungen der Altersteilzeitarbeit

Anspruchsvoraussetzungen (1) Der Dienstgeber kann mit Mitarbeitern, die

a) das 55. Lebensjahr vollendet haben,

b) eine Beschäftigungszeit (§ 11 AT AVR) von fünf Jahren vollendet haben und

c) innerhalb der letzten fünf Jahre vor Beginn der Altersteilzeitarbeit mindestens 1080 Kalendertage in einer versicherungspflichtigen Beschäftigung nach dem Dritten Buch Sozialgesetzbuch gestanden haben,

die Änderung des Dienstverhältnisses in ein Altersteilzeitdienstverhältnis auf der Grundlage des Altersteilzeitgesetzes vereinbaren; das Altersteilzeitdienstverhältnis muss ein versicherungspflichtiges Beschäftigungsverhältnis im Sinne des Dritten Buches Sozialgesetzbuch sein.

(2) ¹Mit Mitarbeitern, die das 60. Lebensjahr vollendet haben und die die übrigen Voraussetzungen des Absatzes 1 erfüllen, soll auf deren Antrag ein Altersteilzeitdienstverhältnis vereinbart werden. ²Der Antrag ist drei Monate vor dem geplanten Beginn des Altersteilzeitdienstverhältnisses zu stellen; von dieser Frist kann einvernehmlich abgewichen werden.

Anspruchsvoraussetzungen ab 60. Lebensjahr

(3) Der Dienstgeber kann die Vereinbarung eines Altersteilzeitdienstverhältnisses ablehnen, soweit dringende dienstliche bzw. betriebliche Gründe entgegenstehen; diese liegen insbesondere vor, wenn durch das Altersteilzeitdienstverhältnis finanzielle Mittel Dritter (kirchliche und öffentliche Zuwendungen, Leistungen der Sozialleistungsträger) gemindert werden oder die Grenze des § 3 Abs. 1 Nr. 3 ATG überschritten wird.

entgegenstehende Belange

(4) ¹Das Altersteilzeitdienstverhältnis soll mindestens für die Dauer von zwei Jahren vereinbart werden. ²Es muss vor dem 1. Januar 2010 beginnen.

Dauer Beginn

(5) Die Vereinbarung (Änderungsvertrag) bedarf der Schriftform.

Schriftform

(6) In der Vereinbarung ist festzulegen, wann das Dienstverhältnis endet.

Befristung

§ 3 Reduzierung und Verteilung der Arbeitszeit

(1) ¹Die durchschnittliche wöchentliche Arbeitszeit während des Altersteilzeitdienstverhältnisses beträgt die Hälfte der bisherigen wöchentlichen Arbeitszeit. ²Als bisherige wöchentliche Arbeitszeit ist die wöchentliche Arbeitszeit zugrunde zu legen, die mit dem Mitarbeiter vor dem Übergang in die Altersteilzeitarbeit vereinbart war. ³Zugrunde zu legen ist höchstens die Arbeitszeit, die im Durchschnitt der letzten 24 Monate vor dem Übergang in die Altersteilzeitarbeit vereinbart war. ⁴Bei der Ermittlung der durchschnittlichen Arbeitszeit nach Satz 2 dieses Unterabsatzes bleiben Arbeitszeiten, die die regelmäßige wöchentliche Arbeitszeit (§ 1 der Anlage 5 zu den AVR) überschritten haben, außer Betracht. ⁵Die ermittelte durchschnittliche Arbeitszeit kann auf die nächste volle Stunde gerundet werden.

Halbierung der Arbeitszeit

(2) Die während der Gesamtdauer des Altersteilzeitdienstverhältnisses zu leistende Arbeit kann insbesondere so verteilt werden, dass sie

a) in der ersten Hälfte des Altersteilzeitdienstverhältnisses geleistet und der Mitarbeiter anschließend von der Arbeit unter Fortzahlung der Bezüge nach Maßgabe der §§ 4 und 5 freigestellt wird (Blockmodell) oder

Blockmodell

b) durchgehend geleistet wird (Teilzeitmodell).

Teilzeitmodell

(3) Der Mitarbeiter kann vom Dienstgeber verlangen, dass sein Wunsch nach einer bestimmten Verteilung der Arbeitszeit mit dem Ziel einer einvernehmlichen Regelung erörtert wird.

Erörterung des Modells

§ 4 Höhe der Bezüge

(1) ¹Der Mitarbeiter erhält als Bezüge die sich für entsprechende Teilzeitbeschäftigte ergebenden Beträge (Abschnitt IIa der Anlage 1 zu den AVR) mit der Maßgabe, dass die Bezügebestandteile, die üblicherweise in die Berechnung des Aufschlags zur Urlaubsvergütung einfließen, sowie Wechselschicht- und Schicht-

Bezüge

Anlage 17 – §§ 4, 5

zulagen entsprechend dem Umfang der tatsächlich geleisteten Tätigkeit berücksichtigt werden.

²Die im Blockmodell über die regelmäßige wöchentliche Arbeitszeit (§ 1 der Anlage 5 zu den AVR) hinaus geleisteten Arbeitsstunden gelten bei Vorliegen der übrigen Voraussetzungen gemäß § 1 der Anlage 6 zu den AVR als Überstunden.

(2) Als Bezüge im Sinne des Absatzes 1 gelten auch Einmalzahlungen (Weihnachtszuwendung, Urlaubsgeld) und vermögenswirksame Leistungen.

§ 5 Aufstockungsleistungen

Aufstockungsbetrag

(1) ¹Die dem Mitarbeiter nach § 4 zustehenden Bezüge zuzüglich des darauf entfallenden sozialversicherungspflichtigen Teils der vom Dienstgeber zu tragenden Umlage zur Zusatzversorgungskasse werden um 20 v.H. dieser Bezüge aufgestockt (Aufstockungsbetrag). ²Bei der Berechnung des Aufstockungsbetrags bleiben steuerfreie Bezügebestandteile, Vergütungen für Mehrarbeit- und Überstunden, Bereitschaftsdienste und Rufbereitschaften unberücksichtigt; diese werden, soweit sie nicht unter Abs. 2 Unterabs. 2 und 3 fallen, neben dem Aufstockungsbetrag gezahlt.

Mindestnettobetrag

(2) ¹Der Aufstockungsbetrag muss so hoch sein, dass der Mitarbeiter 83 v.H. des Nettobetrages des bisherigen Arbeitsentgelts erhält (Mindestnettobetrag). ²Als bisheriges Arbeitsentgelt ist anzusetzen das gesamte, dem Grunde nach beitragspflichtige Arbeitsentgelt, das der Mitarbeiter für eine Arbeitsleistung bei bisheriger wöchentlicher Arbeitszeit (§ 3 Abs. 1 Unterabs. 2) zu beanspruchen hätte; der sozialversicherungspflichtige Teil der vom Dienstgeber zu tragenden Umlage zur Zusatzversorgungseinrichtung bleibt unberücksichtigt.

Bereitschaftsdienst und Rufbereitschaft

³Dem bisherigen Arbeitsentgelt nach Unterabs. 1 Satz 2 zuzurechnen sind Vergütungen für Bereitschaftsdienst und Rufbereitschaft – letztere jedoch ohne Vergütungen für angefallene Arbeit einschließlich einer etwaigen Wegezeit –, die ohne Reduzierung der Arbeitszeit zugestanden hätten; in diesen Fällen sind die tatsächlich zustehenden Vergütungen abweichend von Abs. 1 Satz 2 letzter Halbsatz in die Berechnung des aufzustockenden Nettobetrages einzubeziehen.

Pauschalen für Überstunden

⁴Haben dem Mitarbeiter, der die Altersteilzeitarbeit im Blockmodell leistet, seit mindestens zwei Jahren vor Beginn des Altersteilzeitdienstverhältnisses ununterbrochen Pauschalen für Überstunden (§ 4 Abs. 2 der Anlage 6 zu den AVR) zugestanden, werden diese der Bemessungsgrundlage nach Unterabs. 1 Satz 2 in der Höhe zugerechnet, die ohne die Reduzierung der Arbeitszeit maßgebend gewesen wären; in diesem Fall sind in der Arbeitsphase die tatsächlich zustehenden Pauschalen abweichend von Abs. 1 Satz 2 letzter Halbsatz in die Berechnung des aufzustockenden Nettobetrages einzubeziehen.

nicht regelmäßig zustehende Bezügebestandteile

⁵Beim Blockmodell können in der Freistellungsphase die in die Bemessungsgrundlage eingehenden, nicht regelmäßig zustehenden Bezügebestandteile (z.B. Erschwerniszuschläge) mit dem für die Arbeitsphase errechneten Durchschnittsbetrag angesetzt werden; dabei werden Krankheits- und Urlaubszeiten nicht berücksichtigt. ⁶Allgemeine Bezügeerhöhungen sind zu berücksichtigen, soweit die zugrunde liegenden Bezügebestandteile ebenfalls an allgemeinen Bezügeerhöhungen teilnehmen.

(3) ¹Für die Berechnung des Mindestnettobetrages nach Abs. 2 ist die Rechtsverordnung nach § 15 Satz 1 Nr. 1 ATG zugrunde zu legen. ²Sofern das bei bisheriger Arbeitszeit zustehende Arbeitsentgelt nach Abs. 2 Unterabs. 1 Satz 2 das höchste in dieser Rechtsverordnung ausgewiesene Arbeitsentgelt übersteigt, sind für die Berechnung des Mindestnettobetrages diejenigen gesetzlichen Abzüge anzusetzen, die bei Mitarbeitern gewöhnlich anfallen (§ 3 Abs. 1 Nr. 1 Buchstabe a ATG).

Berechnung des Mindestnettobetrages

(4) Neben den vom Mitarbeiter zu tragenden Sozialversicherungsbeiträgen für die nach § 4 zustehenden Bezüge entrichtet der Dienstgeber gemäß § 3 Abs. 1 Nr. 1 Buchstaben b ATG zusätzlich Beiträge zur gesetzlichen Rentenversicherung für den Unterschiedsbetrag zwischen den nach § 4 zustehenden Bezügen einerseits und 90 v.H. des Arbeitsentgelts im Sinne des Abs. 2 zuzüglich des sozialversicherungspflichtigen Teils der vom Dienstgeber zu tragenden Umlage zur Zusatzversorgungskasse, höchstens aber der Beitragsbemessungsgrenze, andererseits.

zusätzliche Beiträge zur gesetzlichen Rentenversicherung

(5) Ist der Mitarbeiter von der Versicherungspflicht in der gesetzlichen Rentenversicherung befreit, erhöht sich der Zuschuss des Dienstgebers zu einer anderen Zukunftssicherung um den Betrag, den der Dienstgeber nach Abs. 4 bei der Versicherungspflicht in der gesetzlichen Rentenversicherung zu entrichten hätte.

(6) Die Regelungen der Absätze 1 bis 5 gelten auch in den Fällen, in denen eine aufgrund dieser Anlage geschlossene Vereinbarung eine Verteilung der Arbeitsleistung (§ 3 Abs. 2) vorsieht, die sich auf einen Zeitraum von mehr als sechs Jahren erstreckt.

(7) ¹Mitarbeiter, die nach Inanspruchnahme der Altersteilzeit eine Rentenkürzung wegen einer vorzeitigen Inanspruchnahme der Rente zu erwarten haben, erhalten für je 0,3 v.H. Rentenminderung eine Abfindung in Höhe von 5 v.H. der Vergütung (Abschnitt II der Anlage 1 zu den AVR) und der in Monatsbeträgen festgelegten Zulagen, die dem Mitarbeiter im letzten Monat vor dem Ende des Altersteilzeitdienstverhältnisses zugestanden hätte, wenn er mit der bisherigen wöchentlichen Arbeitszeit (§ 3 Abs. 1 Unterabs. 2) beschäftigt gewesen wäre. ²Die Abfindung wird zum Ende des Altersteilzeitdienstverhältnisses gezahlt.

Abfindung bei Rentenkürzung

§ 6 Nebentätigkeit

¹Der Mitarbeiter darf während des Altersteilzeitdienstverhältnisses keine Beschäftigungen oder selbstständigen Tätigkeiten ausüben, die die Geringfügigkeitsgrenze des § 8 SGB IV überschreiten, es sei denn, diese Beschäftigungen oder selbstständigen Tätigkeiten sind bereits innerhalb der letzten fünf Jahre vor Beginn des Altersteilzeitdienstverhältnisses ständig ausgeübt worden. ²Die bestehende Regelung des § 5 Abs. 2 Allgemeiner Teil AVR bleibt unberührt.

Nebentätigkeit

§ 7 Urlaub

¹Für den Mitarbeiter, der im Rahmen der Altersteilzeit im Blockmodell (§ 3 Abs. 2 Buchstabe a) beschäftigt wird, besteht kein Urlaubsanspruch für die Zeit der Freistellung von der Arbeit. ²Im Kalenderjahr des Übergangs von der Beschäftigung zur Freistellung hat der Mitarbeiter für jeden vollen Beschäftigungsmonat Anspruch auf ein Zwölftel des Jahresurlaubs.

Urlaubsanspruch Freistellungsphase

Anlage 17 – §§ 8, 9

§ 8 Nicht bestehende bzw. ruhende Aufstockungsleistungen

Fälle krankheitsbedingter Arbeitsunfähigkeit

(1) ¹In den Fällen krankheitsbedingter Arbeitsunfähigkeit besteht der Anspruch auf die Aufstockungsleistungen (§ 5) längstens für die Dauer der Entgeltfortzahlung (Abschn. XII Abs. b der Anlage 1 zu den AVR), der Anspruch auf die Aufstockungsleistungen nach § 5 Abs. 1 und 2 darüber hinaus längstens bis zum Ablauf der Fristen für die Zahlung von Krankenbezügen (Abschn. XII der Anlage 1 zu den AVR). ²Für die Zeit nach Ablauf der Entgeltfortzahlung wird der Aufstockungsbetrag in Höhe des kalendertäglichen Durchschnitts des nach § 5 Abs. 1 und 2 in den letzten drei abgerechneten Kalendermonaten maßgebenden Aufstockungsbetrag gezahlt; Einmalzahlungen bleiben unberücksichtigt. ³Im Falle des Bezugs von Krankengeld (§§ 44ff. SGB V), Versorgungskrankengeld (§§ 16ff. BVG), Verletztengeld (§§ 45ff. SGB VII), Übergangsgeld (§§ 49ff. SGB VII) oder Krankentagegeld von einem privaten Krankenversicherungsunternehmen tritt der Mitarbeiter für den nach Unterabs. 1 maßgebenden Zeitraum seine gegen die Bundesagentur für Arbeit bestehenden Ansprüche auf Altersteilzeitleistungen (§ 10 Abs. 2 ATG) an den Dienstgeber ab.

(2) Ist der Mitarbeiter, der die Altersteilzeitarbeit im Blockmodell ableistet, während der Arbeitsphase über den Zeitraum der Entgeltfortzahlung (Abschn. XII Abs. b der Anlage 1 zu den AVR) hinaus arbeitsunfähig erkrankt, verlängert sich die Arbeitsphase um die Hälfte des den Entgeltfortzahlungszeitraum übersteigenden Zeitraums der Arbeitsunfähigkeit; in dem gleichen Umfang verkürzt sich die Freistellungsphase.

Ruhen der Aufstockungsleistungen

(3) ¹Der Anspruch auf die Aufstockungsleistungen ruht während der Zeit, in der der Mitarbeiter eine unzulässige Beschäftigung oder selbstständige Tätigkeit im Sinne des § 6 ausübt oder über die Altersteilzeit hinaus Mehrarbeit und Überstunden leistet, die den Umfang der Geringfügigkeitsgrenze des § 8 SGB IV überschreiten. ²Hat der Anspruch auf die Aufstockungsleistungen mindestens 150 Tage geruht, erlischt er; mehrere Ruhenszeiträume werden zusammengerechnet.

interessengerechte Vertragsanpassung

(4) Wenn der Mitarbeiter infolge Krankheit den Anspruch auf eine Rente nach Altersteilzeitarbeit nicht zum arbeitsvertraglich festgelegten Zeitpunkt erreicht, verhandeln die Dienstvertragsparteien über eine interessengerechte Vertragsanpassung.

§ 9 Ende des Dienstverhältnisses

Beendigung

(1) Das Dienstverhältnis endet zu dem in der Altersteilzeitvereinbarung festgelegten Zeitpunkt.

(2) Das Dienstverhältnis endet unbeschadet der sonstigen tariflichen Beendigungstatbestände (§§ 14 bis 19 AT AVR).

a) mit Ablauf des Kalendermonats vor dem Kalendermonat, für den der Mitarbeiter eine Rente wegen Alters oder, wenn er von der Versicherungspflicht befreit ist, eine vergleichbare Leistung einer Versicherungs- oder Versorgungseinrichtung oder eines Versicherungsunternehmens beanspruchen kann; dies gilt nicht aa) für Renten, die vor dem für den Versicherten maßgebenden Rentenalter in Anspruch genommen werden können,

bb) für das Dienstverhältnis einer Mitarbeiterin, solange die Inanspruchnahme einer Leistung im Sinne dieser Regelung zum Ruhen der Versorgungsrente nach § 55 Abs. 6 Satzung der KZVK oder einer entsprechenden Vorschrift führen würde,

b) mit Beginn des Kalendermonats, für den der Mitarbeiter eine Rente wegen Alters, eine Knappschaftsausgleichsleistung, eine ähnliche Leistung öffentlich-rechtlicher Art oder, wenn er von der Versicherungspflicht in der gesetzlichen Rentenversicherung befreit ist, eine vergleichbare Leistung einer Versicherungs- oder Versorgungseinrichtung oder eines Versicherungsunternehmens bezieht.

(3) [1]Endet bei einem Mitarbeiter, der im Rahmen der Altersteilzeit nach dem Blockmodell (§ 3 Abs. 2 Buchstabe a) beschäftigt wird, das Dienstverhältnis vorzeitig, hat er Anspruch auf eine etwaige Differenz zwischen den nach den §§ 4 und 5 erhaltenen Bezügen und Aufstockungsleistungen und den Bezügen für den Zeitraum seiner tatsächlichen Beschäftigung, die er ohne Eintritt in die Altersteilzeit erzielt hätte. [2]Bei Tod des Mitarbeiters steht dieser Anspruch seinen Erben zu. *Störfall*

§ 10 Mitwirkungspflicht

(1) Der Mitarbeiter hat Änderungen der ihn betreffenden Verhältnisse, die für den Anspruch auf Aufstockungsleistungen erheblich sind, dem Dienstgeber unverzüglich mitzuteilen. *Mitteilungspflicht*

(2) Der Mitarbeiter hat dem Dienstgeber zu Unrecht gezahlte Leistungen, die im Altersteilzeitgesetz vorgesehenen Leistungen übersteigen, zu erstatten, wenn er die unrechtmäßige Zahlung dadurch bewirkt hat, dass er Mitwirkungspflichten nach Abs. 1 verletzt hat. *Erstattungspflicht*

§ 11 Inkrafttreten, Geltungsdauer

[1]Diese Regelung tritt mit Wirkung vom 1. Mai 1998 in Kraft. [2]Vor dem 26. Juni 1997 abgeschlossene Vereinbarungen über den Eintritt in ein Altersteilzeitdienstverhältnis bleiben unberührt.

Übergangsregelung:

[3]Für vor dem 1. Juli 2000 vereinbarte Altersteilzeitdienstverhältnisse mit Mitarbeitern, die nach dem Altersteilzeitgesetz in der bis zum 31. Dezember 1999 gültigen Fassung nicht vollbeschäftigt waren, gelten die durch Beschluss der Arbeitsrechtlichen Kommission vom 13. September 2000 getroffenen Regelungen rückwirkend ab 1. Januar 2000 mit der Einschränkung, dass im Zeitraum vom 1. Januar 2000 bis 30. Juni 2000 für die Aufstockungsleistungen nach § 5 Abs. 2 Unterabs. 1 Satz 1 dieser Anlage die einzelvertragliche Vereinbarung maßgebend ist.

Anlage 17a:
Altersteilzeit und flexible Altersarbeitszeit

(für RK NRW/BW/Bayern gültig ab 1.1.2011,
für RK Mitte gültig ab 1.4.2011, für RK Nord gültig ab
1.7.2011, für RK Ost gültig ab 1.1.2010)

I. Geltungsbereich und -dauer
§ 1 Geltungsbereich und -dauer 270

II. Altersteilzeit
§ 2 Inanspruchnahme von Altersteilzeit 271
§ 3 Altersteilzeit in Restrukturierungs- und Stellenabbaubereichen 271
§ 4 Altersteilzeit im Übrigen 271
§ 5 Persönliche Voraussetzungen für Altersteilzeit 271
§ 6 Vereinbarung eines Altersteilzeitdienstverhältnisses 272
§ 7 Dienstbezüge und Aufstockungsleistungen 272
§ 8 Verteilung des Urlaubs im Blockmodell 273
§ 9 Nebentätigkeit 273
§ 10 Verlängerung der Arbeitsphase im Blockmodell bei Krankheit 273
§ 11 Ende des Dienstverhältnisses 274
§ 12 Ergänzende Dienstvereinbarungen 274

III. Flexible Altersarbeitszeit (FALTER)
§ 13 Flexible Altersarbeitszeit 274

I. Geltungsbereich und -dauer

§ 1 Geltungsbereich und -dauer

Altersteilzeit, die in den Jahren 2010–2016 beginnt

(1) ¹Diese Regelung gilt für Altersteilzeitdienstverhältnisse ab dem 1. Januar 2010. ²Auf Altersteilzeitdienstverhältnisse, die vor dem 1. Januar 2010 begonnen haben, findet Anlage 17 zu den AVR Anwendung.

(2) Diese Regelung gilt für Mitarbeiter, die bis zum 31. Dezember 2016 die jeweiligen Voraussetzungen dieser Regelung erfüllen und deren Altersteilzeitdienstverhältnis oder deren flexible Altersarbeitszeit vor dem 1. Januar 2017 begonnen hat.

II. Altersteilzeit

§ 2 Inanspruchnahme von Altersteilzeit

Auf der Grundlage des Altersteilzeitgesetzes (AltTZG) vom 23. Juli 1996 in der jeweils geltenden Fassung ist die Änderung des Dienstverhältnisses in ein Altersteilzeitdienstverhältnis

a) in Restrukturierungs- und Stellenabbaubereichen (§ 3) und
b) im Übrigen im Rahmen einer Quote (§ 4)

möglich.

Grundlage Altersteilzeitgesetz

§ 3 Altersteilzeit in Restrukturierungs- und Stellenabbaubereichen

¹Altersteilzeit im Sinne des Altersteilzeitgesetzes kann, ohne dass darauf ein Rechtsanspruch besteht, in Restrukturierungs- und Stellenabbaubereichen bei dienstlichem oder betrieblichem Bedarf vereinbart werden, wenn die persönlichen Voraussetzungen nach § 5 vorliegen. ²Die Festlegung der in Satz 1 genannten Bereiche und die Entscheidung, ob, in welchem Umfang und für welchen Personenkreis dort Altersteilzeitarbeit zugelassen wird, erfolgt durch den Dienstgeber.

Altersteilzeit zum Stellenabbau

kein Anspruch

§ 4 Altersteilzeit im Übrigen

(1) Den Mitarbeitern wird im Rahmen der Quote nach Absatz 2 die Möglichkeit eröffnet, Altersteilzeit im Sinne des Altersteilzeitgesetzes in Anspruch zu nehmen, wenn die persönlichen Voraussetzungen nach § 5 vorliegen.

Altersteilzeit nach Quote

(2) ¹Der Anspruch auf Vereinbarung eines Altersteilzeitdienstverhältnisses nach Absatz 1 ist ausgeschlossen, wenn und solange 2,5 v. H. der Mitarbeiter der Einrichtung von einer Altersteilzeitregelung im Sinne des Altersteilzeitgesetzes Gebrauch machen. ²Maßgeblich für die Berechnung der Quote ist die Anzahl der Mitarbeiter zum Stichtag 31. Mai des Vorjahres.

Anspruch

(3) Der Dienstgeber kann ausnahmsweise die Vereinbarung eines Altersteilzeitdienstverhältnisses ablehnen, wenn dienstliche oder betriebliche Gründe entgegenstehen.

entgegenstehende Belange

Anmerkungen zu Absatz 2:
1. Einrichtungen im Sinne dieser Vorschrift sind solche nach § 1 Rahmen-MAVO.
2. ¹In die Quote werden alle zum jeweiligen Stichtag bestehenden Altersteilzeitdienstverhältnisse einschließlich solcher nach § 3 dieser Anlage einbezogen. ²Die so errechnete Quote gilt für das gesamte Kalenderjahr; unterjährige Veränderungen bleiben unberücksichtigt. ³Die Quote wird jährlich überprüft.

§ 5 Persönliche Voraussetzungen für Altersteilzeit

(1) Altersteilzeit nach dieser Anlage setzt voraus, dass die Mitarbeiter

a) das 60. Lebensjahr vollendet haben und
b) innerhalb der letzten fünf Jahre vor Beginn der Altersteilzeitarbeit mindestens 1080 Kalendertage in einer versicherungspflichtigen Beschäftigung nach dem Dritten Buch Sozialgesetzbuch gestanden haben.

Anspruchsvoraussetzungen Mitarbeiter

(2) Das Altersteilzeitdienstverhältnis muss sich zumindest bis zu dem Zeitpunkt erstrecken, ab dem eine Rente wegen Alters beansprucht werden kann.

(3) ¹Die Vereinbarung von Altersteilzeit ist spätestens drei Monate vor dem geplanten Beginn des Altersteilzeitdienstverhältnisses schriftlich zu beantragen. ²Der Antrag kann frühestens ein Jahr vor Erfüllung der Voraussetzungen nach Absatz 1 gestellt werden. ³Von den Fristen nach Satz 1 oder 2 kann einvernehmlich abgewichen werden.

§ 6 Vereinbarung eines Altersteilzeitdienstverhältnisses

Anspruchsvoraussetzungen Vertrag

(1) Das Altersteilzeitdienstverhältnis muss ein versicherungspflichtiges Beschäftigungsverhältnis im Sinne des Dritten Buches Sozialgesetzbuch sein und darf die Dauer von fünf Jahren nicht überschreiten.

Halbierung der Arbeitszeit

(2) ¹Die durchschnittliche wöchentliche Arbeitszeit während des Altersteilzeitdienstverhältnisses beträgt die Hälfte der bisherigen wöchentlichen Arbeitszeit. ²Für die Berechnung der bisherigen wöchentlichen Arbeitszeit gilt § 6 Abs. 2 AltTZG; dabei bleiben Arbeitszeiten außer Betracht, die die regelmäßige wöchentliche Arbeitszeit nach § 1 der Anlage 5 zu den AVR überschritten haben.

Verteilung Arbeitszeit (Teilzeit-/Blockmodell)

(3) ¹Die während der Dauer des Altersteilzeitdienstverhältnisses zu leistende Arbeit kann so verteilt werden, dass sie

a) durchgehend erbracht wird (Teilzeitmodell) oder

b) in der ersten Hälfte des Altersteilzeitdienstverhältnisses geleistet und die Mitarbeiter anschließend von der Arbeit unter Fortzahlung der Leistungen nach Maßgabe des § 7 freigestellt werden (Blockmodell).

Erörterung Arbeitszeitverteilung

²Die Mitarbeiter können vom Dienstgeber verlangen, dass ihr Wunsch nach einer bestimmten Verteilung der Arbeitszeit mit dem Ziel einer einvernehmlichen Regelung erörtert wird.

§ 7 Dienstbezüge und Aufstockungsleistungen

Höhe Regelvergütung Teilzeitmodell

(1) ¹Mitarbeiter erhalten während der Gesamtdauer des Altersteilzeitdienstverhältnisses im Teilzeitmodell (§ 6 Abs. 3 Satz 1 Buchst. a) die Regelvergütung und alle sonstigen Vergütungsbestandteile in Höhe der sich für entsprechende teilzeitbeschäftigte Mitarbeiter ergebenden Beträge. ²Maßgebend ist die durchschnittliche wöchentliche Arbeitszeit nach § 6 Abs. 2.

Höhe Regelvergütung Blockmodell

(2) ¹Mitarbeiter erhalten während der Arbeitsphase des Altersteilzeitdienstverhältnisses im Blockmodell (§ 6 Abs. 3 Satz 1 Buchst. b) die Regelvergütung und alle sonstigen Vergütungsbestandteile in Höhe der Hälfte der Vergütung, die sie jeweils erhalten würden, wenn sie mit der bisherigen wöchentlichen Arbeitszeit (§ 6 Abs. 2 Satz 2) weitergearbeitet hätten; die andere Hälfte der Vergütung fließt in das Wertguthaben (§ 7b SGB IV) und wird in der Freistellungsphase ratierlich ausgezahlt. ²Das Wertguthaben erhöht sich bei allgemeinen Vergütungserhöhungen in der von der Arbeitsrechtlichen Kommission jeweils festzulegenden Höhe.

Anmerkung zu Absatz 2 Satz 2:
Das Wertguthaben verändert sich zu dem Zeitpunkt und zu demselben Vomhundertsatz, zu dem die jeweilige Regionalkommission durch Beschluss innerhalb der von der Bundeskommission festgelegten Bandbreiten die Werte zur Höhe der Vergütung bzw. Entgelte verändert.

Aufstockung Vergütung

(3) ¹Die den Mitarbeitern nach Absatz 1 oder 2 zustehende Vergütung wird nach Maßgabe der Sätze 2 und 3 um 20 v. H. aufgestockt. ²Bemessungsgrundlage für die Aufstockung ist das Regelarbeitsentgelt für die Teilzeitarbeit (§ 6 Abs. 1

AltTZG). ³Steuerfreie Entgeltbestandteile und Vergütungsbestandteile, die einmalig (z. B. Zuwendung nach Abschnitt XIV der Anlage 1 zu den AVR) oder die nicht für die vereinbarte Arbeitszeit (z. B. Überstunden- oder Mehrarbeitsvergütung) gezahlt werden, sowie Sachbezüge, die während der Gesamtdauer des Altersteilzeitdienstverhältnisses unvermindert zustehen, gehören nicht zum Regelarbeitsentgelt und bleiben bei der Aufstockung unberücksichtigt. ⁴Sätze 1 bis 3 gelten für das bei Altersteilzeit im Blockmodell in der Freistellungsphase auszukehrende Wertguthaben entsprechend.

(4) ¹Neben den vom Dienstgeber zu tragenden Sozialversicherungsbeiträgen für die nach Absatz 1 oder 2 zustehende Vergütung entrichtet der Dienstgeber zusätzliche Beiträge zur gesetzlichen Rentenversicherung (Rentenaufstockung) nach § 3 Abs. 1 Nr. 1 Buchst. b i.V.m. § 6 Abs. 1 AltTZG. ²Für von der Versicherungspflicht befreite Mitarbeiter im Sinne von § 4 Abs. 2 AltTZG gilt Satz 1 entsprechend. <!-- Aufstockung Rentenversicherung -->

(5) ¹In Fällen krankheitsbedingter Arbeitsunfähigkeit besteht ein Anspruch auf Leistungen nach Absätzen 1 bis 4 längstens für die Dauer der Krankenbezüge nach Abschnitt XII Abs. b der Anlage 1 zu den AVR. ²Für die Zeit der Zahlung des Krankengeldzuschusses (Abschnitt XII Abs. c bis i der Anlage 1 zu den AVR), längstens bis zum Ende der 26. Krankheitswoche, wird der Aufstockungsbetrag gemäß Absatz 3 in Höhe des kalendertäglichen Durchschnitts des in den letzten drei abgerechneten Kalendermonaten maßgebenden Aufstockungsbetrages gezahlt. <!-- Arbeitsunfähigkeit, s. auch § 10 -->

§ 8 Verteilung des Urlaubs im Blockmodell

¹Für Mitarbeiter, die Altersteilzeit im Blockmodell (§ 6 Abs. 3 Satz 1 Buchst. b) leisten, besteht kein Urlaubsanspruch für die Zeit der Freistellung von der Arbeit. ²Im Kalenderjahr des Übergangs von der Beschäftigung zur Freistellung haben die Mitarbeiter für jeden vollen Beschäftigungsmonat Anspruch auf ein Zwölftel des Jahresurlaubs. <!-- Urlaub -->

§ 9 Nebentätigkeit

(1) ¹Mitarbeiter dürfen während des Altersteilzeitdienstverhältnisses keine Beschäftigungen oder selbständigen Tätigkeiten ausüben, die die Geringfügigkeitsgrenze des § 8 SGB IV überschreiten, es sei denn, diese Beschäftigungen oder selbständigen Tätigkeiten sind bereits innerhalb der letzten fünf Jahre vor Beginn des Altersteilzeitdienstverhältnisses ständig ausgeübt worden. ²Bestehende Regelungen in den AVR über Nebentätigkeiten bleiben unberührt. <!-- geringfügige Nebentätigkeit -->

(2) ¹Der Anspruch auf die Aufstockungsleistungen ruht während der Zeit, in der Mitarbeiter eine unzulässige Beschäftigung oder selbstständige Tätigkeit im Sinne des Absatzes 1 ausüben oder über die Altersteilzeitarbeit hinaus Mehrarbeit oder Überstunden leisten, die den Umfang der Geringfügigkeitsgrenze des § 8 des Vierten Buches Sozialgesetzbuch übersteigen. ²Hat der Anspruch auf die Aufstockungsleistungen mindestens 150 Tage geruht, erlischt er; mehrere Ruhenszeiträume werden zusammengerechnet. <!-- Folgen unerlaubter Nebentätigkeit -->

§ 10 Verlängerung der Arbeitsphase im Blockmodell bei Krankheit

Ist der Mitarbeiter bei Altersteilzeitarbeit im Blockmodell während der Arbeitsphase über den Zeitraum der Krankenbezüge (Abschnitt XII Abs. b der Anlage 1 zu <!-- längere Arbeitsunfähigkeit, s. auch § 7 Abs. 5 -->

den AVR) hinaus arbeitsunfähig erkrankt, verlängert sich die Arbeitsphase um die Hälfte des den Entgeltfortzahlungszeitraum übersteigenden Zeitraums der Arbeitsunfähigkeit; in dem gleichen Umfang verkürzt sich die Freistellungsphase.

§ 11 Ende des Dienstverhältnisses

Beendigung Altersteilzeit

(1) Das Dienstverhältnis endet zu dem in der Altersteilzeitvereinbarung festgelegten Zeitpunkt.

(2) Das Dienstverhältnis endet unbeschadet der sonstigen Beendigungstatbestände der AVR

a) mit Ablauf des Kalendermonats vor dem Kalendermonat, von dem an der Mitarbeiter eine abschlagsfreie Rente wegen Alters beanspruchen kann oder

b) mit Beginn des Kalendermonats, für den der Mitarbeiter eine Rente wegen Alters tatsächlich bezieht.

(3) [1]Endet bei einem Mitarbeiter, der im Rahmen der Altersteilzeit nach dem Blockmodell beschäftigt wird, das Dienstverhältnis vorzeitig, hat er Anspruch auf eine etwaige Differenz zwischen den erhaltenen Entgelten und dem Entgelt für den Zeitraum seiner tatsächlichen Beschäftigung, die er ohne Eintritt in die Altersteilzeit erzielt hätte, vermindert um die vom Dienstgeber gezahlten Aufstockungsleistungen. [2]Bei Tod des Mitarbeiters steht dieser Anspruch den Erben zu.

§ 12 Ergänzende Dienstvereinbarungen

Abweichungen durch Dienstvereinbarungen

[1]In einer einvernehmlichen Dienstvereinbarung (§ 38 Abs. 1 Nr. 1 Rahmen-MAVO) können von den §§ 2 bis 11 abweichende Regelungen vereinbart werden. [2]Abweichende Regelungen sind nur zulässig, soweit die gesetzlichen Mindestvoraussetzungen für Altersteilzeit nach dem AltTZG nicht unterschritten werden.

III. Flexible Altersarbeitszeit (FALTER)

§ 13 Flexible Altersarbeitszeit

Teilrente und Altersteilzeit

[1]Älteren Mitarbeitern wird in einem Modell der flexiblen Altersarbeitszeit ein gleitender Übergang in den Ruhestand bei gleichzeitig längerer Teilhabe am Berufsleben ermöglicht. [2]Das Modell sieht vor, dass die Mitarbeiter über einen Zeitraum von vier Jahren ihre Arbeitszeit auf die Hälfte der bisherigen Arbeitszeit reduzieren und gleichzeitig eine Teilrente in Höhe von höchstens 50 v.H. der jeweiligen Altersrente beziehen. [3]Die reduzierte Arbeitsphase beginnt zwei Jahre vor Erreichen des Kalendermonats, für den der Mitarbeiter eine abschlagsfreie Altersrente in Anspruch nehmen kann und geht zwei Jahre über diese Altersgrenze hinaus. [4]Die Mitarbeiter erhalten nach Erreichen der Altersgrenze für eine abschlagsfreie Altersrente einen Anschlussdienstvertrag für zwei Jahre unter der Bedingung, dass das Dienstverhältnis bei Inanspruchnahme einer mehr als hälftigen Teilrente oder einer Vollrente endet. [5]Die übrigen Beendigungstatbestände

kein Anspruch der AVR bleiben unberührt. [6]Auf die Vereinbarung von flexibler Altersarbeitszeit besteht kein Rechtsanspruch.

Anlage 18 (derzeit nicht besetzt)

Anlage 19: Modellprojekte

§ 1	Erprobung veränderter Vergütungsstrukturen	275
§ 2	Vorschlag	275
§ 3	Projektgruppe	275

¹Mit veränderten Vergütungsstrukturen kann das Entgelt der Mitarbeiter flexibler gestaltet werden als bisher. ²Ziel ist es, die wirtschaftlichen Grundlagen einer Einrichtung und damit die Arbeitsplätze der Mitarbeiter zu sichern. ³Die veränderten Vergütungsstrukturen haben außerdem zu berücksichtigen, dass alle Mitarbeiter trotz unterschiedlichen Leistungsvermögens in den Einrichtungen integriert bleiben.

Zweck

§ 1 Erprobung veränderter Vergütungsstrukturen

Zur Erprobung veränderter Vergütungsstrukturen kann durch einen Beschluss der Arbeitsrechtlichen Kommission in einzelnen Einrichtungen von vergütungsrelevanten Bestimmungen der AVR abgewichen werden.

Beschluss der Arbeitsrechtlichen Kommission

§ 2 Vorschlag

¹Voraussetzung für ein Modellprojekt ist ein gemeinsamer Vorschlag von Dienstgeber und Mitarbeitervertretung bzw. Gesamtmitarbeitervertretung einer Einrichtung bzw. eines Trägers an den Geschäftsführer der Arbeitsrechtlichen Kommission. ²In den Vorschlag sind unter anderem eine Zielbeschreibung, die abweichenden Bestimmungen, die Klärung der Besitzstände, die Bildung einer Projektgruppe, ein Evaluationskonzept und die Befristung des Modellprojektes aufzunehmen. ³Nähere Voraussetzungen regelt die Arbeitsrechtliche Kommission.

gemeinsamer Vorschlag

§ 3 Projektgruppe

¹Die Projektgruppe besteht zu gleichen Teilen aus Mitgliedern, die von der Mitarbeitervertretung benannt werden, und Vertretern des Dienstgebers der Einrichtung bzw. des Trägers. ²Sie begleitet die Entwicklung des Modellprojekts und unterrichtet regelmäßig die Arbeitsrechtliche Kommission. ³Der Projektgruppe sind die zur Begleitung des Modellprojekts erforderlichen Unterlagen durch den Dienstgeber rechtzeitig und umfassend zur Verfügung zu stellen und zu erläutern.

Projektgruppe

Anlage 20: Besondere Regelungen für Mitarbeiter in Integrationsprojekten

§ 1	Geltungsbereich	276
§ 2	Anwendung von Tarifverträgen	276
§ 3	Informationspflicht	277
§ 4	Überleitung	277
§ 5	Inkrafttreten	277

§ 1 Geltungsbereich

Definition Integrationsprojekte

(1) ¹Diese Anlage findet auf nach §§ 132ff. SGB IX anerkannte Integrationsprojekte Anwendung. ²Integrationsprojekte sind rechtlich und wirtschaftlich selbstständige Unternehmen (Integrationsunternehmen) oder unternehmensinterne oder von öffentlichen Arbeitgebern im Sinne des § 71 Abs. 3 SGB IX geführte Betriebe (Integrationsbetriebe) oder Abteilungen (Integrationsabteilungen) zur Beschäftigung schwerbehinderter Menschen auf dem allgemeinen Arbeitsmarkt, deren Teilhabe an einer sonstigen Beschäftigung auf dem allgemeinen Arbeitsmarkt auf Grund von Art oder Schwere der Behinderung oder wegen sonstiger Umstände voraussichtlich trotz Ausschöpfens aller Fördermöglichkeiten und des Einsatzes von Integrationsfachdiensten auf besondere Schwierigkeiten stößt.

Anwendungsbereich

(2) Diese Regelung gilt für Mitarbeiterinnen und Mitarbeiter im Anwendungsbereich des Abs. 1 Satz 1, die in den Geltungsbereich der AVR-Caritas fallen und in der Produktion bzw. Dienstleistung auch für Dritte tätig sind.

§ 2 Anwendung von Tarifverträgen

Tarifvertrag

(1) Abweichend von den Bestimmungen der AVR können den Dienstverträgen der Mitarbeiterinnen und Mitarbeiter nach § 1 Abs. 2 als Mindestinhalt die branchenüblichen, regional geltenden tarifvertraglichen Regelungen, die mit einer dem Deutschen Gewerkschaftsbund angehörigen Gewerkschaft abgeschlossen wurden, in ihrer jeweils aktuell gültigen Fassung zugrunde gelegt werden.

Altersvorsorge

(2) ¹Ausgenommen von § 2 Abs. 1 sind die Bestimmungen über die betriebliche Altersversorgung. ²Anstelle der tarifvertraglichen Bestimmungen über die betriebliche Altersversorgung finden Abschnitt XIII der Anlage 1 zu den AVR und Anlage 8 zu den AVR entsprechend Anwendung.

§ 3 Informationspflicht

¹Wendet ein Träger die Regelungen dieser Anlage an, hat er unverzüglich eine entsprechende Information an die Geschäftsstelle der Arbeitsrechtlichen Kommission des Deutschen Caritasverbandes zu übersenden. ²Die Information muss die Bezeichnung des Integrationsprojektes und seiner Arbeitsfelder, die Anzahl und den Beschäftigungsumfang der dort angestellten Mitarbeiter sowie die Angabe des den Dienstverhältnissen zugrunde gelegten Tarifvertrages enthalten. ³Die Angaben sind zum 31. Dezember jeden Jahres zu aktualisieren. ⁴Die Geschäftsstelle leitet diese Informationen an die Mitglieder der zuständigen Regionalkommission weiter.

Information an AK

§ 4 Überleitung

¹Diese Überleitungsregelung gilt für Mitarbeiter in Integrationsprojekten, die am 30. Juni 2010 in einem Dienstverhältnis gestanden haben, das am 1. Juli 2010 im selben Integrationsprojekt fortbesteht und deren Arbeitsbedingungen bis zum 30. Juni 2010 abweichend von den AVR oder im Rahmen eines Modellprojekts gemäß Anlage 19 zu den AVR geregelt waren. ²Bei Anwendung dieser Anlage werden die Arbeitsbedingungen für diese Mitarbeiter von der bisherigen Regelung an den dann angewendeten Tarifvertrag in drei möglichst gleichen Schritten jeweils zum 1. Januar 2011, 1. Juli 2011 und 1. Januar 2012 angepasst.

§ 5 Inkrafttreten

Diese Regelung tritt zum 1. Juli 2010 in Kraft.

Anlage 21: Besondere Regelungen für Lehrkräfte

§ 1	Geltungsbereich	278
§ 2	Eingruppierung	279
§ 3	Vergütung	279
§ 4	Jahressonderzahlungen	279
§ 5	Arbeitszeit	279
§ 6	Urlaub	279
§ 7	Überleitungsregelung anlässlich der Abschaffung des Anhangs C zu den AVR für Mitarbeiter, die unter die Anlage 21 zu den AVR fallen	279
	(A) Geltungsbereich	279
	(B) Überleitung von Mitarbeitern in die Anlage 21	280
	(C) Besitzstand	280
	(D) Schulzulage	281

§ 1 Geltungsbereich

Anwendungsbereich

(1) ¹Diese Anlage findet Anwendung für Lehrkräfte in Schulen und für sonstige pädagogische, therapeutische und pflegerische Mitarbeiter in diesen Schulen, die nach den jeweiligen landesrechtlichen Bestimmungen über die Förderung von Privatschulen refinanziert werden.

²Davon ausgenommen sind Lehrkräfte und sonstige Mitarbeiter an Altenpflege-, Krankenpflege-, Krankenpflegehilfe-, Kinderkrankenpflege-, und Hebammenschulen.

(2) Die Regelung gilt für Mitarbeiter im Sinne des Absatzes 1, deren Dienstverhältnis nach dem 31. Juli 2007 erstmals bei diesem Dienstgeber neu beginnt oder die am 31. Dezember 2010 nach Anhang C zu den AVR eingruppiert bzw. vergütet waren.

Anmerkung 1 zu § 1 Abs. 1 S. 1:
Dies sind Personen, bei denen die Vermittlung von Kenntnissen und Fertigkeiten im Rahmen eines Schulbetriebs der Tätigkeit das Gepräge gibt.

Anmerkung 2 zu § 1 Abs. 2:
¹Die Verlängerung eines befristeten Dienstverhältnisses ist keine Neueinstellung. ²Besteht mit einem Mitarbeiter lediglich für die Dauer der Schulferien kein Dienstverhältnis, liegt keine Neueinstellung vor.

§ 2 Eingruppierung

Für die Eingruppierung gelten in Abweichung zu den Anlagen 1, 2, 2a, 2d und 33 zu den AVR die für vergleichbare Beschäftigte des jeweiligen Bundeslandes geltenden Regelungen.

abweichende Eingruppierung

§ 3 Vergütung

(1) ¹Für die Vergütung gelten in Abweichung zu der Anlage 1 Abschnitte I, Ia, Ib, Ic, II, IIa, III, IIIa, IV, V, VI, VII, VIIa, VIII, VIIIa, IX, IXa und XIV, den Anlagen 3, 3 (Ost), 3a, 3a (Ost), 4 (Ost), 10 und 33 zu den AVR die für vergleichbare Beschäftigte des jeweiligen Bundeslandes geltenden Regelungen. ²Für das Leistungsentgelt gelten die für vergleichbare Beschäftigte des jeweiligen Bundeslandes geltenden Regelungen.

abweichende Vergütung

(2) Soweit diese Regelungen hinsichtlich der Stufenzuordnung auf die Berufserfahrung abstellen, sind die Zeiten einschlägiger Berufserfahrung bei anderen Dienstgebern im Geltungsbereich der AVR sowie im sonstigen Tätigkeitsbereich der katholischen Kirche, der evangelischen Kirche, in einem Diakonischen Werk oder in einer Einrichtung, die dem Diakonischen Werk angeschlossen ist, der Berufserfahrung beim selben Dienstgeber gleichgestellt.

§ 4 Jahressonderzahlungen

Für Jahressonderzahlungen gelten in Abweichung zu Anlage 1 Abschnitt XIV zu den AVR (Weihnachtszuwendung), zu Anlage 14 Abschnitt II zu den AVR (Urlaubsgeld) und zu § 15 der Anlage 33 zu den AVR die für vergleichbare Beschäftigte des jeweiligen Bundeslandes geltenden Regelungen.

abweichende Zuwendung

§ 5 Arbeitszeit

Für die Arbeitszeit, die Überstundenregelung, die Zeitzuschläge und die Überstundenvergütung gelten in Abweichung zu den Anlagen 5, 6, 6a und 33 zu den AVR die für vergleichbare Beschäftigte des jeweiligen Bundeslandes geltenden Regelungen.

abweichende Arbeitszeit

§ 6 Urlaub

Für den Urlaub gelten in Abweichung zu Anlage 14 Abschnitt I zu den AVR die für vergleichbare Beschäftigte des jeweiligen Bundeslandes geltenden Regelungen.

abweichender Erholungsurlaub

§ 7 Überleitungsregelung anlässlich der Abschaffung des Anhangs C zu den AVR für Mitarbeiter, die unter die Anlage 21 zu den AVR fallen

(A) Geltungsbereich

¹Diese Überleitungsregelung gilt für alle Mitarbeiter, die unter den Geltungsbereich des § 1 der Anlage 21 zu den AVR fallen, und die am letzten Tag des Schuljahres 2010/11 in einem Dienstverhältnis zu den AVR gestanden haben, das am ersten Tag des Schuljahres 2011/12 im Geltungsbereich der AVR fortbesteht und die am 31. Dezember 2010 nach Anhang C zu den AVR eingruppiert bzw. vergütet waren.

²Ein Dienstverhältnis besteht auch fort bei der Verlängerung eines befristeten Dienstvertrages. ³Unterbrechungen längstens für die Dauer von sieben Wochen (Schulferien) sind unschädlich.

(B) Überleitung von Mitarbeitern in die Anlage 21 zu den AVR

(1) Mitarbeiter, die unter den Geltungsbereich des § 1 der Anlage 21 zu den AVR fallen und zum Ende des Schuljahres 2010/11 noch nicht nach Anlage 21 zu den AVR vergütet waren, werden zum Beginn des Schuljahres 2011/2012 in die Anlage 21 zu den AVR gemäß nachstehenden Regelungen übergeleitet.

(2) ¹Mitarbeiter werden so in Anlage 21 zu den AVR übergeleitet, als ob sie seit dem Zeitpunkt, seitdem sie ununterbrochen im Geltungsbereich der AVR oder im sonstigen katholischen bzw. diakonischen Bereich tätig waren, nach Anlage 21 zu den AVR eingruppiert und eingestuft worden wären. ²Ein Dienstverhältnis besteht auch ununterbrochen fort bei der Verlängerung eines befristeten Dienstvertrages sowie bei Dienstgeberwechsel innerhalb des Geltungsbereichs der AVR. ³Unterbrechungen längstens für die Dauer von sieben Wochen (Schulferien) sind unschädlich.

(3) ¹Die Eingruppierung bzw. Stufenzuordnung nach Absatz 2 wird wie folgt vorgenommen. ²Die gemäß § 3 Anhang C (Stufenzuordnung gemäß Abschnitt III der Anlage 1 zu den AVR) erreichte Regelvergütungsstufe wird zunächst mit zwei multipliziert. ³Die sich hieraus ergebende (Jahres-)zahl wird nachfolgend um die seit dem letzten Stufenaufstieg zurückgelegte Zeit erhöht und als Zeit entsprechend der nach landesrechtlichen Bestimmungen für die Stufenlaufzeit anzuwendenden Regelungen festgelegt.

(C) Besitzstand

(1) Mitarbeiter, deren bisherige Vergütung (Vergleichsvergütung) das ihnen am Schuljahresbeginn 2011/12 zustehende Entgelt übersteigt, erhalten eine Besitzstandszulage.

(2) ¹Die monatliche Besitzstandszulage wird als Unterschiedsbetrag zwischen der Vergleichsjahresvergütung und dem Jahresentgelt, geteilt durch 12, errechnet.

²Die Vergleichsjahresvergütung errechnet sich als das 12-fache der am Schuljahresbeginn 2011/12 zustehenden Monatsvergütung bzw. Monatsentgelt nach Anlage 33 zu den AVR zuzüglich Urlaubsgeld gemäß Anlage 14 zu den AVR und der Weihnachtszuwendung gemäß Abschnitt XIV der Anlage 1 zu den AVR bzw. der Jahressonderzahlung nach § 15 der Anlage 33 zu den AVR. ³Zur Monatsvergütung im Sinne dieser Vorschrift gehören die Regelvergütung gemäß Abschnitt III der Anlage 1 zu den AVR, die Kinderzulage gemäß Abschnitt V der Anlage 1 zu den AVR, die Besitzstandsregelungen gemäß Anlage 1b zu den AVR und weitere regelmäßig gewährte Zulagen. ⁴Zum Monatsentgelt gehört das Tabellenentgelt gemäß §§ 11, 12 der Anlage 33 zu den AVR i.V.m. Anhang A der Anlage 33 zu den AVR und weitere regelmäßig gewährte Zulagen.

⁵Die Regelvergütung ist zum Ausgleich unterschiedlicher wöchentlicher Durchschnittsarbeitszeiten mit dem Faktor zu multiplizieren, der sich aus der Division der neuen wöchentlichen Durchschnittsarbeitszeit durch die alte wöchentliche Durchschnittarbeitszeit errechnet.

⁶Das Jahresentgelt errechnet sich aus dem 12-fachen des Monatsentgelts entsprechend der jeweiligen landesrechtlichen Regelung zuzüglich eines möglichen

§ 7 – Anlage 21

Leistungsentgelts, der Jahressonderzahlung sowie weiterer regelmäßig gewährter Zulagen; hierzu gehört insbesondere auch die Schulzulage gemäß § 7 D dieser Regelung.

[7]Verringert sich nach dem Tag der Überleitung in die Anlage 21 zu den AVR die individuelle regelmäßige Arbeitszeit des Mitarbeiters, reduziert sich seine Besitzstandszulage im selben Verhältnis, in dem die Arbeitszeit verringert wird; erhöht sich die Arbeitszeit, bleibt die Besitzstandszulage unverändert. Erhöht sich nach einer Verringerung der Arbeitszeit diese wieder, so lebt die Besitzstandszulage im gleichen Verhältnis wie die Arbeitszeiterhöhung, höchstens bis zur ursprünglichen Höhe, wieder auf.

(3) Mitarbeiter, die am Ende des Schuljahres 2010/2011 vollbeschäftigt waren und deren regelmäßige wöchentliche Arbeitszeit sich auf Grund der Umstellung erhöht, haben bis zum Beginn der Sommerferien 2011 einen Anspruch darauf, eine Teilzeitbeschäftigung im Umfang ihrer bisherigen Vollbeschäftigung zu vereinbaren.

(4) [1]Mit teilzeitbeschäftigten Mitarbeitern, deren Arbeitsvertrag die Vereinbarung einer festen Wochenstundenzahl enthält, kann – soweit nicht dienstliche oder betriebliche Belange entgegenstehen – vereinbart werden, die Wochenstundenzahl so zu erhöhen, dass das Verhältnis der neu vereinbarten Wochenstundenzahl zur regelmäßigen Wochenarbeitszeit dem Verhältnis zwischen ihrer bisherigen Wochenstundenzahl und der früher geltenden Wochenarbeitszeit entspricht. [2]Die sich daraus rechnerisch ergebende Wochenarbeitszeit kann im Wege der Anwendung der kaufmännischen Rundungsregelungen auf- oder abgerundet werden.

(5) Ruht das Dienstverhältnis oder besteht anstelle einer Beurlaubung eine Teilzeitbeschäftigung während der Elternzeit oder während einer Beurlaubung nach Abschnitt III § 10 der Anlage 14 zu den AVR, ist die Monatsvergütung so zu berechnen, als ob die Mitarbeiter im Juli 2011 die Tätigkeit im selben Umfang wie vor der Beurlaubung bzw. vor dem Ruhen wieder aufgenommen hätten.

(6) [1]Die kinderbezogenen Entgeltbestandteile gemäß Abschnitt V der Anlage 1 zu den AVR, die in die Berechnung der Besitzstandszulage gemäß § 3 Abs.2 einfließen, werden als Anteil der Besitzstandszulage fortgezahlt, solange für diese Kinder Kindergeld nach dem Einkommensteuergesetz (EStG) oder nach dem Bundeskindergeldgesetz (BKGG) ununterbrochen gezahlt wird oder ohne Berücksichtigung des § 64 oder § 65 EStG oder des § 3 oder § 4 BKGG gezahlt würde. [2]Mit dem Wegfall der Voraussetzungen reduziert sich die Besitzstandszulage entsprechend.

(D) Schulzulage

Mitarbeiter, die unter den Geltungsbereich des § 1 der Anlage 21 zu den AVR fallen und zum Ende des Schuljahres 2010/11 noch nach Anhang C zu den AVR eingruppiert bzw. vergütet waren, erhalten zusätzlich zu der Vergütung eine Zulage i.H.v. für die Vergütungsgruppen 10 bis 5b monatlich 50 Euro und für die Vergütungsgruppen 4b bis 1a monatlich 30 Euro ab Beginn Schuljahr 2011/12.

Anlage 22:
Besondere Regelungen für Alltagsbegleiter

(diese Anlage gilt nicht für stationäre Einrichtungen)

	Präambel	282
§ 1	Geltungsbereich	282
§ 2	Alltagsbegleitung in der ambulanten Altenpflege	282
§ 3	Anforderungsprofil an den Träger	283
§ 4	Vergütung	283
§ 5	Sonstige Bestimmungen	284
§ 6	Geltungsdauer	284

Präambel

Regelungsziel ¹Mit dieser Regelung soll hilfe- und pflegebedürftigen alten Menschen und deren Angehörigen ein finanzierbares Angebot für personen- und haushaltsnahe Unterstützungsleistungen einschließlich sozialer Betreuung bei ambulanten Diensten eröffnet werden. ²Hilfe- und pflegebedürftigen alten Menschen soll ermöglicht werden, so lange wie möglich zu Hause leben zu können. ³Gleichzeitig will die Regelung ein erster Schritt zur Eindämmung der Schwarzarbeit im Bereich der häuslichen Pflege sein. ⁴In Ergänzung zu den vorhandenen Angeboten der Caritas-Sozialstationen wird für unausgebildete Kräfte ein Angebot an neuen, sozialversicherungspflichtigen Beschäftigungsverhältnissen geschaffen.

§ 1 Geltungsbereich

Anwendungsbereich ¹Diese Regelung gilt für Alltagsbegleiter in der ambulanten Altenpflege. ²Tätigkeiten in der stationären Pflege sowie pflegefachliche Tätigkeiten und Pflegehilfstätigkeiten in der ambulanten Altenpflege werden von dieser Regelung nicht erfasst.

§ 2 Alltagsbegleitung in der ambulanten Altenpflege

Tätigkeiten (1) ¹Unter Alltagsbegleitung in der ambulanten Altenpflege sind folgende Tätigkeiten zu verstehen:
- Betreuung und Beaufsichtigung,
- Unterstützung bei der Alltagsgestaltung (z.B. beim Gehen und Lesen, bei der Unterstützung von sozialen und kulturellen Kontakten),
- Unterstützung bei der Alltagsbewältigung (darunter fallen z.B. einfache Tätigkeiten im Haushalt, einfache Alltagsverrichtungen, wie Essen und Trinken sowie Hygiene),

- Botengänge und begleitende Tätigkeiten, wie Begleitung bei Arztbesuchen, bei Physiotherapie, bei Amtsgängen.

²Dabei handelt es sich ausschließlich um Tätigkeiten, die keine Vorkenntnisse erfordern und nach kurzer Einweisung (bis zu einer Woche) ausgeführt werden können.

(2) ¹Die Alltagsbegleitung kann von hilfe- und pflegebedürftigen Menschen sowie ihren Angehörigen stundenweise angefordert werden. ²Der konkrete Leistungsinhalt und -umfang wird individuell zwischen dem Leistungsnehmer und dem ambulanten Dienst als Leistungserbringer vereinbart.

Leistungsvereinbarung

(3) Bei der Alltagsbegleitung handelt es sich nicht um ein Angebot nach § 45b Abs. 1 Nr. 1 und 2 SGB XI, nicht um eine Leistung der häuslichen Krankenpflege nach § 37 SGB V und nicht um eine Pflegesachleistung nach § 36 SGB XI mit Ausnahme der betreuerischen Angebote, die nach § 36 SGB XI abgerechnet werden können.

§ 3 Anforderungsprofil an den Träger

Der jeweilige Träger des Angebots „Alltagsbegleiter" erklärt – im Sinne einer freiwilligen Selbstverpflichtung – seine Bereitschaft, folgende Mindeststandards einzuhalten und umzusetzen:

Mindeststandards

- ein zeitumfängliches, qualitätsgesichertes und verlässliches Unterstützungsangebot für hilfe- und pflegebedürftige Menschen im häuslichen Bereich;
- für den Bereich Alltagsbegleitung nur Mitarbeiter ohne einschlägige fachliche Qualifikation und ohne einschlägige Vorkenntnisse einzustellen und nur in diesem Tätigkeitsfeld einzusetzen;
- eine Einarbeitung und regelmäßige fachliche Begleitung – orientiert an den Einarbeitungsempfehlungen des Deutschen Caritasverbandes – sowie eine Kontrolle der geleisteten Arbeit zu gewährleisten;
- eine telefonische Erreichbarkeit für Leistungsempfänger und Alltagsbegleiter sicherzustellen;
- bei Krankheit und Urlaub der Alltagsbegleiter und in Notfällen eine Vertretung zu gewährleisten.

§ 4 Vergütung

(1) Die monatliche Vergütung entspricht dem Tabellenwert der Vergütungsgruppe 11 Stufe 1 der Regelvergütungstabelle in Anlage 3 zu den AVR.

Vergütung

(2) ¹Zeitzuschläge werden nach Anlage 6a zu den AVR gezahlt. ²In Abweichung von § 2 der Anlage 6a zu den AVR richtet sich die Stundenvergütung nach der in Absatz 1 festgelegten Monatsvergütung. ³Die Zeitzuschläge für Überstunden betragen je Stunde 25 v.H.

Zeitzuschläge

(3) Die Erstattung der Reisekosten richtet sich nach der entsprechenden Regelung des zuständigen Pflegedienstes.

§ 5 Sonstige Bestimmungen

Anwendung AVR
¹Die Bestimmungen des § 2a Absätze 3 bis 6, 10, 13, und 22 Allgemeiner Teil, der Anlage 1 Abschnitte II, IIb, III, IV, V, VII, VIIa, VIII, VIIIa und XIV, der Anlagen 2a, 2b, 2c, 2d, 3a, 7, 7a, 14 Abschnitt II sowie der Anlagen 19, 20, 21, 30, 31, 32 und 33 zu den AVR finden keine Anwendung auf Alltagsbegleiter in der ambulanten Altenpflege. ²Ansonsten finden die AVR entsprechende Anwendung, soweit vorstehend keine abweichende Regelung vorgesehen ist.

§ 6 Geltungsdauer

Diese Regelung tritt zum 1. April 2012 in Kraft und ist bis zum 31. Dezember 2016 befristet.

Anlage 23:
Besondere Regelungen für Fahrdienste

	Präambel	285
§ 1	Geltungsbereich	285
§ 2	Definition	285
§ 3	Vergütung	285
§ 4	Sonstige Bestimmungen	286
§ 5	Besitzstandsregelung	286
§ 6	In-Kraft-Treten	286

Präambel

¹Durch die wettbewerbsbedingte Lohnspirale nach unten und die gleichzeitig nicht ausreichende Refinanzierung ist es zur Sicherung der Arbeitsplätze im Bereich der Fahrdienste notwendig, eine Sonderregelung der Vergütung für den Bereich Fahrdienste in den AVR zu schaffen. ²Die Arbeitsrechtliche Kommission wird sich für die Einführung eines Mindestlohns in diesem Bereich einsetzen. ³Die Arbeitsrechtliche Kommission beauftragt die Leitungsausschüsse der beiden Seiten, zu einem geeigneten Zeitpunkt gemeinsam einen Antrag auf Festsetzung eines Mindestlohns in diesem Bereich beim zuständigen Bundesministerium zu stellen.

Regelungsziel

§ 1 Geltungsbereich

Diese Regelung gilt für Mitarbeiter in Fahrdiensten.

Anwendungsbereich

§ 2 Definition

Fahrdienste im Sinne dieser Regelung umfassen den Transport von Menschen mit Mobilitätseinschränkungen, Behinderten und Kranken im Linien- oder Individualfahrdienst sowie Essen auf Rädern.

Fahrdienste

§ 3 Vergütung

(1) ¹Der Mitarbeiter erhält eine Vergütung nach Vergütungsgruppe 11 Stufe 1 der Regelvergütungstabelle in Anlage 3 zu den AVR. ²Im Jahr 2014 beträgt die Vergütung abweichend von Satz 1 82,6 v.H. der in Satz 1 festgelegten Vergütung. ³Im Jahr 2015 beträgt die Vergütung abweichend von Satz 1 87,8 v.H. der in Satz

Vergütung

1 festgelegten Vergütung. ⁴Im Jahr 2016 beträgt die Vergütung abweichend von Satz 1 93 v.H. der in Satz 1 festgelegten Vergütung.

Zeitzuschläge (2) ¹Zeitzuschläge werden nach Anlage 6a zu den AVR gezahlt. ²In Abweichung von § 2 der Anlage 6a zu den AVR richtet sich die Stundenvergütung nach der in Absatz 1 festgelegten Monatsvergütung. ³Die Zeitzuschläge für Überstunden betragen je Stunde 25 v.H.

§ 4 Sonstige Bestimmungen

¹Die Bestimmungen des § 2a Absätze 3 bis 6, 10, 13, und 22 Allgemeiner Teil, der Anlage 1 Abschnitte II, IIb, III, IV, V, VII, VIIa, VIII, VIIIa und XIV, der Anlagen 2a, 2b, 2c, 2d, 3a, 7, 7a, 14 Abschnitt II sowie der Anlagen 19, 20, 21, 30, 31, 32 und 33 zu den AVR finden keine Anwendung auf Mitarbeiter in Fahrdiensten. ²Ansonsten finden die AVR entsprechende Anwendung, soweit vorstehend keine abweichende Regelung vorgesehen ist.

§ 5 Besitzstandsregelung

Besitzstand (1) Für Mitarbeiter, denen bis zum 31. Dezember 2013 eine Vergütung nach der Anlage 2 zu den AVR schriftlich zugesagt worden ist oder die bis zum 31. Dezember 2013 eine Vergütung nach der Anlage 2 zu den AVR erhalten haben, finden die vorstehenden Regelungen keine Anwendung.

(2) Mitarbeitern, denen bis zum 31. Dezember 2013 eine höhere als die unter § 3 genannte Vergütung zugesagt worden ist oder die bis zum 31. Dezember 2013 eine höhere als die unter § 3 genannte Vergütung erhalten haben, wird die höhere Vergütung fortgezahlt.

Anmerkung zu § 5:
Im Zuständigkeitsbereich der Regionalkommission Ost gilt § 5 mit der Maßgabe, dass statt des 31. Dezember 2013 jeweils der 31. Dezember 2014 als maßgeblicher Zeitpunkt für die Prüfung von Besitzständen anzunehmen ist.

§ 6 In-Kraft-Treten

Diese Regelung tritt zum 1. Januar 2014 in Kraft.

Anlage 24 (derzeit nicht besetzt)

Anlage 25: Übergangsregelungen für caritative Träger, die das Tarifrecht des öffentlichen Dienstes anwenden

§ 1	Geltungsbereich	287
§ 2	Anwendung von Tarifverträgen	287
§ 3	Informationspflicht	287
§ 4	Inkrafttreten	287

§ 1 Geltungsbereich

Diese Regelung gilt für caritative Träger, die
- die Grundordnung des kirchlichen Dienstes im Rahmen kirchlicher Arbeitsverhältnisse (GrO) in ihr Statut übernommen haben und
- spätestens seit dem 1. Oktober 2005 durchgehend die Tarifverträge für die kommunalen Arbeitgeber (TVöD-VKA bzw. TV-Ärzte-VKA und diese ergänzende Tarifverträge) anwenden.

§ 2 Anwendung von Tarifverträgen

Abweichend von den Bestimmungen der AVR werden den Dienstverträgen der Mitarbeiterinnen und Mitarbeiter im Geltungsbereich nach § 1 die tarifvertraglichen Regelungen für die kommunalen Arbeitgeber (TVöD-VKA bzw. TV-Ärzte-VKA und diese ergänzende Tarifverträge) in ihrer jeweils gültigen Fassung zugrunde gelegt.

§ 3 Informationspflicht

Vom Geltungsbereich nach § 1 erfasste Träger haben eine schriftliche Information über die Anwendung der Anlage an die Geschäftsstelle der Arbeitsrechtlichen Kommission zu senden.

§ 4 Inkrafttreten

Diese Regelung tritt zum 1. Januar 2014 in Kraft und ist zunächst bis zum 31. Dezember 2016 befristet.

Anlage 30: Besondere Regelungen für Ärztinnen und Ärzte

§ 1	Geltungsbereich	289
§ 2	Einsatzzuschlag für Ärztinnen und Ärzte im Rettungsdienst	289
§ 3	Regelmäßige Arbeitszeit	290
§ 4	Arbeit an Sonn- und Feiertagen	291
§ 5	Sonderformen der Arbeit	292
§ 6	Bereitschaftsdienst und Rufbereitschaft	292
§ 7	Ausgleich für Sonderformen der Arbeit	293
§ 8	Bereitschaftsdienstentgelt	295
§ 9	Teilzeitbeschäftigung	297
§ 10	Arbeitszeitdokumentation	297
§ 11	Allgemeine Eingruppierungsregelungen	298
§ 12	Eingruppierung	298
§ 13	Tabellenentgelt	299
§ 13a	Berechnung und Auszahlung des Entgelts	299
§ 13b	(RK NRW/Mitte/BW/Bayern/Ost) – Einmalige Sonderzahlung 2012	299
§ 13b	(RK Nord) – Einmalige Sonderzahlung 2012	300
§ 13c	(RK Nord)	300
§ 13c	(RK NRW) – Einmalige Sonderzahlung 2013	300
§ 13c	(RK Mitte) – Einmalige Sonderzahlungen	301
§ 13c	(RK Bayern) – Einmalige Sonderzahlung 2013	302
§ 13c	(RK BW) – Einmalige Sonderzahlung	302
§ 14	Stufen der Entgelttabelle	302
§ 15	Allgemeine Regelungen zu den Stufen	303
§ 16	Leistungsentgelt bzw. Sozialkomponente	305
§ 17	Zusatzurlaub	305
§ 18	Führung auf Probe	306
§ 19	Führung auf Zeit	307

Anhang A: Tabelle AVR Ärztinnen und Ärzte ... 308

Anhang B: Überleitungs- und Besitzstandregelung ... 309

§ 1 Geltungsbereich

(1) Diese Anlage gilt für Ärztinnen und Ärzte sowie Zahnärztinnen und Zahnärzte, die in

a) Krankenhäusern einschließlich psychiatrischer Kliniken und psychiatrischer Krankenhäuser, — Krankenhäuser

b) medizinischen Instituten von Krankenhäusern/Kliniken (z. B.: pathologischen Instituten, Röntgeninstituten oder Institutsambulanzen) oder in — deren med. Institute

c) sonstigen Einrichtungen und Heimen (z. B.: Reha-Einrichtungen), in denen die betreuten Personen in teilstationärer oder stationärer ärztlicher Behandlung stehen, wenn die ärztliche Behandlung in den Einrichtungen selbst stattfindet, — Heime mit ärztlicher Behandlung

beschäftigt sind.

(2) ¹Soweit für diese Ärztinnen und Ärzte nachfolgend nichts anderes bestimmt ist, finden die Vorschriften des Allgemeinen Teils und der Anlagen der AVR Anwendung. ²§ 2a, § 9a und § 12 des Allgemeinen Teils, Abschnitte Ia, IIIA, IIIa, V, VII, XI Abs. d und XIV der Anlage 1, Anlagen 1b, 2, 3, 6 und 6a sowie § 4 und §§ 6 bis 9 der Anlage 14 zu den AVR finden keine Anwendung. ³Anlage 5 zu den AVR gilt nicht mit Ausnahme von § 1 Abs. 7, Abs. 9 und Abs. 10, § 5, § 6, § 7 Abs. 7, § 9 Abs. 6 und § 10.

§ 2 Einsatzzuschlag für Ärztinnen und Ärzte im Rettungsdienst

¹Zu den aus der Haupttätigkeit obliegenden Pflichten der Ärztinnen und Ärzte gehört es ferner, am Rettungsdienst im Notarztwagen und Hubschraubern teilzunehmen. — Rettungsdienst

(RK Nord): ²Für jeden Einsatz in diesem Rettungsdienst erhalten Ärztinnen und Ärzte einen nicht zusatzversorgungspflichtigen Einsatzzuschlag in Höhe von

ab dem 1. Oktober 2013:   23,40 Euro
ab dem 1. Januar 2014:   23,87 Euro.

(RK NRW/Bayern): ²Für jeden Einsatz in diesem Rettungsdienst erhalten Ärztinnen und Ärzte einen nicht zusatzversorgungspflichtigen Einsatzzuschlag in Höhe von

ab dem 1. Juli 2013:   23,87 Euro.

(RK Mitte): ²Für jeden Einsatz in diesem Rettungsdienst erhalten Ärztinnen und Ärzte einen nicht zusatzversorgungspflichtigen Einsatzzuschlag in Höhe von

ab dem 1. November 2013: 23,40 Euro
ab dem 1. Januar 2014:   23,87 Euro.

(RK BW): ²Für jeden Einsatz in diesem Rettungsdienst erhalten Ärztinnen und Ärzte einen nicht zusatzversorgungspflichtigen Einsatzzuschlag in Höhe von

ab dem 1. Januar 2013:   23,40 Euro
ab dem 1. Januar 2014:   23,87 Euro.

(RK Ost): ²Für jeden Einsatz in diesem Rettungsdienst erhalten Ärztinnen und Ärzte einen nicht zusatzversorgungspflichtigen Einsatzzuschlag in Höhe von

ab dem 1. April 2014: 23,40 Euro

ab dem 1. August 2014: 23,87 Euro.

³Dieser Betrag verändert sich zu demselben Zeitpunkt und in dem gleichen Ausmaß wie das Tabellenentgelt der Entgeltgruppe II Stufe 1.

Anmerkungen zu § 2:
1. Eine Ärztin/ein Arzt, die/der nach der Approbation noch nicht mindestens 1 Jahr klinisch tätig war, ist grundsätzlich nicht zum Einsatz im Rettungsdienst heranzuziehen.
2. Eine Ärztin/ein Arzt, der/dem aus persönlichen oder fachlichen Gründen (z. B.: Vorliegen einer anerkannten Minderung der Erwerbsfähigkeit, die dem Einsatz im Rettungsdienst entgegensteht, Flugunverträglichkeit, langjährige Tätigkeit als Bakteriologin/Bakteriologe) die Teilnahme am Rettungsdienst nicht zumutbar ist, darf grundsätzlich nicht zum Einsatz im Rettungsdienst herangezogen werden.

§ 3 Regelmäßige Arbeitszeit

regelmäßige Arbeitszeit (1) ¹Die regelmäßige Arbeitszeit beträgt ausschließlich der Pausen durchschnittlich 40 Stunden wöchentlich. ²Die regelmäßige Arbeitszeit kann auf 5 Tage, aus notwendigen dienstlichen oder betrieblichen Gründen auch auf sechs Tage, verteilt werden.

Durchschnitt (2) ¹Für die Berechnung des Durchschnitts der regelmäßigen wöchentlichen Arbeitszeit ist ein Zeitraum vom einem Jahr zu Grunde zu legen. ²Abweichend von Satz 1 kann bei Ärztinnen und Ärzten, die ständig Wechselschicht oder Schichtarbeit zu leisten haben, ein längerer Zeitraum zu Grunde gelegt werden.

24./31. Dezember (3) ¹Soweit es die dienstlichen oder betrieblichen Verhältnisse zulassen, wird die Ärztin/der Arzt am 24. Dezember und am 31. Dezember unter Fortzahlung des Entgelts von der Arbeit freigestellt. ²Kann die Freistellung nach Satz 1 aus dienstlichen oder betrieblichen Gründen nicht erfolgen, ist entsprechender Freizeitausgleich innerhalb von drei Monaten zu gewähren. ³Die regelmäßige Arbeitszeit vermindert sich für den 24. Dezember und 31. Dezember, soweit sie auf einen Werktag fallen, um die dienstplanmäßig ausgefallenen Stunden.

Anmerkung zu Absatz 3 Satz 3:
Die Verminderung der regelmäßigen Arbeitszeit betrifft die Ärztinnen und Ärzte, die wegen des Dienstplanes frei haben und deshalb ohne diese Regelung nacharbeiten müssten.

Abweichung vom ArbZG durch Dienstvereinbarung (4) Aus dringenden dienstlichen oder betrieblichen Gründen kann auf der Grundlage einer Dienstvereinbarung im Rahmen des § 7 Abs. 1, 2 und des § 12 ArbZG von den Vorschriften des Arbeitszeitgesetzes abgewichen werden.

Zwölf-Stunden-Schicht (5) ¹Die tägliche Arbeitszeit kann im Schichtdienst auf bis zu zwölf Stunden, ausschließlich der Pausen, ausgedehnt werden. ²In unmittelbarer Folge dürfen nicht mehr als vier Zwölf-Stunden-Schichten und innerhalb von zwei Kalenderwochen nicht mehr als acht Zwölf-Stunden-Schichten geleistet werden. ³Solche Schichten können nicht mit Bereitschaftsdiensten kombiniert werden.

(6) Ärztinnen und Ärzte sind im Rahmen begründeter dienstlicher oder betrieblicher Notwendigkeiten zur Leistung von Sonntags-, Feiertags-, Nacht-, Wechselschicht- und Schichtarbeit sowie – bei Teilzeitbeschäftigung aufgrund arbeitsvertraglicher Regelungen oder mit ihrer Zustimmung – zu Bereitschaftsdienst, Rufbereitschaft, Überstunden und Mehrarbeit verpflichtet.

Verpflichtung Sonntags-, Feiertags-, Nacht-, Bereitschaftsdienst, Mehrarbeit

(7) ¹Durch Dienstvereinbarung kann ein wöchentlicher Arbeitszeitkorridor von bis zu 45 Stunden eingerichtet werden. ²Die innerhalb eines Arbeitszeitkorridors geleisteten zusätzlichen Arbeitsstunden werden im Rahmen des nach Absatz 2 Satz 1 festgelegten Zeitraums ausgeglichen.

Arbeitszeitkorridor

(8) ¹Durch Dienstvereinbarung kann in der Zeit von 6 Uhr bis 20 Uhr eine tägliche Rahmenzeit von bis zu zwölf Stunden eingeführt werden. ²Die innerhalb der täglichen Rahmenzeit geleisteten zusätzlichen Arbeitsstunden werden im Rahmen des nach Absatz 2 Satz 1 festgelegten Zeitraums ausgeglichen.

Rahmenarbeitszeit

Anmerkung zu § 3:
Gleitzeitregelungen sind unter Wahrung der jeweils geltenden Mitbestimmungsrechte unabhängig von den Vorgaben zu Arbeitszeitkorridor und Rahmenzeit (Absätze 7 und 8) möglich.

Gleitzeit

§ 4 Arbeit an Sonn- und Feiertagen

In Ergänzung zu § 3 Abs. 3 Satz 3 und Abs. 6 gilt für Sonn- und Feiertage Folgendes:

(1) ¹Die Arbeitszeit an einem gesetzlichen Feiertag, der auf einen Werktag fällt, wird durch eine entsprechende Freistellung an einem anderen Werktag bis zum Ende des dritten Kalendermonats – möglichst aber schon bis zum Ende des nächsten Kalendermonats – ausgeglichen, wenn es die betrieblichen Verhältnisse zulassen. ²Kann ein Freizeitausgleich nicht gewährt werden, erhält die Ärztin/der Arzt je Stunde 100 v. H. des auf eine Stunde entfallenden Anteils des monatlichen Entgelts der jeweiligen Entgeltgruppe und Stufe nach Maßgabe der Entgelttabelle. ³§ 7 Abs. 1 Satz 2 Buchst. d bleibt unberührt.

bei gesetzl. Feiertag als Werktag

Freizeitausgleich/ finanzielle Abgeltung

(2) ¹Für Ärztinnen und Ärzte, die regelmäßig nach einem Dienstplan eingesetzt werden, der Wechselschicht- oder Schichtdienst an sieben Tagen in der Woche vorsieht, vermindert sich die regelmäßige Wochenarbeitszeit um ein Fünftel der arbeitsvertraglich vereinbarten durchschnittlichen Wochenarbeitszeit, wenn sie an einem gesetzlichen Feiertag, der auf einen Werktag fällt,

a) Arbeitsleistung zu erbringen haben oder

b) nicht wegen des Feiertags, sondern dienstplanmäßig nicht zur Arbeit eingeteilt sind und deswegen an anderen Tagen der Woche ihre regelmäßige Arbeitszeit erbringen müssen.

bei gesetzl. Feiertag als Werktag und Schichtdienst

Reduzierung Soll-Arbeitszeit

(RK Nord/NRW/Mitte/BW/Bayern):
²Absatz 1 gilt in diesen Fällen nicht. § 7 Abs. 1 Satz 2 Buchst. d bleibt unberührt.

(RK Ost):
²Absatz 1 gilt in diesen Fällen nicht. § 7 Abs. 1 Satz 2 Buchst. b bleibt unberührt.

(3) ¹Ärztinnen und Ärzte die regelmäßig an Sonn- und Feiertagen arbeiten müssen, erhalten innerhalb von zwei Wochen zwei arbeitsfreie Tage. ²Hiervon soll ein freier Tag auf einen Sonntag fallen.

§ 5 Sonderformen der Arbeit

Wechselschichtarbeit

(1) ¹Wechselschichtarbeit ist die Arbeit nach einem Schichtplan/Dienstplan, der einen regelmäßigen Wechsel der täglichen Arbeitszeit in Wechselschichten vorsieht, bei denen die Ärztin/der Arzt längstens nach Ablauf eines Monats erneut zu mindestens zwei Nachtschichten herangezogen wird. ²Wechselschichten sind wechselnde Arbeitsschichten, in denen ununterbrochen bei Tag und Nacht, werktags, sonntags und feiertags gearbeitet wird. ³Nachtschichten sind Arbeitsschichten, die mindestens zwei Stunden Nachtarbeit umfassen.

Wechselschicht Nachtschicht

Schichtarbeit

(2) Schichtarbeit ist die Arbeit nach einem Schichtplan, der einen regelmäßigen Wechsel des Beginns der täglichen Arbeitszeit um mindestens zwei Stunden in Zeitabschnitten von längstens einem Monat vorsieht, und die innerhalb einer Zeitspanne von mindestens 13 Stunden geleistet wird.

Nachtarbeit

(3) Nachtarbeit ist die Arbeit zwischen 21 Uhr und 6 Uhr.

Mehrarbeit

(4) Mehrarbeit sind die Arbeitsstunden, die teilzeitbeschäftigte Ärztinnen und Ärzte über die vereinbarte regelmäßige Arbeitszeit hinaus bis zur regelmäßigen wöchentlichen Arbeitszeit von vollbeschäftigten Ärztinnen und Ärzten (§ 3 Abs. 1 Satz 1) leisten.

Überstunden

(5) Überstunden sind die auf Anordnung des Dienstgebers geleisteten Arbeitsstunden, die über die im Rahmen der regelmäßigen Arbeitszeit von vollbeschäftigten Ärztinnen und Ärzten (§ 3 Abs. 1 Satz 1) für die Woche dienstplanmäßig bzw. betriebsüblich festgesetzten Arbeitsstunden hinaus gehen und nicht bis zum Ende der folgenden Kalenderwoche ausgeglichen werden.

Überstunden bei

(6) Abweichend von Absatz 5 sind nur die Arbeitsstunden Überstunden, die

• Arbeitszeitkorridor

a) im Falle der Festlegung eines Arbeitszeitkorridors nach § 3 Abs. 7 über 45 Stunden oder über die vereinbarte Obergrenze hinaus,

• Rahmenarbeitszeit

b) im Falle der Einführung einer täglichen Rahmenzeit nach § 3 Abs. 8 außerhalb der Rahmenzeit,

• Schichtarbeit

c) im Falle von Wechselschicht- oder Schichtarbeit über die im Schichtplan festgelegten täglichen Arbeitsstunden einschließlich der im Schichtplan vorgesehenen Arbeitsstunden, die bezogen auf die regelmäßige wöchentliche Arbeitszeit im Schichtplanturnus nicht ausgeglichen werden,

angeordnet worden sind.

§ 6 Bereitschaftsdienst und Rufbereitschaft

Bereitschaftsdienst Verpflichtung

(1) ¹Die Ärztin/der Arzt ist verpflichtet, sich auf Anordnung des Dienstgebers außerhalb der regelmäßigen Arbeitszeit an einer vom Dienstgeber bestimmten Stelle aufzuhalten, um im Bedarfsfall die Arbeit aufzunehmen (Bereitschaftsdienst). ²Der Dienstgeber darf Bereitschaftsdienst nur anordnen, wenn zu erwarten ist, dass zwar Arbeit anfällt, erfahrungsgemäß aber die Zeit ohne Arbeitsleistung überwiegt.

Voraussetzung

24-Stunden-Dienst

(2) Wenn in die Arbeitszeit regelmäßig und in erheblichem Umfang Bereitschaftsdienst fällt, kann unter den Voraussetzungen einer

- Prüfung alternativer Arbeitszeitmodelle unter Einbeziehung des Betriebsarztes und
- ggf. daraus resultierender Maßnahmen zur Gewährleistung des Gesundheitsschutzes

im Rahmen des § 7 Abs. 1 Nr. 1 und 4, Abs. 2 Nr. 3 ArbZG die tägliche Arbeitszeit im Sinne des Arbeitszeitgesetzes abweichend von den §§ 3, 5 Abs. 1 und 2 und 6 Abs. 2 ArbZG über acht Stunden hinaus auf bis zu 24 Stunden verlängert werden, wenn mindestens die acht Stunden überschreitende Zeit als Bereitschaftsdienst abgeleistet wird.

(3) aufgehoben

(4) Die tägliche Arbeitszeit darf bei Ableistung ausschließlich von Bereitschaftsdienst an Samstagen, Sonn- und Feiertagen max. 24 Stunden betragen, wenn dadurch für die einzelne Ärztin/den einzelnen Arzt mehr Wochenenden und Feiertage frei sind. *(Grenze 24 Stunden)*

(5) ¹Wenn in die Arbeitszeit regelmäßig und in erheblichem Umfang Bereitschaftsdienst fällt, kann im Rahmen des § 7 Abs. 2a ArbZG und innerhalb der Grenzwerte nach Absatz 2 eine Verlängerung der täglichen Arbeitszeit über acht Stunden hinaus auch ohne Ausgleich erfolgen. ²Die wöchentliche Arbeitszeit darf dabei durchschnittlich bis zu 58 Stunden betragen. *(Dienst ohne Ausgleich)*

(6) Für die Berechnung des Durchschnitts der wöchentlichen Arbeitszeit nach den Absätzen 2 bis 5 ist ein Zeitraum von sechs Monaten zugrunde zu legen. *(Ausgleichszeitraum)*

(7) ¹Soweit Ärztinnen und Ärzte Teilzeitarbeit gemäß § 9 vereinbart haben, verringern sich die Höchstgrenzen der wöchentlichen Arbeitszeit nach den Absätzen 2 bis 5 in demselben Verhältnis, wie die Arbeitszeit dieser Ärztinnen und Ärzte zu der regelmäßigen Arbeitszeit vollbeschäftigter Ärztinnen und Ärzte. ²Mit Zustimmung der Ärztin/des Arztes oder aufgrund von dringenden dienstlichen oder betrieblichen Belangen kann hiervon abgewichen werden. *(Teilzeitarbeit und Bereitschaftsdienst)*

(8) ¹Die Ärztin/der Arzt hat sich auf Anordnung des Dienstgebers außerhalb der regelmäßigen Arbeitszeit an einer dem Dienstgeber anzuzeigenden Stelle aufzuhalten, um auf Abruf die Arbeit aufzunehmen (Rufbereitschaft). ²Rufbereitschaft wird nicht dadurch ausgeschlossen, dass die Ärztin/der Arzt vom Dienstgeber mit einem Mobiltelefon oder einem vergleichbaren technischen Hilfsmittel zur Gewährleistung der Erreichbarkeit ausgestattet wird. ³Der Dienstgeber darf Rufbereitschaft nur anordnen, wenn erfahrungsgemäß lediglich in Ausnahmefällen Arbeit anfällt. ⁴Durch tatsächliche Arbeitsleistung innerhalb der Rufbereitschaft kann die tägliche Höchstarbeitszeit von zehn Stunden (§ 3 ArbZG) überschritten werden (§ 7 ArbZG). *(Rufbereitschaft Verpflichtung)*

(9) § 3 Abs. 4 bleibt im Übrigen unberührt. *(Abweichung vom ArbZG durch Dienstvereinbarung)*

§ 7 Ausgleich für Sonderformen der Arbeit

(1) ¹Die Ärztin/der Arzt erhält neben dem Entgelt für die tatsächliche Arbeitsleistung Zeitzuschläge. ²Die Zeitzuschläge betragen – auch bei teilzeitbeschäftigten Ärztinnen und Ärzten – je Stunde *(Zeitzuschläge)*

a) für Überstunden 15 v. H.
b) für Nachtarbeit 15 v. H. *(Überstunden Nachtarbeit)*

Anlage 30 – § 7

Sonntagsarbeit	c) für Sonntagsarbeit	25 v. H.
Feiertagsarbeit	d) bei Feiertagsarbeit	
	• ohne Freizeitausgleich	135 v. H.
	• mit Freizeitausgleich	35 v. H.
24./31. Dezember	e) für Arbeit am 24. Dezember und am 31. Dezember jeweils ab 6 Uhr	35 v. H.

Samstagsarbeit des auf eine Stunde anfallenden Anteils des Tabellenentgelts der Stufe 3 der jeweiligen Entgeltgruppe; bei Ärztinnen und Ärzten gemäß § 12 Buchstabe c und d der höchsten tariflichen Stufe. ³Für Arbeit an Samstagen von 13 Uhr bis 21 Uhr, soweit diese nicht im Rahmen von Wechselschicht- oder Schichtarbeit anfällt, beträgt der Zeitzuschlag 0,64 Euro je Stunde. ⁴Beim Zusammentreffen von Zeitzuschlägen nach Satz 2 Buchst. c bis e sowie Satz 3 wird nur der höchste Zeitzuschlag gezahlt.

Anmerkungen zu Absatz 1 Satz 1:
Überstunden Bei Überstunden richtet sich das Entgelt für die tatsächliche Arbeitsleistung nach der individuellen Stufe der jeweiligen Entgeltgruppe, höchstens jedoch nach der Stufe 4.

Anmerkung zu Absatz 1 Satz 2 Buchstabe d:
Feiertagsarbeit ¹Der Freizeitausgleich muss im Dienstplan besonders ausgewiesen und bezeichnet werden. ²Falls kein Freizeitausgleich gewährt wird, werden als Entgelt einschließlich des Zeitzuschlages und des auf den Feiertag entfallenden Tabellenentgelts höchstens 235 v. H. gezahlt.

Abgeltung nicht ausgeglichener Arbeitsstunden (2) Für Arbeitsstunden, die keine Überstunden sind und die aus dienstlichen oder betrieblichen Gründen nicht innerhalb des nach § 3 Abs. 2 Satz 1 oder 2 festgelegten Zeitraums mit Freizeit ausgeglichen werden, erhält die Ärztin/der Arzt je Stunde 100 v. H. des auf eine Stunde entfallenden Anteils des Tabellenentgelts der jeweiligen Entgeltgruppe und Stufe.

Anmerkung zu Absatz 2 Satz 1:
Mit dem Begriff Arbeitsstunden sind nicht die Stunden gemeint, die im Rahmen von Gleitzeitregelungen im Sinne der Anmerkungen zu § 3 anfallen, es sei denn, sie sind angeordnet worden.

Vergütung Rufbereitschaft (3) ¹Für die Rufbereitschaft wird eine tägliche Pauschale je Entgeltgruppe bezahlt. ²Sie beträgt für die Tage Montag bis Freitag das Zweifache, für Samstag, Sonntag sowie für Feiertage das Vierfache des auf eine Stunde entfallenden Anteils des Tabellenentgelts der jeweiligen Entgeltgruppe und Stufe. ³Maßgebend für die Bemessung der Pauschale nach Satz 2 ist der Tag, an dem die Rufbereitschaft beginnt. ⁴Hinsichtlich der Arbeitsleistung wird jede einzelne Inanspruchnahme innerhalb der Rufbereitschaft mit einem Einsatz im Krankenhaus einschließlich der hierfür erforderlichen Wegezeiten auf eine volle Stunde gerundet. ⁵Für die Inanspruchnahme wird das Entgelt für Überstunden sowie etwaige Zeitzuschläge nach Absatz 1 gezahlt. ⁶Wird die Arbeitsleistung innerhalb der Rufbereitschaft am Aufenthaltsort im Sinne des § 6 Abs. 8 telefonisch (z. B. in Form einer Auskunft) oder mittels technischer Einrichtungen erbracht, wird abweichend von Satz 4 die Summe dieser Arbeitsleistungen auf die nächste volle Stunde gerundet und mit dem Entgelt für Überstunden sowie mit etwaigen Zeitzuschlägen nach Absatz 1

§§ 7, 8 – Anlage 30

bezahlt. [7]Satz 1 gilt nicht im Falle einer stundenweisen Rufbereitschaft. [8]Eine Rufbereitschaft im Sinne von Satz 7 liegt bei einer ununterbrochenen Rufbereitschaft von weniger als zwölf Stunden vor. [9]In diesem Fall wird abweichend zu den Sätzen 2 und 3 für jede angefangene Stunde der Rufbereitschaft 12,5 v. H. des auf eine Stunde entfallenden Anteils des Tabellenentgelts der jeweiligen Entgeltgruppe und Stufe gezahlt.

Anmerkung zu Absatz 3:
Zur Ermittlung der Tage einer Rufbereitschaft, für die eine Pauschale gezahlt wird, ist auf den Tag des Beginns der Rufbereitschaft abzustellen.

(4) [1]Ärztinnen und Ärzte, die ständig Wechselschichtarbeit leisten, erhalten eine Wechselschichtzulage von 105 Euro monatlich. [2]Ärztinnen und Ärzte, die nicht ständig Wechselschichtarbeit leisten, erhalten eine Wechselschichtzulage von 0,63 Euro pro Stunde. — *Wechselschichtzulage*

(5) [1]Ärztinnen und Ärzte, die ständig Schichtarbeit leisten, erhalten eine Schichtzulagen von 40 Euro monatlich. [2]Ärztinnen und Ärzte, die nicht ständig Schichtarbeit leisten, erhalten eine Schichtzulage von 0,24 Euro pro Stunde. — *Schichtzulage*

§ 8 Bereitschaftsdienstentgelt

(1) [1]Zum Zwecke der Entgeltberechnung wird die Zeit des Bereitschaftsdienstes einschließlich der geleisteten Arbeit nach dem Maß der während des Bereitschaftsdienstes erfahrungsgemäß durchschnittlich anfallenden Arbeitsleistungen wie folgt als Arbeitszeit gewertet: — *Vergütung Bereitschaftsdienst*

Stufe	Arbeitsleistung innerhalb des Bereitschaftsdienstes	Bewertung als Arbeitszeit
I	bis zu 25 v. H.	60 v. H.
II	mehr als 25 v. H. bis 40 v. H.	75 v. H.
III	mehr als 40 v. H. bis 49 v. H.	90 v. H.

Stufen und Arbeitszeitbewertung

[2]Die Zuweisung zu den einzelnen Stufen des Bereitschaftsdienstes erfolgt als Nebenabrede zum Dienstvertrag. [3]Die Nebenabrede ist mit einer Frist von drei Monaten jeweils zum Ende eines Kalenderhalbjahres kündbar. — *Zuweisung*

(2) *(RK Nord):* [1]Für die als Arbeitszeit gewertete Zeit des Bereitschaftsdienstes wird ab dem 1. Juli 2012 das nachstehende Entgelt je Stunde gezahlt:
EG I   25,73 Euro,
EG II   29,84 Euro,
EG III   32,41 Euro,
EG IV   34,47 Euro.

[2]Die Bereitschaftsdienstentgelte nach Satz 1 verändern sich bei den nach dem 1. Dezember 2014 wirksam werdenden allgemeinen Entgeltanpassungen um den für die jeweilige Entgeltgruppe vereinbarten Vomhundertsatz.

(2) *(RK NRW):* [1]Für die als Arbeitszeit gewertete Zeit des Bereitschaftsdienstes wird ab dem 1. Juli 2013 das nachstehende Entgelt je Stunde gezahlt:
EG I   25,73 Euro, — *Vergütung*

Anlage 30 – § 8

EG II 29,84 Euro,
EG III 32,41 Euro,
EG IV 34,47 Euro.

²Die Bereitschaftsdienstentgelte nach Satz 1 verändern sich bei den nach dem 1. Dezember 2014 wirksam werdenden allgemeinen Entgeltanpassungen um den für die jeweilige Entgeltgruppe vereinbarten Vomhundertsatz.

Vergütung (2) *(RK Mitte/BW/Bayern):* ¹Für die als Arbeitszeit gewertete Zeit des Bereitschaftsdienstes wird ab dem 1. Januar 2012 das nachstehende Entgelt je Stunde gezahlt:

EG I 25,73 Euro,
EG II 29,84 Euro,
EG III 32,41 Euro,
EG IV 34,47 Euro.

²Die Bereitschaftsdienstentgelte nach Satz 1 verändern sich bei den nach dem 1. Dezember 2014 wirksam werdenden allgemeinen Entgeltanpassungen um den für die jeweilige Entgeltgruppe vereinbarten Vomhundertsatz.

Vergütung (2) *(RK Ost):* ¹Für die als Arbeitszeit gewertete Zeit des Bereitschaftsdienstes wird das nachstehende Entgelt je Stunde gezahlt:

EG I 25,73 Euro,
EG II 29,84 Euro,
EG III 32,41 Euro,
EG IV 34,47 Euro.

²Die Bereitschaftsdienstentgelte nach Satz 1 verändern sich bei den nach dem 1. Dezember 2014 wirksam werdenden allgemeinen Entgeltanpassungen um den für die jeweilige Entgeltgruppe vereinbarten Vomhundertsatz.

Feiertagszuschlag (3) ¹Die Ärztin/der Arzt erhält zusätzlich zu dem Stundenentgelt gemäß der Tabelle in § 8 Abs. 2 Satz 1 für die Zeit des Bereitschaftsdienstes ab der 97. Bereitschaftsstunde und den folgenden Bereitschaftsdienststunden im Kalendermonat einen Zuschlag. ²Der Zuschlag nach Satz 1 beträgt 5 v.H. des Stundenentgelts gemäß der Tabelle in § 8 Abs. 2 Satz 1. ³Dieser Zuschlag kann nicht in Freizeit abgegolten werden.

(4) ¹Die Ärztin/der Arzt erhält zusätzlich zu dem Entgelt nach Absatz 1 und Absatz 2 Satz 1 für jede nach Absatz 1 als Arbeitszeit gewertete Stunde, die an einem Feiertag geleistet worden ist, einen Zeitzuschlag in Höhe von 25 v.H. des Stundenentgelts nach Absatz 2. ²Weitergehende Ansprüche auf Zeitzuschläge bestehen nicht.

Nachtzuschlag (5) ¹Die Ärztin/der Arzt erhält zusätzlich zu dem Stundenentgelt gemäß der Tabelle in § 8 Abs. 2 Satz 1 für die Zeit des Bereitschaftsdienstes in den Nachtstunden (§ 5 Abs. 3) je Stunde einen Zeitzuschlag in Höhe von 15 v.H. des Stundenentgelts gemäß der Tabelle in § 8 Abs. 2 Satz 1. ²Dieser Zeitzuschlag kann nicht in Freizeit abgegolten werden. ³Absatz 4 Satz 2 gilt entsprechend.

Freizeitausgleich (6) ¹Die nach Absatz 1 errechnete Arbeitszeit kann bei Ärztinnen und Ärzten, einschließlich der einer ggf. nach Absatz 4 zu zahlenden Zeitzuschlags 1:1 entsprechenden Arbeitszeit, anstelle der Auszahlung des sich nach den Absätzen 1, 2 und 4 ergebenden Entgelts bis zum Ende des dritten Kalendermonats auch durch entsprechende Freizeit abgegolten werden (Freizeitausgleich). ²Erfolgt Freizeitausgleich in Zeiten, zu denen gemäß §§ 5 und 7 Abs. 9 ArbZG Ruhezeit zu gewähren ist, wird abweichend von Absatz 1 und Satz 1 diese Zeit in der Bereitschaftsdienststufe III mit dem Faktor 100 v.H., in der Bereitschaftsdienststufe II mit dem Faktor 85 v.H. und in der Bereitschaftsdienststufe I mit dem Faktor 70 v.H. als Arbeitszeit bewertet. ³Für die Zeit des Freizeitausgleichs werden das Entgelt (§ 13) und die in Monatsbeträgen festgelegten Zulagen fortgezahlt.

Anmerkung zu Absatz 6 Satz 2:
¹Bei einem Bereitschaftsdienst der Stufe III von 24 Stunden, wovon 8 Stunden zu Zeiten in Freizeit ausgeglichen werden, für die gemäß §§ 5 und 7 Abs. 9 ArbZG Ruhezeit zu gewähren ist, sind 14,4 Stunden ((8 Stunden x 100 v.H. = 8 Stunden) + (16 Stunden x 90 v.H. = 14,4 Stunden) – 8 Stunden = 14,4 Stunden) mit dem Bereitschaftsdienstentgelt nach Absatz 2 zu bezahlen. ²Bei einem Bereitschaftsdienst der Stufe I von 16 Stunden, wovon 8 Stunden zu Zeiten in Freizeit ausgeglichen werden, für die gemäß §§ 5 und 7 Abs. 9 ArbZG Ruhezeit zu gewähren ist, sind 2,40 Stunden (8 Stunden x 70 v.H. = 5,6 Stunden) + (8 Stunden x 60 v.H. = 4,8 Stunden) – 8 Stunden = 2,4 Stunden) mit dem Bereitschaftsdienstentgelt nach Absatz 2 zu bezahlen.

§ 9 Teilzeitbeschäftigung

(1) ¹Mit Ärztinnen und Ärzten soll auf Antrag eine geringere als die vertraglich festgelegte Arbeitszeit vereinbart werden, wenn sie
a) mindestens ein Kind unter 18 Jahren oder
b) einen nach ärztlichem Gutachten pflegebedürftigen sonstigen Angehörigen
tatsächlich betreuen oder pflegen und dringende dienstliche bzw. betriebliche Belange nicht entgegenstehen. ²Die Teilzeitbeschäftigung nach Satz 1 ist auf Antrag auf bis zu fünf Jahre zu befristen. ³Sie kann verlängert werden; der Antrag ist spätestens sechs Monate vor Ablauf der vereinbarten Teilzeitbeschäftigung zu stellen. ⁴Bei der Gestaltung der Arbeitszeit hat der Dienstgeber im Rahmen der dienstlichen Möglichkeiten der besonderen persönlichen Situation der Ärztin/des Arztes nach Satz 1 Rechnung zu tragen.

Anspruch Teilzeitarbeit bei Kind/pflegebedürftigen Angehörigen

Befristung

Arbeitszeitgestaltung

(2) Ärztinnen und Ärzte, die in anderen als den in Absatz 1 genannten Fällen eine Teilzeitbeschäftigung vereinbaren wollen, können von ihrem Dienstgeber verlangen, dass er mit ihnen die Möglichkeit einer Teilzeitbeschäftigung mit dem Ziel erörtert, zu einer entsprechenden Vereinbarung zu gelangen.

Erörterungspflicht

(3) Ist mit früher vollbeschäftigten Ärztinnen und Ärzten auf ihren Wunsch eine nicht befristete Teilzeitbeschäftigung vereinbart worden, sollen sie bei späterer Besetzung eines Vollzeitarbeitsplatzes bei gleicher Eignung im Rahmen der dienstlichen Möglichkeiten bevorzugt berücksichtigt werden.

Anspruch Vollzeitarbeit

§ 10 Arbeitszeitdokumentation

Die Arbeitszeiten der Ärztinnen und Ärzte sind durch elektronische Verfahren oder auf andere Art in geeigneter Weise objektiv zu erfassen und zu dokumentieren.

Arbeitszeiterfassung

Anmerkung zu §§ 2 bis 10:
Bei In-Kraft-Treten dieser Anlage bestehende Gleitzeitregelungen bleiben unberührt.

§ 11   Allgemeine Eingruppierungsregelungen

Tätigkeitsmerkmale; § 12

(1) ¹Die Eingruppierungen der Ärztinnen und Ärzte richtet sich nach den Tätigkeitsmerkmalen des § 12. ²Die Ärztin/der Arzt erhält das Entgelt nach der Entgeltgruppe, in der sie/er eingruppiert ist.

Eingruppierungsautomatik „gesamte auszuübende Tätigkeit"

(2) ¹Die Ärztin/der Arzt ist in der Entgeltgruppe eingruppiert, deren Tätigkeitsmerkmalen die gesamte von ihr/ihm nicht nur vorübergehend auszuübende Tätigkeit entspricht.

²Die gesamte auszuübende Tätigkeit entspricht den Tätigkeitsmerkmalen einer Entgeltgruppe, wenn zeitlich mindestens zur Hälfte Arbeitsvorgänge anfallen, die für sich genommen die Anforderungen eines Tätigkeitsmerkmals oder mehrerer Tätigkeitsmerkmale dieser Entgeltgruppe erfüllen. ³Kann die Erfüllung einer Anforderung in der Regel erst bei der Betrachtung mehrerer Arbeitsvorgänge festgestellt werden, sind diese Arbeitsvorgänge für die Feststellung, ob diese Anforderung erfüllt ist, insoweit zusammen zu beurteilen. ⁴Ist in einem Tätigkeitsmerkmal als Anforderung eine Voraussetzung der Person des Mitarbeiters bestimmt, muss auch diese Anforderung erfüllt sein.

Anmerkung zu Absatz 2:

Arbeitsvorgänge

1. ¹Arbeitsvorgänge sind Arbeitsleistungen (einschließlich Zusammenhangsarbeiten) die, bezogen auf den Aufgabenkreis der Ärztin/des Arztes, zu einem bei natürlicher Betrachtung abgrenzbaren Arbeitsergebnis führen (z.B.: Erstellung eines EKG). ²Jeder einzelne Arbeitsvorgang ist als solcher zu bewerten und darf dabei hinsichtlich der Anforderungen zeitlich nicht aufgespalten werden.

Anforderung

2. Eine Anforderung im Sinne des Satz 2 ist auch das in einem Tätigkeitsmerkmal geforderte Herausheben der Tätigkeit aus einer niedrigeren Entgeltgruppe.

(3) Die Entgeltgruppe der Ärztin/des Arztes ist im Dienstvertrag anzugeben.

§ 12   Eingruppierung

Entgeltgruppen

Ärztinnen und Ärzte sind wie folgt eingruppiert:

Gruppe I

a) *Entgeltgruppe I:*
 Ärztin/Arzt mit entsprechender Tätigkeit.

Gruppe II

b) *Entgeltgruppe II:*
 Fachärztin/Facharzt mit entsprechender Tätigkeit.

Anmerkung zu § 12 Buchstabe b:
Fachärztin/Facharzt ist diejenige Ärztin/derjenige Arzt, die/der aufgrund abgeschlossener Facharztweiterbildung in ihrem/seinem Fachgebiet tätig ist.

Gruppe III

c) *Entgeltgruppe III:*
 Oberärztin/Oberarzt

Anmerkung zu Buchstabe c:
Oberärztin/Oberarzt ist diejenige Ärztin/derjenige Arzt, der/dem die medizinische Verantwortung für selbstständige Teil- oder Funktionsbereiche der Klinik bzw. der Abteilung vom Dienstgeber ausdrücklich übertragen worden ist.

d) Entgeltgruppe IV:
Leitende Oberärztin/leitender Oberarzt ist diejenige Ärztin/derjenige Arzt, der/dem die ständige Vertretung der leitenden Ärztin/des leitenden Arztes (Chefärztin/Chefarzt) vom Dienstgeber ausdrücklich übertragen worden ist.

Anmerkung zu Buchstabe d:
¹Leitende Oberärztin/leitender Oberarzt ist nur diejenige Ärztin/derjenige Arzt, die/der die leitende Ärztin/den leitenden Arzt in der Gesamtheit ihrer/seiner Dienstaufgaben vertritt. ²Das Tätigkeitsmerkmal kann daher innerhalb einer Klinik in der Regel nur von einer Ärztin/einem Arzt erfüllt werden.

Gruppe IV

A 30

§ 13 Tabellenentgelt

(1) ¹Die Ärztin/der Arzt erhält monatlich ein Tabellenentgelt nach Anhang A dieser Anlage. ²Die Höhe bestimmt sich nach der Entgeltgruppe, in der sie/er eingruppiert ist, und nach der für sie/ihn geltenden Stufe.

Eingruppierungsautomatik
Anhang A

(2) Für Ärztinnen und Ärzte gemäß § 12 Buchstabe c und d ist die Vereinbarung eines außertariflichen Entgelts jeweils nach Ablauf einer angemessenen, in der letzten tariflich ausgewiesenen Stufe verbrachten Zeit zulässig.

§ 13a Berechnung und Auszahlung des Entgelts

Teilzeitbeschäftigte Ärztinnen und Ärzte erhalten das Tabellenentgelt und alle sonstigen Entgeltbestandteile in dem Umfang, der dem Anteil ihrer individuell vereinbarten durchschnittlichen Arbeitszeit an der regelmäßigen Arbeitszeit vergleichbarer vollzeitbeschäftigter Ärztinnen und Ärzte entspricht.

Teilzeitentgelt

§ 13b (RK NRW/Mitte/BW/Bayern/Ost) Einmalige Sonderzahlung 2012

(1) Die Ärztinnen und Ärzte erhalten zum nächsten realisierbaren Zeitpunkt mit der monatlichen Entgeltzahlung eine einmalige Sonderzahlung in Höhe von 440,00 Euro, sofern sie für mindestens einen Tag im Monat Januar 2012 Anspruch auf Entgelt hatten.

(2) ¹Anspruch auf Entgelt im Sinne des Absatzes 1 sind auch der Anspruch auf Entgeltfortzahlung aus Anlass der in § 10 des Allgemeinen Teils, in Abschnitt XII Abs. b der Anlage 1 i.V.m. Abschnitt XII Abs. a Satz 2 und 3 der Anlage 1, in den §§ 2 und 4 der Anlage 14 und in § 3 Abs. 3 Satz 1 der Anlage 30 zu den AVR genannten Ereignisse und der Anspruch auf Krankengeldzuschuss aus Abschnitt XII Abs. c Satz 1 der Anlage 1 zu den AVR, auch wenn dieser wegen der Höhe der Barleistungen des Sozialversicherungsträgers nicht gezahlt wird. ²Einem Anspruch auf Entgelt gleichgestellt ist der Bezug von Krankengeld nach § 45 SGB V oder entsprechender gesetzlicher Leistungen und der Bezug von Mutterschaftsgeld nach § 13 MuSchG oder § 200 RVO.

(3) § 13a gilt entsprechend.

(4) Im Falle eines Dienstgeberwechsels im Monat Januar 2012 wird kein weiterer Anspruch auf die einmalige Sonderzahlung nach Absatz 1 begründet.

(5) Die einmalige Sonderzahlung ist bei der Bemessung sonstiger Leistungen nicht zu berücksichtigen.

§ 13b (RK Nord) – Einmalige Sonderzahlung 2012

(1) Die Ärztinnen und Ärzte erhalten zum nächsten realisierbaren Zeitpunkt mit der monatlichen Entgeltzahlung eine einmalige Sonderzahlung in Höhe von 440,00 Euro, sofern sie für mindestens einen Tag im Monat April 2012 Anspruch auf Entgelt hatten.

(2) [1]Anspruch auf Entgelt im Sinne des Absatzes 1 sind auch der Anspruch auf Entgeltfortzahlung aus Anlass der in § 10 des Allgemeinen Teils, in Abschnitt XII Abs. b der Anlage 1 i.V.m. Abschnitt XII Abs. a Satz 2 und 3 der Anlage 1, in den §§ 2 und 4 der Anlage 14 und in § 3 Abs. 3 Satz 1 der Anlage 30 zu den AVR genannten Ereignisse und der Anspruch auf Krankengeldzuschuss aus Abschnitt XII Abs. c Satz 1 der Anlage 1 zu den AVR, auch wenn dieser wegen der Höhe der Barleistungen des Sozialversicherungsträgers nicht gezahlt wird. [2]Einem Anspruch auf Entgelt gleichgestellt ist der Bezug von Krankengeld nach § 45 SGB V oder entsprechender gesetzlicher Leistungen und der Bezug von Mutterschaftsgeld nach § 13 MuSchG oder § 200 RVO.

(3) § 13a gilt entsprechend.

(4) Im Falle eines Dienstgeberwechsels im Monat April 2012 wird kein weiterer Anspruch auf die einmalige Sonderzahlung nach Absatz 1 begründet.

(5) Die einmalige Sonderzahlung ist bei der Bemessung sonstiger Leistungen nicht zu berücksichtigen.

§ 13c (RK Nord)

Einmalzahlung von 1.100 Euro, zahlbar im Januar 2014. Bei Teilzeitbeschäftigten erfolgt die Berechnung entsprechend dem Anteil ihres Beschäftigungsumfangs. Voraussetzung für die Zahlung ist, dass ein seit dem 1. Januar 2013 bestehendes Dienstverhältnis mit fortlaufendem Anspruch auf Dienstbezüge am 31. Januar 2014 ununterbrochen fortbesteht. Bei späterem Beginn des Dienstverhältnisses wird die Einmalzahlung anteilig gewährt.

§ 13c (RK NRW) – Einmalige Sonderzahlungen 2013

(1) [1]Alle Ärztinnen und Ärzte, die im Zeitraum vom 1. Januar 2013 bis 30. Juni 2013 in einem Dienstverhältnis standen, erhalten eine einmalige Sonderzahlung. [2]Deren Höhe beträgt 0,60 % des jeweiligen individuellen Tabellenentgelts für jeden Kalendermonat in dem Zeitraum nach Absatz 1 Satz 1, in dem für mindestens einen Tag ein Anspruch auf Entgelt bestand.

(2) Alle Ärztinnen und Ärzte, die im Zeitraum vom 1. September 2013 bis zum 30. September 2013 in einem Dienstverhältnis standen, erhalten eine einmalige Sonderzahlung in Höhe von 250 Euro, sofern für mindestens einen Tag im September 2013 ein Anspruch auf Entgelt bestand.

§ 13c – Anlage 30

(3) Die Sonderzahlungen nach den Absätzen 1 und 2 sind mit dem Entgelt für den Monat Dezember 2013 auszubezahlen.

(4) ¹Anspruch auf Entgelt im Sinne des Absatzes 1 und des Absatzes 2 sind auch der Anspruch auf Entgeltfortzahlung aus Anlass der in § 10 des Allgemeinen Teils, in Abschnitt XII Abs. b der Anlage 1 i.V.m. Abschnitt XII Abs. a Satz 2 und Satz 3 der Anlage 1 zu den AVR, in § 2 und § 4 der Anlage 14 zu den AVR und in § 3 Abs. 3 Satz 1 der Anlage 30 zu den AVR genannten Ereignisse und der Anspruch auf Krankengeldzuschuss aus Abschnitt XII Abs. c Satz 1 der Anlage 1 zu den AVR, auch wenn dieser wegen der Höhe der Barleistungen des Sozialversicherers nicht gezahlt wird. ²Einem Anspruch auf Entgelt gleichgestellt ist der Bezug von Krankengeld nach § 45 SGB V oder entsprechender gesetzlicher Leistungen und der Bezug von Mutterschaftsgeld nach § 13 MuSchG oder § 200 RVO.

(5) § 13a gilt entsprechend.

(6) Im Falle eines Dienstgeberwechsels wird kein weiterer Anspruch auf die einmaligen Sonderzahlungen nach Absatz 1 und Absatz 2 begründet.

(7) Die einmaligen Sonderzahlungen sind bei der Bemessung sonstiger Leistungen nicht zu berücksichtigen.

§ 13c   (RK Mitte) – Einmalige Sonderzahlungen

(1) ¹Alle Ärztinnen und Ärzte, die im Zeitraum vom 1. Dezember 2013 bis zum 31. Dezember 2013 in einem Dienstverhältnis zum Dienstgeber standen, erhalten eine einmalige Sonderzahlung in Höhe von 250,00 Euro, sofern für mindestens einen Tag im Dezember 2013 ein Anspruch auf Entgelt bestand. ²Die Sonderzahlung ist mit dem Entgelt für den Monat Dezember 2013 auszubezahlen.

(2) Alle Ärztinnen und Ärzte, die nach dem 1. Juli 2013 bis 31. Dezember 2013 in einem Dienstverhältnis zum Dienstgeber standen, erhalten eine Sonderzahlung in Höhe von 1.150 Euro; sie ist im Monat Februar 2014 auszubezahlen.

(3) ¹Anspruch auf Entgelt im Sinne des Absatzes 1 ist auch der Anspruch auf Entgeltfortzahlung aus Anlass der in § 10 des Allgemeinen Teils, in Abschnitt XII Abs. b der Anlage 1 i.V.m. Abschnitt XII Abs. a Satz 2 und Satz 3 der Anlage 1 zu den AVR, in § 2 und § 4 der Anlage 14 zu den AVR und in § 3 Abs. 3 Satz 1 der Anlage 30 zu den AVR genannten Ereignisse und der Anspruch auf Krankengeldzuschuss aus Abschnitt XII Abs. c Satz 1 der Anlage 1 zu den AVR, auch wenn dieser wegen der Höhe der Barleistungen des Sozialversicherers nicht gezahlt wird. ²Einem Anspruch auf Entgelt gleichgestellt ist der Bezug von Krankengeld nach § 45 SGB V oder entsprechender gesetzlicher Leistungen und der Bezug von Mutterschaftsgeld nach § 13 MuSchG oder § 200 RVO.

(4) § 13a gilt entsprechend.

(5) Im Falle eines Dienstgeberwechsels wird kein weiterer Anspruch auf die Sonderzahlungen nach Absatz 1 und Absatz 2 begründet.

(6) Die Sonderzahlungen sind bei der Bemessung sonstiger Leistungen nicht zu berücksichtigen.

§ 13c (RK Bayern) – Einmalige Sonderzahlung 2013

(1) ¹Alle Ärztinnen und Ärzte erhalten eine Einmalzahlung in Höhe von 125 Euro. ²Bei Teilzeitbeschäftigten erfolgt die Berechnung anteilig ihres Beschäftigungsumfanges.

(2) ¹Die Einmalzahlung ist im August 2013 fällig. ²Ein Anspruch auf die Einmalzahlung besteht, wenn die Ärztin/der Arzt an mindestens einem Tag des Monats August 2013 Anspruch auf Entgelt (Vergütung, Urlaubsvergütung oder Krankenbezüge) hat; dies gilt auch, wenn nur wegen der Höhe der Barleistungen des Sozialversicherungsträgers Krankengeldzuschuss nicht bezahlt wird. ³Die Zahlung wird auch geleistet, wenn die Ärztin wegen Beschäftigungsverboten nach § 3 Abs. 2 und § 6 Abs. 1 MuSchG in dem Fälligkeitsmonat keine Bezüge erhalten hat.

§ 13c (RK BW) – Einmalige Sonderzahlung 2014

(1) Alle Ärztinnen und Ärzte, die im Zeitraum vom 1. Oktober 2013 bis zum 31. Oktober 2013 in einem Dienstverhältnis zum Dienstgeber standen, erhalten eine einmalige Sonderzahlung in Höhe von 150,00 Euro, sofern für mindestens einen Tag im Oktober 2013 ein Anspruch auf Entgelt bestand.

(2) Die Sonderzahlung nach Absatz 1 wird am 31. März 2014 fällig.

(3) ¹Anspruch auf Entgelt im Sinne des Absatzes 1 ist auch der Anspruch auf Entgeltfortzahlung aus Anlass der in § 10 des Allgemeinen Teils, in Abschnitt XII Abs. b der Anlage 1 i.V.m. Abschnitt XII Abs. a Satz 2 und Satz 3 der Anlage 1 zu den AVR, in § 2 und § 4 der Anlage 14 zu den AVR und in § 3 Abs. 3 Satz 1 der Anlage 30 zu den AVR genannten Ereignisse und der Anspruch auf Krankengeldzuschuss aus Abschnitt XII Abs. c Satz 1 der Anlage 1 zu den AVR, auch wenn dieser wegen der Höhe der Barleistungen des Sozialversicherers nicht gezahlt wird. ²Einem Anspruch auf Entgelt gleichgestellt ist der Bezug von Krankengeld nach § 45 SGB V oder entsprechender gesetzlicher Leistungen und der Bezug von Mutterschaftsgeld nach § 13 MuSchG oder § 200 RVO.

(4) § 13a gilt entsprechend.

(5) Im Falle eines Dienstgeberwechsels wird kein weiterer Anspruch auf die einmalige Sonderzahlung nach Absatz 1 begründet.

(6) Die einmalige Sonderzahlung ist bei der Bemessung sonstiger Leistungen nicht zu berücksichtigen.

§ 14 Stufen der Entgelttabelle

Entgeltstufen/ Stufenlaufzeit

(1) Ärztinnen und Ärzte erreichen die jeweils nächste Stufe – in Abhängigkeit von ihrer Leistung gemäß § 15 Abs. 2 – nach den Zeiten einer Tätigkeit innerhalb derselben Entgeltgruppe bei ihrem Dienstgeber (Stufenlaufzeit) und zwar in

Gruppe I

a) *Entgeltgruppe I*
Stufe 2: nach einjähriger ärztlicher Tätigkeit,
Stufe 3: nach zweijähriger ärztlicher Tätigkeit,
Stufe 4: nach dreijähriger ärztlicher Tätigkeit,

Stufe 5: nach vierjähriger ärztlicher Tätigkeit,
Stufe 6: nach fünfjähriger ärztlicher Tätigkeit.

b) Entgeltgruppe II — Gruppe II
Stufe 2: nach dreijähriger fachärztlicher Tätigkeit,
Stufe 3: nach sechsjähriger fachärztlicher Tätigkeit,
Stufe 4: nach achtjähriger fachärztlicher Tätigkeit,
Stufe 5: nach zehnjähriger fachärztlicher Tätigkeit,
Stufe 6: nach zwölfjähriger fachärztlicher Tätigkeit,

c) Entgeltgruppe III — Gruppe III
Stufe 2: nach dreijähriger oberärztlicher Tätigkeit.
Stufe 3: nach sechsjähriger oberärztlicher Tätigkeit.

d) Entgeltgruppe IV — Gruppe IV
Stufe 2: nach dreijähriger Tätigkeit als leitende Oberärztin/ leitender Oberarzt.

(2) ¹Bei der Anrechnung von Vorbeschäftigungen werden in der Entgeltgruppe I Zeiten ärztlicher Tätigkeit angerechnet. ²Eine Tätigkeit als Ärztin/Arzt im Praktikum gilt als ärztliche Tätigkeit. ³In der Entgeltgruppe II werden Zeiten fachärztlicher Tätigkeit in der Regel angerechnet. ⁴Zeiten einer vorhergehenden beruflichen Tätigkeit können angerechnet werden, wenn sie für die vorgesehene Tätigkeit förderlich sind. — Vorbeschäftigungen ärztliche Tätigkeit

Anmerkung zu Absatz 2:
Zeiten ärztlicher Tätigkeit im Sinne der Sätze 1 bis 3, die im Ausland abgeleistet worden sind, sind nur solche, die von einer Ärztekammer im Gebiet der Bundesrepublik Deutschland als der inländischen ärztlichen Tätigkeit gleichwertig anerkannt werden. — Zeiten ärztlicher Tätigkeit im Ausland

§ 15 Allgemeine Regelungen zu den Stufen

(1) Ärztinnen und Ärzte erhalten von Beginn des Monats an, in dem die nächste Stufe erreicht wird, das Tabellenentgelt nach der neuen Stufe. — Monatsbeginn

(2) ¹Bei Leistungen der Ärztin/des Arztes, die erheblich über dem Durchschnitt liegen, kann die erforderliche Zeit für das Erreichen der Stufen 2 bis 5 jeweils verkürzt werden. ²Bei Leistungen, die erheblich unter dem Durchschnitt liegen, kann die erforderliche Zeit für das Erreichen der Stufe 2 bis 5 jeweils verlängert werden. ³Bei einer Verlängerung der Stufenlaufzeit hat der Dienstgeber jährlich zu prüfen, ob die Voraussetzungen für die Verlängerung noch vorliegen. ⁴Für die Beratung von schriftlich begründeten Beschwerden von Ärztinnen und Ärzten gegen eine Verlängerung nach Satz 2 bzw. 3 ist eine betriebliche Kommission zuständig. ⁵Die Mitglieder der betrieblichen Kommission werden je zur Hälfte vom Dienstgeber und von der Mitarbeitervertretung benannt; sie müssen der Einrichtung angehören und, soweit sie von der Mitarbeitervertretung benannt werden, unter diese Regelung fallen. ⁶Der Dienstgeber entscheidet auf Vorlage der Kommission darüber, ob und in welchem Umfang der Beschwerde abgeholfen werden soll. — Verkürzung und Verlängerung der Stufenlaufzeit, vgl. § 14 Abs. 1 — betriebliche Kommission

Anmerkung zu Absatz 2:
Leistungsbezogene Stufenaufstiege unterstützen insbesondere die Anliegen der Personalentwicklung.

Anlage 30 – § 15

Anmerkung zu Absatz 2 Satz 2:
Bei Leistungsminderungen, die auf einem anerkannten Arbeitsunfall oder einer Berufskrankheit gemäß § 8 und § 9 SGB VII beruhen, ist diese Ursache in geeigneter Weise zu berücksichtigen.

Anmerkung zu Absatz 2 Satz 6:
Die Mitwirkung der Kommission erfasst nicht die Entscheidung über die leistungsbezogene Stufenzuordnung.

Zeiten ärztlicher Tätigkeit, vgl. § 14 Abs. 1, 2

(3) ¹Den Zeiten in einer ärztlichen Tätigkeit im Sinne des § 14 Abs. 1 stehen gleich:

a) Schutzfristen nach dem Mutterschutzgesetz,

b) Zeiten einer Arbeitsunfähigkeit nach Abschnitt XII der Anlage 1 zu den AVR bis zu 26 Wochen,

c) Zeiten eines bezahlten Urlaubs,

d) Zeiten eines Sonderurlaubs, bei denen der Dienstgeber vor dem Antritt schriftlich ein dienstliches bzw. betriebliches Interesse anerkannt hat,

e) Zeiten der vorübergehenden Übertragung einer höherwertigen Tätigkeit.

²Zeiten, in denen Ärztinnen und Ärzte mit einer kürzeren als der regelmäßigen wöchentlichen Arbeitszeit eines entsprechenden Vollbeschäftigten beschäftigt waren, werden voll angerechnet.

Höhergruppierung, Herabgruppierung

(4) ¹Bei einer Eingruppierung in eine höhere oder eine niedrigere Entgeltgruppe erhält die Ärztin/der Arzt vom Beginn des Monats an, in dem die Veränderung wirksam wird, das Tabellenentgelt der sich aus § 14 Abs. 1 ergebenden Stufe. ²Ist eine Ärztin/ein Arzt, die/ der in der Entgeltgruppe II eingruppiert und der Stufe 6 zugeordnet ist (§ 14 Abs. 1 Buchst. b), in die Entgeltgruppe III höhergruppiert und dort der Stufe 1 zugeordnet (§ 12 Buchst. c, § 14 Abs. 1) worden, erhält die Ärztin/der Arzt so lange das Tabellenentgelt der Entgeltgruppe II Stufe 6, bis sie/er Anspruch auf ein Entgelt hat, das das Tabellenentgelt der Entgeltgruppe II Stufe 6 übersteigt.

abweichende höhere Stufenzuordnung

(5) ¹Soweit es zur regionalen Differenzierung, zur Deckung des Personalbedarfs oder zur Bindung von qualifizierten Fachkräften erforderlich ist, kann Ärztinnen und Ärzten im Einzelfall, abweichend von dem sich aus der nach § 14 und § 15 Abs. 4 ergebenden Stufe ihrer/seiner jeweiligen Entgeltgruppe zustehenden Entgelts, ein um bis zu zwei Stufen höheres Entgelt ganz oder teilweise vorweg gewährt werden. ²Haben Ärztinnen und Ärzte bereits die Endstufe ihrer jeweiligen Entgeltgruppe erreicht, kann ihnen unter den Voraussetzungen des Satzes 1 ein bis zu 20 v. H. der Stufe 2 ihrer jeweiligen Entgeltgruppe höheres Entgelt gezahlt werden.

§ 16 Leistungsentgelt bzw. Sozialkomponente

(1) Das Leistungsentgelt bzw. die Sozialkomponente sollen dazu beitragen, die caritativen Dienstleistungen zu verbessern. — *Zwecke*

(2) ¹Ein Leistungsentgelt bzw. eine Sozialkomponente können nur durch eine ergänzende Dienstvereinbarung mit der Mitarbeitervertretung nach § 38 MAVO eingeführt werden. ²Der persönliche Geltungsbereich einer solchen ergänzenden Dienstvereinbarung ist auf Mitarbeiter im Sinne von § 3 MAVO beschränkt. ³Für Mitarbeiter in leitender Stellung im Sinne von § 3 Abs. 2 Nr. 2 bis 4 MAVO kann ein Leistungsentgelt bzw. eine Sozialkomponente durch individuelle Vereinbarung mit dem Dienstgeber eingeführt werden. ⁴Der Abschluss einer Dienstvereinbarung bzw. einer individuellen Vereinbarung ist freiwillig. ⁵Die Ärztin/Der Arzt hat hierauf auch nach mehrmaliger Gewährung eines Leistungsentgeltes bzw. einer Sozialkomponente keinen Rechtsanspruch für die Zukunft. — *Dienstvereinbarung Kann-Regelung* — *A 30*

§ 17 Zusatzurlaub

(1) Ärztinnen und Ärzte, die ständig Wechselschicht nach § 5 Abs. 1 oder ständig Schichtarbeit nach § 5 Abs. 2 leisten und denen die Zulage nach § 7 Abs. 4 Satz 1 oder Abs. 5 Satz 1 zusteht, erhalten — *ständige Wechselschicht-/ Schichtarbeit*

a) bei Wechselschichtarbeit für je zwei zusammenhängende Monate und

b) bei Schichtarbeit für je vier zusammenhängende Monate

einen Arbeitstag Zusatzurlaub.

(2) Im Falle nicht ständiger Wechselschichtarbeit und nicht ständiger Schichtarbeit soll bei annähernd gleicher Belastung die Gewährung zusätzlicher Urlaubstage durch Dienstvereinbarung geregelt werden. — *nichtständige Wechselschicht-/ Schichtarbeit*

(3) ¹Ärztinnen und Ärzte erhalten bei einer Leistung im Kalenderjahr von mindestens — *Nachtarbeit*

- 150 Nachtarbeitsstunden   1 Arbeitstag
- 300 Nachtarbeitsstunden   2 Arbeitstage
- 450 Nachtarbeitsstunden   3 Arbeitstage
- 600 Nachtarbeitsstunden   4 Arbeitstage

Zusatzurlaub im Kalenderjahr. ²Nachtarbeitsstunden, die in Zeiträumen geleistet werden, für die Zusatzurlaub für Wechselschicht- oder Schichtarbeit zusteht, bleiben unberücksichtigt.

(4) ¹Die Ärztin/Der Arzt erhält für die Zeit der Bereitschaftsdienste in den Nachtstunden (§ 5 Abs. 3) einen Zusatzurlaub in Höhe von zwei Arbeitstagen pro Kalenderjahr, sofern mindestens 288 Stunden der Bereitschaftsdienste kalenderjährlich in die Zeit zwischen 21.00 bis 6.00 Uhr fallen. ²Absatz 3 Satz 2 gilt entsprechend. ³Bei Teilzeitkräften ist die Zahl der nach Satz 1 geforderten Bereitschaftsdienststunden entsprechend dem Verhältnis ihrer individuell vereinbarten durchschnittlichen regelmäßigen Arbeitszeit zur regelmäßigen Arbeitszeit vergleichbarer vollzeitbeschäftigter Ärztinnen und Ärzte zu kürzen. ⁴Ist die vereinbarte Arbeitszeit im Durchschnitt des Urlaubsjahres auf weniger als fünf Arbeitstage in der — *Bereitschaftsdienste Nachtstunden*

Anlage 30 – §§ 17, 18

Kalenderwoche verteilt, ist der Zusatzurlaub in entsprechender Anwendung des § 3 Abs. 5 Unterabs. 2 und 4 der Anlage 14 zu den AVR zu ermitteln.

Höchst-urlaubstage (5) ¹Zusatzurlaub nach dieser Regelung und sonstigen Bestimmungen mit Ausnahme von § 125 SGB IX wird nur bis zu insgesamt sechs Arbeitstagen im Kalenderjahr gewährt. ²Erholungsurlaub und Zusatzurlaub (Gesamturlaub) dürfen im Kalenderjahr zusammen 35 Arbeitstage, bei Zusatzurlaub wegen Wechselschichtarbeit 36 Arbeitstage nicht überschreiten. ³Bei Ärztinnen und Ärzten, die das 50. Lebensjahr vollendet haben, gilt abweichend von Satz 2 eine Höchstgrenze von 36 Arbeitstagen; § 3 Abs. 4 Satz 1 der Anlage 14 zu den AVR gilt entsprechend.

Anlage 14 (6) Im Übrigen gelten die §§ 1 bis 3 der Anlage 14 zu den AVR mit Ausnahme von § 1 Abs. 6 Unterabsatz 2 Satz 1 entsprechend.

Anmerkungen zu den Absätzen 1 und 2:
¹Der Anspruch auf Zusatzurlaub bemisst sich nach der abgeleisteten Schicht- oder Wechselschichtarbeit und entsteht im laufenden Jahr, sobald die Voraussetzungen nach Absatz 1 erfüllt sind. ²Für die Feststellung, ob ständige Wechselschichtarbeit oder ständige Schichtarbeit vorliegt, ist eine Unterbrechung durch Arbeitsbefreiung, Freizeitausgleich, bezahltem Urlaub oder Arbeitsunfähigkeit in den Grenzen von Abschnitt XII der Anlage 1 zu den AVR unschädlich.

§ 18 Führung auf Probe

befristete Führungsposition auf Probe (1) ¹Führungspositionen können als befristetes Dienstverhältnis bis zur Gesamtdauer von zwei Jahren vereinbart werden. ²Innerhalb dieser Gesamtdauer ist eine höchstens zweimalige Verlängerung des Dienstvertrages zulässig. ³Die beiderseitigen Kündigungsrechte bleiben unberührt.

Führungsposition (2) Führungspositionen sind die zugewiesenen Tätigkeiten mit Weisungsbefugnis.

vorübergehende Führungsposition (3) ¹Besteht bereits ein Dienstverhältnis mit demselben Dienstgeber, kann der Ärztin/dem Arzt vorübergehend eine Führungsposition bis zu der in Absatz 1 genannten Gesamtdauer übertragen werden. ²Der Ärztin/dem Arzt wird für die Dauer der Übertragung eine Zulage in Höhe des Unterschiedsbetrags zwischen den Tabellenentgelten nach der bisherigen Entgeltgruppe und dem sich bei Höhergruppierung nach § 15 Abs. 4 ergebenden Tabellenentgelt gewährt. ³Nach Fristablauf endet die Erprobung. ⁴Bei Bewährung wird die Führungsfunktion auf Dauer übertragen; ansonsten erhält die Ärztin/der Arzt eine der bisherigen Eingruppierung entsprechende Tätigkeit.

§ 19 Führung auf Zeit

(1) ¹Führungspositionen können als befristetes Dienstverhältnis bis zur Dauer von vier Jahren vereinbart werden. ²Es ist eine höchstens dreimalige Verlängerung bis zu einer Gesamtdauer von zwölf Jahren zulässig. ³Die allgemeinen Vorschriften über die Probezeit und die beiderseitigen Kündigungsrechte bleiben unberührt.

befristete Führungsposition

A 30

(2) Führungspositionen sind die zugewiesenen Tätigkeiten mit Weisungsbefugnis.

Führungsposition

(3) ¹Besteht bereits ein Dienstverhältnis mit demselben Dienstgeber, kann der Ärztin/dem Arzt vorübergehend eine Führungsposition bis zu dem in Absatz 1 genannten Fristen übertragen werden. ²Der Ärztin/dem Arzt wird für die Dauer der Übertragung eine Zulage gewährt in Höhe des Unterschiedsbetrags zwischen den Tabellenentgelten nach der bisherigen Entgeltgruppe und dem sich bei Höhergruppierung nach § 15 Abs. 4 ergebenden Tabellenentgelt, zuzüglich eines Zuschlages von 75 v.H. des Unterschiedsbetrags zwischen den Tabellenentgelten der Entgeltgruppe, die der übertragenen Funktion entspricht, zur nächst höheren Entgeltgruppe nach § 15 Abs. 4. ³Nach Fristablauf erhält die Ärztin/der Arzt eine der bisherigen Eingruppierung entsprechende Tätigkeit; der Zuschlag entfällt.

vorübergehende Führungsposition auf Zeit

Anlage 30 – Anhang A

Tabelle AVR Ärztinnen und Ärzte

(RK BW, gültig ab 1. Januar 2013 bis zum 30. Dezember 2013; RK Nord, gültig ab 1. Oktober 2013 bis zum 31. Dezember 2013; RK Mitte, gültig ab 1. November 2013 bis zum 31. Dezember 2013; RK Ost, gültig ab 1. April 2014 bis zum 31. Juli 2014) (monatlich in Euro)

Engelt-gruppe	Grundentgelt Entwicklungsstufen					
	Stufe 1	Stufe 2	Stufe 3	Stufe 4	Stufe 5	Stufe 6
IV	7.670,16	8.218,45	-	-	-	-
III	6.520,45	6.903,69	7.451,96	-	-	-
II	5.205,70	5.642,18	6.025,43	6.248,99	6.467,21	6.685,44
I	3.944,20	4.167,77	4.327,44	4.604,23	4.934,25	5.069,98

(RK NRW/Bayern, gültig ab 1. Juli 2013; RK BW/Nord/Mitte, gültig ab 1. Januar 2014; RK Ost, gültig ab 1. August 2014) (monatlich in Euro)

Engelt-gruppe	Grundentgelt Entwicklungsstufen					
	Stufe 1	Stufe 2	Stufe 3	Stufe 4	Stufe 5	Stufe 6
IV	7.823,56	8.382,82	-	-	-	-
III	6.650,86	7.041,76	7.601,00	-	-	-
II	5.309,81	5.755,02	6.145,94	6.373,97	6.596,55	6.819,15
I	4.023,08	4.251,13	4.413,99	4.696,31	5.032,94	5.171,38

Anlage 30 – Anhang B

Überleitungs- und Besitzstandregelung

Präambel

¹Zweck dieser Regelung ist es, zum einen sicherzustellen, dass die/der einzelne Ärztin/Arzt nach der Überleitung in die Anlage 30 zu den AVR durch diese Überleitung keine geringere Vergleichsjahresvergütung hat. ²Zum anderen soll erreicht werden, dass die Einrichtung bei Anwendung der Anlagen 30 bis 33 zu den AVR durch die Überleitung finanziell nicht überfordert wird (Überforderungsklausel).

§ 1 Geltungsbereich

(1) Diese Übergangs- und Besitzstandsregelung gilt für alle Ärztinnen und Ärzte im Sinne des § 1 der Anlage 30 zu den AVR, die am Tag vor dem Inkrafttreten[1] der Anlage 30 zu den AVR durch Beschluss der jeweiligen Regionalkommission in einem Dienstverhältnis gestanden haben, das am Tag des Inkrafttretens der Anlage 30 zu den AVR durch Beschluss der jeweiligen Regionalkommission im Geltungsbereich der AVR fortbesteht, für die Dauer des ununterbrochen fortbestehenden Arbeitsverhältnisses.

(2) ¹Ein Dienstverhältnis besteht auch ununterbrochen fort bei der Verlängerung eines befristeten Dienstvertrages. ²Unterbrechungen von bis zu einem Monat sind unschädlich.

§ 2 Überleitung

Ärztinnen und Ärzte gemäß § 1 der Anlage 30 zu den AVR werden so in das neue System übergeleitet, als ob sie seit dem Zeitpunkt, seit dem sie ununterbrochen im Geltungsbereich der AVR oder im sonstigen Bereich der katholischen Kirche tätig waren nach Anlage 30 zu den AVR eingruppiert und eingestuft worden wären.

§ 3 Besitzstandsregelung

(1) Ärztinnen und Ärzte, deren bisherige Vergütung (Vergleichsvergütung) das ihnen am Tag des Inkrafttretens* der Anlage 30 zu den AVR durch Beschluss der jeweiligen Regionalkommission zustehende Entgelt übersteigt, erhalten eine Besitzstandszulage.

(2) ¹Die monatliche Besitzstandszulage wird als Unterschiedsbetrag zwischen der Vergleichsjahresvergütung (Absatz 3) und dem Jahresentgelt (Absatz 4), jeweils geteilt durch 12, errechnet.

(RK Nord/NRW/Mitte/BW/Bayern): ²Dabei sind Vergütungsveränderungen durch Beschlüsse nach § 11 AK-Ordnung nicht zu berücksichtigen.

(RK Ost): ²Bei der Vergleichsberechnung sind die neuen Werte aus der zeitgleich mit dem Inkrafttreten* der Anlage 30 zu den AVR von der Regionalkommission festgelegten Vergütungstabelle zugrunde zu legen.

---

1 Inkrafttreten: RK Nord am 1.7.2011, RK NRW am 1.1.2011, RK Bayern am 1.1.2011, RK Mitte am 1.4.2011, RK BW am 1.1.2011.

Anlage 30 – Anhang A

(3) ¹Die Vergleichsjahresvergütung errechnet sich als das 12-fache der am Tag vor dem Inkrafttreten* der Anlage 30 zu den AVR durch Beschluss der jeweiligen Regionalkommission zustehenden Monatsvergütung, zuzüglich des Urlaubsgeldes gemäß Anlage 14 und der Weihnachtszuwendung gemäß Abschnitt XIV Anlage 1 zu den AVR. ²Zur Monatsvergütung im Sinne dieser Vorschrift gehören die Regelvergütung gemäß Abschnitt III der Anlage 1, die Kinderzulage gemäß Abschnitt V der Anlage 1, Besitzstandszulagen gemäß Anlage 1b zu den AVR und weitere regelmäßig gewährte Zulagen.

(4) ¹Das Jahresentgelt errechnet sich als das 12-fache des am Tag des Inkrafttretens¹ der Anlage 30 zu den AVR durch Beschluss der jeweiligen Regionalkommission zustehenden Monatsentgelts zuzüglich des Leistungsentgelts gemäß § 16 der Anlage 30 zu den AVR. ²Zum Monatsentgelt im Sinne dieser Vorschrift gehören das Tabellenentgelt gemäß § 13 der Anlage 30 zu den AVR i.V.m Anhang A der Anlage 30 zu den AVR und weitere regelmäßig gewährte Zulagen.

(5) *(RK Nord/NRW/Mitte/BW/Bayern):* ¹Fällt der Zeitpunkt des Inkrafttretens* dieser Anlage mit dem Zeitpunkt einer linearen Vergütungserhöhung zusammen, erfolgt die Berechnung des Besitzstandes auf Basis der erhöhten Regelvergütungstabelle in Anlage 3 zu den AVR und der erhöhten Entgelttabelle in dieser Anlage. ²Die Regionalkommissionen können durch Beschluss von der vorstehenden Regelung abweichen.

(5a) *(RK Bayern):* Für die Berechnung der Überleitung gilt: Für die Höhe aller Vergütungswerte i.S.d. § 3 Abs. 3 sind die jeweilig linear um 1,2 v.H. erhöhten Werte zu Grunde zu legen.

(5) *(RK Ost):* Ruht das Dienstverhältnis oder besteht anstelle einer Beurlaubung eine Teilzeitbeschäftigung während der Elternzeit oder während einer Beurlaubung nach Abschnitt III § 10 der Anlage 14 zu den AVR, ist die Monatsvergütung so zu berechnen, als ob die Ärztin/der Arzt im Monat nach dem Inkrafttreten* der Anlage 30 zu den AVR durch Beschluss der jeweiligen Regionalkommission die Tätigkeit im selben Umfang wie vor der Beurlaubung bzw. vor dem Ruhen wieder aufgenommen hätte.

(6) *(RK Nord/NRW/Mitte/BW/Bayern):* Ruht das Dienstverhältnis, sind die Monatsvergütung (Absatz 3) und das Monatsentgelt (Absatz 4) so zu berechnen, als ob die Ärztin/der Arzt im Monat vor dem Inkrafttreten² der Anlage 30 zu den AVR durch Beschluss der jeweiligen Regionalkommission die Tätigkeit im selben Umfang wie vor dem Ruhen wieder aufgenommen hätte.

(6) *(RK Ost):* Verringert sich nach dem Tag des Inkrafttretens* der Anlage 30 zu den AVR durch Beschluss der jeweiligen Regionalkommission die individuelle regelmäßige Arbeitszeit der Ärztin/des Arztes, reduziert sich ihre/seine Besitzstandszulage im selben Verhältnis, in dem die Arbeitszeit verringert wird; erhöht sich die Arbeitszeit, bleibt die Besitzstandszulage unverändert. Erhöht sich nach einer Verringerung der Arbeitszeit diese wieder, so lebt die Besitzstandszulage im gleichen Verhältnis wie die Arbeitszeiterhöhung, höchstens bis zur ursprünglichen Höhe, wieder auf.

(7) *(RK Nord/NRW/Mitte/BW/Bayern):* ¹Verringert sich nach dem Tag des Inkrafttretens* der Anlage 30 zu den AVR durch Beschluss der jeweiligen Regionalkommission die individuelle

---

1 Inkrafttreten: RK Nord am 1.7.2011, RK NRW am 1.1.2011, RK Bayern am 1.1.2011, RK Mitte am 1.3.2011, RK BW am 1.1.2011.
2 Inkrafttreten: RK Nord am 1.7.2011, RK NRW am 1.1.2011, RK Bayern am 1.1.2011, RK Mitte am 1.4.2011, RK BW am 1.1.2011.

regelmäßige Arbeitszeit der Ärztin/des Arztes, reduziert sich ihre/seine Besitzstandszulage im selben Verhältnis, in dem die Arbeitszeit verringert wird; erhöht sich die Arbeitszeit, bleibt die Besitzstandszulage unverändert. ²Erhöht sich nach einer Verringerung der Arbeitszeit diese wieder, so lebt die Besitzstandszulage im gleichen Verhältnis wie die Arbeitszeiterhöhung, höchstens bis zur ursprünglichen Höhe, wieder auf. ³Diese Regelung ist entsprechend anzuwenden auf Ärztinnen und Ärzte, deren Arbeitszeit am Tag vor dem Inkrafttreten* der Anlage 30 zu den AVR durch Beschluss der jeweiligen Regionalkommission befristet verändert ist. ⁴Die umstellungsbedingte Neufestsetzung der regelmäßigen wöchentlichen Arbeitszeit nach § 2 Abs. 1 dieser Anlage gilt nicht als Arbeitszeitreduzierung im Sinne dieses Absatzes.

(7) *(RK Ost):* ¹Die kinderbezogenen Entgeltbestandteile gem. Abschnitt V der Anlage 1 zu den AVR, die in die Berechnung der Besitzstandszulage nach Absatz 2 und Absatz 3 einfließen, werden als Anteil der Besitzstandszulage fortgezahlt, solange für diese Kinder Kindergeld nach dem Einkommensteuergesetz (EStG) oder nach dem Bundeskindergeldgesetz (BKGG) gezahlt wird oder ohne Berücksichtigung des § 64 oder § 65 EStG oder des § 3 oder § 4 BKGG gezahlt würde. ²Mit dem Wegfall der Voraussetzungen reduziert sich die Besitzstandszulage entsprechend.

(8) *(RK Nord/NRW/Mitte/BW/Bayern):* ¹Die kinderbezogenen Entgeltbestandteile gem. Abschnitt V der Anlage 1 zu den AVR, die in die Berechnung der Besitzstandszulage nach Absatz 2 und Absatz 3 einfließen, werden als Anteil der Besitzstandszulage fortgezahlt, solange für diese Kinder Kindergeld nach dem Einkommensteuergesetz (EStG) oder nach dem Bundeskindergeldgesetz (BKGG) gezahlt wird oder ohne Berücksichtigung des § 64 oder § 65 EStG oder des § 3 oder § 4 BKGG gezahlt würde. ²Mit dem Wegfall der Voraussetzungen reduziert sich die Besitzstandszulage entsprechend.

(9) *(RK Nord/NRW/Mitte/BW/Bayern):* ¹Hat der Mitarbeiter im Kalenderjahr vor Inkrafttreten dieser Anlage die Voraussetzungen für einen Anspruch auf Zusatzurlaub nach § 4 der Anlage 14 zu den AVR erfüllt, wird der sich daraus ergebende Zusatzurlaub im Kalenderjahr des Inkrafttretens* dieser Anlage gewährt. ²Erwirbt der Mitarbeiter im Kalenderjahr des Inkrafttretens¹ dieser Anlage einen weiteren Anspruch auf Zusatzurlaub nach dieser Anlage, werden die Ansprüche nach § 4 der Anlage 14 und die nach dieser Anlage erworbenen Ansprüche miteinander verglichen. ³Der Mitarbeiter erhält in diesem Fall ausschließlich den jeweils höheren Anspruch auf Gewährung von Zusatzurlaub.

Anmerkung zu § 3 Abs. 9:
Fällt der Zeitpunkt des Inkrafttretens* dieser Anlage durch die Entscheidung der zuständigen Regionalkommission nicht mit dem Beginn eines Kalenderjahres zusammen, gelten die Vorschriften für die Berechnung des Zusatzurlaubs nach dieser Anlage für das gesamte Kalenderjahr, in dem die Anlage in Kraft tritt.

(10) *(RK Nord/NRW/Mitte/BW/Bayern):* ¹Beim Erreichen der Stufe 3 der Entgeltgruppe III oder der Stufe 6 der Entgeltgruppe I wird die Besitzstandszulage um den Wert der Stufensteigerung, höchstens bis zur Höhe der Besitzstandszulage, reduziert. ²Bei der Vergleichsberechnung sind die zum 1. Januar 2012 erhöhten Werte zugrunde zu legen.

(10) *(RK Mitte/Ost):* ¹Beim Erreichen der Stufe 3 der Entgeltgruppe III oder der Stufe 6 der Entgeltgruppe I wird die Besitzstandszulage um den Wert der Stufensteigerung, höchstens

---

1 Inkrafttreten: RK Nord am 1.7.2011, RK NRW am 1.1.2011, RK Bayern am 1.1.2011, RK Mitte am 1.4.2011, RK BW am 1.1.2011.

bis zur Höhe der Besitzstandszulage, reduziert. ²Bei der Vergleichsberechnung sind die zum 1. Januar 2013 erhöhten Werte zugrunde zu legen.

§ 4 Überforderungsklausel

(1) Soweit bei einem Vergleich der Gesamtpersonalkosten vor und nach der Überleitung umstellungsbedingte Mehrkosten von mehr als 3 v.H. entstehen, kann das Entgelt für längstens 3 Jahre um 1,5 v.H. gekürzt werden.

(2) Die Gesamtpersonalkosten errechnen sich aus den Bruttopersonalkosten der Mitarbeiter der Einrichtung und den Arbeitgeberanteilen zur Sozialversicherung.

(3) ¹Bei der Ermittlung der Mehrkosten sind ausschließlich die Steigerungen der Gesamtpersonalkosten der Einrichtung zu berücksichtigen, die unmittelbar durch Überleitung von Mitarbeiterinnen und Mitarbeitern in die Anlagen 30 bis 33 zu den AVR entstehen. ²Mehrkosten, die durch Neueinstellungen von Mitarbeiterinnen und Mitarbeitern und durch strukturelle Veränderungen bei Mitarbeiterinnen und Mitarbeitern, die nicht in die Anlagen 30 bis 33 zu den AVR überführt wurden (Stufenaufstiege, Tätigkeits- oder Bewährungsaufstiege, Kinderzulagen oder andere Zulagen), entstehen, bleiben bei der Ermittlung der Mehrkosten unberücksichtigt. ³Administrative Mehrkosten, die durch die Überleitung entstehen, bleiben ebenfalls unberücksichtigt.

(4) *(RK Nord/NRW/Mitte/BW/Bayern):* ¹Macht der Dienstgeber von der Anwendung der Überforderungsklausel Gebrauch, erhöht sich die Besitzstandszulage der Bestandsmitarbeiter für die Dauer dieser Maßnahme entsprechend. ²Die Anwendung der Überforderungsklausel darf nicht dazu führen, dass das Jahresentgelt unter die Vergleichsjahresvergütung fällt. ³Eine entsprechende Differenz ist entsprechend Satz 1 auszugleichen.

(4) *(RK Ost):* Macht der Dienstgeber von der Anwendung der Überforderungsklausel Gebrauch, erhöht sich die Besitzstandszulage der Bestandsmitarbeiter für die Dauer dieser Maßnahme entsprechend.

(5) ¹Die Entscheidung über die Anwendung der Überforderungsklausel und die dafür maßgeblichen Berechnungen sind der zuständigen Mitarbeitervertretung vorzulegen und zu erläutern. ²Die Entscheidung ist ferner einem Ausschuss der Bundeskommission der Arbeitsrechtlichen Kommission anzuzeigen. ³Dazu sind die vergleichenden Gesamtpersonalkostenberechnungen vorzulegen. ⁴Der Ausschuss der Bundeskommission der Arbeitsrechtlichen Kommission führt eine reine Missbrauchskontrolle durch.

(6) *(RK Nord/NRW/Mitte/BW/Bayern):* Über weitere Regelungen zur Vermeidung von Überforderungen durch die Überleitung entscheiden die Regionalkommissionen im Rahmen ihrer Zuständigkeit.

Anlage 31:
Besondere Regelungen für Mitarbeiter im Pflegedienst in Krankenhäusern

§ 1	Geltungsbereich	314
§ 2	Regelmäßige Arbeitszeit	315
§ 3	Arbeit an Sonn- und Feiertagen	316
§ 4	Sonderformen der Arbeit	317
§ 5	Bereitschaftsdienst und Rufbereitschaft	318
§ 6	Ausgleich für Sonderformen der Arbeit	319
§ 7	Bereitschaftsdienstentgelt	321
§ 8	Bereitschaftszeiten	322
§ 9	Arbeitszeitkonto	323
§ 10	Teilzeitbeschäftigung	323
§ 11	Eingruppierung	324
§ 12	Tabellenentgelt	324
§ 12a	Berechnung und Auszahlung des Entgelts	325
§ 13	Stufen der Entgelttabelle	325
§ 13a	Besondere Stufenregelung	326
§ 14	Allgemeine Regelungen zu den Stufen	327
§ 15	Leistungsentgelt bzw. Sozialkomponente	332
§ 16	Jahressonderzahlung	334
§ 17	Zusatzurlaub	335
§ 18	Führung auf Probe	337
§ 19	Führung auf Zeit	337

Anhang A: Tabelle AVR Mitarbeiter im Pflegedienst in Krankenhäusern
(RK NRW/BW, gültig ab 1.7.2014;
RK Mitte/Bayern/Nord, gültig ab 1.1.2015) 338
(RK NRW/Mitte/BW/Bayern, gültig ab 1.3.2015;
RK Nord, gültig ab 1.07.2015) 339
(RK Ost – Bundesland Hamburg, gültig ab 1.1.2015) 340
(RK Ost – Bundesland Hamburg, gültig ab 1.10.2015) 341
(RK Ost – Tarifgebiet Ost, gültig ab 1.1.2015) 342
(RK Ost – Tarifgebiet Ost, gültig ab 1.10.2015) 343
(RK Ost – Tarifgebiet Ost, gültig ab 1.3.2016) 344

Anlage 31 – Inhalt, § 1

(RK Ost – Tarifgebiet West ohne Hamburg, gültig ab 1.1.2015) 345
(RK Ost – Tarifgebiet West ohne Hamburg, gültig ab 1.10.2015) 346
Anmerkung zu Anhang A zur Anlage 31 347

Anhang B: Kr-Anwendungstabelle
(RK NRW/BW, gültig ab 1.7.2014;
RK Mitte/Bayern/Nord, gültig ab 1.1.2015) 348
(RK NRW/Mitte/BW/Bayern, gültig ab 1.3.2015;
RK Nord, gültig ab 1.07.2015) 350
(RK Ost – Bundesland Hamburg, gültig ab 1.1.2015) 352
(RK Ost – Bundesland Hamburg, gültig ab 1.10.2015) 354
(RK Ost – Tarifgebiet Ost, gültig ab 1.1.2015) 356
(RK Ost – Tarifgebiet Ost, gültig ab 1.10.2015) 358
(RK Ost – Tarifgebiet Ost, gültig ab 1.3.2016) 360
(RK Ost – Tarifgebiet West ohne Hamburg, gültig ab 1.1.2015) 362
(RK Ost – Tarifgebiet West ohne Hamburg, gültig ab 1.10.2015) 364

Anhang C: Stundenentgelttabelle 366

Anhang D: Vergütungsgruppen für Mitarbeiter im Pflegedienst
in Krankenhäusern 369
Anmerkungen zu den Tätigkeitsmerkmalen
der Vergütungsgruppen Kr 1 bis Kr 13 378

Anhang E: Überleitungs- und Besitzstandregelung 383

§ 1 Geltungsbereich

(1) Diese Anlage gilt für Mitarbeiter im Pflegedienst, die in

Krankenhäuser a) Krankenhäusern, einschließlich psychiatrischen Fachkrankenhäusern,

deren med.Institute b) medizinischen Instituten von Krankenhäusern oder

Heime mit eigener ärztlicher Behandlung c) sonstigen Einrichtungen (z. B. Reha-Einrichtungen, Kureinrichtungen), in denen die betreuten Personen in ärztlicher Behandlung stehen, wenn die Behandlung durch in den Einrichtungen selbst beschäftigte Ärztinnen oder Ärzte stattfindet,

beschäftigt sind.

Anmerkung zu Absatz 1:
[1]Von dem Geltungsbereich werden auch Fachabteilungen (z. B. Pflege-, Altenpflege- und Betreuungseinrichtungen) in psychiatrischen Zentren bzw. Rehabilitations- oder Kureinrichtungen erfasst, soweit diese mit einem psychiatrischen Fachkrankenhaus bzw. einem Krankenhaus desselben Trägers einen Betrieb bilden. [2]Im Übrigen werden Altenpflegeeinrichtungen eines Krankenhauses von dem Geltungsbereich der Anlage 31 nicht erfasst, auch soweit sie mit einem Krankenhaus desselben Trägers einen Betrieb bilden.

(RK Nord/NRW/Mitte/BW/Bayern): Anmerkung 2 zu Absatz 1:
Lehrkräfte an Krankenpflegeschulen und ähnlichen der Ausbildung dienenden Einrichtungen nach Absatz 1 fallen unter die Anlage 31 zu den AVR.

(2) [1]Soweit für diese Mitarbeiter nachfolgend nichts anderes bestimmt ist, finden die Vorschriften des Allgemeinen Teils und der Anlagen der AVR Anwendung. [2]§ 2a, § 9a und § 12 des Allgemeinen Teils, Abschnitte Ia, IIIB, IIIa, V, VII und XIV der Anlage 1, Anlagen 1b, 2a, 2c, 3a, 6 und 6a sowie § 4 und §§ 6 bis 9 der Anlage 14 zu den AVR finden keine Anwendung. [3]Anlage 5 zu den AVR gilt nicht mit Ausnahme von § 1 Abs. 7, Abs. 9 und Abs. 10, § 5, § 6, § 7 Abs. 7, § 9 Abs. 6 und § 10.

§ 2 Regelmäßige Arbeitszeit

(1) *(RK Nord/NRW/Bayern):* [1]Die regelmäßige Arbeitszeit der Mitarbeiter beträgt ausschließlich der Pausen durchschnittlich 38,5 Stunden wöchentlich.

(RK Mitte/BW): [1]Die regelmäßige wöchentliche Arbeitszeit der Mitarbeiter beträgt ausschließlich der Pausen durchschnittlich 39 Stunden.

(RK Nord/NRW/Mitte/BW/Bayern): [2]Abweichend davon beträgt die regelmäßige Arbeitszeit für die Mitarbeiter im Gebiet der neuen Bundesländer Mecklenburg-Vorpommern, Brandenburg, Sachsen-Anhalt, Thüringen und Sachsen sowie in dem Teil des Landes Berlin, in dem das Grundgesetz bis einschließlich 2. Oktober 1990 nicht galt, durchschnittlich 40 Stunden wöchentlich. [3]Die regelmäßige Arbeitszeit kann auf fünf Tage, aus notwendigen dienstlichen oder betrieblichen Gründen auch aufss sechs Tage verteilt werden.

(RK Ost): [1]Die regelmäßige Arbeitszeit der Mitarbeiter beträgt ausschließlich der Pausen durchschnittlich 38,5 Stunden wöchentlich. [2]Abweichend davon beträgt die regelmäßige Arbeitszeit für die Mitarbeiter im Gebiet der neuen Bundesländer Mecklenburg-Vorpommern, Brandenburg, Sachsen-Anhalt, Thüringen und Sachsen sowie in dem Teil des Landes Berlin, in dem das Grundgesetz bis einschließlich 2. Oktober 1990 nicht galt, durchschnittlich 40 Stunden wöchentlich. [3]Die regelmäßige Arbeitszeit kann auf fünf Tage, aus notwendigen dienstlichen oder betrieblichen Gründen auch auf sechs Tage verteilt werden.

(RK Nord/NRW/Mitte/BW/Bayern/Ost): [3]Die regelmäßige Arbeitszeit kann auf fünf Tage, aus notwendigen dienstlichen oder betrieblichen Gründen auch auf sechs Tage verteilt werden.

(RK Mitte): Anmerkung zu Absatz 1:
Die Mitarbeiter erhalten jeweils jährlich einen Tag Arbeitszeitverkürzung entsprechend der Regelung in § 1b der Anlage 5 zu den AVR. Mit Wegfall des AZV-Tages gemäß § 1b der Anlage 5 zu den AVR entfällt zeitgleich der Anspruch nach Satz 2.

(2) [1]Für die Berechnung des Durchschnitts der regelmäßigen wöchentlichen Arbeitszeit ist ein Zeitraum von bis zu einem Jahr zugrunde zu legen. [2]Abweichend von Satz 1 kann bei Mitarbeitern, die ständig Wechselschicht- oder Schichtarbeit zu leisten haben, ein längerer Zeitraum zugrunde gelegt werden.

(3) [1]Soweit es die dienstlichen oder betrieblichen Verhältnisse zulassen, wird der Mitarbeiter am 24. Dezember und am 31. Dezember unter Fortzahlung des Ent-

gelts von der Arbeit freigestellt. ²Kann die Freistellung nach Satz 1 aus dienstlichen oder betrieblichen Gründen nicht erfolgen, ist entsprechender Freizeitausgleich innerhalb von drei Monaten zu gewähren. ³Die regelmäßige Arbeitszeit vermindert sich für den 24. Dezember und 31. Dezember, sofern sie auf einen Werktag fallen, um die dienstplanmäßig ausgefallenen Stunden.

Anmerkung zu Absatz 3 Satz 3:
Die Verminderung der regelmäßigen Arbeitszeit betrifft die Mitarbeiter, die wegen des Dienstplans frei haben und deshalb ohne diese Regelung nacharbeiten müssten.

Abweichung vom ArbZG durch Dienstvereinbarung

(4) Aus dringenden dienstlichen oder betrieblichen Gründen kann auf der Grundlage einer Dienstvereinbarung im Rahmen des § 7 Abs. 1, 2 und des § 12 ArbZG von den Vorschriften des Arbeitszeitgesetzes abgewichen werden.

Verpflichtung Sonntags-, Feiertags-, Nacht-, Schicht-, Bereitschaftsdienst, Mehrarbeit

(5) Die Mitarbeiter sind im Rahmen begründeter dienstlicher oder betrieblicher Notwendigkeiten zur Leistung von Sonntags-, Feiertags-, Nacht-, Wechselschicht-, Schichtarbeit sowie – bei Teilzeitbeschäftigung aufgrund dienstvertraglicher Regelung oder mit ihrer Zustimmung – zu Bereitschaftsdienst, Rufbereitschaft, Überstunden und Mehrarbeit verpflichtet.

Arbeitszeitkorridor

(6) ¹Durch Dienstvereinbarung kann ein wöchentlicher Arbeitszeitkorridor von bis zu 45 Stunden eingerichtet werden. ²Die innerhalb eines Arbeitszeitkorridors geleisteten zusätzlichen Arbeitsstunden werden im Rahmen des nach Absatz 2 Satz 1 festgelegten Zeitraums ausgeglichen.

Rahmenarbeitszeit

(7) ¹Durch Dienstvereinbarung kann in der Zeit von 6 bis 20 Uhr eine tägliche Rahmenzeit von bis zu zwölf Stunden eingeführt werden. ²Die innerhalb der täglichen Rahmenzeit geleisteten zusätzlichen Arbeitsstunden werden im Rahmen des nach Absatz 2 Satz 1 festgelegten Zeitraums ausgeglichen.

(8) Die Absätze 6 und 7 gelten nur alternativ und nicht bei Wechselschicht- und Schichtarbeit.

Anmerkung zu § 2:

Gleitzeit

¹Gleitzeitregelungen sind unter Wahrung der jeweils geltenden Mitbestimmungsrechte unabhängig von den Vorgaben zu Arbeitszeitkorridor und Rahmenzeit (Absätze 6 und 7) möglich. ²Sie dürfen keine Regelungen nach Absatz 4 enthalten.

(9) ¹Auf der Grundlage einer Dienstvereinbarung kann bei der Behandlung, Pflege und Betreuung von Personen die tägliche Arbeitszeit im Schichtdienst, ausschließlich der Pausen, auf bis zu 12 Stunden verlängert werden, wenn solche Dienste nach der Eigenart dieser Tätigkeit und zur Erhaltung des Wohles dieser Personen erforderlich sind.

²In unmittelbarer Folge dürfen höchstens 5 Zwölf-Stunden-Schichten und innerhalb von zwei Wochen nicht mehr als 8 Zwölf-Stunden-Schichten geleistet werden. ³Solche Schichten können nicht mit Bereitschaftsdienst kombiniert werden.

⁴Abweichend von § 1 Abs. 10 der Anlage 5 kann bei Anordnung von Zwölf-Stunden-Schichten die Ruhezeit nicht verkürzt werden.

§ 3 Arbeit an Sonn- und Feiertagen

In Ergänzung zu § 2 Abs. 3 Satz 3 und Abs. 5 gilt für Sonn- und Feiertage Folgendes:

(1) ¹Die Arbeitszeit an einem gesetzlichen Feiertag, der auf einen Werktag fällt, wird durch eine entsprechende Freistellung an einem anderen Werktag bis zum Ende des dritten Kalendermonats – möglichst aber schon bis zum Ende des nächsten Kalendermonats – ausgeglichen, wenn es die betrieblichen Verhältnisse zulassen. ²Kann ein Freizeitausgleich nicht gewährt werden, erhält der Mitarbeiter je Stunde 100 v. H. des auf eine Stunde entfallenden Anteils des monatlichen Entgelts der jeweiligen Entgeltgruppe und Stufe nach Maßgabe der Entgelttabelle. ³Ist ein Arbeitszeitkonto eingerichtet, ist eine Buchung gemäß § 9 Abs. 3 zulässig. ⁴§ 6 Abs. 1 Satz 2 Buchst. d bleibt unberührt.

bei gesetzl. Feiertag als Werktag, Freizeitausgleich/ finanzielle Abgeltung

(2) ¹Für Mitarbeiter, die regelmäßig nach einem Dienstplan eingesetzt werden, der Wechselschicht- oder Schichtdienst an sieben Tagen in der Woche vorsieht, vermindert sich die regelmäßige Wochenarbeitszeit um ein Fünftel der arbeitsvertraglich vereinbarten durchschnittlichen Wochenarbeitszeit, wenn sie an einem gesetzlichen Feiertag, der auf einen Werktag fällt,

bei gesetzl. Feiertag als Werktag und Schichtdienst Reduzierung Soll-Arbeitszeit

a) Arbeitsleistung zu erbringen haben oder

b) nicht wegen des Feiertags, sondern dienstplanmäßig nicht zur Arbeit eingeteilt sind und deswegen an anderen Tagen der Woche ihre regelmäßige Arbeitszeit erbringen müssen.

²Absatz 1 gilt in diesen Fällen nicht. ³§ 6 Abs. 1 Satz 2 Buchst. d bleibt unberührt.

(3) ¹Mitarbeiter, die regelmäßig an Sonn- und Feiertagen arbeiten müssen, erhalten innerhalb von zwei Wochen zwei arbeitsfreie Tage. ²Hiervon soll ein freier Tag auf einen Sonntag fallen.

§ 4 Sonderformen der Arbeit

(1) ¹Wechselschichtarbeit ist die Arbeit nach einem Schichtplan/Dienstplan, der einen regelmäßigen Wechsel der täglichen Arbeitszeit in Wechselschichten vorsieht, bei denen der Mitarbeiter längstens nach Ablauf eines Monats erneut zu mindestens zwei Nachtschichten herangezogen wird. ²Wechselschichten sind wechselnde Arbeitsschichten, in denen ununterbrochen bei Tag und Nacht, werktags, sonntags und feiertags gearbeitet wird. ³Nachtschichten sind Arbeitsschichten, die mindestens zwei Stunden Nachtarbeit umfassen.

Wechselschichtarbeit

Wechselschicht Nachtschicht

(2) Schichtarbeit ist die Arbeit nach einem Schichtplan, der einen regelmäßigen Wechsel des Beginns der täglichen Arbeitszeit um mindestens zwei Stunden in Zeitabschnitten von längstens einem Monat vorsieht, und die innerhalb einer Zeitspanne von 13 Stunden geleistet wird.

Schichtarbeit

(3) Bereitschaftsdienst leisten Mitarbeiter, die sich auf Anordnung des Dienstgebers außerhalb der regelmäßigen Arbeitszeit an einer vom Dienstgeber bestimmten Stelle aufhalten, um im Bedarfsfall die Arbeit aufzunehmen.

Bereitschaftsdienst

(4) ¹Rufbereitschaft leisten Mitarbeiter, die sich auf Anordnung des Dienstgebers außerhalb der regelmäßigen Arbeitszeit an einer dem Dienstgeber anzuzeigenden Stelle aufhalten, um auf Abruf die Arbeit aufzunehmen. ²Rufbereitschaft wird nicht dadurch ausgeschlossen, dass Mitarbeiter vom Dienstgeber mit einem Mobiltelefon oder einem vergleichbaren technischen Hilfsmittel ausgestattet sind.

Rufbereitschaft

(5) Nachtarbeit ist die Arbeit zwischen 21 Uhr und 6 Uhr.

Nachtarbeit

Mehrarbeit	(6) Mehrarbeit sind die Arbeitsstunden, die Teilzeitbeschäftigte über die vereinbarte regelmäßige Arbeitszeit hinaus bis zur regelmäßigen wöchentlichen Arbeitszeit von Vollbeschäftigten (§ 2 Abs. 1 Satz 1) leisten.
Überstunden	(7) Überstunden sind die auf Anordnung des Dienstgebers geleisteten Arbeitsstunden, die über die im Rahmen der regelmäßigen Arbeitszeit von Vollbeschäftigten (§ 2 Abs. 1 Satz 1) für die Woche dienstplanmäßig bzw. betriebsüblich festgesetzten Arbeitsstunden hinausgehen und nicht bis zum Ende der folgenden Kalenderwoche ausgeglichen werden.
Überstunden bei • Arbeitszeit- korridor • Rahmen- arbeitszeit • Schichtarbeit	(8) Abweichend von Absatz 7 sind nur die Arbeitsstunden Überstunden, die a) im Falle der Festlegung eines Arbeitszeitkorridors nach § 2 Abs. 6 über 45 Stunden oder über die vereinbarte Obergrenze hinaus, b) im Falle der Einführung einer täglichen Rahmenzeit nach § 2 Abs. 7 außerhalb der Rahmenzeit, c) im Falle von Wechselschicht- oder Schichtarbeit über die im Schichtplan festgelegten täglichen Arbeitsstunden einschließlich der im Schichtplan vorgesehenen Arbeitsstunden, die bezogen auf die regelmäßige wöchentliche Arbeitszeit im Schichtplanturnus nicht ausgeglichen werden, angeordnet worden sind.

§ 5 Bereitschaftsdienst und Rufbereitschaft

Voraussetzung Bereitschaftsdienst	(1) Der Dienstgeber darf Bereitschaftsdienst nur anordnen, wenn zu erwarten ist, dass zwar Arbeit anfällt, erfahrungsgemäß aber die Zeit ohne Arbeitsleistung überwiegt.
13/16-Stunden-Dienst	(2) Abweichend von den §§ 3, 5 und 6 Abs. 2 ArbZG kann im Rahmen des § 7 ArbZG die tägliche Arbeitszeit im Sinne des Arbeitszeitgesetzes über acht Stunden hinaus verlängert werden, wenn mindestens die acht Stunden überschreitende Zeit im Rahmen von Bereitschaftsdienst geleistet wird, und zwar wie folgt: a) bei Bereitschaftsdiensten der Stufe I bis zu insgesamt maximal 16 Stunden täglich; die gesetzlich vorgeschriebene Pause verlängert diesen Zeitraum nicht, b) bei Bereitschaftsdiensten der Stufen II und III bis zu insgesamt maximal 13 Stunden täglich; die gesetzlich vorgeschriebene Pause verlängert diesen Zeitraum nicht.
24-Stunden-Dienst	(3) ¹Im Rahmen des § 7 ArbZG kann unter den Voraussetzungen a) einer Prüfung alternativer Arbeitszeitmodelle, b) einer Belastungsanalyse gemäß § 5 ArbSchG und c) ggf. daraus resultierender Maßnahmen zur Gewährleistung des Gesundheitsschutzes aufgrund einer Dienstvereinbarung von den Regelungen des Arbeitszeitgesetzes abgewichen werden. ²Abweichend von den §§ 3, 5 und 6 Abs. 2 ArbZG kann die tägliche Arbeitszeit im Sinne des Arbeitszeitgesetzes über acht Stunden hinaus verlängert werden, wenn in die Arbeitszeit regelmäßig und in erheblichem Umfang Bereitschaftsdienst fällt. ³Hierbei darf die tägliche Arbeitszeit ausschließlich der Pausen maximal 24 Stunden betragen.
Dienst ohne Ausgleich	(4) Unter den Voraussetzungen des Absatzes 3 Satz 1 kann die tägliche Arbeitszeit gemäß § 7 Abs. 2a ArbZG ohne Ausgleich verlängert werden, wobei

a) bei Bereitschaftsdiensten der Stufe I eine wöchentliche Arbeitszeit von bis zu maximal durchschnittlich 58 Stunden,
b) bei Bereitschaftsdiensten der Stufen II und III eine wöchentliche Arbeitszeit von bis zu maximal durchschnittlich 54 Stunden zulässig ist.

(5) Für den Ausgleichszeitraum nach den Absätzen 2 bis 4 gilt § 2 Abs. 2 Satz 1. *Ausgleichszeitraum*

(6) ¹In den Fällen, in denen Mitarbeiter Teilzeitarbeit gemäß § 10 vereinbart haben, verringern sich die Höchstgrenzen der wöchentlichen Arbeitszeit nach den Absätzen 2 bis 4 in demselben Verhältnis wie die Arbeitszeit dieser Mitarbeiter zu der regelmäßigen Arbeitszeit der Vollbeschäftigten. ²Mit Zustimmung des Mitarbeiters oder aufgrund von dringenden dienstlichen oder betrieblichen Belangen kann hiervon abgewichen werden. *Teilzeitarbeit und Bereitschaftsdienst*

(7) ¹Der Dienstgeber darf Rufbereitschaft nur anordnen, wenn erfahrungsgemäß lediglich in Ausnahmefällen Arbeit anfällt. ²Durch tatsächliche Arbeitsleistung innerhalb der Rufbereitschaft kann die tägliche Höchstarbeitszeit von zehn Stunden (§ 3 ArbZG) überschritten werden (§ 7 ArbZG). *Voraussetzung Rufbereitschaft*

(8) § 2 Abs. 4 bleibt im Übrigen unberührt. *Abweichung vom ArbZG durch Dienstvereinbarung*

(9) ¹Für Mitarbeiter in Einrichtungen und Heimen, die der Förderung der Gesundheit, der Erziehung, Fürsorge oder Betreuung von Kindern und Jugendlichen, der Fürsorge und Betreuung von obdachlosen, alten, gebrechlichen, erwerbsbeschränkten oder sonstigen hilfsbedürftigen Personen dienen, auch wenn diese Einrichtungen nicht der ärztlichen Behandlung der betreuten Personen dienen, gelten die Absätze 1 bis 8 mit der Maßgabe, dass die Grenzen für die Stufe I einzuhalten sind. ²Dazu gehören auch die Mitarbeiter in Einrichtungen, in denen die betreuten Personen nicht regelmäßig ärztlich behandelt und beaufsichtigt werden (Erholungsheime). *Sonderregelung Heime, vgl. § 7 Abs. 3*

§ 6 Ausgleich für Sonderformen der Arbeit

(1) ¹Der Mitarbeiter erhält neben dem Entgelt für die tatsächliche Arbeitsleistung Zeitzuschläge. ²Die Zeitzuschläge betragen – auch bei Teilzeitbeschäftigten – je Stunde *Zeitzuschläge*

a) für Überstunden *Überstunden*
 - in den Entgeltgruppen 1 bis 9   30 v. H.,
 - in den Entgeltgruppen 10 bis 15   15 v. H.,

b) für Nachtarbeit   20 v. H., *Nachtarbeit*

c) für Sonntagsarbeit   25 v. H., *Sonntagsarbeit*

d) bei Feiertagsarbeit *Feiertagsarbeit*
 - ohne Freizeitausgleich   135 v. H.,
 - mit Freizeitausgleich   35 v. H.,

e) für Arbeit am 24. Dezember und am 31. Dezember jeweils ab 6 Uhr   35 v. H., *24./31. Dezember*

f) für Arbeit an Samstagen von 13 bis 21 Uhr, soweit diese nicht im Rahmen von Wechselschicht oder Schichtarbeit anfällt   20 v. H. *Samstagsarbeit*

Anlage 31 – § 6

des auf eine Stunde entfallenden Anteils des Tabellenentgelts der Stufe 3 der jeweiligen Entgeltgruppe. ³Beim Zusammentreffen von Zeitzuschlägen nach Satz 2 Buchst. c bis f wird nur der höchste Zeitzuschlag gezahlt. ⁴Auf Wunsch des Mitarbeiters können, soweit ein Arbeitszeitkonto (§ 9) eingerichtet ist und die dienstlichen oder betrieblichen Verhältnisse es zulassen, die nach Satz 2 zu zahlenden Zeitzuschläge entsprechend dem jeweiligen Vomhundertsatz einer Stunde in Zeit umgewandelt und ausgeglichen werden. ⁵Dies gilt entsprechend für Überstunden als solche.

Freizeitausgleich bei Arbeitszeitkonto

Anmerkung zu Absatz 1 Satz 1:
Bei Überstunden richtet sich die Vergütung für die tatsächliche Arbeitsleistung nach der jeweiligen Entgeltgruppe und der individuellen Stufe, höchstens jedoch nach der Stufe 4.

Überstunden

Anmerkung zu Absatz 1 Satz 2 Buchst. d:
¹Der Freizeitausgleich muss im Dienstplan besonders ausgewiesen und bezeichnet werden. ²Falls kein Freizeitausgleich gewährt wird, werden als Vergütung einschließlich des Zeitzuschlags und des auf den Feiertag entfallenden Tabellenentgelts höchstens 235 v. H. gezahlt.

Feiertagsarbeit

(2) Für Arbeitsstunden, die keine Überstunden sind und die aus dienstlichen oder betrieblichen Gründen nicht innerhalb des nach § 2 Abs. 2 Satz 1 oder 2 festgelegten Zeitraums mit Freizeit ausgeglichen werden, erhält der Mitarbeiter je Stunde 100 v.H. des auf eine Stunde entfallenden Anteils des Tabellenentgelts der jeweiligen Entgeltgruppe und Stufe.

Abgeltung nicht ausgeglichener Arbeitsstunden

Anmerkung zu Absatz 2:
Mit dem Begriff „Arbeitsstunden" sind nicht die Stunden gemeint, die im Rahmen von Gleitzeitregelungen im Sinne der Anmerkung zu § 2 anfallen, es sei denn, sie sind angeordnet worden.

(3) ¹Für die Rufbereitschaft wird eine tägliche Pauschale je Entgeltgruppe bezahlt. ²Sie beträgt für die Tage Montag bis Freitag das Zweifache, für Samstag, Sonntag sowie für Feiertage das Vierfache des Stundenentgelts nach Maßgabe der Entgelttabelle. ³Maßgebend für die Bemessung der Pauschale nach Satz 2 ist der Tag, an dem die Rufbereitschaft beginnt. ⁴Für die Arbeitsleistung innerhalb der Rufbereitschaft außerhalb des Aufenthaltsortes im Sinne des § 4 Abs. 4 wird die Zeit jeder einzelnen Inanspruchnahme einschließlich der hierfür erforderlichen Wegezeiten jeweils auf eine volle Stunde gerundet und mit dem Entgelt für Überstunden sowie mit etwaigen Zeitzuschlägen nach Absatz 1 bezahlt. ⁵Wird die Arbeitsleistung innerhalb der Rufbereitschaft am Aufenthaltsort im Sinne des § 4 Abs. 4 telefonisch (z.B. in Form einer Auskunft) oder mittels technischer Einrichtungen erbracht, wird abweichend von Satz 4 die Summe dieser Arbeitsleistungen auf die nächste volle Stunde gerundet und mit dem Entgelt für Überstunden sowie mit etwaigen Zeitzuschlägen nach Absatz 1 bezahlt. ⁶Absatz 1 Satz 4 gilt entsprechend, soweit die Buchung auf das Arbeitszeitkonto nach § 9 Abs. 3 Satz 2 zulässig ist. ⁷Satz 1 gilt nicht im Falle einer stundenweisen Rufbereitschaft. ⁸Eine Rufbereitschaft im Sinne von Satz 7 liegt bei einer ununterbrochenen Rufbereitschaft von weniger als zwölf Stunden vor. ⁹In diesem Fall wird abweichend von den Sätzen 2 und 3 für jede Stunde der Rufbereitschaft 12,5 v. H. des Stundenentgelts nach Maßgabe der Entgelttabelle gezahlt.

Vergütung Rufbereitschaft

§§ 6, 7 – Anlage 31

Anmerkung zu Absatz 3:
Zur Ermittlung der Tage einer Rufbereitschaft, für die eine Pauschale gezahlt wird, ist auf den Tag des Beginns der Rufbereitschaft abzustellen.

(4) ¹Mitarbeiter, die ständig Wechselschichtarbeit leisten, erhalten eine Wechselschichtzulage von 105 Euro monatlich. ²Mitarbeiter, die nicht ständig Wechselschichtarbeit leisten, erhalten eine Wechselschichtzulage von 0,63 Euro pro Stunde. — Wechselschichtzulage

(5) ¹Mitarbeiter, die ständig Schichtarbeit leisten, erhalten eine Schichtzulage von 40 Euro monatlich. ²Beschäftigte, die nicht ständig Schichtarbeit leisten, erhalten eine Schichtzulage von 0,24 Euro pro Stunde. — Schichtzulage

§ 7 Bereitschaftsdienstentgelt

(1) Zum Zwecke der Entgeltberechnung wird nach dem Maß der während des Bereitschaftsdienstes erfahrungsgemäß durchschnittlich anfallenden Arbeitsleistungen die Zeit des Bereitschaftsdienstes einschließlich der geleisteten Arbeit wie folgt als Arbeitszeit gewertet: — Vergütung Bereitschaftsdienst

Stufe	Arbeitsleistung innerhalb des Bereitschaftsdienstes	Bewertung als Arbeitszeit
I	bis zu 25 v. H.	60 v. H.
II	mehr als 25 v. H. bis 40 v. H.	75 v. H.
III	mehr als 40 v. H. bis 49 v. H.	90 v. H.

Stufen und Arbeitszeitbewertung

(2) Die Zuweisung zu den einzelnen Stufen des Bereitschaftsdienstes erfolgt durch die Einrichtungsleitung und die Mitarbeitervertretung. — Zuweisung

(3) Für die Mitarbeiter gemäß § 5 Abs. 9 wird zum Zwecke der Entgeltberechnung die Zeit des Bereitschaftsdienstes einschließlich der geleisteten Arbeit mit 28,5 v. H. als Arbeitszeit gewertet.

(4) Das Entgelt für die nach den Absätzen 1 und 3 zum Zwecke der Entgeltberechnung als Arbeitszeit gewertete Bereitschaftsdienstzeit bestimmt sich nach Anhang C dieser Anlage. — Vergütung

(5) ¹Die Mitarbeiter erhalten zusätzlich zu dem Entgelt nach Absatz 4 für jede nach den Absätzen 1 und 3 als Arbeitszeit gewertete Stunde, die an einem Feiertag geleistet worden ist, einen Zeitzuschlag in Höhe von 25 v.H. des Stundenentgelts ihrer jeweiligen Entgeltgruppe nach Anhang C dieser Anlage. ²Die Mitarbeiter erhalten zusätzlich zu dem Entgelt nach Absatz 4 für die Zeit des Bereitschaftsdienstes in den Nachtstunden (§ 4 Abs. 5) je Stunde einen Zeitzuschlag in Höhe von 15 v.H. des Stundenentgelts ihrer jeweiligen Entgeltgruppe nach Anhang C dieser Anlage. ³Im Übrigen werden für die Zeit des Bereitschaftsdienstes einschließlich der geleisteten Arbeit und für die Zeit der Rufbereitschaft Zeitzuschläge nach § 6 nicht gezahlt. — Feiertagszuschlag

(6) ¹Das Bereitschaftsdienstentgelt wird gezahlt, es sei denn, dass ein Freizeitausgleich zur Einhaltung der Vorschriften des Arbeitszeitgesetzes erforderlich ist oder eine entsprechende Regelung in einer Betriebs- oder einvernehmlichen Dienstvereinbarung getroffen wird oder der Mitarbeiter dem Freizeitausgleich — Freizeitausgleich nach ArbZG/Dienstvereinbarung

zustimmt. ²In diesem Fall kann anstelle der Auszahlung des Entgelts nach Absatz 4 für die nach den Absätzen 1 und 3 gewertete Arbeitszeit bis zum Ende des dritten Kalendermonats auch durch entsprechende Freizeit abgegolten werden (Freizeitausgleich). ³Die Möglichkeit zum Freizeitausgleich nach Satz 2 umfasst auch die dem Zeitzuschlag nach Absatz 5 1 : 1 entsprechende Arbeitszeit. ⁴Für die Zeit des Freizeitausgleichs werden das Entgelt (§ 11) und die in Monatsbeträgen festgelegten Zulagen fortgezahlt. ⁵Nach Ablauf der drei Monate wird das Bereitschaftsdienstentgelt am Zahltag des folgenden Kalendermonats fällig.

Freizeitausgleich Arbeitszeitkonto

(7) ¹Das Bereitschaftsdienstentgelt nach den Absätzen 1, 3, 4 und 5 kann im Falle der Faktorisierung nach § 9 Abs. 3 in Freizeit abgegolten werden. ²Dabei entspricht eine Stunde Bereitschaftsdienst

a) nach Absatz 1
   - aa) in der Stufe I   37 Minuten,
   - bb) in der Stufe II   46 Minuten und
   - cc) in der Stufe III   55 Minuten,
b) nach Absatz 3   17,5 Minuten und
c) bei Feiertagsarbeit nach Absatz 5 jeweils zuzüglich   15 Minuten.

§ 8 Bereitschaftszeiten

Bereitschaftszeit Voraussetzung

(1) ¹Bereitschaftszeiten sind die Zeiten, in denen sich der Mitarbeiter am Arbeitsplatz oder einer anderen vom Dienstgeber bestimmten Stelle zur Verfügung halten muss, um im Bedarfsfall die Arbeit selbständig, ggf. auch auf Anordnung, aufzunehmen und in denen die Zeiten ohne Arbeitsleistung überwiegen. ²Für Mitarbeiter, in deren Tätigkeit regelmäßig und in nicht unerheblichem Umfang Bereitschaftszeiten fallen, gelten folgende Regelungen:

a) *(RK Nord/NRW/Mitte/BW/Bayern):* Bereitschaftszeiten werden zur Hälfte als tarifliche Arbeitszeit gewertet (faktorisiert).

a) *(RK Ost):* Bereitschaftszeiten werden zur Hälfte als Arbeitszeit gewertet (faktorisiert).

b) Sie werden innerhalb von Beginn und Ende der regelmäßigen täglichen Arbeitszeit nicht gesondert ausgewiesen.

c) Die Summe aus den faktorisierten Bereitschaftszeiten und der Vollarbeitszeit darf die Arbeitszeit nach § 2 Abs. 1 nicht überschreiten.

d) Die Summe aus Vollarbeits- und Bereitschaftszeiten darf durchschnittlich 48 Stunden wöchentlich nicht überschreiten.

³Ferner ist Voraussetzung, dass eine nicht nur vorübergehend angelegte Organisationsmaßnahme besteht, bei der regelmäßig und in nicht unerheblichem Umfang Bereitschaftszeiten anfallen.

(2) Die Anwendung des Absatzes 1 bedarf einer einvernehmlichen Dienstvereinbarung.

Anmerkung zu § 8:
Diese Regelung gilt nicht für Wechselschicht- und Schichtarbeit.

§ 9 Arbeitszeitkonto

(1) ¹Durch Dienstvereinbarung kann ein Arbeitszeitkonto eingerichtet werden. ²Soweit ein Arbeitszeitkorridor (§ 2 Abs. 6) oder eine Rahmenzeit (§ 2 Abs. 7) vereinbart wird, ist ein Arbeitszeitkonto einzurichten.

Arbeitszeitkonto

(2) ¹In der Dienstvereinbarung wird festgelegt, ob das Arbeitszeitkonto in der ganzen Einrichtung oder Teilen davon eingerichtet wird. ²Alle Mitarbeiter der Einrichtungsteile, für die ein Arbeitszeitkonto eingerichtet wird, werden von den Regelungen des Arbeitszeitkontos erfasst.

Dienstvereinbarung

(3) ¹Auf das Arbeitszeitkonto können Zeiten, die bei Anwendung des nach § 2 Abs. 2 festgelegten Zeitraums als Zeitguthaben oder als Zeitschuld bestehen bleiben, nicht durch Freizeit ausgeglichene Zeiten nach § 6 Abs. 1 Satz 5 und Abs. 2 sowie in Zeit umgewandelte Zuschläge nach § 6 Abs. 1 Satz 4 gebucht werden. ²Weitere Kontingente (z. B. Rufbereitschafts-/Bereitschaftsdienstentgelte) können durch Dienstvereinbarung zur Buchung freigegeben werden. ³Der Mitarbeiter entscheidet für einen in der Dienstvereinbarung festgelegten Zeitraum, welche der in Satz 1 genannten Zeiten auf das Arbeitszeitkonto gebucht werden.

Zeitarten

(4) Im Falle einer unverzüglich angezeigten und durch ärztliches Attest nachgewiesenen Arbeitsunfähigkeit während eines Zeitausgleichs vom Arbeitszeitkonto (Zeiten nach Absatz 3 Satz 1 und 2) tritt eine Minderung des Zeitguthabens nicht ein.

Arbeitsunfähigkeit

(5) In der Dienstvereinbarung sind insbesondere folgende Regelungen zu treffen:

Dienstvereinbarung

a) Die höchstmögliche Zeitschuld (bis zu 40 Stunden) und das höchstzulässige Zeitguthaben (bis zu einem Vielfachen von 40 Stunden), die innerhalb eines bestimmten Zeitraums anfallen dürfen;

Grenze Zeitschuld/-guthaben

b) nach dem Umfang des beantragten Freizeitausgleichs gestaffelte Fristen für das Abbuchen von Zeitguthaben oder für den Abbau von Zeitschulden durch den Mitarbeiter;

Frist Aufbau/Abbau

c) die Berechtigung, das Abbuchen von Zeitguthaben zu bestimmten Zeiten (z. B. an so genannten Brückentagen) vorzusehen;

d) die Folgen, wenn der Dienstgeber einen bereits genehmigten Freizeitausgleich kurzfristig widerruft.

(6) ¹Der Dienstgeber kann mit dem Mitarbeiter die Einrichtung eines Langzeitkontos vereinbaren. ²In diesem Fall ist die Mitarbeitervertretung zu beteiligen und – bei Insolvenzfähigkeit des Dienstgebers – eine Regelung zur Insolvenzsicherung zu treffen.

Langzeitkonto

§ 10 Teilzeitbeschäftigung

(1) ¹Mit Mitarbeitern soll auf Antrag eine geringere als die vertraglich festgelegte Arbeitszeit vereinbart werden, wenn sie

Anspruch Teilzeitarbeit bei Kind/pflegebedürftigen Angehörigen

a) mindestens ein Kind unter 18 Jahren oder

b) einen nach ärztlichem Gutachten pflegebedürftigen sonstigen Angehörigen

tatsächlich betreuen oder pflegen und dringende dienstliche bzw. betriebliche Belange nicht entgegenstehen. ²Die Teilzeitbeschäftigung nach Satz 1 ist auf Antrag auf bis zu fünf Jahre zu befristen. ³Sie kann verlängert werden; der Antrag ist

Anlage 31 – §§ 10, 11, 12

Arbeitszeitgestaltung spätestens sechs Monate vor Ablauf der vereinbarten Teilzeitbeschäftigung zu stellen. [4]Bei der Gestaltung der Arbeitszeit hat der Dienstgeber im Rahmen der dienstlichen bzw. betrieblichen Möglichkeiten der besonderen persönlichen Situation des Mitarbeiters nach Satz 1 Rechnung zu tragen.

Erörterungspflicht (2) Mitarbeiter, die in anderen als den in Absatz 1 genannten Fällen eine Teilzeitbeschäftigung vereinbaren wollen, können von ihrem Dienstgeber verlangen, dass er mit ihnen die Möglichkeit einer Teilzeitbeschäftigung mit dem Ziel erörtert, zu einer entsprechenden Vereinbarung zu gelangen.

Anspruch Vollzeitarbeit (3) Ist mit früher Vollbeschäftigten auf ihren Wunsch eine nicht befristete Teilzeitbeschäftigung vereinbart worden, sollen sie bei späterer Besetzung eines Vollzeitarbeitsplatzes bei gleicher Eignung im Rahmen der dienstlichen bzw. betrieblichen Möglichkeiten bevorzugt berücksichtigt werden.

Anmerkung zu den §§ 2 bis 10:
Bei In-Kraft-Treten dieser Anlage bestehende Gleitzeitregelungen bleiben unberührt.

§ 11   Eingruppierung

Tätigkeitsmerkmale, Anhang D Die Eingruppierung der Mitarbeiter im Sinne des § 1 richtet sich nach den Tätigkeitsmerkmalen des Anhangs D dieser Anlage.

§ 12   Tabellenentgelt

Eingruppierungsautomatik (1) [1]Der Mitarbeiter erhält monatlich ein Tabellenentgelt. [2]Die Höhe bestimmt sich nach der Entgeltgruppe, in die er eingruppiert ist, und nach der für ihn geltenden Stufe.

Anhang A und B (2) Die Mitarbeiter erhalten Entgelt nach Anhang A und B dieser Anlage.

Zulage Entgeltgruppen 5 bis 15 (3) *(RK Nord/NRW/Mitte/Bayern/Ost):* Mitarbeiter, die in eine der Entgeltgruppen 5 bis 15 eingruppiert sind, erhalten zuzüglich zu dem Tabellenentgelt gemäß § 12 Abs. 1 eine nicht dynamische Zulage in Höhe von monatlich 25 Euro.

(3) *(RK BW):* Mitarbeiter, die in eine der Entgeltgruppen 5 bis 15 eingruppiert sind, erhalten zuzüglich zu dem Tabellenentgelt gemäß § 12 Abs. 1 eine nicht dynamische Zulage in Höhe von monatlich 30 Euro.

Zulage Stationsleitung (4) Mitarbeiter, denen die Leitung einer Station übertragen worden ist, erhalten für die Dauer der Übertragung der Stationsleitung eine Funktionszulage in Höhe von monatlich 30 Euro, soweit diesen Mitarbeitern im gleichen Zeitraum keine anderweitige Funktionszulage gezahlt wird.

Einmalzahlung Entgeltgruppen 1 bis 4 (5) *(RK Nord/NRW/Mitte/Bayern/Ost):* [1]Mitarbeiter, die in eine der Entgeltgruppen 1 bis 4 eingruppiert sind, erhalten zuzüglich zu dem Tabellenentgelt gemäß § 12 Abs. 1 einmalig im Kalenderjahr eine Einmalzahlung in Höhe von 8,4 v.H. der Stufe 2 ihrer jeweiligen Entgeltgruppe im Auszahlungsmonat. [2]Die Einmalzahlung nach Satz 1 wird mit dem Tabellenentgelt für den Monat Juli ausgezahlt.

(5) *(RK BW):* [1]Mitarbeiter, die in eine der Entgeltgruppen 1 bis 4 eingruppiert sind, erhalten zuzüglich zu dem Tabellenentgelt gemäß § 12 Abs. 1 einmalig im Kalenderjahr eine Einmalzahlung in Höhe von 10,08 v.H. der Stufe 2 ihrer jewei-

ligen Entgeltgruppe im Auszahlungsmonat. ²Die Einmalzahlung nach Satz 1 wird mit dem Tabellenentgelt für den Monat Juli ausgezahlt.

Anmerkung zu den Absätzen 3 und 5:
Für Krankenpflegehelferinnen und Krankenpflegehelfer bzw. Gesundheits- und Krankenpflegehelferinnen und Gesundheits- und Krankenpflegehelfer gelten die Regelungen des Absatzes 3.

§ 12a   Berechnung und Auszahlung des Entgelts

Teilzeitbeschäftigte erhalten das Tabellenentgelt und alle sonstigen Entgeltbestandteile in dem Umfang, der dem Anteil ihrer individuell vereinbarten durchschnittlichen Arbeitszeit an der regelmäßigen Arbeitszeit vergleichbarer Vollzeitbeschäftigter entspricht.

Teilzeitentgelt

§ 13   Stufen der Entgelttabelle

(1) ¹Die Entgeltgruppen 2 bis 15 umfassen sechs Stufen. ²Die Abweichungen von Satz 1 sind in § 13a geregelt.

Entgeltstufen Gruppen 2 bis 15

(2) ¹Bei Einstellung werden die Mitarbeiter der Stufe 1 zugeordnet, sofern keine einschlägige Berufserfahrung vorliegt. ²Verfügt der Mitarbeiter über eine einschlägige Berufserfahrung von mindestens einem Jahr, erfolgt die Einstellung in die Stufe 2; verfügt er über eine einschlägige Berufserfahrung von mindestens drei Jahren, erfolgt in der Regel eine Zuordnung zur Stufe 3. ³Unabhängig davon kann der Dienstgeber bei Neueinstellungen zur Deckung des Personalbedarfs Zeiten einer vorherigen beruflichen Tätigkeit ganz oder teilweise für die Stufenzuordnung berücksichtigen, wenn diese Tätigkeit für die vorgesehene Tätigkeit förderlich ist.

Stufenzuordnung Grundregel einschlägige Berufserfahrung

Anmerkung zu Absatz 2:
Ein Praktikum nach Abschnitt D der Anlage 7 zu den AVR gilt grundsätzlich als Erwerb einschlägiger Berufserfahrung.

(2a) Wird der Mitarbeiter in unmittelbarem Anschluss an ein Dienstverhältnis im Geltungsbereich der AVR oder im sonstigen Tätigkeitsbereich der katholischen Kirche eingestellt, so erhält er wenn sein bisheriges Entgelt nach dieser Anlage oder einer entsprechenden Regelung bemessen war, das Entgelt der Stufe, das er beim Fortbestehen des Dienstverhältnisses am Einstellungstag vom bisherigen Dienstgeber erhalten hätte,

unmittelbare Vollbeschäftigung AVR/kirchlicher Dienst

a) wenn sein bisheriges Entgelt in Abweichung von den Vorschriften dieser Anlage oder einer entsprechenden Regelung bemessen war, das Entgelt der Stufe, das er am Einstellungstag von seinem bisherigen Dienstgeber erhalten würde,
b) wenn sein Entgelt ab dem Zeitpunkt, seitdem er ununterbrochen im Geltungsbereich der AVR oder im sonstigen Tätigkeitsbereich der katholischen Kirche tätig ist, nach dieser Anlage oder einer entsprechenden Regelung bemessen worden wäre.

Anmerkung zu Absatz 2a:
1. *Der Tätigkeit im Bereich der katholischen Kirche steht gleich eine Tätigkeit in der evangelischen Kirche, in einem Diakonischen Werk oder in einer Einrichtung, die dem Diakonischen Werk angeschlossen ist.*

2. ¹Ein unmittelbarer Anschluss liegt nicht vor, wenn zwischen den Dienstverhältnissen ein oder mehrere Werktage – mit Ausnahme allgemein arbeitsfreier Werktage – liegen, in denen das Dienstverhältnis nicht bestand. ²Es ist jedoch unschädlich, wenn der Mitarbeiter in dem gesamten zwischen den Dienstverhältnissen liegenden Zeitraum dienstunfähig erkrankt war oder die Zeit zur Ausführung eines Umzuges an einen anderen Ort benötigt hat. ³Von der Voraussetzung des unmittelbaren Anschlusses kann abgewichen werden, wenn der Zeitraum zwischen dem Ende des bisherigen Dienstverhältnisses und dem Beginn des neuen Dienstverhältnisses ein Jahr nicht übersteigt.

Stufenlaufzeit, vgl. § 13a, ununterbrochene Tätigkeit, vgl. § 14 Abs. 3

(3) ¹Die Mitarbeiter erreichen die jeweils nächste Stufe – von Stufe 3 an in Abhängigkeit von ihrer Leistung gemäß § 14 Abs. 2 – nach folgenden Zeiten einer ununterbrochenen Tätigkeit innerhalb derselben Entgeltgruppe bei ihrem Dienstgeber (Stufenlaufzeit):
- Stufe 2 nach einem Jahr in Stufe 1,
- Stufe 3 nach zwei Jahren in Stufe 2,
- Stufe 4 nach drei Jahren in Stufe 3,
- Stufe 5 nach vier Jahren in Stufe 4 und
- Stufe 6 nach fünf Jahren in Stufe 5.

²Die Abweichungen von Satz 1 sind in § 13a geregelt.

Entgeltstufen Gruppe 1, Stufenzuordnung und -laufzeit

(4) ¹Die Entgeltgruppe 1 umfasst fünf Stufen. ²Einstellungen erfolgen in der Stufe 2 (Eingangsstufe). ³Die jeweils nächste Stufe wird nach vier Jahren in der vorangegangenen Stufe erreicht; § 14 Abs. 2 bleibt unberührt.

§ 13a   Besondere Stufenregelung

abweichende Stufenzuordnung, siehe Anhang B

(1) Abweichend von § 13 Abs. 1 Satz 1 ist Eingangsstufe
a) in den Entgeltgruppen 9 und 11 die Stufe 4 bei Tätigkeiten entsprechend
- Kr 11 mit Aufstieg nach Kr 12,
- Kr 8 mit Aufstieg nach Kr 9,
- Kr 7 mit Aufstieg nach Kr 8 (9b),

b) in den Entgeltgruppen 7 und 9 bis 12 die Stufe 3 bei Tätigkeiten entsprechend
- Kr 12 mit Aufstieg nach Kr 13,
- Kr 10 mit Aufstieg nach Kr 11,
- Kr 9 mit Aufstieg nach Kr 10,
- Kr 6 mit Aufstieg nach Kr 7,
- Kr 7 ohne Aufstieg,
- Kr 6 ohne Aufstieg,

c) in der Entgeltgruppe 7 die Stufe 2 bei Tätigkeiten entsprechend
- Kr 5a mit Aufstieg nach Kr 6,
- Kr 5 mit Aufstieg nach Kr 5a und weiterem Aufstieg nach Kr 6,
- Kr 5 mit Aufstieg nach Kr 5a.

abweichende Stufenzuordnung, siehe Anhang B

(2) Abweichend von § 13 Abs. 1 Satz 1 ist Endstufe
a) in den Entgeltgruppen 7 und 9 bis 11 die Stufe 5 bei Tätigkeiten entsprechend
- Kr 10 mit Aufstieg nach Kr 11,
- Kr 9 mit Aufstieg nach Kr 10,

- Kr 6 mit Aufstieg nach Kr 7,
- Kr 7 ohne Aufstieg,
- Kr 6 ohne Aufstieg,
- Kr 4 mit Aufstieg nach Kr 5,

b) in der Entgeltgruppe 4 und 6 die Stufe 3 bei Tätigkeiten entsprechend Kr 2 ohne Aufstieg.

(3) Abweichend von § 13 Abs. 3 Satz 1 gelten für die Stufenlaufzeiten folgende Regelungen:

abweichende Stufenlaufzeit, siehe Anhang B

a) in der Entgeltgruppe 12 wird die Stufe 4 nach zwei Jahren in Stufe 3 und die Stufe 5 nach drei Jahren in Stufe 4 bei Tätigkeiten entsprechend der Vergütungsgruppe Kr 12 mit Aufstieg nach Kr 13,

b) in der Entgeltgruppe 11 wird die Stufe 4 nach zwei Jahren in Stufe 3 und die Stufe 5 nach fünf Jahren in Stufe 4 bei Tätigkeiten entsprechend der Vergütungsgruppe Kr 10 mit Aufstieg nach Kr 11,

c) in der Entgeltgruppe 10 wird die Stufe 4 nach zwei Jahren in Stufe 3 und die Stufe 5 nach drei Jahren in Stufe 4 bei Tätigkeiten entsprechend der Vergütungsgruppe Kr 9 mit Aufstieg nach Kr 10,

d) in der Entgeltgruppe 9 wird die Stufe 6 nach zwei Jahren in Stufe 5 bei Tätigkeiten entsprechend der Vergütungsgruppe Kr 8 mit Aufstieg nach Kr 9,

e) in der Entgeltgruppe 9 (9b) wird die Stufe 5 nach fünf Jahren in Stufe 4 bei Tätigkeiten entsprechend der Vergütungsgruppe Kr 7 mit Aufstieg nach Kr 8,

f) in der Entgeltgruppe 9 wird die Stufe 4 nach fünf Jahren in Stufe 3 und die Stufe 5 (9b) nach fünf Jahren in Stufe 4 bei Tätigkeiten entsprechend der Vergütungsgruppen Kr 6 mit Aufstieg nach Kr 7, Kr 7 ohne Aufstieg,

g) in der Entgeltgruppe 9 wird die Stufe 4 (9b) nach fünf Jahren in Stufe 3 und die Stufe 5 (9b) nach fünf Jahren in Stufe 4 bei Tätigkeiten entsprechend der Vergütungsgruppen Kr 6 ohne Aufstieg

erreicht.

§ 14 Allgemeine Regelungen zu den Stufen

(1) Die Mitarbeiter erhalten vom Beginn des Monats an, in dem die nächste Stufe erreicht wird, das Tabellenentgelt nach der neuen Stufe.

Monatsbeginn

(2) ¹Bei Leistungen des Mitarbeiters, die erheblich über dem Durchschnitt liegen, kann die erforderliche Zeit für das Erreichen der Stufen 4 bis 6 jeweils verkürzt werden. ²Bei Leistungen, die erheblich unter dem Durchschnitt liegen, kann die erforderliche Zeit für das Erreichen der Stufen 4 bis 6 jeweils verlängert werden. ³Bei einer Verlängerung der Stufenlaufzeit hat der Dienstgeber jährlich zu prüfen, ob die Voraussetzungen für die Verlängerung noch vorliegen. ⁴Für die Beratung von schriftlich begründeten Beschwerden von Mitarbeitern gegen eine Verlängerung nach Satz 2 bzw. 3 ist eine betriebliche Kommission zuständig. ⁵Die Mitglieder der betrieblichen Kommission werden je zur Hälfte vom Dienstgeber und von der Mitarbeitervertretung benannt; sie müssen der Einrichtung angehören. ⁶Der Dienstgeber entscheidet auf Vorschlag der Kommission darüber, ob und in welchem Umfang der Beschwerde abgeholfen werden soll.

Verkürzung und Verlängerung der Stufenlaufzeit, vgl. § 13 Abs. 3, 4

betriebliche Kommission

Anlage 31 – § 14

Anmerkung zu Absatz 2:
¹Die Instrumente der materiellen Leistungsanreize (§ 15) und der leistungsbezogene Stufenaufstieg bestehen unabhängig voneinander und dienen unterschiedlichen Zielen. ²Leistungsbezogene Stufenaufstiege unterstützen insbesondere die Anliegen der Personalentwicklung.

Anmerkung zu Absatz 2 Satz 2:
Bei Leistungsminderungen, die auf einem anerkannten Arbeitsunfall oder einer Berufskrankheit gemäß §§ 8 und 9 SGB VII beruhen, ist diese Ursache in geeigneter Weise zu berücksichtigen.

Anmerkung zu Absatz 2 Satz 6:
Die Mitwirkung der Kommission erfasst nicht die Entscheidung über die leistungsbezogene Stufenzuordnung.

Zeiten ununterbrochener Tätigkeit, vgl. § 13 Abs. 3

(3) ¹Den Zeiten einer ununterbrochenen Tätigkeit im Sinne des § 13 Abs. 3 Satz 1 stehen gleich:

a) Schutzfristen nach dem Mutterschutzgesetz,

b) Zeiten einer Arbeitsunfähigkeit nach Abschnitt XII der Anlage 1 zu den AVR bis zu 26 Wochen,

c) Zeiten eines bezahlten Urlaubs,

d) Zeiten eines Sonderurlaubs, bei denen der Dienstgeber vor dem Antritt schriftlich ein dienstliches bzw. betriebliches Interesse anerkannt hat,

e) Zeiten einer sonstigen Unterbrechung von weniger als einem Monat im Kalenderjahr,

f) Zeiten der vorübergehenden Übertragung einer höherwertigen Tätigkeit.

²Zeiten der Unterbrechung bis zu einer Dauer von jeweils drei Jahren, die nicht von Satz 1 erfasst werden, und Elternzeit bis zu jeweils fünf Jahren sind unschädlich, werden aber nicht auf die Stufenlaufzeit angerechnet. ³Bei einer Unterbrechung von mehr als drei Jahren, bei Elternzeit von mehr als fünf Jahren, erfolgt eine Zuordnung zu der Stufe, die der vor der Unterbrechung erreichten Stufe vorangeht, jedoch nicht niedriger als bei einer Neueinstellung; die Stufenlaufzeit beginnt mit dem Tag der Arbeitsaufnahme. ⁴Zeiten, in denen Mitarbeiter mit einer kürzeren als der regelmäßigen wöchentlichen Arbeitszeit eines entsprechenden Vollbeschäftigten beschäftigt waren, werden voll angerechnet.

Höhergruppierung

(4) ¹Bei Eingruppierung in eine höhere Entgeltgruppe werden die Mitarbeiter derjenigen Stufe zugeordnet, in der sie mindestens ihr bisheriges Tabellenentgelt erhalten, mindestens jedoch der Stufe 2.

(RK NRW/BW):
²Beträgt der Unterschiedsbetrag zwischen dem derzeitigen Tabellenentgelt und dem Tabellenentgelt nach Satz 1

in den Entgeltgruppen 1 bis 8 weniger als

ab 1. Juli 2014	54,80 Euro
ab 1. März 2015	56,12 Euro

bzw. in den Entgeltgruppen 9 bis 15 weniger als

ab 1. Juli 2014	87,69 Euro

ab 1. März 2015	89,79 Euro

so erhält der Mitarbeiter während der betreffenden Stufenlaufzeit anstelle des Unterschiedsbetrags einen Garantiebetrag von monatlich   *Garantiebetrag*

in den Entgeltgruppen 1 bis 8

ab 1. Juli 2014	54,80 Euro
ab 1. März 2015	56,12 Euro

bzw. in den Entgeltgruppen 9 bis 15

ab 1. Juli 2014	87,69 Euro
ab 1. März 2015	89,79 Euro

(RK Mitte/Bayern):
²Beträgt der Unterschiedsbetrag zwischen dem derzeitigen Tabellenentgelt und dem Tabellenentgelt nach Satz 1
in den Entgeltgruppen 1 bis 8 weniger als

ab 1. Januar 2015	54,80 Euro
ab 1. März 2015	56,12 Euro

bzw. in den Entgeltgruppen 9 bis 15 weniger als

ab 1. Januar 2015	87,69 Euro
ab 1. März 2015	89,79 Euro

so erhält der Mitarbeiter während der betreffenden Stufenlaufzeit anstelle des Unterschiedsbetrags einen Garantiebetrag von monatlich   *Garantiebetrag*

in den Entgeltgruppen 1 bis 8

ab 1. Januar 2015	54,80 Euro
ab 1. März 2015	56,12 Euro

bzw. in den Entgeltgruppen 9 bis 15

ab 1. Januar 2015	87,69 Euro
ab 1. März 2015	89,79 Euro

(RK Nord):
²Beträgt der Unterschiedsbetrag zwischen dem derzeitigen Tabellenentgelt und dem Tabellenentgelt nach Satz 1
in den Entgeltgruppen 1 bis 8 weniger als

ab 1. Januar 2015	54,80 Euro
ab 1. Juli 2015	56,12 Euro

bzw. in den Entgeltgruppen 9 bis 15 weniger als

ab 1. Januar 2015	87,69 Euro
ab 1. Juli 2015	89,79 Euro

Anlage 31 – § 14

Garantiebetrag

so erhält der Mitarbeiter während der betreffenden Stufenlaufzeit anstelle des Unterschiedsbetrags einen Garantiebetrag von monatlich

in den Entgeltgruppen 1 bis 8

ab 1. Januar 2015	54,80 Euro
ab 1. Juli 2015	56,12 Euro

bzw. in den Entgeltgruppen 9 bis 15

ab 1. Januar 2015	87,69 Euro
ab 1. Juli 2015	89,79 Euro

(RK Ost):
²Beträgt der Unterschiedsbetrag zwischen dem derzeitigen Tabellenentgelt und dem Tabellenentgelt nach Satz 1

in den Entgeltgruppen 1 bis 6 weniger als

Tarifgebiet Ost:

ab 1. Januar 2015:	49,05 Euro
ab 1. Oktober 2015:	49,95 Euro
ab 1. März 2016:	50,23 Euro

Tarifgebiet West, ohne Bundesland Hamburg:

ab 1. Januar 2015:	50,96 Euro
ab 1. Oktober 2015:	52,19 Euro

Tarifgebiet West, Bundesland Hamburg:

ab 1. Januar 2015:	50,96 Euro
ab 1. Oktober 2015:	52,19 Euro

bzw. in den Entgeltgruppen 7 bis 8 weniger als

Tarifgebiet Ost:

ab 1. Januar 2015:	51,24 Euro
ab 1. Oktober 2015:	52,47 Euro
ab 1. März 2016:	52,47 Euro

Tarifgebiet West, ohne Bundesland Hamburg:

ab 1. Januar 2015:	53,43 Euro
ab 1. Oktober 2015:	54,72 Euro

Tarifgebiet West, Bundesland Hamburg:

ab 1. Januar 2015:	53,98 Euro
ab 1. Oktober 2015:	55,56 Euro

bzw. in den Entgeltgruppen 9 bis 15 weniger als

Tarifgebiet Ost:

ab 1. Januar 2015:	81,99 Euro
ab 1. Oktober 2015:	83,95 Euro
ab 1. März 2016:	83,95 Euro

Tarifgebiet West, ohne Bundesland Hamburg:

ab 1. Januar 2015:	85,50 Euro
ab 1. Oktober 2015:	87,55 Euro

Tarifgebiet West, Bundesland Hamburg:

ab 1. Januar 2015:	86,37 Euro
ab 1. Oktober 2015:	88,89 Euro

so erhält der Mitarbeiter während der betreffenden Stufenlaufzeit anstelle des Unterschiedsbetrags einen Garantiebetrag von monatlich

in den Entgeltgruppen 1 bis 6

Tarifgebiet Ost:

ab 1. Januar 2015:	49,05 Euro
ab 1. Oktober 2015:	49,95 Euro
ab 1. März 2016:	50,23 Euro

Tarifgebiet West, ohne Bundesland Hamburg:

ab 1. Januar 2015:	50,96 Euro
ab 1. Oktober 2015:	52,19 Euro

Tarifgebiet West, Bundesland Hamburg:

ab 1. Januar 2015:	50,96 Euro
ab 1. Oktober 2015:	52,19 Euro

bzw. in den Entgeltgruppen 7 bis 8 weniger als

Tarifgebiet Ost:

ab 1. Januar 2015:	51,24 Euro
ab 1. Oktober 2015:	52,47 Euro
ab 1. März 2016:	52,47 Euro

Tarifgebiet West, ohne Bundesland Hamburg:

ab 1. Januar 2015:	53,43 Euro
ab 1. Oktober 2015:	54,72 Euro

Tarifgebiet West, Bundesland Hamburg:

ab 1. Januar 2015:	53,98 Euro
ab 1. Oktober 2015:	55,56 Euro

bzw. in den Entgeltgruppen 9 bis 15 weniger als

Tarifgebiet Ost:

ab 1. Januar 2015:	81,99 Euro
ab 1. Oktober 2015:	83,95 Euro
ab 1. März 2016:	83,95 Euro

Tarifgebiet West, ohne Bundesland Hamburg:

ab 1. Januar 2015:	85,50 Euro
ab 1. Oktober 2015:	87,55 Euro

Anlage 31 – §§ 14, 15

Tarifgebiet West, Bundesland Hamburg:

ab 1. Januar 2015:	86,37 Euro
ab 1. Oktober 2015:	88,89 Euro

Anmerkung zu Absatz 4 Satz 2:
Die Garantiebeträge nehmen an allgemeinen Entgeltanpassungen teil.

Herabgruppierung

[3]Wird der Mitarbeiter nicht in die nächsthöhere, sondern in eine darüber liegende Entgeltgruppe höhergruppiert, ist das Tabellenentgelt für jede dazwischen liegende Entgeltgruppe nach Satz 1 zu berechnen; Satz 2 gilt mit der Maßgabe, dass auf das derzeitige Tabellenentgelt und das Tabellenentgelt der Entgeltgruppe abzustellen ist, in die der Mitarbeiter höhergruppiert wird. [4]Die Stufenlaufzeit in der höheren Entgeltgruppe beginnt mit dem Tag der Höhergruppierung. [5]Bei einer Eingruppierung in eine niedrigere Entgeltgruppe ist der Mitarbeiter der in der höheren Entgeltgruppe erreichten Stufe zuzuordnen. [6]Der Mitarbeiter erhält vom Beginn des Monats an, in dem die Veränderung wirksam wird, das entsprechende Tabellenentgelt aus der in Satz 1 oder Satz 5 festgelegten Stufen der betreffenden Entgeltgruppe, ggf. einschließlich des Garantiebetrags.

abweichende höhere Stufenzuordnung

(5) [1]Soweit es zur regionalen Differenzierung, zur Deckung des Personalbedarfs oder zur Bindung von qualifizierten Fachkräften erforderlich ist, kann Mitarbeitern im Einzelfall, abweichend von dem sich aus der nach § 13, § 13a und § 14 Abs. 4 ergebenden Stufe ihrer jeweiligen Entgeltgruppe zustehenden Entgelt, ein um bis zu zwei Stufen höheres Entgelt ganz oder teilweise vorweggewährt werden. [2]Haben Mitarbeiter bereits die Endstufe ihrer jeweiligen Entgeltgruppe erreicht, kann ihnen unter den Voraussetzungen des Satzes 1 ein bis zu 20 v.H. der Stufe 2 ihrer jeweiligen Entgeltgruppe höheres Entgelt gezahlt werden. [3]Im Übrigen bleibt § 14 unberührt.

§ 15 Leistungsentgelt bzw. Sozialkomponente

Zwecke

(1) Das Leistungsentgelt bzw. die Sozialkomponente sollen dazu beitragen, die caritativen Dienstleistungen zu verbessern.

Dienstvereinbarung

(2) [1]Ein Leistungsentgelt bzw. eine Sozialkomponente können nur durch eine ergänzende Dienstvereinbarung mit der Mitarbeitervertretung nach § 38 MAVO eingeführt werden. [2]Der persönliche Geltungsbereich einer solchen ergänzenden Dienstvereinbarung ist auf Mitarbeiter im Sinne von § 3 MAVO beschränkt. [3]Eine Dienstvereinbarung, die auch Mitarbeiter erfasst, die in den Geltungsbereich der Anlagen 32 und 33 zu den AVR fallen, ist möglich.[4]Kommt eine Dienstvereinbarung vor Ablauf des jeweiligen Kalenderjahres für das jeweilige Kalenderjahr nicht zustande, findet Absatz 4 Anwendung. [5]Für leitende Mitarbeiter nach § 3 Abs. 2 Nr. 2 bis 4 MAVO gilt Absatz 4, sofern individualrechtlich nichts anderes vereinbart wurde.

Umfang

(3) [1]Das für das Leistungsentgelt bzw. die Sozialkomponente zur Verfügung stehende Gesamtvolumen entspricht

im Jahr	2012:	1,75 v.H.,
ab dem Jahr	2013:	2,00 v.H.

der ab Inkrafttreten dieser Anlage im jeweiligen Kalenderjahr gezahlten ständigen Monatsentgelte aller unter den Geltungsbereich dieser Anlage fallenden Mitarbeiter der jeweiligen Einrichtung im Sinne von § 1 MAVO. ²Das zur Verfügung stehende Gesamtvolumen ist zweckentsprechend zu verwenden. ³Wird eine die Anlagen 31, 32 und 33 übergreifende Dienstvereinbarung geschlossen, können die für das Leistungsentgelt bzw. die Sozialkomponente zur Verfügung stehenden Gesamtvolumen der jeweiligen Anlagen zusammengerechnet werden.

Anmerkung zu Absatz 3 Satz 1:
¹Ständige Monatsentgelte sind insbesondere das Tabellenentgelt (ohne Sozialversicherungsbeiträge des Dienstgebers und dessen Beiträge für die Zusatzversorgung), die in Monatsbeträgen festgelegten Zulagen sowie Entgelt im Krankheitsfall und bei Urlaub, soweit diese Entgelte in dem betreffenden Kalenderjahr ausgezahlt worden sind; nicht einbezogen sind dagegen insbesondere Abfindungen, Aufwandsentschädigungen, Besitzstandszulagen, Einmalzahlungen, Jahressonderzahlungen, Leistungsentgelte, Strukturausgleiche, unständige Entgeltbestandteile und Entgelte der Mitarbeiter im Sinne des § 3 Abs. g des Allgemeinen Teils zu den AVR. ²Unständige Entgeltbestandteile können betrieblich einbezogen werden.

Monatsentgelt

Anmerkung zu Abs. 3:
Ab dem Jahr 2012 strebt die Arbeitsrechtliche Kommission an, den Vomhundertsatz des TVöD zu übernehmen.

(4) ¹Kommt eine Dienstvereinbarung im jeweiligen Kalenderjahr für das jeweilige Kalenderjahr weder zum Leistungsentgelt noch zur Sozialkomponente zu Stande, wird aus dem nach Absatz 3 Satz 1 zur Verfügung stehenden jährlichen Gesamtvolumen mit dem Entgelt für den Monat Januar des Folgejahres eine Einmalzahlung an alle Mitarbeiter, die unter den Geltungsbereich dieser Anlage fallen, ausgeschüttet. ²Die Auszahlung an den einzelnen Mitarbeiter erfolgt in Höhe des in Absatz 3 Satz 1 genannten Vomhundertsatzes der im jeweiligen Kalenderjahr an ihn gezahlten ständigen Monatsentgelte im Sinne der Anmerkung zu Absatz 3 Satz 1. ³Endet das Dienstverhältnis unterjährig, ist die Einmalzahlung am letzten Tag des Dienstverhältnisses auszuschütten. ⁴In den ersten 12 Monaten nach Inkrafttreten dieser Anlage wird das Leistungsentgelt nach Absatz 3 monatlich ausgezahlt. ⁵Eine Dienstvereinbarung ist für diesen Zeitraum ausgeschlossen.

Zahlung ohne Dienstvereinbarung

(5a) ¹Soweit in einer Einrichtung im Sinne des § 1 MAVO das Gesamtvolumen aus dem Kalenderjahr 2012 nicht vollständig ausgeschüttet worden ist, ist der vorhandene Restbetrag an alle Mitarbeiter dieser Anlage mit dem Entgelt des Monats Januar 2014 auszuzahlen, sofern sie an mindestens einem Tag des Monats Januar 2014 Anspruch auf Tabellenentgelt hatten. ²Unter Tabellenentgelt fällt: Entgelt, Urlaubsvergütung, Krankenbezüge bzw. Krankengeldzuschuss. ³Dies gilt auch, wenn nur wegen der Höhe der Barleistungen des Sozialversicherungsträgers Krankengeldzuschuss nicht bezahlt wird. ⁴Einem Anspruch auf Entgelt gleichgestellt ist der Bezug von Krankengeld nach § 45 SGB V oder entsprechender gesetzlicher Leistungen und der Bezug von Mutterschaftsgeld. ⁵Im Falle eines Dienstgeberwechsels im Monat Januar 2014 wird kein weiterer Anspruch beim neuen Dienstgeber begründet.

(b) ¹Die Höhe der Auszahlung an den einzelnen Mitarbeiter bemisst sich nach der Formel:

$$\text{Höhe der Auszahlung} = \frac{X * Y_{individuell}}{Y_{gesamt}}$$

Anlage 31 – § 16

X = im Januar 2013 vorhandener Restbetrag des Gesamtvolumens gemäß Absatz 3 Satz 1 aus dem Kalenderjahr 2012

$Y_{individuell}$ = auf den einzelnen Mitarbeiter fallender Anteil am Gesamtvolumen des Kalenderjahres 2013 gemäß Absatz 3 Satz 1 i.V.m. Abs. 4 Satz 2

Y_{gesamt} = das im Monat Januar 2014 auszuschüttende Gesamtvolumen der ständigen Monatsentgelte gemäß Absatz 3 Satz 1.

§ 16 Jahressonderzahlung

Anspruch (1) Mitarbeiter, die am 1. Dezember im Dienstverhältnis stehen, haben Anspruch auf eine Jahressonderzahlung.

Bemessungssatz (2) ¹Die Jahressonderzahlung beträgt bei Mitarbeitern
- in den Entgeltgruppen 1 bis 8   90 v. H.,
- in den Entgeltgruppen 9 bis 12   80 v. H. und
- in den Entgeltgruppen 13 bis 15 60 v. H.

Bemessungsgrundlage des dem Mitarbeiter in den Kalendermonaten Juli, August und September durchschnittlich gezahlten monatlichen Entgelts; unberücksichtigt bleiben hierbei das zusätzlich für Überstunden und Mehrarbeit gezahlte Entgelt (mit Ausnahme der im Dienstplan vorgesehenen Überstunden und Mehrarbeit), Leistungszulagen, Leistungs- und Erfolgsprämien. ²Der Bemessungssatz bestimmt sich nach der Entgeltgruppe am 1. September. ³Bei Mitarbeitern, deren Dienstverhältnis nach dem 30. September begonnen hat, tritt an die Stelle des Bemessungszeitraums der erste volle Kalendermonat des Dienstverhältnisses. ⁴In den Fällen, in denen im Kalenderjahr der Geburt des Kindes während des Bemessungszeitraums eine elterngeldunschädliche Teilzeitbeschäftigung ausgeübt wird, bemisst sich die Jahressonderzahlung nach dem Beschäftigungsumfang am Tag vor dem Beginn der Elternzeit.

Bemessungszeitpunkt

Anmerkung zu Absatz 2:
¹Bei der Berechnung des durchschnittlich gezahlten monatlichen Entgelts werden die gezahlten Entgelte der drei Monate addiert und durch drei geteilt; dies gilt auch bei einer Änderung des Beschäftigungsumfangs. ²Ist im Bemessungszeitraum nicht für alle Kalendertage Entgelt gezahlt worden, werden die gezahlten Entgelte der drei Monate addiert, durch die Zahl der Kalendertage mit Entgelt geteilt und sodann mit 30,67 multipliziert. ³Zeiträume, für die Krankengeldzuschuss gezahlt worden ist, bleiben hierbei unberücksichtigt. ⁴Besteht während des Bemessungszeitraums an weniger als 30 Kalendertagen Anspruch auf Entgelt, ist der letzte Kalendermonat, in dem für alle Kalendertage Anspruch auf Entgelt bestand, maßgeblich.

(2a) Auf Mitarbeiter der Vergütungsgruppe Kr 6 ohne Aufstieg findet der in Absatz 2 Satz 1 für die Entgeltgruppen 1 bis 8 ausgewiesene Prozentsatz Anwendung.

(3) Für Mitarbeiter im Gebiet der neuen Bundesländer Mecklenburg-Vorpommern, Brandenburg, Sachsen-Anhalt, Thüringen und Sachsen sowie in dem Teil des Landes Berlin, in dem das Grundgesetz bis einschließlich 2. Oktober 1990

nicht galt, gilt Absatz 2 mit der Maßgabe, dass die Bemessungssätze für die Jahressonderzahlung 75 v. H. der dort genannten Vomhundertsätze betragen.

(4) ¹Der Anspruch nach den Absätzen 1 bis 3 vermindert sich um ein Zwölftel für jeden Kalendermonat, in dem Mitarbeiter keinen Anspruch auf Entgelt oder Fortzahlung des Entgelts haben. ²Die Verminderung unterbleibt für Kalendermonate,

1. für die Mitarbeiter kein Tabellenentgelt erhalten haben wegen
   a) Ableistung von Grundwehrdienst oder Zivildienst, wenn sie diesen vor dem 1. Dezember beendet und die Beschäftigung unverzüglich wieder aufgenommen haben,
   b) Beschäftigungsverboten nach § 3 Abs. 2 und § 6 Abs. 1 MuSchG,
   c) Inanspruchnahme der Elternzeit nach dem Bundeselterngeld- und Elternzeitgesetz bis zum Ende des Kalenderjahres, in dem das Kind geboren ist, wenn am Tag vor Antritt der Elternzeit Entgeltanspruch bestanden hat;
2. in denen Mitarbeitern Krankengeldzuschuss gezahlt wurde oder nur wegen der Höhe des zustehenden Krankengelds ein Krankengeldzuschuss nicht gezahlt worden ist.

(5) ¹Die Jahressonderzahlung wird mit dem Tabellenentgelt für November ausgezahlt. ²Ein Teilbetrag der Jahressonderzahlung kann zu einem früheren Zeitpunkt ausgezahlt werden.

(6) ¹Mitarbeiter erhalten die Jahressonderzahlung auch dann, wenn ihr Dienstverhältnis vor dem 1. Dezember endet. ²Bei Mitarbeitern, deren Dienstverhältnis vor dem 1. Dezember geendet hat, tritt an die Stelle des Bemessungszeitraums nach § 16 Abs. 2 der letzte volle Kalendermonat des Dienstverhältnisses mit der Maßgabe, dass Bemessungsgrundlage für die Jahressonderzahlung nur das Tabellenentgelt und die in Monatsbeträgen festgelegten Zulagen sind.

§ 17 Zusatzurlaub

(1) Mitarbeiter, die ständig Wechselschichtarbeit nach § 4 Abs. 1 oder ständig Schichtarbeit nach § 4 Abs. 2 leisten und denen die Zulage nach § 6 Abs. 4 Satz 1 oder Abs. 5 Satz 1 zusteht, erhalten

a) bei Wechselschichtarbeit für je zwei zusammenhängende Monate und

b) bei Schichtarbeit für je vier zusammenhängende Monate einen Arbeitstag Zusatzurlaub.

(2) Im Falle nicht ständiger Wechselschichtarbeit und nicht ständiger Schichtarbeit soll bei annähernd gleicher Belastung die Gewährung zusätzlicher Urlaubstage durch Dienstvereinbarung geregelt werden.

(3) ¹Mitarbeiter erhalten bei einer Leistung im Kalenderjahr von mindestens

- 150 Nachtarbeitsstunden   1 Arbeitstag
- 300 Nachtarbeitsstunden   2 Arbeitstage
- 450 Nachtarbeitsstunden   3 Arbeitstage
- 600 Nachtarbeitsstunden   4 Arbeitstage

Zusatzurlaub im Kalenderjahr. ²Nachtarbeitsstunden, die in Zeiträumen geleistet werden, für die Zusatzurlaub für Wechselschicht- oder Schichtarbeit zusteht, bleiben unberücksichtigt.

Anlage 31 – § 17

Nachtarbeitsstunden
(4) Bei Anwendung des Absatzes 3 werden nur die im Rahmen der regelmäßigen Arbeitszeit (§ 2) in der Zeit zwischen 21 Uhr und 6 Uhr dienstplanmäßig bzw. betriebsüblich geleisteten Nachtarbeitsstunden berücksichtigt.

Teilzeit bei Nachtarbeit
(5) ¹Bei Teilzeitbeschäftigten ist die Zahl der nach Absatz 3 geforderten Nachtarbeitsstunden entsprechend dem Verhältnis ihrer individuell vereinbarten durchschnittlichen regelmäßigen Arbeitszeit zur regelmäßigen Arbeitszeit vergleichbarer Vollzeitbeschäftigter zu kürzen. ²Ist die vereinbarte Arbeitszeit im Durchschnitt des Urlaubsjahres auf weniger als fünf Arbeitstage in der Kalenderwoche verteilt, ist der Zusatzurlaub in entsprechender Anwendung des § 3 Abs. 5 Unterabs. 1 Satz 1, Unterabs. 2 Satz 1 und Unterabs. 4 der Anlage 14 zu den AVR zu ermitteln.

(6) ¹Die Mitarbeiter erhalten für die Zeit der Bereitschaftsdienste in den Nachtstunden einen Zusatzurlaub in Höhe von zwei Arbeitstagen pro Kalenderjahr, sofern mindestens 288 Stunden der Bereitschaftsdienste kalenderjährlich in die Zeit zwischen 21 Uhr bis 6 Uhr fallen. ²Absatz 3 Satz 2 und Absatz 5 gelten entsprechend.

Anmerkung zu Abs. 6:
Davon abweichend erhalten die Mitarbeiter im Jahre 2013 einen Zusatzurlaub von einem Arbeitstag, sofern die Zeit der Bereitschaftsdienste in den Nachtstunden mindestens 144 Stunden erreicht.

Höchsturlaubstage
(7) ¹Zusatzurlaub nach dieser Anlage und sonstigen Bestimmungen mit Ausnahme von § 125 SGB IX wird nur bis zu insgesamt sechs Arbeitstagen im Kalenderjahr gewährt. ²Erholungsurlaub und Zusatzurlaub (Gesamturlaub) dürfen im Kalenderjahr zusammen 35 Arbeitstage, bei Zusatzurlaub wegen Wechselschichtarbeit 36 Tage, nicht überschreiten. ³Bei Beschäftigten, die das 50. Lebensjahr vollendet haben, gilt abweichend von Satz 2 eine Höchstgrenze von 36 Arbeitstagen; § 3 Abs. 4 Satz 1 der Anlage 14 zu den AVR gilt entsprechend.

Anlage 14
(8) Im Übrigen gelten die §§ 1 bis 3 der Anlage 14 zu den AVR mit Ausnahme von § 1 Abs. 6 Unterabs. 2 Satz 1 entsprechend.

Anmerkung zu den Absätzen 1, 3 und 6:
1. ¹Der Anspruch auf Zusatzurlaub nach den Absätzen 1 und 2 bemisst sich nach der abgeleisteten Schicht- oder Wechselschichtarbeit und entsteht im laufenden Jahr, sobald die Voraussetzungen nach Absatz 1 erfüllt sind. ²Für die Feststellung, ob ständige Wechselschichtarbeit oder ständige Schichtarbeit vorliegt, ist eine Unterbrechung durch Arbeitsbefreiung, Freizeitausgleich, bezahlten Urlaub oder Arbeitsunfähigkeit in den Grenzen des Abschnitt XII der Anlage 1 zu den AVR unschädlich.
2. Der Anspruch auf Zusatzurlaub nach Absatz 3 sowie nach Absatz 6 bemisst sich nach den abgeleisteten Nachtarbeitsstunden und entsteht im laufenden Jahr, sobald die Voraussetzungen nach Absatz 3 Satz 1 bzw. nach Absatz 6 Satz 1 erfüllt sind.

§ 18 Führung auf Probe

(1) ¹Führungspositionen können als befristetes Dienstverhältnis bis zur Gesamtdauer von zwei Jahren vereinbart werden. ²Innerhalb dieser Gesamtdauer ist eine höchstens zweimalige Verlängerung des Dienstvertrages zulässig. ³Die beiderseitigen Kündigungsrechte bleiben unberührt.

befristete Führungsposition auf Probe

(2) Führungspositionen sind die ab Entgeltgruppe 10 zugewiesenen Tätigkeiten mit Weisungsbefugnis, die vor Übertragung vom Dienstgeber ausdrücklich als Führungspositionen auf Probe bezeichnet worden sind.

Führungsposition

(3) ¹Besteht bereits ein Dienstverhältnis mit demselben Dienstgeber, kann dem Mitarbeiter vorübergehend eine Führungsposition bis zu der in Absatz 1 genannten Gesamtdauer übertragen werden. ²Dem Mitarbeiter wird für die Dauer der Übertragung eine Zulage in Höhe des Unterschiedsbetrags zwischen den Tabellenentgelten nach der bisherigen Entgeltgruppe und dem sich bei Höhergruppierung nach § 14 Abs. 4 Satz 1 und 2 ergebenden Tabellenentgelt gewährt. ³Nach Fristablauf endet die Erprobung. ⁴Bei Bewährung wird die Führungsfunktion auf Dauer übertragen; ansonsten erhält der Mitarbeiter eine der bisherigen Eingruppierung entsprechende Tätigkeit.

vorübergehende Führungsposition auf Probe

§ 19 Führung auf Zeit

(1) ¹Führungspositionen können als befristetes Arbeitsverhältnis bis zur Dauer von vier Jahren vereinbart werden. ²Folgende Verlängerungen des Arbeitsvertrages sind zulässig:

a) in den Entgeltgruppen 10 bis 12 eine höchstens zweimalige Verlängerung bis zu einer Gesamtdauer von acht Jahren,

b) ab Entgeltgruppe 13 eine höchstens dreimalige Verlängerung bis zu einer Gesamtdauer von zwölf Jahren.

³Zeiten in einer Führungsposition nach Buchstabe a bei demselben Dienstgeber können auf die Gesamtdauer nach Buchstabe b zur Hälfte angerechnet werden. ⁴Die allgemeinen Vorschriften über die Probezeit (§ 7 Abs. 4 des Allgemeinen Teils zu den AVR) und die beiderseitigen Kündigungsrechte bleiben unberührt.

befristete Führungsposition auf Zeit

(2) Führungspositionen sind die ab Entgeltgruppe 10 zugewiesenen Tätigkeiten mit Weisungsbefugnis, die vor Übertragung vom Dienstgeber ausdrücklich als Führungspositionen auf Zeit bezeichnet worden sind.

Führungsposition

(3) ¹Besteht bereits ein Dienstverhältnis mit demselben Dienstgeber, kann dem Mitarbeiter vorübergehend eine Führungsposition bis zu den in Absatz 1 genannten Fristen übertragen werden. ²Dem Mitarbeiter wird für die Dauer der Übertragung eine Zulage gewährt in Höhe des Unterschiedsbetrags zwischen den Tabellenentgelten nach der bisherigen Entgeltgruppe und dem sich bei Höhergruppierung nach § 14 Abs. 4 Satz 1 und 2 ergebenden Tabellenentgelt, zuzüglich eines Zuschlags von 75 v. H. des Unterschiedsbetrags zwischen den Tabellenentgelten der Entgeltgruppe, die der übertragenen Funktion entspricht, zur nächsthöheren Entgeltgruppe nach § 14 Abs. 4 Satz 1 und 2. ³Nach Fristablauf erhält der Mitarbeiter eine der bisherigen Eingruppierung entsprechende Tätigkeit; der Zuschlag entfällt.

vorübergehende Führungsposition auf Zeit

Anlage 31 – Anhang A

(RK NRW/BW, gültig ab 1. Juli 2014;
RK Mitte/Bayern/Nord, gültig ab 1. Januar 2015)

Entgelt-gruppe	Grundentgelt	Entwicklungsstufen				
	Stufe 1	Stufe 2	Stufe 3	Stufe 4	Stufe 5	Stufe 6
15	4.081,78	4.528,73	4.695,13	5.289,44	5.741,12	6.038,28
14	3.696,66	4.100,79	4.338,52	4.695,13	5.241,91	5.539,05
13	3.407,83	3.779,87	3.981,95	4.374,16	4.920,95	5.146,81
12	3.054,80	3.387,62	3.863,07	4.279,10	4.813,99	5.051,72
11	2.947,82	3.268,78	3.506,48	3.863,07	4.380,13	4.617,86
10	2.840,83	3.149,88	3.387,62	3.625,36	4.077,03	4.184,00
9[1)]	2.509,22	2.781,40	2.924,06	3.304,40	3.601,58	3.839,29
8	2.348,75	2.603,11	2.721,99	2.828,97	2.947,82	3.022,71[2)]
7	2.199,00[3)]	2.436,70	2.591,22	2.710,11	2.799,24	2.882,46
6	2.156,18	2.389,16	2.508,02	2.620,95	2.698,22	2.775,48[4)]
5	2.065,84	2.288,13	2.401,05	2.513,97	2.597,18	2.656,62
4	1.963,62[5)]	2.175,22	2.317,84	2.401,05	2.484,26	2.532,98
3[6)]	1.931,55	2.139,54	2.199,00	2.294,08	2.365,41	2.430,77
2	1.781,76	1.973,13	2.032,57	2.092,01	2.222,73	2.359,45
1	–	1.588,03	1.616,55	1.652,22	1.685,48	1.771,06

Für Mitarbeiter im Pflegedienst:

1)	E 9b	Stufe 3	Stufe 4	Stufe 5	Stufe 6
		3.025,09	3.209,34	3.435,17	3.649,11

2) 3.070,27   3) 2.258,42   4) 2.840,83   5) 2.023,05

		Stufe 1	Stufe 2	Stufe 3	Stufe 4	Stufe 5	Stufe 6
		1.903,33	1.966,41	2.009,08	2.040,62	2.062,87	2.096,27
		38,5 Std.	38,5 Std.	38,5 Std.	38,5 Std.	38,5 Std.	38,5 Std.
6)	E 3a	1.928,07	1.991,95	2.035,17	2.067,12	2.089,66	2.123,50
		39 Std.	39 Std.	39 Std.	39 Std.	39 Std.	39 Std.
		1.977,49	2.043,03	2.087,35	2.120,12	2.143,24	2.177,94
		40 Std.	40 Std.	40 Std.	40 Std.	40 Std.	40 Std.

Anhang A – Anlage 31

(RK NRW/Mitte/BW/Bayern, gültig ab 1. März 2015;
RK Nord, gültig ab 1. Juli 2015)

Entgelt-gruppe	Grundentgelt	Entwicklungsstufen				
	Stufe 1	Stufe 2	Stufe 3	Stufe 4	Stufe 5	Stufe 6
15	4.179,74	4.637,42	4.807,81	5.416,39	5.878,91	6.183,20
14	3.785,38	4.199,21	4.442,64	4.807,81	5.367,72	5.671,99
13	3.489,62	3.870,59	4.077,52	4.479,14	5.039,05	5.270,33
12	3.129,17	3.468,92	3.955,78	4.381,80	4.929,53	5.172,96
11	3.022,81	3.347,23	3.590,64	3.955,78	4.485,25	4.728,69
10	2.916,44	3.225,48	3.468,92	3.712,37	4.174,88	4.284,42
9[1]	2.586,77	2.857,36	2.999,18	3.383,71	3.688,02	3.931,43
8	2.427,23	2.680,10	2.798,30	2.904,65	3.022,81	3.097,26[2]
7	2.278,35[3]	2.514,67	2.668,29	2.786,48	2.875,10	2.957,82
6	2.235,78	2.467,40	2.585,57	2.697,84	2.774,66	2.851,47[4]
5	2.145,97	2.366,97	2.479,23	2.591,49	2.674,21	2.733,30
4	2.044,34[5]	2.254,70	2.396,50	2.479,23	2.561,95	2.610,38
3[6]	2.012,46	2.219,23	2.278,35	2.372,87	2.443,79	2.508,77
2	1.863,54	2.053,80	2.112,89	2.171,99	2.301,94	2.437,87
1	–	1.670,94	1.699,30	1.734,76	1.767,82	1.852,91

Für Mitarbeiter im Pflegedienst:

1)
E 9b	Stufe 3	Stufe 4	Stufe 5	Stufe 6
	3.099,63	3.286,36	3.517,61	3.736,69

2) 3.144,54   3) 2.337,42   4) 2.916,44   5) 2.103,43

6)
E 3a	Stufe 1	Stufe 2	Stufe 3	Stufe 4	Stufe 5	Stufe 6
	1.984,40	2.047,12	2.089,53	2.120,89	2.143,02	2.176,22
	38,5 Std.	38,5 Std.	38,5 Std.	38,5 Std.	38,5 Std.	38,5 Std.
	2.009,00	2.072,50	2.115,47	2.147,24	2.169,65	2.203,29
	39 Std.	39 Std.	39 Std.	39 Std.	39 Std.	39 Std.
	2.058,13	2.123,28	2.167,35	2.199,93	2.222,92	2.257,41
	40 Std.	40 Std.	40 Std.	40 Std.	40 Std.	40 Std.

Anlage 31 – Anhang A

(RK Ost – Bundesland Hamburg, gültig ab 1. Januar 2015)

Entgelt-gruppe	Grundentgelt	Entwicklungsstufen				
	Stufe 1	Stufe 2	Stufe 3	Stufe 4	Stufe 5	Stufe 6
15	4.020,55	4.460,80	4.624,70	5.210,10	5.655,00	5.947,71
14	3.641,21	4.039,28	4.273,44	4.624,70	5.163,28	5.455,96
13	3.356,71	3.723,17	3.922,22	4.308,55	4.847,14	5.069,61
12	3.008,98	3.336,81	3.805,12	4.214,91	4.741,78	4.975,94
11	2.903,60	3.219,75	3.453,88	3.805,12	4.314,43	4.548,59
10	2.798,22	3.102,63	3.336,81	3.570,98	4.015,87	4.121,24
9[1]	2.471,58	2.739,68	2.880,20	3.254,83	3.547,56	3.781,70
8	2.313,52	2.564,06	2.681,16	2.786,54	2.903,60	2.977,37 [2]
7	2.166,02 [3]	2.400,15	2.552,35	2.669,46	2.757,25	2.839,22
6	2.005,25	2.221,92	2.332,46	2.437,48	2.509,34	2.581,20 [4]
5	1.921,23	2.127,96	2.232,98	2.337,99	2.415,38	2.470,66
4	1.826,17 [5]	2.022,95	2.155,59	2.232,98	2.310,36	2.355,67
3[6]	1.796,34	1.989,77	2.045,07	2.133,49	2.199,83	2.260,62
2	1.657,04	1.835,01	1.890,29	1.945,57	2.067,14	2.194,29
1	–	1.476,87	1.503,39	1.536,56	1.567,50	1.647,09

Für Mitarbeiter im Pflegedienst:

1)	E 9b	Stufe 3	Stufe 4	Stufe 5	Stufe 6
		2.979,71	3.161,20	3.383,64	3.594,37

2) 3.024,22   3) 2.224,54   4) 2.641,97   5) 1.881,44

		Stufe 1	Stufe 2	Stufe 3	Stufe 4	Stufe 5	Stufe 6
6)	E 3a	1.770,10	1.828,76	1.868,44	1.897,78	1.918,47	1.949,53
		38,5 Std.	38,5 Std.	38,5 Std.	38,5 Std.	38,5 Std.	38,5 Std.
		1.793,11	1.852,51	1.892,71	1.922,42	1.943,38	1.974,86
		39 Std.	39 Std.	39 Std.	39 Std.	39 Std.	39 Std.
		1.839,07	1.900,02	1.941,24	1.971,71	1.993,21	2.025,48
		40 Std.	40 Std.	40 Std.	40 Std.	40 Std.	40 Std.

Anhang A – Anlage 31

(RK Ost – Bundesland Hamburg, gültig ab 1. Oktober 2015)

Entgelt-gruppe	Grundentgelt	Entwicklungsstufen				
	Stufe 1	Stufe 2	Stufe 3	Stufe 4	Stufe 5	Stufe 6
15	4.137,94	4.591,05	4.759,73	5.362,23	5.820,12	6.121,37
14	3.747,53	4.157,22	4.398,21	4.759,73	5.314,04	5.615,27
13	3.454,72	3.831,88	4.036,74	4.434,35	4.988,66	5.217,63
12	3.097,88	3.434,23	3.916,22	4.337,98	4.880,23	5.121,23
11	2.992,58	3.313,76	3.554,73	3.916,22	4.440,40	4.681,40
10	2.887,28	3.193,23	3.434,23	3.675,25	4.133,13	4.241,58
9[1]	2.560,90	2.828,79	2.969,19	3.349,87	3.651,14	3.892,12
8	2.402,96	2.653,30	2.770,32	2.875,60	2.992,58	3.066,29 [2]
7	2.255,57 [3]	2.489,52	2.641,61	2.758,62	2.846,35	2.928,24
6	2.079,28	2.294,68	2.404,58	2.508,99	2.580,43	2.651,87 [4]
5	1.995,75	2.201,28	2.305,68	2.410,09	2.487,02	2.541,97
4	1.901,24 [5]	2.096,87	2.228,75	2.305,68	2.382,61	2.427,65
3[6]	1.871,59	2.063,88	2.118,87	2.206,77	2.272,72	2.333,16
2	1.733,09	1.910,03	1.964,99	2.019,95	2.140,80	2.267,22
1	–	1.553,97	1.580,35	1.613,33	1.644,07	1.723,21

Für Mitarbeiter im Pflegedienst:

1)

	Stufe 3	Stufe 4	Stufe 5	Stufe 6
E 9b	3.068,63	3.253,50	3.482,43	3.699,32

2) 3.113,09   3) 2.314,05   4) 2.712,29   5) 1.956,19

6)

	Stufe 1	Stufe 2	Stufe 3	Stufe 4	Stufe 5	Stufe 6
E 3a	1.845,49	1.903,82	1.943,26	1.972,43	1.993,01	2.023,88
	38,5 Std.	38,5 Std.	38,5 Std.	38,5 Std.	38,5 Std.	38,5 Std.
	1.868,37	1.927,43	1.967,39	1.996,93	2.017,77	2.049,06
	39 Std.	39 Std.	39 Std.	39 Std.	39 Std.	39 Std.
	1.914,06	1.974,65	2.015,64	2.045,93	2.067,32	2.099,39
	40 Std.	40 Std.	40 Std.	40 Std.	40 Std.	40 Std.

Anlage 31 – Anhang A

(RK Ost – Tarifgebiet Ost, gültig ab 1. Januar 2015)

Entgelt-gruppe	Grundentgelt	Entwicklungsstufen				
	Stufe 1	Stufe 2	Stufe 3	Stufe 4	Stufe 5	Stufe 6
15	3.816,46	4.234,36	4.389,95	4.945,63	5.367,95	5.645,79
14	3.456,38	3.834,24	4.056,52	4.389,95	4.901,19	5.179,01
13	3.186,32	3.534,18	3.723,12	4.089,84	4.601,09	4.812,27
12	2.856,24	3.167,42	3.611,97	4.000,96	4.501,08	4.723,36
11	2.756,21	3.056,31	3.278,56	3.611,97	4.095,42	4.317,70
10	2.656,18	2.945,14	3.167,42	3.389,71	3.812,02	3.912,04
9[1]	2.346,12	2.600,61	2.734,00	3.089,61	3.367,48	3.589,74
8	2.196,08	2.433,91	2.545,06	2.645,09	2.756,21	2.826,23 [2]
7	2.056,07 [3]	2.278,31	2.422,79	2.533,95	2.617,29	2.695,10
6	1.929,78	2.138,30	2.244,68	2.345,75	2.414,91	2.484,05 [4]
5	1.848,93	2.047,88	2.148,94	2.250,00	2.324,48	2.377,67
4	1.757,44 [5]	1.946,82	2.074,47	2.148,94	2.223,41	2.267,02
3 [6]	1.728,74	1.914,89	1.968,11	2.053,20	2.117,04	2.175,54
2	1.594,68	1.765,95	1.819,15	1.872,35	1.989,34	2.111,71
1	–	1.421,29	1.446,81	1.478,74	1.508,50	1.585,10

Für Mitarbeiter im Pflegedienst:

		Stufe 3	Stufe 4	Stufe 5	Stufe 6
1)	E 9b	2.828,46	3.000,73	3.211,88	3.411,92

2) 2.870,70   3) 2.111,62   4) 2.542,54   5) 1.810,63

		Stufe 1	Stufe 2	Stufe 3	Stufe 4	Stufe 5	Stufe 6
6)	E 3a	1.703,48	1.759,94	1.798,13	1.826,35	1.846,27	1.876,16
		38,5 Std.	38,5 Std.	38,5 Std.	38,5 Std.	38,5 Std.	38,5 Std.
		1.725,62	1.782,80	1.821,48	1.850,07	1.870,25	1.900,53
		39 Std.	39 Std.	39 Std.	39 Std.	39 Std.	39 Std.
		1.769,85	1.828,51	1.868,18	1.897,51	1.918,20	1.949,26
		40 Std.	40 Std.	40 Std.	40 Std.	40 Std.	40 Std.

Anhang A – Anlage 31

(RK Ost – Tarifgebiet Ost, gültig ab 1. Oktober 2015)

Entgelt-gruppe	Grundentgelt	Entwicklungsstufen				
	Stufe 1	Stufe 2	Stufe 3	Stufe 4	Stufe 5	Stufe 6
15	3.908,06	4.335,99	4.495,30	5.064,32	5.496,78	5.781,29
14	3.539,33	3.926,26	4.153,87	4.495,30	5.018,82	5.303,31
13	3.262,79	3.619,00	3.812,48	4.188,00	4.711,51	4.927,76
12	2.925,77	3.243,44	3.698,65	4.096,98	4.609,11	4.836,72
11	2.826,33	3.129,66	3.357,25	3.698,65	4.193,71	4.421,33
10	2.726,87	3.015,82	3.243,44	3.471,07	3.903,51	4.005,93
9[1]	2.418,63	2.671,63	2.804,23	3.163,77	3.448,30	3.675,89
8	2.269,16	2.505,89	2.616,41	2.715,85	2.826,33	2.895,94[2]
7	2.130,26[3]	2.351,22	2.494,85	2.605,36	2.688,22	2.765,56
6	1.989,84	2.195,99	2.301,16	2.401,08	2.469,45	2.537,81[4]
5	1.909,91	2.106,60	2.206,51	2.306,43	2.380,05	2.432,64
4	1.819,46[5]	2.006,68	2.132,89	2.206,51	2.280,14	2.323,24
3[6]	1.791,09	1.975,11	2.027,73	2.111,85	2.174,97	2.232,81
2	1.658,55	1.827,88	1.880,47	1.933,07	2.048,73	2.169,70
1	–	1.487,14	1.512,38	1.543,94	1.573,36	1.649,09

Für Mitarbeiter im Pflegedienst:

1)
E 9b	Stufe 3	Stufe 4	Stufe 5	Stufe 6
	2.898,15	3.072,75	3.288,97	3.493,81

2) 2.940,14   3) 2.185,49   4) 2.595,63   5) 1.872,05

6)
E 3a	Stufe 1	Stufe 2	Stufe 3	Stufe 4	Stufe 5	Stufe 6
	1.766,12	1.821,94	1.859,68	1.887,59	1.907,29	1.936,84
	38,5 Std.	38,5 Std.	38,5 Std.	38,5 Std.	38,5 Std.	38,5 Std.
	1.788,01	1.844,53	1.882,77	1.911,04	1.930,99	1.960,93
	39 Std.	39 Std.	39 Std.	39 Std.	39 Std.	39 Std.
	1.831,74	1.889,72	1.928,94	1.957,94	1.978,40	2.009,09
	40 Std.	40 Std.	40 Std.	40 Std.	40 Std.	40 Std.

Anlage 31 – Anhang A

(RK Ost – Tarifgebiet Ost, gültig ab 1. März 2016)

Entgelt-gruppe	Grundentgelt	Entwicklungsstufen				
	Stufe 1	Stufe 2	Stufe 3	Stufe 4	Stufe 5	Stufe 6
15	3.908,06	4.335,99	4.495,30	5.064,32	5.496,78	5.781,29
14	3.539,33	3.926,26	4.153,87	4.495,30	5.018,82	5.303,31
13	3.262,79	3.619,00	3.812,48	4.188,00	4.711,51	4.927,76
12	2.925,77	3.243,44	3.698,65	4.096,98	4.609,11	4.836,72
11	2.826,33	3.129,66	3.357,25	3.698,65	4.193,71	4.421,33
10	2.726,87	3.015,82	3.243,44	3.471,07	3.903,51	4.005,93
9[1]	2.418,63	2.671,63	2.804,23	3.163,77	3.448,30	3.675,89
8	2.269,46	2.505,89	2.616,41	2.715,85	2.826,33	2.895,94 [2]
7	2.130,26 [3]	2.351,22	2.494,85	2.605,36	2.688,22	2.765,56
6	2.001,02	2.208,32	2.314,09	2.414,57	2.483,32	2.552,07 [4]
5	1.920,64	2.118,44	2.218,91	2.319,38	2.393,42	2.446,30
4	1.829,68 [5]	2.017,96	2.144,87	2.218,91	2.292,95	2.336,29
3[6]	1.801,15	1.986,21	2.039,12	2.123,72	2.187,19	2.245,35
2	1.667,87	1.838,15	1.891,04	1.943,93	2.060,24	2.181,89
1	–	1.495,49	1.520,87	1.552,61	1.582,20	1.658,35

Für Mitarbeiter im Pflegedienst:

1)

E 9b	Stufe 3	Stufe 4	Stufe 5	Stufe 6
	2.898,15	3.072,75	3.288,97	3.493,81

2) 2.940,14   3) 2.185,49   4) 2.610,21   5) 1.882,57

6)

E 3a	Stufe 1	Stufe 2	Stufe 3	Stufe 4	Stufe 5	Stufe 6
	1.776,04	1.832,17	1.870,13	1.898,20	1.918,00	1.947,72
	38,5 Std.	38,5 Std.	38,5 Std.	38,5 Std.	38,5 Std.	38,5 Std.
	1.798,06	1.854,89	1.893,35	1.921,78	1.941,84	1.971,94
	39 Std.	39 Std.	39 Std.	39 Std.	39 Std.	39 Std.
	1.842,03	1.900,34	1.939,78	1.968,94	1.989,51	2.020,38
	40 Std.	40 Std.	40 Std.	40 Std.	40 Std.	40 Std.

Anhang A – Anlage 31

(RK Ost – Tarifgebiet West ohne Hamburg, gültig ab 1. Januar 2015)

Entgelt-gruppe	Grundentgelt	Entwicklungsstufen				
	Stufe 1	Stufe 2	Stufe 3	Stufe 4	Stufe 5	Stufe 6
15	3.979,74	4.415,51	4.577,75	5.157,20	5.597,59	5.887,32
14	3.604,24	3.998,27	4.230,06	4.577,75	5.110,86	5.400,57
13	3.322,63	3.685,37	3.882,40	4.264,81	4.797,93	5.018,14
12	2.978,43	3.302,93	3.766,49	4.172,12	4.693,64	4.925,43
11	2.874,12	3.187,06	3.418,82	3.766,49	4.270,63	4.502,41
10	2.769,81	3.071,13	3.302,93	3.534,73	3.975,10	4.079,40
9[1]	2.446,49	2.711,87	2.850,96	3.221,79	3.511,54	3.743,31
8	2.290,03	2.538,03	2.653,94	2.758,25	2.874,12	2.947,14[2]
7	2.144,03[3]	2.375,78	2.526,44	2.642,36	2.729,26	2.810,40
6	2.005,25	2.221,92	2.332,46	2.437,48	2.509,34	2.581,20[4]
5	1.921,23	2.127,96	2.232,98	2.337,99	2.415,38	2.470,66
4	1.826,17[5]	2.022,95	2.155,59	2.232,98	2.310,36	2.355,67
3[6]	1.796,34	1.989,77	2.045,07	2.133,49	2.199,83	2.260,62
2	1.657,04	1.835,01	1.890,29	1.945,57	2.067,14	2.194,29
1	–	1.476,87	1.503,39	1.536,56	1.567,50	1.647,09

Für Mitarbeiter im Pflegedienst:

1)
E 9b	Stufe 3	Stufe 4	Stufe 5	Stufe 6
	2.949,46	3.129,11	3.349,29	3.557,88

2) 2.993,51   3) 2.201,96   4) 2.641,97   5) 1.881,44

6)
E 3a	Stufe 1	Stufe 2	Stufe 3	Stufe 4	Stufe 5	Stufe 6
	1.770,10	1.828,76	1.868,44	1.897,78	1.918,47	1.949,53
	38,5 Std.	38,5 Std.	38,5 Std.	38,5 Std.	38,5 Std.	38,5 Std.
	1.793,11	1.852,51	1.892,71	1.922,42	1.943,38	1.974,86
	39 Std.	39 Std.	39 Std.	39 Std.	39 Std.	39 Std.
	1.839,07	1.900,02	1.941,24	1.971,71	1.993,21	2.025,48
	40 Std.	40 Std.	40 Std.	40 Std.	40 Std.	40 Std.

Anlage 31 – Anhang A

(RK Ost – Tarifgebiet West ohne Hamburg, gültig ab 1. Oktober 2015)

Entgelt-gruppe	Grundentgelt	Entwicklungsstufen				
	Stufe 1	Stufe 2	Stufe 3	Stufe 4	Stufe 5	Stufe 6
15	4.075,25	4.521,48	4.687,61	5.280,98	5.731,94	6.028,62
14	3.690,75	4.094,23	4.331,57	4.687,61	5.233,53	5.530,19
13	3.402,38	3.773,83	3.975,58	4.367,16	4.913,07	5.138,57
12	3.050,94	3.382,20	3.856,89	4.272,26	4.806,29	5.043,64
11	2.947,24	3.263,55	3.500,87	3.856,89	4.373,12	4.610,47
10	2.843,53	3.144,84	3.382,20	3.619,56	4.070,51	4.177,31
9[1]	2.522,10	2.785,93	2.924,20	3.299,12	3.595,82	3.833,14
8	2.366,55	2.613,10	2.728,34	2.832,03	2.947,24	3.019,83[2]
7	2.221,39[3]	2.451,80	2.601,58	2.716,82	2.803,22	2.883,87
6	2.079,28	2.294,68	2.404,58	2.508,99	2.580,43	2.651,87[4]
5	1.995,75	2.201,28	2.305,68	2.410,09	2.487,02	2.541,97
4	1.901,24[5]	2.096,87	2.228,75	2.305,68	2.382,61	2.427,65
3[6]	1.871,59	2.063,88	2.118,87	2.206,77	2.272,72	2.333,16
2	1.733,09	1.910,03	1.964,99	2.019,95	2.140,80	2.267,22
1	–	1.553,97	1.580,35	1.613,33	1.644,07	1.723,21

Für Mitarbeiter im Pflegedienst:

1)
E 9b	Stufe 3	Stufe 4	Stufe 5	Stufe 6
	3.022,14	3.204,20	3.429,67	3.643,27

2) 3.065,93   3) 2.278,98   4) 2.712,29   5) 1.956,19

6)
E 3a	Stufe 1	Stufe 2	Stufe 3	Stufe 4	Stufe 5	Stufe 6
	1.845,49	1.903,82	1.943,26	1.972,43	1.993,01	2.023,88
	38,5 Std.	38,5 Std.	38,5 Std.	38,5 Std.	38,5 Std.	38,5 Std.
	1.868,37	1.927,43	1.967,39	1.996,93	2.017,77	2.049,06
	39 Std.	39 Std.	39 Std.	39 Std.	39 Std.	39 Std.
	1.914,06	1.974,65	2.015,64	2.045,93	2.067,32	2.099,39
	40 Std.	40 Std.	40 Std.	40 Std.	40 Std.	40 Std.

Anmerkung zu Anhang A

Abweichend von § 12 Abs. 2 erhalten die Mitarbeiter im Pflegedienst in Krankenhäusern

a) in der Entgeltgruppe 7 bei Tätigkeiten entsprechend den Vergütungsgruppen Kr 5a mit Aufstieg nach Kr 6, Kr 5 mit Aufstieg nach Kr 5a und weiterem Aufstieg nach Kr 6
   - in der Stufe 2 den Tabellenwert der Stufe 3
   - in der Stufe 3 den Tabellenwert der Entgeltgruppe 8 Stufe 3,
   - in der Stufe 4 den Tabellenwert der Entgeltgruppe 8 Stufe 4,
   - in der Stufe 5 den Tabellenwert der Entgeltgruppe 9b Stufe 3,
   - in der Stufe 6 den Tabellenwert der Entgeltgruppe 9b Stufe 4,

b) in der Entgeltgruppe 7 bei Tätigkeiten entsprechend den Vergütungsgruppen Kr 5 mit Aufstieg nach Kr 6
   - in der Stufe 1 den Tabellenwert der Stufe 2,
   - in der Stufe 2 den Tabellenwert der Stufe 3,
   - in der Stufe 3 den Tabellenwert der Entgeltgruppe 8 Stufe 3,
   - in der Stufe 4 den Tabellenwert der Entgeltgruppe 8 Stufe 4,
   - in der Stufe 5 den Tabellenwert der Entgeltgruppe 9b Stufe 3,
   - in der Stufe 6 den Tabellenwert der Entgeltgruppe 9b Stufe 4,

c) in der Entgeltgruppe 7 bei Tätigkeiten entsprechend der Vergütungsgruppe Kr 5 mit Aufstieg nach Kr 5a
   - in der Stufe 4 den Tabellenwert der Entgeltgruppe 8 Stufe 4,
   - in der Stufe 5 den Tabellenwert der Entgeltgruppe 8 Stufe 5,
   - in der Stufe 6 den Tabellenwert der Entgeltgruppe 8 Stufe 6,

d) in der Entgeltgruppe 7 bei Tätigkeiten entsprechend der Vergütungsgruppe Kr 4 mit Aufstieg nach Kr 5 und weiterem Aufstieg nach Kr 5a
   - in der Stufe 4 den Tabellenwert der Entgeltgruppe 8 Stufe 4,
   - in der Stufe 5 den Tabellenwert der Entgeltgruppe 8 Stufe 5,
   - in der Stufe 6 den Tabellenwert der Entgeltgruppe 8 Stufe 6,

e) in der Entgeltgruppe 7 bei Tätigkeiten entsprechend der Vergütungsgruppe Kr 4 mit Aufstieg nach Kr 5
   - in der Stufe 4 den Tabellenwert der Entgeltgruppe 8 Stufe 4,
   - in der Stufe 5 den Tabellenwert der Entgeltgruppe 8 Stufe 5,

f) in der Entgeltgruppe 4 bei Tätigkeiten entsprechend den Vergütungsgruppen Kr 2 mit Aufstieg nach Kr 3 und weiterem Aufstieg nach Kr 4 sowie Kr 3 mit Aufstieg nach Kr 4
   - in der Stufe 4 den Tabellenwert der Entgeltgruppe 6 Stufe 4,
   - in der Stufe 5 den Tabellenwert der Entgeltgruppe 6 Stufe 5,
   - in der Stufe 6 den Tabellenwert der Entgeltgruppe 6 Stufe 6.

Anlage 31 – Anhang B

Kr-Anwendungstabelle
(RK NRW/BW, gültig ab 1. Juli 2014; RK Mitte/Bayern/Nord, gültig ab 1. Januar 2015)

Werte aus Entgeltgruppe allg. Tabelle (TVöD)	Entgeltgruppe Kr (TVöD)	Zuordnungen Vergütungsgruppen KR / KR-Verläufe	Grundentgelt		Entwicklungsstufen			
			Stufe 1	Stufe 2	Stufe 3	Stufe 4	Stufe 5	Stufe 6
EG 12	12a	12 mit Aufstieg nach 13	–	–	3.863,07	4.279,10 nach 2 J. St. 3	4.813,99 nach 3 J. St. 4	5.051,72
EG 11	11b	11 mit Aufstieg nach 12	–	–	–	3.863,07	4.380,13 nach 5 J. St. 4	4.617,86
	11a	10 mit Aufstieg nach 11	–	–	3.506,48	3.863,07 nach 2 J. St. 3	4.380,13 nach 5 J. St. 4	–
EG 10	10a	9 mit Aufstieg nach 10	–	–	3.387,62	3.625,36 nach 2 J. St. 3	4.077,03 nach 3 J. St. 4	–
EG 9, EG 9b	9d	8 mit Aufstieg nach 9	–	–	–	3.601,58 nach 4 J. St. 3	3.839,29 nach 2 J. St. 4	–
	9c	7 mit Aufstieg nach 8	–	–	3.209,34	3.435,17 nach 5 J. St. 3	3.649,11 nach 5 J. St. 4	–
	9b	6 mit Aufstieg nach 7	–	–	2.924,06	3.304,40 nach 5 J. St. 3	3.435,17 nach 5 J. St. 4	–
		7 ohne Aufstieg						
	9a	6 ohne Aufstieg	–	–	2.924,06	3.025,09 nach 5 J. St. 3	3.209,34 nach 5 J. St. 4	–

Anhang B – Anlage 31

Kr-Anwendungstabelle (Fortsetzung)
(RK NRW/BW, gültig ab 1. Juli 2014; RK Mitte/Bayern/Nord, gültig ab 1. Januar 2015)

Werte aus Entgeltgruppe allg. Tabelle (TVöD)	Entgeltgruppe Kr (TVöD)	Zuordnungen Vergütungsgruppen KR / KR-Verläufe	Grundentgelt	Entwicklungsstufen				
			Stufe 1	Stufe 2	Stufe 3	Stufe 4	Stufe 5	Stufe 6
EG 7, EG 8, EG 9b	8a	5 a mit Aufstieg nach 6	–	2.591,22	2.721,99	2.828,97	3.025,09	3.209,34
		5 mit Aufstieg nach 5a und 6	–	2.591,22	2.721,99	2.828,97	3.025,09	3.209,34
		5 mit Aufstieg nach 6	2.436,70	2.591,22	2.721,99	2.828,97	3.025,09	3.209,34
EG 7, EG 8	7a	5 mit Aufstieg nach 5a	–	2.436,70	2.591,22	2.828,97	2.947,82	3.070,27
		4 mit Aufstieg nach 5 und 5a	2.258,42	2.436,70	2.591,22	2.828,97	2.947,82	3.070,27
		4 mit Aufstieg nach 5	2.258,42	2.436,70	2.591,22	2.828,97	2.947,82	–
EG 6, EG 4	4a	2 mit Aufstieg nach 3 und 4	2.023,05	2.175,22	2.317,84	2.620,95	2.698,22	2.840,83
		3 mit Aufstieg nach 4	2.023,05	2.175,22	2.317,84	2.620,95	2.698,22	2.840,83
		2 ohne Aufstieg	2.023,05	2.175,22	2.317,84	–	–	–
EG 3, EG 4	3a	1 mit Aufstieg nach 2 – 38,5 Std.	1.903,33	1.966,40	2.009,08	2.040,62	2.062,87	2.096,27
		1 mit Aufstieg nach 2 – 39 Std.	1.928,06	1.991,95	2.035,17	2.067,12	2.089,66	2.123,49
		1 mit Aufstieg nach 2 – 40 Std.	1.977,49	2.043,03	2.087,35	2.120,12	2.143,24	2.177,94

Anlage 31 – Anhang B

Kr-Anwendungstabelle
(RK NRW/Mitte/BW/Bayern, gültig ab 1. März 2015; RK Nord, gültig ab 1. Juli 2015)

Werte aus Entgeltgruppe allg. Tabelle (TVÖD)	Entgeltgruppe Kr (TVÖD)	Zuordnungen Vergütungsgruppen KR / KR-Verläufe	Grundentgelt Stufe 1	Stufe 2	Entwicklungsstufen Stufe 3	Stufe 4	Stufe 5	Stufe 6
EG 12	12a	12 mit Aufstieg nach 13	–	–	3.955,78	4.381,80 nach 2 J. St. 3	4.929,53 nach 3 J. St. 4	5.172,96
EG 11	11b	11 mit Aufstieg nach 12	–	–	–	3.955,78 nach 2 J. St. 3	4.485,25 nach 3 J. St. 4	4.728,69
	11a	10 mit Aufstieg nach 11	–	–	3.590,64	3.955,78 nach 2 J. St. 3	4.485,25 nach 5 J. St. 4	–
EG 10	10a	9 mit Aufstieg nach 10	–	–	3.468,92	3.712,37 nach 2 J. St. 3	4.174,88 nach 3 J. St. 4	–
EG 9, EG 9b	9d	8 mit Aufstieg nach 9	–	–	3.383,71	3.688,02 nach 4 J. St. 3	3.931,43 nach 2 J. St. 4	–
	9c	7 mit Aufstieg nach 8	–	–	3.286,36	3.517,61 nach 5 J. St. 3	3.736,69 nach 5 J. St. 4	–
	9b	6 mit Aufstieg nach 7	–	–	2.999,18	3.383,71 nach 5 J. St. 3	3.517,61 nach 5 J. St. 4	–
		7 ohne Aufstieg						
	9a	6 ohne Aufstieg	–	–	2.999,18	3.099,63 nach 5 J. St. 3	3.286,36 nach 5 J. St. 4	–

Kr-Anwendungstabelle (Fortsetzung)
(RK NRW/Mitte/BW/Bayern, gültig ab 1. März 2015; RK Nord, gültig ab 1. Juli 2015)

Werte aus Entgeltgruppe allg. Tabelle (TVÖD)	Entgeltgruppe Kr (TVÖD)	Zuordnungen Vergütungsgruppen KR / KR-Verläufe	Grundentgelt	Entwicklungsstufen				
			Stufe 1	Stufe 2	Stufe 3	Stufe 4	Stufe 5	Stufe 6
EG 7, EG 8, EG 9b	8a	5 a mit Aufstieg nach 6	–	2.668,29	2.798,30	2.904,65	3.099,63	3.286,36
		5 mit Aufstieg nach 5a und 6	–	2.668,29	2.798,30	2.904,65	3.099,63	3.286,36
		5 mit Aufstieg nach 6	2.514,67	2.668,29	2.798,30	2.904,65	3.099,63	3.286,36
EG 7, EG 8	7a	5 mit Aufstieg nach 5a	–	2.514,67	2.668,29	2.904,65	3.022,81	3.144,54
		4 mit Aufstieg nach 5 und 5a	2.337,42	2.514,67	2.668,29	2.904,65	3.022,81	3.144,54
		4 mit Aufstieg nach 5	2.337,42	2.514,67	2.668,29	2.904,65	3.022,81	–
EG 6, EG 4	4a	2 mit Aufstieg nach 3 und 4	2.103,43	2.254,70	2.396,50	2.697,84	2.774,66	2.916,44
		3 mit Aufstieg nach 4	2.103,43	2.254,70	2.396,50	2.697,84	2.774,66	2.916,44
		2 ohne Aufstieg	2.103,43	2.254,70	2.396,50	–	–	–
EG 3, EG 4	3a	1 mit Aufstieg nach 2 – 38,5 Std.	1.984,40	2.047,11	2.089,53	2.120,89	2.143,02	2.176,22
		1 mit Aufstieg nach 2 – 39 Std.	2.008,99	2.072,50	2.115,47	2.147,24	2.169,65	2.203,28
		1 mit Aufstieg nach 2 – 40 Std.	2.058,13	2.123,28	2.167,35	2.199,93	2.222,92	2.257,41

Anlage 31 – Anhang B

Kr-Anwendungstabelle
(RK Ost – Bundesland Hamburg, gültig ab 1. Januar 2015)

Werte aus Entgeltgruppe allg. Tabelle (TVÖD)	Entgeltgruppe Kr (TVÖD)	Zuordnungen Vergütungsgruppen KR / KR-Verläufe	Grundentgelt		Entwicklungsstufen			
			Stufe 1	Stufe 2	Stufe 3	Stufe 4	Stufe 5	Stufe 6
EG 12	12a	12 mit Aufstieg nach 13	–	–	3.805,12	4.214,91 nach 2 J. St. 3	4.741,78 nach 3 J. St. 4	4.975,94
EG 11	11b	11 mit Aufstieg nach 12	–	–	–	3.805,12	4.314,43	4.548,59
	11a	10 mit Aufstieg nach 11	–	–	3.453,88	3.805,12 nach 2 J. St. 3	4.314,43 nach 5 J. St. 4	–
EG 10	10a	9 mit Aufstieg nach 10	–	–	3.336,81	3.570,98 nach 2 J. St. 3	4.015,87 nach 3 J. St. 4	–
EG 9, EG 9b	9d	8 mit Aufstieg nach 9	–	–	3.254,83 –	3.547,56 nach 4 J. St. 3	3.781,70 nach 2 J. St. 4	–
	9c	7 mit Aufstieg nach 8	–	–	3.161,20	3.383,64 nach 5 J. St. 3	3.594,37 nach 5 J. St. 4	–
	9b	6 mit Aufstieg nach 7	–	–	2.880,20	3.254,83 nach 5 J. St. 3	3.383,64 nach 5 J. St. 4	–
		7 ohne Aufstieg	–	–	2.880,20			
	9a	6 ohne Aufstieg	–	–	2.880,20	2.979,71 nach 5 J. St. 3	3.161,20 nach 5 J. St. 4	–

Anhang B – Anlage 31

Kr-Anwendungstabelle (Fortsetzung)
(RK Ost – Bundesland Hamburg, gültig ab 1. Januar 2015)

Werte aus Entgeltgruppe allg. Tabelle (TVöD)	Entgeltgruppe Kr (TVöD)	Zuordnungen Vergütungsgruppen KR / KR-Verläufe	Grundentgelt Stufe 1	Entwicklungsstufen Stufe 2	Stufe 3	Stufe 4	Stufe 5	Stufe 6
EG 7, EG 8, EG 9b	8a	5 a mit Aufstieg nach 6	–	2.552,35	2.681,16	2.786,54	2.979,71	3.161,20
		5 mit Aufstieg nach 5a und 6	–	2.552,35	2.681,16	2.786,54	2.979,71	3.161,20
		5 mit Aufstieg nach 6	2.400,15	2.552,35	2.681,16	2.786,54	2.979,71	3.161,20
EG 7, EG 8	7a	5 mit Aufstieg nach 5a	–	2.400,15	2.552,35	2.786,54	2.903,60	3.024,22
		4 mit Aufstieg nach 5 und 5 a	2.224,54	2.400,15	2.552,35	2.786,54	2.903,60	3.024,22
		4 mit Aufstieg nach 5	2.224,54	2.400,15	2.552,35	2.786,54	2.903,60	–
EG 4, EG 6	4a	2 mit Aufstieg nach 3 und 4	1.881,44	2.022,95	2.155,59	2.437,48	2.509,34	2.641,97
		3 mit Aufstieg nach 4	1.881,44	2.022,95	2.155,59	2.437,48	2.509,34	2.641,97
		2 ohne Aufstieg	1.881,44	2.022,95	2.155,59	–	–	–
EG 3, EG 4	3a	1 mit Aufstieg nach 2 – 38,5 Std.	1.770,10	1.828,75	1.868,44	1.897,78	1.918,47	1.949,53
		1 mit Aufstieg nach 2 – 39 Std.	1.793,10	1.852,51	1.892,71	1.922,42	1.943,38	1.974,85
		1 mit Aufstieg nach 2 – 40 Std.	1.839,07	1.900,02	1.941,24	1.971,71	1.993,21	2.025,48

Anlage 31 – Anhang B

Kr-Anwendungstabelle
(RK Ost – Bundesland Hamburg, gültig ab 1. Oktober 2015)

Werte aus Entgeltgruppe allg. Tabelle (TVöD)	Entgeltgruppe Kr (TVöD)	Zuordnungen Vergütungsgruppen KR / KR-Verläufe	Grundentgelt		Entwicklungsstufen			
			Stufe 1	Stufe 2	Stufe 3	Stufe 4	Stufe 5	Stufe 6
EG 12	12a	12 mit Aufstieg nach 13	–	–	3.916,22	4.337,98 nach 2 J. St. 3	4.880,23 nach 3 J. St. 4	5.121,23
EG 11	11b	11 mit Aufstieg nach 12	–	–	–	3.916,22 nach 2 J. St. 3	4.440,40 nach 3 J. St. 4	4.681,40
	11a	10 mit Aufstieg nach 11	–	–	3.554,73	3.916,22 nach 2 J. St. 3	4.440,40 nach 5 J. St. 4	–
EG 10	10a	9 mit Aufstieg nach 10	–	–	3.434,23	3.675,25 nach 2 J. St. 3	4.133,13 nach 3 J. St. 4	–
EG 9, EG 9b	9d	8 mit Aufstieg nach 9	–	–	3.349,87	3.651,14 nach 4 J. St. 3	3.892,12 nach 2 J. St. 4	–
	9c	7 mit Aufstieg nach 8	–	–	3.253,50	3.482,43 nach 5 J. St. 3	3.699,32 nach 5 J. St. 4	–
	9b	6 mit Aufstieg nach 7	–	–	2.969,19	3.349,87 nach 5 J. St. 3	3.482,43 nach 5 J. St. 4	–
		7 ohne Aufstieg	–	–	2.969,19			
	9a	6 ohne Aufstieg	–	–	2.969,19	3.068,63 nach 5 J. St. 3	3.253,50 nach 5 J. St. 4	–

Kr-Anwendungstabelle (Fortsetzung)
(RK Ost – Bundesland Hamburg, gültig ab 1. Oktober 2015)

Werte aus Entgeltgruppe allg. Tabelle (TVöD)	Entgeltgruppe Kr (TVöD)	Zuordnungen Vergütungsgruppen KR / KR-Verläufe	Grundentgelt	Entwicklungsstufen				
			Stufe 1	Stufe 2	Stufe 3	Stufe 4	Stufe 5	Stufe 6
EG 7, EG 8, EG 9b	8a	5 a mit Aufstieg nach 6	–	2.641,61	2.770,32	2.875,60	3.068,63	3.253,50
		5 mit Aufstieg nach 5a und 6	–	2.641,61	2.770,32	2.875,60	3.068,63	3.253,50
		5 mit Aufstieg nach 6	2.489,52	2.641,61	2.770,32	2.875,60	3.068,63	3.253,50
EG 7, EG 8	7a	5 mit Aufstieg nach 5a	–	2.489,52	2.641,6⁻	2.875,60	2.992,58	3.113,09
		4 mit Aufstieg nach 5 und 5 a	2.314,05	2.489,52	2.641,61	2.875,60	2.992,58	3.113,09
		4 mit Aufstieg nach 5	2.314,05	2.489,52	2.641,61	2.875,60	2.992,58	–
EG 4, EG 6	4a	2 mit Aufstieg nach 3 und 4	1.956,19	2.096,87	2.228,75	2.508,99	2.580,43	2.712,29
		3 mit Aufstieg nach 4	1.956,19	2.096,87	2.228,75	2.508,99	2.580,43	2.712,29
		2 ohne Aufstieg	1.956,19	2.096,87	2.228,75	–	–	–
EG 3, EG 4	3a	1 mit Aufstieg nach 2 – 38,5 Std.	1.845,49	1.903,81	1.943,26	1.972,43	1.993,01	2.023,88
		1 mit Aufstieg nach 2 – 39 Std.	1.868,36	1.927,43	1.967,39	1.996,93	2.017,77	2.049,05
		1 mit Aufstieg nach 2 – 40 Std.	1.914,06	1.974,65	2.015,64	2.045,93	2.067,32	2.099,39

Anlage 31 – Anhang B

Kr-Anwendungstabelle
(RK Ost – Tarifgebiet Ost, gültig ab 1. Januar 2015)

Werte aus Entgeltgruppe allg. Tabelle (TVöD)	Entgeltgruppe Kr (TVöD)	Zuordnungen Vergütungsgruppen KR / KR-Verläufe	Grundentgelt		Entwicklungsstufen			
			Stufe 1	Stufe 2	Stufe 3	Stufe 4	Stufe 5	Stufe 6
EG 12	12a	12 mit Aufstieg nach 13	–	–	3.611,97	4.000,96 nach 2 J. St. 3	4.501,08 nach 3 J. St. 4	4.723,36
EG 11	11b	11 mit Aufstieg nach 12	–	–	–	3.611,97	4.095,42 nach 5 J. St. 4	4.317,70
	11a	10 mit Aufstieg nach 11	–	–	3.278,56	3.611,97 nach 2 J. St. 3	4.095,42 nach 5 J. St. 4	–
EG 10	10a	9 mit Aufstieg nach 10	–	–	3.167,42	3.389,71 nach 2 J. St. 3	3.812,02 nach 3 J. St. 4	–
EG 9, EG 9b	9d	8 mit Aufstieg nach 9	–	–	3.089,61	3.367,48 nach 4 J. St. 3	3.589,74 nach 2 J. St. 4	–
	9c	7 mit Aufstieg nach 8	–	–	3.000,73	3.211,88 nach 5 J. St. 3	3.411,92 nach 5 J. St. 4	–
	9b	6 mit Aufstieg nach 7	–	–	2.734,00	3.089,61 nach 5 J. St. 3	3.211,88 nach 5 J. St. 4	–
		7 ohne Aufstieg						
	9a	6 ohne Aufstieg	–	–	2.734,00	2.828,46 nach 5 J. St. 3	3.000,73 nach 5 J. St. 4	–

Kr-Anwendungstabelle (Fortsetzung)
(RK Ost – Tarifgebiet Ost, gültig ab 1. Januar 2015)

Werte aus Entgeltgruppe allg. Tabelle (TVÖD)	Entgeltgruppe Kr (TVÖD)	Zuordnungen Vergütungsgruppen KR / KR-Verläufe	Grundentgelt	Entwicklungsstufen				
			Stufe 1	Stufe 2	Stufe 3	Stufe 4	Stufe 5	Stufe 6
EG 7, EG 8, EG 9b	8a	5 a mit Aufstieg nach 6	–	2.422,79	2.545,06	2.645,09	2.828,46	3.000,73
		5 mit Aufstieg nach 5a und 6	–	2.422,79	2.545,06	2.645,09	2.828,46	3.000,73
		5 mit Aufstieg nach 6	2.278,31	2.422,79	2.545,06	2.645,09	2.828,46	3.000,73
EG 7, EG 8	7a	5 mit Aufstieg nach 5a	–	2.278,31	2.422,79	2.645,09	2.756,21	2.870,70
		4 mit Aufstieg nach 5 und 5 a	2.111,62	2.278,31	2.422,79	2.645,09	2.756,21	2.870,70
		4 mit Aufstieg nach 5	2.111,62	2.278,31	2.422,79	2.645,09	2.756,21	–
EG 4, EG 6	4a	2 mit Aufstieg nach 3 und 4	1.810,63	1.946,82	2.074,47	2.345,75	2.414,91	2.542,54
		3 mit Aufstieg nach 4	1.810,63	1.946,82	2.074,47	2.345,75	2.414,91	2.542,54
		2 ohne Aufstieg	1.810,63	1.946,82	2.074,47	–	–	–
EG 3, EG 4	3a	1 mit Aufstieg nach 2 – 38,5 Std.	1.703,48	1.759,93	1.798,13	1.826,35	1.846,27	1.876,16
		1 mit Aufstieg nach 2 – 39 Std.	1.725,61	1.782,80	1.821,48	1.850,07	1.870,25	1.900,52
		1 mit Aufstieg nach 2 – 40 Std.	1.769,85	1.828,51	1.868,18	1.897,51	1.918,20	1.949,26

Anlage 31 – Anhang B

Kr-Anwendungstabelle
(RK Ost – Tarifgebiet Ost, gültig ab 1. Oktober 2015)

Werte aus Entgeltgruppe allg. Tabelle (TVöD)	Entgeltgruppe Kr (TVöD)	Zuordnungen Vergütungsgruppen KR / KR-Verläufe	Grundentgelt		Entwicklungsstufen			
			Stufe 1	Stufe 2	Stufe 3	Stufe 4	Stufe 5	Stufe 6
EG 12	12a	12 mit Aufstieg nach 13	–	–	3.698,65	4.096,98 nach 2 J. St. 3	4.609,11 nach 3 J. St. 4	4.836,72
EG 11	11b	11 mit Aufstieg nach 12	–	–	–	3.698,65	4.193,71	4.421,33
	11a	10 mit Aufstieg nach 11	–	–	3.357,25	3.698,65 nach 2 J. St. 3	4.193,71 nach 5 J. St. 4	–
EG 10	10a	9 mit Aufstieg nach 10	–	–	3.243,44	3.471,07 nach 2 J. St. 3	3.903,51 nach 3 J. St. 4	–
EG 9, EG 9b	9d	8 mit Aufstieg nach 9	–	–	3.163,77	3.448,30 nach 4 J. St. 3	3.675,89 nach 2 J. St. 4	–
	9c	7 mit Aufstieg nach 8	–	–	3.072,75	3.288,97 nach 5 J. St. 3	3.493,81 nach 5 J. St. 4	–
	9b	6 mit Aufstieg nach 7	–	–	2.804,23	3.163,77 nach 5 J. St. 3	3.288,97 nach 5 J. St. 4	–
		7 ohne Aufstieg	–	–	2.804,23			
	9a	6 ohne Aufstieg	–	–	2.804,23	2.898,15 nach 5 J. St. 3	3.072,75 nach 5 J. St. 4	–

Anhang B – Anlage 31

Kr-Anwendungstabelle (Fortsetzung)
(RK Ost – Tarifgebiet Ost, gültig ab 1. Oktober 2015)

Werte aus Entgeltgruppe allg. Tabelle (TVÖD)	Entgeltgruppe Kr (TVÖD)	Zuordnungen Vergütungsgruppen KR / KR-Verläufe	Grundentgelt	Entwicklungsstufen				
			Stufe 1	Stufe 2	Stufe 3	Stufe 4	Stufe 5	Stufe 6
EG 7, EG 8, EG 9b	8a	5 a mit Aufstieg nach 6	–	–	2.616,41	2.715,85	2.898,15	3.072,75
		5 mit Aufstieg nach 5a und 6	–	2.494,85	2.616,41	2.715,85	2.898,15	3.072,75
		5 mit Aufstieg nach 6	2.351,22	2.494,85	2.616,41	2.715,85	2.898,15	3.072,75
EG 7, EG 8	7a	5 mit Aufstieg nach 5a	–	2.351,22	2.494,85	2.715,85	2.826,33	2.940,14
		4 mit Aufstieg nach 5 und 5 a	2.185,49	2.351,22	2.494,85	2.715,85	2.826,33	2.940,14
		4 mit Aufstieg nach 5	2.185,49	2.351,22	2.494,85	2.715,85	2.826,33	–
EG 4, EG 6	4a	2 mit Aufstieg nach 3 und 4	1.872,05	2.006,68	2.132,89	2.401,08	2.469,45	2.595,63
		3 mit Aufstieg nach 4	1.872,05	2.006,68	2.132,89	2.401,08	2.469,45	2.595,63
		2 ohne Aufstieg	1.872,05	2.006,68	2.132,89	–	–	–
EG 3, EG 4	3a	1 mit Aufstieg nach 2 – 38,5 Std.	1.766,12	1.821,93	1.859,68	1.887,59	1.907,29	1.936,84
		1 mit Aufstieg nach 2 – 39 Std.	1.788,00	1.844,53	1.882,77	1.911,04	1.930,99	1.960,92
		1 mit Aufstieg nach 2 – 40 Std.	1.831,74	1.889,72	1.928,94	1.957,94	1.978,40	2.009,09

Anlage 31 – Anhang B

Kr-Anwendungstabelle
(RK Ost – Tarifgebiet Ost, gültig ab 1. März 2016)

Werte aus Entgeltgruppe allg. Tabelle (TVÖD)	Entgeltgruppe Kr (TVÖD)	Zuordnungen Vergütungsgruppen KR / KR-Verläufe	Grundentgelt			Entwicklungsstufen		
			Stufe 1	Stufe 2	Stufe 3	Stufe 4	Stufe 5	Stufe 6
EG 12	12a	12 mit Aufstieg nach 13	–	–	3.698,65	4.096,98 nach 2 J. St. 3	4.609,11 nach 3 J. St. 4	4.836,72
EG 11	11b	11 mit Aufstieg nach 12	–	–	–	3.698,65 nach 2 J. St. 3	4.193,71	4.421,33
	11a	10 mit Aufstieg nach 11	–	–	3.357,25	3.698,65 nach 2 J. St. 3	4.193,71 nach 5 J. St. 4	–
EG 10	10a	9 mit Aufstieg nach 10	–	–	3.243,44	3.471,07 nach 2 J. St. 3	3.903,51 nach 3 J. St. 4	–
EG 9, EG 9b	9d	8 mit Aufstieg nach 9	–	–	3.163,77	3.448,30 nach 4 J. St. 3	3.675,89 nach 2 J. St. 4	–
	9c	7 mit Aufstieg nach 8	–	–	3.072,75	3.288,97 nach 5 J. St. 3	3.493,81 nach 5 J. St. 4	–
	9b	6 mit Aufstieg nach 7	–	–	2.804,23	3.163,77 nach 5 J. St. 3	3.288,97 nach 5 J. St. 4	–
		7 ohne Aufstieg	–	–	2.804,23			
	9a	6 ohne Aufstieg	–	–	2.804,23	2.898,15 nach 5 J. St. 3	3.072,75 nach 5 J. St. 4	–

Kr-Anwendungstabelle (Fortsetzung)
(RK Ost – Tarifgebiet Ost, gültig ab 1. März 2016)

Werte aus Entgeltgruppe allg. Tabelle (TVÖD)	Entgeltgruppe Kr (TVÖD)	Zuordnungen Vergütungsgruppen KR / KR-Verläufe	Grundentgelt	Entwicklungsstufen				
			Stufe 1	Stufe 2	Stufe 3	Stufe 4	Stufe 5	Stufe 6
EG 7, EG 8, EG 9b	8a	5 a mit Aufstieg nach 6	–	2.494,85	2.616,41	2.715,85	2.898,15	3.072,75
		5 mit Aufstieg nach 5a und 6	–	2.494,85	2.616,41	2.715,85	2.898,15	3.072,75
		5 mit Aufstieg nach 6	2.351,22	2.494,85	2.616,41	2.715,85	2.898,15	3.072,75
EG 7, EG 8	7a	5 mit Aufstieg nach 5a	–	2.351,22	2.494,85	2.715,85	2.826,33	2.940,14
		4 mit Aufstieg nach 5 und 5 a	2.185,49	2.351,22	2.494,85	2.715,85	2.826,33	2.940,14
		4 mit Aufstieg nach 5	2.185,49	2.351,22	2.494,85	2.715,85	2.826,33	–
EG 4, EG 6	4a	2 mit Aufstieg nach 3 und 4	1.882,57	2.017,96	2.144,87	2.414,57	2.483,32	2.610,21
		3 mit Aufstieg nach 4	1.882,57	2.017,96	2.144,87	2.414,57	2.483,32	2.610,21
		2 ohne Aufstieg	1.882,57	2.017,96	2.144,87	–	–	–
EG 3, EG 4	3a	1 mit Aufstieg nach 2 – 38,5 Std.	1.776,04	1.832,16	1.870,13	1.898,20	1.918,00	1.947,72
		1 mit Aufstieg nach 2 – 39 Std.	1.798,05	1.854,89	1.893,35	1.921,78	1.941,84	1.971,94
		1 mit Aufstieg nach 2 – 40 Std.	1.842,03	1.900,34	1.939,78	1.968,94	1.989,51	2.020,38

Anlage 31 – Anhang B

Kr-Anwendungstabelle
(RK Ost – Tarifgebiet West ohne Hamburg, gültig ab 1. Januar 2015)

Werte aus Entgeltgruppe allg. Tabelle (TVÖD)	Entgeltgruppe Kr (TVÖD)	Zuordnungen Vergütungsgruppen KR / KR-Verläufe	Grundentgelt		Entwicklungsstufen			
			Stufe 1	Stufe 2	Stufe 3	Stufe 4	Stufe 5	Stufe 6
EG 12	12a	12 mit Aufstieg nach 13	–	–	3.766,49	4.172,12 nach 2 J. St. 3	4.693,64 nach 3 J. St. 4	4.925,43
EG 11	11b	11 mit Aufstieg nach 12	–	–	–	3.766,49	4.270,63	4.502,41
	11a	10 mit Aufstieg nach 11	–	–	3.418,82	3.766,49 nach 2 J. St. 3	4.270,63 nach 5 J. St. 4	–
EG 10	10a	9 mit Aufstieg nach 10	–	–	3.302,93	3.534,73 nach 2 J. St. 3	3.975,10 nach 3 J. St. 4	–
EG 9, EG 9b	9d	8 mit Aufstieg nach 9	–	–	3.221,79	3.511,54 nach 4 J. St. 3	3.743,31 nach 2 J. St. 4	–
	9c	7 mit Aufstieg nach 8	–	–	3.129,11	3.349,29 nach 5 J. St. 3	3.557,88 nach 5 J. St. 4	–
	9b	6 mit Aufstieg nach 7	–	–	2.850,96	3.221,79 nach 5 J. St. 3	3.349,29 nach 5 J. St. 4	–
		7 ohne Aufstieg	–	–	2.850,96			
	9a	6 ohne Aufstieg	–	–	2.850,96	2.949,46 nach 5 J. St. 3	3.129,11 nach 5 J. St. 4	–

Kr-Anwendungstabelle (Fortsetzung)
(RK Ost – Tarifgebiet West ohne Hamburg, gültig ab 1. Januar 2015)

Werte aus Entgeltgruppe allg. Tabelle (TVÖD)	Entgeltgruppe Kr (TVÖD)	Zuordnungen Vergütungsgruppen KR / KR-Verläufe	Grundentgelt	Entwicklungsstufen				
			Stufe 1	Stufe 2	Stufe 3	Stufe 4	Stufe 5	Stufe 6
EG 7, EG 8, EG 9b	8a	5 a mit Aufstieg nach 6	–	2.526,44	2.653,94	2.758,25	2.949,46	3.129,11
		5 mit Aufstieg nach 5a und 6	–	2.526,44	2.653,94	2.758,25	2.949,46	3.129,11
		5 mit Aufstieg nach 6	2.375,78	2.526,44	2.653,94	2.758,25	2.949,46	3.129,11
EG 7, EG 8	7a	5 mit Aufstieg nach 5a	–	2.375,78	2.526,44	2.758,25	2.874,12	2.993,51
		4 mit Aufstieg nach 5 und 5 a	2.201,95	2.375,78	2.526,44	2.758,25	2.874,12	2.993,51
		4 mit Aufstieg nach 5	2.201,96	2.375,78	2.526,44	2.758,25	2.874,12	–
EG 4, EG 6	4a	2 mit Aufstieg nach 3 und 4	1.881,44	2.022,95	2.155,59	2.437,48	2.509,34	2.641,97
		3 mit Aufstieg nach 4	1.881,44	2.022,95	2.155,59	2.437,48	2.509,34	2.641,97
		2 ohne Aufstieg	1.881,44	2.022,95	2.155,59	–	–	–
EG 3, EG 4	3a	1 mit Aufstieg nach 2 – 38,5 Std.	1.770,10	1.828,75	1.868,44	1.897,78	1.918,47	1.949,53
		1 mit Aufstieg nach 2 – 39 Std.	1.793,10	1.852,51	1.892,71	1.922,42	1.943,38	1.974,85
		1 mit Aufstieg nach 2 – 40 Std.	1.839,07	1.900,02	1.941,24	1.971,71	1.993,21	2.025,48

Kr-Anwendungstabelle
(RK Ost – Tarifgebiet West ohne Hamburg, gültig ab 1. Oktober 2015)

Werte aus Entgeltgruppe allg. Tabelle (TVÖD)	Entgeltgruppe Kr (TVÖD)	Zuordnungen Vergütungsgruppen KR / KR-Verläufe	Grundentgelt		Entwicklungsstufen			
			Stufe 1	Stufe 2	Stufe 3	Stufe 4	Stufe 5	Stufe 6
EG 12	12a	12 mit Aufstieg nach 13	–	–	3.856,89	4.272,26 nach 2 J. St. 3	4.806,29 nach 3 J. St. 4	5.043,64
EG 11	11b	11 mit Aufstieg nach 12	–	–	–	3.856,89	4.373,12 nach 2 J. St. 4	4.610,47
	11a	10 mit Aufstieg nach 11	–	–	3.500,87	3.856,89 nach 2 J. St. 3	4.373,12 nach 5 J. St. 4	–
EG 10	10a	9 mit Aufstieg nach 10	–	–	3.382,20	3.619,56 nach 2 J. St. 3	4.070,51 nach 3 J. St. 4	–
EG 9, EG 9b	9d	8 mit Aufstieg nach 9	–	–	3.299,12	3.595,82 nach 4 J. St. 3	3.833,14 nach 2 J. St. 4	–
	9c	7 mit Aufstieg nach 8	–	–	3.204,20	3.429,67 nach 5 J. St. 3	3.643,27 nach 5 J. St. 4	–
	9b	6 mit Aufstieg nach 7	–	–	2.924,20	3.299,12 nach 5 J. St. 3	3.429,67 nach 5 J. St. 4	–
		7 ohne Aufstieg	–	–	2.924,20			
	9a	6 ohne Aufstieg	–	–	2.924,20	3.022,14 nach 5 J. St. 3	3.204,20 nach 5 J. St. 4	–

Kr-Anwendungstabelle (Fortsetzung)
(RK Ost – Tarifgebiet West ohne Hamburg, gültig ab 1. Oktober 2015)

Werte aus Entgeltgruppe allg. Tabelle (TVöD)	Entgeltgruppe Kr (TVöD)	Zuordnungen Vergütungsgruppen KR / KR-Verläufe	Grundentgelt Stufe 1	Entwicklungsstufen Stufe 2	Stufe 3	Stufe 4	Stufe 5	Stufe 6
EG 7, EG 8, EG 9b	8a	5 a mit Aufstieg nach 6	–	2.601,58	2.728,34	2.832,03	3.022,14	3.204,20
		5 mit Aufstieg nach 5a und 6	–	2.601,58	2.728,34	2.832,03	3.022,14	3.204,20
		5 mit Aufstieg nach 6	2.451,80	2.601,58	2.728,34	2.832,03	3.022,14	3.204,20
EG 7, EG 8	7a	5 mit Aufstieg nach 5a	–	2.451,80	2.601,58	2.832,03	2.947,24	3.065,93
		4 mit Aufstieg nach 5 und 5 a	2.278,93	2.451,80	2.601,58	2.832,03	2.947,24	3.065,93
		4 mit Aufstieg nach 5	2.278,98	2.451,80	2.601,58	2.832,03	2.947,24	–
EG 4, EG 6	4a	2 mit Aufstieg nach 3 und 4	1.956,19	2.096,87	2.228,75	2.508,99	2.580,43	2.712,29
		3 mit Aufstieg nach 4	1.956,19	2.096,87	2.228,75	2.508,99	2.580,43	2.712,29
		2 ohne Aufstieg	1.956,19	2.096,87	2.228,75	–	–	–
EG 3, EG 4	3a	1 mit Aufstieg nach 2 – 38,5 Std.	1.845,46	1.903,81	1.943,26	1.972,43	1.993,01	2.023,88
		1 mit Aufstieg nach 2 – 39 Std.	1.868,36	1.927,43	1.967,39	1.996,93	2.017,77	2.049,05
		1 mit Aufstieg nach 2 – 40 Std.	1.914,06	1.974,65	2.015,64	2.045,93	2.067,32	2.099,39

Anlage 31 – Anhang C

(RK NRW/BW, gültig ab 1. Juli 2014 und gültig ab 1. März 2015)

Entgeltgruppe	Stundenentgelt, gültig ab	
	1. Juli 2014	1. März 2015
Kr 12a	24,01 Euro	24,59 Euro
Kr 11b	22,43 Euro	22,97 Euro
Kr 11a	21,20 Euro	21,71 Euro
Kr 10a	19,85 Euro	20,33 Euro
Kr 9d	19,12 Euro	19,58 Euro
Kr 9c	18,45 Euro	18,89 Euro
Kr 9b	17,61 Euro	18,03 Euro
Kr 9a	17,32 Euro	17,74 Euro
Kr 8a	16,55 Euro	16,95 Euro
Kr 7a	15,87 Euro	16,25 Euro
Kr 4a	14,70 Euro	15,05 Euro
Kr 3a	12,25 Euro	12,54 Euro

(RK Mitte/Bayern, gültig ab 1. Januar 2015 und gültig ab 1. März 2015)

Entgeltgruppe	Stundenentgelt, gültig ab	
	1. Januar 2015	1. März 2015
Kr 12a	24,01 Euro	24,59 Euro
Kr 11b	22,43 Euro	22,97 Euro
Kr 11a	21,20 Euro	21,71 Euro
Kr 10a	19,85 Euro	20,33 Euro
Kr 9d	19,12 Euro	19,58 Euro
Kr 9c	18,45 Euro	18,89 Euro
Kr 9b	17,61 Euro	18,03 Euro
Kr 9a	17,32 Euro	17,74 Euro
Kr 8a	16,55 Euro	16,95 Euro
Kr 7a	15,87 Euro	16,25 Euro
Kr 4a	14,70 Euro	15,05 Euro
Kr 3a	12,25 Euro	12,54 Euro

(RK Nord, gültig ab 1. Januar 2015 und gültig ab 1. Juli 2015)

Entgeltgruppe	Stundenentgelt, gültig ab	
	1. Januar 2015	1. Juli 2015
Kr 12a	24,01 Euro	24,59 Euro
Kr 11b	22,43 Euro	22,97 Euro
Kr 11a	21,20 Euro	21,71 Euro
Kr 10a	19,85 Euro	20,33 Euro
Kr 9d	19,12 Euro	19,58 Euro
Kr 9c	18,45 Euro	18,89 Euro
Kr 9b	17,61 Euro	18,03 Euro
Kr 9a	17,32 Euro	17,74 Euro
Kr 8a	16,55 Euro	16,95 Euro
Kr 7a	15,87 Euro	16,25 Euro
Kr 4a	14,70 Euro	15,05 Euro
Kr 3a	12,25 Euro	12,54 Euro

(RK Ost – Bundesland Hamburg, gültig ab 1. Januar 2015 und gültig ab 1. Oktober 2015)

Entgeltgruppe	ab 1.1.2015	ab 1.10.2015
Kr 12a	23,65 Euro	24,34 Euro
Kr 11b	22,09 Euro	22,74 Euro
Kr 11a	20,88 Euro	21,49 Euro
Kr 10a	19,55 Euro	20,13 Euro
Kr 9d	18,83 Euro	19,38 Euro
Kr 9c	18,17 Euro	18,70 Euro
Kr 9b	17,35 Euro	17,85 Euro
Kr 9a	17,06 Euro	17,56 Euro
Kr 8a	16,30 Euro	16,78 Euro
Kr 7a	15,63 Euro	16,09 Euro
Kr 4a	13,67 Euro	14,00 Euro
Kr 3a	11,39 Euro	11,66 Euro

(RK Ost – Tarifgebiet Ost, gültig ab 1. Januar 2015,
gültig ab 1. Oktober 2015 und gültig ab 1. März 2016)

Entgeltgruppe	ab 1.1.2015	ab 1.10.2015	ab 1.3.2016
Kr 12a	22,45 Euro	22,99 Euro	22,99 Euro
Kr 11b	20,97 Euro	21,48 Euro	21,48 Euro
Kr 11a	19,82 Euro	20,30 Euro	20,30 Euro
Kr 10a	18,56 Euro	19,01 Euro	19,01 Euro
Kr 9d	17,88 Euro	18,31 Euro	18,31 Euro
Kr 9c	17,25 Euro	17,66 Euro	17,66 Euro
Kr 9b	16,47 Euro	16,86 Euro	16,86 Euro
Kr 9a	16,19 Euro	16,59 Euro	16,59 Euro
Kr 8a	15,47 Euro	15,85 Euro	15,85 Euro
Kr 7a	14,84 Euro	15,19 Euro	15,19 Euro
Kr 4a	13,16 Euro	13,39 Euro	13,47 Euro
Kr 3a	10,96 Euro	11,16 Euro	11,22 Euro

(RK Ost – Tarifgebiet West ohne Hamburg, gültig ab 1. Januar 2015,
gültig ab 1. Oktober 2015)

Entgeltgruppe	ab 1.1.2015	ab 1.10.2015
Kr 12a	23,41 Euro	23,98 Euro
Kr 11b	21,87 Euro	22,40 Euro
Kr 11a	20,67 Euro	21,17 Euro
Kr 10a	19,35 Euro	19,82 Euro
Kr 9d	18,64 Euro	19,09 Euro
Kr 9c	17,99 Euro	18,42 Euro
Kr 9b	17,17 Euro	17,58 Euro
Kr 9a	16,89 Euro	17,30 Euro
Kr 8a	16,14 Euro	16,53 Euro
Kr 7a	15,47 Euro	15,84 Euro
Kr 4a	13,67 Euro	14,00 Euro
Kr 3a	11,39 Euro	11,66 Euro

Anlage 31 – Anhang D

Vergütungsgruppen für Mitarbeiter im Pflegedienst in Krankenhäusern

Vergütungsgruppe Kr 1

Kranken- und Altenpflege

1   Mitarbeiter in der Pflege ohne entsprechende Ausbildung (z. B. Pflegehelfer) [1]

Vergütungsgruppe Kr 2

Kranken- und Altenpflege

1   Krankenpflegehelfer mit entsprechender Tätigkeit [1, 14]
2   Altenpflegehelfer mit entsprechender Tätigkeit [1, 14]
3   *(RK NRW/Mitte/BW/Bayern/Nord):* Mitarbeiter in der Pflege ohne entsprechende Ausbildung nach Ableistung eines qualifizierenden Kurses, die vor dem (Datum des Inkrafttretens der Regelung[1]) eingestellt worden sind [1, 7]
3   *(RK Ost):* Mitarbeiter in der Pflege ohne entsprechende Ausbildung nach Ableistung eines qualifizierenden Kurses, die vor dem 29. Januar 2015 eingestellt worden sind [1, 7]
4   Mitarbeiter in der Pflege ohne entsprechende Ausbildung nach sechsjähriger Bewährung in Vergütungsgruppe Kr 1 Ziffer 1

Vergütungsgruppe Kr 3

Kranken- und Altenpflege

1   Krankenpflegehelfer mit entsprechender Tätigkeit nach zweijähriger Tätigkeit in Vergütungsgruppe Kr 2 Ziffer 1 [1]
2   Altenpflegehelfer mit entsprechender Tätigkeit nach zweijähriger Tätigkeit in Vergütungsgruppe Kr 2 Ziffer 2 [1, 14]

Vergütungsgruppe Kr 4

Krankenpflege

1   Krankenpfleger mit entsprechender Tätigkeit [1]
2   Krankenpflegehelfer mit entsprechender Tätigkeit nach vierjähriger Bewährung in Vergütungsgruppe Kr 3 Ziffer 1

Altenpflege

3   Altenpfleger mit staatlicher Anerkennung mit entsprechender Tätigkeit [1]
4   Altenpflegehelfer mit entsprechender Tätigkeit nach vierjähriger Bewährung in Vergütungsgruppe Kr 3 Ziffer 2

---

1   Inkrafttreten: RK Mitte gültig ab 2.10.2014; RK BW gültig ab 8.10.2014; RK Bayern gültig ab 13.11.2014; RK NRW gültig ab 15.11.2014; RK Nord gültig ab 4.2.2015.

Anlage 31 – Anhang D

Geburtshilfe/Entbindungspflege
5   Hebammen/Entbindungspfleger mit entsprechender Tätigkeit

Vergütungsgruppe Kr 5

Krankenpflege
1   Krankenpfleger mit entsprechender Tätigkeit nach zweijähriger Tätigkeit in Vergütungsgruppe Kr 4 Ziffer 1 [1]
2   Krankenpfleger, die als Krankenhaushygienepfleger stationsübergreifend und verantwortlich eingesetzt sind
3   Krankenpfleger, die
    a) im Operationsdienst als Operationspfleger oder als Anästhesiepfleger tätig sind

    oder

    b) die Herz-Lungen-Maschine vorbereiten und während der Operation zur Bedienung der Maschine herangezogen werden

    oder

    c) in Einheiten für Intensivmedizin tätig sind

    oder

    d) dem Arzt in erheblichem Umfange bei Herzkatheterisierungen, Dilatationen oder Angiographien unmittelbar assistieren

    oder

    e) in Dialyseeinheiten Kranke pflegen sowie die Geräte bedienen und überwachen

    oder

    f) in Ambulanzen oder Ambulanzen/Nothilfen Tätigkeiten gemäß Buchstabe a, c oder e ausüben.

Altenpflege
4   Altenpfleger mit staatlicher Anerkennung mit entsprechender Tätigkeit nach dreijähriger Tätigkeit in Vergütungsgruppe Kr 4 Ziffer 3 [1,9]

Geburtshilfe/Entbindungspflege
5   Hebammen/Entbindungspfleger mit entsprechender Tätigkeit nach einjähriger Tätigkeit in Vergütungsgruppe Kr 4 Ziffer 5

Operationstechnische Assistenten
6   Operationstechnische Assistenten mit entsprechender Tätigkeit

Vergütungsgruppe Kr 5a

Krankenpflege
1   Krankenpfleger der Vergütungsgruppe Kr 5 Ziffern 1 bis 3 nach vierjähriger Bewährung in einer dieser Ziffern, frühestens jedoch nach sechsjähriger Berufstätigkeit nach Erlangung der staatlichen Erlaubnis [4]

2 bis 3   (entfallen)

4 Krankenpfleger, die durch ausdrückliche Anordnung als ständige Vertretung von Stations- oder Gruppenpflegern der Vergütungsgruppe Kr 6 Ziffer 6 bestellt sind [1, 8]

Altenpflege

5 Altenpfleger der Vergütungsgruppe Kr 5 Ziffer 4 nach vierjähriger Bewährung in dieser Ziffer
6 Altenpfleger mit staatlicher Anerkennung, die durch ausdrückliche Anordnung als Leitung einer Organisationseinheit bestellt sind [1, 2]
7 Altenpfleger mit staatlicher Anerkennung, die durch ausdrückliche Anordnung als ständige Vertretung der Leitung einer Organisationseinheit der Vergütungsgruppe Kr 6 Ziffer 19 bestellt sind [1, 8]

Geburtshilfe/Entbindungspflege

8 Hebammen/Entbindungspfleger der Vergütungsgruppe Kr 5 Ziffer 5 nach vierjähriger Bewährung in dieser Ziffer 4
9 Hebammen/Entbindungspfleger, die durch ausdrückliche Anordnung zur/zum Vorsteherin/Vorsteher des Kreißsaals bestellt sind [13]

Vergütungsgruppe Kr 6

Krankenpflege

1 Fachkrankenpfleger bzw. Krankenpfleger mit erfolgreich abgeschlossener Weiterbildung und mit entsprechender Tätigkeit [1, 3, 10]
2 Krankenpfleger der Vergütungsgruppe Kr 5a Ziffer 4 nach fünfjähriger Bewährung in einer Tätigkeit in Vergütungsgruppe Kr 5a
3 Krankenpfleger der Vergütungsgruppe Kr 5 Ziffern 2 und 3 nach sechsjähriger Bewährung in der jeweiligen Ziffer der Vergütungsgruppe Kr 5 oder in dieser Tätigkeit in Vergütungsgruppe Kr 5a Ziffer 1
4 Krankenpfleger in der Intensivpflege/-medizin, die einer Einheit für Intensivmedizin vorstehen [1, 3]
5 Krankenpfleger mit erfolgreich abgeschlossener sozialpsychiatrischer Zusatzausbildung und entsprechender Tätigkeit [1, 15]
6 Krankenpfleger, die durch ausdrückliche Anordnung als Stationspfleger oder Gruppenpfleger bestellt sind [1, 11, 12]
7 Krankenpfleger, die
 a) die Herz-Lungen-Maschine vorbereiten und während der Operation zur Bedienung der Maschine herangezogen werden
 oder
 b) in Blutzentralen tätig sind [5]
 oder
 c) in besonderen Behandlungs- und Untersuchungsräumen in mindestens zwei Teilgebieten der Endoskopie tätig sind
 oder
 d) dem Operationsdienst vorstehen
 oder
 e) dem Anästhesiedienst vorstehen,

Anlage 31 – Anhang D

denen jeweils weitere Pflegepersonen durch ausdrückliche Anordnung ständig unterstellt sind [6]

8 Krankenpfleger, die Gipsverbände in Gipsräumen anlegen, denen mindestens fünf Pflegepersonen durch ausdrückliche Anordnung ständig unterstellt sind [6]

9 Krankenpfleger in Ambulanzbereichen oder Ambulanzen/Nothilfen, denen mindestens sechs Pflegepersonen durch ausdrückliche Anordnung ständig unterstellt sind [6]

10 Krankenpfleger, denen mehrere Stationen, Pflegegruppen oder abgegrenzte Funktionsbereiche durch ausdrückliche Anordnung ständig unterstellt sind [1, 6, 12, 16]

11 Krankenpfleger, die einer Dialyseeinheit vorstehen

12 Krankenpfleger, die dem zentralen Sterilisationsdienst vorstehen und denen mindestens acht Mitarbeiter durch ausdrückliche Anordnung ständig unterstellt sind [6]

13 Krankenpfleger, die dem zentralen Sterilisationsdienst vorstehen und denen mindestens 36 Mitarbeiter durch ausdrückliche Anordnung ständig unterstellt sind [6]

14 Krankenpfleger, die durch ausdrückliche Anordnung als ständige Vertretung von Krankenpflegern der Vergütungsgruppe Kr 7 Ziffern 3 bis 4 bestellt sind [1, 8]

15 Krankenpfleger, die durch ausdrückliche Anordnung als ständige Vertretung von Stations- oder Gruppenpflegern der Vergütungsgruppe Kr 7 Ziffer 5 bestellt sind [1, 8]

16 Krankenpfleger, die durch ausdrückliche Anordnung als ständige Vertretung von Leitenden Krankenpflegern der Vergütungsgruppe Kr 7 Ziffer 2 bestellt sind [8]

17 Krankenpfleger, die als Unterrichtspfleger tätig sind [17]

Altenpflege

18 Altenpfleger der Vergütungsgruppe Kr 5a Ziffern 6 und 7 nach fünfjähriger Bewährung in der jeweiligen Ziffer

19 Altenpfleger mit staatlicher Anerkennung, die durch ausdrückliche Anordnung als Leitung einer Organisationseinheit bestellt sind und denen mindestens fünf Pflegepersonen durch ausdrückliche Anordnung ständig unterstellt sind [1, 2, 6]

20 Altenpfleger mit staatlicher Anerkennung, die durch ausdrückliche Anordnung als ständige Vertretung der Leitung einer Organisationseinheit der Vergütungsgruppe Kr 7 Ziffer 17 bestellt sind [1, 8]

21 Altenpfleger mit staatlicher Anerkennung, die durch ausdrückliche Anordnung als ständige Vertretung von Leitenden Altenpflegern der Vergütungsgruppe Kr 7 Ziffer 16 bestellt sind [8]

22 Altenpfleger mit staatlicher Anerkennung, die als Unterrichtsaltenpfleger tätig sind [8]

Geburtshilfe/Entbindungspflege

23 Hebammen/Entbindungspfleger, denen mindestens fünf Hebammen/Entbindungspfleger durch ausdrückliche Anordnung ständig unterstellt sind [6]

24 Hebammen/Entbindungspfleger, die durch ausdrückliche Anordnung als ständige Vertretung der Leitenden Hebammen/Entbindungspfleger der Vergütungsgruppe Kr 7 Ziffer 23 bestellt sind [8]

25 Hebammen/Entbindungspfleger, die als Lehrhebammen/-entbindungspfleger an Hebammenschulen tätig sind [18]

Operationstechnische Assistenten

26 Operationstechnische Assistenten nach sechsjähriger Bewährung in Vergütungsgruppe Kr 5 Ziffer 6

Vergütungsgruppe Kr 7

Krankenpflege

1 Krankenpfleger der Vergütungsgruppe Kr 6 Ziffern 4, 6, 7d und e, 9, 10, 11, 13 bis 17 nach fünfjähriger Bewährung in der jeweiligen Ziffer
2 Leitende Krankenpfleger [20]
3 Krankenpfleger, die dem Operationsdienst vorstehen und denen mindestens zehn Pflegepersonen durch ausdrückliche Anordnung ständig unterstellt sind [6]
3a Krankenpfleger, die dem Anästhesiedienst vorstehen und denen mindestens fünf Pflegepersonen durch ausdrückliche Anordnung ständig unterstellt sind [6]
4 Krankenpfleger, die einer Einheit für Intensivmedizin vorstehen und denen mindestens zwölf Pflegepersonen durch ausdrückliche Anordnung ständig unterstellt sind [1, 3, 6]
5 Krankenpfleger als Stationspfleger oder Gruppenpfleger, denen mindestens zwölf Pflegepersonen durch ausdrückliche Anordnung ständig unterstellt sind [1, 6, 11, 12]
6 Krankenpfleger in Blutzentralen, denen mindestens zwölf Pflegepersonen durch ausdrückliche Anordnung ständig unterstellt sind [5, 6]
7 Krankenpfleger in Ambulanzbereichen oder Ambulanzen/Nothilfen, denen mindestens zwölf Pflegepersonen durch ausdrückliche Anordnung ständig unterstellt sind [6]
8 Krankenpfleger, denen mehrere Stationen, Pflegegruppen oder abgegrenzte Funktionsbereiche mit insgesamt mindestens 24 Pflegepersonen durch ausdrückliche Anordnung ständig unterstellt sind [6, 12, 16]
9 Krankenpfleger, die einer Dialyseeinheit vorstehen und denen mindestens zwölf Pflegepersonen durch ausdrückliche Anordnung ständig unterstellt sind [6]
10 Krankenpfleger, die durch ausdrückliche Anordnung als ständige Vertretung von Krankenpflegern der Vergütungsgruppe 8 Ziffer 2 bis 3 bestellt sind [8]
11 Krankenpfleger, die durch ausdrückliche Anordnung als ständige Vertretung von Leitenden Krankenpflegern der Vergütungsgruppen Kr 8 Ziffer 6 oder Kr 8 Ziffer 5 bzw Kr 9 Ziffer 5 bestellt sind [8]

12 bis 14 (entfallen)

Altenpflege

15 Altenpfleger der Vergütungsgruppe Kr 6 Ziffern 19 bis 22 nach fünfjähriger Bewährung in der jeweiligen Ziffer
16 Altenpfleger mit staatlicher Anerkennung als Leitende Altenpfleger [25]
17 Altenpfleger mit staatlicher Anerkennung, die durch ausdrückliche Anordnung als Leitung einer Organisationseinheit bestellt sind und denen mindestens zwölf Pflegepersonen durch ausdrückliche Anordnung ständig unterstellt sind [1, 2, 6]
18 Altenpfleger mit staatlicher Anerkennung, die durch ausdrückliche Anordnung als ständige Vertretung von Leitenden Altenpflegern der Vergütungsgruppe Kr 8 Ziffer 13 bestellt sind [8]

19 bis 21 (entfallen)

Anlage 31 – Anhang D

Geburtshilfe/Entbindungspflege

22 Hebammen/Entbindungspfleger der Vergütungsgruppe Kr 6 Ziffern 23 bis 25 nach fünfjähriger Bewährung in der jeweiligen Ziffer
23 Leitende Hebammen/Entbindungspfleger in Frauenkliniken (Abteilungen für Geburtshilfe) [23]
24 Hebammen/Entbindungspfleger, denen mindestens zehn Hebammen/Entbindungspfleger durch ausdrückliche Anordnung ständig unterstellt sind [6]
25 Hebammen/Entbindungspfleger, die durch ausdrückliche Anordnung als ständige Vertretung von Leitenden Hebammen/Entbindungspflegern der Vergütungsgruppe Kr 8 Ziffer 18 bestellt sind [8]

26 bis 28 (entfallen)

Vergütungsgruppe Kr 8

Krankenpflege

1 Krankenpfleger der Vergütungsgruppe Kr 7 Ziffern 2 bis 5, 7 bis 11 nach fünfjähriger Bewährung in der jeweiligen Ziffer
2 Krankenpfleger, die dem Operationsdienst vorstehen und denen mindestens 20 Pflegepersonen durch ausdrückliche Anordnung ständig unterstellt sind [6]
2a Krankenpfleger, die dem Anästhesiedienst vorstehen und denen mindestens zehn Pflegepersonen durch ausdrückliche Anordnung ständig unterstellt sind [6]
3 Krankenpfleger, die einer Einheit für Intensivmedizin vorstehen und denen mindestens 24 Pflegepersonen durch ausdrückliche Anordnung ständig unterstellt sind [3, 6]
4 Krankenpfleger, denen mehrere Stationen, Pflegegruppen oder abgegrenzte Funktionsbereiche mit insgesamt mindestens 48 Pflegepersonen durch ausdrückliche Anordnung ständig unterstellt sind [6, 12, 16]
5 Leitende Krankenpfleger, die der Krankenhausleitung angehören [20]
6 Leitende Krankenpfleger in Krankenhäusern bzw. Pflegebereichen, in denen mindestens 75 Pflegepersonen beschäftigt sind [6, 20]
7 Krankenpfleger, die durch ausdrückliche Anordnung als ständige Vertretung von Krankenpflegern der Vergütungsgruppe Kr 9 Ziffern 2 bis 3 bestellt sind [8]
8 Krankenpfleger, die durch ausdrückliche Anordnung als ständige Vertretung von Leitenden Krankenpflegern der Vergütungsgruppen Kr 9 Ziffer 7 und Kr 9 Ziffer 6 bzw. Kr 10 Ziffer 3 bestellt sind [8]
9 (entfällt)
10 Krankenpfleger mit mindestens einjähriger erfolgreich abgeschlossener Fachausbildung an Schulen für Unterrichtspfleger, die als Unterrichtspfleger an Krankenpflegeschulen oder Schulen für Krankenpflegehilfe tätig sind [17, 22, 29, 30]
11 Krankenpfleger mit mindestens einjähriger erfolgreich abgeschlossener Fachausbildung an Schulen für Unterrichtspfleger, die als Unterrichtspfleger an Krankenpflegeschulen oder Schulen für Krankenpflegehilfe tätig und durch ausdrückliche Anordnung als ständige Vertretung von Leitenden Unterrichtspflegern der Vergütungsgruppe Kr 9 Ziffer 9 bestellt sind [8, 17, 22, 29, 30]

Altenpflege

12 Altenpfleger der Vergütungsgruppe Kr 7 Ziffern 16 bis 18 nach fünfjähriger Bewährung in der jeweiligen Ziffer

13 Altenpfleger mit staatlicher Anerkennung als Leitende Altenpfleger in Einrichtungen, in denen mindestens 30 Pflegepersonen beschäftigt sind [6, 25]

14 Altenpfleger mit staatlicher Anerkennung, die durch ausdrückliche Anordnung als ständige Vertretung von Leitenden Altenpflegern der Vergütungsgruppe Kr 9 Ziffer 12 bestellt sind [8]

15 Altenpfleger mit staatlicher Anerkennung und mindestens einjähriger erfolgreich abgeschlossener Fachausbildung an Schulen für Unterrichtsaltenpfleger, die als Unterrichtsaltenpfleger an Schulen für Altenpflege tätig sind [19, 22, 24]

16 Altenpfleger mit staatlicher Anerkennung und mindestens einjähriger erfolgreich abgeschlossener Fachausbildung an Schulen für Unterrichtsaltenpfleger, die durch ausdrückliche Anordnung als ständige Vertretung von Leitenden Unterrichtsaltenpflegern der Vergütungsgruppe Kr 9 Ziffer 13 bestellt sind [8, 19, 22, 24]

Geburtshilfe/Entbindungspflege

17 Hebammen/Entbindungspfleger der Vergütungsgruppe Kr 7 Ziffern 23 bis 25 nach fünfjähriger Bewährung in der jeweiligen Ziffer

18 Leitende Hebammen/Entbindungspfleger in Frauenkliniken (Abteilungen für Geburtshilfe) mit Hebammenschule, denen mindestens 75 Pflegepersonen durch ausdrückliche Anordnung ständig unterstellt sind [6, 23]

19 Hebammen/Entbindungspfleger, die durch ausdrückliche Anordnung als ständige Vertretung von Leitenden Hebammen/Entbindungspflegern der Vergütungsgruppe Kr 9 Ziffer 15 bestellt sind [8]

19a Hebammen/Entbindungspfleger mit mindestens einjähriger erfolgreich abgeschlossener Fachausbildung an Schulen für Lehrhebammen/-entbindungspfleger, die als Lehrhebammen/-entbindungspfleger an Hebammenschulen tätig sind [18, 22, 24]

20 Hebammen/Entbindungspfleger mit mindestens einjähriger erfolgreich abgeschlossener Fachausbildung an Schulen für Lehrhebammen/-entbindungspfleger, die als Lehrhebammen/-entbindungspfleger an Hebammenschulen tätig und durch ausdrückliche Anordnung als ständige Vertretung von Ersten Lehrhebammen/-entbindungspflegern der Vergütungsgruppe Kr 9 Ziffer 14a bestellt sind [8, 18, 22, 24]

Vergütungsgruppe Kr 9

Krankenpflege

1 Krankenpfleger der Vergütungsgruppe Kr 8 Ziffern 2 bis 11 nach fünfjähriger Bewährung in der jeweiligen Ziffer

2 Krankenpfleger, die dem Operationsdienst vorstehen und denen mindestens 40 Pflegepersonen durch ausdrückliche Anordnung ständig unterstellt sind [6]

2a Krankenpfleger, die dem Anästhesiedienst vorstehen und denen mindestens 20 Pflegepersonen durch ausdrückliche Anordnung unterstellt sind [6]

3 Krankenpfleger, die einer Einheit für Intensivmedizin vorstehen und denen mindestens 48 Pflegepersonen durch ausdrückliche Anordnung ständig unterstellt sind [3, 6]

4 Krankenpfleger, denen mehrere Stationen, Pflegegruppen oder abgegrenzte Funktionsbereiche mit insgesamt mindestens 96 Pflegepersonen durch ausdrückliche Anordnung ständig unterstellt sind [6, 12, 16]

5 Leitende Krankenpfleger mit entsprechender Weiterbildung, die der Krankenhausleitung angehören [20, 21]

6 Leitende Krankenpfleger, die der Krankenhausleitung angehören, in Krankenhäusern, in denen mindestens 75 Pflegepersonen beschäftigt sind [6, 20]

7 Leitende Krankenpfleger in Krankenhäusern bzw. Pflegebereichen, in denen mindestens 150 Pflegepersonen beschäftigt sind [6, 20]

8 Krankenpfleger, die durch ausdrückliche Anordnung als ständige Vertretung von Leitenden Krankenpflegern der Vergütungsgruppen Kr 10 Ziffer 5 und Kr 10 Ziffer 4 bzw. Kr 11 Ziffer 2 bestellt sind [8]

9 Krankenpfleger mit mindestens einjähriger erfolgreich abgeschlossener Fachausbildung an Schulen für Unterrichtspfleger, die als Leitende Unterrichtspfleger an Krankenpflegeschulen oder Schulen für Krankenpflegehilfe tätig sind [22, 26, 29, 30]

10 Krankenpfleger mit mindestens einjähriger erfolgreich abgeschlossener Fachausbildung an Schulen für Unterrichtspfleger, die als Unterrichtspfleger an Krankenpflegeschulen oder Schulen für Krankenpflegehilfe tätig und durch ausdrückliche Anordnung als ständige Vertretung von Leitenden Unterrichtspflegern der Vergütungsgruppe Kr 10 Ziffer 7 bestellt sind [8, 17, 22, 29, 30]

Altenpflege

11 Altenpfleger der Vergütungsgruppe Kr 8 Ziffern 13 bis 16 nach fünfjähriger Bewährung in der jeweiligen Ziffer

12 Altenpfleger mit staatlicher Anerkennung als Leitende Altenpfleger in Einrichtungen, in denen mindestens 60 Pflegepersonen beschäftigt sind [6, 25]

13 Altenpfleger mit staatlicher Anerkennung und mindestens einjähriger erfolgreich abgeschlossener Fachausbildung an Schulen für Unterrichtsaltenpfleger, die als Leitende Unterrichtsaltenpfleger an Schulen für Altenpflege tätig sind [22, 24, 28]

13a Altenpfleger mit staatlicher Anerkennung und mindestens einjähriger erfolgreich abgeschlossener Fachausbildung an Schulen für Unterrichtsaltenpfleger, die durch ausdrückliche Anordnung als ständige Vertretung von Leitenden Unterrichtsaltenpflegern der Vergütungsgruppe Kr 10 Ziffer 8a bestellt sind [8, 19, 22, 24]

Geburtshilfe/Entbindungspflege

14 Hebammen/Entbindungspfleger der Vergütungsgruppe Kr 8 Ziffern 18 bis 20 nach fünfjähriger Bewährung in der jeweiligen Ziffer

14a Hebammen/Entbindungspfleger mit mindestens einjähriger erfolgreich abgeschlossener Fachausbildung an Schulen für Lehrhebammen/-entbindungspfleger, die als Erste Lehrhebammen/-entbindungspfleger an Hebammenschulen tätig sind [22, 24, 27]

15 Leitende Hebammen/Entbindungspfleger in Frauenkliniken (Abteilungen für Geburtshilfe) mit Hebammenschule, denen mindestens 150 Pflegepersonen durch ausdrückliche Anordnung ständig unterstellt sind [6, 23]

Vergütungsgruppe Kr 10

Krankenpflege

1 Krankenpfleger der Vergütungsgruppe Kr 9 Ziffern 2 bis 10 nach fünfjähriger Bewährung in der jeweiligen Ziffer

2 Krankenpfleger, denen mehrere Stationen, Pflegegruppen oder abgegrenzte Funktionsbereiche mit insgesamt mindestens 192 Pflegepersonen durch ausdrückliche Anordnung ständig unterstellt sind [6, 12, 16]

3 Leitende Krankenpfleger mit entsprechender Weiterbildung, die der Krankenhausleitung angehören, in Krankenhäusern bzw. Pflegebereichen, in denen mindestens 75 Pflegepersonen beschäftigt sind [6, 20, 21]

Anhang D – Anlage 31

4 Leitende Krankenpfleger, die der Krankenhausleitung angehören, in Krankenhäusern, in denen mindestens 150 Pflegepersonen beschäftigt sind [6, 20]

5 Leitende Krankenpfleger in Krankenhäusern bzw. Pflegebereichen, in denen mindestens 300 Pflegepersonen beschäftigt sind [6, 20]

6 Krankenpfleger, die durch ausdrückliche Anordnung als ständige Vertretung von Leitenden Krankenpflegern der Vergütungsgruppen Kr 11 Ziffer 4 und Kr 11 Ziffer 3 bzw. Kr 12 Ziffer 2 bestellt sind [8]

7 Krankenpfleger mit mindestens einjähriger erfolgreich abgeschlossener Fachausbildung an Schulen für Unterrichtspfleger, die als Leitende Unterrichtspfleger an Krankenpflegeschulen oder Schulen für Krankenpflegehilfe mit durchschnittlich mindestens 75 Lehrgangsteilnehmern tätig sind [22, 26, 29, 30]

7a Krankenpfleger mit mindestens einjähriger erfolgreich abgeschlossener Fachausbildung an Schulen für Unterrichtspfleger, die als Unterrichtspfleger an Krankenpflegeschulen oder Schulen für Krankenpflegehilfe tätig und durch ausdrückliche Anordnung als ständige Vertretung von Leitenden Unterrichtspflegern der Vergütungsgruppe Kr 11 Ziffer 6 bestellt sind [8, 17, 22, 29, 30]

Altenpflege

8 Altenpfleger der Vergütungsgruppe Kr 9 Ziffern 12 bis 13a nach fünfjähriger Bewährung in der jeweiligen Ziffer

8a Altenpfleger mit staatlicher Anerkennung und mindestens einjähriger erfolgreich abgeschlossener Fachausbildung an Schulen für Unterrichtsaltenpfleger, die als Leitende Unterrichtsaltenpfleger an Schulen für Altenpflege mit durchschnittlich mindestens 75 Lehrgangsteilnehmern tätig sind [22, 24, 28]

8b Altenpfleger mit staatlicher Anerkennung als Leitende Altenpfleger in Einrichtungen, in denen mindestens 90 Pflegepersonen beschäftigt sind [6, 25]

Geburtshilfe/Entbindungspflege

9 Hebammen/Entbindungspfleger der Vergütungsgruppe Kr 9 Ziffern 14a und 15 nach fünfjähriger Bewährung in diesen Ziffern

Vergütungsgruppe Kr 11

Krankenpflege

1 Krankenpfleger der Vergütungsgruppe Kr 10 Ziffern 2 bis 7a nach fünfjähriger Bewährung in der jeweiligen Ziffer

2 Leitende Krankenpfleger mit entsprechender Weiterbildung, die der Krankenhausleitung angehören, in Krankenhäusern, in denen mindestens 150 Pflegepersonen beschäftigt sind [6, 20, 21]

3 Leitende Krankenpfleger, die der Krankenhausleitung angehören, in Krankenhäusern, in denen mindestens 300 Pflegepersonen beschäftigt sind [6, 20]

4 Leitende Krankenpfleger in Krankenhäusern bzw. Pflegebereichen, in denen mindestens 600 Pflegepersonen beschäftigt sind [6, 20]

5 Krankenpfleger, die durch ausdrückliche Anordnung als ständige Vertretung von Leitenden Krankenpflegern der Vergütungsgruppen Kr 12 Ziffer 4 und Kr 12 Ziffer 3 bzw. Kr 13 Ziffer 2 bestellt sind [8]

6 Krankenpfleger mit mindestens einjähriger erfolgreich abgeschlossener Fachausbildung an Schulen für Unterrichtspfleger, die als Leitende Unterrichtspfleger an Kran-

kenpflegeschulen oder Schulen für Krankenpflegehilfe mit durchschnittlich mindestens 150 Lehrgangsteilnehmern tätig sind [22, 26, 29, 30]

Altenpflege

7   Altenpfleger der Vergütungsgruppe Kr 10 Ziffer 8a und 8b nach fünfjähriger Bewährung in dieser Ziffer

Vergütungsgruppe Kr 12

1   Krankenpfleger der Vergütungsgruppe Kr 11 Ziffern 2 bis 6 nach fünfjähriger Bewährung in der jeweiligen Ziffer
2   Leitende Krankenpfleger mit entsprechender Weiterbildung, die der Krankenhausleitung angehören, in Krankenhäusern, in denen mindestens 300 Pflegepersonen beschäftigt sind [6, 20, 21]
3   Leitende Krankenpfleger, die der Krankenhausleitung angehören, in Krankenhäusern, in denen mindestens 600 Pflegepersonen beschäftigt sind [6, 20]
4   Leitende Krankenpfleger in Krankenhäusern bzw. Pflegebereichen, in denen mindestens 900 Pflegepersonen beschäftigt sind [6, 20]
5   Krankenpfleger, die durch ausdrückliche Anordnung als ständige Vertretung von Leitenden Krankenpflegern der Vergütungsgruppen Kr 13 Ziffer 3 bzw. Kr 14 Ziffer 2 bestellt sind [8]

Vergütungsgruppe Kr 13

1   Leitende Krankenpfleger der Vergütungsgruppe Kr 12 Ziffern 2 bis 5 nach fünfjähriger Bewährung in der jeweiligen Ziffer

Anmerkungen zu den Tätigkeitsmerkmalen der Vergütungsgruppen Kr 1 bis Kr 13

Die nachstehenden Anmerkungen sind bei der Eingruppierung der Mitarbeiter zu beachten.

I

Die Tätigkeitsmerkmale der Vergütungsgruppen Kr 1 bis Kr 13 gelten nur für Mitarbeiter in stationären Einrichtungen.

II

Die Ziffern I bis VII der Anmerkungen zu den Tätigkeitsmerkmalen der Vergütungsgruppen 1 bis 12 der Anlage 2 zu den AVR gelten sinngemäß.

III

[1]Unter Krankenpflegern sind Gesundheits- und Krankenpfleger sowie Gesundheits- und Kinderkrankenpfleger nach dem Krankenpflegegesetz zu verstehen. [2]Unter Altenpfleger mit staatlicher Anerkennung sind auch Altenpfleger mit Abschlussprüfung zu verstehen.

IV

¹Krankenpfleger, die Tätigkeiten von Gesundheits- und Kinderkrankenpflegern bzw. Altenpflegern ausüben, sind als Gesundheits- und Kinderkrankenpfleger bzw. Altenpfleger eingruppiert. ²Gesundheits- und Kinderkrankenpfleger, die Tätigkeiten von Krankenpflegern bzw. Altenpflegern ausüben, sind als Krankenpfleger bzw. Altenpfleger eingruppiert. ³Altenpfleger, die Tätigkeiten von Krankenpflegern ausüben, sind als Krankenpfleger eingruppiert; soweit deren Eingruppierung von der Zeit einer Tätigkeit oder von der Zeit einer Berufstätigkeit abhängt, sind jedoch die für Altenpfleger geltenden Zeiten maßgebend.

V

Bei den Tätigkeitsmerkmalen, die einen Bewährungsaufstieg vorsehen, gelten jeweils auch die Anmerkungen zu der in Bezug genommenen Ziffer der Vergütungsgruppe, aus der der Bewährungsaufstieg erfolgt.

* *

*

1   (1) Pflegepersonen der Vergütungsgruppen Kr 1 bis Kr 7, die die Grund- und Behandlungspflege zeitlich überwiegend bei

   a) an schweren Infektionskrankheiten erkrankten Patienten (z. B. Tuberkulose- Patienten), die wegen der Ansteckungsgefahr in besonderen Infektionsabteilungen oder Infektionsstationen untergebracht sind,

   b) Kranken in geschlossenen oder halbgeschlossenen (Open-door-system) psychiatrischen Abteilungen oder Stationen,

   c) Kranken in geriatrischen Abteilungen bzw. Stationen,

   d) gelähmten oder an Multipler Sklerose erkrankten Patienten,

   e) Patienten nach Transplantationen innerer Organe oder von Knochenmark,

   f) an AIDS (Vollbild) erkrankten Patienten,

   g) Patienten, bei denen Chemotherapien durchgeführt oder die mit Strahlen oder mit inkorporierten radioaktiven Stoffen behandelt werden,

   ausüben, erhalten für die Dauer dieser Tätigkeit eine monatliche Zulage von 46,02 Euro.

   (1a) Pflegepersonen der Vergütungsgruppen Kr 1 bis Kr 7, die zeitlich überwiegend in Einheiten für Intensivmedizin Patienten pflegen, erhalten für die Dauer dieser Tätigkeit eine monatliche Zulage von 46,02 Euro.

   (2) ¹Krankenpfleger/Altenpfleger der Vergütungsgruppen Kr 5a bis Kr 8, die als

   a) Stationspfleger, Gruppenpfleger, Stationspfleger oder

   b) Krankenpfleger, Altenpfleger in anderen Tätigkeiten mit unterstellten Pflegepersonen

   eingesetzt sind, erhalten die Zulage nach Absatz 1 oder 1a ebenfalls, wenn alle ihnen durch ausdrückliche Anordnung ständig unterstellten Pflegepersonen Anspruch auf eine Zulage nach Absatz 1 oder 1a haben. ²Die Zulage steht auch Krankenpflegern, Altenpflegern zu, die durch ausdrückliche Anordnung als ständige Vertretung eines in Satz 1 genannten Anspruchsberechtigten bestellt sind.

(3) ¹Pflegepersonen der Vergütungsgruppen Kr 1 bis Kr 7, welche die Grund und Behandlungspflege bei schwerbrandverletzten Patienten in Einheiten für Schwerbrandverletzte, denen durch die Zentralstelle für die Vermittlung Schwerbrandverletzter in der Bundesrepublik Deutschland bei der Behörde für Arbeit, Gesundheit und Soziales der Freien und Hansestadt Hamburg Schwerbrandverletzte vermittelt werden, ausüben, erhalten eine Zulage von 10 v. H. der Stundenvergütung der Stufe 3 der Entgeltgruppe Kr 7a für jede volle Arbeitsstunde dieser Pflegetätigkeit. ²Zur Ermittlung des auf eine Stunde entfallenden Anteils sind die in Monatsbeträgen festgelegten Entgeltbestandteile durch das 4,348-fache der regelmäßigen wöchentlichen Arbeitszeit (§ 2 Abs. 1 und entsprechende Sonderregelungen) zu teilen. ³Eine nach Absatz 1, 1a oder 2 zustehende Zulage vermindert sich um den Betrag, der in demselben Kalendermonat nach Satz 1 zusteht.

2 Unter Altenpflegern in der Leitung einer Organisationseinheit (z. B. Station) sind Pflegekräfte in Einrichtungen der Altenhilfe zu verstehen, die dem Pflegedienst in einer Organisationseinheit vorstehen. Es handelt sich um das sachliche Vorstehen.

3 ¹Einheiten für Intensivmedizin sind Stationen für Intensivbehandlungen und Intensivüberwachung. ²Dazu gehören auch Wachstationen, die für Intensivbehandlung und Intensivüberwachung eingerichtet sind.

4 Der Bewährungsaufstieg erfolgt frühestens nach sechsjähriger Berufstätigkeit nach Erlangung der staatlichen Erlaubnis.

5 Als Blutzentralen gelten Einrichtungen, in denen Blut abgenommen, konserviert und verteilt wird.

6 Soweit die Eingruppierung von der Zahl der unterstellten oder in dem betreffenden Bereich beschäftigten Personen abhängt,

   a) ist es für die Eingruppierung unschädlich, wenn im Organisations- und Stellenplan zur Besetzung ausgewiesene Stellen nicht besetzt sind,

   b) zählen teilzeitbeschäftigte Personen entsprechend dem Verhältnis der mit ihnen im Arbeitsvertrag vereinbarten Arbeitszeit zur regelmäßigen Arbeitszeit eines entsprechenden Vollbeschäftigten,

   c) zählen Personen, die zu einem Teil ihrer Arbeitszeit unterstellt oder zu einem Teil ihrer Arbeitszeit in einem Bereich beschäftigt sind, entsprechend dem Verhältnis dieses Anteils zur regelmäßigen Arbeitszeit eines entsprechenden Vollbeschäftigten,

   d) bleiben Schüler in der Krankenpflege, Kinderkrankenpflege, Krankenpflegehilfe und Entbindungspflege sowie Personen, die sich in einer Ausbildung in der Altenpflege befinden, außer Betracht; für die Berücksichtigung von Stellen, auf die Schüler angerechnet werden, gilt Buchstabe a.

7 Ein qualifizierender Kurs im Sinne dieses Tätigkeitsmerkmales liegt vor, wenn der Kurs mindestens 110 theoretische Unterrichtsstunden umfasst (z. B. Schwesternhelferinnen-Kurs).

8 Ständige Vertretung ist nicht die Vertretung in Urlaubs- oder sonstigen Abwesenheitsfällen.

9 Für Altenpfleger mit einer dreijährigen Ausbildung verkürzt sich die Zeit der Tätigkeit um ein Jahr.

10 Die Weiterbildung setzt voraus, dass mindestens 720 Unterrichtsstunden (zu mindestens 45 Minuten) theoretischer und praktischer Unterricht bei Vollzeitausbildung innerhalb eines Jahres und bei berufsbegleitender Ausbildung innerhalb von zwei Jahren an einer staatlich anerkannten Weiterbildungsstätte oder an einer Weiterbildungsstätte, die von

11 ¹Unter Stationspflegern sind Pflegepersonen zu verstehen, die dem Pflegedienst auf der Station vorstehen. ²Es handelt sich um das sachliche Vorstehen. ³In psychiatrischen Krankenhäusern entspricht im Allgemeinen eine Abteilung der Station in allgemeinen Krankenhäusern.

12 ¹Die Tätigkeitsmerkmale, die auf das Gruppenpflegesystem abgestellt sind, gelten nur in den Krankenhäusern, in denen der Krankenhausträger das Gruppenpflegesystem eingeführt hat. ²Unter Gruppenpflegern sind die Pflegepersonen zu verstehen, die dem Pflegedienst einer Gruppe vorstehen. ³Es handelt sich um das sachliche Vorstehen.

13 Dieses Tätigkeitsmerkmal setzt nicht voraus, dass der/dem vorstehenden Hebamme/Entbindungspfleger weitere Personen unterstellt sind.

14 ¹In dieser Vergütungsgruppe ist eingruppiert, wer eine mindestens einjährige Ausbildung zum staatlich anerkannten Altenpflegehelfer oder eine vom Deutschen Caritasverband anerkannte vergleichbare Ausbildung hat. ²Die vergleichbare Ausbildung muss mindestens 550 theoretische Unterrichtsstunden umfassen.

15 Eine Zusatzausbildung im Sinne dieses Tätigkeitsmerkmals liegt nur dann vor, wenn sie durch einen mindestens einjährigen Lehrgang oder in mindestens zwei Jahren berufsbegleitend vermittelt wird.

16 Wenn in den Funktionsbereichen außer Pflegepersonen auch sonstige Mitarbeiter unterstellt sind, gelten sie als Pflegepersonen.

17 Unterrichtspfleger sind Krankenpfleger, die mindestens zur Hälfte ihrer Arbeitszeit als Lehrkräfte an Krankenpflegeschulen oder Schulen für Krankenpflegehilfe eingesetzt sind.

18 Lehrhebammen/-entbindungspfleger sind Hebammen/Entbindungspfleger, die mindestens zur Hälfte ihrer Arbeitszeit als Lehrkräfte an Hebammenschulen eingesetzt sind.

19 Unterrichtsaltenpfleger sind Altenpfleger, die mindestens zur Hälfte ihrer Arbeitszeit als Lehrkräfte an Schulen für Altenpflege eingesetzt sind.

20 Leitende Krankenpfleger sind Krankenpfleger, die die Gesamtverantwortung für den Pflegedienst des Krankenhauses bzw. des zugeteilten Pflegebereichs haben; dies setzt voraus, dass ihnen gegenüber kein weiterer Leitender Krankenpfleger und kein(e) Leitende(r) Hebamme/Entbindungspfleger hinsichtlich des Pflegedienstes weisungsbefugt ist.

21 ¹In dieser Vergütungsgruppe ist eingruppiert, wer eine Weiterbildung zur Pflegedienstleitung erfolgreich abgeschlossen hat. ²Die Weiterbildung setzt voraus, dass mindestens 2000 Stunden zu mindestens je 45 Unterrichtsminuten theoretischer Unterricht innerhalb von zwei Jahren und bei berufsbegleitender Weiterbildung innerhalb von längstens drei Jahren vermittelt werden. ³In dieser Vergütungsgruppe ist ebenfalls eingruppiert, wer vor dem 31. Dezember 1990 eine vergleichbare Weiterbildung zur Pflegedienstleitung mit einer geringeren Anzahl an theoretischen Unterrichtsstunden begonnen hat.

22 ¹In dieser Vergütungsgruppe ist eingruppiert, wer eine Weiterbildung zum/zur Unterrichtspfleger, Lehrhebamme/-entbindungspfleger erfolgreich abgeschlossen hat. ²Die Weiterbildung setzt voraus, dass mindestens 2000 Stunden zu mindestens je 45 Unterrichtsminuten theoretischer Unterricht innerhalb von zwei Jahren und bei berufsbegleitender Ausbildung innerhalb von längstens drei Jahren vermittelt werden. ³In dieser Vergütungsgruppe ist ebenfalls eingruppiert, wer vor dem 31. Dezember 1990 eine vergleichbare Weiterbildung zur/zum Unterrichtspfleger, Lehrhebamme/-entbindungspfleger mit einer geringeren Anzahl an theoretischen Unterrichtsstunden begonnen hat.

23 Leitende Hebammen/Entbindungspfleger sind Hebammen/Entbindungspfleger, die die Gesamtverantwortung für den Pflegedienst des Krankenhauses bzw. des zugeteilten Pflegebereichs haben; dies setzt voraus, dass ihnen gegenüber kein(e) weitere(r) Leitende(r) Hebamme/Entbindungspfleger und kein Leitender Krankenpfleger hinsichtlich des Pflegedienstes weisungsbefugt ist.

24 Eine einjährige Fachausbildung an Schulen für Unterrichtspfleger gilt als einjährige Fachausbildung an Schulen für Lehrhebammen/-entbindungspfleger bzw. für Unterrichtsaltenpfleger.

25 Leitende Altenpfleger sind Altenpfleger, die die Gesamtverantwortung für den Pflegedienst der Einrichtung haben; dies setzt voraus, dass ihnen gegenüber kein weiterer Leitender Altenpfleger und kein Leitender Krankenpfleger weisungsbefugt ist.

26 Leitende Unterrichtspfleger sind Unterrichtspfleger, die eine Krankenpflegeschule oder Schule für Krankenpflegehilfe allein oder gemeinsam mit einem Arzt oder einem Leitenden Krankenpfleger leiten (§ 5 Abs. 2 Nr. 1 bzw. § 10 Abs. 2 Nr. 1 des Krankenpflegegesetzes).

27 Erste(r) Lehrhebamme/-entbindungspfleger sind Lehrhebammen/-entbindungspfleger, die eine Hebammenschule allein oder gemeinsam mit einem Arzt leiten (§ 6 Abs. 2 Nr. 1 des Hebammengesetzes).

28 Leitende Unterrichtsaltenpfleger sind Unterrichtsaltenpfleger, die eine Schule für Altenpflege allein oder als Mitglied der Schulleitung leiten.

29 *(RK Nord/NRW/Mitte//BW/Bayern):* [1]In dieser Vergütungsgruppe sind auch Diplom-Medizin-Pädagogen mit abgeschlossener wissenschaftlicher Hochschulbildung in der Tätigkeit von Unterrichtspflegern an Krankenpflegeschulen oder Schulen für Krankenpflegehilfe eingruppiert. [2]Sie erhalten eine Vergütungsgruppenzulage zwischen ihrer Regelvergütung und der Regelvergütung der nächsthöheren Vergütungsgruppe.

29 *(RK Ost):* [1]In dieser Vergütungsgruppe sind auch Diplom-Medizin-Pädagogen mit abgeschlossener wissenschaftlicher Hochschulbildung in der Tätigkeit von Unterrichtspflegern an Krankenpflegeschulen oder Schulen für Krankenpflegehilfe eingruppiert. [2]Sie erhalten eine Vergütungsgruppenzulage zwischen ihrer Grundvergütung und der Grundvergütung der nächsthöheren Vergütungsgruppe.

30 Bei den Diplom-Medizin-Pädagogen, die am 31. Dezember 1991 in einem Dienstverhältnis stehen, das am 1. Januar 1992 zu demselben Dienstgeber fortbesteht, und deren Eingruppierung von der Zeit einer Bewährung in einer bestimmten Vergütungsgruppe bzw. Ziffer abhängt, wird die vor dem 1. Januar 1992 zurückgelegte Zeit so berücksichtigt, wie sie zu berücksichtigen wäre, wenn die Neuregelung bereits seit Beginn des Dienstverhältnisses bestanden hätte.

Anlage 31 – Anhang E

Überleitungs- und Besitzstandregelung

Präambel

¹Zweck dieser Regelung ist es, zum einen sicherzustellen, dass der einzelne Mitarbeiter nach der Überleitung in die Anlage 31 zu den AVR durch diese Überleitung keine geringere Vergleichsjahresvergütung hat. ²Zum anderen soll erreicht werden, dass die Einrichtung bei Anwendung der Anlagen 30 bis 33 zu den AVR durch die Überleitung finanziell nicht überfordert wird (Überforderungsklausel).

§ 1 Geltungsbereich

(1) Diese Übergangs- und Besitzstandsregelung gilt für alle Mitarbeiter im Sinne des § 1 der Anlage 31 zu den AVR, die am Tag vor dem Inkrafttreten* der Anlage 31 zu den AVR durch Beschluss der jeweiligen Regionalkommission in einem Dienstverhältnis gestanden haben, das am Tag des Inkrafttretens¹ der Anlage 31 zu den AVR durch Beschluss der jeweiligen Regionalkommission im Geltungsbereich der AVR fortbesteht, für die Dauer des ununterbrochen fortbestehenden Arbeitsverhältnisses.

(2) ¹Ein Dienstverhältnis besteht auch ununterbrochen fort bei der Verlängerung eines befristeten Dienstvertrages. ²Unterbrechungen von bis zu einem Monat sind unschädlich.

§ 2 Überleitung

¹Mitarbeiter gemäß § 1 der Anlage 31 zu den AVR werden so in das neue System übergeleitet, als ob sie seit dem Zeitpunkt, seit dem sie ununterbrochen im Geltungsbereich der AVR oder im sonstigen Bereich der katholischen Kirche tätig waren nach Anlage 31 zu den AVR eingruppiert und eingestuft worden wären.

²Dabei wird der Mitarbeiter aus den Regelvergütungsstufen gemäß § 1 Abschnitt III B der Anlage 1 zu den AVR so übergeleitet, dass die erreichte Regelvergütungsstufe zunächst mit 2 multipliziert wird. ³Die sich hieraus ergebende (Jahres-)zahl wird nachfolgend um die seit dem letzten Stufenaufstieg zurückgelegte Zeit erhöht und als Zeiten im Sinne von § 13 Abs. 3 der Anlage 31 zu den AVR festgelegt.

§ 3 Besitzstandsregelung

(1) Mitarbeiter, deren bisherige Vergütung (Vergleichsvergütung) das ihnen am Tag des Inkrafttretens² der Anlage 31 zu den AVR durch Beschluss der jeweiligen Regionalkommission zustehende Entgelt übersteigt, erhalten eine Besitzstandszulage.

(2) ¹Die monatliche Besitzstandszulage wird als Unterschiedsbetrag zwischen der Vergleichsjahresvergütung (Absatz 3) und dem Jahresentgelt (Absatz 4), jeweils geteilt durch 12, errechnet. ²Dabei sind Vergütungsveränderungen durch Beschlüsse nach § 11 AK-Ordnung nicht zu berücksichtigen.

---

1 Inkrafttreten: RK NRW/BW/Bayern gültig ab 1.1.2011, RK Mitte gültig ab 1.4.2011, RK Nord gültig ab 1.7.2011, RK Ost mit Ausnahme von § 15 gültig ab 1.7.2012, § 15 gültig ab 1.1.2013.
2 Inkrafttreten: RK NRW/BW/Bayern gültig ab 1.1.2011, RK Mitte gültig ab 1.4.2011, RK Nord gültig ab 1.7.2011, RK Ost mit Ausnahme von § 15 gültig ab 1.7.2012, § 15 gültig ab 1.1.2013.

(3) ¹Die Vergleichsjahresvergütung errechnet sich als das 12-fache der am Tag vor dem Inkrafttreten* der Anlage 31 zu den AVR durch Beschluss der jeweiligen Regionalkommission zustehenden Monatsvergütung, zuzüglich des Urlaubsgeldes gemäß Anlage 14 zu den AVR und der Weihnachtszuwendung gemäß Abschnitt XIV Anlage 1 zu den AVR. ²Zur Monatsvergütung im Sinne dieser Vorschrift gehören die Regelvergütung gemäß Abschnitt III der Anlage 1, die Kinderzulage gemäß Abschnitt V der Anlage 1, Besitzstandszulagen gemäß Anlage 1b zu den AVR und weitere regelmäßig gewährte Zulagen.

(4) ¹Das Jahresentgelt errechnet sich als das 12-fache des am Tag des Inkrafttretens* der Anlage 31 zu den AVR durch Beschluss der jeweiligen Regionalkommission zustehenden Monatsentgelts zuzüglich des Leistungsentgelts gemäß § 15 der Anlage 31 zu den AVR und der Jahressonderzahlung gem. § 16 der Anlage 31 zu den AVR. ²Zum Monatsentgelt im Sinne dieser Vorschrift gehören das Tabellenentgelt gemäß § 12 der Anlage 31 zu den AVR i.V.m Anhang A der Anlage 31 zu den AVR und weitere regelmäßige gewährte Zulagen.

(5) ¹Fällt der Zeitpunkt des Inkrafttretens* dieser Anlage mit dem Zeitpunkt einer linearen Vergütungserhöhung zusammen, erfolgt die Berechnung des Besitzstandes auf Basis der erhöhten Regelvergütungstabelle in Anlage 3a zu den AVR und der erhöhten Entgelttabelle in dieser Anlage. ²Die Regionalkommissionen können durch Beschluss von der vorstehenden Regelung abweichen.

(5a) *(RK Bayern):* Für die Berechnung der Überleitung gilt: Für die Höhe aller Vergütungswerte i.S.d. § 3 Abs. 3 sind die jeweilig linear um 1,2 v.H. erhöhten Werte zu Grunde zu legen.

(6) Ruht das Dienstverhältnis sind die Monatsvergütung (Absatz 3) und das Monatsentgelt (Absatz 4) so zu berechnen, als ob der Mitarbeiter im Monat vor dem Inkrafttreten* der Anlage 31 zu den AVR durch Beschluss der jeweiligen Regionalkommission die Tätigkeit im selben Umfang wie vor dem Ruhen wieder aufgenommen hätte.

(7) ¹Verringert sich nach dem Tag des Inkrafttretens* der Anlage 31 zu den AVR durch Beschluss der jeweiligen Regionalkommission die individuelle regelmäßige Arbeitszeit des Mitarbeiters, reduziert sich seine Besitzstandszulage im selben Verhältnis, in dem die Arbeitszeit verringert wird; erhöht sich die Arbeitszeit, bleibt die Besitzstandszulage unverändert. ²Erhöht sich nach einer Verringerung der Arbeitszeit diese wieder, so lebt die Besitzstandszulage im gleichen Verhältnis wie die Arbeitszeiterhöhung, höchstens bis zur ursprünglichen Höhe, wieder auf. ³Diese Regelung ist entsprechend anzuwenden auf Mitarbeiter, deren Arbeitszeit am Tag vor dem Inkrafttreten* der Anlage 31 zu den AVR durch Beschluss der jeweiligen Regionalkommission befristet verändert ist. ⁴Die umstellungsbedingte Neufestsetzung der regelmäßigen wöchentlichen Arbeitszeit nach § 2 Abs. 1 dieser Anlage gilt nicht als Arbeitszeitreduzierung im Sinne dieses Absatzes.

(8) ¹Die kinderbezogenen Entgeltbestandteile gem. Abschnitt V der Anlage 1 zu den AVR, die in die Berechnung der Besitzstandszulage nach Absatz 2 und Absatz 3 einfließen, werden als Anteil der Besitzstandszulage fortgezahlt, solange für dieses Kinder Kindergeld nach dem Einkommensteuergesetz (EStG) oder nach dem Bundeskindergeldgesetz (BKGG) gezahlt wird oder ohne Berücksichtigung des § 64 oder § 65 EStG oder des § 3 oder § 4 BKGG gezahlt würde. ²Mit dem Wegfall der Voraussetzungen reduziert sich die Besitzstandszulage entsprechend.

(9) ¹Hat der Mitarbeiter im Kalenderjahr vor Inkrafttreten dieser Anlage die Voraussetzungen für einen Anspruch auf Zusatzurlaub nach § 4 der Anlage 14 zu den AVR erfüllt, wird der sich daraus ergebende Zusatzurlaub im Kalenderjahr des Inkrafttretens* dieser Anlage gewährt. ²Erwirbt der Mitarbeiter im Kalenderjahr des Inkrafttretens* dieser Anlage einen weiteren Anspruch auf Zusatzurlaub nach dieser Anlage, werden die Ansprüche nach § 4 der Anlage 14 und

die nach dieser Anlage erworbenen Ansprüche miteinander verglichen. ³Der Mitarbeiter erhält in diesem Fall ausschließlich den jeweils höheren Anspruch auf Gewährung von Zusatzurlaub.

Anmerkung zu § 3 Abs. 9:
Fällt der Zeitpunkt des Inkrafttretens[1] dieser Anlage durch die Entscheidung der zuständigen Regionalkommission nicht mit dem Beginn eines Kalenderjahres zusammen, gelten die Vorschriften für die Berechnung des Zusatzurlaubs nach dieser Anlage für das gesamte Kalenderjahr, in dem die Anlage in Kraft tritt.

§ 4 Überforderungsklausel

(1) Soweit bei einem Vergleich der Gesamtpersonalkosten vor und nach der Überleitung umstellungsbedingte Mehrkosten von mehr als 3 v.H. entstehen, kann die Einführung des Leistungsentgelts und / oder der Sozialkomponente nach § 15 der Anlage 31 zu den AVR für längstens 3 Jahre ausgesetzt werden.

(2) Die Gesamtpersonalkosten errechnen sich aus den Bruttopersonalkosten der Mitarbeiter der Einrichtung und den Arbeitgeberanteilen zur Sozialversicherung.

(3) ¹Bei der Ermittlung der Mehrkosten sind ausschließlich die Steigerungen der Gesamtpersonalkosten der Einrichtung zu berücksichtigen, die unmittelbar durch Überleitung von Mitarbeiterinnen und Mitarbeitern in die Anlagen 30 bis 33 zu den AVR entstehen. ²Mehrkosten, die durch Neueinstellungen von Mitarbeiterinnen und Mitarbeitern und durch strukturelle Veränderungen bei Mitarbeiterinnen und Mitarbeitern, die nicht in die Anlagen 30 bis 33 zu den AVR überführt wurden (Stufenaufstiege, Tätigkeits- oder Bewährungsaufstiege, Kinderzulagen oder andere Zulagen), entstehen, bleiben bei der Ermittlung der Mehrkosten unberücksichtigt. ³Administrative Mehrkosten, die durch die Überleitung entstehen, bleiben ebenfalls unberücksichtigt.

(4) *(RK Nord/NRW/Mitte/BW/Bayern):* ¹Macht der Dienstgeber von der Anwendung der Überforderungsklausel Gebrauch, erhöht sich die Besitzstandszulage der Bestandsmitarbeiter für die Dauer dieser Maßnahme entsprechend. ²Die Anwendung der Überforderungsklausel darf nicht dazu führen, dass das Jahresentgelt unter die Vergleichsjahresvergütung fällt. ³Eine entsprechende Differenz ist entsprechend Satz 1 auszugleichen.

(4) *(RK Ost):* ¹Macht der Dienstgeber von der Anwendung der Überforderungsklausel Gebrauch, erhöht sich die Besitzstandszulage der Bestandsmitarbeiter für die Dauer dieser Maßnahme entsprechend.

(5) ¹Die Entscheidung über die Anwendung der Überforderungsklausel und die dafür maßgeblichen Berechnungen sind der zuständigen Mitarbeitervertretung vorzulegen und zu erläutern. ²Die Entscheidung ist ferner einem Ausschuss der Bundeskommission der Arbeitsrechtlichen Kommission anzuzeigen. ³Dazu sind die vergleichenden Gesamtpersonalkostenberechnungen vorzulegen. ⁴Der Ausschuss der Bundeskommission der Arbeitsrechtlichen Kommission führt eine reine Missbrauchskontrolle durch.

(6) *(RK Nord/NRW/Mitte/BW/Bayern):* Über weitere Regelungen zur Vermeidung von Überforderungen durch die Überleitung entscheiden die Regionalkommissionen im Rahmen ihrer Zuständigkeit.

---

1 Inkrafttreten: RK NRW/BW/Bayern gültig ab 1.1.2011, RK Mitte gültig ab 1.4.2011, RK Nord gültig ab 1.7.2011, RK Ost mit Ausnahme von § 15 gültig ab 1.7.2012, § 15 gültig ab 1.1.2013.

Anlage 32:
Besondere Regelungen für Mitarbeiter im Pflegedienst in sonstigen Einrichtungen

§ 1	Geltungsbereich	387
§ 2	Regelmäßige Arbeitszeit	388
§ 3	Arbeit an Sonn- und Feiertagen	389
§ 4	Sonderformen der Arbeit	390
§ 5	Bereitschaftsdienst und Rufbereitschaft	391
§ 6	Ausgleich für Sonderformen der Arbeit	392
§ 7	Bereitschaftsdienstentgelt	394
§ 8	Bereitschaftszeiten	395
§ 9	Arbeitszeitkonto	395
§ 10	Teilzeitbeschäftigung	396
§ 11	Eingruppierung	397
§ 12	Tabellenentgelt	397
§ 12a	Berechnung und Auszahlung des Entgelts	397
§ 13	Stufen der Entgelttabelle	397
§ 13a	Besondere Stufenregelung	399
§ 14	Allgemeine Regelungen zu den Stufen	400
§ 15	Leistungsentgelt bzw. Sozialkomponente	404
§ 16	Jahressonderzahlung	406
§ 17	Zusatzurlaub	407
§ 18	Führung auf Probe	408
§ 19	Führung auf Zeit	409

Anhang A: Tabelle AVR Mitarbeiter im Pflegedienst
in sonstigen Einrichtungen
(RK NRW/BW, gültig ab 1.7.2014;
RK Mitte/Bayern/Nord, gültig ab 1.1.2015) 410
(RK NRW/Mitte/BW/Bayern, gültig ab 1.3.2015;
RK Nord, gültig ab 1.7.2015) 411
(RK Ost – Tarifgebiet Ost, gültig ab 1.1.2015) 412
(RK Ost – Tarifgebiet Ost, gültig ab 1.1.2016) 413
(RK Ost – Tarifgebiet Ost, gültig ab 1.3.2016) 414

(RK Ost – Tarifgebiet West, gültig ab 1.1.2015) 415
(RK Ost – Tarifgebiet West, gültig ab 1.1.2016) 416
Anmerkungen zu Anhang A 417

Anhang B: Kr-Anwendungstabelle

(RK NRW/BW, gültig ab 1.7.2014;
RK Mitte/Bayern/Nord, gültig ab 1.1.2015) 418
(RK NRW/Mitte/BW/Bayern, gültig ab 1.3.2015;
RK Nord, gültig ab 1.7.2015) 420
(RK Ost – Tarifgebiet Ost, gültig ab 1.1.2015) 422
(RK Ost – Tarifgebiet Ost, gültig ab 1.1.2016) 424
(RK Ost – Tarifgebiet Ost, gültig ab 1.3.2016) 426
(RK Ost – Tarifgebiet West, gültig ab 1.1.2015) 428
(RK Ost – Tarifgebiet West, gültig ab 1.1.2016) 430
RK BW: Anhang B 1: Neueinstellung – stationäre
und ambulante Altenhilfe
(gültig ab 1.7.2014 und ab 1.3.2015) 432
RK BW: Anhang A 2/B 2: Bestandsmitarbeiter
(gültig ab 1.7.2014 und ab 1.3.2015) 433
Anhang C: Stundenentgelttabelle 434
Anhang D: Vergütungsgruppen für Mitarbeiter im Pflegedienst
in sonstigen stationären Einrichtungen 437
Anhang E: Mitarbeiter im Pflegedienst in ambulanten Diensten 451
Anhang F: Überleitungs- und Besitzstandregelung 455

§ 1 Geltungsbereich

(1) Diese Anlage gilt für Mitarbeiter im Pflegedienst, die in

a) Heil-, Pflege- und Entbindungseinrichtungen,

b) medizinischen Instituten von Heil- und Pflegeeinrichtungen,

c) sonstigen Einrichtungen und Heimen, in denen die betreuten Personen in ärztlicher Behandlung stehen, wenn die Behandlung durch nicht in den Einrichtungen selbst beschäftigte Ärztinnen oder Ärzte stattfindet,

d) Einrichtungen und Heimen, die der Förderung der Gesundheit, der Erziehung, der Fürsorge oder Betreuung von Kindern und Jugendlichen, der Fürsorge und Betreuung von obdachlosen, alten, gebrechlichen, erwerbsbeschränkten oder

Pflegeeinrichtungen

deren med. Institute

Heime ohne eigene Ärztinnen und Ärzte

Heime der Erziehung und Betreuung

Anlage 32 – §§ 1, 2

sonstigen hilfsbedürftigen Personen dienen, auch wenn diese Einrichtungen nicht der ärztlichen Behandlung der betreuten Personen dienen, oder in

amb. Pflegedienste Vorrang Anlage 31

e) ambulanten Pflegediensten

beschäftigt sind, soweit die Einrichtungen nicht vom Geltungsbereich der Anlage 31 erfasst werden.

Anmerkung 1 (RK Nord/NRW/Mitte/BW/Bayern) zu Absatz 1:
Lehrkräfte an Altenpflegeschulen und ähnlichen der Ausbildung dienenden Einrichtungen fallen unter die Anlage 32 zu den AVR, soweit diese nicht unter die Anlage 31 zu den AVR fallen.

(2) ¹Soweit für diese Mitarbeiter nachfolgend nichts anderes bestimmt ist, finden die Vorschriften des Allgemeinen Teils und der Anlagen der AVR Anwendung. ²§ 2a, § 9a und § 12 des Allgemeinen Teils, Abschnitte Ia, IIIB, IIIa, V, VII und XIV der Anlage 1, Anlagen 1b, 2a, 2c, 3a, 6 und 6a sowie § 4 und §§ 6 bis 9 der Anlage 14 zu den AVR finden keine Anwendung. ³Anlage 5 zu den AVR gilt nicht mit Ausnahme von § 1 Abs. 7, Abs. 9 und Abs. 10, § 5, § 6, § 7 Abs. 7, § 9 Abs. 6 und § 10.

§ 2 Regelmäßige Arbeitszeit

regelmäßige Arbeitszeit

(1) ¹Die regelmäßige Arbeitszeit der Mitarbeiter beträgt ausschließlich der Pausen durchschnittlich 39 Stunden wöchentlich. ²Abweichend davon beträgt die regelmäßige Arbeitszeit für die Mitarbeiter im Gebiet der neuen Bundesländer Mecklenburg-Vorpommern, Brandenburg, Sachsen-Anhalt, Thüringen und Sachsen sowie in dem Teil des Landes Berlin, in dem das Grundgesetz bis einschließlich 2. Oktober 1990 nicht galt, durchschnittlich 40 Stunden wöchentlich. ³Die regelmäßige Arbeitszeit kann auf fünf Tage, aus notwendigen dienstlichen oder betrieblichen Gründen auch auf sechs Tage verteilt werden.

Durchschnitt

(2) ¹Für die Berechnung des Durchschnitts der regelmäßigen wöchentlichen Arbeitszeit ist ein Zeitraum von bis zu einem Jahr zugrunde zu legen. ²Abweichend von Satz 1 kann bei Mitarbeitern, die ständig Wechselschicht- oder Schichtarbeit zu leisten haben, ein längerer Zeitraum zugrunde gelegt werden.

24./31. Dezember

(3) ¹Soweit es die dienstlichen oder betrieblichen Verhältnisse zulassen, wird der Mitarbeiter am 24. Dezember und am 31. Dezember unter Fortzahlung des Entgelts von der Arbeit freigestellt. ²Kann die Freistellung nach Satz 1 aus dienstlichen oder betrieblichen Gründen nicht erfolgen, ist entsprechender Freizeitausgleich innerhalb von drei Monaten zu gewähren. ³Die regelmäßige Arbeitszeit vermindert sich für den 24. Dezember und 31. Dezember, sofern sie auf einen Werktag fallen, um die dienstplanmäßig ausgefallenen Stunden.

Anmerkung zu Absatz 3 Satz 3:
Die Verminderung der regelmäßigen Arbeitszeit betrifft die Mitarbeiter, die wegen des Dienstplans frei haben und deshalb ohne diese Regelung nacharbeiten müssten.

Abweichung vom ArbZG durch Dienstvereinbarung

(4) Aus dringenden dienstlichen oder betrieblichen Gründen kann auf der Grundlage einer Dienstvereinbarung im Rahmen des § 7 Abs. 1, 2 und des § 12 ArbZG von den Vorschriften des Arbeitszeitgesetzes abgewichen werden.

(5) Die Mitarbeiter sind im Rahmen begründeter dienstlicher oder betrieblicher Notwendigkeiten zur Leistung von Sonntags-, Feiertags-, Nacht-, Wechselschicht-, Schichtarbeit sowie – bei Teilzeitbeschäftigung aufgrund dienstvertraglicher Regelung oder mit ihrer Zustimmung – zu Bereitschaftsdienst, Rufbereitschaft, Überstunden und Mehrarbeit verpflichtet.

Verpflichtung Sonntags-, Feiertags-, Nacht-, Schicht-, Bereitschaftsdienst, Mehrarbeit

(6) ¹Durch Dienstvereinbarung kann ein wöchentlicher Arbeitszeitkorridor von bis zu 45 Stunden eingerichtet werden. ²Die innerhalb eines Arbeitszeitkorridors geleisteten zusätzlichen Arbeitsstunden werden im Rahmen des nach Absatz 2 Satz 1 festgelegten Zeitraums ausgeglichen.

Arbeitszeitkorridor

(7) ¹Durch Dienstvereinbarung kann in der Zeit von 6 bis 20 Uhr eine tägliche Rahmenzeit von bis zu zwölf Stunden eingeführt werden. ²Die innerhalb der täglichen Rahmenzeit geleisteten zusätzlichen Arbeitsstunden werden im Rahmen des nach Absatz 2 Satz 1 festgelegten Zeitraums ausgeglichen.

Rahmenarbeitszeit

(8) Die Absätze 6 und 7 gelten nur alternativ und nicht bei Wechselschicht- und Schichtarbeit.

Anmerkung zu § 2:
Gleitzeitregelungen sind unter Wahrung der jeweils geltenden Mitbestimmungsrechte unabhängig von den Vorgaben zu Arbeitszeitkorridor und Rahmenzeit (Absätze 6 und 7) möglich. Sie dürfen keine Regelungen nach Absatz 4 enthalten.

Gleitzeit

(9) ¹Auf der Grundlage einer Dienstvereinbarung kann bei der Behandlung, Pflege und Betreuung von Personen die tägliche Arbeitszeit im Schichtdienst, ausschließlich der Pausen, auf bis zu 12 Stunden verlängert werden, wenn solche Dienste nach der Eigenart dieser Tätigkeit und zur Erhaltung des Wohles dieser Personen erforderlich sind.
²In unmittelbarer Folge dürfen höchstens 5 Zwölf-Stunden-Schichten und innerhalb von zwei Wochen nicht mehr als 8 Zwölf-Stunden-Schichten geleistet werden. ³Solche Schichten können nicht mit Bereitschaftsdienst kombiniert werden.
⁴Abweichend von § 1 Abs. 10 der Anlage 5 kann bei Anordnung von Zwölf-Stunden-Schichten die Ruhezeit nicht verkürzt werden.

§ 3 Arbeit an Sonn- und Feiertagen

In Ergänzung zu § 2 Abs. 3 Satz 3 und Abs. 5 gilt für Sonn- und Feiertage Folgendes:

(1) ¹Die Arbeitszeit an einem gesetzlichen Feiertag, der auf einen Werktag fällt, wird durch eine entsprechende Freistellung an einem anderen Werktag bis zum Ende des dritten Kalendermonats – möglichst aber schon bis zum Ende des nächsten Kalendermonats – ausgeglichen, wenn es die betrieblichen Verhältnisse zulassen. ²Kann ein Freizeitausgleich nicht gewährt werden, erhält der Mitarbeiter je Stunde 100 v. H. des auf eine Stunde entfallenden Anteils des monatlichen Entgelts der jeweiligen Entgeltgruppe und Stufe nach Maßgabe der Entgelttabelle. ³Ist ein Arbeitszeitkonto eingerichtet, ist eine Buchung gemäß § 9 Abs. 3 zulässig. ⁴§ 6 Abs. 1 Satz 2 Buchst. d bleibt unberührt.

bei gesetzl. Feiertag als Werktag Freizeitausgleich/ finanzielle Abgeltung

(2) ¹Für Mitarbeiter, die regelmäßig nach einem Dienstplan eingesetzt werden, der Wechselschicht- oder Schichtdienst an sieben Tagen in der Woche vorsieht,

bei gesetzl. Feiertag als Werktag und Schichtdienst Reduzierung Soll-Arbeitszeit vermindert sich die regelmäßige Wochenarbeitszeit um ein Fünftel der arbeitsvertraglich vereinbarten durchschnittlichen Wochenarbeitszeit, wenn sie an einem gesetzlichen Feiertag, der auf einen Werktag fällt,

a) Arbeitsleistung zu erbringen haben oder

b) nicht wegen des Feiertags, sondern dienstplanmäßig nicht zur Arbeit eingeteilt sind und deswegen an anderen Tagen der Woche ihre regelmäßige Arbeitszeit erbringen müssen.

²Absatz 1 gilt in diesen Fällen nicht. ³§ 6 Abs. 1 Satz 2 Buchst. d bleibt unberührt.

(3) ¹Mitarbeiter, die regelmäßig an Sonn- und Feiertagen arbeiten müssen, erhalten innerhalb von zwei Wochen zwei arbeitsfreie Tage. ²Hiervon soll ein freier Tag auf einen Sonntag fallen.

§ 4 Sonderformen der Arbeit

Wechselschichtarbeit (1) ¹Wechselschichtarbeit ist die Arbeit nach einem Schichtplan/Dienstplan, der einen regelmäßigen Wechsel der täglichen Arbeitszeit in Wechselschichten vorsieht, bei denen der Mitarbeiter längstens nach Ablauf eines Monats erneut zu mindestens zwei Nachtschichten herangezogen wird. ²Wechselschichten sind **Wechselschicht** wechselnde Arbeitsschichten, in denen ununterbrochen bei Tag und Nacht, werktags, sonntags und feiertags gearbeitet wird. ³Nachtschichten sind Arbeitsschich-**Nachtschicht** ten, die mindestens zwei Stunden Nachtarbeit umfassen.

Schichtarbeit (2) Schichtarbeit ist die Arbeit nach einem Schichtplan, der einen regelmäßigen Wechsel des Beginns der täglichen Arbeitszeit um mindestens zwei Stunden in Zeitabschnitten von längstens einem Monat vorsieht, und die innerhalb einer Zeitspanne von mindestens 13 Stunden geleistet wird.

Bereitschaftsdienst (3) Bereitschaftsdienst leisten Mitarbeiter, die sich auf Anordnung des Dienstgebers außerhalb der regelmäßigen Arbeitszeit an einer vom Dienstgeber bestimmten Stelle aufhalten, um im Bedarfsfall die Arbeit aufzunehmen.

Rufbereitschaft (4) ¹Rufbereitschaft leisten Mitarbeiter, die sich auf Anordnung des Dienstgebers außerhalb der regelmäßigen Arbeitszeit an einer dem Dienstgeber anzuzeigenden Stelle aufhalten, um auf Abruf die Arbeit aufzunehmen. ²Rufbereitschaft wird nicht dadurch ausgeschlossen, dass Mitarbeiter vom Dienstgeber mit einem Mobiltelefon oder einem vergleichbaren technischen Hilfsmittel ausgestattet sind.

Nachtarbeit (5) Nachtarbeit ist die Arbeit zwischen 21 Uhr und 6 Uhr.

Mehrarbeit (6) Mehrarbeit sind die Arbeitsstunden, die Teilzeitbeschäftigte über die vereinbarte regelmäßige Arbeitszeit hinaus bis zur regelmäßigen wöchentlichen Arbeitszeit von Vollbeschäftigten (§ 2 Abs. 1 Satz 1) leisten.

Überstunden (7) Überstunden sind die auf Anordnung des Dienstgebers geleisteten Arbeitsstunden, die über die im Rahmen der regelmäßigen Arbeitszeit von Vollbeschäftigten (§ 2 Abs. 1 Satz 1) für die Woche dienstplanmäßig bzw. betriebsüblich festgesetzten Arbeitsstunden hinausgehen und nicht bis zum Ende der folgenden Kalenderwoche ausgeglichen werden.

Überstunden bei (8) Abweichend von Absatz 7 sind nur die Arbeitsstunden Überstunden, die

• Arbeitszeitkorridor a) im Falle der Festlegung eines Arbeitszeitkorridors nach § 2 Abs. 6 über 45 Stunden oder über die vereinbarte Obergrenze hinaus,

b) im Falle der Einführung einer täglichen Rahmenzeit nach § 2 Abs. 7 außerhalb der Rahmenzeit,   • Rahmenarbeitszeit

c) im Falle von Wechselschicht- oder Schichtarbeit über die im Schichtplan festgelegten täglichen Arbeitsstunden einschließlich der im Schichtplan vorgesehenen Arbeitsstunden, die bezogen auf die regelmäßige wöchentliche Arbeitszeit im Schichtplanturnus nicht ausgeglichen werden,   • Schichtarbeit

angeordnet worden sind.

§ 5 Bereitschaftsdienst und Rufbereitschaft

(1) Der Dienstgeber darf Bereitschaftsdienst nur anordnen, wenn zu erwarten ist, dass zwar Arbeit anfällt, erfahrungsgemäß aber die Zeit ohne Arbeitsleistung überwiegt.   Voraussetzung Bereitschaftsdienst   A 32

(2) Abweichend von den § 3, § 5 und § 6 Abs. 2 ArbZG kann im Rahmen des § 7 ArbZG die tägliche Arbeitszeit im Sinne des Arbeitszeitgesetzes über acht Stunden hinaus verlängert werden, wenn mindestens die acht Stunden überschreitende Zeit im Rahmen von Bereitschaftsdienst geleistet wird, und zwar wie folgt: 13/16-Stunden-Dienst

a) bei Bereitschaftsdiensten der Stufen A und B bis zu insgesamt maximal 16 Stunden täglich; die gesetzlich vorgeschriebene Pause verlängert diesen Zeitraum nicht,

b) bei Bereitschaftsdiensten der Stufen C und D bis zu insgesamt maximal 13 Stunden täglich; die gesetzlich vorgeschriebene Pause verlängert diesen Zeitraum nicht.

(3) ¹Im Rahmen des § 7 ArbZG kann unter den Voraussetzungen   24-Stunden-Dienst

a) einer Prüfung alternativer Arbeitszeitmodelle,

b) einer Belastungsanalyse gemäß § 5 ArbSchG und

c) ggf. daraus resultierender Maßnahmen zur Gewährleistung des Gesundheitsschutzes

aufgrund einer Dienstvereinbarung von den Regelungen des Arbeitszeitgesetzes abgewichen werden. ²Abweichend von den §§ 3, 5 und 6 Abs. 2 ArbZG kann die tägliche Arbeitszeit im Sinne des Arbeitszeitgesetzes über acht Stunden hinaus verlängert werden, wenn in die Arbeitszeit regelmäßig und in erheblichem Umfang Bereitschaftsdienst fällt. ³Hierbei darf die tägliche Arbeitszeit ausschließlich der Pausen maximal 24 Stunden betragen.

(4) ¹Unter den Voraussetzungen des Absatzes 3 Satz 1 kann die tägliche Arbeitszeit gemäß § 7 Abs. 2a ArbZG ohne Ausgleich verlängert werden, wobei   Dienst ohne Ausgleich

a) bei Bereitschaftsdiensten der Stufen A und B eine wöchentliche Arbeitszeit von bis zu maximal durchschnittlich 58 Stunden,

b) bei Bereitschaftsdiensten der Stufen C und D eine wöchentliche Arbeitszeit von bis zu maximal durchschnittlich 54 Stunden

zulässig ist.

(5) Für den Ausgleichszeitraum nach den Absätzen 2 bis 4 gilt § 2 Abs. 2 Satz 1.   Ausgleichszeitraum

(6) ¹In den Fällen, in denen Mitarbeiter Teilzeitarbeit gemäß § 10 vereinbart haben, verringern sich die Höchstgrenzen der wöchentlichen Arbeitszeit nach den Absätzen 2 bis 4 in demselben Verhältnis wie die Arbeitszeit dieser Mitarbeiter   Teilzeitarbeit und Bereitschaftsdienst

zu der regelmäßigen Arbeitszeit der Vollbeschäftigten. ²Mit Zustimmung des Mitarbeiters oder aufgrund von dringenden dienstlichen oder betrieblichen Belangen kann hiervon abgewichen werden.

Voraussetzung Rufbereitschaft

(7) ¹Der Dienstgeber darf Rufbereitschaft nur anordnen, wenn erfahrungsgemäß lediglich in Ausnahmefällen Arbeit anfällt. ²Durch tatsächliche Arbeitsleistung innerhalb der Rufbereitschaft kann die tägliche Höchstarbeitszeit von zehn Stunden (§ 3 ArbZG) überschritten werden (§ 7 ArbZG).

Abweichung vom ArbZG durch Dienstvereinbarung

(8) § 2 Abs. 4 bleibt im Übrigen unberührt.

Sonderregelung Heime, vgl. § 7, Abs. 3

(9) ¹Für Mitarbeiter in Einrichtungen und Heimen, die der Förderung der Gesundheit, der Erziehung, der Fürsorge oder Betreuung von Kindern und Jugendlichen, der Fürsorge und Betreuung von obdachlosen, alten, gebrechlichen, erwerbsbeschränkten oder sonstigen hilfsbedürftigen Personen dienen, auch wenn diese Einrichtungen nicht der ärztlichen Behandlung der betreuten Personen dienen, gelten die Absätze 1 bis 8 mit der Maßgabe, dass die Grenzen für die Stufen A und B einzuhalten sind. ²Dazu gehören auch die Mitarbeiter in Einrichtungen, in denen die betreuten Personen nicht regelmäßig ärztlich behandelt und beaufsichtigt werden (Erholungsheime).

§ 6 Ausgleich für Sonderformen der Arbeit

Zeitzuschläge

(1) ¹Der Mitarbeiter erhält neben dem Entgelt für die tatsächliche Arbeitsleistung Zeitzuschläge. ²Die Zeitzuschläge betragen – auch bei Teilzeitbeschäftigten – je Stunde

Überstunden

a) für Überstunden
- in den Entgeltgruppen 1 bis 9   30 v.H.,
- in den Entgeltgruppen 10 bis 15   15 v.H.,

Nachtarbeit

b) für Nachtarbeit   20 v.H.,

Sonntagsarbeit

c) für Sonntagsarbeit   25 v.H.,

Feiertagsarbeit

d) bei Feiertagsarbeit
- ohne Freizeitausgleich   135 v.H.,
- mit Freizeitausgleich   35 v.H.,

24./31. Dezember

e) für Arbeit am 24. Dezember und am 31. Dezember jeweils ab 6 Uhr   35 v.H.,

Samstagsarbeit

f) für Arbeit an Samstagen von 13 bis 21 Uhr, soweit diese nicht im Rahmen von Wechselschicht oder Schichtarbeit anfällt   20 v.H.

des auf eine Stunde entfallenden Anteils des Tabellenentgelts der Stufe 3 der jeweiligen Entgeltgruppe. ³Beim Zusammentreffen von Zeitzuschlägen nach Satz 2 Buchst. c bis f wird nur der höchste Zeitzuschlag gezahlt. ⁴Auf Wunsch des Mit-

Freizeitausgleich Arbeitszeitkonto

arbeiters können, soweit ein Arbeitszeitkonto (§ 9) eingerichtet ist und die dienstlichen oder betrieblichen Verhältnisse es zulassen, die nach Satz 2 zu zahlenden Zeitzuschläge entsprechend dem jeweiligen Vomhundertsatz einer Stunde in Zeit umgewandelt und ausgeglichen werden. ⁵Dies gilt entsprechend für Überstunden als solche.

Anmerkung zu Absatz 1 Satz 1:
Bei Überstunden richtet sich die Vergütung für die tatsächliche Arbeitsleistung nach der jeweiligen Entgeltgruppe und der individuellen Stufe, höchstens jedoch nach der Stufe 4.

Überstunden

Anmerkung zu Absatz 1 Satz 2 Buchst. d:
[1]Der Freizeitausgleich muss im Dienstplan besonders ausgewiesen und bezeichnet werden. [2]Falls kein Freizeitausgleich gewährt wird, werden als Vergütung einschließlich des Zeitzuschlags und des auf den Feiertag entfallenden Tabellenentgelts höchstens 235 v. H. gezahlt.

Feiertagsarbeit

(2) Für Arbeitsstunden, die keine Überstunden sind und die aus dienstlichen oder betrieblichen Gründen nicht innerhalb des nach § 2 Abs. 2 Satz 1 oder 2 festgelegten Zeitraums mit Freizeit ausgeglichen werden, erhält der Mitarbeiter je Stunde 100 v. H. des auf eine Stunde entfallenden Anteils des Tabellenentgelts der jeweiligen Entgeltgruppe und Stufe.

A 32
Abgeltung nicht ausgeglichener Arbeitsstunden

Anmerkung zu Absatz 2:
Mit dem Begriff „Arbeitsstunden" sind nicht die Stunden gemeint, die im Rahmen von Gleitzeitregelungen im Sinne der Anmerkung zu § 2 anfallen, es sei denn, sie sind angeordnet worden.

(3) [1]Für die Rufbereitschaft wird eine tägliche Pauschale je Entgeltgruppe bezahlt. [2]Sie beträgt für die Tage Montag bis Freitag das Zweifache, für Samstag, Sonntag sowie für Feiertage das Vierfache des Stundenentgelts nach Maßgabe der Entgelttabelle. [3]Maßgebend für die Bemessung der Pauschale nach Satz 2 ist der Tag, an dem die Rufbereitschaft beginnt. [4]Für die Arbeitsleistung innerhalb der Rufbereitschaft außerhalb des Aufenthaltsortes im Sinne des § 4 Abs. 4 wird die Zeit jeder einzelnen Inanspruchnahme einschließlich der hierfür erforderlichen Wegezeiten jeweils auf eine volle Stunde gerundet und mit dem Entgelt für Überstunden sowie mit etwaigen Zeitzuschlägen nach Absatz 1 bezahlt. [5]Wird die Arbeitsleistung innerhalb der Rufbereitschaft am Aufenthaltsort im Sinne des § 4 Abs. 4 telefonisch (z. B. in Form einer Auskunft) oder mittels technischer Einrichtungen erbracht, wird abweichend von Satz 4 die Summe dieser Arbeitsleistungen auf die nächste volle Stunde gerundet und mit dem Entgelt für Überstunden sowie mit etwaigen Zeitzuschlägen nach Absatz 1 bezahlt. [6]Absatz 1 Satz 4 gilt entsprechend, soweit die Buchung auf das Arbeitszeitkonto nach § 9 Abs. 3 Satz 2 zulässig ist. [7]Satz 1 gilt nicht im Falle einer stundenweisen Rufbereitschaft. [8]Eine Rufbereitschaft im Sinne von Satz 7 liegt bei einer ununterbrochenen Rufbereitschaft von weniger als zwölf Stunden vor. [9]In diesem Fall wird abweichend von den Sätzen 2 und 3 für jede Stunde der Rufbereitschaft 12,5 v. H. des Stundenentgelts nach Maßgabe der Entgelttabelle gezahlt.

Vergütung Rufbereitschaft

Anmerkung zu Absatz 3:
Zur Ermittlung der Tage einer Rufbereitschaft, für die eine Pauschale gezahlt wird, ist auf den Tag des Beginns der Rufbereitschaft abzustellen.

(4) [1]Mitarbeiter, die ständig Wechselschichtarbeit leisten, erhalten eine Wechselschichtzulage von 105 Euro monatlich. [2]Mitarbeiter, die nicht ständig Wechselschichtarbeit leisten, erhalten eine Wechselschichtzulage von 0,63 Euro pro Stunde.

Wechselschichtzulage

Anlage 32 – §§ 6, 7

Schichtzulage (5) ¹Mitarbeiter, die ständig Schichtarbeit leisten, erhalten eine Schichtzulage von 40 Euro monatlich. ²Mitarbeiter, die nicht ständig Schichtarbeit leisten, erhalten eine Schichtzulage von 0,24 Euro pro Stunde.

§ 7 Bereitschaftsdienstentgelt

Vergütung Bereitschaftsdienst (1) Zum Zwecke der Entgeltberechnung wird die Zeit des Bereitschaftsdienstes einschließlich der geleisteten Arbeit wie folgt als Arbeitszeit gewertet:

a) ¹Nach dem Maß der während des Bereitschaftsdienstes erfahrungsgemäß durchschnittlich anfallenden Arbeitsleistungen wird die Zeit des Bereitschaftsdienstes wie folgt als Arbeitszeit gewertet:

Stufen und Arbeitszeitbewertung

Stufe	Arbeitsleistung innerhalb des Bereitschaftsdienstes	Bewertung als Arbeitszeit
A	0 bis zu 10 v. H.	15 v. H.
B	mehr als 10 v. H. bis 25 v. H.	25 v. H.
C	mehr als 25 v. H. bis 40 v. H.	40 v. H.
D	mehr als 40 v. H. bis 49 v. H.	55 v. H.

²Ein hiernach der Stufe A zugeordneter Bereitschaftsdienst wird der Stufe B zugeteilt, wenn der Mitarbeiter während des Bereitschaftsdienstes in der Zeit von 22 bis 6 Uhr erfahrungsgemäß durchschnittlich mehr als dreimal dienstlich in Anspruch genommen wird.

zusätzliche Arbeitszeitbewertung b) Entsprechend der Zahl der vom Mitarbeiter je Kalendermonat abgeleisteten Bereitschaftsdienste wird die Zeit eines jeden Bereitschaftsdienstes zusätzlich wie folgt als Arbeitszeit gewertet:

Zahl der Bereitschaftsdienste im Kalendermonat	Bewertung als Arbeitszeit
1. bis 8. Bereitschaftsdienst	25 v. H.
9. bis 12. Bereitschaftsdienst	35 v. H.
13. und folgende Bereitschaftsdienste	45 v. H.

Zuweisung (2) Die Zuweisung zu den einzelnen Stufen des Bereitschaftsdienstes erfolgt durch die Einrichtungsleitung und die Mitarbeitervertretung.

(3) ¹Für die Mitarbeiter gemäß § 5 Abs. 9 wird zum Zwecke der Entgeltberechnung die Zeit des Bereitschaftsdienstes einschließlich der geleisteten Arbeit mit 25 v. H. als Arbeitszeit bewertet. ²Leistet der Mitarbeiter in einem Kalendermonat mehr als acht Bereitschaftsdienste, wird die Zeit eines jeden über acht Bereitschaftsdienste hinausgehenden Bereitschaftsdienstes zusätzlich mit 15 v.H. als Arbeitszeit gewertet.

(3a) Die Mitarbeiter erhalten zusätzlich zu dem Entgelt nach Absatz 3 für die Zeit des Bereitschaftsdienstes in den Nachtstunden (§ 4 Abs. 5) je Stunde einen Zeitzuschlag in Höhe von 15 v.H. des Stundenentgelts gemäß der Tabelle in Anhang C dieser Anlage.

(4) Das Entgelt für die nach den Absätzen 1, 3 und 3a zum Zwecke der Entgeltberechnung als Arbeitszeit gewertete Bereitschaftsdienstzeit bestimmt sich nach Anhang C dieser Anlage. *Vergütung*

(5) Das Bereitschaftsdienstentgelt kann im Falle der Faktorisierung nach § 9 Abs. 3 im Verhältnis 1:1 in Freizeit abgegolten werden. *Freizeitausgleich Arbeitszeitkonto*

§ 8 Bereitschaftszeiten

(1) ¹Bereitschaftszeiten sind die Zeiten, in denen sich der Mitarbeiter am Arbeitsplatz oder einer anderen vom Dienstgeber bestimmten Stelle zur Verfügung halten muss, um im Bedarfsfall die Arbeit selbständig, ggf. auch auf Anordnung, aufzunehmen und in denen die Zeiten ohne Arbeitsleistung überwiegen. ²Für Mitarbeiter, in deren Tätigkeit regelmäßig und in nicht unerheblichem Umfang Bereitschaftszeiten fallen, gelten folgende Regelungen: *Bereitschaftsdienst Voraussetzung*

a) *(RK Nord/NRW/Mitte/BW/Bayern):* Bereitschaftszeiten werden zur Hälfte als tarifliche Arbeitszeit gewertet (faktorisiert).

a) *(RK Ost):* Bereitschaftszeiten werden zur Hälfte als Arbeitszeit gewertet (faktorisiert).

b) Sie werden innerhalb von Beginn und Ende der regelmäßigen täglichen Arbeitszeit nicht gesondert ausgewiesen.

c) Die Summe aus den faktorisierten Bereitschaftszeiten und der Vollarbeitszeit darf die Arbeitszeit nach § 2 Abs. 1 nicht überschreiten.

d) Die Summe aus Vollarbeits- und Bereitschaftszeiten darf durchschnittlich 48 Stunden wöchentlich nicht überschreiten.

³Ferner ist Voraussetzung, dass eine nicht nur vorübergehend angelegte Organisationsmaßnahme besteht, bei der regelmäßig und in nicht unerheblichem Umfang Bereitschaftszeiten anfallen.

(2) Die Anwendung des Absatzes 1 bedarf einer einvernehmlichen Dienstvereinbarung.

Anmerkung zu § 8:
Diese Regelung gilt nicht für Wechselschicht- und Schichtarbeit.

§ 9 Arbeitszeitkonto

(1) ¹Durch Dienstvereinbarung kann ein Arbeitszeitkonto eingerichtet werden. ²Soweit ein Arbeitszeitkorridor (§ 2 Abs. 6) oder eine Rahmenzeit (§ 2 Abs. 7) vereinbart wird, ist ein Arbeitszeitkonto einzurichten. *Arbeitszeitkonto*

(2) ¹In der Dienstvereinbarung wird festgelegt, ob das Arbeitszeitkonto in der ganzen Einrichtung oder Teilen davon eingerichtet wird. ²Alle Mitarbeiter der Einrichtungsteile, für die ein Arbeitszeitkonto eingerichtet wird, werden von den Regelungen des Arbeitszeitkontos erfasst. *Dienstvereinbarung*

(3) ¹Auf das Arbeitszeitkonto können Zeiten, die bei Anwendung des nach § 2 Abs. 2 festgelegten Zeitraums als Zeitguthaben oder als Zeitschuld bestehen bleiben, nicht durch Freizeit ausgeglichene Zeiten nach § 6 Abs. 1 Satz 5 und Abs. 2 sowie in Zeit umgewandelte Zuschläge nach § 6 Abs. 1 Satz 4 gebucht werden. ²Weitere Kontingente (z.B. Rufbereitschafts-/Bereitschaftsdienstentgelte) können durch Dienstvereinbarung zur Buchung freigegeben werden. ³Der Mitarbeiter *Zeitarten*

entscheidet für einen in der Dienstvereinbarung festgelegten Zeitraum, welche der in Satz 1 genannten Zeiten auf das Arbeitszeitkonto gebucht werden.

Arbeitsunfähigkeit

(4) Im Falle einer unverzüglich angezeigten und durch ärztliches Attest nachgewiesenen Arbeitsunfähigkeit während eines Zeitausgleichs vom Arbeitszeitkonto (Zeiten nach Absatz 3 Satz 1 und 2) tritt eine Minderung des Zeitguthabens nicht ein.

Dienstvereinbarung

(5) In der Dienstvereinbarung sind insbesondere folgende Regelungen zu treffen:

Grenze Zeitschuld/ -guthaben

a) Die höchstmögliche Zeitschuld (bis zu 40 Stunden) und das höchstzulässige Zeitguthaben (bis zu einem Vielfachen von 40 Stunden), die innerhalb eines bestimmten Zeitraums anfallen dürfen;

Frist Aufbau/Abbau

b) nach dem Umfang des beantragten Freizeitausgleichs gestaffelte Fristen für das Abbuchen von Zeitguthaben oder für den Abbau von Zeitschulden durch den Mitarbeiter;

c) die Berechtigung, das Abbuchen von Zeitguthaben zu bestimmten Zeiten (z.B. an so genannten Brückentagen) vorzusehen;

d) die Folgen, wenn der Dienstgeber einen bereits genehmigten Freizeitausgleich kurzfristig widerruft.

Langzeitkonto

(6) ¹Der Dienstgeber kann mit dem Mitarbeiter die Einrichtung eines Langzeitkontos vereinbaren. ²In diesem Fall ist die Mitarbeitervertretung zu beteiligen und – bei Insolvenzfähigkeit des Dienstgebers – eine Regelung zur Insolvenzsicherung zu treffen.

§ 10 Teilzeitbeschäftigung

Anspruch Teilzeitarbeit bei Kind/ pflegebedürftigen Angehörigen

(1) ¹Mit Mitarbeitern soll auf Antrag eine geringere als die vertraglich festgelegte Arbeitszeit vereinbart werden, wenn sie

a) mindestens ein Kind unter 18 Jahren oder

b) einen nach ärztlichem Gutachten pflegebedürftigen sonstigen Angehörigen

tatsächlich betreuen oder pflegen und dringende dienstliche bzw. betriebliche Belange nicht entgegenstehen. ²Die Teilzeitbeschäftigung nach Satz 1 ist auf Antrag auf bis zu fünf Jahre zu befristen. ³Sie kann verlängert werden; der Antrag ist spätestens sechs Monate vor Ablauf der vereinbarten Teilzeitbeschäftigung zu stellen. ⁴Bei der Gestaltung der Arbeitszeit hat der Dienstgeber im Rahmen der dienstlichen bzw. betrieblichen Möglichkeiten der besonderen persönlichen Situation des Mitarbeiters nach Satz 1 Rechnung zu tragen.

Befristung

Arbeitszeitgestaltung

Erörterungspflicht

(2) Mitarbeiter, die in anderen als den in Absatz 1 genannten Fällen eine Teilzeitbeschäftigung vereinbaren wollen, können von ihrem Dienstgeber verlangen, dass er mit ihnen die Möglichkeit einer Teilzeitbeschäftigung mit dem Ziel erörtert, zu einer entsprechenden Vereinbarung zu gelangen.

Anspruch Vollzeitarbeit

(3) Ist mit früher Vollbeschäftigten auf ihren Wunsch eine nicht befristete Teilzeitbeschäftigung vereinbart worden, sollen sie bei späterer Besetzung eines Vollzeitarbeitsplatzes bei gleicher Eignung im Rahmen der dienstlichen bzw. betrieblichen Möglichkeiten bevorzugt berücksichtigt werden.

Anmerkung zu den §§ 2 bis 10:
Bei In-Kraft-Treten dieser Anlage bestehende Gleitzeitregelungen bleiben unberührt.

§§ 11, 12, 12a, 13 – Anlage 32

§ 11 Eingruppierung

Die Eingruppierung der Mitarbeiter im Sinne des § 1 Abs. 1 Buchstaben a bis d richtet sich nach den Tätigkeitsmerkmalen des Anhang D dieser Anlage, die Eingruppierung der Mitarbeiter im Sinne des § 1 Abs. 1 Buchstabe e richtet sich nach den Tätigkeitsmerkmalen des Anhang E dieser Anlage.

Tätigkeitsmerkmale, Anhang D

§ 12 Tabellenentgelt

(1) ¹Der Mitarbeiter erhält monatlich ein Tabellenentgelt. ²Die Höhe bestimmt sich nach der Entgeltgruppe, in die er eingruppiert ist, und nach der für ihn geltenden Stufe.

Eingruppierungsautomatik

(2) Die Mitarbeiter erhalten Entgelt nach Anhang A und B dieser Anlage.

Anhang A und B

(3) *(RK BW):* Mitarbeiter im Bereich der stationären und ambulanten Altenhilfe der Vergütungsgruppen Kr 1 und Kr 2, mit Ausnahme der Mitarbeiter der VG Kr 2 Ziffer 1, die ab dem 1. Januar 2011 neu eingestellt werden, erhalten Entgelt nach **Anhang A 1 / B 1 – Mitarbeiter gemäß § 12 Abs. 3 – Neueinstellung** (gültig vom 1. Januar 2011 bis 31. Dezember 2016)

(4) *(RK BW):* ¹Mitarbeiter im Bereich der stationären und ambulanten Altenhilfe der Vergütungsgruppen Kr 1 und Kr 2, mit Ausnahme der Mitarbeiter der VG Kr 2 Ziffer 1, die am 31. Dezember 2010 in einem Dienstverhältnis gestanden haben, das am 1. Januar 2011 im Geltungsbereich der AVR fortbesteht, erhalten Entgelt nach **Anhang A 2 / B 2 – Mitarbeiter gemäß § 12 Abs. 4 – Bestandsmitarbeiter** (gültig vom 1. Januar 2011 bis 31. Dezember 2016). ²Ein Dienstverhältnis besteht auch fort bei der Verlängerung eines befristeten Dienstvertrags sowie bei Dienstgeberwechsel innerhalb des Geltungsbereichs der AVR. ³Unterbrechungen von bis zu sieben Wochen sind unschädlich.

(5) *(RK BW):* Mitarbeiter im Bereich der stationären und ambulanten Altenhilfe der Vergütungsgruppen Kr 1/EG 3a und Kr 2/EG 4b mit Ausnahme der Mitarbeiter der VG Kr 2 Ziffer 1 und Ziffer 2, die ab dem 31. Dezember 2009 neu eingestellt und gemäß Anlage 3b zu den AVR vergütet wurden, erhalten Entgelt nach **Anhang A 1 / B 1 – Mitarbeiter gemäß § 12 Abs. 3 (Neueinstellungen) und Abs. 5 (Anlage 3 b (alt)** (gültig vom 1. Januar 2011 bis 31. Dezember 2016).

(6) *(RK BW):* ¹Ausgenommen vom Geltungsbereich der Absätze 3 bis 5 sind Mitarbeiter in Tätigkeiten, die eine abgeschlossene Ausbildung von mindestens einem Jahr haben, und deren Ausbildung für diese Tätigkeit erforderlich ist. ²Werden einschlägige gesetzliche Mindestlöhne hierdurch unterschritten, so gelten mindestens diese.

§ 12a Berechnung und Auszahlung des Entgelts

Teilzeitbeschäftigte erhalten das Tabellenentgelt und alle sonstigen Entgeltbestandteile in dem Umfang, der dem Anteil ihrer individuell vereinbarten durchschnittlichen Arbeitszeit an der regelmäßigen Arbeitszeit vergleichbarer Vollzeitbeschäftigter entspricht.

Teilzeitentgelt

§ 13 Stufen der Entgelttabelle

(1) ¹Die Entgeltgruppen 2 bis 15 umfassen sechs Stufen. ²Die Abweichungen von Satz 1 sind in § 13a geregelt.

Entgeltstufen Gruppen 2 bis 15

397

Anlage 32 – § 13

Stufenzuordnung Grundregel einschlägige Berufserfahrung

(2) ¹Bei Einstellung werden die Mitarbeiter der Stufe 1 zugeordnet, sofern keine einschlägige Berufserfahrung vorliegt. ²Verfügt der Mitarbeiter über eine einschlägige Berufserfahrung von mindestens einem Jahr, erfolgt die Einstellung in die Stufe 2; verfügt er über eine einschlägige Berufserfahrung von mindestens drei Jahren, erfolgt in der Regel eine Zuordnung zur Stufe 3. ³Unabhängig davon kann der Dienstgeber bei Neueinstellungen zur Deckung des Personalbedarfs Zeiten einer vorherigen beruflichen Tätigkeit ganz oder teilweise für die Stufenzuordnung berücksichtigen, wenn diese Tätigkeit für die vorgesehene Tätigkeit förderlich ist.

Anmerkung zu Absatz 2:
Ein Praktikum nach Abschnitt D der Anlage 7 zu den AVR gilt grundsätzlich als Erwerb einschlägiger Berufserfahrung.

unmittelbare Vorbeschäftigung AVR/kirchlicher Dienst

(2a) Wird der Mitarbeiter in unmittelbarem Anschluss an ein Dienstverhältnis im Geltungsbereich der AVR oder im sonstigen Tätigkeitsbereich der katholischen Kirche eingestellt, so erhält er

a) wenn sein bisheriges Entgelt nach dieser Anlage oder einer entsprechenden Regelung bemessen war, das Entgelt der Stufe, das er beim Fortbestehen des Dienstverhältnisses am Einstellungstag vom bisherigen Dienstgeber erhalten hätte,

b) wenn sein bisheriges Entgelt in Abweichung von den Vorschriften dieser Anlage oder einer entsprechenden Reglung bemessen war, das Entgelt der Stufe, das er am Einstellungstag von seinem bisherigen Dienstgeber erhalten würde, wenn sein Entgelt ab dem Zeitpunkt, seitdem er ununterbrochen im Geltungsbereich der AVR oder im sonstigen Tätigkeitsbereich der katholischen Kirche tätig ist, nach dieser Anlage oder einer entsprechenden Regelung bemessen worden wäre.

Anmerkung zu Absatz 2a:
1. Der Tätigkeit im Bereich der katholischen Kirche steht gleich eine Tätigkeit in der evangelischen Kirche, in einem Diakonischen Werk oder in einer Einrichtung, die dem Diakonischen Werk angeschlossen ist.
2. ¹Ein unmittelbarer Anschluss liegt nicht vor, wenn zwischen den Dienstverhältnissen ein oder mehrere Werktage – mit Ausnahme allgemein arbeitsfreier Werktage – liegen, in denen das Dienstverhältnis nicht bestand. ²Es ist jedoch unschädlich, wenn der Mitarbeiter in dem gesamten zwischen den Dienstverhältnissen liegenden Zeitraum dienstunfähig erkrankt war oder die Zeit zur Ausführung eines Umzuges an einen anderen Ort benötigt hat. ³Von der Voraussetzung des unmittelbaren Anschlusses kann abgewichen werden, wenn der Zeitraum zwischen dem Ende des bisherigen Dienstverhältnisses und dem Beginn des neuen Dienstverhältnisses ein Jahr nicht übersteigt.

Stufenlaufzeit, vgl. § 13a

ununterbrochene Tätigkeit, vgl. § 14 Abs. 3

(3) ¹Die Mitarbeiter erreichen die jeweils nächste Stufe – von Stufe 3 an in Abhängigkeit von ihrer Leistung gemäß § 14 Abs. 2 – nach folgenden Zeiten einer ununterbrochenen Tätigkeit innerhalb derselben Entgeltgruppe bei ihrem Dienstgeber (Stufenlaufzeit):

- Stufe 2 nach einem Jahr in Stufe 1,
- Stufe 3 nach zwei Jahren in Stufe 2,
- Stufe 4 nach drei Jahren in Stufe 3,
- Stufe 5 nach vier Jahren in Stufe 4 und
- Stufe 6 nach fünf Jahren in Stufe 5.

²Die Abweichungen von Satz 1 sind in § 13a geregelt.

(4) ¹Die Entgeltgruppe 1 umfasst fünf Stufen. ²Einstellungen erfolgen in der Stufe 2 (Eingangsstufe). ³Die jeweils nächste Stufe wird nach vier Jahren in der vorangegangenen Stufe erreicht; § 14 Abs. 2 bleibt unberührt.

Entgeltstufen Gruppe 1, Stufenzuordnung und -laufzeit

§ 13a   Besondere Stufenregelung

(1) Abweichend von § 13 Abs. 1 Satz 1 ist Eingangsstufe

abweichende Stufenzuordnung, siehe Anhang B A 32

a) in den Entgeltgruppen 9 und 11 die Stufe 4 bei Tätigkeiten entsprechend
- Kr 11 mit Aufstieg nach Kr 12,
- Kr 8 mit Aufstieg nach Kr 9,
- Kr 7 mit Aufstieg nach Kr 8 (9b),

b) in den Entgeltgruppen 7 und 9 bis 12 die Stufe 3 bei Tätigkeiten entsprechend
- Kr 12 mit Aufstieg nach Kr 13,
- Kr 10 mit Aufstieg nach Kr 11,
- Kr 9 mit Aufstieg nach Kr 10,
- Kr 6 mit Aufstieg nach Kr 7,
- Kr 7 ohne Aufstieg,
- Kr 6 ohne Aufstieg,

c) in der Entgeltgruppe 7 die Stufe 2 bei Tätigkeiten entsprechend
- Kr 5a mit Aufstieg nach Kr 6,
- Kr 5 mit Aufstieg nach Kr 5a und weiterem Aufstieg nach Kr 6,
- Kr 5 mit Aufstieg nach Kr 5a.

(2) Abweichend von § 13 Abs. 1 Satz 1 ist Endstufe

abweichende Stufenzuordnung, siehe Anhang B

a) in den Entgeltgruppen 7 und 9 bis 11 die Stufe 5 bei Tätigkeiten entsprechend
- Kr 10 mit Aufstieg nach Kr 11,
- Kr 9 mit Aufstieg nach Kr 10,
- Kr 6 mit Aufstieg nach Kr 7,
- Kr 7 ohne Aufstieg,
- Kr 6 ohne Aufstieg,
- Kr 4 mit Aufstieg nach Kr 5,

b) in der Entgeltgruppe 4 und 6 die Stufe 3 bei Tätigkeiten entsprechend Kr 2 ohne Aufstieg.

(3) Abweichend von § 13 Abs. 3 Satz 1 gelten für die Stufenlaufzeiten folgende Regelungen:

abweichende Stufenlaufzeit, siehe Anhang B

a) in der Entgeltgruppe 12 wird die Stufe 4 nach zwei Jahren in Stufe 3 und die Stufe 5 nach drei Jahren in Stufe 4 bei Tätigkeiten entsprechend der Vergütungsgruppe Kr 12 mit Aufstieg nach Kr 13,

b) in der Entgeltgruppe 11 wird die Stufe 4 nach zwei Jahren in Stufe 3 und die Stufe 5 nach fünf Jahren in Stufe 4 bei Tätigkeiten entsprechend der Vergütungsgruppe Kr 10 mit Aufstieg nach Kr 11,

c) in der Entgeltgruppe 10 wird die Stufe 4 nach zwei Jahren in Stufe 3 und die Stufe 5 nach drei Jahren in Stufe 4 bei Tätigkeiten entsprechend der Vergütungsgruppe Kr 9 mit Aufstieg nach Kr 10,

d) in der Entgeltgruppe 9 wird die Stufe 6 nach zwei Jahren in Stufe 5 bei Tätigkeiten entsprechend der Vergütungsgruppe Kr 8 mit Aufstieg nach Kr 9,

e) in der Entgeltgruppe 9 (9b) wird die Stufe 5 nach fünf Jahren in Stufe 4 bei Tätigkeiten entsprechend der Vergütungsgruppe Kr 7 mit Aufstieg nach Kr 8,

f) in der Entgeltgruppe 9 wird die Stufe 4 nach fünf Jahren in Stufe 3 und die Stufe 5 (9b) nach fünf Jahren in Stufe 4 bei Tätigkeiten entsprechend der Vergütungsgruppen Kr 6 mit Aufstieg nach Kr 7, Kr 7 ohne Aufstieg,

g) in der Entgeltgruppe 9 wird die Stufe 4 (9b) nach fünf Jahren in Stufe 3 und die Stufe 5 (9b) nach fünf Jahren in Stufe 4 bei Tätigkeiten entsprechend der Vergütungsgruppen Kr 6 ohne Aufstieg

erreicht.

§ 14 Allgemeine Regelungen zu den Stufen

Monatsbeginn

(1) Die Mitarbeiter erhalten vom Beginn des Monats an, in dem die nächste Stufe erreicht wird, das Tabellenentgelt der neuen Stufe.

Verkürzung und Verlängerung der Stufenlaufzeit, vgl. § 13 Abs. 3, 4

(2) ¹Bei Leistungen des Mitarbeiters, die erheblich über dem Durchschnitt liegen, kann die erforderliche Zeit für das Erreichen der Stufen 4 bis 6 jeweils verkürzt werden. ²Bei Leistungen, die erheblich unter dem Durchschnitt liegen, kann die erforderliche Zeit für das Erreichen der Stufen 4 bis 6 jeweils verlängert werden. ³Bei einer Verlängerung der Stufenlaufzeit hat der Dienstgeber jährlich zu prüfen, ob die Voraussetzungen für die Verlängerung noch vorliegen. ⁴Für die Beratung von schriftlich begründeten Beschwerden von Mitarbeitern gegen eine Verlängerung

betriebliche Kommission

nach Satz 2 bzw. 3 ist eine betriebliche Kommission zuständig. ⁵Die Mitglieder der betrieblichen Kommission werden je zur Hälfte vom Dienstgeber und von der Mitarbeitervertretung benannt; sie müssen der Einrichtung angehören. ⁶Der Dienstgeber entscheidet auf Vorschlag der Kommission darüber, ob und in welchem Umfang der Beschwerde abgeholfen werden soll.

Anmerkung zu Absatz 2:
¹Die Instrumente der materiellen Leistungsanreize (§ 15) und der leistungsbezogene Stufenaufstieg bestehen unabhängig voneinander und dienen unterschiedlichen Zielen. ²Leistungsbezogene Stufenaufstiege unterstützen insbesondere die Anliegen der Personalentwicklung.

Anmerkung zu Absatz 2 Satz 2:
Bei Leistungsminderungen, die auf einem anerkannten Arbeitsunfall oder einer Berufskrankheit gemäß §§ 8 und 9 SGB VII beruhen, ist diese Ursache in geeigneter Weise zu berücksichtigen.

Anmerkung zu Absatz 2 Satz 6:
Die Mitwirkung der Kommission erfasst nicht die Entscheidung über die leistungsbezogene Stufenzuordnung.

Zeiten ununterbrochener Tätigkeit, vgl. § 13 Abs. 3

(3) ¹Den Zeiten einer ununterbrochenen Tätigkeit im Sinne des § 13 Abs. 3 Satz 1 stehen gleich:

a) Schutzfristen nach dem Mutterschutzgesetz,

b) Zeiten einer Arbeitsunfähigkeit nach Abschnitt XII der Anlage 1 zu den AVR bis zu 26 Wochen,

c) Zeiten eines bezahlten Urlaubs,

d) Zeiten eines Sonderurlaubs, bei denen der Dienstgeber vor dem Antritt schriftlich ein dienstliches bzw. betriebliches Interesse anerkannt hat,
e) Zeiten einer sonstigen Unterbrechung von weniger als einem Monat im Kalenderjahr,
f) Zeiten der vorübergehenden Übertragung einer höherwertigen Tätigkeit.

²Zeiten der Unterbrechung bis zu einer Dauer von jeweils drei Jahren, die nicht von Satz 1 erfasst werden, und Elternzeit bis zu jeweils fünf Jahren sind unschädlich, werden aber nicht auf die Stufenlaufzeit angerechnet. ³Bei einer Unterbrechung von mehr als drei Jahren, bei Elternzeit von mehr als fünf Jahren, erfolgt eine Zuordnung zu der Stufe, die der vor der Unterbrechung erreichten Stufe vorangeht, jedoch nicht niedriger als bei einer Neueinstellung; die Stufenlaufzeit beginnt mit dem Tag der Arbeitsaufnahme. ⁴Zeiten, in denen Mitarbeiter mit einer kürzeren als der regelmäßigen wöchentlichen Arbeitszeit eines entsprechenden Vollbeschäftigten beschäftigt waren, werden voll angerechnet.

(4) ¹Bei Eingruppierung in eine höhere Entgeltgruppe werden die Mitarbeiter derjenigen Stufe zugeordnet, in der sie mindestens ihr bisheriges Tabellenentgelt erhalten, mindestens jedoch der Stufe 2.

Höhergruppierung

(RK NRW/BW):
²Beträgt der Unterschiedsbetrag zwischen dem derzeitigen Tabellenentgelt und dem Tabellenentgelt nach Satz 1
in den Entgeltgruppen 1 bis 8 weniger als

| ab 1. Juli 2014 | 54,80 Euro |
| ab 1. März 2015 | 56,12 Euro |

bzw. in den Entgeltgruppen 9 bis 15 weniger als

| ab 1. Juli 2014 | 87,69 Euro |
| ab 1. März 2015 | 89,79 Euro |

so erhält der Mitarbeiter während der betreffenden Stufenlaufzeit anstelle des Unterschiedsbetrags einen Garantiebetrag von monatlich

Garantiebetrag

in den Entgeltgruppen 1 bis 8

| ab 1. Juli 2014 | 54,80 Euro |
| ab 1. März 2015 | 56,12 Euro |

bzw. in den Entgeltgruppen 9 bis 15

| ab 1. Juli 2014 | 87,69 Euro |
| ab 1. März 2015 | 89,79 Euro |

(RK Mitte/Bayern):
²Beträgt der Unterschiedsbetrag zwischen dem derzeitigen Tabellenentgelt und dem Tabellenentgelt nach Satz 1
in den Entgeltgruppen 1 bis 8 weniger als

| ab 1. Januar 2015 | 54,80 Euro |
| ab 1. März 2015 | 56,12 Euro |

bzw. in den Entgeltgruppen 9 bis 15 weniger als

Anlage 32 – § 14

ab 1. Januar 2015	87,69 Euro
ab 1. März 2015	89,79 Euro

Garantiebetrag so erhält der Mitarbeiter während der betreffenden Stufenlaufzeit anstelle des Unterschiedsbetrags einen Garantiebetrag von monatlich

in den Entgeltgruppen 1 bis 8

ab 1. Januar 2015	54,80 Euro
ab 1. März 2015	56,12 Euro

bzw. in den Entgeltgruppen 9 bis 15

ab 1. Januar 2015	87,69 Euro
ab 1. März 2015	89,79 Euro

Höhergruppierung *(RK Nord):*
²Beträgt der Unterschiedsbetrag zwischen dem derzeitigen Tabellenentgelt und dem Tabellenentgelt nach Satz 1

in den Entgeltgruppen 1 bis 8 weniger als

ab 1. Januar 2015	54,80 Euro
ab 1. Juli 2015	56,12 Euro

bzw. in den Entgeltgruppen 9 bis 15 weniger als

ab 1. Januar 2015	87,69 Euro
ab 1. Juli 2015	89,79 Euro

Garantiebetrag so erhält der Mitarbeiter während der betreffenden Stufenlaufzeit anstelle des Unterschiedsbetrags einen Garantiebetrag von monatlich

in den Entgeltgruppen 1 bis 8

ab 1. Januar 2015	54,80 Euro
ab 1. Juli 2015	56,12 Euro

bzw. in den Entgeltgruppen 9 bis 15

ab 1. Januar 2015	87,69 Euro
ab 1. Juli 2015	89,79 Euro

Höhergruppierung *(RK Ost):*
²Beträgt der Unterschiedsbetrag zwischen dem derzeitigen Tabellenentgelt und dem Tabellenentgelt nach Satz 1

in den Entgeltgruppen 1 bis 6 weniger als

Tarifgebiet Ost:

ab 1. Januar 2015:	49,05 Euro
ab 1. Januar 2016:	49,95 Euro
ab 1. März 2016:	50,23 Euro

§ 14 – Anlage 32

Tarifgebiet West:

ab 1. Januar 2015:	50,96 Euro
ab 1. Januar 2016:	52,19 Euro

bzw. in den Entgeltgruppen 7 bis 8 weniger als

Tarifgebiet Ost:

ab 1. Januar 2015:	50,24 Euro
ab 1. Januar 2016:	51,63 Euro
ab 1. März 2016:	51,63 Euro

Tarifgebiet West:

ab 1. Januar 2015:	52,61 Euro
ab 1. Januar 2016:	53,88 Euro

bzw. in den Entgeltgruppen 9 bis 15 weniger als

Tarifgebiet Ost:

ab 1. Januar 2015:	80,67 Euro
ab 1. Januar 2016:	82,61 Euro
ab 1. März 2016:	82,61 Euro

Tarifgebiet West:

ab 1. Januar 2015:	84,18 Euro
ab 1. Januar 2016:	86,20 Euro

so erhält der Mitarbeiter während der betreffenden Stufenlaufzeit anstelle des Unterschiedsbetrags einen Garantiebetrag von monatlich

Garantiebetrag

in den Entgeltgruppen 1 bis 6

Tarifgebiet Ost:

ab 1. Januar 2015:	49,05 Euro
ab 1. Januar 2016:	49,95 Euro
ab 1. März 2016:	50,23 Euro

Tarifgebiet West:

ab 1. Januar 2015:	50,96 Euro
ab 1. Januar 2016:	52,19 Euro

bzw. in den Entgeltgruppen 7 bis 8 weniger als

Tarifgebiet Ost:

ab 1. Januar 2015:	50,42 Euro
ab 1. Januar 2016:	51,63 Euro
ab 1. März 2016:	51,63 Euro

Tarifgebiet West:

ab 1. Januar 2015:	52,61 Euro
ab 1. Januar 2016:	53,88 Euro

Anlage 32 – §§ 14, 15

bzw. in den Entgeltgruppen 9 bis 15 weniger als

Tarifgebiet Ost:

ab 1. Januar 2015:	80,67 Euro
ab 1. Januar 2016:	82,61 Euro
ab 1. März 2016:	82,61 Euro

Tarifgebiet West:

ab 1. Januar 2015:	84,81 Euro
ab 1. Januar 2016:	86,20 Euro

^{Herab-gruppierung} [3]Wird der Mitarbeiter nicht in die nächsthöhere, sondern in eine darüber liegende Entgeltgruppe höhergruppiert, ist das Tabellenentgelt für jede dazwischen liegende Entgeltgruppe nach Satz 1 zu berechnen; Satz 2 gilt mit der Maßgabe, dass auf das derzeitige Tabellenentgelt und das Tabellenentgelt der Entgeltgruppe abzustellen ist, in die der Mitarbeiter höhergruppiert wird.[4]Die Stufenlaufzeit in der höheren Entgeltgruppe beginnt mit dem Tag der Höhergruppierung. [5]Bei einer Eingruppierung in eine niedrigere Entgeltgruppe ist der Mitarbeiter der in der höheren Entgeltgruppe erreichten Stufe zuzuordnen. [6]Der Mitarbeiter erhält vom Beginn des Monats an, in dem die Veränderung wirksam wird, das entsprechende Tabellenentgelt aus der in Satz 1 oder Satz 5 festgelegten Stufen der betreffenden Entgeltgruppe, ggf. einschließlich des Garantiebetrags.

Anmerkung zu Absatz 4 Satz 2:
Die Garantiebeträge nehmen an allgemeinen Entgeltanpassungen teil.

§ 15 Leistungsentgelt bzw. Sozialkomponente

Zwecke ((1) Das Leistungsentgelt bzw. die Sozialkomponente sollen dazu beitragen, die caritativen Dienstleistungen zu verbessern.

Dienstvereinbarung (2) [1]Ein Leistungsentgelt bzw. eine Sozialkomponente können nur durch eine ergänzende Dienstvereinbarung mit der Mitarbeitervertretung nach § 38 MAVO eingeführt werden. [2]Der persönliche Geltungsbereich einer solchen ergänzenden Dienstvereinbarung ist auf Mitarbeiter im Sinne von § 3 MAVO beschränkt. [3]Eine Dienstvereinbarung, die auch Mitarbeiter erfasst, die in den Geltungsbereich der Anlagen 31 und 33 zu den AVR fallen, ist möglich.[4]Kommt eine Dienstvereinbarung vor Ablauf des jeweiligen Kalenderjahres für das jeweilige Kalenderjahr nicht zustande, findet Absatz 4 Anwendung. [5]Für leitende Mitarbeiter nach § 3 Abs. 2 Nr. 2 bis 4 MAVO gilt Absatz 4, sofern individualrechtlich nichts anderes vereinbart wurde.

Umfang (3) [1]Das für das Leistungsentgelt bzw. die Sozialkomponente zur Verfügung stehende Gesamtvolumen entspricht

im Jahr	2012:	1,75 v.H.,
ab dem Jahr	2013:	2,00 v.H.

der ab Inkrafttreten dieser Anlage im jeweiligen Kalenderjahr gezahlten ständigen Monatsentgelte aller unter den Geltungsbereich dieser Anlage fallenden Mitarbeiter der jeweiligen Einrichtung im Sinne von § 1 MAVO. [2]Das zur Verfügung stehende Gesamtvolumen ist zweckentsprechend zu verwenden. [3]Wird eine die Anlagen 31, 32 und 33 übergreifende Dienstvereinbarung geschlossen, können

§ 15 – Anlage 32

die für das Leistungsentgelt bzw. die Sozialkomponente zur Verfügung stehenden Gesamtvolumen der jeweiligen Anlagen zusammengerechnet werden.

Anmerkung zu Absatz 3 Satz 1:
[1]Ständige Monatsentgelte sind insbesondere das Tabellenentgelt (ohne Sozialversicherungsbeiträge des Dienstgebers und dessen Beiträge für die Zusatzversorgung), die in Monatsbeträgen festgelegten Zulagen sowie Entgelt im Krankheitsfall und bei Urlaub, soweit diese Entgelte in dem betreffenden Kalenderjahr ausgezahlt worden sind; nicht einbezogen sind dagegen insbesondere Abfindungen, Aufwandsentschädigungen, Besitzstandszulagen, Einmalzahlungen, Jahressonderzahlungen, Leistungsentgelte, Strukturausgleiche, unständige Entgeltbestandteile und Entgelte der Mitarbeiter im Sinne des § 3 Abs. g des Allgemeinen Teils zu den AVR. [2]Unständige Entgeltbestandteile können betrieblich einbezogen werden.

Monatsentgelt

Anmerkung zu Abs. 3:
Ab dem Jahr 2012 strebt die Arbeitsrechtliche Kommission an, den Vomhundertsatz des TVöD zu übernehmen.

(4) [1]Kommt eine Dienstvereinbarung im jeweiligen Kalenderjahr für das jeweilige Kalenderjahr weder zum Leistungsentgelt noch zur Sozialkomponente zu Stande, wird aus dem nach Absatz 3 Satz 1 zur Verfügung stehenden jährlichen Gesamtvolumen mit dem Entgelt für den Monat Januar des Folgejahres eine Einmalzahlung an alle Mitarbeiter, die unter den Geltungsbereich dieser Anlage fallen, ausgeschüttet. [2]Die Auszahlung an den einzelnen Mitarbeiter erfolgt in Höhe des in Absatz 3 Satz 1 genannten Vomhundertsatzes der im jeweiligen Kalenderjahr an ihn gezahlten ständigen Monatsentgelte im Sinne der Anmerkung zu Absatz 3 Satz 1. [3]Endet das Dienstverhältnis unterjährig, ist die Einmalzahlung am letzten Tag des Dienstverhältnisses auszuschütten. In den ersten 12 Monaten nach Inkrafttreten dieser Anlage wird das Leistungsentgelt nach Absatz 3 monatlich ausgezahlt. [5]Eine Dienstvereinbarung ist für diesen Zeitraum ausgeschlossen.

Zahlung ohne Dienstvereinbarung

(5a) [1]Soweit in einer Einrichtung im Sinne des § 1 MAVO das Gesamtvolumen aus dem Kalenderjahr 2012 nicht vollständig ausgeschüttet worden ist, ist der vorhandene Restbetrag an alle Mitarbeiter dieser Anlage mit dem Entgelt des Monats Januar 2014 auszuzahlen, sofern sie an mindestens einem Tag des Monats Januar 2014 Anspruch auf Tabellenentgelt hatten. [2]Unter Tabellenentgelt fällt: Entgelt, Urlaubsvergütung, Krankenbezüge bzw. Krankengeldzuschuss. [3]Dies gilt auch, wenn nur wegen der Höhe der Barleistungen des Sozialversicherungsträgers Krankengeldzuschuss nicht bezahlt wird. [4]Einem Anspruch auf Entgelt gleichgestellt ist der Bezug von Krankengeld nach § 45 SGB V oder entsprechender gesetzlicher Leistungen und der Bezug von Mutterschaftsgeld. [5]Im Falle eines Dienstgeberwechsels im Monat Januar 2014 wird kein weiterer Anspruch beim neuen Dienstgeber begründet.

(b) [1]Die Höhe der Auszahlung an den einzelnen Mitarbeiter bemisst sich nach der Formel:

$$\text{Höhe der Auszahlung} = \frac{X * Y_{individuell}}{Y_{gesamt}}$$

X = im Januar 2013 vorhandener Restbetrag des Gesamtvolumens gemäß Absatz 3 Satz 1 aus dem Kalenderjahr 2012

Anlage 32 – §§ 15, 16

$Y_{individuell}$ = auf den einzelnen Mitarbeiter fallender Anteil am Gesamtvolumen des Kalenderjahres 2013 gemäß Absatz 3 Satz 1 i.V.m. Abs. 4 Satz 2

Y_{gesamt} = das im Monat Januar 2014 auszuschüttende Gesamtvolumen der ständigen Monatsentgelte gemäß Absatz 3 Satz 1.

§ 16 Jahressonderzahlung

Anspruch (1) Mitarbeiter, die am 1. Dezember im Dienstverhältnis stehen, haben Anspruch auf eine Jahressonderzahlung.

Bemessungssatz (2) ¹Die Jahressonderzahlung beträgt,
- in den Entgeltgruppen 1 bis 8   90 v. H.,
- in den Entgeltgruppen 9 bis 12   80 v. H. und
- in den Entgeltgruppen 13 bis 15   60 v. H.

Bemessungsgrundlage des dem Mitarbeiter in den Kalendermonaten Juli, August und September durchschnittlich gezahlten monatlichen Entgelts; unberücksichtigt bleiben hierbei das zusätzlich für Überstunden und Mehrarbeit gezahlte Entgelt (mit Ausnahme der im Dienstplan vorgesehenen Überstunden und Mehrarbeit), Leistungszulagen, Leistungs- und Erfolgsprämien. ²Der Bemessungssatz bestimmt sich nach der Entgeltgruppe am 1. September. ³Bei Mitarbeitern, deren Dienstverhältnis nach dem 30. September begonnen hat, tritt an die Stelle des Bemessungszeitraums der erste volle Kalendermonat des Dienstverhältnisses. ⁴In den Fällen, in denen im Kalenderjahr der Geburt des Kindes während des Bemessungszeitraums eine elterngeldunschädliche Teilzeitbeschäftigung ausgeübt wird, bemisst sich die Jahressonderzahlung nach dem Beschäftigungsumfang am Tag vor dem Beginn der Elternzeit.

Bemessungszeitpunkt

Anmerkung zu Absatz 2:
¹Bei der Berechnung des durchschnittlich gezahlten monatlichen Entgelts werden die gezahlten Entgelte der drei Monate addiert und durch drei geteilt; dies gilt auch bei einer Änderung des Beschäftigungsumfangs. ²Ist im Bemessungszeitraum nicht für alle Kalendertage Entgelt gezahlt worden, werden die gezahlten Entgelte der drei Monate addiert, durch die Zahl der Kalendertage mit Entgelt geteilt und sodann mit 30,67 multipliziert. ³Zeiträume, für die Krankengeldzuschuss gezahlt worden ist, bleiben hierbei unberücksichtigt. ⁴Besteht während des Bemessungszeitraums an weniger als 30 Kalendertagen Anspruch auf Entgelt, ist der letzte Kalendermonat, in dem für alle Kalendertage Anspruch auf Entgelt bestand, maßgeblich.

(3) Für Mitarbeiter im Gebiet der neuen Bundesländer Mecklenburg-Vorpommern, Brandenburg, Sachsen-Anhalt, Thüringen und Sachsen sowie in dem Teil des Landes Berlin, in dem das Grundgesetz bis einschließlich 2. Oktober 1990 nicht galt, gilt Absatz 2 mit der Maßgabe, dass die Bemessungssätze für die Jahressonderzahlung 75 v. H. der dort genannten Vomhundertsätze betragen.

anteilige Sonderzahlung bei Unterbrechung (4) ¹Der Anspruch nach den Absätzen 1 bis 3 vermindert sich um ein Zwölftel für jeden Kalendermonat, in dem Mitarbeiter keinen Anspruch auf Entgelt oder Fortzahlung des Entgelts haben. ²Die Verminderung unterbleibt für Kalendermonate,

1. für die Mitarbeiter kein Tabellenentgelt erhalten haben wegen
    a) Ableistung von Grundwehrdienst oder Zivildienst, wenn sie diesen vor dem 1. Dezember beendet und die Beschäftigung unverzüglich wieder aufgenommen haben,
    b) Beschäftigungsverboten nach § 3 Abs. 2 und § 6 Abs. 1 MuSchG,

c) Inanspruchnahme der Elternzeit nach dem Bundeselterngeld- und Elternzeitgesetz bis zum Ende des Kalenderjahres, in dem das Kind geboren ist, wenn am Tag vor Antritt der Elternzeit Entgeltanspruch bestanden hat;
2. in denen Mitarbeitern Krankengeldzuschuss gezahlt wurde oder nur wegen der Höhe des zustehenden Krankengelds ein Krankengeldzuschuss nicht gezahlt worden ist.

(5) ¹Die Jahressonderzahlung wird mit dem Tabellenentgelt für November ausgezahlt. ²Ein Teilbetrag der Jahressonderzahlung kann zu einem früheren Zeitpunkt ausgezahlt werden.

Zahlungszeitpunkt

§ 17 Zusatzurlaub

(1) Mitarbeiter, die ständig Wechselschichtarbeit nach § 4 Abs. 1 oder ständig Schichtarbeit nach § 4 Abs. 2 leisten und denen die Zulage nach § 6 Abs. 4 Satz 1 oder Abs. 5 Satz 1 zusteht, erhalten
a) bei Wechselschichtarbeit für je zwei zusammenhängende Monate und
b) bei Schichtarbeit für je vier zusammenhängende Monate
einen Arbeitstag Zusatzurlaub.

ständige Wechselschicht, Schichtarbeit, vgl. Anm. 1

(2) Im Falle nicht ständiger Wechselschichtarbeit und nicht ständiger Schichtarbeit soll bei annähernd gleicher Belastung die Gewährung zusätzlicher Urlaubstage durch Dienstvereinbarung geregelt werden.

nicht ständige Wechselschicht-/Schichtarbeit

(3) ¹Mitarbeiter erhalten bei einer Leistung im Kalenderjahr von mindestens
- 150 Nachtarbeitsstunden   1 Arbeitstag
- 300 Nachtarbeitsstunden   2 Arbeitstage
- 450 Nachtarbeitsstunden   3 Arbeitstage
- 600 Nachtarbeitsstunden   4 Arbeitstage

Zusatzurlaub im Kalenderjahr. ²Nachtarbeitsstunden, die in Zeiträumen geleistet werden, für die Zusatzurlaub für Wechselschicht- oder Schichtarbeit zusteht, bleiben unberücksichtigt.

Nachtarbeit, vgl. Anm. 2

(4) ¹Bei Anwendung des Absatzes 3 werden nur die im Rahmen der regelmäßigen Arbeitszeit (§ 2) in der Zeit zwischen 21 Uhr und 6 Uhr dienstplanmäßig bzw. betriebsüblich geleisteten Nachtarbeitsstunden berücksichtigt.

Nachtarbeitsstunden

(5) ¹Bei Teilzeitbeschäftigten ist die Zahl der nach Absatz 3 geforderten Nachtarbeitsstunden entsprechend dem Verhältnis ihrer individuell vereinbarten durchschnittlichen regelmäßigen Arbeitszeit zur regelmäßigen Arbeitszeit vergleichbarer Vollzeitbeschäftigter zu kürzen. ²Ist die vereinbarte Arbeitszeit im Durchschnitt des Urlaubsjahres auf weniger als fünf Arbeitstage in der Kalenderwoche verteilt, ist der Zusatzurlaub in entsprechender Anwendung des § 3 Abs. 5 Unterabsatz 1 Satz 1, Unterabsatz 2 Satz 1 und Unterabsatz 4 der Anlage 14 zu den AVR zu ermitteln.

Teilzeit bei Nachtarbeit

(6) ¹Die Mitarbeiter erhalten für die Zeit der Bereitschaftsdienste in den Nachtstunden einen Zusatzurlaub in Höhe von zwei Arbeitstagen pro Kalenderjahr, sofern mindestens 288 Stunden der Bereitschaftsdienste kalenderjährlich in die Zeit zwischen 21 Uhr bis 6 Uhr fallen. ²Absatz 3 Satz 2 und Absatz 5 gelten entsprechend.

Anmerkung zu Absatz 6:
Davon abweichend erhalten die Mitarbeiter im Jahre 2013 einen Zusatzurlaub von einem Arbeitstag, sofern die Zeit der Bereitschaftsdienste in den Nachtstunden mindestens 144 Stunden erreicht.

<small>Höchsturlaubstage</small> (7) ¹Zusatzurlaub nach dieser Anlage und sonstigen Bestimmungen mit Ausnahme von § 125 SGB IX wird nur bis zu insgesamt sechs Arbeitstagen im Kalenderjahr gewährt. ²Erholungsurlaub und Zusatzurlaub (Gesamturlaub) dürfen im Kalenderjahr zusammen 35 Arbeitstage, bei Zusatzurlaub wegen Wechselschichtarbeit 36 Tage, nicht überschreiten. ³Bei Mitarbeitern, die das 50. Lebensjahr vollendet haben, gilt abweichend von Satz 2 eine Höchstgrenze von 36 Arbeitstagen; § 3 Abs. 4 Satz 1 der Anlage 14 zu den AVR gilt entsprechend.

<small>Anlage 14</small> (8) Im Übrigen gelten die §§ 1 bis 3 der Anlage 14 zu den AVR mit Ausnahme von § 1 Abs. 6 Unterabsatz 2 Satz 1 entsprechend.

Anmerkung zu den Absätzen 1, 3 und 6:
1. ¹Der Anspruch auf Zusatzurlaub nach den Absätzen 1 und 2 bemisst sich nach der abgeleisteten Schicht- oder Wechselschichtarbeit und entsteht im laufenden Jahr, sobald die Voraussetzungen nach Absatz 1 erfüllt sind. ²Für die Feststellung, ob ständige Wechselschichtarbeit oder ständige Schichtarbeit vorliegt, ist eine Unterbrechung durch Arbeitsbefreiung, Freizeitausgleich, bezahlten Urlaub oder Arbeitsunfähigkeit in den Grenzen des Abschnitt XII der Anlage 1 zu den AVR unschädlich.
2. Der Anspruch auf Zusatzurlaub nach Absatz 3 sowie nach Absatz 6 bemisst sich nach den abgeleisteten Nachtarbeitsstunden und entsteht im laufenden Jahr, sobald die Voraussetzungen nach Absatz 3 Satz 1 bzw. nach Absatz 6 Satz 1 erfüllt sind.

§ 18 Führung auf Probe

<small>befristete Führungsposition auf Probe</small> (1) ¹Führungspositionen können als befristetes Dienstverhältnis bis zur Gesamtdauer von zwei Jahren vereinbart werden. ²Innerhalb dieser Gesamtdauer ist eine höchstens zweimalige Verlängerung des Dienstvertrages zulässig. ³Die beiderseitigen Kündigungsrechte bleiben unberührt.

<small>Führungsposition</small> (2) Führungspositionen sind die ab Entgeltgruppe 10 zugewiesenen Tätigkeiten mit Weisungsbefugnis, die vor Übertragung vom Dienstgeber ausdrücklich als Führungspositionen auf Probe bezeichnet worden sind.

<small>vorübergehende Führungsposition auf Probe</small> (3) ¹Besteht bereits ein Dienstverhältnis mit demselben Dienstgeber, kann dem Mitarbeiter vorübergehend eine Führungsposition bis zu der in Absatz 1 genannten Gesamtdauer übertragen werden. ²Dem Mitarbeiter wird für die Dauer der Übertragung eine Zulage in Höhe des Unterschiedsbetrags zwischen den Tabellenentgelten nach der bisherigen Entgeltgruppe und dem sich bei Höhergruppierung nach § 14 Abs. 4 Satz 1 und 2 ergebenden Tabellenentgelt gewährt. ³Nach Fristablauf endet die Erprobung. ⁴Bei Bewährung wird die Führungsfunktion auf Dauer übertragen; ansonsten erhält der Mitarbeiter eine der bisherigen Eingruppierung entsprechende Tätigkeit.

§ 19 Führung auf Zeit

(1) ¹Führungspositionen können als befristetes Arbeitsverhältnis bis zur Dauer von vier Jahren vereinbart werden. ²Folgende Verlängerungen des Arbeitsvertrages sind zulässig:

a) in den Entgeltgruppen 10 bis 12 eine höchstens zweimalige Verlängerung bis zu einer Gesamtdauer von acht Jahren,

b) ab Entgeltgruppe 13 eine höchstens dreimalige Verlängerung bis zu einer Gesamtdauer von zwölf Jahren.

³Zeiten in einer Führungsposition nach Buchstabe a bei demselben Dienstgeber können auf die Gesamtdauer nach Buchstabe b zur Hälfte angerechnet werden. ⁴Die allgemeinen Vorschriften über die Probezeit (§ 7 Abs. 4 des Allgemeinen Teils zu den AVR) und die beiderseitigen Kündigungsrechte bleiben unberührt.

(2) Führungspositionen sind die ab Entgeltgruppe 10 zugewiesenen Tätigkeiten mit Weisungsbefugnis, die vor Übertragung vom Dienstgeber ausdrücklich als Führungspositionen auf Zeit bezeichnet worden sind.

(3) ¹Besteht bereits ein Dienstverhältnis mit demselben Dienstgeber, kann der Mitarbeiter vorübergehend eine Führungsposition bis zu den in Absatz 1 genannten Fristen übertragen werden. ²Der Mitarbeiter wird für die Dauer der Übertragung eine Zulage gewährt in Höhe des Unterschiedsbetrags zwischen den Tabellenentgelten nach der bisherigen Entgeltgruppe und dem sich bei Höhergruppierung nach § 14 Abs. 4 Satz 1 und 2 ergebenden Tabellenentgelt, zuzüglich eines Zuschlags von 75 v. H. des Unterschiedsbetrags zwischen den Tabellenentgelten der Entgeltgruppe, die der übertragenen Funktion entspricht, zur nächsthöheren Entgeltgruppe nach § 14 Abs. 4 Satz 1 und 2. ³Nach Fristablauf erhält der Mitarbeiter eine der bisherigen Eingruppierung entsprechende Tätigkeit; der Zuschlag entfällt.

Anlage 32 – Anhang A

(RK NRW/BW, gültig ab 1. Juli 2014; RK Mitte/Bayern/Nord, gültig ab 1. Januar 2015)

Entgelt-gruppe	Grundentgelt	Entwicklungsstufen				
	Stufe 1	Stufe 2	Stufe 3	Stufe 4	Stufe 5	Stufe 6
15	4.081,78	4.528,73	4.695,13	5.289,44	5.741,12	6.038,28
14	3.696,66	4.100,79	4.338,52	4.695,13	5.241,91	5.539,05
13	3.407,83	3.779,87	3.981,95	4.374,16	4.920,95	5.146,81
12	3.054,80	3.387,62	3.863,07	4.279,10	4.813,99	5.051,72
11	2.947,82	3.268,78	3.506,48	3.863,07	4.380,13	4.617,86
10	2.840,83	3.149,88	3.387,62	3.625,36	4.077,03	4.184,00
9[1]	2.509,22	2.781,40	2.924,06	3.304,40	3.601,58	3.839,29
8	2.348,75	2.603,11	2.721,99	2.828,97	2.947,82	3.022,71[2]
7	2.199,00[3]	2.436,70	2.591,22	2.710,11	2.799,24	2.882,46
6	2.156,18	2.389,16	2.508,02	2.620,95	2.698,22	2.775,48[4]
5	2.065,84	2.288,13	2.401,05	2.513,97	2.597,18	2.656,62
4	1.963,62[5]	2.175,22	2.317,84	2.401,05	2.484,26	2.532,98
3[6]	1.931,55	2.139,54	2.199,00	2.294,08	2.365,41	2.430,77
2	1.781,76	1.973,13	2.032,57	2.092,01	2.222,73	2.359,45
1	–	1.588,03	1.616,55	1.652,22	1.685,48	1.771,06

Für Mitarbeiter im Pflegedienst:

1)	E 9b	Stufe 3	Stufe 4	Stufe 5	Stufe 6
		3.025,09	3.209,34	3.435,17	3.649,11

2) 3.070,27   3) 2.258,42   4) 2.840,83   5) 2.023,05

6)	E 3a	Stufe 1	Stufe 2	Stufe 3	Stufe 4	Stufe 5	Stufe 6
		1.928,07	1.991,95	2.035,17	2.067,12	2.089,66	2.123,50
		39 Std.	39 Std.	39 Std.	39 Std.	39 Std.	39 Std.
		1.977,49	2.043,03	2.087,35	2.120,12	2.143,24	2.177,94
		40 Std.	40 Std.	40 Std.	40 Std.	40 Std.	40 Std.

(RK NRW/Mitte/BW/Bayern, gültig ab 1. März 2015;
RK Nord, gültig ab 1. Juli 2015)

Entgelt-gruppe	Grundentgelt	Entwicklungsstufen				
	Stufe 1	Stufe 2	Stufe 3	Stufe 4	Stufe 5	Stufe 6
15	4.179,74	4.637,42	4.807,81	5.416,39	5.878,91	6.183,20
14	3.785,38	4.199,21	4.442,64	4.807,81	5.367,72	5.671,99
13	3.489,62	3.870,59	4.077,52	4.479,14	5.039,05	5.270,33
12	3.129,17	3.468,92	3.955,78	4.381,80	4.929,53	5.172,96
11	3.022,81	3.347,23	3.590,64	3.955,78	4.485,25	4.728,69
10	2.916,44	3.225,48	3.468,92	3.712,37	4.174,88	4.284,42
9[1]	2.586,77	2.857,36	2.999,18	3.383,71	3.688,02	3.931,43
8	2.427,23	2.680,10	2.798,30	2.904,65	3.022,81	3.097,26[2]
7	2.278,35[3]	2.514,67	2.668,29	2.786,48	2.875,10	2.957,82
6	2.235,78	2.467,40	2.585,57	2.697,84	2.774,66	2.851,47[4]
5	2.145,97	2.366,97	2.479,23	2.591,49	2.674,21	2.733,30
4	2.044,34[5]	2.254,70	2.396,50	2.479,23	2.561,95	2.610,38
3[6]	2.012,46	2.219,23	2.278,35	2.372,87	2.443,79	2.508,77
2	1.863,54	2.053,80	2.112,89	2.171,99	2.301,94	2.437,87
1	–	1.670,94	1.699,30	1.734,76	1.767,82	1.852,91

Für Mitarbeiter im Pflegedienst:

		Stufe 3	Stufe 4	Stufe 5	Stufe 6
1)	E 9b	3.099,63	3.286,36	3.517,61	3.736,69

2) 3.144,54   3) 2.337,42   4) 2.916,44   5) 2.103,43

		Stufe 1	Stufe 2	Stufe 3	Stufe 4	Stufe 5	Stufe 6
6)	E 3a	2.009,00	2.072,50	2.115,47	2.147,24	2.169,65	2.203,29
		39 Std.	39 Std.	39 Std.	39 Std.	39 Std.	39 Std.
		2.058,13	2.123,28	2.167,35	2.199,93	2.222,92	2.257,41
		40 Std.	40 Std.	40 Std.	40 Std.	40 Std.	40 Std.

Anlage 32 – Anhang A

(RK Ost – Tarifgebiet Ost, gültig ab 1. Januar 2015)

Entgelt-gruppe	Grundentgelt	Entwicklungsstufen				
	Stufe 1	Stufe 2	Stufe 3	Stufe 4	Stufe 5	Stufe 6
15	3.755,24	4.166,43	4.319,52	4.866,28	5.281,83	5.555,22
14	3.400,93	3.772,73	3.991,44	4.319,52	4.822,56	5.095,93
13	3.135,20	3.477,48	3.663,39	4.024,23	4.527,27	4.735,07
12	2.810,42	3.116,61	3.554,02	3.936,77	4.428,87	4.647,58
11	2.711,99	3.007,28	3.225,96	3.554,02	4.029,72	4.248,43
10	2.613,56	2.897,89	3.116,61	3.335,33	3.750,87	3.849,28
9[1]	2.308,48	2.558,89	2.690,14	3.040,05	3.313,45	3.532,15
8	2.160,85	2.394,86	2.504,23	2.602,65	2.711,99	2.824,65[2]
7	2.023,08[3]	2.241,76	2.383,92	2.493,30	2.575,30	2.651,86
6	1.929,78	2.138,30	2.244,68	2.345,75	2.414,91	2.484,05[4]
5	1.848,93	2.047,88	2.148,94	2.250,00	2.324,48	2.377,67
4	1757,44[5]	1.946,82	2.074,47	2.148,94	2.223,41	2.267,02
3[6]	1.728,74	1.914,89	1.968,11	2.053,20	2.117,04	2.175,54
2	1.594,68	1.765,95	1.819,15	1.872,35	1.989,34	2.111,71
1	–	1.421,29	1.446,81	1.478,74	1.508,50	1.585,10

Für Mitarbeiter im Pflegedienst:

1)
E 9b	Stufe 3	Stufe 4	Stufe 5	Stufe 6
	2.783,08	2.952,59	3.160,36	3.357,18

2) 2.824,65   3) 2.077,75   4) 2.542,54   5) 1.810,63

6)
E 3a	Stufe 1	Stufe 2	Stufe 3	Stufe 4	Stufe 5	Stufe 6
	1.725,62	1.782,80	1.821,48	1.850,07	1.870,25	1.900,53
	39 Std.	39 Std.	39 Std.	39 Std.	39 Std.	39 Std.
	1.769,85	1.828,51	1.868,18	1.897,51	1.918,20	1.949,26
	40 Std.	40 Std.	40 Std.	40 Std.	40 Std.	40 Std.

(RK Ost – Tarifgebiet Ost, gültig ab 1. Januar 2016)

Entgelt-gruppe	Grundentgelt	Entwicklungsstufen				
	Stufe 1	Stufe 2	Stufe 3	Stufe 4	Stufe 5	Stufe 6
15	3.845,36	4.266,43	4.423,19	4.983,08	5.408,60	5.688,54
14	3.482,55	3.863,27	4.087,23	4.423,19	4.938,30	5.218,23
13	3.210,45	3.560,94	3.751,32	4.120,81	4.635,93	4.848,70
12	2.878,84	3.191,41	3.639,32	4.031,26	4.535,17	4.759,12
11	2.780,99	3.079,45	3.303,39	3.639,32	4.126,43	4.350,39
10	2.683,12	2.967,44	3.191,41	3.415,38	3.840,89	3.941,67
9[1]	2.379,83	2.628,77	2.759,25	3.113,01	3.392,98	3.616,92
8	2.233,05	2.465,69	2.574,44	2.672,28	2.780,99	2.849,48[2]
7	2.096,08[3]	2.313,50	2.454,83	2.563,56	2.645,09	2.721,19
6	1.989,84	2.195,99	2.301,16	2.401,08	2.469,45	2.537,81[4]
5	1.909,91	2.106,60	2.206,51	2.306,43	2.380,05	2.432,64
4	1.819,46[5]	2.006,68	2.132,89	2.206,51	2.280,14	2.323,24
3[6]	1.791,09	1.975,11	2.027,73	2.111,85	2.174,97	2.232,81
2	1.658,55	1.827,88	1.880,47	1.933,07	2.048,73	2.169,70
1	–	1.487,14	1.512,38	1.543,94	1.573,36	1.649,09

Für Mitarbeiter im Pflegedienst:

1)

E 9b	Stufe 3	Stufe 4	Stufe 5	Stufe 6
	2.851,66	3.023,45	3.236,20	3.437,75

2) 2.892,98   3) 2.150,43   4) 2.595,63   5) 1.872,05

6)

E 3a	Stufe 1	Stufe 2	Stufe 3	Stufe 4	Stufe 5	Stufe 6
	1.788,01	1.844,53	1.882,77	1.911,04	1.930,99	1.960,93
	39 Std.	39 Std.	39 Std.	39 Std.	39 Std.	39 Std.
	1.831,74	1.889,72	1.928,94	1.957,94	1.978,40	2.009,09
	40 Std.	40 Std.	40 Std.	40 Std.	40 Std.	40 Std.

Anlage 32 – Anhang A

(RK Ost – Tarifgebiet Ost, gültig ab 1. März 2016)

Entgelt-gruppe	Grundentgelt	Entwicklungsstufen				
	Stufe 1	Stufe 2	Stufe 3	Stufe 4	Stufe 5	Stufe 6
15	3.845,36	4.266,43	4.423,19	4.983,08	5.408,60	5.688,54
14	3.482,55	3.863,27	4.087,23	4.423,19	4.938,30	5.218,23
13	3.210,45	3.560,94	3.751,32	4.120,81	4.635,93	4.848,70
12	2.878,84	3.191,41	3.639,32	4.031,26	4.535,17	4.759,12
11	2.780,99	3.079,45	3.303,39	3.639,32	4.126,43	4.350,39
10	2.683,12	2.967,44	3.191,41	3.415,38	3.840,89	3.941,67
9[1]	2.379,83	2.628,77	2.759,25	3.113,01	3.392,98	3.616,92
8	2.233,05	2.465,69	2.574,44	2.672,28	2.780,99	2.849,48 [2]
7	2.096,08[3]	2.313,50	2.454,83	2.563,56	2.645,09	2721,19
6	2.001,02	2.208,32	2.314,09	2.414,57	2.483,32	2.552,07[4]
5	1.920,64	2.118,44	2.218,91	2.319,38	2.393,42	2.446,30
4	1.829,68[5]	2.017,96	2.144,87	2.218,91	2.292,95	2.336,29
3[6]	1.801,15	1.986,21	2.039,12	2.123,72	2.187,19	2.245,35
2	1.667,87	1.838,15	1.891,04	1.943,93	2.060,24	2.181,89
1	–	1.495,49	1.520,87	1.552,61	1.582,20	1.658,35

Für Mitarbeiter im Pflegedienst:

1)
E 9b	Stufe 3	Stufe 4	Stufe 5	Stufe 6
	2.851,66	3.023,45	3.236,20	3.437,75

2) 2.892,98   3) 2.150,43   4) 2.610,21   5) 1.882,57

6)
E 3a	Stufe 1	Stufe 2	Stufe 3	Stufe 4	Stufe 5	Stufe 6
	1.798,06	1.854,89	1.893,35	1.921,78	1.941,84	1.971,94
	39 Std.	39 Std.	39 Std.	39 Std.	39 Std.	39 Std.
	1.842,03	1.900,34	1.939,78	1.968,94	1.989,51	2.020,38
	40 Std.	40 Std.	40 Std.	40 Std.	40 Std.	40 Std.

(RK Ost – Tarifgebiet West, gültig ab 1. Januar 2015)

Entgelt-gruppe	Grundentgelt	Entwicklungsstufen				
	Stufe 1	Stufe 2	Stufe 3	Stufe 4	Stufe 5	Stufe 6
15	3.918,51	4.347,58	4.507,32	5.077,86	5.511,48	5.796,75
14	3.548,79	3.936,76	4.164,98	4.507,32	5.032,23	5.317,49
13	3.271,52	3.628,68	3.822,67	4.199,19	4.724,11	4.940,94
12	2.932,61	3.252,12	3.708,55	4.107,94	4.621,43	4.849,65
11	2.829,91	3.138,03	3.366,22	3.708,55	4.204,92	4.433,15
10	2.727,20	3.023,88	3.252,12	3.480,35	3.913,95	4.016,64
9[1]	2.408,85	2.670,14	2.807,10	3.172,22	3.457,52	3.685,72
8	2.254,80	2.498,99	2.613,11	2.715,81	2.829,91	2.901,80[2]
7	2.111,04[3]	2.339,23	2.487,57	2.601,71	2.687,27	2.767,16
6	2.005,25	2.221,92	2.332,46	2.437,48	2.509,34	2.581,20[4]
5	1.921,23	2.127,96	2.232,98	2.337,99	2.415,38	2.470,66
4	1.826,17[5]	2.022,95	2.155,59	2.232,98	2.310,36	2.355,67
3[6]	1.796,34	1.989,77	2.045,07	2.133,49	2.199,83	2.260,62
2	1.657,04	1.835,01	1.890,29	1.945,57	2.067,14	2.194,29
1	–	1.476,87	1.503,39	1.536,56	1.567,50	1.647,09

Für Mitarbeiter im Pflegedienst:

1)
E 9b	Stufe 3	Stufe 4	Stufe 5	Stufe 6
	2.904,09	3.080,97	3.297,76	3.503,15

2) 2.947,46   3) 2.168,08   4) 2.641,97   5) 1.881,44

6)
E 3a	Stufe 1	Stufe 2	Stufe 3	Stufe 4	Stufe 5	Stufe 6
	1.793,11	1.852,51	1.892,71	1.922,42	1.943,38	1.974,86
	39 Std.	39 Std.	39 Std.	39 Std.	39 Std.	39 Std.
	1.839,07	1.900,02	1.941,24	1.971,71	1.993,21	2.025,48
	40 Std.	40 Std.	40 Std.	40 Std.	40 Std.	40 Std.

Anlage 32 – Anhang A

(RK Ost – Tarifgebiet West, gültig ab 1. Januar 2016)

Entgelt-gruppe	Grundentgelt	Entwicklungsstufen				
	Stufe 1	Stufe 2	Stufe 3	Stufe 4	Stufe 5	Stufe 6
15	4.012,55	4.451,92	4.615,50	5.199,73	5.643,75	5.935,87
14	3.633,96	4.031,24	4.264,93	4.615,50	5.153,01	5.445,11
13	3.350,04	3.715,77	3.914,42	4.299,97	4.837,49	5.059,52
12	3.004,00	3.330,16	3.797,55	4.206,53	4.732,35	4.966,04
11	2.901,90	3.213,34	3.447,01	3.797,55	4.305,84	4.539,54
10	2.799,78	3.096,46	3.330,16	3.563,88	4.007,88	4.113,04
9[1]	2.483,30	2.743,07	2.879,21	3.248,36	3.540,50	3.774,17
8	2.330,14	2.572,90	2.686,37	2.788,46	2.901,90	2.973,37[2]
7	2.187,22[3]	2.414,08	2.561,56	2.675,02	2.760,10	2.839,51
6	2.079,28	2.294,68	2.404,58	2.508,99	2.580,43	2.651,87[4]
5	1.995,75	2.201,28	2.305,68	2.410,09	2.487,02	2.541,97
4	1.901,24[5]	2.096,87	2.228,75	2.305,68	2.382,61	2.427,65
3[6]	1.871,59	2.063,88	2.118,87	2.206,77	2.272,72	2.333,16
2	1.733,09	1.910,03	1.964,99	2.019,95	2.140,80	2.267,22
1	–	1.553,97	1.580,35	1.613,33	1.644,07	1.723,21

Für Mitarbeiter im Pflegedienst:

1)
E 9b	Stufe 3	Stufe 4	Stufe 5	Stufe 6
	2.975,64	3.154,91	3.376,91	3.587,22

2) 3.018,76   3) 2.243,92   4) 2.712,29   5) 1.956,19

6)
E 3a	Stufe 1	Stufe 2	Stufe 3	Stufe 4	Stufe 5	Stufe 6
	1.868,37	1.927,43	1.967,39	1.996,93	2.017,77	2.049,06
	39 Std.	39 Std.	39 Std.	39 Std.	39 Std.	39 Std.
	1.914,06	1.974,65	2.015,64	2.045,93	2.067,32	2.099,39
	40 Std.	40 Std.	40 Std.	40 Std.	40 Std.	40 Std.

Anmerkung zu Anhang A zur Anlage 32

Abweichend von § 12 Abs. 2 erhalten die Mitarbeiter im Pflegedienst in sonstigen Einrichtungen

a) in der Entgeltgruppe 7 bei Tätigkeiten entsprechend den Vergütungsgruppen Kr 5a mit Aufstieg nach Kr 6, Kr 5 mit Aufstieg nach Kr 5a und weiterem Aufstieg nach Kr 6
   - in der Stufe 2 den Tabellenwert der Stufe 3
   - in der Stufe 3 den Tabellenwert der Entgeltgruppe 8 Stufe 3,
   - in der Stufe 4 den Tabellenwert der Entgeltgruppe 8 Stufe 4,
   - in der Stufe 5 den Tabellenwert der Entgeltgruppe 9b Stufe 3,
   - in der Stufe 6 den Tabellenwert der Entgeltgruppe 9b Stufe 4,
b) in der Entgeltgruppe 7 bei Tätigkeiten entsprechend den Vergütungsgruppen Kr 5 mit Aufstieg nach Kr 6
   - in der Stufe 1 den Tabellenwert der Stufe 2,
   - in der Stufe 2 den Tabellenwert der Stufe 3,
   - in der Stufe 3 den Tabellenwert der Entgeltgruppe 8 Stufe 3,
   - in der Stufe 4 den Tabellenwert der Entgeltgruppe 8 Stufe 4,
   - in der Stufe 5 den Tabellenwert der Entgeltgruppe 9b Stufe 3,
   - in der Stufe 6 den Tabellenwert der Entgeltgruppe 9b Stufe 4,
c) in der Entgeltgruppe 7 bei Tätigkeiten entsprechend der Vergütungsgruppe Kr 5 mit Aufstieg nach Kr 5a
   - in der Stufe 4 den Tabellenwert der Entgeltgruppe 8 Stufe 4,
   - in der Stufe 5 den Tabellenwert der Entgeltgruppe 8 Stufe 5,
   - in der Stufe 6 den Tabellenwert der Entgeltgruppe 8 Stufe 6,
d) in der Entgeltgruppe 7 bei Tätigkeiten entsprechend der Vergütungsgruppe Kr 4 mit Aufstieg nach Kr 5 und weiterem Aufstieg nach Kr 5a
   - in der Stufe 4 den Tabellenwert der Entgeltgruppe 8 Stufe 4,
   - in der Stufe 5 den Tabellenwert der Entgeltgruppe 8 Stufe 5,
   - in der Stufe 6 den Tabellenwert der Entgeltgruppe 8 Stufe 6,
e) in der Entgeltgruppe 7 bei Tätigkeiten entsprechend der Vergütungsgruppe Kr 4 mit Aufstieg nach Kr 5
   - in der Stufe 4 den Tabellenwert der Entgeltgruppe 8 Stufe 4,
   - in der Stufe 5 den Tabellenwert der Entgeltgruppe 8 Stufe 5,
f) in der Entgeltgruppe 4 bei Tätigkeiten entsprechend den Vergütungsgruppen Kr 2 mit Aufstieg nach Kr 3 und weiterem Aufstieg nach Kr 4 sowie Kr 3 mit Aufstieg nach Kr 4
   - in der Stufe 4 den Tabellenwert der Entgeltgruppe 6 Stufe 4,
   - in der Stufe 5 den Tabellenwert der Entgeltgruppe 6 Stufe 5,
   - in der Stufe 6 den Tabellenwert der Entgeltgruppe 6 Stufe 6.

Anlage 32 – Anhang B

Kr-Anwendungstabelle
(RK NRW/BW, gültig ab 1. Juli 2014; RK Mitte/Bayern/Nord, gültig ab 1. Januar 2015)

Werte aus Entgeltgruppe allg. Tabelle (TVöD)	Entgeltgruppe Kr (TVöD)	Zuordnungen Vergütungsgruppen Kr / Kr-Verläufe	Grundentgelt		Entwicklungsstufen			
			Stufe 1	Stufe 2	Stufe 3	Stufe 4	Stufe 5	Stufe 6
EG 12	12a	12 mit Aufstieg nach 13	–	–	3.863,07	4.279,10 nach 2 J. St. 3	4.813,99 nach 3 J. St. 4	5.051,72
EG 11	11b	11 mit Aufstieg nach 12	–	–	–	3.863,07	4.380,13 nach 5 J. St. 4	4.617,86
	11a	10 mit Aufstieg nach 11	–	–	3.506,48	3.863,07 nach 2 J. St. 3	4.380,13 nach 5 J. St. 4	–
EG 10	10a	9 mit Aufstieg nach 10	–	–	3.387,62	3.625,36 nach 2 J. St. 3	4.077,03 nach 5 J. St. 4	–
EG 9, EG 9b	9d	8 mit Aufstieg nach 9	–	–	3.304,40	3.601,58 nach 4 J. St. 3	3.839,29 nach 5 J. St. 4	–
	9c	7 mit Aufstieg nach 8	–	–	3.209,34	3.435,17 nach 5 J. St. 3	3.649,11 nach 5 J. St. 4	–
	9b	6 mit Aufstieg nach 7	–	–	2.924,06	3.304,40 nach 5 J. St. 3	3.435,17 nach 5 J. St. 4	–
		7 ohne Aufstieg						
	9a	6 ohne Aufstieg	–	–	2.924,06	3.025,09 nach 5 J. St. 3	3.209,34 nach 5 J. St. 4	–

Anhang B – Anlage 32

Kr-Anwendungstabelle (Fortsetzung)
(RK NRW/BW, gültig ab 1. Juli 2014; RK Mitte/Bayern/Nord, gültig ab 1. Januar 2015)

Werte aus Entgeltgruppe allg. Tabelle (TVÖD)	Entgeltgruppe Kr (TVÖD)	Zuordnungen Vergütungsgruppen KR / KR-Verläufe	Grundentgelt		Entwicklungsstufen			
			Stufe 1	Stufe 2	Stufe 3	Stufe 4	Stufe 5	Stufe 6
EG 7, EG 8, EG 9b	8a	5a mit Aufstieg nach 6	–	2.591,22	2.721,99	2.828,97	3.025,09	3.209,34
		5 mit Aufstieg nach 5a und 6	–	2.591,22	2.721,99	2.828,97	3.025,09	3.209,34
		5 mit Aufstieg nach 6	2.436,70	2.436,70	2.721,99	2.828,97	3.025,09	3.209,34
EG 7, EG 8	7a	5 mit Aufstieg nach 5a	–	2.436,70	2.591,22	2.828,97	2.947,82	3.070,27
		4 mit Aufstieg nach 5 und 5a	2.258,42	2.436,70	2.591,22	2.828,97	2.947,82	3.070,27
		4 mit Aufstieg nach 5	2.258,42	2.436,70	2.591,22	2.828,97	2.947,82	–
EG 6, EG 4	4a	2 mit Aufstieg nach 3 und 4	2.023,05	2.175,22	2.317,84	2.620,95	2.698,22	2.840,83
		3 mit Aufstieg nach 4	2.023,05	2.175,22	2.317,84	2.620,95	2.698,22	2.840,83
		2 ohne Aufstieg	2.023,05	2.175,22	2.317,84	–	–	–
EG 3, EG 4	3a	1 mit Aufstieg nach 2 – 39 Std.	1.928,06	1.991,95	2.035,17	2.067,12	2.089,66	2.123,49
		1 mit Aufstieg nach 2 – 40 Std.	1.977,49	2.043,03	2.087,35	2.120,12	2.143,24	2.177,94

Anlage 32 – Anhang B

Kr-Anwendungstabelle
(RK NRW/Mitte/BW/Bayern, gültig ab 1. März 2015; RK Nord, gültig ab 1. Juli 2015)

Werte aus Entgeltgruppe allg. Tabelle (TVÖD)	Entgeltgruppe Kr (TVÖD)	Zuordnungen Vergütungsgruppen Kr / Kr-Verläufe	Grundentgelt		Entwicklungsstufen			
			Stufe 1	Stufe 2	Stufe 3	Stufe 4	Stufe 5	Stufe 6
EG 12	12a	12 mit Aufstieg nach 13	–	–	3.955,78	4.381,80 nach 2 J. St. 3	4.929,53 nach 3 J. St. 4	5.172,96
EG 11	11b	11 mit Aufstieg nach 12	–	–	–	3.955,78	4.485,25	4.728,69
	11a	10 mit Aufstieg nach 11	–	–	3.590,64	3.955,78 nach 2 J. St. 3	4.485,25 nach 5 J. St. 4	–
EG 10	10a	9 mit Aufstieg nach 10	–	–	3.468,92	3.712,37 nach 2 J. St. 3	4.174,88 nach 3 J. St. 4	–
EG 9, EG 9b	9d	8 mit Aufstieg nach 9	–	–	3.383,71	3.688,02 nach 4 J. St. 3	3.931,43 nach 2 J. St. 4	–
	9c	7 mit Aufstieg nach 8	–	–	3.286,36	3.517,61 nach 5 J. St. 3	3.736,69 nach 5 J. St. 4	–
	9b	6 mit Aufstieg nach 7	–	–	2.999,18	3.383,71 nach 5 J. St. 3	3.517,61 nach 5 J. St. 4	–
		7 ohne Aufstieg						
	9a	6 ohne Aufstieg	–	–	2.999,18	3.099,63 nach 5 J. St. 3	3.286,36 nach 5 J. St. 4	–

Anhang B – Anlage 32

Kr-Anwendungstabelle (Fortsetzung)
(RK NRW/Mitte/BW/Bayern, gültig ab 1. März 2015; RK Nord, gültig ab 1. Juli 2015)

Werte aus Entgeltgruppe allg. Tabelle (TVÖD)	Entgeltgruppe Kr (TVÖD)	Zuordnungen Vergütungsgruppen KR / KR-Verläufe	Grundentgelt		Entwicklungsstufen			
			Stufe 1	Stufe 2	Stufe 3	Stufe 4	Stufe 5	Stufe 6
EG 7, EG 8, EG 9b	8a	5a mit Aufstieg nach 6	–	2.668,29	2.798,30	2.904,65	3.099,63	3.286,36
		5 mit Aufstieg nach 5a und 6	–	2.668,29	2.798,30	2.904,65	3.099,63	3.286,36
		5 mit Aufstieg nach 6	2.514,67	2.668,29	2.798,30	2.904,65	3.099,63	3.286,36
EG 7, EG 8	7a	5 mit Aufstieg nach 5a	–	2.514,67	2.668,29	2.904,65	3.022,81	3.144,54
		4 mit Aufstieg nach 5 und 5a	2.337,42	2.514,67	2.668,29	2.904,65	3.022,81	3.144,54
		4 mit Aufstieg nach 5	2.337,42	2.514,67	2.668,29	2.904,65	3.022,81	–
EG 6, EG 4	4a	2 mit Aufstieg nach 3 und 4	2.103,43	2.254,70	2.396,50	2.697,84	2.774,66	2.916,44
		3 mit Aufstieg nach 4	2.103,43	2.254,70	2.396,50	2.697,84	2.774,66	2.916,44
		2 ohne Aufstieg	2.103,43	2.254,70	2.396,50	–	–	–
EG 3, EG 4	3a	1 mit Aufstieg nach 2 – 39 Std.	2.008,99	2.072,50	2.115,47	2.147,24	2.169,65	2.203,28
		1 mit Aufstieg nach 2 – 40 Std.	2.058,13	2.123,28	2.167,35	2.199,93	2.222,92	2.257,41

Anlage 32 – Anhang B

Kr-Anwendungstabelle
(RK Ost – Tarifgebiet Ost, gültig ab 1. Januar 2015)

Werte aus Entgeltgruppe allg. Tabelle (TVÖD)	Entgeltgruppe Kr (TVÖD)	Zuordnungen Vergütungsgruppen KR / KR-Verläufe	Grundentgelt			Entwicklungsstufen		
			Stufe 1	Stufe 2	Stufe 3	Stufe 4	Stufe 5	Stufe 6
EG 12	12a	12 mit Aufstieg nach 13	–	–	3.554,02	3.936,77 nach 2 J. St. 3	4.428,87 nach 3 J. St. 4	4.647,58
EG 11	11b	11 mit Aufstieg nach 12	–	–	–	3.554,02	4.029,72	4.248,43
	11a	10 mit Aufstieg nach 11	–	–	3.225,96	3.554,02 nach 2 J. St. 3	4.029,72 nach 5 J. St. 4	–
EG 10	10a	9 mit Aufstieg nach 10	–	–	3.116,61	3.335,33 nach 2 J. St. 3	3.750,87 nach 3 J. St. 4	–
EG 9, EG 9b	9d	8 mit Aufstieg nach 9	–	–	3.040,05	3.313,45 nach 4 J. St. 3	3.532,15 nach 2 J. St. 4	–
	9c	7 mit Aufstieg nach 8	–	–	2.952,59	3.160,36 nach 5 J. St. 3	3.357,18 nach 5 J. St. 4	–
	9b	6 mit Aufstieg nach 7	–	–	2.690,14	3.040,05 nach 5 J. St. 3	3.160,36 nach 5 J. St. 4	–
		7 ohne Aufstieg	–	–	2.690,14			
	9a	6 ohne Aufstieg	–	–	2.690,14	2.783,08 nach 5 J. St. 3	2.952,59 nach 5 J. St. 4	–

Anhang B – Anlage 32

Kr-Anwendungstabelle (Fortsetzung)
(RK Ost – Tarifgebiet Ost, gültig ab 1. Januar 2015)

Werte aus Entgeltgruppe allg. Tabelle (TVÖD)	Entgeltgruppe Kr (TVÖD)	Zuordnungen Vergütungsgruppen KR / KR-Verläufe	Grundentgelt	Entwicklungsstufen				
			Stufe 1	Stufe 2	Stufe 3	Stufe 4	Stufe 5	Stufe 6
EG 7, EG 8, EG 9b	8a	5 a mit Aufstieg nach 6	–	2.383,92	2.504,23	2.602,65	2.783,08	2.952,59
		5 mit Aufstieg nach 5a und 6	–	2.383,92	2.504,23	2.602,65	2.783,08	2.952,59
		5 mit Aufstieg nach 6	2.241,76	2.383,92	2.504,23	2.602,65	2.783,08	2.952,59
EG 7, EG 8	7a	5 mit Aufstieg nach 5a	–	2.241,76	2.383,92	2.602,65	2.711,99	2.824,65
		4 mit Aufstieg nach 5 und 5 a	2.077,75	2.241,76	2.383,92	2.602,65	2.711,99	2.824,65
		4 mit Aufstieg nach 5	2.077,75	2.241,76	2.383,92	2.602,65	2.711,99	–
EG 4, EG 6	4a	2 mit Aufstieg nach 3 und 4	1.810,63	1.946,82	2.074,47	2.345,75	2.414,91	2.542,54
		3 mit Aufstieg nach 4	1.810,63	1.946,82	2.074,47	2.345,75	2.414,91	2.542,54
		2 ohne Aufstieg	1.810,63	1.946,82	2.074,47	–	–	–
EG 3, EG 4	3a	1 mit Aufstieg nach 2 – 39 Std.	1.725,61	1.782,80	1.821,48	1.850,07	1.870,25	1.900,52
		1 mit Aufstieg nach 2 – 40 Std.	1.769,85	1.828,51	1.868,18	1.897,51	1.918,20	1.949,26

Anlage 32 – Anhang B

Kr-Anwendungstabelle
(RK Ost – Tarifgebiet Ost, gültig ab 1. Januar 2016)

Werte aus Entgeltgruppe allg. Tabelle (TVÖD)	Entgeltgruppe Kr (TVÖD)	Zuordnungen Vergütungsgruppen KR / KR-Verläufe	Grundentgelt		Entwicklungsstufen			
			Stufe 1	Stufe 2	Stufe 3	Stufe 4	Stufe 5	Stufe 6
EG 12	12a	12 mit Aufstieg nach 13	–	–	3.639,32	4.031,26 nach 2 J. St. 3	4.535,17 nach 3 J. St. 4	4.759,12
EG 11	11b	11 mit Aufstieg nach 12	–	–	–	3.639,32	4.126,43	4.350,39
	11a	10 mit Aufstieg nach 11	–	–	3.303,39	3.639,32 nach 2 J. St. 3	4.126,43 nach 5 J. St. 4	–
EG 10	10a	9 mit Aufstieg nach 10	–	–	3.191,41	3.415,38 nach 2 J. St. 3	3.840,89 nach 3 J. St. 4	–
EG 9, EG 9b	9d	8 mit Aufstieg nach 9	–	–	3.113,01	3.392,98 nach 4 J. St. 3	3.616,92 nach 2 J. St. 4	–
	9c	7 mit Aufstieg nach 8	–	–	3.023,45	3.236,20 nach 5 J. St. 3	3.437,75 nach 5 J. St. 4	–
	9b	6 mit Aufstieg nach 7	–	–	2.759,25	3.113,01 nach 5 J. St. 3	3.236,20 nach 5 J. St. 4	–
		7 ohne Aufstieg	–	–	2.759,25			
	9a	6 ohne Aufstieg	–	–	2.759,25	2.851,66 nach 5 J. St. 3	3.023,45 nach 5 J. St. 4	–

Kr-Anwendungstabelle (Fortsetzung)
(RK Ost – Tarifgebiet Ost, gültig ab 1. Januar 2016)

Werte aus Entgeltgruppe allg. Tabelle (TVÖD)	Entgeltgruppe Kr (TVÖD)	Zuordnungen Vergütungsgruppen KR / KR-Verläufe	Grundentgelt Stufe 1	Entwicklungsstufen Stufe 2	Stufe 3	Stufe 4	Stufe 5	Stufe 6
EG 7, EG 8, EG 9b	8a	5 a mit Aufstieg nach 6	–	2.454,83	2.574,44	2.672,28	2.851,66	3.023,45
		5 mit Aufstieg nach 5a und 6	–	2.454,83	2.574,44	2.672,28	2.851,66	3.023,45
		5 mit Aufstieg nach 6	2.313,50	2.454,83	2.574,44	2.672,28	2.851,66	3.023,45
EG 7, EG 8	7a	5 mit Aufstieg nach 5a	–	2.313,50	2.454,83	2.672,28	2.780,99	2.892,98
		4 mit Aufstieg nach 5 und 5 a	2.150,43	2.313,50	2.454,83	2.672,28	2.780,99	2.892,98
		4 mit Aufstieg nach 5	2.150,43	2.313,50	2.454,83	2.672,28	2.780,99	–
EG 4, EG 6	4a	2 mit Aufstieg nach 3 und 4	1.872,05	2.006,68	2.132,89	2.401,08	2.469,45	2.595,63
		3 mit Aufstieg nach 4	1.872,05	2.006,68	2.132,89	2.401,08	2.469,45	2.595,63
		2 ohne Aufstieg	1.872,05	2.006,68	2.132,89	–	–	–
EG 3, EG 4	3a	1 mit Aufstieg nach 2 – 39 Std.	1.788,00	1.844,53	1.882,77	1.911,04	1.930,99	1.960,92
		1 mit Aufstieg nach 2 – 40 Std.	1.831,74	1.889,72	1.928,94	1.957,94	1.978,40	2.009,09

Kr-Anwendungstabelle
(RK Ost – Tarifgebiet Ost, gültig ab 1. März 2016)

Werte aus Entgeltgruppe allg. Tabelle (TVÖD)	Entgeltgruppe Kr (TVÖD)	Zuordnungen Vergütungsgruppen KR / KR-Verläufe	Grundentgelt			Entwicklungsstufen		
			Stufe 1	Stufe 2	Stufe 3	Stufe 4	Stufe 5	Stufe 6
EG 12	12a	12 mit Aufstieg nach 13	–	–	3.639,32	4.031,26 nach 2 J. St. 3	4.535,17 nach 3 J. St. 4	4.759,12
EG 11	11b	11 mit Aufstieg nach 12	–	–	–	3.639,32	4.126,43	4.350,39
	11a	10 mit Aufstieg nach 11	–	–	3.303,39	3.639,32 nach 2 J. St. 3	4.126,43 nach 5 J. St. 4	–
EG 10	10a	9 mit Aufstieg nach 10	–	–	3.191,41	3.415,38	3.840,89 nach 3 J. St. 4	–
EG 9, EG 9b	9d	8 mit Aufstieg nach 9	–	–	3.113,01	3.392,98 nach 4 J. St. 3	3.616,92 nach 2 J. St. 4	–
	9c	7 mit Aufstieg nach 8	–	–	3.023,45	3.236,20 nach 5 J. St. 3	3.437,75 nach 5 J. St. 4	–
	9b	6 mit Aufstieg nach 7	–	–	2.759,25	3.113,01	3.236,20 nach 5 J. St. 4	–
		7 ohne Aufstieg	–	–	2.759,25	3.113,01 nach 5 J. St. 3		
	9a	6 ohne Aufstieg	–	–	2.759,25	2.851,66 nach 5 J. St. 3	3.023,45 nach 5 J. St. 4	–

Kr-Anwendungstabelle (Fortsetzung)
(RK Ost – Tarifgebiet Ost, gültig ab 1. März 2016)

Werte aus Entgeltgruppe allg. Tabelle (TVÖD)	Entgeltgruppe Kr (TVÖD)	Zuordnungen Vergütungsgruppen KR / KR-Verläufe	Grundentgelt	Entwicklungsstufen				
			Stufe 1	Stufe 2	Stufe 3	Stufe 4	Stufe 5	Stufe 6
EG 7, EG 8, EG 9b	8a	5 a mit Aufstieg nach 6	–	2.454,83	2.574,44	2.672,28	2.851,66	3.023,45
		5 mit Aufstieg nach 5a und 6	–	2.454,83	2.574,44	2.672,28	2.851,66	3.023,45
		5 mit Aufstieg nach 6	2.313,50	2.313,50	2.574,44	2.672,28	2.851,66	3.023,45
EG 7, EG 8	7a	5 mit Aufstieg nach 5a	–	2.313,50	2.454,83	2.672,28	2.780,99	2.892,98
		4 mit Aufstieg nach 5 und 5 a	2.150,43	2.313,50	2.454,83	2.672,28	2.780,99	2.892,98
		4 mit Aufstieg nach 5	2.150,43	2.313,50	2.454,83	2.672,28	2.780,99	–
EG 4, EG 6	4a	2 mit Aufstieg nach 3 und 4	1.882,57	2.017,96	2.144,87	2.414,57	2.483,32	2.610,21
		3 mit Aufstieg nach 4	1.882,57	2.017,96	2.144,87	2.414,57	2.483,32	2.610,21
		2 ohne Aufstieg	1.882,57	2.017,96	2.144,87	–	–	–
EG 3, EG 4	3a	1 mit Aufstieg nach 2 – 39 Std.	1.798,05	1.854,89	1.893,35	1.921,78	1.941,84	1.971,94
		1 mit Aufstieg nach 2 – 40 Std.	1.842,03	1.900,34	1.939,78	1.968,94	1.989,51	2.020,38

Kr-Anwendungstabelle
(RK Ost – Tarifgebiet West, gültig ab 1. Januar 2015)

Werte aus Entgeltgruppe allg. Tabelle (TVöD)	Entgeltgruppe Kr (TVöD)	Zuordnungen Vergütungsgruppen KR / KR-Verläufe	Grundentgelt		Entwicklungsstufen			
			Stufe 1	Stufe 2	Stufe 3	Stufe 4	Stufe 5	Stufe 6
EG 12	12a	12 mit Aufstieg nach 13	–	–	3.708,55	4.107,94 nach 2 J. St. 3	4.621,43 nach 3 J. St. 4	4.849,65
EG 11	11b	11 mit Aufstieg nach 12	–	–	–	3.708,55	4.204,92	4.433,15
	11a	10 mit Aufstieg nach 11	–	–	3.366,22	3.708,55 nach 2 J. St. 3	4.204,92 nach 5 J. St. 4	–
EG 10	10a	9 mit Aufstieg nach 10	–	–	3.252,12	3.480,35 nach 2 J. St. 3	3.913,95 nach 5 J. St. 4	–
EG 9, EG 9b	9d	8 mit Aufstieg nach 9	–	–	3.172,22	3.457,52 nach 4 J. St. 3	3.685,72 nach 2 J. St. 4	–
	9c	7 mit Aufstieg nach 8	–	–	3.080,97	3.297,76 nach 5 J. St. 3	3.503,15 nach 5 J. St. 4	–
	9b	6 mit Aufstieg nach 7	–	–	2.807,10	3.172,22 nach 5 J. St. 3	3.297,76 nach 5 J. St. 4	–
		7 ohne Aufstieg	–	–	2.807,10			
	9a	6 ohne Aufstieg	–	–	2.807,10	2.904,09 nach 5 J. St. 3	3.080,97 nach 5 J. St. 4	–

Anhang B – Anlage 32

Kr-Anwendungstabelle (Fortsetzung)
(RK Ost – Tarifgebiet West, gültig ab 1. Januar 2015)

Werte aus Entgeltgruppe allg. Tabelle (TVÖD)	Entgeltgruppe Kr (TVÖD)	Zuordnungen Vergütungsgruppen KR / KR-Verläufe	Grundentgelt	Entwicklungsstufen				
			Stufe 1	Stufe 2	Stufe 3	Stufe 4	Stufe 5	Stufe 6
EG 7, EG 8, EG 9b	8a	5 a mit Aufstieg nach 6	–	2.487,57	2.613,11	2.715,81	2.904,09	3.080,97
		5 mit Aufstieg nach 5a und 6	–	2.487,57	2.613,11	2.715,81	2.904,09	3.080,97
		5 mit Aufstieg nach 6	2.339,23	2.487,57	2.613,11	2.715,81	2.904,09	3.080,97
EG 7, EG 8	7a	5 mit Aufstieg nach 5a	–	2.339,23	2.487,57	2.715,81	2.829,91	2.947,46
		4 mit Aufstieg nach 5 und 5 a	2.168,08	2.339,23	2.487,57	2.715,81	2.829,91	2.947,46
		4 mit Aufstieg nach 5	2.168,08	2.339,23	2.487,57	2.715,81	2.829,91	–
EG 4, EG 6	4a	2 mit Aufstieg nach 3 und 4	1.881,44	2.022,95	2.155,59	2.437,48	2.509,34	2.641,97
		3 mit Aufstieg nach 4	1.881,44	2.022,95	2.155,59	2.437,48	2.509,34	2.641,97
		2 ohne Aufstieg	1.881,44	2.022,95	2.155,59	–	–	–
EG 3, EG 4	3a	1 mit Aufstieg nach 2 – 39 Std.	1.793,10	1.852,51	1.892,71	1.922,42	1.943,38	1.974,85
		1 mit Aufstieg nach 2 – 40 Std.	1.839,07	1.900,02	1.941,24	1.971,71	1.993,21	2.025,48

Kr-Anwendungstabelle
(RK Ost – Tarifgebiet West, gültig ab 1. Januar 2016)

Werte aus Entgeltgruppe allg. Tabelle (TVÖD)	Entgeltgruppe Kr (TVÖD)	Zuordnungen Vergütungsgruppen KR / KR-Verläufe	Grundentgelt		Entwicklungsstufen			
			Stufe 1	Stufe 2	Stufe 3	Stufe 4	Stufe 5	Stufe 6
EG 12	12a	12 mit Aufstieg nach 13	–	–	3.797,55	4.206,53 nach 2 J. St. 3	4.732,35 nach 3 J. St. 4	4.966,04
EG 11	11b	11 mit Aufstieg nach 12	–	–	–	3.797,55	4.305,84	4.539,54
	11a	10 mit Aufstieg nach 11	–	–	3.447,01	3.797,55 nach 2 J. St. 3	4.305,84 nach 5 J. St. 4	–
EG 10	10a	9 mit Aufstieg nach 10	–	–	3.330,16	3.563,88 nach 2 J. St. 3	4.007,88 nach 3 J. St. 4	–
EG 9, EG 9b	9d	8 mit Aufstieg nach 9	–	–	3.248,36	3.540,50 nach 4 J. St. 3	3.774,17 nach 2 J. St. 4	–
	9c	7 mit Aufstieg nach 8	–	–	3.154,91	3.376,91 nach 5 J. St. 3	3.587,22 nach 5 J. St. 4	–
	9b	6 mit Aufstieg nach 7	–	–	2.879,21	3.248,36 nach 5 J. St. 3	3.376,91 nach 5 J. St. 4	–
		7 ohne Aufstieg	–	–	2.879,21			
	9a	6 ohne Aufstieg	–	–	2.879,21	2.975,64 nach 5 J. St. 3	3.154,91 nach 5 J. St. 4	–

Kr-Anwendungstabelle (Fortsetzung)
(RK Ost – Tarifgebiet West, gültig ab 1. Januar 2016)

Werte aus Entgeltgruppe allg. Tabelle (TVÖD)	Entgeltgruppe Kr (TVÖD)	Zuordnungen Vergütungsgruppen KR / KR-Verläufe	Grundentgelt	Entwicklungsstufen				
			Stufe 1	Stufe 2	Stufe 3	Stufe 4	Stufe 5	Stufe 6
EG 7, EG 8, EG 9b	8a	5 a mit Aufstieg nach 6	–	2.561,56	2.686,37	2.788,46	2.975,64	3.154,91
		5 mit Aufstieg nach 5a und 6	–	2.561,56	2.686,37	2.788,46	2.975,64	3.154,91
		5 mit Aufstieg nach 6	2.414,08	2.561,56	2.686,37	2.788,46	2.975,64	3.154,91
EG 7, EG 8	7a	5 mit Aufstieg nach 5a	–	2.414,08	2.561,56	2.788,46	2.901,90	3.018,76
		4 mit Aufstieg nach 5 und 5 a	2.243,92	2.414,08	2.561,56	2.788,46	2.901,90	3.018,76
		4 mit Aufstieg nach 5	2.243,92	2.414,08	2.561,56	2.788,46	2.901,90	–
EG 4, EG 6	4a	2 mit Aufstieg nach 3 und 4	1.956,19	2.096,87	2.228,75	2.508,99	2.580,43	2.712,29
		3 mit Aufstieg nach 4	1.956,19	2.096,87	2.228,75	2.508,99	2.580,43	2.712,29
		2 ohne Aufstieg	1.956,19	2.096,87	2.228,75	–	–	–
EG 3, EG 4	3a	1 mit Aufstieg nach 2 – 39 Std.	1.868,36	1.927,43	1.967,30	1.996,93	2.017,77	2.049,05
		1 mit Aufstieg nach 2 – 40 Std.	1.914,06	1.974,65	2.015,64	2.045,93	2.067,32	2.099,39

Anlage 32 – Anhang B

Anhang B 1 (RK BW, gültig ab 1. Juli 2014): § 12 Abs. 3 – Neueinstellung – stationäre und ambulante Altenhilfe

Werte aus Entgeltgruppe allg. Tabelle (TVöD)	Entgeltgruppe Kr (TVöD)	Zuordnungen Vergütungsgruppen Kr / Kr-Verläufe	Grundentgelt		Entwicklungsstufen			
			Stufe 1	Stufe 2	Stufe 3	Stufe 4	Stufe 5	Stufe 6
EG 4, EG 6	4a	2 ohne Aufstieg	1.942,14	2.088,19	2.225,13	–	–	–
EG 3, EG 4	3a	1 mit Aufstieg nach 2	1.850,93	1.912,27	1.953,76	1.984,43	2.006,08	2.038,56

(gültig ab 1. März 2015)

Werte aus Entgeltgruppe allg. Tabelle (TVöD)	Entgeltgruppe Kr (TVöD)	Zuordnungen Vergütungsgruppen Kr / Kr-Verläufe	Grundentgelt		Entwicklungsstufen			
			Stufe 1	Stufe 2	Stufe 3	Stufe 4	Stufe 5	Stufe 6
EG 4, EG 6	4a	2 ohne Aufstieg	2.022,98	2.168,19	2.304,33	–	–	–
EG 3, EG 4	3a	1 mit Aufstieg nach 2	1.932,31	1.993,29	2.034,53	2.065,03	2.086,55	2.118,84

Anhang B – Anlage 32

Anhang A 2/B 2 (RK BW, gültig ab 1. Juli 2014): Mitarbeiter gemäß § 12 Abs. 4 – Bestandsmitarbeiter

Werte aus Entgeltgruppe allg. Tabelle (TVÖD)	Entgeltgruppe Kr (TVÖD)	Zuordnungen Vergütungsgruppen Kr / Kr-Verläufe	Grundentgelt		Entwicklungsstufen			
			Stufe 1	Stufe 2	Stufe 3	Stufe 4	Stufe 5	Stufe 6
EG 4, EG 6	4a	2 ohne Aufstieg	2.000,08	2.150,50	2.291,51	–	–	–
EG 3, EG 4	3a	1 mit Aufstieg nach 2	1.906,16	1.969,31	2.012,05	2.043,63	2.065,92	2.099,38

(gültig ab 1. März 2015)

Werte aus Entgeltgruppe allg. Tabelle (TVÖD)	Entgeltgruppe Kr (TVÖD)	Zuordnungen Vergütungsgruppen Kr / Kr-Verläufe	Grundentgelt		Entwicklungsstufen			
			Stufe 1	Stufe 2	Stufe 3	Stufe 4	Stufe 5	Stufe 6
EG 4, EG 6	4a	2 ohne Aufstieg	2.080,59	2.230,13	2.370,32	–	–	–
EG 3, EG 4	3a	1 mit Aufstieg nach 2	1.987,22	2.050,00	2.092,49	2.123,89	2.146,05	2.179,31

A32

Anlage 32 – Anhang C

(RK NRW/BW, gültig ab 1. Juli 2014 und ab 1. März 2015)

Entgeltgruppe	Stundenentgelt	
	ab 1. Juli 2014	ab 1. März 2015
Kr 12a	24,01 Euro	24,59 Euro
Kr 11b	22,43 Euro	22,97 Euro
Kr 11a	21,20 Euro	21,71 Euro
Kr 10a	19,85 Euro	20,33 Euro
Kr 9d	19,12 Euro	19,58 Euro
Kr 9c	18,45 Euro	18,89 Euro
Kr 9b	17,61 Euro	18,03 Euro
Kr 9a	17,32 Euro	17,74 Euro
Kr 8a	16,55 Euro	16,95 Euro
Kr 7a	15,87 Euro	16,25 Euro
Kr 4a	14,70 Euro	15,05 Euro
Kr 3a	12,25 Euro	12,54 Euro

(RK Mitte/Bayern, gültig ab 1. Januar 2015 und ab 1. März 2015)

Entgeltgruppe	Stundenentgelt	
	ab 1. Januar 2015	ab 1. März 2015
Kr 12a	24,01 Euro	24,59 Euro
Kr 11b	22,43 Euro	22,97 Euro
Kr 11a	21,20 Euro	21,71 Euro
Kr 10a	19,85 Euro	20,33 Euro
Kr 9d	19,12 Euro	19,58 Euro
Kr 9c	18,45 Euro	18,89 Euro
Kr 9b	17,61 Euro	18,03 Euro
Kr 9a	17,32 Euro	17,74 Euro
Kr 8a	16,55 Euro	16,95 Euro
Kr 7a	15,87 Euro	16,25 Euro
Kr 4a	14,70 Euro	15,05 Euro
Kr 3a	12,25 Euro	12,54 Euro

Anhang C – Anlage 32

(RK Nord, gültig ab 1. Januar 2015 und gültig ab 1. Juli 2015)

Entgeltgruppe	Stundenentgelt	
	ab 1. Januar 2015	ab 1. Juli 2015
Kr 12a	24,01 Euro	24,59 Euro
Kr 11b	22,43 Euro	22,97 Euro
Kr 11a	21,20 Euro	21,71 Euro
Kr 10a	19,85 Euro	20,33 Euro
Kr 9d	19,12 Euro	19,58 Euro
Kr 9c	18,45 Euro	18,89 Euro
Kr 9b	17,61 Euro	18,03 Euro
Kr 9a	17,32 Euro	17,74 Euro
Kr 8a	16,55 Euro	16,95 Euro
Kr 7a	15,87 Euro	16,25 Euro
Kr 4a	14,70 Euro	15,05 Euro
Kr 3a	12,25 Euro	12,54 Euro

(RK Ost – Tarifgebiet Ost, gültig ab 1. Januar 2015, ab 1. Januar 2016 und ab 1. März 2016)

Entgeltgruppe	ab 1. Januar 2015	1. Januar 2016	1. März 2016
Kr 12a	22,09 Euro	22,62 Euro	22,62 Euro
Kr 11b	20,64 Euro	21,13 Euro	21,13 Euro
Kr 11a	19,50 Euro	19,97 Euro	19,97 Euro
Kr 10a	18,26 Euro	18,70 Euro	18,70 Euro
Kr 9d	17,59 Euro	18,01 Euro	18,01 Euro
Kr 9c	16,97 Euro	17,38 Euro	17,38 Euro
Kr 9b	16,20 Euro	16,59 Euro	16,59 Euro
Kr 9a	15,93 Euro	16,32 Euro	16,32 Euro
Kr 8a	15,23 Euro	15,59 Euro	15,59 Euro
Kr 7a	14,60 Euro	14,95 Euro	14,95 Euro
Kr 4a	13,16 Euro	13,39 Euro	13,47 Euro
Kr 3a	10,96 Euro	11,16 Euro	11,22 Euro

Anlage 32 – Anhang C

(RK Ost – Tarifgebiet West, gültig ab 1. Januar 2015 und ab 1. Januar 2016)

Entgeltgruppe	ab 1. Januar 2015	1. Januar 2016
Kr 12a	23,05 Euro	23,61 Euro
Kr 11b	21,53 Euro	22,05 Euro
Kr 11a	20,35 Euro	20,84 Euro
Kr 10a	19,06 Euro	19,52 Euro
Kr 9d	18,36 Euro	18,80 Euro
Kr 9c	17,71 Euro	18,13 Euro
Kr 9b	16,91 Euro	17,31 Euro
Kr 9a	16,63 Euro	17,03 Euro
Kr 8a	15,89 Euro	16,27 Euro
Kr 7a	15,24 Euro	15,60 Euro
Kr 4a	13,67 Euro	14,00 Euro
Kr 3a	11,39 Euro	11,66 Euro

(RK BW): Mitarbeiter gemäß § 12 Abs. 3: Neueinstellungen – stationäre und ambulante Altenhilfe

Entgeltgruppe	gültig ab 1. Juli 2014	gültig ab 1. März 2015
Kr 4a	14,11 Euro	14,45 Euro
Kr 3a	11,76 Euro	12,04 Euro

Mitarbeiter gemäß § 12 Abs. 3: Bestandsmitarbeiter – stationäre und ambulante Altenhilfe

Entgeltgruppe	gültig ab 1. Juli 2014	gültig ab 1. März 2015
Kr 4a	14,52 Euro	14,87 Euro
Kr 3a	12,10 Euro	12,39 Euro

Anlage 32 – Anhang D

Vergütungsgruppen für Mitarbeiter im Sinne des § 1 Abs. 1 Buchstaben a bis d

Vergütungsgruppe Kr 1

Kranken- und Altenpflege

1 Mitarbeiter in der Pflege ohne entsprechende Ausbildung (z. B. Pflegehelfer) [1]

Vergütungsgruppe Kr 2

Kranken- und Altenpflege

1 Krankenpflegehelfer mit entsprechender Tätigkeit [1, 14]
2 Altenpflegehelfer mit entsprechender Tätigkeit [1, 14]
3 *(RK NRW/Mitte/BW/Bayern/Nord):* Mitarbeiter in der Pflege ohne entsprechende Ausbildung nach Ableistung eines qualifizierenden Kurses, die vor dem (Datum des Inkrafttretens der Regelung[1]) eingestellt worden sind [1, 7]
3 *(RK Ost):* Mitarbeiter in der Pflege ohne entsprechende Ausbildung nach Ableistung eines qualifizierenden Kurses, die vor dem 29. Januar 2015 eingestellt worden sind [1, 7]
4 Mitarbeiter in der Pflege ohne entsprechende Ausbildung nach sechsjähriger Bewährung in Vergütungsgruppe Kr 1 Ziffer 1

Vergütungsgruppe Kr 3

Kranken- und Altenpflege

1 Krankenpflegehelfer mit entsprechender Tätigkeit nach zweijähriger Tätigkeit in Vergütungsgruppe Kr 2 Ziffer 1 [1]
2 Altenpflegehelfer mit entsprechender Tätigkeit nach zweijähriger Tätigkeit in Vergütungsgruppe Kr 2 Ziffer 2 [1, 14]

Vergütungsgruppe Kr 4

Krankenpflege

1 Krankenpfleger mit entsprechender Tätigkeit [1]
2 Krankenpflegehelfer mit entsprechender Tätigkeit nach vierjähriger Bewährung in Vergütungsgruppe Kr 3 Ziffer 1

Altenpflege

3 Altenpfleger mit staatlicher Anerkennung mit entsprechender Tätigkeit [1]
4 Altenpflegehelfer mit entsprechender Tätigkeit nach vierjähriger Bewährung in Vergütungsgruppe Kr 3 Ziffer 2

---

1 Inkrafttreten: RK Mitte gültig ab 2.10.2014; RK BW gültig ab 8.10.2014; RK Bayern gültig ab 13.11.2014; RK NRW gültig ab 15.11.2014; RK Nord, gültig ab 4.2.2015.

Anlage 32 – Anhang D

Geburtshilfe/Entbindungspflege
5 Hebammen/Entbindungspfleger mit entsprechender Tätigkeit

Vergütungsgruppe Kr 5

Krankenpflege
1 Krankenpfleger mit entsprechender Tätigkeit nach zweijähriger Tätigkeit in Vergütungsgruppe Kr 4 Ziffer 1 [1]

2 Krankenpfleger, die als Krankenhaushygienepfleger stationsübergreifend und verantwortlich eingesetzt sind

3 Krankenpfleger, die

a) im Operationsdienst als Operationspfleger oder als Anästhesiepfleger tätig sind

oder

b) die Herz-Lungen-Maschine vorbereiten und während der Operation zur Bedienung der Maschine herangezogen werden

oder

c) in Einheiten für Intensivmedizin tätig sind

oder

d) dem Arzt in erheblichem Umfange bei Herzkatheterisierungen, Dilatationen oder Angiographien unmittelbar assistieren

oder

e) in Dialyseeinheiten Kranke pflegen sowie die Geräte bedienen und überwachen

oder

f) in Ambulanzen oder Ambulanzen/Nothilfen Tätigkeiten gemäß Buchstabe a, c oder e ausüben.

Altenpflege
4 Altenpfleger mit staatlicher Anerkennung mit entsprechender Tätigkeit nach dreijähriger Tätigkeit in Vergütungsgruppe Kr 4 Ziffer 3 [1, 9]

Geburtshilfe/Entbindungspflege
5 Hebammen/Entbindungspfleger mit entsprechender Tätigkeit nach einjähriger Tätigkeit in Vergütungsgruppe Kr 4 Ziffer 5

Operationstechnische Assistenten
6 Operationstechnische Assistenten mit entsprechender Tätigkeit

Vergütungsgruppe Kr 5a

Krankenpflege
1 Krankenpfleger der Vergütungsgruppe Kr 5 Ziffern 1 bis 3 nach vierjähriger Bewährung in einer dieser Ziffern, frühestens jedoch nach sechsjähriger Berufstätigkeit nach Erlangung der staatlichen Erlaubnis [4]

2 bis 3 (entfallen)

4 Krankenpfleger, die durch ausdrückliche Anordnung als ständige Vertretung von Stations- oder Gruppenpflegern der Vergütungsgruppe Kr 6 Ziffer 6 bestellt sind [1, 8]

Altenpflege

5 Altenpfleger der Vergütungsgruppe Kr 5 Ziffer 4 nach vierjähriger Bewährung in dieser Ziffer

6 Altenpfleger mit staatlicher Anerkennung, die durch ausdrückliche Anordnung als Leitung einer Organisationseinheit bestellt sind [1, 2]

7 Altenpfleger mit staatlicher Anerkennung, die durch ausdrückliche Anordnung als ständige Vertretung der Leitung einer Organisationseinheit der Vergütungsgruppe Kr 6 Ziffer 19 bestellt sind [1, 8]

Geburtshilfe/Entbindungspflege

8 Hebammen/Entbindungspfleger der Vergütungsgruppe Kr 5 Ziffer 5 nach vierjähriger Bewährung in dieser Ziffer 4

9 Hebammen/Entbindungspfleger, die durch ausdrückliche Anordnung zur/zum Vorsteherin/Vorsteher des Kreißsaals bestellt sind 1 [3]

Vergütungsgruppe Kr 6

Krankenpflege

1 Fachkrankenpfleger bzw. Krankenpfleger mit erfolgreich abgeschlossener Weiterbildung und mit entsprechender Tätigkeit [1, 3, 10]

2 Krankenpfleger der Vergütungsgruppe Kr 5a Ziffer 4 nach fünfjähriger Bewährung in einer Tätigkeit in Vergütungsgruppe Kr 5a

3 Krankenpfleger der Vergütungsgruppe Kr 5 Ziffern 2 und 3 nach sechsjähriger Bewährung in der jeweiligen Ziffer der Vergütungsgruppe Kr 5 oder in dieser Tätigkeit in Vergütungsgruppe Kr 5a Ziffer 1

4 Krankenpfleger in der Intensivpflege/-medizin, die einer Einheit für Intensivmedizin vorstehen [1, 3]

5 Krankenpfleger mit erfolgreich abgeschlossener sozialpsychiatrischer Zusatzausbildung und entsprechender Tätigkeit [1, 15]

6 Krankenpfleger, die durch ausdrückliche Anordnung als Stationspfleger oder Gruppenpfleger bestellt sind [1, 11, 12]

7 Krankenpfleger, die

a) die Herz-Lungen-Maschine vorbereiten und während der Operation zur Bedienung der Maschine herangezogen werden

oder

b) in Blutzentralen tätig sind [5]

oder

c) in besonderen Behandlungs- und Untersuchungsräumen in mindestens zwei Teilgebieten der Endoskopie tätig sind

oder

d) dem Operationsdienst vorstehen

oder

e) dem Anästhesiedienst vorstehen,

denen jeweils weitere Pflegepersonen durch ausdrückliche Anordnung ständig unterstellt sind [6]

8	Krankenpfleger, die Gipsverbände in Gipsräumen anlegen, denen mindestens fünf Pflegepersonen durch ausdrückliche Anordnung ständig unterstellt sind [6]
9	Krankenpfleger in Ambulanzbereichen oder Ambulanzen/Nothilfen, denen mindestens sechs Pflegepersonen durch ausdrückliche Anordnung ständig unterstellt sind [6]
10	Krankenpfleger, denen mehrere Stationen, Pflegegruppen oder abgegrenzte Funktionsbereiche durch ausdrückliche Anordnung ständig unterstellt sind [1, 6, 12, 16]
11	Krankenpfleger, die einer Dialyseeinheit vorstehen
12	Krankenpfleger, die dem zentralen Sterilisationsdienst vorstehen und denen mindestens acht Mitarbeiter durch ausdrückliche Anordnung ständig unterstellt sind [6]
13	Krankenpfleger, die dem zentralen Sterilisationsdienst vorstehen und denen mindestens 36 Mitarbeiter durch ausdrückliche Anordnung ständig unterstellt sind [6]
14	Krankenpfleger, die durch ausdrückliche Anordnung als ständige Vertretung von Krankenpflegern der Vergütungsgruppe Kr 7 Ziffern 3 bis 4 bestellt sind [1, 8]
15	Krankenpfleger, die durch ausdrückliche Anordnung als ständige Vertretung von Stations- oder Gruppenpflegern der Vergütungsgruppe Kr 7 Ziffer 5 bestellt sind [1, 8]
16	Krankenpfleger, die durch ausdrückliche Anordnung als ständige Vertretung von Leitenden Krankenpflegern der Vergütungsgruppe Kr 7 Ziffer 2 bestellt sind [8]
17	Krankenpfleger, die als Unterrichtspfleger tätig sind [17]

Altenpflege

18	Altenpfleger der Vergütungsgruppe Kr 5a Ziffern 6 und 7 nach fünfjähriger Bewährung in der jeweiligen Ziffer
19	Altenpfleger mit staatlicher Anerkennung, die durch ausdrückliche Anordnung als Leitung einer Organisationseinheit bestellt sind und denen mindestens fünf Pflegepersonen durch ausdrückliche Anordnung ständig unterstellt sind [1, 2, 6]
20	Altenpfleger mit staatlicher Anerkennung, die durch ausdrückliche Anordnung als ständige Vertretung der Leitung einer Organisationseinheit der Vergütungsgruppe Kr 7 Ziffer 17 bestellt sind [1, 8]
21	Altenpfleger mit staatlicher Anerkennung, die durch ausdrückliche Anordnung als ständige Vertretung von Leitenden Altenpflegern der Vergütungsgruppe Kr 7 Ziffer 16 bestellt sind [8]
22	*(RK Nord/NRW/Mitte/BW/Bayern):* Altenpfleger mit staatlicher Anerkennung, die als Unterrichtsaltenpfleger tätig sind [19]
22	*(RK Ost):* Altenpfleger mit staatlicher Anerkennung, die als Unterrichtsaltenpfleger tätig sind [8]

Geburtshilfe/Entbindungspflege

23	Hebammen/Entbindungspfleger, denen mindestens fünf Hebammen/Entbindungspfleger durch ausdrückliche Anordnung ständig unterstellt sind [6]
24	Hebammen/Entbindungspfleger, die durch ausdrückliche Anordnung als ständige Vertretung der Leitenden Hebammen/Entbindungspfleger der Vergütungsgruppe Kr 7 Ziffer 23 bestellt sind [8]
25	Hebammen/Entbindungspfleger, die als Lehrhebammen/-entbindungspfleger an Hebammenschulen tätig sind [18]

Operationstechnische Assistenten

26 Operationstechnische Assistenten nach sechsjähriger Bewährung in Vergütungsgruppe Kr 5 Ziffer 6

Vergütungsgruppe Kr 7

Krankenpflege

1 Krankenpfleger der Vergütungsgruppe Kr 6 Ziffern 4, 6, 7d und e, 9, 10, 11, 13 bis 17 nach fünfjähriger Bewährung in der jeweiligen Ziffer
2 Leitende Krankenpfleger [20]
3 Krankenpfleger, die dem Operationsdienst vorstehen und denen mindestens zehn Pflegepersonen durch ausdrückliche Anordnung ständig unterstellt sind [6]
3a Krankenpfleger, die dem Anästhesiedienst vorstehen und denen mindestens fünf Pflegepersonen durch ausdrückliche Anordnung ständig unterstellt sind [6]
4 Krankenpfleger, die einer Einheit für Intensivmedizin vorstehen und denen mindestens zwölf Pflegepersonen durch ausdrückliche Anordnung ständig unterstellt sind [1, 3, 6]
5 Krankenpfleger als Stationspfleger oder Gruppenpfleger, denen mindestens zwölf Pflegepersonen durch ausdrückliche Anordnung ständig unterstellt sind [1, 6, 11, 12]
6 Krankenpfleger in Blutzentralen, denen mindestens zwölf Pflegepersonen durch ausdrückliche Anordnung ständig unterstellt sind [5, 6]
7 Krankenpfleger in Ambulanzbereichen oder Ambulanzen/Nothilfen, denen mindestens zwölf Pflegepersonen durch ausdrückliche Anordnung ständig unterstellt sind [6]
8 Krankenpfleger, denen mehrere Stationen, Pflegegruppen oder abgegrenzte Funktionsbereiche mit insgesamt mindestens 24 Pflegepersonen durch ausdrückliche Anordnung ständig unterstellt sind [6, 12, 16]
9 Krankenpfleger, die einer Dialyseeinheit vorstehen und denen mindestens zwölf Pflegepersonen durch ausdrückliche Anordnung ständig unterstellt sind [6]
10 Krankenpfleger, die durch ausdrückliche Anordnung als ständige Vertretung von Krankenpflegern der Vergütungsgruppe 8 Ziffer 2 bis 3 bestellt sind [8]
11 Krankenpfleger, die durch ausdrückliche Anordnung als ständige Vertretung von Leitenden Krankenpflegern der Vergütungsgruppen Kr 8 Ziffer 6 oder Kr 8 Ziffer 5 bzw Kr 9 Ziffer 5 bestellt sind [8]

12 bis 14 (entfallen)

Altenpflege

15 Altenpfleger der Vergütungsgruppe Kr 6 Ziffern 19 bis 22 nach fünfjähriger Bewährung in der jeweiligen Ziffer
16 Altenpfleger mit staatlicher Anerkennung als Leitende Altenpfleger [25]
17 Altenpfleger mit staatlicher Anerkennung, die durch ausdrückliche Anordnung als Leitung einer Organisationseinheit bestellt sind und denen mindestens zwölf Pflegepersonen durch ausdrückliche Anordnung ständig unterstellt sind [1, 2, 6]
18 Altenpfleger mit staatlicher Anerkennung, die durch ausdrückliche Anordnung als ständige Vertretung von Leitenden Altenpflegern der Vergütungsgruppe Kr 8 Ziffer 13 bestellt sind [8]

19 bis 21 (entfallen)

Anlage 32 – Anhang D

Geburtshilfe/Entbindungspflege

22 Hebammen/Entbindungspfleger der Vergütungsgruppe Kr 6 Ziffern 23 bis 25 nach fünfjähriger Bewährung in der jeweiligen Ziffer
23 Leitende Hebammen/Entbindungspfleger in Frauenkliniken (Abteilungen für Geburtshilfe) [23]
24 Hebammen/Entbindungspfleger, denen mindestens zehn Hebammen/Entbindungspfleger durch ausdrückliche Anordnung ständig unterstellt sind [6]
25 Hebammen/Entbindungspfleger, die durch ausdrückliche Anordnung als ständige Vertretung von Leitenden Hebammen/Entbindungspflegern der Vergütungsgruppe Kr 8 Ziffer 18 bestellt sind [8]

26 bis 28 (entfallen)

Vergütungsgruppe Kr 8

Krankenpflege

1 Krankenpfleger der Vergütungsgruppe Kr 7 Ziffern 2 bis 5, 7 bis 11 nach fünfjähriger Bewährung in der jeweiligen Ziffer
2 Krankenpfleger, die dem Operationsdienst vorstehen und denen mindestens 20 Pflegepersonen durch ausdrückliche Anordnung ständig unterstellt sind [6]
2a Krankenpfleger, die dem Anästhesiedienst vorstehen und denen mindestens zehn Pflegepersonen durch ausdrückliche Anordnung ständig unterstellt sind [6]
3 Krankenpfleger, die einer Einheit für Intensivmedizin vorstehen und denen mindestens 24 Pflegepersonen durch ausdrückliche Anordnung ständig unterstellt sind [3, 6]
4 Krankenpfleger, denen mehrere Stationen, Pflegegruppen oder abgegrenzte Funktionsbereiche mit insgesamt mindestens 48 Pflegepersonen durch ausdrückliche Anordnung ständig unterstellt sind [6, 12, 16]
5 Leitende Krankenpfleger, die der Krankenhausleitung angehören [20]
6 Leitende Krankenpfleger in Krankenhäusern bzw. Pflegebereichen, in denen mindestens 75 Pflegepersonen beschäftigt sind [6, 20]
7 Krankenpfleger, die durch ausdrückliche Anordnung als ständige Vertretung von Krankenpflegern der Vergütungsgruppe Kr 9 Ziffern 2 bis 3 bestellt sind [8]
8 Krankenpfleger, die durch ausdrückliche Anordnung als ständige Vertretung von Leitenden Krankenpflegern der Vergütungsgruppen Kr 9 Ziffer 7 und Kr 9 Ziffer 6 bzw. Kr 10 Ziffer 3 bestellt sind [8]
9 (entfällt)
10 Krankenpfleger mit mindestens einjähriger erfolgreich abgeschlossener Fachausbildung an Schulen für Unterrichtspfleger, die als Unterrichtspfleger an Krankenpflegeschulen oder Schulen für Krankenpflegehilfe tätig sind [17, 22, 29, 30]
11 Krankenpfleger mit mindestens einjähriger erfolgreich abgeschlossener Fachausbildung an Schulen für Unterrichtspfleger, die als Unterrichtspfleger an Krankenpflegeschulen oder Schulen für Krankenpflegehilfe tätig und durch ausdrückliche Anordnung als ständige Vertretung von Leitenden Unterrichtspflegern der Vergütungsgruppe Kr 9 Ziffer 9 bestellt sind [8, 17, 22, 29, 30]

Altenpflege

12 Altenpfleger der Vergütungsgruppe Kr 7 Ziffern 16 bis 18 nach fünfjähriger Bewährung in der jeweiligen Ziffer

13 Altenpfleger mit staatlicher Anerkennung als Leitende Altenpfleger in Einrichtungen, in denen mindestens 30 Pflegepersonen beschäftigt sind [6, 25]
14 Altenpfleger mit staatlicher Anerkennung, die durch ausdrückliche Anordnung als ständige Vertretung von Leitenden Altenpflegern der Vergütungsgruppe Kr 9 Ziffer 12 bestellt sind [8]
15 Altenpfleger mit staatlicher Anerkennung und mindestens einjähriger erfolgreich abgeschlossener Fachausbildung an Schulen für Unterrichtsaltenpfleger, die als Unterrichtsaltenpfleger an Schulen für Altenpflege tätig sind [19, 22, 24]
16 Altenpfleger mit staatlicher Anerkennung und mindestens einjähriger erfolgreich abgeschlossener Fachausbildung an Schulen für Unterrichtsaltenpfleger, die durch ausdrückliche Anordnung als ständige Vertretung von Leitenden Unterrichtsaltenpflegern der Vergütungsgruppe Kr 9 Ziffer 13 bestellt sind [8, 19, 22, 24]

Geburtshilfe/Entbindungspflege

17 Hebammen/Entbindungspfleger der Vergütungsgruppe Kr 7 Ziffern 23 bis 25 nach fünfjähriger Bewährung in der jeweiligen Ziffer
18 Leitende Hebammen/Entbindungspfleger in Frauenkliniken (Abteilungen für Geburtshilfe) mit Hebammenschule, denen mindestens 75 Pflegepersonen durch ausdrückliche Anordnung ständig unterstellt sind [6, 23]
19 Hebammen/Entbindungspfleger, die durch ausdrückliche Anordnung als ständige Vertretung von Leitenden Hebammen/Entbindungspflegern der Vergütungsgruppe Kr 9 Ziffer 15 bestellt sind [8]
19a Hebammen/Entbindungspfleger mit mindestens einjähriger erfolgreich abgeschlossener Fachausbildung an Schulen für Lehrhebammen/-entbindungspfleger, die als Lehrhebammen/-entbindungspfleger an Hebammenschulen tätig sind [18, 22, 24]
20 Hebammen/Entbindungspfleger mit mindestens einjähriger erfolgreich abgeschlossener Fachausbildung an Schulen für Lehrhebammen/-entbindungspfleger, die als Lehrhebammen/-entbindungspfleger an Hebammenschulen tätig und durch ausdrückliche Anordnung als ständige Vertretung von Ersten Lehrhebammen/-entbindungspflegern der Vergütungsgruppe Kr 9 Ziffer 14a bestellt sind [8, 18, 22, 24]

Vergütungsgruppe Kr 9

Krankenpflege

1 Krankenpfleger der Vergütungsgruppe Kr 8 Ziffern 2 bis 11 nach fünfjähriger Bewährung in der jeweiligen Ziffer
2 Krankenpfleger, die dem Operationsdienst vorstehen und denen mindestens 40 Pflegepersonen durch ausdrückliche Anordnung ständig unterstellt sind [6]
2a Krankenpfleger, die dem Anästhesiedienst vorstehen und denen mindestens 20 Pflegepersonen durch ausdrückliche Anordnung unterstellt sind [6]
3 Krankenpfleger, die einer Einheit für Intensivmedizin vorstehen und denen mindestens 48 Pflegepersonen durch ausdrückliche Anordnung ständig unterstellt sind [3, 6]
4 Krankenpfleger, denen mehrere Stationen, Pflegegruppen oder abgegrenzte Funktionsbereiche mit insgesamt mindestens 96 Pflegepersonen durch ausdrückliche Anordnung ständig unterstellt sind [6, 12, 16]
5 Leitende Krankenpfleger mit entsprechender Weiterbildung, die der Krankenhausleitung angehören [20, 21]

6 Leitende Krankenpfleger, die der Krankenhausleitung angehören, in Krankenhäusern, in denen mindestens 75 Pflegepersonen beschäftigt sind [6, 20]

7 Leitende Krankenpfleger in Krankenhäusern bzw. Pflegebereichen, in denen mindestens 150 Pflegepersonen beschäftigt sind [6, 20]

8 Krankenpfleger, die durch ausdrückliche Anordnung als ständige Vertretung von Leitenden Krankenpflegern der Vergütungsgruppen Kr 10 Ziffer 5 und Kr 10 Ziffer 4 bzw. Kr 11 Ziffer 2 bestellt sind [8]

9 Krankenpfleger mit mindestens einjähriger erfolgreich abgeschlossener Fachausbildung an Schulen für Unterrichtspfleger, die als Leitende Unterrichtspfleger an Krankenpflegeschulen oder Schulen für Krankenpflegehilfe tätig sind [22, 26, 29, 30]

10 Krankenpfleger mit mindestens einjähriger erfolgreich abgeschlossener Fachausbildung an Schulen für Unterrichtspfleger, die als Unterrichtspfleger an Krankenpflegeschulen oder Schulen für Krankenpflegehilfe tätig und durch ausdrückliche Anordnung als ständige Vertretung von Leitenden Unterrichtspflegern der Vergütungsgruppe Kr 10 Ziffer 7 bestellt sind [8, 17, 22, 29, 30]

Altenpflege

11 Altenpfleger der Vergütungsgruppe Kr 8 Ziffern 13 bis 16 nach fünfjähriger Bewährung in der jeweiligen Ziffer

12 Altenpfleger mit staatlicher Anerkennung als Leitende Altenpfleger in Einrichtungen, in denen mindestens 60 Pflegepersonen beschäftigt sind [6, 25]

13 Altenpfleger mit staatlicher Anerkennung und mindestens einjähriger erfolgreich abgeschlossener Fachausbildung an Schulen für Unterrichtsaltenpfleger, die als Leitende Unterrichtsaltenpfleger an Schulen für Altenpflege tätig sind [22, 24, 28]

13a Altenpfleger mit staatlicher Anerkennung und mindestens einjähriger erfolgreich abgeschlossener Fachausbildung an Schulen für Unterrichtsaltenpfleger, die durch ausdrückliche Anordnung als ständige Vertretung von Leitenden Unterrichtsaltenpflegern der Vergütungsgruppe Kr 10 Ziffer 8a bestellt sind [8, 19, 22, 24]

Geburtshilfe/Entbindungspflege

14 Hebammen/Entbindungspfleger der Vergütungsgruppe Kr 8 Ziffern 18 bis 20 nach fünfjähriger Bewährung in der jeweiligen Ziffer

14a Hebammen/Entbindungspfleger mit mindestens einjähriger erfolgreich abgeschlossener Fachausbildung an Schulen für Lehrhebammen/-entbindungspfleger, die als Erste Lehrhebammen/-entbindungspfleger an Hebammenschulen tätig sind [22, 24, 27]

15 Leitende Hebammen/Entbindungspfleger in Frauenkliniken (Abteilungen für Geburtshilfe) mit Hebammenschule, denen mindestens 150 Pflegepersonen durch ausdrückliche Anordnung ständig unterstellt sind [6, 23]

Vergütungsgruppe Kr 10

Krankenpflege

1 Krankenpfleger der Vergütungsgruppe Kr 9 Ziffern 2 bis 10 nach fünfjähriger Bewährung in der jeweiligen Ziffer

2 Krankenpfleger, denen mehrere Stationen, Pflegegruppen oder abgegrenzte Funktionsbereiche mit insgesamt mindestens 192 Pflegepersonen durch ausdrückliche Anordnung ständig unterstellt sind [6, 12, 16]

3 Leitende Krankenpfleger mit entsprechender Weiterbildung, die der Krankenhausleitung angehören, in Krankenhäusern bzw. Pflegebereichen, in denen mindestens 75 Pflegepersonen beschäftigt sind [6, 20, 21]

4 Leitende Krankenpfleger, die der Krankenhausleitung angehören, in Krankenhäusern, in denen mindestens 150 Pflegepersonen beschäftigt sind [6, 20]

5 Leitende Krankenpfleger in Krankenhäusern bzw. Pflegebereichen, in denen mindestens 300 Pflegepersonen beschäftigt sind [6, 20]

6 Krankenpfleger, die durch ausdrückliche Anordnung als ständige Vertretung von Leitenden Krankenpflegern der Vergütungsgruppen Kr 11 Ziffer 4 und Kr 11 Ziffer 3 bzw. Kr 12 Ziffer 2 bestellt sind [8]

7 Krankenpfleger mit mindestens einjähriger erfolgreich abgeschlossener Fachausbildung an Schulen für Unterrichtspfleger, die als Leitende Unterrichtspfleger an Krankenpflegeschulen oder Schulen für Krankenpflegehilfe mit durchschnittlich mindestens 75 Lehrgangsteilnehmern tätig sind [22, 26, 29, 30]

7a Krankenpfleger mit mindestens einjähriger erfolgreich abgeschlossener Fachausbildung an Schulen für Unterrichtspfleger, die als Unterrichtspfleger an Krankenpflegeschulen oder Schulen für Krankenpflegehilfe tätig und durch ausdrückliche Anordnung als ständige Vertretung von Leitenden Unterrichtspflegern der Vergütungsgruppe Kr 11 Ziffer 6 bestellt sind [8, 17, 22, 29, 30]

Altenpflege

8 Altenpfleger der Vergütungsgruppe Kr 9 Ziffern 12 bis 13a nach fünfjähriger Bewährung in der jeweiligen Ziffer

8a Altenpfleger mit staatlicher Anerkennung und mindestens einjähriger erfolgreich abgeschlossener Fachausbildung an Schulen für Unterrichtsaltenpfleger, die als Leitende Unterrichtsaltenpfleger an Schulen für Altenpflege mit durchschnittlich mindestens 75 Lehrgangsteilnehmern tätig sind [22, 24, 28]

8b Altenpfleger mit staatlicher Anerkennung als Leitende Altenpfleger in Einrichtungen, in denen mindestens 90 Pflegepersonen beschäftigt sind [6, 25]

Geburtshilfe/Entbindungspflege

9 Hebammen/Entbindungspfleger der Vergütungsgruppe Kr 9 Ziffern 14a und 15 nach fünfjähriger Bewährung in diesen Ziffern

Vergütungsgruppe Kr 11

Krankenpflege

1 Krankenpfleger der Vergütungsgruppe Kr 10 Ziffern 2 bis 7a nach fünfjähriger Bewährung in der jeweiligen Ziffer

2 Leitende Krankenpfleger mit entsprechender Weiterbildung, die der Krankenhausleitung angehören, in Krankenhäusern, in denen mindestens 150 Pflegepersonen beschäftigt sind [6, 20, 21]

3 Leitende Krankenpfleger, die der Krankenhausleitung angehören, in Krankenhäusern, in denen mindestens 300 Pflegepersonen beschäftigt sind [6, 20]

4 Leitende Krankenpfleger in Krankenhäusern bzw. Pflegebereichen, in denen mindestens 600 Pflegepersonen beschäftigt sind [6, 20]

5 Krankenpfleger, die durch ausdrückliche Anordnung als ständige Vertretung von Leitenden Krankenpflegern der Vergütungsgruppen Kr 12 Ziffer 4 und Kr 12 Ziffer 3 bzw. Kr 13 Ziffer 2 bestellt sind [8]

Anlage 32 – Anhang D

6   Krankenpfleger mit mindestens einjähriger erfolgreich abgeschlossener Fachausbildung an Schulen für Unterrichtspfleger, die als Leitende Unterrichtspfleger an Krankenpflegeschulen oder Schulen für Krankenpflegehilfe mit durchschnittlich mindestens 150 Lehrgangsteilnehmern tätig sind [22, 26, 29, 30]

Altenpflege

7   Altenpfleger der Vergütungsgruppe Kr 10 Ziffer 8a und 8b nach fünfjähriger Bewährung in dieser Ziffer

Vergütungsgruppe Kr 12

1   Krankenpfleger der Vergütungsgruppe Kr 11 Ziffern 2 bis 6 nach fünfjähriger Bewährung in der jeweiligen Ziffer

2   Leitende Krankenpfleger mit entsprechender Weiterbildung, die der Krankenhausleitung angehören, in Krankenhäusern, in denen mindestens 300 Pflegepersonen beschäftigt sind [6, 20, 21]

3   Leitende Krankenpfleger, die der Krankenhausleitung angehören, in Krankenhäusern, in denen mindestens 600 Pflegepersonen beschäftigt sind [6, 20]

4   Leitende Krankenpfleger in Krankenhäusern bzw. Pflegebereichen, in denen mindestens 900 Pflegepersonen beschäftigt sind [6, 20]

5   Krankenpfleger, die durch ausdrückliche Anordnung als ständige Vertretung von Leitenden Krankenpflegern der Vergütungsgruppen Kr 13 Ziffer 3 bzw. Kr 14 Ziffer 2 bestellt sind [8]

Vergütungsgruppe Kr 13

1   Leitende Krankenpfleger der Vergütungsgruppe Kr 12 Ziffern 2 bis 5 nach fünfjähriger Bewährung in der jeweiligen Ziffer

Anmerkungen zu den Tätigkeitsmerkmalen der Vergütungsgruppen Kr 1 bis Kr 13

Die nachstehenden Anmerkungen sind bei der Eingruppierung der Mitarbeiter zu beachten.

I

Die Tätigkeitsmerkmale der Vergütungsgruppen Kr 1 bis Kr 13 gelten nur für Mitarbeiter in stationären Einrichtungen.

II

Die Ziffern I bis VII der Anmerkungen zu den Tätigkeitsmerkmalen der Vergütungsgruppen 1 bis 12 der Anlage 2 zu den AVR gelten sinngemäß.

III

[1]Unter Krankenpflegern sind Gesundheits- und Krankenpfleger sowie Gesundheits- und Kinderkrankenpfleger nach dem Krankenpflegegesetz zu verstehen. [2]Unter Altenpfleger mit staatlicher Anerkennung sind auch Altenpfleger mit Abschlussprüfung zu verstehen.

IV

[1]Krankenpfleger, die Tätigkeiten von Gesundheits- und Kinderkrankenpflegern bzw. Altenpflegern ausüben, sind als Gesundheits- und Kinderkrankenpfleger bzw. Altenpfleger eingruppiert. [2]Gesundheits- und Kinderkrankenpfleger, die Tätigkeiten von Krankenpflegern bzw. Altenpflegern ausüben, sind als Krankenpfleger bzw. Altenpfleger eingruppiert. [3]Altenpfleger, die Tätigkeiten von Krankenpflegern ausüben, sind als Krankenpfleger eingruppiert; soweit deren Eingruppierung von der Zeit einer Tätigkeit oder von der Zeit einer Berufstätigkeit abhängt, sind jedoch die für Altenpfleger geltenden Zeiten maßgebend.

V

Bei den Tätigkeitsmerkmalen, die einen Bewährungsaufstieg vorsehen, gelten jeweils auch die Anmerkungen zu der in Bezug genommenen Ziffer der Vergütungsgruppe, aus der der Bewährungsaufstieg erfolgt.

* *
*

1 (1) Pflegepersonen der Vergütungsgruppen Kr 1 bis Kr 7, die die Grund- und Behandlungspflege zeitlich überwiegend bei
   a) an schweren Infektionskrankheiten erkrankten Patienten (z. B. Tuberkulose- Patienten), die wegen der Ansteckungsgefahr in besonderen Infektionsabteilungen oder Infektionsstationen untergebracht sind,
   b) Kranken in geschlossenen oder halbgeschlossenen (Open-door-system) psychiatrischen Abteilungen oder Stationen,
   c) Kranken in geriatrischen Abteilungen bzw. Stationen,
   d) gelähmten oder an Multipler Sklerose erkrankten Patienten,
   e) Patienten nach Transplantationen innerer Organe oder von Knochenmark,
   f) an AIDS (Vollbild) erkrankten Patienten,
   g) Patienten, bei denen Chemotherapien durchgeführt oder die mit Strahlen oder mit inkorporierten radioaktiven Stoffen behandelt werden,
   ausüben, erhalten für die Dauer dieser Tätigkeit eine monatliche Zulage von 46,02 Euro.

   (1a) Pflegepersonen der Vergütungsgruppen Kr 1 bis Kr 7, die zeitlich überwiegend in Einheiten für Intensivmedizin Patienten pflegen, erhalten für die Dauer dieser Tätigkeit eine monatliche Zulage von 46,02 Euro.

   (2) [1]Krankenpfleger/Altenpfleger der Vergütungsgruppen Kr 5a bis Kr 8, die als
   a) Stationspfleger, Gruppenpfleger, Stationspfleger oder
   b) Krankenpfleger, Altenpfleger in anderen Tätigkeiten mit unterstellten Pflegepersonen
   eingesetzt sind, erhalten die Zulage nach Absatz 1 oder 1a ebenfalls, wenn alle ihnen durch ausdrückliche Anordnung ständig unterstellten Pflegepersonen Anspruch auf eine Zulage nach Absatz 1 oder 1a haben. [2]Die Zulage steht auch Krankenpflegern, Altenpflegern zu, die durch ausdrückliche Anordnung als ständige Vertretung einer in Satz 1 genannten Anspruchsberechtigten bestellt sind.

(3) ¹Pflegepersonen der Vergütungsgruppen Kr 1 bis Kr 7, welche die Grund und Behandlungspflege bei schwerbrandverletzten Patienten in Einheiten für Schwerbrandverletzte, denen durch die Zentralstelle für die Vermittlung Schwerbrandverletzter in der Bundesrepublik Deutschland bei der Behörde für Arbeit, Gesundheit und Soziales der Freien und Hansestadt Hamburg Schwerbrandverletzte vermittelt werden, ausüben, erhalten eine Zulage von 10 v. H. der Stundenvergütung der Stufe 3 der Entgeltgruppe Kr 7a für jede volle Arbeitsstunde dieser Pflegetätigkeit. ²Zur Ermittlung des auf eine Stunde entfallenden Anteils sind die in Monatsbeträgen festgelegten Entgeltbestandteile durch das 4,348-fache der regelmäßigen wöchentlichen Arbeitszeit (§ 2 Abs. 1 und entsprechende Sonderregelungen) zu teilen. ³Eine nach Absatz 1, 1a oder 2 zustehende Zulage vermindert sich um den Betrag, der in demselben Kalendermonat nach Satz 1 zusteht.

2 ¹Unter Altenpflegern in der Leitung einer Organisationseinheit (z. B. Station) sind Pflegekräfte in Einrichtungen der Altenhilfe zu verstehen, die dem Pflegedienst in einer Organisationseinheit vorstehen. ²Es handelt sich um das sachliche Vorstehen.

3 ¹Einheiten für Intensivmedizin sind Stationen für Intensivbehandlungen und Intensivüberwachung. ²Dazu gehören auch Wachstationen, die für Intensivbehandlung und Intensivüberwachung eingerichtet sind.

4 Der Bewährungsaufstieg erfolgt frühestens nach sechsjähriger Berufstätigkeit nach Erlangung der staatlichen Erlaubnis.

5 Als Blutzentralen gelten Einrichtungen, in denen Blut abgenommen, konserviert und verteilt wird.

6 Soweit die Eingruppierung von der Zahl der unterstellten oder in dem betreffenden Bereich beschäftigten Personen abhängt,

a) ist es für die Eingruppierung unschädlich, wenn im Organisations- und Stellenplan zur Besetzung ausgewiesene Stellen nicht besetzt sind,

b) zählen teilzeitbeschäftigte Personen entsprechend dem Verhältnis der mit ihnen im Arbeitsvertrag vereinbarten Arbeitszeit zur regelmäßigen Arbeitszeit eines entsprechenden Vollbeschäftigten,

c) zählen Personen, die zu einem Teil ihrer Arbeitszeit unterstellt oder zu einem Teil ihrer Arbeitszeit in einem Bereich beschäftigt sind, entsprechend dem Verhältnis dieses Anteils zur regelmäßigen Arbeitszeit eines entsprechenden Vollbeschäftigten,

d) bleiben Schüler in der Krankenpflege, Kinderkrankenpflege, Krankenpflegehilfe und Entbindungspflege sowie Personen, die sich in einer Ausbildung in der Altenpflege befinden, außer Betracht; für die Berücksichtigung von Stellen, auf die Schüler angerechnet werden, gilt Buchstabe a.

7 Ein qualifizierender Kurs im Sinne dieses Tätigkeitsmerkmales liegt vor, wenn der Kurs mindestens 110 theoretische Unterrichtsstunden umfasst (z. B. Schwesternhelferinnen-Kurs).

8 Ständige Vertretung ist nicht die Vertretung in Urlaubs- oder sonstigen Abwesenheitsfällen.

9 Für Altenpfleger mit einer dreijährigen Ausbildung verkürzt sich die Zeit der Tätigkeit um ein Jahr.

10 Die Weiterbildung setzt voraus, dass mindestens 720 Unterrichtsstunden (zu mindestens 45 Minuten) theoretischer und praktischer Unterricht bei Vollzeitausbildung innerhalb eines Jahres und bei berufsbegleitender Ausbildung innerhalb von zwei Jahren an einer

staatlich anerkannten Weiterbildungsstätte oder an einer Weiterbildungsstätte, die von der Deutschen Krankenhausgesellschaft zur Durchführung der Weiterbildungen nach den entsprechenden DKG-Empfehlungen anerkannt worden ist, vermittelt werden.

11 [1]Unter Stationspflegern sind Pflegepersonen zu verstehen, die dem Pflegedienst auf der Station vorstehen. [2]Es handelt sich um das sachliche Vorstehen. [3]In psychiatrischen Krankenhäusern entspricht im Allgemeinen eine Abteilung der Station in allgemeinen Krankenhäusern.

12 [1]Die Tätigkeitsmerkmale, die auf das Gruppenpflegesystem abgestellt sind, gelten nur in den Krankenhäusern, in denen der Krankenhausträger das Gruppenpflegesystem eingeführt hat. [2]Unter Gruppenpflegern sind die Pflegepersonen zu verstehen, die dem Pflegedienst einer Gruppe vorstehen. Es handelt sich um das sachliche Vorstehen.

13 Dieses Tätigkeitsmerkmal setzt nicht voraus, dass der/dem vorstehenden Hebamme/Entbindungspfleger weitere Personen unterstellt sind.

14 [1]In dieser Vergütungsgruppe ist eingruppiert, wer eine mindestens einjährige Ausbildung zum staatlich anerkannten Altenpflegehelfer oder eine vom Deutschen Caritasverband anerkannte vergleichbare Ausbildung hat. [2]Die vergleichbare Ausbildung muss mindestens 550 theoretische Unterrichtsstunden umfassen.

15 Eine Zusatzausbildung im Sinne dieses Tätigkeitsmerkmals liegt nur dann vor, wenn sie durch einen mindestens einjährigen Lehrgang oder in mindestens zwei Jahren berufsbegleitend vermittelt wird.

16 Wenn in den Funktionsbereichen außer Pflegepersonen auch sonstige Mitarbeiter unterstellt sind, gelten sie als Pflegepersonen.

17 Unterrichtspfleger sind Krankenpfleger, die mindestens zur Hälfte ihrer Arbeitszeit als Lehrkräfte an Krankenpflegeschulen oder Schulen für Krankenpflegehilfe eingesetzt sind.

18 Lehrhebammen/-entbindungspfleger sind Hebammen/Entbindungspfleger, die mindestens zur Hälfte ihrer Arbeitszeit als Lehrkräfte an Hebammenschulen eingesetzt sind.

19 Unterrichtsaltenpfleger sind Altenpfleger, die mindestens zur Hälfte ihrer Arbeitszeit als Lehrkräfte an Schulen für Altenpflege eingesetzt sind.

20 Leitende Krankenpfleger sind Krankenpfleger, die die Gesamtverantwortung für den Pflegedienst des Krankenhauses bzw. des zugeteilten Pflegebereichs haben; dies setzt voraus, dass ihnen gegenüber kein weiterer Leitender Krankenpfleger und kein(e) Leitende(r) Hebamme/Entbindungspfleger hinsichtlich des Pflegedienstes weisungsbefugt ist.

21 [1]In dieser Vergütungsgruppe ist eingruppiert, wer eine Weiterbildung zur Pflegedienstleitung erfolgreich abgeschlossen hat. [2]Die Weiterbildung setzt voraus, dass mindestens 2000 Stunden zu mindestens je 45 Unterrichtsminuten theoretischer Unterricht innerhalb von zwei Jahren und bei berufsbegleitender Weiterbildung innerhalb von längstens drei Jahren vermittelt werden. [3]In dieser Vergütungsgruppe ist ebenfalls eingruppiert, wer vor dem 31. Dezember 1990 eine vergleichbare Weiterbildung zur Pflegedienstleitung mit einer geringeren Anzahl an theoretischen Unterrichtsstunden begonnen hat.

22 [1]In dieser Vergütungsgruppe ist eingruppiert, wer eine Weiterbildung zum/zur Unterrichtspfleger, Lehrhebamme/-entbindungspfleger erfolgreich abgeschlossen hat. [2]Die Weiterbildung setzt voraus, dass mindestens 2000 Stunden zu mindestens je 45 Unterrichtsminuten theoretischer Unterricht innerhalb von zwei Jahren und bei berufsbegleitender Ausbildung innerhalb von längstens drei Jahren vermittelt werden. [3]In dieser Vergütungsgruppe ist ebenfalls eingruppiert, wer vor dem 31. Dezember 1990 eine ver-

gleichbare Weiterbildung zur/zum Unterrichtspfleger, Lehrhebamme/-entbindungspfleger mit einer geringeren Anzahl an theoretischen Unterrichtsstunden begonnen hat.

23 Leitende Hebammen/Entbindungspfleger sind Hebammen/Entbindungspfleger, die die Gesamtverantwortung für den Pflegedienst des Krankenhauses bzw. des zugeteilten Pflegebereichs haben; dies setzt voraus, dass ihnen gegenüber kein(e) weitere(r) Leitende(r) Hebamme/Entbindungspfleger und kein Leitender Krankenpfleger hinsichtlich des Pflegedienstes weisungsbefugt ist.

24 Eine einjährige Fachausbildung an Schulen für Unterrichtspfleger gilt als einjährige Fachausbildung an Schulen für Lehrhebammen/-entbindungspfleger bzw. für Unterrichtsaltenpfleger.

25 Leitende Altenpfleger sind Altenpfleger, die die Gesamtverantwortung für den Pflegedienst der Einrichtung haben; dies setzt voraus, dass ihnen gegenüber kein weiterer Leitender Altenpfleger und kein Leitender Krankenpfleger weisungsbefugt ist.

26 Leitende Unterrichtspfleger sind Unterrichtspfleger, die eine Krankenpflegeschule oder Schule für Krankenpflegehilfe allein oder gemeinsam mit einem Arzt oder einem Leitenden Krankenpfleger leiten (§ 5 Abs. 2 Nr. 1 bzw. § 10 Abs. 2 Nr. 1 des Krankenpflegegesetzes).

27 Erste(r) Lehrhebamme/-entbindungspfleger sind Lehrhebammen/-entbindungspfleger, die eine Hebammenschule allein oder gemeinsam mit einem Arzt leiten (§ 6 Abs. 2 Nr. 1 des Hebammengesetzes).

28 Leitende Unterrichtsaltenpfleger sind Unterrichtsaltenpfleger, die eine Schule für Altenpflege allein oder als Mitglied der Schulleitung leiten.

29 [1]In dieser Vergütungsgruppe sind auch Diplom-Medizin-Pädagogen mit abgeschlossener wissenschaftlicher Hochschulbildung in der Tätigkeit von Unterrichtspflegern an Krankenpflegeschulen oder Schulen für Krankenpflegehilfe eingruppiert. [2]Sie erhalten eine Vergütungsgruppenzulage zwischen ihrer Grundvergütung und der Grundvergütung der nächsthöheren Vergütungsgruppe.

30 Bei den Diplom-Medizin-Pädagogen, die am 31. Dezember 1991 in einem Dienstverhältnis stehen, das am 1. Januar 1992 zu demselben Dienstgeber fortbesteht, und deren Eingruppierung von der Zeit einer Bewährung in einer bestimmten Vergütungsgruppe bzw. Ziffer abhängt, wird die vor dem 1. Januar 1992 zurückgelegte Zeit so berücksichtigt, wie sie zu berücksichtigen wäre, wenn die Neuregelung bereits seit Beginn des Dienstverhältnisses bestanden hätte.

Anlage 32 – Anhang E

**Vergütungsgruppen für Mitarbeiter
im Sinne des § 1 Abs. 1 Buchstabe e**

Vergütungsgruppe Kr 1
1   Mitarbeiter in der Pflege ohne entsprechende Ausbildung (z. B. Pflegehelfer) [1]

Vergütungsgruppe Kr 2
1   Krankenpflegehelfer mit entsprechender Tätigkeit [1]
2   Altenpflegehelfer mit entsprechender Tätigkeit [1, 9]
3   *(RK NRW/Mitte/BW/Bayern/Nord):* Mitarbeiter in der Pflege ohne entsprechende Ausbildung nach Ableistung eines qualifizierenden Kurses, die vor dem (Datum des Inkrafttretens der Regelung[1]) eingestellt worden sind [1, 4]
3   *(RK Ost):* Mitarbeiter in der Pflege ohne entsprechende Ausbildung nach Ableistung eines qualifizierenden Kurses, die vor dem 29. Januar 2015 eingestellt worden sind [1, 4]
4   Mitarbeiter in der Pflege ohne entsprechende Ausbildung nach sechsjähriger Bewährung in Vergütungsgruppe Kr 1 Ziffer 1

Vergütungsgruppe Kr 3
1   Krankenpflegehelfer mit entsprechender Tätigkeit nach zweijähriger Tätigkeit in Vergütungsgruppe Kr 2 Ziffer 1 [1]
2   Altenpflegehelfer mit entsprechender Tätigkeit nach zweijähriger Tätigkeit in Vergütungsgruppe Kr 2 Ziffer 2 [1, 9]

Vergütungsgruppe Kr 4
1   Krankenpfleger mit entsprechender Tätigkeit [1]
2   Krankenpflegehelfer mit entsprechender Tätigkeit nach vierjähriger Bewährung in Vergütungsgruppe Kr 3 Ziffer 1
3   Altenpfleger mit staatlicher Anerkennung mit entsprechender Tätigkeit [1]
4   Altenpflegehelfer mit entsprechender Tätigkeit nach vierjähriger Bewährung in Vergütungsgruppe Kr 3 Ziffer 2

Vergütungsgruppe Kr 5
1   Krankenpfleger mit entsprechender Tätigkeit nach zweijähriger Tätigkeit in Vergütungsgruppe Kr 4 Ziffer 1 [1]
2   Krankenpfleger, Altenpfleger in der Tätigkeit als Gemeindekrankenpfleger [1, 8]
3   Altenpfleger mit staatlicher Anerkennung mit entsprechender Tätigkeit nach dreijähriger Tätigkeit in Vergütungsgruppe Kr 4 Ziffer 3 [1, 6]

---

1   Inkrafttreten: RK Mitte gültig ab 2.10.2014; RK BW gültig ab 8.10.2014; RK Bayern gültig ab 13.11.2014; RK NRW gültig ab 15.11.2014; RK Nord, gültig ab 4.2.2015.

Vergütungsgruppe Kr 5a

1. Krankenpfleger, Altenpfleger der Vergütungsgruppe Kr 5 Ziffern 1 und 2 nach vierjähriger Bewährung in einer dieser Ziffern, frühestens jedoch nach sechsjähriger Berufstätigkeit nach Erlangung der staatlichen Erlaubnis [2]
2. Krankenpfleger mit erfolgreich abgeschlossener Weiterbildung in der Gemeindekrankenpflege [1, 7]
3. Altenpfleger der Vergütungsgruppe Kr 5 Ziffer 3 nach vierjähriger Bewährung in dieser Ziffer

Vergütungsgruppe Kr 6

1. Krankenpfleger, Altenpfleger der Vergütungsgruppe Kr 5 Ziffer 2 nach sechsjähriger Bewährung in dieser Ziffer oder in der Tätigkeit als Gemeindekrankenpfleger in Vergütungsgruppe Kr 5a Ziffer 1
2. Krankenpfleger der Vergütungsgruppe Kr 5a Ziffer 2 nach dreijähriger Bewährung in dieser Ziffer
3. Krankenpfleger, Altenpfleger als Leitung einer Caritaspflegestation/Sozialstation, denen mindestens drei Pflegepersonen durch ausdrückliche Anordnung ständig unterstellt sind [1, 3]
4. Krankenpfleger, Altenpfleger, die durch ausdrückliche Anordnung als ständige Vertretung der Leitung einer Caritaspflegestation/Sozialstation der Vergütungsgruppe Kr 7 Ziffer 2 bestellt sind [1, 5]

Vergütungsgruppe Kr 7

1. Krankenpfleger, Altenpfleger der Vergütungsgruppe Kr 6 Ziffer 3 oder 4 nach fünfjähriger Bewährung in der jeweiligen Ziffer
2. Krankenpfleger, Altenpfleger als Leitung einer Caritaspflegestation/Sozialstation, denen mindestens zehn Pflegepersonen oder sechs Pflegefachkräfte durch ausdrückliche Anordnung ständig unterstellt sind [1, 3]
3. Krankenpfleger, Altenpfleger, die durch ausdrückliche Anordnung als ständige Vertretung der Leitung einer Caritaspflegestation/ Sozialstation der Vergütungsgruppe Kr 8 Ziffer 2 bestellt sind [1, 5]

Vergütungsgruppe Kr 8

1. Krankenpfleger, Altenpfleger der Vergütungsgruppe Kr 7 Ziffern 2 oder 3 nach fünfjähriger Bewährung in der jeweiligen Ziffer
2. Krankenpfleger, Altenpfleger, als Leitung einer Caritaspflegestation/Sozialstation, denen mindestens 25 Pflegepersonen oder zehn Pflegefachkräfte durch ausdrückliche Anordnung ständig unterstellt sind [1, 3]
3. Krankenpfleger, Altenpfleger, die durch ausdrückliche Anordnung als ständige Vertretung der Leitung einer Caritaspflegestation/Sozialstation der Vergütungsgruppe Kr 9 Ziffer 2 bestellt sind [1, 5]

Vergütungsgruppe Kr 9

1. Krankenpfleger, Altenpfleger der Vergütungsgruppe Kr 8 Ziffer 2 oder 3 nach fünfjähriger Bewährung in der jeweiligen Ziffer
2. Krankenpfleger, Altenpfleger als Leitung einer Caritaspflegestation/Sozialstation, denen mindestens 50 Pflegepersonen oder 25 Pflegefachkräfte durch ausdrückliche Anordnung ständig unterstellt sind [3]

Vergütungsgruppe Kr 10

1 Krankenpfleger, Altenpfleger der Vergütungsgruppe Kr 9 Ziffer 2 nach fünfjähriger Bewährung in dieser Ziffer

Anmerkungen zu den Tätigkeitsmerkmalen der Vergütungsgruppen Kr 1 bis Kr 10

Die nachstehenden Anmerkungen sind bei der Eingruppierung der Mitarbeiter zu beachten.

I

Die Tätigkeitsmerkmale der Vergütungsgruppen Kr 1 bis Kr 10 gelten nur für Mitarbeiter in ambulanten Einrichtungen.

II

Die Ziffern I bis VII der Anmerkungen zu den Tätigkeitsmerkmalen der Vergütungsgruppen 1 bis 12 der Anlage 2 zu den AVR gelten sinngemäß.

III

[1]Unter Krankenpflegern sind Gesundheits- und Krankenpfleger sowie Gesundheits- und Kinderkrankenpfleger nach dem Krankenpflegegesetz zu verstehen. [2]Unter Altenpfleger mit staatlicher Anerkennung sind auch Altenpfleger mit Abschlussprüfung zu verstehen.

IV

[1]Krankenpfleger, die Tätigkeiten von Gesundheits- und Kinderkrankenpflegern bzw. Altenpflegern ausüben, sind als Gesundheits- und Kinderkrankenpfleger bzw. Altenpfleger eingruppiert.

[2]Gesundheits- und Kinderkrankenpfleger, die Tätigkeiten von Krankenpfleger bzw. Altenpflegern ausüben, sind als Krankenpfleger bzw. Altenpfleger eingruppiert.

[3]Altenpfleger, die Tätigkciten von Krankenpflegern ausüben, sind als Krankenpfleger eingruppiert; soweit deren Eingruppierung von der Zeit einer Tätigkeit oder von der Zeit einer Berufstätigkeit abhängt, sind jedoch die für Altenpfleger geltenden Zeiten maßgebend.

V

Bei den Tätigkeitsmerkmalen, die einen Bewährungsaufstieg vorsehen, gelten jeweils auch die Anmerkungen zu der in Bezug genommenen Ziffer der Vergütungsgruppe, aus der der Bewährungsaufstieg erfolgt.

* *
*

1 Pflegepersonen der Vergütungsgruppen Kr 1 bis Kr 10, die die Grund- und Behandlungspflege zeitlich überwiegend in der häuslichen Pflege ausüben, erhalten für die Dauer dieser Tätigkeit eine monatliche Zulage von 46,02 Euro.

2 Der Bewährungsaufstieg erfolgt frühestens nach sechsjähriger Berufstätigkeit nach Erlangung der staatlichen Erlaubnis.

3   ¹Die Eingruppierung als Leitung einer Caritaspflegestation/Sozialstation setzt eine abgeschlossene Ausbildung als Pflegefachkraft voraus.
²Soweit die Eingruppierung von der Zahl der unterstellten oder in dem betreffenden Bereich beschäftigten Personen abhängt,
a) ist es für die Eingruppierung unschädlich, wenn im Organisations- und Stellenplan zur Besetzung ausgewiesene Stellen nicht besetzt sind,
b) zählen teilzeitbeschäftigte Personen entsprechend dem Verhältnis der mit ihnen im Arbeitsvertrag vereinbarten Arbeitszeit zur regelmäßigen Arbeitszeit eines entsprechenden Vollbeschäftigten,
c) zählen Personen, die zu einem Teil ihrer Arbeitszeit unterstellt oder zu einem Teil ihrer Arbeitszeit in einem Bereich beschäftigt sind, entsprechend dem Verhältnis dieses Anteils zur regelmäßigen Arbeitszeit eines entsprechenden Vollbeschäftigten,
d) bleiben Schüler in der Krankenpflege, Kinderkrankenpflege, Krankenpflegehilfe und Entbindungspflege sowie Personen, die sich in einer Ausbildung in der Altenpflege befinden, außer Betracht; für die Berücksichtigung von Stellen, auf die Schüler angerechnet werden, gilt Buchstabe a.

³Wenn in der Caritaspflegestation/Sozialstation außer Pflegepersonen auch sonstige Mitarbeiter unterstellt sind, gelten sie als Pflegepersonen.

4   Ein qualifizierender Kurs im Sinne dieses Tätigkeitsmerkmales liegt vor, wenn der Kurs mindestens 110 theoretische Unterrichtsstunden umfasst (z.B. Schwesternhelferinnen-Kurs).

5   Ständige Vertretung ist nicht die Vertretung in Urlaubs- oder sonstigen Abwesenheitsfällen.

6   Für Altenpfleger mit einer dreijährigen Ausbildung verkürzt sich die Zeit der Tätigkeit um ein Jahr.

7   Die Weiterbildung setzt voraus, dass mindestens 720 Stunden zu mindestens je 45 Unterrichtsminuten theoretischer und praktischer Unterricht bei Vollzeitausbildung innerhalb eines Jahres und bei berufsbegleitender Ausbildung innerhalb von zwei Jahren vermittelt werden.

8   Unter dieses Tätigkeitsmerkmal fällt, wer die häusliche Betreuung von Alten und Kranken und ihre medizinische Versorgung im Rahmen des Berufsbildes der Krankenpfleger, Altenpfleger eigenständig wahrnimmt.

9   ¹In dieser Vergütungsgruppe ist eingruppiert, wer eine mindestens einjährige Ausbildung zum staatlich anerkannten Altenpflegehelfer oder eine vom Deutschen Caritasverband anerkannte vergleichbare Ausbildung hat. ²Die vergleichbare Ausbildung muss mindestens 550 theoretische Unterrichtsstunden umfassen.

Anlage 32 – Anhang F

Überleitungs- und Besitzstandregelung

Präambel

¹Zweck dieser Regelung ist es, zum einen sicherzustellen, dass der einzelne Mitarbeiter nach der Überleitung in die Anlage 32 zu den AVR durch diese Überleitung keine geringere Vergleichsjahresvergütung hat. ²Zum anderen soll erreicht werden, dass die Einrichtung bei Anwendung der Anlagen 30 bis 33 zu den AVR durch die Überleitung finanziell nicht überfordert wird (Überforderungsklausel).

§ 1 Geltungsbereich

(1) Diese Übergangs- und Besitzstandsregelung gilt für alle Mitarbeiter im Sinne des § 1 der Anlage 32 zu den AVR, die am Tag vor dem Inkrafttreten¹ der Anlage 32 zu den AVR durch Beschluss der jeweiligen Regionalkommission in einem Dienstverhältnis gestanden haben, das am Tag des Inkrafttretens* der Anlage 32 zu den AVR durch Beschluss der jeweiligen Regionalkommission im Geltungsbereich der AVR fortbesteht, für die Dauer des ununterbrochen fortbestehenden Arbeitsverhältnisses.

(2) ¹Ein Dienstverhältnis besteht auch ununterbrochen fort bei der Verlängerung eines befristeten Dienstvertrages. ²Unterbrechungen von bis zu einem Monat sind unschädlich.

§ 2 Überleitung

¹Mitarbeiter gemäß § 1 der Anlage 32 zu den AVR werden so in das neue System übergeleitet, als ob sie seit dem Zeitpunkt, seit dem sie ununterbrochen im Geltungsbereich der AVR oder im sonstigen Bereich der katholischen Kirche tätig waren nach Anlage 32 zu den AVR eingruppiert und eingestuft worden wären.

²Dabei wird der Mitarbeiter aus den Regelvergütungsstufen gemäß § 1 Abschnitt III B der Anlage 1 zu den AVR so übergeleitet, dass die erreichte Regelvergütungsstufe zunächst mit 2 multipliziert wird. ³Die sich hieraus ergebende (Jahres-)zahl wird nachfolgend um die seit dem letzten Stufenaufstieg zurückgelegte Zeit erhöht und als Zeiten im Sinne von § 13 Abs. 3 der Anlage 32 zu den AVR festgelegt.

§ 3 Besitzstandsregelung

(1) Mitarbeiter, deren bisherige Vergütung (Vergleichsvergütung) das ihnen am Tag des Inkrafttretens² der Anlage 32 zu den AVR durch Beschluss der jeweiligen Regionalkommission zustehende Entgelt übersteigt, erhalten eine Besitzstandszulage.

(2) ¹Die monatliche Besitzstandszulage wird als Unterschiedsbetrag zwischen der Vergleichsjahresvergütung (Absatz 3) und dem Jahresentgelt (Absatz 4), jeweils geteilt durch

---

1 Inkrafttreten: RK BW/NRW/Bayern gültig ab 1.1.2011, RK Mitte gültig ab 1.4.2011, RK Nord gültig ab 1.7.2011, RK Ost mit Ausnahme von § 15 gültig ab 1.7.2012, § 15 gültig ab 1.1.2013.
2 Inkrafttreten: RK BW/NRW/Bayern gültig ab 1.1.2011, RK Mitte gültig ab 1.4.2011, RK Nord gültig ab 1.7.2011, RK Ost mit Ausnahme von § 15 gültig ab 1.7.2012, § 15 gültig ab 1.1.2013.

12, errechnet. ²Dabei sind Vergütungsveränderungen durch Beschlüsse nach § 11 AK-Ordnung nicht zu berücksichtigen.

(2a) *(RK Ost):* ¹Ist der Unterschiedsbetrag nach Absatz 2 positiv, wird die monatliche Besitzstandszulage bei der nächsten Stufensteigerung des Regelentgelts mit bis zu 50 v.H. des der Steigerung entsprechenden Wertes verrechnet. ²Sofern ein Abschmelzen nach S. 1 nicht möglich ist, wird ein Betrag von bis zu 50 v.H. des der Steigerung entsprechenden Wertes mit sonstigen Vergütungssteigerungen verrechnet.[1] ³Eine Verrechnung nach S. 1 oder S. 2 erfolgt längstens bis zum 31. Dezember 2020.

(2b) *(RK Ost):* Ist der Unterschiedsbetrag nach Absatz 2 negativ (Umstellungsgewinn) und höher als 3 v.H. der Vergleichsvergütung, werden die Umstellungsgewinnanteile, die über einen Betrag von 3 v.H. des Bruttomonatsentgelts hinausgehen, erst nach der Hälfte der verbleibenden Stufenlaufzeit gewährt.

(3) ¹Die Vergleichsjahresvergütung errechnet sich als das 12-fache der am Tag vor dem Inkrafttreten* der Anlage 32 zu den AVR durch Beschluss der jeweiligen Regionalkommission zustehenden Monatsvergütung, zuzüglich des Urlaubsgeldes gemäß Anlage 14 und der Weihnachtszuwendung gemäß Abschnitt XIV Anlage 1 zu den AVR. ²Zur Monatsvergütung im Sinne dieser Vorschrift gehören die Regelvergütung gemäß Abschnitt III der Anlage 1, die Kinderzulage gemäß Abschnitt V der Anlage 1, Besitzstandszulagen gemäß Anlage 1b zu den AVR und weitere regelmäßig gewährte Zulagen.

(4) ¹Das Jahresentgelt errechnet sich als das 12-fache des am Tag des Inkrafttretens* der Anlage 32 zu den AVR durch Beschluss der jeweiligen Regionalkommission zustehenden Monatsentgelts zuzüglich des Leistungsentgelts gemäß § 15 der Anlage 32 zu den AVR und der Jahressonderzahlung gemäß § 16 der Anlage 32 zu den AVR.
²Zum Monatsentgelt im Sinne dieser Vorschrift gehören das Tabellenentgelt gemäß § 12 der Anlage 32 zu den AVR i.V.m Anhang A der Anlage 32 zu den AVR und weitere regelmäßige gewährte Zulagen.

(5) ¹Fällt der Zeitpunkt des Inkrafttretens* dieser Anlage mit dem Zeitpunkt einer linearen Vergütungserhöhung zusammen, erfolgt die Berechnung des Besitzstandes auf Basis der erhöhten Regelvergütungstabelle in Anlage 3a zu den AVR und der erhöhten Entgelttabelle in dieser Anlage. ²Die Regionalkommissionen können durch Beschluss von der vorstehenden Regelung abweichen.

(5a) *(RK Bayern):* Für die Berechnung der Überleitung gilt: Für die Höhe aller Vergütungswerte i.S.d. § 3 Abs. 3 sind die jeweilig linear um 1,2 v.H. erhöhten Werte zu Grunde zu legen.

(6) Ruht das Dienstverhältnis sind die Monatsvergütung (Absatz 3) und das Monatsentgelt (Absatz 4) so zu berechnen, als ob der Mitarbeiter im Monat vor dem Inkrafttreten* der Anlage 32 zu den AVR durch Beschluss der jeweiligen Regionalkommission die Tätigkeit im selben Umfang wie vor dem Ruhen wieder aufgenommen hätte.

(7) ¹Verringert sich nach dem Tag des Inkrafttretens* der Anlage 32 zu den AVR durch Beschluss der jeweiligen Regionalkommission die individuelle regelmäßige Arbeitszeit des Mit-

---

1 Beschluss im erweiterten Vermittlungsverfahren der RK Ost vom 17.12.2013 zu § 3 Abs. 2a Satz 2 der Anlage 32 Anhang F und Anlage 33: „Einmalzahlungen: Alle infolge der Tarifanpassung gemäß der vorstehenden Regelung zu 3. dieses Beschlusses von Besitzstandsabschmelzungen nach § 3 Abs. 2 a Satz 2 der Anlage 32 Anhang F und Anlage 33 tatsächlich betroffenen Mitarbeiter, die am 31.03.2013 in einem Beschäftigungsverhältnis gestanden haben, erhalten zum teilweisen Ausgleich für Besitzstandsabschmelzungen eine Einmalzahlung in Höhe von pauschal 100,00 Euro."

arbeiters, reduziert sich seine Besitzstandszulage im selben Verhältnis, in dem die Arbeitszeit verringert wird; erhöht sich die Arbeitszeit, bleibt die Besitzstandszulage unverändert. ²Erhöht sich nach einer Verringerung der Arbeitszeit diese wieder, so lebt die Besitzstandszulage im gleichen Verhältnis wie die Arbeitszeiterhöhung, höchstens bis zur ursprünglichen Höhe, wieder auf. ³Diese Regelung ist entsprechend anzuwenden auf Mitarbeiter, deren Arbeitszeit am Tag vor dem Inkrafttreten* der Anlage 32 zu den AVR durch Beschluss der jeweiligen Regionalkommission befristet verändert ist. ⁴Die umstellungsbedingte Neufestsetzung der regelmäßigen wöchentlichen Arbeitszeit nach § 2 Abs. 1 dieser Anlage gilt nicht als Arbeitszeitreduzierung im Sinne dieses Absatzes.

(8) ¹Die kinderbezogenen Entgeltbestandteile gem. Abschnitt V der Anlage 1 zu den AVR, die in die Berechnung der Besitzstandszulage nach Absatz 2 und Absatz 3 einfließen, werden als Anteil der Besitzstandszulage fortgezahlt, solange für diese Kinder Kindergeld nach dem Einkommensteuergesetz (EStG) oder nach dem Bundeskindergeldgesetz (BKGG) gezahlt wird oder ohne Berücksichtigung des § 64 oder § 65 EStG oder des § 3 oder § 4 BKGG gezahlt würde. ²Mit dem Wegfall der Voraussetzungen reduziert sich die Besitzstandszulage entsprechend.

(9) ¹Hat der Mitarbeiter im Kalenderjahr vor Inkrafttreten dieser Anlage die Voraussetzungen für einen Anspruch auf Zusatzurlaub nach § 4 der Anlage 14 zu den AVR erfüllt, wird der sich daraus ergebende Zusatzurlaub im Kalenderjahr des Inkrafttretens* dieser Anlage gewährt. ²Erwirbt der Mitarbeiter im Kalenderjahr des Inkrafttretens¹ dieser Anlage einen weiteren Anspruch auf Zusatzurlaub nach dieser Anlage, werden die Ansprüche nach § 4 der Anlage 14 und die nach dieser Anlage erworbenen Ansprüche miteinander verglichen. ³Der Mitarbeiter erhält in diesem Fall ausschließlich den jeweils höheren Anspruch auf Gewährung von Zusatzurlaub.

Anmerkung zu § 3 Abs. 9:
Fällt der Zeitpunkt des Inkrafttretens* dieser Anlage durch die Entscheidung der zuständigen Regionalkommission nicht mit dem Beginn eines Kalenderjahres zusammen, gelten die Vorschriften für die Berechnung des Zusatzurlaubs nach dieser Anlage für das gesamte Kalenderjahr, in dem die Anlage in Kraft tritt.

§ 4 Überforderungsklausel

(1) Soweit bei einem Vergleich der Gesamtpersonalkosten vor und nach der Überleitung umstellungsbedingte Mehrkosten von mehr als 3 v.H. entstehen, kann die Einführung des Leistungsentgelts und/oder der Sozialkomponente nach § 15 der Anlage 32 zu den AVR für längstens 3 Jahre ausgesetzt werden.

(2) Die Gesamtpersonalkosten errechnen sich aus den Bruttopersonalkosten der Mitarbeiter der Einrichtung und den Arbeitgeberanteilen zur Sozialversicherung.

(3) ¹Bei der Ermittlung der Mehrkosten sind ausschließlich die Steigerungen der Gesamtpersonalkosten der Einrichtung zu berücksichtigen, die unmittelbar durch Überleitung von Mitarbeiterinnen und Mitarbeitern in die Anlagen 30 bis 33 zu den AVR entstehen. ²Mehrkosten, die durch Neueinstellungen von Mitarbeiterinnen und Mitarbeitern und durch strukturelle Veränderungen bei Mitarbeiterinnen und Mitarbeitern, die nicht in die Anlagen 30 bis 33 zu den AVR überführt wurden (Stufenaufstiege, Tätigkeits- oder Bewährungsaufstiege, Kinderzulagen oder andere Zulagen), entstehen, bleiben bei der Ermittlung der Mehrkosten

---

1 Inkrafttreten: RK BW/NRW/Bayern gültig ab 1.1.2011, RK Mitte gültig ab 1.4.2011, RK Nord gültig ab 1.7.2011, RK Ost mit Ausnahme von § 15 gültig ab 1.7.2012, § 15 gültig ab 1.1.2013.

unberücksichtigt. ³Administrative Mehrkosten, die durch die Überleitung entstehen, bleiben ebenfalls unberücksichtigt.

(4) *(RK Nord/NRW/Mitte/BW/Bayern):* ¹Macht der Dienstgeber von der Anwendung der Überforderungsklausel Gebrauch, erhöht sich die Besitzstandszulage der Bestandsmitarbeiter für die Dauer dieser Maßnahme entsprechend. ²Die Anwendung der Überforderungsklausel darf nicht dazu führen, dass das Jahresentgelt unter die Vergleichsjahresvergütung fällt. ³Eine entsprechende Differenz ist entsprechend Satz 1 auszugleichen.

(4) *(RK Ost):* Macht der Dienstgeber von der Anwendung der Überforderungsklausel Gebrauch, erhöht sich die Besitzstandszulage der Bestandsmitarbeiter für die Dauer dieser Maßnahme entsprechend.

(5) ¹Die Entscheidung über die Anwendung der Überforderungsklausel und die dafür maßgeblichen Berechnungen sind der zuständigen Mitarbeitervertretung vorzulegen und zu erläutern. ²Die Entscheidung ist ferner einem Ausschuss der Bundeskommission der Arbeitsrechtlichen Kommission anzuzeigen. ³Dazu sind die vergleichenden Gesamtpersonalkostenberechnungen vorzulegen. ⁴Der Ausschuss der Bundeskommission der Arbeitsrechtlichen Kommission führt eine reine Missbrauchskontrolle durch.

(6) *(RK Nord/NRW/Mitte/BW/Bayern):* Über weitere Regelungen zur Vermeidung von Überforderungen durch die Überleitung entscheiden die Regionalkommissionen im Rahmen ihrer Zuständigkeit.

Anlage 33:
Besondere Regelungen für Mitarbeiter im Sozial- und Erziehungsdienst

§ 1	Geltungsbereich	460
§ 2	Regelmäßige Arbeitszeit	460
§ 2a	Qualifizierung	462
§ 3	Arbeit an Sonn- und Feiertagen	462
§ 4	Sonderformen der Arbeit	463
§ 5	Bereitschaftsdienst und Rufbereitschaft	464
§ 6	Ausgleich für Sonderformen der Arbeit	465
§ 7	Bereitschaftsdienstentgelt	467
§ 8	Bereitschaftszeiten	468
§ 9	Arbeitszeitkonto	468
§ 10	Teilzeitbeschäftigung	469
§ 11	Eingruppierung und Entgelt der Mitarbeiter im Sozial- und Erziehungsdienst	470
§ 12	Tabellenentgelt	471
§ 12a	Berechnung und Auszahlung des Entgelts	471
§ 13	Allgemeine Regelungen zu den Stufen	471
§ 14	Leistungsentgelt bzw. Sozialkomponente	476
§ 15	Jahressonderzahlung	478
§ 16	Zusatzurlaub	479
§ 17	Führung auf Probe	480
§ 18	Führung auf Zeit	481

Anhang A: Tabelle AVR Mitarbeiter im Sozial- und Erziehungsdienst
(RK NRW/BW, gültig ab 1.7.2014;
RK Mitte/Bayern/Nord, gültig ab 1.1.2015) 482
(RK NRW/Mitte/BW/Bayern, gültig ab 1.3.2015;
RK Nord, gültig ab 1.7.2015) 483
(RK Ost – Tarifgebiet Ost, MA nicht in Kitas, gültig ab 1.1.2015) 484
(RK Ost – Tarifgebiet Ost, MA nicht in Kitas, gültig ab 1.10.2015) 485
(RK Ost – Tarifgebiet West, MA nicht in Kitas, gültig ab 1.1.2015) 486
(RK Ost – Tarifgebiet West, MA nicht in Kitas,
gültig ab 1.10.2015) 487

Anlage 33 – Inhalt, §§ 1, 2

(RK Ost – Tarifgebiet Ost, MA in Kitas, gültig ab 1.1.2015) 488
(RK Ost – Tarifgebiet Ost, MA in Kitas, gültig ab 1.10.2015) 489
(RK Ost – Tarifgebiet West, MA in Kitas, gültig ab 1.1.2015) 490
(RK Ost – Tarifgebiet West, MA in Kitas, gültig ab 1.10.2015) 491

Anhang B: Entgeltgruppen für Mitarbeiter im Sozial-
und Erziehungsdienst im Sinne der Anlage 33 492

Anhang C: (derzeit nicht besetzt)

Anhang D: Überleitungs- und Besitzstandregelung 502

Anhang E: Zuordnungstabelle 506

§ 1 Geltungsbereich

Sozial- und Erziehungsdienst, vgl. Anhang B

(1) Diese Anlage gilt für Mitarbeiter im Sozial- und Erziehungsdienst.

(2) ¹Soweit für diese Mitarbeiter nachfolgend nichts anderes bestimmt ist, finden die Vorschriften des Allgemeinen Teils und der Anlagen der AVR Anwendung. ²§ 2a, § 9a und § 12 des Allgemeinen Teils, Abschnitte Ia, Ic, IIIA, IIIa, V, VII und XIV der Anlage 1, Anlagen 1b, 2d, 3, 6 und 6a sowie § 4 und §§ 6 bis 9 der Anlage 14 zu den AVR finden keine Anwendung. ³Anlage 5 zu den AVR gilt nicht mit Ausnahme von § 1 Abs. 7, Abs. 9 und Abs. 10, § 5, § 6, § 7 Abs. 7, § 9 Abs. 6 und § 10.

(3) *(RK Ost):* ¹Diese Anlage findet keine Anwendung auf Mitarbeiter in befristeten Projekten, wenn diese Projekte vor dem 1. Juli 2012 begonnen worden sind. ²Für diese Mitarbeiter findet eine Umstellung nicht statt.

§ 2 Regelmäßige Arbeitszeit

regelmäßige Arbeitszeit

(1) ¹Die regelmäßige Arbeitszeit der Mitarbeiter beträgt ausschließlich der Pausen durchschnittlich 39 Stunden wöchentlich. Abweichend davon beträgt die regelmäßige Arbeitszeit für die Mitarbeiter im Gebiet der neuen Bundesländer Mecklenburg-Vorpommern, Brandenburg, Sachsen-Anhalt, Thüringen und Sachsen sowie in dem Teil des Landes Berlin, in dem das Grundgesetz bis einschließlich 2. Oktober 1990 nicht galt, durchschnittlich 40 Stunden wöchentlich. ²Die regelmäßige Arbeitszeit kann auf fünf Tage, aus notwendigen dienstlichen oder betrieblichen Gründen auch auf sechs Tage verteilt werden.

Durchschnitt

(2) ¹Für die Berechnung des Durchschnitts der regelmäßigen wöchentlichen Arbeitszeit ist ein Zeitraum von bis zu einem Jahr zugrunde zu legen. ²Abweichend von Satz 1 kann bei Mitarbeitern, die ständig Wechselschicht- oder Schichtarbeit zu leisten haben, ein längerer Zeitraum zugrunde gelegt werden.

24./31. Dezember

(3) ¹Soweit es die dienstlichen oder betrieblichen Verhältnisse zulassen, wird der Mitarbeiter am 24. Dezember und am 31. Dezember unter Fortzahlung des Entgelts von der Arbeit freigestellt. ²Kann die Freistellung nach Satz 1 aus dienstli-

chen oder betrieblichen Gründen nicht erfolgen, ist entsprechender Freizeitausgleich innerhalb von drei Monaten zu gewähren. ³Die regelmäßige Arbeitszeit vermindert sich für den 24. Dezember und 31. Dezember, sofern sie auf einen Werktag fallen, um die dienstplanmäßig ausgefallenen Stunden.

Anmerkung zu Absatz 3 Satz 3:
Die Verminderung der regelmäßigen Arbeitszeit betrifft die Mitarbeiter, die wegen des Dienstplans frei haben und deshalb ohne diese Regelung nacharbeiten müssten.

(4) Aus dringenden dienstlichen oder betrieblichen Gründen kann auf der Grundlage einer Dienstvereinbarung im Rahmen des § 7 Abs. 1, 2 und des § 12 ArbZG von den Vorschriften des Arbeitszeitgesetzes abgewichen werden. <!-- Abweichung vom ArbZG durch Dienstvereinbarung -->

(5) Die Mitarbeiter sind im Rahmen begründeter dienstlicher oder betrieblicher Notwendigkeiten zur Leistung von Sonntags-, Feiertags-, Nacht-, Wechselschicht-, Schichtarbeit sowie – bei Teilzeitbeschäftigung aufgrund dienstvertraglicher Regelung oder mit ihrer Zustimmung – zu Bereitschaftsdienst, Rufbereitschaft, Überstunden und Mehrarbeit verpflichtet. <!-- Verpflichtung Sonntags-, Feiertags-, Nacht-, Schicht-, Bereitschaftsdienst, Mehrarbeit -->

(6) ¹Durch Dienstvereinbarung kann ein wöchentlicher Arbeitszeitkorridor von bis zu 45 Stunden eingerichtet werden. ²Die innerhalb eines Arbeitszeitkorridors geleisteten zusätzlichen Arbeitsstunden werden im Rahmen des nach Absatz 2 Satz 1 festgelegten Zeitraums ausgeglichen. <!-- Arbeitszeitkorridor -->

(7) ¹Durch Dienstvereinbarung kann in der Zeit von 6 bis 20 Uhr eine tägliche Rahmenzeit von bis zu zwölf Stunden eingeführt werden. ²Die innerhalb der täglichen Rahmenzeit geleisteten zusätzlichen Arbeitsstunden werden im Rahmen des nach Absatz 2 Satz 1 festgelegten Zeitraums ausgeglichen. <!-- Rahmenarbeitszeit -->

(8) Die Absätze 6 und 7 gelten nur alternativ und nicht bei Wechselschicht- und Schichtarbeit.

Anmerkung zu § 2:
¹Gleitzeitregelungen sind unter Wahrung der jeweils geltenden Mitbestimmungsrechte unabhängig von den Vorgaben zu Arbeitszeitkorridor und Rahmenzeit (Absätze 6 und 7) möglich. ²Sie dürfen keine Regelungen nach Absatz 4 enthalten. <!-- Gleitzeit -->

(9) ¹Auf der Grundlage einer Dienstvereinbarung kann bei der Behandlung, Pflege und Betreuung von Personen die tägliche Arbeitszeit im Schichtdienst, ausschließlich der Pausen, auf bis zu 12 Stunden verlängert werden, wenn solche Dienste nach der Eigenart dieser Tätigkeit und zur Erhaltung des Wohles dieser Personen erforderlich sind.

²In unmittelbarer Folge dürfen höchstens 5 Zwölf-Stunden-Schichten und innerhalb von zwei Wochen nicht mehr als 8 Zwölf-Stunden-Schichten geleistet werden. ³Solche Schichten können nicht mit Bereitschaftsdienst kombiniert werden. ⁴Abweichend von § 1 Abs. 10 der Anlage 5 kann bei Anordnung von Zwölf-Stunden-Schichten die Ruhezeit nicht verkürzt werden.

§ 2a   (RK Nord/NRW/Mitte/BW/Bayern) – Qualifizierung

¹Bei Mitarbeitern im Erziehungsdienst werden – soweit gesetzliche Regelungen bestehen, zusätzlich zu diesen gesetzlichen Regelungen – im Rahmen der <!-- Qualifizierungszeit -->

regelmäßigen durchschnittlichen wöchentlichen Arbeitszeit im Kalenderjahr 19,5 Stunden für Zwecke der Vorbereitung und Qualifizierung verwendet. ²Bei Teilzeitbeschäftigten gilt Satz 1 entsprechend mit der Maßgabe, dass sich die Stundenzahl nach Satz 1 in dem Umfang, der dem Verhältnis ihrer individuell vereinbarten durchschnittlichen Arbeitszeit zu der regelmäßigen Arbeitszeit vergleichbarer Vollzeitmitarbeiter entspricht, reduziert. ³Im Erziehungsdienst tätig sind insbesondere Mitarbeiter als Kinderpfleger bzw. Sozialassistent, Heilerziehungspflegehelfer, Erzieher, Heilerziehungspfleger, im handwerklichen Erziehungsdienst, als Leiter oder ständige Vertreter von Leiter von Kindertagesstätten oder Erziehungsheimen sowie andere Beschäftigte mit erzieherischer Tätigkeit in der Erziehungs- oder Eingliederungshilfe.

Anmerkung 1 zu Satz 3:
Soweit Berufsbezeichnungen aufgeführt sind, werden auch Mitarbeiter erfasst, die eine entsprechende Tätigkeit ohne staatliche Anerkennung oder staatliche Prüfung ausüben.

Anmerkung 2 zu Satz 3:
Mitarbeiter im handwerklichen Erziehungsdienst müssen in Einrichtungen der Erziehungs-, Behinderten-, Suchtkranken-, Wohnungslosen- oder Straffälligenhilfe tätig sein.

§ 2a (RK Ost)

¹Im Rahmen der regelmäßigen durchschnittlichen wöchentlichen Arbeitszeit werden – soweit gesetzliche Regelungen bestehen, zusätzlich zu diesen gesetzlichen Regelungen –19,5 Stunden im Kalenderjahr für Zwecke der Vorbereitung und Qualifizierung verwendet. ²Bei Teilzeitbeschäftigten gilt Satz 1 entsprechend mit der Maßgabe, dass sich die Stundenzahl nach Satz 1 in dem Umfang, der dem Verhältnis ihrer individuell vereinbarten durchschnittlichen Arbeitszeit zu der regelmäßigen Arbeitszeit vergleichbarer Vollzeitbeschäftigter entspricht, reduziert.

§ 3 Arbeit an Sonn- und Feiertagen

In Ergänzung zu § 2 Abs. 3 Satz 3 und Abs. 5 gilt für Sonn- und Feiertage Folgendes:

bei gesetzl. Feiertag als Werktag Freizeitausgleich/ finanzielle Abgeltung

(1) ¹Die Arbeitszeit an einem gesetzlichen Feiertag, der auf einen Werktag fällt, wird durch eine entsprechende Freistellung an einem anderen Werktag bis zum Ende des dritten Kalendermonats – möglichst aber schon bis zum Ende des nächsten Kalendermonats – ausgeglichen, wenn es die betrieblichen Verhältnisse zulassen. ²Kann ein Freizeitausgleich nicht gewährt werden, erhält der Mitarbeiter je Stunde 100 v. H. des auf eine Stunde entfallenden Anteils des monatlichen Entgelts der jeweiligen Entgeltgruppe und Stufe nach Maßgabe der Entgelttabelle. ³Ist ein Arbeitszeitkonto eingerichtet, ist eine Buchung gemäß § 9 Abs. 3 zulässig. ⁴§ 6 Abs. 1 Satz 2 Buchst. d bleibt unberührt.

bei gesetzl. Feiertag als Werktag und Schichtdienst Reduzierung Soll-Arbeitszeit

(2) ¹Für Mitarbeiter, die regelmäßig nach einem Dienstplan eingesetzt werden, der Wechselschicht- oder Schichtdienst an sieben Tagen in der Woche vorsieht, vermindert sich die regelmäßige Wochenarbeitszeit um ein Fünftel der arbeitsvertraglich vereinbarten durchschnittlichen Wochenarbeitszeit, wenn sie an einem gesetzlichen Feiertag, der auf einen Werktag fällt,

e) Arbeitsleistung zu erbringen haben oder

f) nicht wegen des Feiertags, sondern dienstplanmäßig nicht zur Arbeit eingeteilt sind und deswegen an anderen Tagen der Woche ihre regelmäßige Arbeitszeit erbringen müssen.

²Absatz 1 gilt in diesen Fällen nicht. ³§ 6 Abs. 1 Satz 2 Buchst. d bleibt unberührt.

(3) ¹Mitarbeiter, die regelmäßig an Sonn- und Feiertagen arbeiten müssen, erhalten innerhalb von zwei Wochen zwei arbeitsfreie Tage. ²Hiervon soll ein freier Tag auf einen Sonntag fallen.

§ 4 Sonderformen der Arbeit

(1) ¹Wechselschichtarbeit ist die Arbeit nach einem Schichtplan/Dienstplan, der einen regelmäßigen Wechsel der täglichen Arbeitszeit in Wechselschichten vorsieht, bei denen der Mitarbeiter längstens nach Ablauf eines Monats erneut zu mindestens zwei Nachtschichten herangezogen wird. ²Wechselschichten sind wechselnde Arbeitsschichten, in denen ununterbrochen bei Tag und Nacht, werktags, sonntags und feiertags gearbeitet wird. ³Nachtschichten sind Arbeitsschichten, die mindestens zwei Stunden Nachtarbeit umfassen. — *Wechselschichtarbeit Wechselschicht Nachtschicht*

(2) Schichtarbeit ist die Arbeit nach einem Schichtplan, der einen regelmäßigen Wechsel des Beginns der täglichen Arbeitszeit um mindestens zwei Stunden in Zeitabschnitten von längstens einem Monat vorsieht, und die innerhalb einer Zeitspanne von mindestens 13 Stunden geleistet wird. — *Schichtarbeit*

(3) Bereitschaftsdienst leisten Mitarbeiter, die sich auf Anordnung des Dienstgebers außerhalb der regelmäßigen Arbeitszeit an einer vom Dienstgeber bestimmten Stelle aufhalten, um im Bedarfsfall die Arbeit aufzunehmen. — *Bereitschaftsdienst*

(4) ¹Rufbereitschaft leisten Mitarbeiter, die sich auf Anordnung des Dienstgebers außerhalb der regelmäßigen Arbeitszeit an einer dem Dienstgeber anzuzeigenden Stelle aufhalten, um auf Abruf die Arbeit aufzunehmen. ²Rufbereitschaft wird nicht dadurch ausgeschlossen, dass Mitarbeiter vom Dienstgeber mit einem Mobiltelefon oder einem vergleichbaren technischen Hilfsmittel ausgestattet sind. — *Rufbereitschaft*

(5) Nachtarbeit ist die Arbeit zwischen 21 Uhr und 6 Uhr. — *Nachtarbeit*

(6) Mehrarbeit sind die Arbeitsstunden, die Teilzeitbeschäftigte über die vereinbarte regelmäßige Arbeitszeit hinaus bis zur regelmäßigen wöchentlichen Arbeitszeit von Vollbeschäftigten (§ 2 Abs. 1 Satz 1) leisten. — *Mehrarbeit*

(7) Überstunden sind die auf Anordnung des Dienstgebers geleisteten Arbeitsstunden, die über die im Rahmen der regelmäßigen Arbeitszeit von Vollbeschäftigten (§ 2 Abs. 1 Satz 1) für die Woche dienstplanmäßig bzw. betriebsüblich festgesetzten Arbeitsstunden hinausgehen und nicht bis zum Ende der folgenden Kalenderwoche ausgeglichen werden. — *Überstunden*

(8) Abweichend von Absatz 7 sind nur die Arbeitsstunden Überstunden, die — *Überstunden bei*

a) im Falle der Festlegung eines Arbeitszeitkorridors nach § 2 Abs. 6 über 45 Stunden oder über die vereinbarte Obergrenze hinaus, — *• Arbeitszeitkorridor*

Anlage 33 – §§ 4, 5

- Rahmenarbeitszeit
- Schichtarbeit

b) im Falle der Einführung einer täglichen Rahmenzeit nach § 2 Abs. 7 außerhalb der Rahmenzeit,

c) im Falle von Wechselschicht- oder Schichtarbeit über die im Schichtplan festgelegten täglichen Arbeitsstunden einschließlich der im Schichtplan vorgesehenen Arbeitsstunden, die bezogen auf die regelmäßige wöchentliche Arbeitszeit im Schichtplanturnus nicht ausgeglichen werden,

angeordnet worden sind.

§ 5 Bereitschaftsdienst und Rufbereitschaft

Voraussetzung Bereitschaftsdienst

(1) Der Dienstgeber darf Bereitschaftsdienst nur anordnen, wenn zu erwarten ist, dass zwar Arbeit anfällt, erfahrungsgemäß aber die Zeit ohne Arbeitsleistung überwiegt.

13/16-Stunden-Dienst

(2) Abweichend von den § 3, § 5 und § 6 Abs. 2 ArbZG kann im Rahmen des § 7 ArbZG die tägliche Arbeitszeit im Sinne des Arbeitszeitgesetzes über acht Stunden hinaus verlängert werden, wenn mindestens die acht Stunden überschreitende Zeit im Rahmen von Bereitschaftsdienst geleistet wird, und zwar wie folgt:

a) bei Bereitschaftsdiensten der Stufen A und B bis zu insgesamt maximal 16 Stunden täglich; die gesetzlich vorgeschriebene Pause verlängert diesen Zeitraum nicht,

b) bei Bereitschaftsdiensten der Stufen C und D bis zu insgesamt maximal 13 Stunden täglich; die gesetzlich vorgeschriebene Pause verlängert diesen Zeitraum nicht.

24-Stunden-Dienst

(3) ¹Im Rahmen des § 7 ArbZG kann unter den Voraussetzungen

a) einer Prüfung alternativer Arbeitszeitmodelle,

b) einer Belastungsanalyse gemäß § 5 ArbSchG und

c) ggf. daraus resultierender Maßnahmen zur Gewährleistung des Gesundheitsschutzes

aufgrund einer Dienstvereinbarung von den Regelungen des Arbeitszeitgesetzes abgewichen werden. ²Abweichend von den § 3, § 5 und § 6 Abs. 2 ArbZG kann die tägliche Arbeitszeit im Sinne des Arbeitszeitgesetzes über acht Stunden hinaus verlängert werden, wenn in die Arbeitszeit regelmäßig und in erheblichem Umfang Bereitschaftsdienst fällt. ³Hierbei darf die tägliche Arbeitszeit ausschließlich der Pausen maximal 24 Stunden betragen.

Dienst ohne Ausgleich

(4) Unter den Voraussetzungen des Absatzes 3 Satz 1 kann die tägliche Arbeitszeit gemäß § 7 Abs. 2a ArbZG ohne Ausgleich verlängert werden, wobei

a) bei Bereitschaftsdiensten der Stufen A und B eine wöchentliche Arbeitszeit von bis zu maximal durchschnittlich 58 Stunden,

b) bei Bereitschaftsdiensten der Stufen C und D eine wöchentliche Arbeitszeit von bis zu maximal durchschnittlich 54 Stunden

zulässig ist.

Ausgleichszeitraum

(5) Für den Ausgleichszeitraum nach den Absätzen 2 bis 4 gilt § 2 Abs. 2 Satz 1.

Teilzeitarbeit und Bereitschaftsdienst

(6) ¹In den Fällen, in denen Mitarbeiter Teilzeitarbeit gemäß § 10 vereinbart haben, verringern sich die Höchstgrenzen der wöchentlichen Arbeitszeit nach den

Absätzen 2 bis 4 in demselben Verhältnis wie die Arbeitszeit dieser Mitarbeiter zu der regelmäßigen Arbeitszeit der Vollbeschäftigten. ²Mit Zustimmung des Mitarbeiters oder aufgrund von dringenden dienstlichen oder betrieblichen Belangen kann hiervon abgewichen werden.

(7) ¹Der Dienstgeber darf Rufbereitschaft nur anordnen, wenn erfahrungsgemäß lediglich in Ausnahmefällen Arbeit anfällt. ²Durch tatsächliche Arbeitsleistung innerhalb der Rufbereitschaft kann die tägliche Höchstarbeitszeit von zehn Stunden (§ 3 ArbZG) überschritten werden (§ 7 ArbZG). *Voraussetzung Rufbereitschaft*

(8) § 2 Abs. 4 bleibt im Übrigen unberührt.

(9) ¹Für Mitarbeiter in Einrichtungen und Heimen, die der Förderung der Gesundheit, der Erziehung, der Fürsorge oder Betreuung von Kindern und Jugendlichen, der Fürsorge und Betreuung von obdachlosen, alten, gebrechlichen, erwerbsbeschränkten oder sonstigen hilfsbedürftigen Personen dienen, auch wenn diese Einrichtungen nicht der ärztlichen Behandlung der betreuten Personen dienen, gelten die Absätze 1 bis 8 mit der Maßgabe, dass die Grenzen für die Stufen A und B einzuhalten sind. ²Dazu gehören auch die Mitarbeiter in Einrichtungen, in denen die betreuten Personen nicht regelmäßig ärztlich behandelt und beaufsichtigt werden (Erholungsheime). *Abweichung von ArbZG, durch Dienstvereinbarung* *Sonderregelung Heime, vgl. § 7 Abs. 3*

§ 6 Ausgleich für Sonderformen der Arbeit

(1) ¹Der Mitarbeiter erhält neben dem Entgelt für die tatsächliche Arbeitsleistung Zeitzuschläge. ²Die Zeitzuschläge betragen – auch bei Teilzeitbeschäftigten – je Stunde *Zeitzuschläge*

a)	für Überstunden		*Überstunden*
	• in den Entgeltgruppen 1 bis 9	30 v.H.,
	• in den Entgeltgruppen 10 bis 15	15 v.H.,
b)	für Nachtarbeit	20 v.H.,	*Nachtarbeit*
c)	für Sonntagsarbeit	25 v.H.,	*Sonntagsarbeit*
d)	bei Feiertagsarbeit		*Feiertagsarbeit*
	• ohne Freizeitausgleich	135 v.H.,
	• mit Freizeitausgleich	35 v.H.,
e)	für Arbeit am 24. Dezember und am 31. Dezember jeweils ab 6 Uhr	35 v.H.,	*24./31. Dezember*
f)	für Arbeit an Samstagen von 13 bis 21 Uhr, soweit diese nicht im Rahmen von Wechselschicht oder Schichtarbeit anfällt	20 v.H.	*Samstagsarbeit*

des auf eine Stunde entfallenden Anteils des Tabellenentgelts der Stufe 3 der jeweiligen Entgeltgruppe. ³Beim Zusammentreffen von Zeitzuschlägen nach Satz 2 Buchst. c bis f wird nur der höchste Zeitzuschlag gezahlt. ⁴Auf Wunsch des Mitarbeiters können, soweit ein Arbeitszeitkonto (§ 9) eingerichtet ist und die dienstlichen oder betrieblichen Verhältnisse es zulassen, die nach Satz 2 zu zahlenden Zeitzuschläge entsprechend dem jeweiligen Vomhundertsatz einer Stunde in Zeit umgewandelt und ausgeglichen werden. ⁵Dies gilt entsprechend für Überstunden als solche. *Freizeitausgleich bei Arbeitszeitkonto*

Anlage 33 – § 6

Überstunden

Anmerkung zu Absatz 1 Satz 1:
Bei Überstunden richtet sich die Vergütung für die tatsächliche Arbeitsleistung nach der jeweiligen Entgeltgruppe und der individuellen Stufe, höchstens jedoch nach der Stufe 4.

Feiertagsarbeit

Anmerkung zu Absatz 1 Satz 2 Buchst. d:
¹Der Freizeitausgleich muss im Dienstplan besonders ausgewiesen und bezeichnet werden. ²Falls kein Freizeitausgleich gewährt wird, werden als Vergütung einschließlich des Zeitzuschlags und des auf den Feiertag entfallenden Tabellenentgelts höchstens 235 v. H. gezahlt.

Abgeltung nicht ausgeglichener Arbeitsstunden

(2) Für Arbeitsstunden, die keine Überstunden sind und die aus dienstlichen oder betrieblichen Gründen nicht innerhalb des nach § 2 Abs. 2 Satz 1 oder 2 festgelegten Zeitraums mit Freizeit ausgeglichen werden, erhält der Mitarbeiter je Stunde 100 v. H. des auf eine Stunde entfallenden Anteils des Tabellenentgelts der jeweiligen Entgeltgruppe und Stufe.

Anmerkung zu Absatz 2:
Mit dem Begriff „Arbeitsstunden" sind nicht die Stunden gemeint, die im Rahmen von Gleitzeitregelungen im Sinne der Anmerkung zu § 2 anfallen, es sei denn, sie sind angeordnet worden.

Vergütung Rufbereitschaft

(3) ¹Für die Rufbereitschaft wird eine tägliche Pauschale je Entgeltgruppe bezahlt. ²Sie beträgt für die Tage Montag bis Freitag das Zweifache, für Samstag, Sonntag sowie für Feiertage das Vierfache des Stundenentgelts nach Maßgabe der Entgelttabelle. ³Maßgebend für die Bemessung der Pauschale nach Satz 2 ist der Tag, an dem die Rufbereitschaft beginnt. ⁴Für die Arbeitsleistung innerhalb der Rufbereitschaft außerhalb des Aufenthaltsortes im Sinne des § 4 Abs. 4 wird die Zeit jeder einzelnen Inanspruchnahme einschließlich der hierfür erforderlichen Wegezeiten jeweils auf eine volle Stunde gerundet und mit dem Entgelt für Überstunden sowie mit etwaigen Zeitzuschlägen nach Absatz 1 bezahlt. ⁵Wird die Arbeitsleistung innerhalb der Rufbereitschaft am Aufenthaltsort im Sinne des § 4 Abs. 4 telefonisch (z. B. in Form einer Auskunft) oder mittels technischer Einrichtungen erbracht, wird abweichend von Satz 4 die Summe dieser Arbeitsleistungen auf die nächste volle Stunde gerundet und mit dem Entgelt für Überstunden sowie mit etwaigen Zeitzuschlägen nach Absatz 1 bezahlt. ⁶Absatz 1 Satz 4 gilt entsprechend, soweit die Buchung auf das Arbeitszeitkonto nach § 9 Abs. 3 Satz 2 zulässig ist. ⁷Satz 1 gilt nicht im Falle einer stundenweisen Rufbereitschaft. ⁸Eine Rufbereitschaft im Sinne von Satz 7 liegt bei einer ununterbrochenen Rufbereitschaft von weniger als zwölf Stunden vor. ⁹In diesem Fall wird abweichend von den Sätzen 2 und 3 für jede Stunde der Rufbereitschaft 12,5 v. H. des Stundenentgelts nach Maßgabe der Entgelttabelle gezahlt.

Anmerkung zu Absatz 3:
Zur Ermittlung der Tage einer Rufbereitschaft, für die eine Pauschale gezahlt wird, ist auf den Tag des Beginns der Rufbereitschaft abzustellen.

Wechselschichtzulage

(4) ¹Mitarbeiter, die ständig Wechselschichtarbeit leisten, erhalten eine Wechselschichtzulage von 105 Euro monatlich. ²Mitarbeiter, die nicht ständig Wechselschichtarbeit leisten, erhalten eine Wechselschichtzulage von 0,63 Euro pro Stunde.

Schichtzulage

(5) ¹Mitarbeiter, die ständig Schichtarbeit leisten, erhalten eine Schichtzulage von 40 Euro monatlich. ²Mitarbeiter, die nicht ständig Schichtarbeit leisten, erhalten eine Schichtzulage von 0,24 Euro pro Stunde.

§ 7   Bereitschaftsdienstentgelt

(1) Zum Zwecke der Entgeltberechnung wird die Zeit des Bereitschaftsdienstes einschließlich der geleisteten Arbeit wie folgt als Arbeitszeit gewertet: *Vergütung Bereitschaftsdienst*

a) Nach dem Maß der während des Bereitschaftsdienstes erfahrungsgemäß durchschnittlich anfallenden Arbeitsleistungen wird die Zeit des Bereitschaftsdienstes wie folgt als Arbeitszeit gewertet: *Stufen und Arbeitszeitbewertung*

Stufe	Arbeitsleistung innerhalb des Bereitschaftsdienstes	Bewertung als Arbeitszeit
A	0 bis 10 v. H.	15 v. H.
B	mehr als 10 v. H. bis 25 v. H.	25 v. H.
C	mehr als 25 v. H. bis 40 v. H.	40 v. H.
D	mehr als 40 bis 49 v. H.	55 v. H.

Ein hiernach der Stufe A zugeordneter Bereitschaftsdienst wird der Stufe B zugeteilt, wenn der Mitarbeiter während des Bereitschaftsdienstes in der Zeit von 22 bis 6 Uhr erfahrungsgemäß durchschnittlich mehr als dreimal dienstlich in Anspruch genommen wird.

b) Entsprechend der Zahl der vom Mitarbeiter je Kalendermonat abgeleisteten Bereitschaftsdienste wird die Zeit eines jeden Bereitschaftsdienstes zusätzlich wie folgt als Arbeitszeit gewertet: *zusätzliche Arbeitszeitbewertung*

Zahl der Bereitschaftsdienste im Kalendermonat	Bewertung als Arbeitszeit
1. bis 8. Bereitschaftsdienst	25. v. H.
9. bis 12. Bereitschaftsdienst	35 v. H.
13. und folgende Bereitschaftsdienste	45 v. H.

(2) Die Zuweisung zu den einzelnen Stufen des Bereitschaftsdienstes erfolgt durch die Einrichtungsleitung und die Mitarbeitervertretung. *Zuweisung*

(3) ¹Für die Mitarbeiter gemäß § 5 Abs. 9 wird zum Zwecke der Entgeltberechnung die Zeit des Bereitschaftsdienstes einschließlich der geleisteten Arbeit mit 25 v.H. als Arbeitszeit bewertet. ²Leistet der Mitarbeiter in einem Kalendermonat mehr als acht Bereitschaftsdienste, wird die Zeit eines jeden über acht Bereitschaftsdienste hinausgehenden Bereitschaftsdienstes zusätzlich mit 15 v.H. als Arbeitszeit gewertet.

(3a) Die Mitarbeiter erhalten zusätzlich zu dem Entgelt nach Absatz 3 für die Zeit des Bereitschaftsdienstes in den Nachtstunden (§ 4 Abs. 5) je Stunde einen Zeitzuschlag in Höhe von 15 v.H. des auf eine Stunde umgerechneten individuellen Tabellenentgelts.

(4) Das Entgelt für die nach den Absätzen 1, 3 und 3a zum Zwecke der Entgeltberechnung als Arbeitszeit gewertete Bereitschaftsdienstzeit bestimmt sich nach dem auf eine Stunde umgerechneten individuellen Tabellenentgelt. *Vergütung*

(5) Das Bereitschaftsdienstentgelt kann im Falle der Faktorisierung nach § 9 Abs. 3 im Verhältnis 1 : 1 in Freizeit abgegolten werden. *Freizeitausgleich Arbeitszeitkonto*

§ 8 Bereitschaftszeiten

Bereitschaftszeit Voraussetzung

(1) ¹Bereitschaftszeiten sind die Zeiten, in denen sich der Mitarbeiter am Arbeitsplatz oder einer anderen vom Dienstgeber bestimmten Stelle zur Verfügung halten muss, um im Bedarfsfall die Arbeit selbständig, ggf. auch auf Anordnung, aufzunehmen und in denen die Zeiten ohne Arbeitsleistung überwiegen. ²Für Mitarbeiter, in deren Tätigkeit regelmäßig und in nicht unerheblichem Umfang Bereitschaftszeiten fallen, gelten folgende Regelungen:

(RK Nord/NRW/Mitte/BW/Bayern):

a) Bereitschaftszeiten werden zur Hälfte als tarifliche Arbeitszeit gewertet (faktorisiert).

(RK Ost):

a) Bereitschaftsdiensten werden zur Hälfte als Arbeitszeit gewertet (faktorisiert).

b) Sie werden innerhalb von Beginn und Ende der regelmäßigen täglichen Arbeitszeit nicht gesondert ausgewiesen.

c) Die Summe aus den faktorisierten Bereitschaftszeiten und der Vollarbeitszeit darf die Arbeitszeit nach § 2 Abs. 1 nicht überschreiten.

d) Die Summe aus Vollarbeits- und Bereitschaftszeiten darf durchschnittlich 48 Stunden wöchentlich nicht überschreiten.

³Ferner ist Voraussetzung, dass eine nicht nur vorübergehend angelegte Organisationsmaßnahme besteht, bei der regelmäßig und in nicht unerheblichem Umfang Bereitschaftszeiten anfallen.

(2) Die Anwendung des Absatzes 1 bedarf einer einvernehmlichen Dienstvereinbarung.

Anmerkung zu § 8:
Diese Regelung gilt nicht für Wechselschicht- und Schichtarbeit.

§ 9 Arbeitszeitkonto

Arbeitszeitkonto

(1) ¹Durch Dienstvereinbarung kann ein Arbeitszeitkonto eingerichtet werden. ²Soweit ein Arbeitszeitkorridor (§ 2 Abs. 6) oder eine Rahmenzeit (§ 2 Abs. 7) vereinbart wird, ist ein Arbeitszeitkonto einzurichten.

Dienstvereinbarung

(2) ¹In der Dienstvereinbarung wird festgelegt, ob das Arbeitszeitkonto in der ganzen Einrichtung oder Teilen davon eingerichtet wird. ²Alle Mitarbeiter der Einrichtungsteile, für die ein Arbeitszeitkonto eingerichtet wird, werden von den Regelungen des Arbeitszeitkontos erfasst.

Zeitarten

(3) ¹Auf das Arbeitszeitkonto können Zeiten, die bei Anwendung des nach § 2 Abs. 2 festgelegten Zeitraums als Zeitguthaben oder als Zeitschuld bestehen bleiben, nicht durch Freizeit ausgeglichene Zeiten nach § 6 Abs. 1 Satz 5 und Abs. 2 sowie in Zeit umgewandelte Zuschläge nach § 6 Abs. 1 Satz 4 gebucht werden. ²Weitere Kontingente (z.B. Rufbereitschafts-/Bereitschaftsdienstentgelte) können durch Dienstvereinbarung zur Buchung freigegeben werden. ³Der Mitarbeiter entscheidet für einen in der Dienstvereinbarung festgelegten Zeitraum, welche der in Satz 1 genannten Zeiten auf das Arbeitszeitkonto gebucht werden.

(4) Im Falle einer unverzüglich angezeigten und durch ärztliches Attest nachgewiesenen Arbeitsunfähigkeit während eines Zeitausgleichs vom Arbeitszeitkonto (Zeiten nach Absatz 3 Satz 1 und 2) tritt eine Minderung des Zeitguthabens nicht ein.

Arbeitsunfähigkeit

(5) In der Dienstvereinbarung sind insbesondere folgende Regelungen zu treffen:

Dienstvereinbarung

a) Die höchstmögliche Zeitschuld (bis zu 40 Stunden) und das höchstzulässige Zeitguthaben (bis zu einem Vielfachen von 40 Stunden), die innerhalb eines bestimmten Zeitraums anfallen dürfen;

Grenze Zeitschuld/ -guthaben

b) nach dem Umfang des beantragten Freizeitausgleichs gestaffelte Fristen für das Abbuchen von Zeitguthaben oder für den Abbau von Zeitschulden durch den Mitarbeiter;

Frist Aufbau/ Abbau

c) die Berechtigung, das Abbuchen von Zeitguthaben zu bestimmten Zeiten (z. B. an so genannten Brückentagen) vorzusehen;

d) die Folgen, wenn der Dienstgeber einen bereits genehmigten Freizeitausgleich kurzfristig widerruft.

(6) ¹Der Dienstgeber kann mit dem Mitarbeiter die Einrichtung eines Langzeitkontos vereinbaren. ²In diesem Fall ist die Mitarbeitervertretung zu beteiligen und – bei Insolvenzfähigkeit des Dienstgebers – eine Regelung zur Insolvenzsicherung zu treffen.

Langzeitkonto

§ 10 Teilzeitbeschäftigung

(1) ¹Mit Mitarbeitern soll auf Antrag eine geringere als die vertraglich festgelegte Arbeitszeit vereinbart werden, wenn sie

Anspruch Teilzeitarbeit bei Kind/ pflegebedürftigen Angehörigen

a) mindestens ein Kind unter 18 Jahren oder

b) einen nach ärztlichem Gutachten pflegebedürftigen sonstigen Angehörigen

tatsächlich betreuen oder pflegen und dringende dienstliche bzw. betriebliche Belange nicht entgegenstehen. ²Die Teilzeitbeschäftigung nach Satz 1 ist auf Antrag auf bis zu fünf Jahre zu befristen. ³Sie kann verlängert werden; der Antrag ist spätestens sechs Monate vor Ablauf der vereinbarten Teilzeitbeschäftigung zu stellen. ⁴Bei der Gestaltung der Arbeitszeit hat der Dienstgeber im Rahmen der dienstlichen bzw. betrieblichen Möglichkeiten der besonderen persönlichen Situation des Mitarbeiters nach Satz 1 Rechnung zu tragen.

Befristung

Arbeitszeitgestaltung

(2) Mitarbeiter, die in anderen als den in Absatz 1 genannten Fällen eine Teilzeitbeschäftigung vereinbaren wollen, können von ihrem Dienstgeber verlangen, dass er mit ihnen die Möglichkeit einer Teilzeitbeschäftigung mit dem Ziel erörtert, zu einer entsprechenden Vereinbarung zu gelangen.

Erörterungspflicht

(3) Ist mit früher Vollbeschäftigten auf ihren Wunsch eine nicht befristete Teilzeitbeschäftigung vereinbart worden, sollen sie bei späterer Besetzung eines Vollzeitarbeitsplatzes bei gleicher Eignung im Rahmen der dienstlichen bzw. betrieblichen Möglichkeiten bevorzugt berücksichtigt werden.

Anspruch Vollzeitarbeit

Anmerkung zu den §§ 2 bis 10:
Bei In-Kraft-Treten dieser Anlage bestehende Gleitzeitregelungen bleiben unberührt.

§ 11 Eingruppierung und Entgelt der Mitarbeiter im Sozial- und Erziehungsdienst

Tätigkeitsmerkmale, Anhang B

(1) Die Eingruppierung der Mitarbeiter im Sozial- und Erziehungsdienst richtet sich nach den Tätigkeitsmerkmalen des Anhang B dieser Anlage.

Entgeltstufen Gruppen S 2 bis S 18

(2) ¹Die Entgeltgruppen S 2 bis S 18 umfassen sechs Stufen. ²Bei Einstellung werden die Mitarbeiter der Stufe 1 zugeordnet, sofern keine einschlägige Berufserfahrung vorliegt.

Stufenzuordnung Grundregel

³Verfügt der Mitarbeiter über eine einschlägige Berufserfahrung von mindestens einem Jahr, erfolgt die Einstellung in die Stufe 2; verfügt er über eine einschlägige Berufserfahrung von mindestens vier Jahren, erfolgt in der Regel eine Zuordnung zur Stufe 3.

einschlägige Berufserfahrung

⁴Unabhängig davon kann der Dienstgeber bei Neueinstellungen zur Deckung des Personalbedarfs Zeiten einer vorherigen beruflichen Tätigkeit ganz oder teilweise für die Stufenzuordnung berücksichtigen, wenn diese Tätigkeit für die vorgesehene Tätigkeit förderlich ist.

unmittelbare Vorbeschäftigung, AVR/kirchlicher Dienst

⁵Wird der Mitarbeiter in unmittelbarem Anschluss an ein Dienstverhältnis im Geltungsbereich der AVR oder im sonstigen Tätigkeitsbereich der katholischen Kirche eingestellt, so erhält er

a) wenn sein bisheriges Entgelt nach dieser Anlage oder einer entsprechenden Regelung bemessen war, das Entgelt der Stufe, das er beim Fortbestehen des Dienstverhältnisses am Einstellungstag vom bisherigen Dienstgeber erhalten hätte,

b) wenn sein bisheriges Entgelt in Abweichung von den Vorschriften dieser Anlage oder einer entsprechenden Regelung bemessen war, das Entgelt der Stufe, das er am Einstellungstag von seinem bisherigen Dienstgeber erhalten würde, wenn sein Entgelt ab dem Zeitpunkt, seitdem er ununterbrochen im Geltungsbereich der AVR oder im sonstigen Tätigkeitsbereich der katholischen Kirche tätig ist, nach dieser Anlage oder einer entsprechenden Regelung bemessen worden wäre.

Stufenlaufzeit

⁶Die Mitarbeiter erreichen die jeweils nächste Stufe – von Stufe 3 an in Abhängigkeit von ihrer Leistung gemäß § 13 Abs. 2 – nach folgenden Zeiten einer ununterbrochenen Tätigkeit innerhalb derselben Entgeltgruppe bei ihrem Dienstgeber (Stufenlaufzeit):

ununterbrochene Tätigkeit, vgl. § 13 Abs. 3

- Stufe 2 nach einem Jahr in Stufe 1,
- Stufe 3 nach drei Jahren in Stufe 2,
- Stufe 4 nach vier Jahren in Stufe 3,
- Stufe 5 nach vier Jahren in Stufe 4 und
- Stufe 6 nach fünf Jahren in Stufe 5.

⁷Abweichend von Satz 1 ist Endstufe die Stufe 4

a) in der Entgeltgruppe S 4 bei Tätigkeiten entsprechend dem Tätigkeitsmerkmal Fallgruppe 2 und

b) in der Entgeltgruppe S 8 bei Tätigkeiten entsprechend dem Tätigkeitsmerkmal Fallgruppe 5.

⁸Abweichend von Satz 6 erreichen Mitarbeiter, die nach den Tätigkeitsmerkmalen des Anhang B dieser Anlage in der Entgeltgruppe S 8 eingruppiert sind, die Stufe 5 nach acht Jahren in Stufe 4 und die Stufe 6 nach zehn Jahren in Stufe 5.

Anmerkung zu Absatz 2 Satz 3:
Ein Praktikum nach Abschnitt D der Anlage 7 zu den AVR gilt grundsätzlich als Erwerb einschlägiger Berufserfahrung.

Anmerkung zu Absatz 2 Satz 5:
1. Der Tätigkeit im Bereich der katholischen Kirche steht gleich eine Tätigkeit in der evangelischen Kirche, in einem Diakonischen Werk oder in einer Einrichtung, die dem Diakonischen Werk angeschlossen ist.
2. ¹Ein unmittelbarer Anschluss liegt nicht vor, wenn zwischen den Dienstverhältnissen ein oder mehrere Werktage – mit Ausnahme allgemein arbeitsfreier Werktage – liegen, in denen das Dienstverhältnis nicht bestand. ²Es ist jedoch unschädlich, wenn der Mitarbeiter in dem gesamten zwischen den Dienstverhältnissen liegenden Zeitraum dienstunfähig erkrankt war oder die Zeit zur Ausführung eines Umzuges an einen anderen Ort benötigt hat. ³Von der Voraussetzung des unmittelbaren Anschlusses kann abgewichen werden, wenn der Zeitraum zwischen dem Ende des bisherigen Dienstverhältnisses und dem Beginn des neuen Dienstverhältnisses ein Jahr nicht übersteigt.

(3) Soweit innerhalb dieser Anlage auf bestimmte Entgeltgruppen Bezug genommen wird, entspricht

die Entgeltgruppe	der Entgeltgruppe
2	S 2
4	S 3
5	S 4
6	S 5
8	S 6 bis S 8
9	S 9 bis S 14
10	S 15 und S 16
11	S 17
12	S 18.

§ 12   Tabellenentgelt

(1) ¹Der Mitarbeiter erhält monatlich ein Tabellenentgelt. ²Die Höhe bestimmt sich nach der Entgeltgruppe, in die er eingruppiert ist, und nach der für ihn geltenden Stufe. *Eingruppierungsautomatik*

(2) Die Mitarbeiter erhalten Entgelt nach Anhang A dieser Anlage. *Anhang A*

§ 12a   Berechnung und Auszahlung des Entgelts

Teilzeitbeschäftigte erhalten das Tabellenentgelt und alle sonstigen Entgeltbestandteile in dem Umfang, der dem Anteil ihrer individuell vereinbarten durchschnittlichen Arbeitszeit an der regelmäßigen Arbeitszeit vergleichbarer Vollzeitbeschäftigter entspricht. *Teilzeitentgelt*

§ 13   Allgemeine Regelungen zu den Stufen

(1) Die Mitarbeiter erhalten vom Beginn des Monats an, in dem die nächste Stufe erreicht wird, das Tabellenentgelt nach der neuen Stufe. *Monatsbeginn*

Anlage 33 – § 13

Verkürzung und Verlängerung der Stufenlaufzeit, vgl. § 11 Abs. 2 Satz 6

betriebliche Kommission

(2) ¹Bei Leistungen des Mitarbeiters, die erheblich über dem Durchschnitt liegen, kann die erforderliche Zeit für das Erreichen der Stufen 4 bis 6 jeweils verkürzt werden. ²Bei Leistungen, die erheblich unter dem Durchschnitt liegen, kann die erforderliche Zeit für das Erreichen der Stufen 4 bis 6 jeweils verlängert werden. ³Bei einer Verlängerung der Stufenlaufzeit hat der Dienstgeber jährlich zu prüfen, ob die Voraussetzungen für die Verlängerung noch vorliegen. ⁴Für die Beratung von schriftlich begründeten Beschwerden von Mitarbeitern gegen eine Verlängerung nach Satz 2 bzw. 3 ist eine betriebliche Kommission zuständig. ⁵Die Mitglieder der betrieblichen Kommission werden je zur Hälfte vom Dienstgeber und von der Mitarbeitervertretung benannt; sie müssen der Einrichtung angehören. ⁶Der Dienstgeber entscheidet auf Vorschlag der Kommission darüber, ob und in welchem Umfang der Beschwerde abgeholfen werden soll.

Anmerkung zu Absatz 2:
¹Die Instrumente der materiellen Leistungsanreize (§ 14) und der leistungsbezogene Stufenaufstieg bestehen unabhängig voneinander und dienen unterschiedlichen Zielen. ²Leistungsbezogene Stufenaufstiege unterstützen insbesondere die Anliegen der Personalentwicklung.

Anmerkung zu Absatz 2 Satz 2:
Bei Leistungsminderungen, die auf einem anerkannten Arbeitsunfall oder einer Berufskrankheit gemäß §§ 8 und 9 SGB VII beruhen, ist diese Ursache in geeigneter Weise zu berücksichtigen.

Anmerkung zu Absatz 2 Satz 6:
Die Mitwirkung der Kommission erfasst nicht die Entscheidung über die leistungsbezogene Stufenzuordnung.

Zeiten ununterbrochener Tätigkeit, vgl. § 11 Abs. 2 Satz 6

(3) ¹Den Zeiten einer ununterbrochenen Tätigkeit im Sinne des § 11 Abs. 2 Satz 6 stehen gleich:

a) Schutzfristen nach dem Mutterschutzgesetz,

b) Zeiten einer Arbeitsunfähigkeit nach Abschnitt XII der Anlage 1 zu den AVR bis zu 26 Wochen,

c) Zeiten eines bezahlten Urlaubs,

d) Zeiten eines Sonderurlaubs, bei denen der Dienstgeber vor dem Antritt schriftlich ein dienstliches bzw. betriebliches Interesse anerkannt hat,

e) Zeiten einer sonstigen Unterbrechung von weniger als einem Monat im Kalenderjahr,

f) Zeiten der vorübergehenden Übertragung einer höherwertigen Tätigkeit.

²Zeiten der Unterbrechung bis zu einer Dauer von jeweils drei Jahren, die nicht von Satz 1 erfasst werden, und Elternzeit bis zu jeweils fünf Jahren sind unschädlich, werden aber nicht auf die Stufenlaufzeit angerechnet. ³Bei einer Unterbrechung von mehr als drei Jahren, bei Elternzeit von mehr als fünf Jahren, erfolgt eine Zuordnung zu der Stufe, die der vor der Unterbrechung erreichten Stufe vorangeht, jedoch nicht niedriger als bei einer Neueinstellung; die Stufenlaufzeit beginnt mit dem Tag der Arbeitsaufnahme. ⁴Zeiten, in denen Mitarbeiter mit einer kürzeren als der regelmäßigen wöchentlichen Arbeitszeit eines entsprechenden Vollbeschäftigten beschäftigt waren, werden voll angerechnet.

(4) ¹Bei Eingruppierung in eine höhere Entgeltgruppe werden die Mitarbeiter derjenigen Stufe zugeordnet, in der sie mindestens ihr bisheriges Tabellenentgelt erhalten, mindestens jedoch der Stufe 2.

Höhergruppierung

(RK NRW/BW):
²Beträgt der Unterschiedsbetrag zwischen dem derzeitigen Tabellenentgelt und dem Tabellenentgelt nach Satz 1
in den Entgeltgruppen 1 bis 8 weniger als

| ab 1. Juli 2014 | 54,80 Euro |
| ab 1. März 2015 | 56,12 Euro |

bzw. in den Entgeltgruppen 9 bis 15 weniger als

| ab 1. Juli 2014 | 87,69 Euro |
| ab 1. März 2015 | 89,79 Euro |

so erhält der Mitarbeiter während der betreffenden Stufenlaufzeit anstelle des Unterschiedsbetrags einen Garantiebetrag von monatlich

Garantiebetrag

in den Entgeltgruppen 1 bis 8

| ab 1. Juli 2014 | 54,80 Euro |
| ab 1. März 2015 | 56,12 Euro |

bzw. in den Entgeltgruppen 9 bis 15

| ab 1. Juli 2014 | 87,69 Euro |
| ab 1. März 2015 | 89,79 Euro |

(RK Mitte/Bayern):
²Beträgt der Unterschiedsbetrag zwischen dem derzeitigen Tabellenentgelt und dem Tabellenentgelt nach Satz 1
in den Entgeltgruppen 1 bis 8 weniger als

Höhergruppierung

| ab 1. Januar 2015 | 54,80 Euro |
| ab 1. März 2015 | 56,12 Euro |

bzw. in den Entgeltgruppen 9 bis 15 weniger als

| ab 1. Januar 2015 | 87,69 Euro |
| ab 1. März 2015 | 89,79 Euro |

so erhält der Mitarbeiter während der betreffenden Stufenlaufzeit anstelle des Unterschiedsbetrags einen Garantiebetrag von monatlich

Garantiebetrag

in den Entgeltgruppen 1 bis 8

| ab 1. Januar 2015 | 54,80 Euro |
| ab 1. März 2015 | 56,12 Euro |

bzw. in den Entgeltgruppen 9 bis 15

| ab 1. Januar 2015 | 87,69 Euro |
| ab 1. März 2015 | 89,79 Euro |

Anlage 33 – § 13

(RK Nord): [2]Beträgt der Unterschiedsbetrag zwischen dem derzeitigen Tabellenentgelt und dem Tabellenentgelt nach Satz 1

in den Entgeltgruppen 1 bis 8 weniger als

ab 1. Januar 2015	54,80 Euro
ab 1. Juli 2015	56,12 Euro

bzw. in den Entgeltgruppen 9 bis 15 weniger als

ab 1. Januar 2014	87,69 Euro
ab 1. Juli 2015	89,79 Euro

Garantiebetrag so erhält der Mitarbeiter während der betreffenden Stufenlaufzeit anstelle des Unterschiedsbetrags einen Garantiebetrag von monatlich

in den Entgeltgruppen 1 bis 8

ab 1. Januar 2015	54,80 Euro
ab 1. Juli 2015	56,12 Euro

bzw. in den Entgeltgruppen 9 bis 15

ab 1. Januar 2015	87,69 Euro
ab 1. Juli 2015	89,79 Euro

Höhergruppierung *(RK Ost):*
[2]Beträgt der Unterschiedsbetrag zwischen dem derzeitigen Tabellenentgelt und dem Tabellenentgelt nach Satz 1

in den Entgeltgruppen 1 bis 8 weniger als

Tarifgebiet Ost, außer Kindertagesstätten gemäß §§ 22ff. SGB VIII:

ab 1. Januar 2015:	50,42 Euro
ab 1. Oktober 2015:	51,63 Euro

Tarifgebiet West, außer Kindertagesstätten gemäß §§ 22ff. SGB VIII:

ab 1. Januar 2015:	52,61 Euro
ab 1. Oktober 2015:	53,88 Euro

Tarifgebiet Ost, nur Kindertagesstätten gemäß §§ 22ff. SGB VIII:

ab 1. Januar 2015:	51,51 Euro
ab 1. Oktober 2015:	52,75 Euro

Tarifgebiet West, nur Kindertagesstätten gemäß §§ 22ff. SGB VIII:

ab 1. Januar 2015:	53,70 Euro
ab 1. Oktober 2015:	55,00 Euro

bzw. in den Entgeltgruppen 9 bis15 weniger als

Tarifgebiet Ost, außer Kindertagesstätten gemäß §§ 22ff. SGB VIII:

ab 1. Januar 2015:	80,67 Euro
ab 1. Oktober 2015:	82,61 Euro

§ 13 – Anlage 33

Tarifgebiet West, außer Kindertagesstätten gemäß §§ 22ff. SGB VIII:

ab 1. Januar 2015:	84,18 Euro
ab 1. Oktober 2015:	86,20 Euro

Tarifgebiet Ost, nur Kindertagesstätten gemäß §§ 22ff. SGB VIII:

ab 1. Januar 2015:	82,43 Euro
ab 1. Oktober 2015:	84,40 Euro

Tarifgebiet West, nur Kindertagesstätten gemäß §§ 22ff. SGB VIII:

ab 1. Januar 2015:	85,94 Euro
ab 1. Oktober 2015:	87,99 Euro

so erhält der Mitarbeiter während der betreffenden Stufenlaufzeit anstelle des Unterschiedsbetrags einen Garantiebetrag von monatlich

Garantiebetrag

in den Entgeltgruppen 1 bis 8 weniger als

Tarifgebiet Ost, außer Kindertagesstätten gemäß §§ 22ff. SGB VIII:

ab 1. Januar 2015:	50,42 Euro
ab 1. Oktober 2015:	51,63 Euro

Tarifgebiet West, außer Kindertagesstätten gemäß §§ 22ff. SGB VIII:

ab 1. Januar 2015:	52,61 Euro
ab 1. Oktober 2015:	53,88 Euro

Tarifgebiet Ost, nur Kindertagesstätten gemäß §§ 22ff. SGB VIII:

ab 1. Januar 2015:	51,51 Euro
ab 1. Oktober 2015:	52,75 Euro

Tarifgebiet West, nur Kindertagesstätten gemäß §§ 22ff. SGB VIII:

ab 1. Januar 2015:	53,70 Euro
ab 1. Oktober 2015:	55,00 Euro

bzw. in den Entgeltgruppen 9 bis 15 weniger als

Tarifgebiet Ost, außer Kindertagesstätten gemäß §§ 22ff. SGB VIII:

ab 1. Januar 2015:	80,67 Euro
ab 1. Oktober 2015:	82,61 Euro

Tarifgebiet West, außer Kindertagesstätten gemäß §§ 22ff. SGB VIII:

ab 1. Januar 2015:	84,18 Euro
ab 1. Oktober 2015:	86,20 Euro

Tarifgebiet Ost, nur Kindertagesstätten gemäß §§ 22ff. SGB VIII:

ab 1. Januar 2015:	82,43 Euro
ab 1. Oktober 2015:	84,40 Euro

Tarifgebiet West, nur Kindertagesstätten gemäß §§ 22ff. SGB VIII:

ab 1. Januar 2015:	85,94 Euro
ab 1. Oktober 2015:	87,99 Euro

A 33

Anlage 33 – §§ 13, 14

³Wird der Mitarbeiter nicht in die nächsthöhere, sondern in eine darüber liegende Entgeltgruppe höhergruppiert, ist das Tabellenentgelt für jede dazwischen liegende Entgeltgruppe nach Satz 1 zu berechnen; Satz 2 gilt mit der Maßgabe, dass auf das derzeitige Tabellenentgelt und das Tabellenentgelt der Entgeltgruppe abzustellen ist, in die der Mitarbeiter höhergruppiert wird.⁴Die Stufenlaufzeit in der höheren Entgeltgruppe beginnt mit dem Tag der Höhergruppierung. ⁵Bei einer Eingruppierung in eine niedrigere Entgeltgruppe ist der Mitarbeiter der in der höheren Entgeltgruppe erreichten Stufe zuzuordnen. ⁶Der Mitarbeiter erhält vom Beginn des Monats an, in dem die Veränderung wirksam wird, das entsprechende Tabellenentgelt aus der in Satz 1 oder Satz 5 festgelegten Stufen der betreffenden Entgeltgruppe, ggf. einschließlich des Garantiebetrags.

Herabgruppierung

Anmerkung zu Absatz 4 Satz 2:
Die Garantiebeträge nehmen an allgemeinen Entgeltanpassungen teil.

§ 14 Leistungsentgelt bzw. Sozialkomponente

Zwecke
(1) Das Leistungsentgelt bzw. die Sozialkomponente sollen dazu beitragen, die caritativen Dienstleistungen zu verbessern.

Dienstvereinbarung
(2) ¹Ein Leistungsentgelt bzw. eine Sozialkomponente können nur durch eine ergänzende Dienstvereinbarung mit der Mitarbeitervertretung nach § 38 MAVO eingeführt werden. ²Der persönliche Geltungsbereich einer solchen ergänzenden Dienstvereinbarung ist auf Mitarbeiter im Sinne von § 3 MAVO beschränkt. ³Eine Dienstvereinbarung, die auch Mitarbeiter erfasst, die in den Geltungsbereich der Anlagen 31 und 32 zu den AVR fallen, ist möglich.⁴Kommt eine Dienstvereinbarung vor Ablauf des jeweiligen Kalenderjahres für das jeweilige Kalenderjahr nicht zustande, findet Absatz 4 Anwendung. ⁵Für leitende Mitarbeiter nach § 3 Abs. 2 Nr. 2 bis 4 MAVO gilt Absatz 4, sofern individualrechtlich nichts anderes vereinbart wurde.

Umfang
(3) ¹Das für das Leistungsentgelt bzw. die Sozialkomponente zur Verfügung stehende Gesamtvolumen entspricht

im Jahr 2012: 1,75 v.H.,

ab dem Jahr 2013: 2,00 v.H.

Pflichtzahlung
der ab Inkrafttreten dieser Anlage im jeweiligen Kalenderjahr gezahlten ständigen Monatsentgelte aller unter den Geltungsbereich dieser Anlage fallenden Mitarbeiter der jeweiligen Einrichtung im Sinne von § 1 MAVO. ²Das zur Verfügung stehende Gesamtvolumen ist zweckentsprechend zu verwenden. ³Wird eine die Anlagen 31, 32 und 33 übergreifende Dienstvereinbarung geschlossen, können die für das Leistungsentgelt bzw. die Sozialkomponente zur Verfügung stehenden Gesamtvolumen der jeweiligen Anlagen zusammengerechnet werden.

Anmerkung zu Absatz 3 Satz 1:
¹Ständige Monatsentgelte sind insbesondere das Tabellenentgelt (ohne Sozialversicherungsbeiträge des Dienstgebers und dessen Beiträge für die Zusatzversorgung), die in Monatsbeträgen festgelegten Zulagen sowie Entgelt im Krankheitsfall und bei Urlaub, soweit diese Entgelte in dem betreffenden Kalenderjahr ausgezahlt worden sind; nicht einbezogen sind dagegen insbesondere Abfindungen, Aufwandsentschädigungen, Besitzstandszulagen, Einmalzahlungen, Jahressonderzahlungen, Leistungsentgelte, Strukturausgleiche, unständige Entgeltbestandteile und

Entgelte der Mitarbeiter im Sinne des § 3 Absatz (g) des Allgemeinen Teils zu den AVR. ²Unständige Entgeltbestandteile können betrieblich einbezogen werden.

Anmerkung zu Abs. 3:
Ab dem Jahr 2012 strebt die Arbeitsrechtliche Kommission an, den Vomhundertsatz des TVöD zu übernehmen.

(4) ¹Kommt eine Dienstvereinbarung im jeweiligen Kalenderjahr für das jeweilige Kalenderjahr weder zum Leistungsentgelt noch zur Sozialkomponente zu Stande, wird aus dem nach Absatz 3 Satz 1 zur Verfügung stehenden jährlichen Gesamtvolumen mit dem Entgelt für den Monat Januar des Folgejahres eine Einmalzahlung an alle Mitarbeiter, die unter den Geltungsbereich dieser Anlage fallen, ausgeschüttet. ²Die Auszahlung an den einzelnen Mitarbeiter erfolgt in Höhe des in Absatz 3 Satz 1 genannten Vomhundertsatzes der im jeweiligen Kalenderjahr an ihn gezahlten ständigen Monatsentgelte im Sinne der Anmerkung zu Absatz 3 Satz 1. ³Endet das Dienstverhältnis unterjährig, ist die Einmalzahlung am letzten Tag des Dienstverhältnisses auszuschütten. ⁴In den ersten 12 Monaten nach Inkrafttreten dieser Anlage wird das Leistungsentgelt nach Absatz 3 monatlich ausgezahlt. ⁵Eine Dienstvereinbarung ist für diesen Zeitraum ausgeschlossen.

Monatsentgelt

(5a) ¹Soweit in einer Einrichtung im Sinne des § 1 MAVO das Gesamtvolumen aus dem Kalenderjahr 2012 nicht vollständig ausgeschüttet worden ist, ist der vorhandene Restbetrag an alle Mitarbeiter dieser Anlage mit dem Entgelt des Monats Januar 2014 auszuzahlen, sofern sie an mindestens einem Tag des Monats Januar 2014 Anspruch auf Tabellenentgelt hatten. ²Unter Tabellenentgelt fällt: Entgelt, Urlaubsvergütung, Krankenbezüge bzw. Krankengeldzuschuss. ³Dies gilt auch, wenn nur wegen der Höhe der Barleistungen des Sozialversicherungsträgers Krankengeldzuschuss nicht bezahlt wird. ⁴Einem Anspruch auf Entgelt gleichgestellt ist der Bezug von Krankengeld nach § 45 SGB V oder entsprechender gesetzlicher Leistungen und der Bezug von Mutterschaftsgeld. ⁵Im Falle eines Dienstgeberwechsels im Monat Januar 2014 wird kein weiterer Anspruch beim neuen Dienstgeber begründet.

(b) ¹Die Höhe der Auszahlung an den einzelnen Mitarbeiter bemisst sich nach der Formel:

$$\text{Höhe der Auszahlung} = \frac{X * Y_{individuell}}{Y_{gesamt}}$$

X = im Januar 2013 vorhandener Restbetrag des Gesamtvolumens gemäß Absatz 3 Satz 1 aus dem Kalenderjahr 2012

$Y_{individuell}$ = auf den einzelnen Mitarbeiter fallender Anteil am Gesamtvolumen des Kalenderjahres 2013 gemäß Absatz 3 Satz 1 i.V.m. Abs. 4 Satz 2

Y_{gesamt} = das im Monat Januar 2014 auszuschüttende Gesamtvolumen der ständigen Monatsentgelte gemäß Absatz 3 Satz 1.

Anlage 33 – §§ 14, 15

§ 15 Jahressonderzahlung

Anspruch (1) Mitarbeiter, die am 1. Dezember im Dienstverhältnis stehen, haben Anspruch auf eine Jahressonderzahlung.

Bemessungssatz (2) ¹Die Jahressonderzahlung beträgt,
- in den Entgeltgruppen 1 bis 8   90 v.H.,
- in den Entgeltgruppen 9 bis 12   80 v.H. und
- in den Entgeltgruppen 13 bis 15   60 v.H.

Bemessungsgrundlage

Bemessungszeitpunkt des dem Mitarbeiter in den Kalendermonaten Juli, August und September durchschnittlich gezahlten monatlichen Entgelts; unberücksichtigt bleiben hierbei das zusätzlich für Überstunden und Mehrarbeit gezahlte Entgelt (mit Ausnahme der im Dienstplan vorgesehenen Überstunden und Mehrarbeit), Leistungszulagen, Leistungs- und Erfolgsprämien. ²Der Bemessungssatz bestimmt sich nach der Entgeltgruppe am 1. September. ³Bei Mitarbeitern, deren Dienstverhältnis nach dem 30. September begonnen hat, tritt an die Stelle des Bemessungszeitraums der erste volle Kalendermonat des Dienstverhältnisses. ⁴In den Fällen, in denen im Kalenderjahr der Geburt des Kindes während des Bemessungszeitraums eine elterngeldunschädliche Teilzeitbeschäftigung ausgeübt wird, bemisst sich die Jahressonderzahlung nach dem Beschäftigungsumfang am Tag vor dem Beginn der Elternzeit.

Anmerkung zu Absatz 2:
¹Bei der Berechnung des durchschnittlich gezahlten monatlichen Entgelts werden die gezahlten Entgelte der drei Monate addiert und durch drei geteilt; dies gilt auch bei einer Änderung des Beschäftigungsumfangs. ²Ist im Bemessungszeitraum nicht für alle Kalendertage Entgelt gezahlt worden, werden die gezahlten Entgelte der drei Monate addiert, durch die Zahl der Kalendertage mit Entgelt geteilt und sodann mit 30,67 multipliziert. ³Zeiträume, für die Krankengeldzuschuss gezahlt worden ist, bleiben hierbei unberücksichtigt. ⁴Besteht während des Bemessungszeitraums an weniger als 30 Kalendertagen Anspruch auf Entgelt, ist der letzte Kalendermonat, in dem für alle Kalendertage Anspruch auf Entgelt bestand, maßgeblich.

(2a) Für die Jahressonderzahlung von Mitarbeitern in der Entgeltgruppe S 9, Entwicklungsstufe 6, findet der in Absatz 2 Satz 1 für die Entgeltgruppen 1 bis 8 ausgewiesene Prozentsatz Anwendung.

(3) Für Mitarbeiter im Gebiet der neuen Bundesländer Mecklenburg-Vorpommern, Brandenburg, Sachsen-Anhalt, Thüringen und Sachsen sowie in dem Teil des Landes Berlin, in dem das Grundgesetz bis einschließlich 2. Oktober 1990 nicht galt, gilt Absatz 2 mit der Maßgabe, dass die Bemessungssätze für die Jahressonderzahlung 75 v.H. der dort genannten Vomhundertsätze betragen.

anteilige Sonderzahlung bei Unterbrechung (4) ¹Der Anspruch nach den Absätzen 1 bis 3 vermindert sich um ein Zwölftel für jeden Kalendermonat, in dem Mitarbeiter keinen Anspruch auf Entgelt oder Fortzahlung des Entgelts haben. ²Die Verminderung unterbleibt für Kalendermonate,
1. für die Mitarbeiter kein Tabellenentgelt erhalten haben wegen
   a) Ableistung von Grundwehrdienst oder Zivildienst, wenn sie diesen vor dem 1. Dezember beendet und die Beschäftigung unverzüglich wieder aufgenommen haben,
   b) Beschäftigungsverboten nach § 3 Abs. 2 und § 6 Abs. 1 MuSchG,

c) Inanspruchnahme der Elternzeit nach dem Bundeselterngeld- und Elternzeitgesetz bis zum Ende des Kalenderjahres, in dem das Kind geboren ist, wenn am Tag vor Antritt der Elternzeit Entgeltanspruch bestanden hat;

2. in denen Mitarbeitern Krankengeldzuschuss gezahlt wurde oder nur wegen der Höhe des zustehenden Krankengelds ein Krankengeldzuschuss nicht gezahlt worden ist.

(5) ¹Die Jahressonderzahlung wird mit dem Tabellenentgelt für November ausgezahlt. ²Ein Teilbetrag der Jahressonderzahlung kann zu einem früheren Zeitpunkt ausgezahlt werden.

Zahlungszeitpunkt

§ 16 Zusatzurlaub

(1) Mitarbeiter, die ständig Wechselschichtarbeit nach § 4 Abs. 1 oder ständig Schichtarbeit nach § 4 Abs. 2 leisten und denen die Zulage nach § 6 Abs. 4 Satz 1 oder Abs. 5 Satz 1 zusteht, erhalten

ständige Wechselschicht-/ Schichtarbeit, vgl. Anm. 1

a) bei Wechselschichtarbeit für je zwei zusammenhängende Monate und

b) bei Schichtarbeit für je vier zusammenhängende Monate

einen Arbeitstag Zusatzurlaub.

(2) Im Falle nicht ständiger Wechselschichtarbeit und nicht ständiger Schichtarbeit soll bei annähernd gleicher Belastung die Gewährung zusätzlicher Urlaubstage durch Dienstvereinbarung geregelt werden.

nicht ständige Wechselschicht-/ Schichtarbeit

(3) ¹Mitarbeiter erhalten bei einer Leistung im Kalenderjahr von mindestens

Nachtarbeit, vgl. Anm. 2

- 150 Nachtarbeitsstunden   1 Arbeitstag
- 300 Nachtarbeitsstunden   2 Arbeitstage
- 450 Nachtarbeitsstunden   3 Arbeitstage
- 600 Nachtarbeitsstunden   4 Arbeitstage

Zusatzurlaub im Kalenderjahr. ²Nachtarbeitsstunden, die in Zeiträumen geleistet werden, für die Zusatzurlaub für Wechselschicht- oder Schichtarbeit zusteht, bleiben unberücksichtigt.

(4) ¹Bei Anwendung des Absatzes 3 werden nur die im Rahmen der regelmäßigen Arbeitszeit (§ 2) in der Zeit zwischen 21 Uhr und 6 Uhr dienstplanmäßig bzw. betriebsüblich geleisteten Nachtarbeitsstunden berücksichtigt.

Nachtarbeitsstunden

(5) ¹Bei Teilzeitbeschäftigten ist die Zahl der nach Absatz 3 geforderten Nachtarbeitsstunden entsprechend dem Verhältnis ihrer individuell vereinbarten durchschnittlichen regelmäßigen Arbeitszeit zur regelmäßigen Arbeitszeit vergleichbarer Vollzeitbeschäftigter zu kürzen. ²Ist die vereinbarte Arbeitszeit im Durchschnitt des Urlaubsjahres auf weniger als fünf Arbeitstage in der Kalenderwoche verteilt, ist der Zusatzurlaub in entsprechender Anwendung des § 3 Abs. 5 Unterabsatz 1 Satz 1, Unterabsatz 2 Satz 1 und Unterabsatz 4 der Anlage 14 zu den AVR zu ermitteln.

Teilzeit bei Nachtarbeit

(6) ¹Die Mitarbeiter erhalten für die Zeit der Bereitschaftsdienste in den Nachtstunden einen Zusatzurlaub in Höhe von zwei Arbeitstagen pro Kalenderjahr, sofern mindestens 288 Stunden der Bereitschaftsdienste kalenderjährlich in die Zeit zwischen 21 Uhr bis 6 Uhr fallen. ²Absatz 3 Satz 2 und Absatz 5 gelten entsprechend.

Anmerkung zu Absatz 6:
Davon abweichend erhalten die Mitarbeiter im Jahre 2013 einen Zusatzurlaub von einem Arbeitstag, sofern die Zeit der Bereitschaftsdienste in den Nachtstunden mindestens 144 Stunden erreicht.

Höchsturlaubstage
(7) ¹Zusatzurlaub nach dieser Anlage und sonstigen Bestimmungen mit Ausnahme von § 125 SGB IX wird nur bis zu insgesamt sechs Arbeitstagen im Kalenderjahr gewährt. ²Erholungsurlaub und Zusatzurlaub (Gesamturlaub) dürfen im Kalenderjahr zusammen 35 Arbeitstage, bei Zusatzurlaub wegen Wechselschichtarbeit 36 Tage, nicht überschreiten. ³Bei Mitarbeitern, die das 50. Lebensjahr vollendet haben, gilt abweichend von Satz 2 eine Höchstgrenze von 36 Arbeitstagen; § 3 Abs. 4 Satz 1 der Anlage 14 zu den AVR gilt entsprechend.

Anlage 14
(8) Im Übrigen gelten die §§ 1 bis 3 der Anlage 14 zu den AVR mit Ausnahme von § 1 Abs. 6 Unterabsatz 2 Satz 1 entsprechend.

Anmerkung zu den Absätzen 1, 3 und 6:
1. ¹Der Anspruch auf Zusatzurlaub nach den Absätzen 1 und 2 bemisst sich nach der abgeleisteten Schicht- oder Wechselschichtarbeit und entsteht im laufenden Jahr, sobald die Voraussetzungen nach Absatz 1 erfüllt sind. ²Für die Feststellung, ob ständige Wechselschichtarbeit oder ständige Schichtarbeit vorliegt, ist eine Unterbrechung durch Arbeitsbefreiung, Freizeitausgleich, bezahlten Urlaub oder Arbeitsunfähigkeit in den Grenzen des Abschnitt XII der Anlage 1 zu den AVR unschädlich.
2. Der Anspruch auf Zusatzurlaub nach Absatz 3 sowie nach Absatz 6 bemisst sich nach den abgeleisteten Nachtarbeitsstunden und entsteht im laufenden Jahr, sobald die Voraussetzungen nach Absatz 3 Satz 1 bzw. nach Absatz 6 Satz 1 erfüllt sind.

§ 17 Führung auf Probe

befristete Führungsposition auf Probe
(1) ¹Führungspositionen können als befristetes Dienstverhältnis bis zur Gesamtdauer von zwei Jahren vereinbart werden. ²Innerhalb dieser Gesamtdauer ist eine höchstens zweimalige Verlängerung des Dienstvertrages zulässig. ³Die beiderseitigen Kündigungsrechte bleiben unberührt.

Führungsposition
(2) Führungspositionen sind die ab Entgeltgruppe 10 zugewiesenen Tätigkeiten mit Weisungsbefugnis, die vor Übertragung vom Dienstgeber ausdrücklich als Führungspositionen auf Probe bezeichnet worden sind.

vorübergehende Führungsposition auf Probe
(3) ¹Besteht bereits ein Dienstverhältnis mit demselben Dienstgeber, kann dem Mitarbeiter vorübergehend eine Führungsposition bis zu der in Absatz 1 genannten Gesamtdauer übertragen werden. ²Dem Mitarbeiter wird für die Dauer der Übertragung eine Zulage in Höhe des Unterschiedsbetrags zwischen den Tabellenentgelten nach der bisherigen Entgeltgruppe und dem sich bei Höhergruppierung nach § 13 Abs. 4 Satz 1 und 2 ergebenden Tabellenentgelt gewährt. ³Nach Fristablauf endet die Erprobung. ⁴Bei Bewährung wird die Führungsfunktion auf Dauer übertragen; ansonsten erhält der Mitarbeiter eine der bisherigen Eingruppierung entsprechende Tätigkeit.

§ 18 Führung auf Zeit

(1) ¹Führungspositionen können als befristetes Arbeitsverhältnis bis zur Dauer von vier Jahren vereinbart werden. ²Folgende Verlängerungen des Arbeitsvertrages sind zulässig:

a) in den Entgeltgruppen 10 bis 12 eine höchstens zweimalige Verlängerung bis zu einer Gesamtdauer von acht Jahren,

b) ab Entgeltgruppe 13 eine höchstens dreimalige Verlängerung bis zu einer Gesamtdauer von zwölf Jahren.

³Zeiten in einer Führungsposition nach Buchstabe a bei demselben Dienstgeber können auf die Gesamtdauer nach Buchstabe b zur Hälfte angerechnet werden. ⁴Die allgemeinen Vorschriften über die Probezeit (§ 7 Abs. 4 des Allgemeinen Teils zu den AVR) und die beiderseitigen Kündigungsrechte bleiben unberührt.

(2) Führungspositionen sind die ab Entgeltgruppe 10 zugewiesenen Tätigkeiten mit Weisungsbefugnis, die vor Übertragung vom Dienstgeber ausdrücklich als Führungspositionen auf Zeit bezeichnet worden sind.

(3) ¹Besteht bereits ein Dienstverhältnis mit demselben Dienstgeber, kann dem Mitarbeiter vorübergehend eine Führungsposition bis zu den in Absatz 1 genannten Fristen übertragen werden. ²Dem Mitarbeiter wird für die Dauer der Übertragung eine Zulage gewährt in Höhe des Unterschiedsbetrags zwischen den Tabellenentgelten nach der bisherigen Entgeltgruppe und dem sich bei Höhergruppierung nach § 13 Abs. 4 Satz 1 und 2 ergebenden Tabellenentgelt, zuzüglich eines Zuschlags von 75 v.H. des Unterschiedsbetrags zwischen den Tabellenentgelten der Entgeltgruppe, die der übertragenen Funktion entspricht, zur nächsthöheren Entgeltgruppe nach § 13 Abs. 4 Satz 1 und 2. ³Nach Fristablauf erhält der Mitarbeiter eine der bisherigen Eingruppierung entsprechende Tätigkeit; der Zuschlag entfällt.

Anlage 33 – Anhang A

(RK NRW/BW, gültig ab 1. Juli 2014;
RK Mitte/Bayern/Nord, gültig ab 1. Januar 2015)

Entgelt-gruppe	Grundentgelt		Entwicklungsstufen			
	Stufe 1	Stufe 2	Stufe 3	Stufe 4	Stufe 5	Stufe 6
S 18	3.364,50	3.476,63	3.925,25	4.261,69	4.766,37	5.074,78
S 17	3.028,04	3.336,45	3.700,94	3.925,25	4.373,83	4.637,39
S 16	2.949,54	3.263,56	3.510,28	3.813,09	4.149,53	4.351,41
S 15	2.837,38	3.140,18	3.364,50	3.622,44	4.037,39	4.216,82
S 14	2.803,74	3.028,04	3.308,42	3.532,70	3.813,09	4.009,35
S 13	2.803,74	3.028,04	3.308,42	3.532,70	3.813,09	3.953,26
S 12	2.691,60	2.971,97	3.241,13	3.476,63	3.768,21	3.891,58
S 11	2.579,45	2.915,90	3.061,69	3.420,57	3.700,94	3.869,16
S 10	2.512,15	2.781,31	2.915,90	3.308,42	3.622,44	3.880,37
S 9	2.500,93	2.691,60	2.859,82	3.168,23	3.420,57	3.661,69
S 8	2.399,99	2.579,45	2.803,74	3.123,37	3.414,95	3.644,85
S 7	2.327,10	2.551,40	2.730,86	2.910,29	3.044,88	3.241,13
S 6	2.287,85	2.512,15	2.691,60	2.871,02	3.033,64	3.211,97
S 5	2.287,85	2.512,15	2.680,38	2.770,09	2.893,47	3.106,55
S 4	2.074,77	2.355,14	2.500,93	2.624,31	2.702,80	2.803,74
S 3	1.962,62	2.198,14	2.355,14	2.512,15	2.557,02	2.601,88
S 2	1.878,50	1.985,06	2.063,55	2.153,28	2.242,99	2.332,72

(RK NRW/Mitte/BW/Bayern, gültig ab 1. März 2015;
RK Nord, gültig ab 1. Juli 2015)

Entgeltgruppe	Grundentgelt		Entwicklungsstufen			
	Stufe 1	Stufe 2	Stufe 3	Stufe 4	Stufe 5	Stufe 6
S 18	3.445,25	3.560,07	4.019,46	4.363,97	4.880,76	5.196,57
S 17	3.102,56	3.416,52	3.789,76	4.019,46	4.478,80	4.748,69
S 16	3.024,52	3.341,89	3.594,53	3.904,60	4.249,12	4.455,84
S 15	2.913,01	3.215,54	3.445,25	3.709,38	4.134,29	4.318,02
S 14	2.879,57	3.102,56	3.387,82	3.617,48	3.904,60	4.105,57
S 13	2.879,57	3.102,56	3.387,82	3.617,48	3.904,60	4.048,14
S 12	2.768,08	3.046,82	3.318,92	3.560,07	3.858,65	3.984,98
S 11	2.656,58	2.991,07	3.136,01	3.502,66	3.789,76	3.962,02
S 10	2.589,68	2.857,27	2.991,07	3.387,82	3.709,38	3.973,50
S 9	2.578,52	2.768,08	2.935,32	3.244,27	3.502,66	3.749,57
S 8	2.478,17	2.656,58	2.879,57	3.198,33	3.496,91	3.732,33
S 7	2.405,70	2.628,70	2.807,11	2.985,49	3.119,30	3.318,92
S 6	2.366,68	2.589,68	2.768,08	2.946,46	3.108,13	3.289,06
S 5	2.366,68	2.589,68	2.756,93	2.846,12	2.968,77	3.181,11
S 4	2.154,84	2.433,58	2.578,52	2.701,18	2.779,22	2.879,57
S 3	2.043,35	2.277,50	2.433,58	2.589,68	2.634,28	2.678,89
S 2	1.959,72	2.065,65	2.143,69	2.232,89	2.322,08	2.411,29

Anlage 33 – Anhang A

(RK Ost – Tarifgebiet Ost, Mitarbeiter in Einrichtungen, die keine Kindertagesstätten nach §§ 22ff. SGB VIII sind, gültig ab 1. Januar 2015)

Entgelt-gruppe	Grundentgelt		Entwicklungsstufen			
	Stufe 1	Stufe 2	Stufe 3	Stufe 4	Stufe 5	Stufe 6
S 18	3.095,34	3.198,50	3.611,23	3.920,75	4.385,06	4.668,80
S 17	2.785,80	3.069,53	3.404,86	3.611,23	4.023,92	4.266,40
S 16	2.713,58	3.002,48	3.229,46	3.508,04	3.817,57	4.003,30
S 15	2.610,39	2.888,97	3.095,34	3.332,64	3.714,40	3.879,47
S 14	2.579,44	2.785,80	3.043,75	3.250,08	3.508,04	3.688,60
S 13	2.579,44	2.785,80	3.043,75	3.250,08	3.508,04	3.637,00
S 12	2.476,27	2.734,21	2.981,84	3.198,50	3.466,75	3.580,25
S 11	2.373,09	2.682,63	2.816,75	3.146,92	3.404,86	3.559,63
S 10	2.311,18	2.558,81	2.682,63	3.043,75	3.332,64	3.569,94
S 9	2.300,86	2.476,27	2.631,03	2.914,77	3.146,92	3.368,75
S 8	2.207,99	2.373,09	2.579,44	2.873,50	3.141,75	3.353,26
S 7	2.140,93	2.347,29	2.512,39	2.677,47	2.801,29	2.981,84
S 6	2.104,82	2.311,18	2.476,27	2.641,34	2.790,95	2.955,01
S 5	2.104,82	2.311,18	2.465,95	2.548,48	2.661,99	2.858,03
S 4	1.908,79	2.166,73	2.300,86	2.414,37	2.486,58	2.579,44
S 3	1.805,61	2.022,29	2.166,73	2.311,18	2.352,46	2.393,73
S 2	1.728,22	1.826,26	1.898,47	1.981,02	2.063,55	2.146,10

(RK Ost – Tarifgebiet Ost, Mitarbeiter in Einrichtungen, die keine Kindertagesstätten nach §§ 22ff. SGB VIII sind, gültig ab 1. Oktober 2015)

Entgelt-gruppe	Grundentgelt		Entwicklungsstufen			
	Stufe 1	Stufe 2	Stufe 3	Stufe 4	Stufe 5	Stufe 6
S 18	3.169,63	3.275,26	3.697,90	4.014,85	4.490,30	4.780,84
S 17	2.854,36	3.143,20	3.486,58	3.697,90	4.120,50	4.368,79
S 16	2.782,56	3.074,54	3.306,97	3.592,23	3.909,19	4.099,37
S 15	2.679,97	2.958,30	3.169,63	3.412,63	3.803,55	3.972,58
S 14	2.649,20	2.854,36	3.116,79	3.328,08	3.592,23	3.777,12
S 13	2.649,20	2.854,36	3.116,79	3.328,08	3.592,23	3.724,29
S 12	2.546,63	2.803,07	3.053,41	3.275,26	3.549,96	3.666,18
S 11	2.444,05	2.751,78	2.885,13	3.222,45	3.486,58	3.645,06
S 10	2.382,51	2.628,69	2.751,78	3.116,79	3.412,63	3.655,62
S 9	2.372,24	2.546,63	2.700,49	2.984,73	3.222,45	3.449,60
S 8	2.279,92	2.444,05	2.649,20	2.942,46	3.217,16	3.433,74
S 7	2.213,24	2.418,40	2.582,54	2.746,65	2.869,76	3.053,41
S 6	2.177,35	2.382,51	2.546,63	2.710,74	2.859,48	3.025,94
S 5	2.177,35	2.382,51	2.536,38	2.618,43	2.731,27	2.926,62
S 4	1.982,45	2.238,89	2.372,24	2.485,09	2.556,88	2.649,20
S 3	1.879,88	2.095,30	2.238,89	2.382,51	2.423,54	2.464,58
S 2	1.802,94	1.900,40	1.972,19	2.054,26	2.136,31	2.218,39

Anlage 33 – Anhang A

(RK Ost – Tarifgebiet West, Mitarbeiter in Einrichtungen, die keine Kindertagesstätten nach §§ 22ff. SGB VIII sind, gültig ab 1. Januar 2015)

Entgelt-gruppe	Grundentgelt		Entwicklungsstufen			
	Stufe 1	Stufe 2	Stufe 3	Stufe 4	Stufe 5	Stufe 6
S 18	3.229,92	3.337,56	3.768,24	4.091,22	4.575,72	4.871,79
S 17	2.906,92	3.202,99	3.552,90	3.768,24	4.198,88	4.451,89
S 16	2.831,56	3.133,02	3.369,87	3.660,57	3.983,55	4.177,35
S 15	2.723,88	3.014,57	3.229,92	3.477,54	3.875,89	4.048,15
S 14	2.691,59	2.906,92	3.176,08	3.391,39	3.660,57	3.848,98
S 13	2.691,59	2.906,92	3.176,08	3.391,39	3.660,57	3.795,13
S 12	2.583,94	2.853,09	3.111,48	3.337,56	3.617,48	3.735,92
S 11	2.476,27	2.799,26	2.939,22	3.283,75	3.552,90	3.714,39
S 10	2.411,66	2.670,06	2.799,26	3.176,08	3.477,54	3.725,16
S 9	2.400,89	2.583,94	2.745,43	3.041,50	3.283,75	3.515,22
S 8	2.303,99	2.476,27	2.691,59	2.998,44	3.278,35	3.499,06
S 7	2.234,02	2.449,34	2.621,63	2.793,88	2.923,08	3.111,48
S 6	2.196,34	2.411,66	2.583,94	2.756,18	2.912,29	3.083,49
S 5	2.196,34	2.411,66	2.573,16	2.659,29	2.777,73	2.982,29
S 4	1.991,78	2.260,93	2.400,89	2.519,34	2.594,69	2.691,59
S 3	1.884,12	2.110,21	2.260,93	2.411,66	2.454,74	2.497,80
S 2	1.803,36	1.905,66	1.981,01	2.067,15	2.153,27	2.239,41

(RK Ost – Tarifgebiet West, Mitarbeiter in Einrichtungen, die keine Kindertagesstätten nach §§ 22ff. SGB VIII sind, gültig ab 1. Oktober 2015)

Entgelt-gruppe	Grundentgelt		Entwicklungsstufen			
	Stufe 1	Stufe 2	Stufe 3	Stufe 4	Stufe 5	Stufe 6
S 18	3.307,44	3.417,67	3.858,68	4.189,41	4.685,53	4.988,71
S 17	2.978,46	3.279,86	3.638,17	3.858,68	4.299,65	4.558,74
S 16	2.903,54	3.208,21	3.450,75	3.748,42	4.079,16	4.277,61
S 15	2.796,49	3.086,92	3.307,44	3.561,00	3.968,92	4.145,30
S 14	2.764,39	2.978,46	3.252,31	3.472,78	3.748,42	3.941,35
S 13	2.764,39	2.978,46	3.252,31	3.472,78	3.748,42	3.886,21
S 12	2.657,36	2.924,95	3.186,16	3.417,67	3.704,30	3.825,58
S 11	2.550,32	2.871,43	3.010,57	3.362,55	3.638,17	3.803,54
S 10	2.486,09	2.742,98	2.871,43	3.252,31	3.561,00	3.814,56
S 9	2.475,38	2.657,36	2.817,91	3.114,50	3.362,55	3.599,59
S 8	2.379,04	2.550,32	2.764,39	3.070,40	3.357,03	3.583,04
S 7	2.309,47	2.523,55	2.694,83	2.866,07	2.994,53	3.186,16
S 6	2.272,01	2.486,09	2.657,36	2.828,60	2.983,80	3.157,50
S 5	2.272,01	2.486,09	2.646,65	2.732,28	2.850,02	3.053,87
S 4	2.068,65	2.336,24	2.475,38	2.593,13	2.668,05	2.764,39
S 3	1.961,62	2.186,40	2.336,24	2.486,09	2.528,91	2.571,73
S 2	1.881,33	1.983,02	2.057,94	2.143,57	2.229,20	2.314,84

(RK Ost – Tarifgebiet Ost, Mitarbeiter in Kindertagesstätten nach §§ 22ff. SGB VIII sind, gültig ab 1. Januar 2015)

Entgeltgruppe	Grundentgelt		Entwicklungsstufen			
	Stufe 1	Stufe 2	Stufe 3	Stufe 4	Stufe 5	Stufe 6
S 18	3.162,63	3.268,03	3.689,74	4.005,99	4.480,39	4.770,29
S 17	2.846,36	3.136,26	3.478,88	3.689,74	4.111,40	4.359,15
S 16	2.772,57	3.067,75	3.299,66	3.584,30	3.900,56	4.090,33
S 15	2.667,14	2.951,77	3.162,63	3.405,09	3.795,15	3.963,81
S 14	2.635,52	2.846,36	3.109,91	3.320,74	3.584,30	3.768,79
S 13	2.635,52	2.846,36	3.109,91	3.320,74	3.584,30	3.716,06
S 12	2.530,10	2.793,65	3.046,66	3.268,03	3.542,12	3.658,09
S 11	2.424,68	2.740,95	2.877,99	3.215,34	3.478,88	3.637,01
S 10	2.361,42	2.614,43	2.740,95	3.109,91	3.405,09	3.647,55
S 9	2.350,87	2.530,10	2.688,23	2.978,14	3.215,34	3.441,99
S 8	2.255,99	2.424,68	2.635,52	2.935,97	3.210,05	3.426,16
S 7	2.187,47	2.398,32	2.567,01	2.735,67	2.862,19	3.046,66
S 6	2.150,58	2.361,42	2.530,10	2.698,76	2.851,62	3.019,25
S 5	2.150,58	2.361,42	2.519,56	2.603,88	2.719,86	2.920,16
S 4	1.950,28	2.213,83	2.350,87	2.466,85	2.540,63	2.635,52
S 3	1.844,86	2.066,25	2.213,83	2.361,42	2.403,60	2.445,77
S 2	1.765,79	1.865,96	1.939,74	2.024,08	2.108,41	2.192,76

(RK Ost – Tarifgebiet Ost, Mitarbeiter in Kindertagesstätten nach §§ 22ff. SGB VIII sind, gültig ab 1. Oktober 2015)

Entgelt-gruppe	Grundentgelt		Entwicklungsstufen			
	Stufe 1	Stufe 2	Stufe 3	Stufe 4	Stufe 5	Stufe 6
S 18	3.238,54	3.346,47	3.778,29	4.102,13	4.587,91	4.884,78
S 17	2.916,41	3.211,53	3.562,37	3.778,29	4.210,07	4.463,77
S 16	2.843,05	3.141,38	3.378,86	3.670,32	3.994,17	4.188,49
S 15	2.738,23	3.022,61	3.238,54	3.486,82	3.886,23	4.058,94
S 14	2.706,80	2.916,41	3.184,55	3.400,43	3.670,32	3.859,24
S 13	2.706,80	2.916,41	3.184,55	3.400,43	3.670,32	3.805,25
S 12	2.602,00	2.864,01	3.119,78	3.346,47	3.627,13	3.745,88
S 11	2.497,19	2.811,61	2.947,85	3.292,50	3.562,37	3.724,30
S 10	2.434,30	2.685,83	2.811,61	3.184,55	3.486,82	3.735,09
S 9	2.423,81	2.602,00	2.759,20	3.049,61	3.292,50	3.524,60
S 8	2.329,48	2.497,19	2.706,80	3.006,43	3.287,10	3.508,39
S 7	2.261,36	2.470,98	2.638,68	2.806,36	2.932,14	3.119,78
S 6	2.224,68	2.434,30	2.602,00	2.769,67	2.921,64	3.091,72
S 5	2.224,68	2.434,30	2.591,51	2.675,35	2.790,64	2.990,24
S 4	2.025,55	2.287,57	2.423,81	2.539,11	2.612,47	2.706,80
S 3	1.920,75	2.140,85	2.287,57	2.434,30	2.476,22	2.518,16
S 2	1.842,14	1.941,71	2.015,07	2.098,92	2.182,76	2.266,61

Anlage 33 – Anhang A

(RK Ost – Tarifgebiet West, Mitarbeiter in Kindertagesstätten nach §§ 22ff. SGB VIII sind, gültig ab 1. Januar 2015)

Entgelt-gruppe	Grundentgelt		Entwicklungsstufen			
	Stufe 1	Stufe 2	Stufe 3	Stufe 4	Stufe 5	Stufe 6
S 18	3.297,21	3.407,10	3.846,75	4.176,46	4.671,04	4.973,28
S 17	2.967,48	3.269,72	3.626,92	3.846,75	4.286,35	4.544,64
S 16	2.890,55	3.198,29	3.440,07	3.736,83	4.066,54	4.264,38
S 15	2.780,63	3.077,38	3.297,21	3.549,99	3.956,64	4.132,48
S 14	2.747,67	2.967,48	3.242,25	3.462,05	3.736,83	3.929,16
S 13	2.747,67	2.967,48	3.242,25	3.462,05	3.736,83	3.874,19
S 12	2.637,77	2.912,53	3.176,31	3.407,10	3.692,85	3.813,75
S 11	2.527,86	2.857,58	3.000,46	3.352,16	3.626,92	3.791,78
S 10	2.461,91	2.725,68	2.857,58	3.242,25	3.549,99	3.802,76
S 9	2.450,91	2.637,77	2.802,62	3.104,87	3.352,16	3.588,46
S 8	2.351,99	2.527,86	2.747,67	3.060,90	3.346,65	3.571,95
S 7	2.280,56	2.500,37	2.676,24	2.852,08	2.983,98	3.176,31
S 6	2.242,09	2.461,91	2.637,77	2.813,60	2.972,97	3.147,73
S 5	2.242,09	2.461,91	2.626,77	2.714,69	2.835,60	3.044,42
S 4	2.033,27	2.308,04	2.450,91	2.571,82	2.648,74	2.747,67
S 3	1.923,37	2.154,18	2.308,04	2.461,91	2.505,88	2.549,84
S 2	1.840,93	1.945,36	2.022,28	2.110,21	2.198,13	2.286,07

Anhang A – Anlage 33

(RK Ost – Tarifgebiet West, Mitarbeiter in Kindertagesstätten nach §§ 22ff. SGB VIII sind, gültig ab 1. Oktober 2015)

Entgelt-gruppe	Grundentgelt		Entwicklungsstufen			
	Stufe 1	Stufe 2	Stufe 3	Stufe 4	Stufe 5	Stufe 6
S 18	3.376,35	3.488,87	3.939,07	4.276,69	4.783,14	5.092,64
S 17	3.040,51	3.348,19	3.713,96	3.939,07	4.389,22	4.653,72
S 16	2.964,03	3.275,05	3.522,64	3.826,51	4.164,14	4.366,72
S 15	2.854,75	3.151,23	3.376,35	3.635,19	4.051,60	4.231,66
S 14	2.821,98	3.040,51	3.320,06	3.545,13	3.826,51	4.023,46
S 13	2.821,98	3.040,51	3.320,06	3.545,13	3.826,51	3.967,18
S 12	2.712,72	2.985,88	3.252,54	3.488,87	3.781,48	3.905,28
S 11	2.603,45	2.931,25	3.073,29	3.432,61	3.713,96	3.882,78
S 10	2.537,89	2.800,12	2.931,25	3.320,06	3.635,19	3.894,03
S 9	2.526,95	2.712,72	2.876,61	3.179,38	3.432,61	3.674,58
S 8	2.428,61	2.603,45	2.821,98	3.134,36	3.426,97	3.657,68
S 7	2.357,59	2.576,13	2.750,97	2.925,78	3.056,91	3.252,54
S 6	2.319,35	2.537,89	2.712,72	2.887,53	3.045,97	3.223,28
S 5	2.319,35	2.537,89	2.701,79	2.789,20	2.909,39	3.117,49
S 4	2.111,74	2.384,91	2.526,95	2.647,16	2.723,64	2.821,98
S 3	2.002,48	2.231,95	2.384,91	2.537,89	2.581,59	2.625,31
S 2	1.920,53	2.024,34	2.100,82	2.188,23	2.275,64	2.363,06

Anlage 33 – Anhang B

Entgeltgruppen für Mitarbeiter im Sozial- und Erziehungsdienst im Sinne der Anlage 33

S 2

Mitarbeiter in der Tätigkeit von Kinderpflegern, Heilerziehungshelfern mit staatlicher Anerkennung oder mit staatlicher Prüfung [11]

S 3

Kinderpfleger, Heilerziehungshelfer mit staatlicher Anerkennung oder mit staatlicher Prüfung und entsprechender Tätigkeit sowie sonstige Mitarbeiter, die aufgrund gleichwertiger Fähigkeiten und ihrer Erfahrungen entsprechende Tätigkeiten ausüben [1*]

S 4

1. Kinderpfleger, Heilerziehungshelfer mit staatlicher Anerkennung oder mit staatlicher Prüfung und entsprechender Tätigkeit sowie sonstige Mitarbeiter, die aufgrund gleichwertiger Fähigkeiten und ihrer Erfahrungen entsprechende Tätigkeiten ausüben, mit schwierigen fachlichen Tätigkeiten [1*, 2]
2. Mitarbeiter in der Tätigkeit von Erziehern, Heilerziehungspflegern mit staatlicher Anerkennung [1*, 3]
3. Mitarbeiter mit abgeschlossener Berufsausbildung in der beruflichen Ausbildung/Anleitung in Einrichtungen der Erziehungs-, Behinderten-, Suchtkranken-, Wohnungslosen- oder Straffälligenhilfe [21]
4. Mitarbeiter mit abgeschlossener Berufsausbildung als Handwerker oder Facharbeiter oder entsprechender abgeschlossener Berufsausbildung als Gruppenleiter in einer Werkstatt für behinderte Menschen

S 5 (derzeit nicht besetzt)

S 6

1. Erzieher, Heilerziehungspfleger mit staatlicher Anerkennung und entsprechender Tätigkeit sowie sonstige Mitarbeiter, die aufgrund gleichwertiger Fähigkeiten und ihrer Erfahrungen entsprechende Tätigkeiten ausüben [1*, 3, 5]
2. Arbeitserzieher mit staatlicher Anerkennung und entsprechender Tätigkeit
3. Mitarbeiter mit abgeschlossener Berufsausbildung in der beruflichen Ausbildung/Anleitung in Einrichtungen der Erziehungs-, Behinderten-, Suchtkranken-, Wohnungslosen- oder Straffälligenhilfe [21, 26, 27]
4. Mitarbeiter mit Meisterprüfung in der beruflichen Ausbildung/ Anleitung in Einrichtungen der Erziehungs-, Behinderten-, Suchtkranken-, Wohnungslosen- oder Straffälligenhilfe [12, 21, 22]

---

1 Gilt nur für RK Ost, Tarifgebiete Ost sowie West und Berlin.
2 Gilt nur für RK Ost.

Anhang B – Anlage 33

5. Mitarbeiter mit abgeschlossener Berufsausbildung als Handwerker oder Facharbeiter oder entsprechender abgeschlossener Berufsausbildung und mit sonderpädagogischer Zusatzqualifikation als Gruppenleiter in einer Werkstatt für behinderte Menschen [14]
6. Mitarbeiter mit Meisterprüfung/ Techniker als Gruppenleiter in einer Werkstatt für behinderte Menschen [1*, 20]

S 7

1. Mitarbeiter als Leiter von Kindertagesstätten [8]
2. Mitarbeiter, die durch ausdrückliche Anordnung als ständige Vertreter von Leitern von Kindertagesstätten mit einer Durchschnittsbelegung von mindestens 40 Plätzen bestellt sind [4, 8, 9]

S 8

1. Erzieher, Heilerziehungspfleger mit staatlicher Anerkennung und entsprechender Tätigkeit sowie sonstige Mitarbeiter, die aufgrund gleichwertiger Fähigkeiten und ihrer Erfahrungen entsprechende Tätigkeiten ausüben, mit besonders schwierigen fachlichen Tätigkeiten [1*, 3, 5, 6]
2. Heilpädagogen mit staatlicher Anerkennung und entsprechender Tätigkeit [1*, 7]
3. Handwerksmeister, Industriemeister oder Gärtnermeister im handwerklichen Erziehungsdienst als Leiter von Ausbildungs- oder Berufsförderungswerkstätten oder Werkstätten für behinderte Menschen [1*]
4. Handwerksmeister, Industriemeister oder Gärtnermeister im handwerklichen Erziehungsdienst, die durch ausdrückliche Anordnung als ständige Vertreter von Leitern von Ausbildungs- oder Berufsförderungswerkstätten oder Werkstätten für behinderte Menschen der Entgeltgruppe S 13 Fallgruppe 6 bestellt sind [1*, 4]
5. Mitarbeiter in der Tätigkeit von Sozialarbeitern bzw. Sozialpädagogen mit staatlicher Anerkennung [1*]
6. Mitarbeiter mit Meisterprüfung/Techniker und mit sonderpädagogischer Zusatzqualifikation oder Arbeitserzieher mit staatlicher Anerkennung als Gruppenleiter in einer Werkstatt für behinderte Menschen [1*, 14, 20]
7. Mitarbeiter mit Meisterprüfung/Erzieher am Arbeitsplatz in der beruflichen Ausbildung/Anleitung in Einrichtungen der Erziehungs-, Behinderten-, Suchtkranken, Wohnungslosen- oder Straffälligenhilfe [1*, 21, 22, 26, 27]
8. Arbeitserzieher mit staatlicher Anerkennung und entsprechender Tätigkeit als verantwortlicher Leiter eines Arbeitsbereiches, wenn ihnen mindestens zwei Mitarbeiter durch ausdrückliche Anordnung ständig unterstellt sind

S 9

1. Erzieher/Heilerziehungspfleger mit staatlicher Anerkennung und entsprechender Tätigkeit mit besonders schwierigen fachlichen Tätigkeiten und mit fachlichen koordinierenden Aufgaben für mindestens zwei Mitarbeiter im Erziehungsdienst [1*, 3, 5, 6]
2. Mitarbeiter, die durch ausdrückliche Anordnung als ständige Vertreter von Leitern von Kindertagesstätten für behinderte Menschen im Sinne von § 2 SGB IX oder für Kinder und Jugendliche mit wesentlichen Erziehungsschwierigkeiten bestellt sind [4, 8]

S 10

1. Mitarbeiter als Leiter von Kindertagesstätten mit einer Durchschnittsbelegung von mindestens 40 Plätzen [8, 9]
2. Mitarbeiter, die durch ausdrückliche Anordnung als ständige Vertreter von Leitern von Kindertagesstätten mit einer Durchschnittsbelegung von mindestens 70 Plätzen bestellt sind [4, 8, 9]

Anlage 33 – Anhang B

3. Handwerksmeister, Industriemeister oder Gärtnermeister im handwerklichen Erziehungsdienst als Leiter von großen Ausbildungs- oder Berufsförderungswerkstätten oder Werkstätten für behinderte Menschen [11]
4. Mitarbeiter als technische Leiter einer Werkstatt für behinderte Menschen [1*, 16]
5. Mitarbeiter mit Meisterprüfung/Techniker und mit sonderpädagogischer Zusatzqualifikation oder Arbeitserzieher mit staatlicher Anerkennung in einer Werkstatt für behinderte Menschen als Leiter einer Abteilung [1*, 14, 19, 20]
6. Mitarbeiter als Leiter eines Teilbereiches in der beruflichen Ausbildung/Anleitung in Einrichtungen der Erziehungs-, Behinderten-, Suchtkranken-, Wohnungslosen- oder Straffälligenhilfe [1*, 21, 23]
7. Heilpädagogen mit staatlicher Anerkennung/Erzieher mit staatlicher Anerkennung und mit sonderpädagogischer Zusatzausbildung mit entsprechender Tätigkeit in Sonderschulen und Einrichtungen, die der Vorbereitung auf den Sonderschulbesuch dienen [7, 18]
8. Heilpädagogen mit staatlicher Anerkennung und entsprechender Tätigkeit

   a) in der Erziehungsberatung, der psychosozialen Beratung, der Frühförderung, der Pflegeelternberatung [7]
   b) in gruppenergänzenden Diensten in Einrichtungen der Erziehungs-, Behinderten- oder Gefährdetenhilfe [7]
   c) als Leiter einer Gruppe in Einrichtungen der Erziehungs-, Behinderten- oder Gefährdetenhilfe [7]
   d) in entsprechenden eigenverantwortlichen Tätigkeiten [7]

S 11

Sozialarbeiter und Sozialpädagogen mit staatlicher Anerkennung und entsprechender Tätigkeit sowie sonstige Mitarbeiter, die aufgrund gleichwertiger Fähigkeiten und ihrer Erfahrungen entsprechende Tätigkeiten ausüben [1*, 13]

S 12

1. Sozialarbeiter und Sozialpädagogen mit staatlicher Anerkennung und entsprechender Tätigkeit sowie sonstige Mitarbeiter, die aufgrund gleichwertiger Fähigkeiten und ihrer Erfahrungen entsprechende Tätigkeiten ausüben, mit schwierigen Tätigkeiten [1*, 11, 13, 28]
2. Mitarbeiter als Leiter einer Werkstatt für behinderte Menschen [15]
3. Mitarbeiter als technische Leiter einer Werkstatt für behinderte Menschen mit einer Durchschnittsbelegung von mindestens 180 Plätzen [1*, 17]
4. Mitarbeiter als Leiter des Bereiches der beruflichen Ausbildung/Anleitung mit einer Durchschnittsbelegung von mindestens 60 Plätzen oder mindestens sechs Gruppen in Einrichtungen der Erziehungs-, Behinderten-, Suchtkranken-, Wohnungslosen- oder Straffälligenhilfe [21, 24, 25]
5. Mitarbeiter als Leiter von mindestens drei Teilbereichen in der beruflichen Ausbildung/Anleitung in Einrichtungen der Erziehungs-, Behinderten-, Suchtkranken-, Wohnungslosen- oder Straffälligenhilfe [1221, 23]

S 13

1. Mitarbeiter als Leiter von Kindertagesstätten mit einer Durchschnittsbelegung von mindestens 70 Plätzen [8, 9]

---

1 Gilt nur für RK Ost.
2 Gilt nur für RK Ost, Tarifgebiete Ost.

2. Mitarbeiter, die durch ausdrückliche Anordnung als ständige Vertreter von Leitern von Kindertagesstätten mit einer Durchschnittsbelegung von mindestens 100 Plätzen bestellt sind [4, 8, 9]
3. Mitarbeiter als Leiter von Kindertagesstätten für behinderte Menschen im Sinne von § 2 SGB IX oder für Kinder und Jugendliche mit wesentlichen Erziehungsschwierigkeiten [8]
4. Mitarbeiter, die durch ausdrückliche Anordnung als ständige Vertreter von Leitern von Kindertagesstätten für behinderte Menschen im Sinne von § 2 SGB IX oder für Kinder und Jugendliche mit wesentlichen Erziehungsschwierigkeiten mit einer Durchschnittsbelegung von mindestens 40 Plätzen bestellt sind [4, 8, 9]
5. Mitarbeiter, die durch ausdrückliche Anordnung als ständige Vertreter von Leitern von Heimen der Erziehungs-, Behinderten- oder Gefährdetenhilfe bestellt sind [11, 4, 10]
6. Handwerksmeister, Industriemeister oder Gärtnermeister im handwerklichen Erziehungsdienst als Leiter von Ausbildungs- oder Berufsförderungswerkstätten oder Werkstätten für behinderte Menschen, die sich durch den Umfang und die Bedeutung ihres Aufgabengebietes wesentlich aus der Entgeltgruppe S 10 Fallgruppe 3 herausheben [1*]

S 14

Sozialarbeiter und Sozialpädagogen mit staatlicher Anerkennung und entsprechender Tätigkeit, die Entscheidungen zur Vermeidung der Gefährdung des Kindeswohls treffen und in Zusammenarbeit mit dem Familiengericht bzw. Vormundschaftsgericht Maßnahmen einleiten, welche zur Gefahrenabwehr erforderlich sind, oder mit gleichwertigen Tätigkeiten, die für die Entscheidung zur zwangsweisen Unterbringung von Menschen mit psychischen Krankheiten erforderlich sind (z.B. Sozialpsychiatrischer Dienst der örtlichen Stellen der Städte, Gemeinden und Landkreise) [12, 13]

S 15

1. Mitarbeiter als Leiter von Kindertagesstätten mit einer Durchschnittsbelegung von mindestens 100 Plätzen [8, 9]
2. Mitarbeiter, die durch ausdrückliche Anordnung als ständige Vertreter von Leitern von Kindertagesstätten mit einer Durchschnittsbelegung von mindestens 130 Plätzen bestellt sind [4, 8, 9]
3. Mitarbeiter als Leiter von Kindertagesstätten für behinderte Menschen im Sinne von § 2 SGB IX oder für Kinder und Jugendliche mit wesentlichen Erziehungsschwierigkeiten mit einer Durchschnittsbelegung von mindestens 40 Plätzen [8, 9]
4. Mitarbeiter, die durch ausdrückliche Anordnung als ständige Vertreter von Leitern von Kindertagesstätten für behinderte Menschen im Sinne von § 2 SGB IX oder für Kinder- und Jugendliche mit wesentlichen Erziehungsschwierigkeiten mit einer Durchschnittsbelegung von mindestens 70 Plätzen bestellt sind [4, 8, 9]
5. Mitarbeiter als Leiter von Heimen der Erziehungs-, Behinderten- oder Gefährdetenhilfe [1*, 10]
6. Mitarbeiter, die durch ausdrückliche Anordnung als ständige Vertreter von Leitern von Heimen der Erziehungs-, Behinderten- oder Gefährdetenhilfe mit einer Durchschnittsbelegung von mindestens 50 Plätzen bestellt sind [12, 4, 9, 10]
7. Sozialarbeiter und Sozialpädagogen mit staatlicher Anerkennung und entsprechender Tätigkeit sowie sonstige Mitarbeiter, die aufgrund gleichwertiger Fähigkeiten und ihrer Erfahrungen entsprechende Tätigkeiten ausüben, deren Tätigkeit sich mindestens zu ei-

---

1 Gilt nur für RK Ost.
2 Gilt nur für RK Ost.

nem Drittel durch besondere Schwierigkeit und Bedeutung aus der Entgeltgruppe S 12 heraushebt [1*, 13]

S 16

1. Mitarbeiter als Leiter von Kindertagesstätten mit einer Durchschnittsbelegung von mindestens 130 Plätzen [8, 9]
2. Mitarbeiter, die durch ausdrückliche Anordnung als ständige Vertreter von Leitern von Kindertagesstätten mit einer Durchschnittsbelegung von mindestens 180 Plätzen bestellt sind [4, 8, 9]
3. Mitarbeiter als Leiter von Kindertagesstätten für behinderte Menschen im Sinne von § 2 SGB IX oder für Kinder- und Jugendliche mit wesentlichen Erziehungsschwierigkeiten mit einer Durchschnittsbelegung von mindestens 70 Plätzen [8, 9]
4. Mitarbeiter, die durch ausdrückliche Anordnung als ständige Vertreter von Leitern von Kindertagesstätten für behinderte Menschen im Sinne von § 2 SGB IX oder für Kinder- und Jugendliche mit wesentlichen Erziehungsschwierigkeiten mit einer Durchschnittsbelegung von mindestens 90 Plätzen bestellt sind [4, 8, 9]

S 17

1. Mitarbeiter als Leiter von Kindertagesstätten mit einer Durchschnittsbelegung von mindestens 180 Plätzen [8, 9]
2. Mitarbeiter als Leiter von Kindertagesstätten für behinderte Menschen im Sinne von § 2 SGB IX oder für Kinder und Jugendliche mit wesentlichen Erziehungsschwierigkeiten mit einer Durchschnittsbelegung von mindestens 90 Plätzen [8, 9]
3. Mitarbeiter als Leiter von Heimen der Erziehungs-, Behinderten- oder Gefährdetenhilfe mit einer Durchschnittsbelegung von mindestens 50 Plätzen [1*, 9, 10]
4. Mitarbeiter, die durch ausdrückliche Anordnung als ständige Vertreter von Leitern von Heimen der Erziehungs-, Behinderten- oder Gefährdetenhilfe mit einer Durchschnittsbelegung von mindestens 90 Plätzen bestellt sind [1*, 4, 9, 10]
5. Sozialarbeiter und Sozialpädagogen mit staatlicher Anerkennung und entsprechender Tätigkeit sowie sonstige Mitarbeiter, die aufgrund gleichwertiger Fähigkeiten und ihrer Erfahrungen entsprechende Tätigkeiten ausüben, deren Tätigkeit sich durch besondere Schwierigkeit und Bedeutung aus der Entgeltgruppe S 12 heraushebt [1*, 13]
6. Kinder- und Jugendlichenpsychotherapeuten und Psychagogen mit staatlicher Anerkennung oder staatlich anerkannter Prüfung und entsprechender Tätigkeit
7. Mitarbeiter als Leiter des Bereiches der beruflichen Ausbildung/Anleitung mit einer Durchschnittsbelegung von mindestens 120 Plätzen oder mindestens zwölf Gruppen in Einrichtungen der Erziehungs-, Behinderten-, Suchtkranken-, Wohnungslosen- oder Straffälligenhilfe [9, 21, 24, 25]
8. Mitarbeiter als technischer Leiter einer Werkstatt für behinderte Menschen mit einer Durchschnittsbelegung von mindestens 300 Plätzen [16, 17]
9. Mitarbeiter als Leiter einer Werkstatt für behinderte Menschen mit einer Durchschnittsbelegung von mindestens 120 Plätzen [15, 17]

S 18

1. Mitarbeiter als Leiter von Heimen der Erziehungs-, Behinderten- oder Gefährdetenhilfe mit einer Durchschnittsbelegung von mindestens 90 Plätzen [11, 9, 10]

---

1 Gilt nur für RK Ost.

2. Sozialarbeiter und Sozialpädagogen mit staatlicher Anerkennung und entsprechender Tätigkeit sowie sonstige Mitarbeiter, die aufgrund gleichwertiger Fähigkeiten und ihrer Erfahrungen entsprechende Tätigkeiten ausüben, deren Tätigkeit sich durch das Maß der damit verbundenen Verantwortung erheblich aus der Entgeltgruppe S 17 Fallgruppe 5 heraushebt [1*, 13]
3. Mitarbeiter als Leiter des Bereiches der beruflichen Ausbildung mit einer Durchschnittsbelegung von mindestens 180 Plätzen in Einrichtungen der Erziehungs-, Behinderten-, Suchtkranken-, Wohnungslosen- oder Straffälligenhilfe [9, 24]
4. Mitarbeiter mit abgeschlossener Fachhochschulausbildung in der Tätigkeit als Leiter/-innen einer Werkstatt für behinderte Menschen mit einer Durchschnittsbelegung von mindestens 180 Plätzen [15, 17]

Anmerkungen zu den Tätigkeitsmerkmalen der Entgeltgruppen S 2 bis S 18 (Anhang B zur Anlage 33)

1 *(RK Ost):* [1]Der Mitarbeiter – ausgenommen der Mitarbeiter bzw. Meister im handwerklichen Erziehungsdienst – erhält für die Dauer der Tätigkeit in einem Erziehungsheim, einem Kinder- oder einem Jugendwohnheim oder einer vergleichbaren Einrichtung (Heim) eine Zulage in Höhe von 61,36 Euro monatlich, wenn in dem Heim überwiegend behinderte Menschen im Sinne des § 2 SGB IX, Personen, die Hilfen nach § 67 SGB XII erhalten oder Kinder und Jugendliche mit wesentlichen Erziehungsschwierigkeiten zum Zwecke der Erziehung, Ausbildung oder Pflege ständig untergebracht sind; sind nicht überwiegend solche Personen ständig untergebracht, beträgt die Zulage 30,68 Euro monatlich. [2]Für den Mitarbeiter bzw. Meister im handwerklichen Erziehungsdienst in einem Heim im Sinne des Satzes 1 erster Halbsatz beträgt die Zulage 40,90 Euro monatlich. [3]Die Zulage wird nur für Zeiträume gezahlt, in denen Mitarbeiter einen Anspruch auf Entgelt oder Fortzahlung des Entgelts nach § 21 haben. [4]Sie ist bei der Bemessung des Sterbegeldes (§ 23 Abs. 3) zu berücksichtigen.

2 Schwierige fachliche Tätigkeiten sind z. B.

    a) Tätigkeiten in Einrichtungen für behinderte Menschen im Sinne des § 2 SGB IX, in Einrichtungen für Personen, die Hilfen nach § 67 SGB XII erhalten und in psychiatrischen Kliniken,

    b) alleinverantwortliche Betreuung von Gruppen z. B. in Randzeiten,

    c) Tätigkeiten in Integrationsgruppen (Erziehungsgruppen, denen besondere Aufgaben in der gemeinsamen Förderung behinderter und nicht behinderter Kinder zugewiesen sind) mit einem Anteil von mindestens einem Drittel von behinderten Menschen im Sinne des § 2 SGB IX in Einrichtungen der Kindertagesbetreuung,

    d) Tätigkeiten in Gruppen von behinderten Menschen im Sinne des § 2 SGB IX, in Gruppen von Personen, die Hilfen nach § 67 SGB XII erhalten oder in Gruppen von Kindern und Jugendlichen mit wesentlichen Erziehungsschwierigkeiten,

    e) Tätigkeiten in geschlossenen (gesicherten) Gruppen.

3 Als entsprechende Tätigkeit von Erziehern gilt auch die Tätigkeit in Schulkindergärten, Vorklassen oder Vermittlungsgruppen für nicht schulpflichtige Kinder und die Betreuung von über 18jährigen Personen (z. B. in Einrichtungen für behinderte Menschen im Sinne des § 2 SGB IX oder in Einrichtungen der Gefährdetenhilfe).

Anlage 33 – Anhang B

4 Ständige Vertreter sind nicht Vertreter in Urlaubs- und sonstigen Abwesenheitsfällen.

5 Nach diesem Tätigkeitsmerkmal sind auch

a) Kindergärtner und Hortner mit staatlicher Anerkennung oder staatlicher Prüfung,

b) Kinderkrankenschwester/-pfleger, die in Kinderkrippen tätig sind,

c) Krankenschwestern/-pfleger, Kinderkrankenschwestern/-pfleger, Altenpfleger mit staatlicher Anerkennung in Einrichtungen der Behindertenhilfe,

d) Arbeitserzieher, sofern ihnen die im Tätigkeitsmerkmal beschriebenen Aufgaben übertragen sind und keine speziellere Eingruppierungsziffer zutrifft,

eingruppiert.

6 Besonders schwierige fachliche Tätigkeiten sind z. B. die

a) Tätigkeiten in Integrationsgruppen (Erziehungsgruppen, denen besondere Aufgaben in der gemeinsamen Förderung behinderter und nicht behinderter Kinder zugewiesen sind) mit einem Anteil von mindestens einem Drittel von behinderten Menschen im Sinne des § 2 SGB IX in Einrichtungen der Kindertagesbetreuung,

b) Tätigkeiten in Gruppen von behinderten Menschen im Sinne des § 2 SGB IX, von Personen, die Hilfen nach § 67 SGB XII erhalten oder von Kindern und Jugendlichen mit wesentlichen Erziehungsschwierigkeiten,

c) Tätigkeiten in Jugendzentren/Häusern der offenen Tür,

d) Tätigkeiten in geschlossenen (gesicherten) Gruppen,

e) fachlichen Koordinierungstätigkeiten für mindestens vier Mitarbeiter mindestens der Entgeltgruppe S 6,

f) Tätigkeiten eines Facherziehers mit einrichtungsübergreifenden Aufgaben.

7 Unter Heilpädagogen mit staatlicher Anerkennung sind Mitarbeiter zu verstehen, die einen nach Maßgabe der Rahmenvereinbarung über die Ausbildung und Prüfung an Fachschulen (Beschluss der Kultusministerkonferenz vom 7. November 2002) gestalteten Ausbildungsgang für Heilpädagogen mit der vorgeschriebenen Prüfung erfolgreich abgeschlossen und die Berechtigung zur Führung der Berufsbezeichnung „staatlich anerkannter Heilpädagoge" erworben haben.

8 Kindertagesstätten im Sinne dieses Tarifmerkmals sind Krippen, Kindergärten, Horte, Kinderbetreuungsstuben, Kinderhäuser und Kindertageseinrichtungen der örtlichen Kindererholungsfürsorge.

9 [1]Der Ermittlung der Durchschnittsbelegung ist für das jeweilige Kalenderjahr grundsätzlich die Zahl, der vom 1. Oktober bis 31. Dezember des vorangegangenen Kalenderjahres vergebenen, je Tag gleichzeitig belegbaren Plätze, zugrunde zu legen. [2]Eine Unterschreitung der maßgeblichen je Tag gleichzeitig belegbaren Plätze von nicht mehr als 5 v. H. führt nicht zur Herabgruppierung. [3]Eine Unterschreitung auf Grund vom Dienstgeber verantworteter Maßnahmen (z. B. Qualitätsverbesserungen) führt ebenfalls nicht zur Herabgruppierung. [4]Hiervon bleiben organisatorische Maßnahmen infolge demografischer Handlungsnotwendigkeiten unberührt.

10 Heime der Erziehungs-, Behinderten- oder Jugendhilfe sind Heime, in denen überwiegend Personen ständig leben, die Hilfen nach den §§ 53ff. SGB XII oder § 67 SGB XII erhalten, oder in denen überwiegend Kinder oder Jugendliche oder junge Erwachsene mit wesentlichen Erziehungsschwierigkeiten ständig leben.

11 Schwierige Tätigkeiten sind z. B. die

a) Beratung von Suchtmittel-Abhängigen,

b) Beratung von HIV-Infizierten oder an AIDS erkrankten Personen,
c) begleitende Fürsorge für Heimbewohner und nachgehende Fürsorge für ehemalige Heimbewohner,
d) begleitende Fürsorge für Strafgefangene und nachgehende Fürsorge für ehemalige Strafgefangene,
e) Koordinierung der Arbeiten mehrerer Mitarbeiter mindestens der Entgeltgruppe S 9,
f) schwierige Fachberatung,
g) schwierige fachlich koordinierende Tätigkeit,
h) Tätigkeit in gruppenergänzenden Diensten oder als Leiter einer Gruppe in Einrichtungen der Erziehungs-, Behinderten- oder Gefährdetenhilfe oder eine dem entsprechende eigenverantwortliche Tätigkeit.

12 Unter die Entgeltgruppe S 14 fallen auch Mitarbeiter mit dem Abschluss Diplompädagoge, die aufgrund gleichwertiger Fähigkeiten und ihrer Erfahrungen entsprechende Tätigkeiten von Sozialarbeitern bzw. Sozialpädagogen mit staatlicher Anerkennung ausüben, denen Tätigkeiten der Entgeltgruppe S 14 übertragen sind.

13 [1]Unter Sozialarbeitern und Sozialpädagogen mit staatlicher Anerkennung sind Mitarbeiter mit dem Abschluss Diplomsozialarbeiter und Diplomsozialpädagoge oder Sozialarbeiter und Sozialpädagogen mit einem Bachelor-Abschluss zu verstehen. [2]Daneben unterfallen diesem Tätigkeitsmerkmal auch Diplom-Heilpädagogen und Heilpädagogen mit Bachelor-Abschluss.

14 [1]Voraussetzung für die Eingruppierung ist, dass der Mitarbeiter über eine sonderpädagogische Zusatzqualifikation im Sinne der Werkstättenverordnung nach dem Neunten Buch des Sozialgesetzbuches verfügt. [2]Der sonderpädagogischen Zusatzqualifikation gleichgestellt ist der Abschluss als geprüfte Fachkraft für Arbeits- und Berufsförderung in Werkstätten für behinderte Menschen.

15 [1]Der Werkstattleiter soll in der Regel über einen Fachhochschulabschluss im kaufmännischen oder technischen Bereich oder einen gleichwertigen Bildungsstand, über ausreichende Berufserfahrung und eine sonderpädagogische Zusatzqualifikation verfügen. [2]Entsprechende Berufsqualifikationen aus dem sozialen Bereich reichen aus, wenn die zur Leitung einer Werkstatt erforderlichen Kenntnisse und Fähigkeiten im kaufmännischen und technischen Bereich anderweitig erworben worden sind. [3]Ihm muss die technische, kaufmännische, verwaltungs- und personalmäßige Leitung der Werkstatt obliegen.

16 Nach diesem Tätigkeitsmerkmal ist nur der Mitarbeiter eingruppiert, dem die Verantwortung für den technischen Bereich der Werkstatt nach Weisung des Leiters der Werkstatt für behinderte Menschen obliegt.

17 [1]Der Ermittlung der Durchschnittsbelegung ist die Zahl der tatsächlich belegten, nicht jedoch die Zahl der vorhandenen Plätze zugrunde zu legen. [2]Vorübergehend oder für kurze Zeit, z.B. wegen Erkrankung, nicht belegte Plätze sind mitzurechnen. [3]Der Ermittlung der Durchschnittsbelegung ist ein längerer Zeitraum zugrunde zu legen. Zeiten, in denen die Einrichtung vorübergehend nicht oder nur gering belegt ist, sind außer Betracht zu lassen. [4]Bei der Feststellung der Durchschnittsbelegung ist von der täglichen Höchstbelegung auszugehen.

18 Die sonderpädagogische Zusatzqualifikation verlangt, dass sie durch einen mindestens einjährigen Lehrgang oder in einer mindestens zweijährigen berufsbegleitenden Ausbildung vermittelt worden ist; die Ausbildung muss mit einer staatlichen oder staatlich anerkannten Prüfung abgeschlossen werden.

19 Nach diesem Tätigkeitsmerkmal ist der Gruppenleiter eingruppiert, dem die Leitung eines Arbeitsbereichs (z. B. Holz, Metall) übertragen ist und dem zusätzlich mindestens zwei weitere Gruppen zugeordnet sind.

20 Unter Techniker im Sinne dieses Tätigkeitsmerkmals sind Mitarbeiter zu verstehen, die

   a) einen nach Maßgabe der Rahmenordnung für die Ausbildung von Technikern (Beschluss der Kultusministerkonferenz vom 27. April 1964 bzw. vom 18. Januar 1973) gestalteten Ausbildungsgang mit der vorgeschriebenen Prüfung erfolgreich abgeschlossen und die Berechtigung zur Führung der Berufsbezeichnung „Staatlich geprüfter Techniker" bzw. „Techniker mit staatlicher Abschlussprüfung" mit einem die Fachrichtung bezeichnenden Zusatz erworben haben, oder

   b) einem nach Maßgabe über Fachschulen mit zweijähriger Ausbildungsdauer (Beschluss der Kultusministerkonferenz vom 27. Oktober 1980) gestalteten Ausbildungsgang mit der vorgeschriebenen Prüfung erfolgreich abgeschlossen und die Berechtigung zur Führung der ihrer Fachrichtung/Schwerpunkt zugeordneten Berufsbezeichnung „Staatlich geprüfter Techniker" erworben haben.

21 Berufliche Anleitung umfasst im Wesentlichen Arbeitstraining, Arbeitsanleitung und Arbeitstherapie im Rahmen der medizinischen, beruflichen und sozialen Rehabilitation sowie der Resozialisierung.

22 Dem Mitarbeiter mit Meisterprüfung sind gleichgestellt Techniker im Sinne der Anmerkung 20 sowie Mitarbeiter, die einen vergleichbaren Ausbildungsgang mit vorgeschriebener Prüfung erfolgreich abgeschlossen haben (z. B. staatlich geprüfte Betriebswirte, staatlich geprüfte Ökotrophologen).

23 [1]Ein Teilbereich ist die Zusammenfassung von mehreren Ausbildungs- oder Anleitungsgruppen. [2]Eine Gruppe ist eine Organisationseinheit, in der mehrere auszubildende oder anzuleitende Personen zusammengefasst sind und für die ein Ausbilder/Anleiter verantwortlich ist.

24 Die Leitung des Bereiches der beruflichen Ausbildung/Anleitung umfasst im Wesentlichen die Verantwortung für Organisation, Koordination, Überwachung und Planung der beruflichen Ausbildung/Anleitung in einer Einrichtung.

25 Eine Gruppe ist eine Organisationseinheit, in der mehrere auszubildende oder anzuleitende Personen zusammengefasst sind und für die ein Ausbilder/Anleiter verantwortlich ist.

26 Voraussetzung für die Eingruppierung von Mitarbeitern mit abgeschlossener Berufsausbildung/Meisterprüfung ist

   a) in Einrichtungen der Suchtkranken-, Wohnungslosen- oder Straffälligenhilfe, dass der Mitarbeiter über eine sonderpädagogische Zusatzqualifikation verfügt, die der sonderpädagogischen Zusatzqualifikation im Sinne der Werkstättenverordnung nach dem Neunten Sozialgesetzbuch entspricht,

   b) in Einrichtungen der Erziehungshilfe, dass der Mitarbeiter über eine sonderpädagogische Zusatzqualifikation verfügt, die den Richtlinien über die Ausbilder-Fortbildung des Bundesverbandes katholischer Einrichtungen und Dienste der Erziehungshilfe (BVkE) entspricht.

27 Voraussetzung für die Eingruppierung ist in Einrichtungen der Behindertenhilfe, dass der Mitarbeiter anstelle der sonderpädagogischen Zusatzqualifikation über die Ausbildereignungsprüfung verfügt.

28 [1]Für Mitarbeiter, die am Tag vor dem Inkrafttreten der Anlage 33 zu den AVR durch Beschluss der jeweiligen Regionalkommission in einem Dienstverhältnis gestanden

haben, das am Tag des Inkrafttretens der Anlage 33 zu den AVR durch Beschluss der jeweiligen Regionalkommission im Geltungsbereich der AVR fortbesteht und die bis zum Tag vor dem Inkrafttreten der Anlage 33 zu den AVR durch Beschluss der jeweiligen Regionalkommission in Vergütungsgruppe 4b der Anlage 2d eingruppiert waren, ohne dass der Bewährungsaufstieg von Vergütungsgruppe 4b in 4a der Anlage 2d vollzogen wurde, wird innerhalb eines Zeitraumes von längstens 4 Jahren ab dem Tag des Inkrafttretens der Anlage 33 zu den AVR durch Beschluss der jeweiligen Regionalkommission zum Zeitpunkt des fiktiven Bewährungsaufstiegs eine entsprechende Neuberechnung des Besitzstandes vorgenommen. ²Hierbei ist der Mitarbeiter so zu stellen, als hätte er den Bewährungsaufstieg erreicht.

Anhang C (derzeit nicht besetzt)

Anlage 33 – Anhang D

Überleitungs- und Besitzstandregelung

Präambel

¹Zweck dieser Regelung ist es, zum einen sicherzustellen, dass der einzelne Mitarbeiter nach der Überleitung in die Anlage 33 zu den AVR durch diese Überleitung keine geringere Vergleichsjahresvergütung hat. ²Zum anderen soll erreicht werden, dass die Einrichtung bei Anwendung der Anlagen 30 bis 33 zu den AVR durch die Überleitung finanziell nicht überfordert wird (Überforderungsklausel).

§ 1   Geltxungsbereich

(1) Diese Übergangs- und Besitzstandsregelung gilt für alle Mitarbeiter im Sinne des § 1 der Anlage 33 zu den AVR, die am Tag vor dem Inkrafttreten[1] der Anlage 33 zu den AVR durch Beschluss der jeweiligen Regionalkommission in einem Dienstverhältnis gestanden haben, das am Tag des Inkrafttretens* der Anlage 33 zu den AVR durch Beschluss der jeweiligen Regionalkommission im Geltungsbereich der AVR fortbesteht, für die Dauer des ununterbrochen fortbestehenden Dienstverhältnisses.

(2) Ein Dienstverhältnis besteht auch ununterbrochen fort bei der Verlängerung eines befristeten Dienstvertrages. Unterbrechungen von bis zu einem Monat sind unschädlich.

§ 2   Überleitung

¹Mitarbeiter gemäß § 1 der Anlage 33 zu den AVR werden so in das neue System übergeleitet, als ob sie seit dem Zeitpunkt, seit dem sie ununterbrochen im Geltungsbereich der AVR oder im sonstigen Bereich der katholischen Kirche tätig waren nach Anlage 33 zu den AVR eingruppiert und eingestuft worden wären.

Sätze 2 und 3 (RK Nord/NRW/Mitte/BW/Bayern):
²Dabei wird der Mitarbeiter aus den Regelvergütungsstufen gemäß § 1 Abschnitt III A der Anlage 1 zu den AVR so übergeleitet, dass die erreichte Regelvergütungsstufe zunächst mit 2 multipliziert wird. ³Die sich hieraus ergebende (Jahres-)zahl wird nachfolgend um die seit dem letzten Stufenaufstieg zurückgelegte Zeit erhöht und als Zeiten im Sinne von § 11 Abs. 2 Satz 6 bis 8 der Anlage 33 zu den AVR festgelegt.

Sätze 2 und 3 (RK Ost):
²Dabei wird der Mitarbeiter aus den Regelvergütungsstufen gemäß § 1 Abschnitt III B der Anlage 1 zu den AVR so übergeleitet, dass die erreichte Regelvergütungsstufe zunächst mit 2 multipliziert wird. ³Die sich hieraus ergebende (Jahres-)zahl wird nachfolgend um die seit dem letzten Stufenaufstieg zurückgelegte Zeit erhöht und als Zeiten im Sinne von § 13 Abs. 3 der Anlage 32 zu den AVR festgelegt.

---

1   Inkrafttreten: RK BW/NRW/Bayern gültig ab 1.1.2011, RK Mitte gültig ab 1.4.2011, RK Nord gültig ab 1.7.2011, RK Ost mit Ausnahme von § 14 gültig ab 1.7.2012, § 14 gültig ab 1.1.2013.

§ 3 Besitzstandsregelung

(1) Mitarbeiter, deren bisherige Vergütung (Vergleichsvergütung) das ihnen am Tag des Inkrafttretens[1] der Anlage 33 zu den AVR durch Beschluss der jeweiligen Regionalkommission zustehende Entgelt übersteigt, erhalten eine Besitzstandszulage.

(2) ¹Die monatliche Besitzstandszulage wird als Unterschiedsbetrag zwischen der Vergleichsjahresvergütung (Absatz 3) und dem Jahresentgelt (Absatz 4), jeweils geteilt durch 12, errechnet. ²Dabei sind Vergütungsveränderungen durch Beschlüsse nach § 11 AK-Ordnung nicht zu berücksichtigen.

(2a) *(RK Ost):* ¹Ist der Unterschiedsbetrag nach Absatz 2 positiv, wird die monatliche Besitzstandszulage bei der nächsten Stufensteigerung des Regelentgelts mit bis zu 50 v.H. des der Steigerung entsprechenden Wertes verrechnet. ²Sofern ein Abschmelzen nach S. 1 nicht möglich ist, wird ein Betrag von bis zu 50 v.H. des der Steigerung entsprechenden Wertes mit sonstigen Vergütungssteigerungen verrechnet.[2] ³Eine Verrechnung nach S. 1 oder S. 2 erfolgt längstens bis zum 31. Dezember 2020.

(2b) *(RK Ost):* Ist der Unterschiedsbetrag nach Absatz 2 negativ (Umstellungsgewinn) und höher als 3 v.H. der Vergleichsvergütung, werden die Umstellungsgewinnanteile, die über einen Betrag von 3 v.H. des Bruttomonatsentgelts hinausgehen, erst nach der Hälfte der verbleibenden Stufenlaufzeit gewährt.

(3) ¹Die Vergleichsjahresvergütung errechnet sich als das 12-fache der am Tag vor dem Inkrafttreten* der Anlage 33 zu den AVR durch Beschluss der jeweiligen Regionalkommission zustehenden Monatsvergütung, zuzüglich des Urlaubsgeldes gemäß Anlage 14 und der Weihnachtszuwendung gemäß Abschnitt XIV Anlage 1 zu den AVR.

²Zur Monatsvergütung im Sinne dieser Vorschrift gehören die Regelvergütung gemäß Abschnitt III der Anlage 1, die Kinderzulage gemäß Abschnitt V der Anlage 1, Besitzstandszulagen gemäß Anlage 1b zu den AVR und weitere regelmäßig gewährte Zulagen.

(4) ¹Das Jahresentgelt errechnet sich als das 12-fache des am Tag des Inkrafttretens* der Anlage 33 zu den AVR durch Beschluss der jeweiligen Regionalkommission zustehenden Monatsentgelts zuzüglich dem Leistungsentgelt gemäß § 14 der Anlage 33 zu den AVR und der Jahressonderzahlung gemäß § 15 der Anlage 33 zu den AVR.

²Zum Monatsentgelt im Sinne dieser Vorschrift gehören das Tabellenentgelt gemäß §§ 11, 12 der Anlage 33 zu den AVR i.V.m Anhang A der Anlage 33 zu den AVR und weitere regelmäßige gewährte Zulagen.

(5) *(RK Nord/NRW/Mitte/BW/Bayern):* ¹Fällt der Zeitpunkt des Inkrafttretens[3] dieser Anlage mit dem Zeitpunkt einer linearen Vergütungserhöhung zusammen, erfolgt die Berechnung des Besitzstandes auf Basis der erhöhten Regelvergütungstabelle in Anlage 3 zu den AVR

---

1 Inkrafttreten: RK BW/NRW/Bayern gültig ab 1.1.2011, RK Mitte gültig ab 1.4.2011, RK Nord gültig ab 1.7.2011, RK Ost mit Ausnahme von § 14 gültig ab 1.7.2012, § 14 gültig ab 1.1.2013.
2 Beschluss im erweiterten Vermittlungsverfahren der RK Ost vom 17.12.2013 zu § 3 Abs. 2a Satz 2 der Anlage 32 Anhang F und Anlage 33: „Einmalzahlungen: Alle infolge der Tarifanpassung gemäß der vorstehenden Regelung zu 3. dieses Beschlusses von Besitzstandsabschmelzungen nach § 3 Abs. 2 a Satz 2 der Anlage 32 Anhang F und Anlage 33 tatsächlich betroffenen Mitarbeiter, die am 31.03.2013 in einem Beschäftigungsverhältnis gestanden haben, erhalten zum teilweisen Ausgleich für Besitzstandsabschmelzungen eine Einmalzahlung in Höhe von pauschal 100,00 Euro."
3 Inkrafttreten: RK BW/NRW/Bayern gültig ab 1.1.2011, RK Mitte gültig ab 1.4.2011, RK Nord gültig ab 1.7.2011, RK Ost mit Ausnahme von § 14 gültig ab 1.7.2012, § 14 gültig ab 1.1.2013.

und der erhöhten Entgelttabelle in dieser Anlage. ²Die Regionalkommissionen können durch Beschluss von der vorstehenden Regelung abweichen.

(5a) *(RK Bayern):* Für die Berechnung der Überleitung gilt: Für die Höhe aller Vergütungswerte i.S.d. § 3 Abs. 3 sind die jeweilig linear um 1,2 v.H. erhöhten Werte zu Grunde zu legen.

(5) *(RK Ost):* ¹Fällt der Zeitpunkt des Inkrafttretens* dieser Anlage mit dem Zeitpunkt einer linearen Vergütungserhöhung zusammen, erfolgt die Berechnung des Besitzstandes auf Basis der erhöhten Regelvergütungstabelle in Anlage 3a zu den AVR und der erhöhten Entgelttabelle in dieser Anlage. ²Die Regionalkommissionen können durch Beschluss von der vorstehenden Regelung abweichen.

(6) Ruht das Dienstverhältnis sind die Monatsvergütung (Absatz 3) und das Monatsentgelt (Absatz 4) so zu berechnen, als ob der Mitarbeiter im Monat vor dem Inkrafttreten* der Anlage 33 zu den AVR durch Beschluss der jeweiligen Regionalkommission die Tätigkeit im selben Umfang wie vor dem Ruhen wieder aufgenommen hätte.

(7) ¹Verringert sich nach dem Tag des Inkrafttretens* der Anlage 33 zu den AVR durch Beschluss der jeweiligen Regionalkommission die individuelle regelmäßige Arbeitszeit des Mitarbeiters, reduziert sich seine Besitzstandszulage im selben Verhältnis, in dem die Arbeitszeit verringert wird; erhöht sich die Arbeitszeit, bleibt die Besitzstandszulage unverändert. ²Erhöht sich nach einer Verringerung der Arbeitszeit diese wieder, so lebt die Besitzstandszulage im gleichen Verhältnis wie die Arbeitszeiterhöhung, höchstens bis zur ursprünglichen Höhe, wieder auf. ³Diese Regelung ist entsprechend anzuwenden auf Mitarbeiter, deren Arbeitszeit am Tag vor dem Inkrafttreten* der Anlage 33 zu den AVR durch Beschluss der jeweiligen Regionalkommission befristet verändert ist. ⁴Die umstellungsbedingte Neufestsetzung der regelmäßigen wöchentlichen Arbeitszeit nach § 2 Abs. 1 dieser Anlage gilt nicht als Arbeitszeitreduzierung im Sinne dieses Absatzes.

(8) ¹Die kinderbezogenen Entgeltbestandteile gemäß Abschnitt V der Anlage 1 zu den AVR, die in die Berechnung der Besitzstandszulage nach Absatz 2 und Absatz 3 einfließen, werden als Anteil der Besitzstandszulage fortgezahlt, solange für diese Kinder Kindergeld nach dem Einkommensteuergesetz (EStG) oder nach dem Bundeskindergeldgesetz (BKGG) gezahlt wird oder ohne Berücksichtigung des § 64 oder § 65 EStG oder des § 3 oder § 4 BKGG gezahlt würde. ²Mit dem Wegfall der Voraussetzungen reduziert sich die Besitzstandszulage entsprechend.

(9) ¹Hat der Mitarbeiter im Kalenderjahr vor Inkrafttreten* dieser Anlage die Voraussetzungen für einen Anspruch auf Zusatzurlaub nach § 4 der Anlage 14 zu den AVR erfüllt, wird der sich daraus ergebende Zusatzurlaub im Kalenderjahr des Inkrafttretens* dieser Anlage gewährt. ²Erwirbt der Mitarbeiter im Kalenderjahr des Inkrafttretens* dieser Anlage einen weiteren Anspruch auf Zusatzurlaub nach dieser Anlage, werden die Ansprüche nach § 4 der Anlage 14 und die nach dieser Anlage erworbenen Ansprüche miteinander verglichen. ³Der Mitarbeiter erhält in diesem Fall ausschließlich den jeweils höheren Anspruch auf Gewährung von Zusatzurlaub.

Anmerkung zu § 3 Abs. 9:
Fällt der Zeitpunkt des Inkrafttretens¹ dieser Anlage durch die Entscheidung der zuständigen Regionalkommission nicht mit dem Beginn eines Kalenderjahres zusammen, gelten die Vor-

---

1 Inkrafttreten: RK BW/NRW/Bayern gültig ab 1.1.2011, RK Mitte gültig ab 1.4.2011, RK Nord gültig ab 1.7.2011, RK Ost mit Ausnahme von § 14 gültig ab 1.7.2012, § 14 gültig ab 1.1.2013.

schriften für die Berechnung des Zusatzurlaubs nach dieser Anlage für das gesamte Kalenderjahr, in dem die Anlage in Kraft tritt.

§ 4 Überforderungsklausel

(1) Soweit bei einem Vergleich der Gesamtpersonalkosten vor und nach der Überleitung umstellungsbedingte Mehrkosten von mehr als 3 v.H. entstehen, kann die Einführung des Leistungsentgelts und / oder der Sozialkomponente nach § 14 der Anlage 33 zu den AVR für längstens 3 Jahre ausgesetzt werden.

(2) Die Gesamtpersonalkosten errechnen sich aus den Bruttopersonalkosten der Mitarbeiter der Einrichtung und den Arbeitgeberanteilen zur Sozialversicherung.

(3) ¹Bei der Ermittlung der Mehrkosten sind ausschließlich die Steigerungen der Gesamtpersonalkosten der Einrichtung zu berücksichtigen, die unmittelbar durch Überleitung von Mitarbeiterinnen und Mitarbeitern in die Anlagen 30 bis 33 zu den AVR entstehen. ²Mehrkosten, die durch Neueinstellungen von Mitarbeiterinnen und Mitarbeitern und durch strukturelle Veränderungen bei Mitarbeiterinnen und Mitarbeitern, die nicht in die Anlagen 30 bis 33 zu den AVR überführt wurden (Stufenaufstiege, Tätigkeits- oder Bewährungsaufstiege, Kinderzulagen oder andere Zulagen), entstehen, bleiben bei der Ermittlung der Mehrkosten unberücksichtigt. ³Administrative Mehrkosten, die durch die Überleitung entstehen, bleiben ebenfalls unberücksichtigt.

(4) *(RK Nord/NRW/Mitte/BW/Bayern):* ¹Macht der Dienstgeber von der Anwendung der Überforderungsklausel Gebrauch, erhöht sich die Besitzstandszulage der Bestandsmitarbeiter für die Dauer dieser Maßnahme entsprechend. ²Die Anwendung der Überforderungsklausel darf nicht dazu führen, dass das Jahresentgelt unter die Vergleichsjahresvergütung fällt. ³Eine entsprechende Differenz ist entsprechend Satz 1 auszugleichen.

(4) *(RK Ost):* Macht der Dienstgeber von der Anwendung der Überforderungsklausel Gebrauch, erhöht sich die Besitzstandszulage der Bestandsmitarbeiter für die Dauer dieser Maßnahme entsprechend.

(5) ¹Die Entscheidung über die Anwendung der Überforderungsklausel und die dafür maßgeblichen Berechnungen sind der zuständigen Mitarbeitervertretung vorzulegen und zu erläutern. ²Die Entscheidung ist ferner einem Ausschuss der Bundeskommission der Arbeitsrechtlichen Kommission anzuzeigen. ³Dazu sind die vergleichenden Gesamtpersonalkostenberechnungen vorzulegen. ⁴Der Ausschuss der Bundeskommission der Arbeitsrechtlichen Kommission führt eine reine Missbrauchskontrolle durch.

(6) *(RK Nord/NRW/Mitte/BW/Bayern):* Über weitere Regelungen zur Vermeidung von Überforderungen durch die Überleitung entscheiden die Regionalkommissionen im Rahmen ihrer Zuständigkeit.

Anlage 33 – Anhang E

Zuordnungstabelle

Zuordnung der Vergütungsgruppen für Mitarbeiter, die am Tag vor dem Inkrafttreten der Anlage 33 zu den AVR durch Beschluss der jeweiligen Regionalkommission in einem Dienstverhältnis gestanden haben, das am Tag des Inkrafttretens der Anlage 33 zu den AVR durch Beschluss der jeweiligen Regionalkommission im Geltungsbereich der AVR fortbesteht.

Vergütungsgruppe (AVR) alt	Entgeltgruppe (SuE)
Anlage 2d	Anhang B zur Anlage 33
9	S 2
8 mit Aufstieg nach 7	S 3
7 7 mit Aufstieg nach 6b	S 4
–	S 5
6b mit Aufstieg nach 5c 6b mit Aufstieg nach 5c + Vergütungsgruppenzulage	S 6
5c ohne Aufstieg + Vergütungsgruppenzulage	S 7
5c mit Aufstieg nach 5b	S 8
5b ohne Aufstieg + Vergütungsgruppenzulage	S 9
5b mit Aufstieg nach 4b	S 10
5b mit Aufstieg nach 4b + Vergütungsgruppenzulage	S 11
4b (Ziff. 17, 17a, 20, 21, 23 und 24) mit Aufstieg nach 4a	S 12
4b ohne Aufstieg + Vergütungsgruppenzulage	S 13
-	S 14
4b mit Aufstieg nach 4a, (soweit nicht in S 12)	S 15
4a ohne Aufstieg + Vergütungsgruppenzulage	S 16
4a mit Aufstieg nach 3	S 17
3 mit Aufstieg nach 2	S 18
2 mit Aufstieg nach 1b	Keine Überleitung in Anlage 33 zu den AVR
1b	Keine Überleitung in Anlage 33 zu den AVR

Vergütungsgruppe (AVR) alt	Entgeltgruppe (SuE)
1b mit Aufstieg nach 1a	Keine Überleitung in Anlage 33 zu den AVR
1a	Keine Überleitung in Anlage 33 zu den AVR
Anlage 2	
3 Ziff. 19a	S 17

Anhang C:
Vergütungstabellen

Einleitende Hinweise	509
Anwendung Anlage 2	510
Anwendung Abschnitt III A der Anlage 1	511
Anwendung § 3 der Anlage 1a zu den AVR	512
RK Ost – Bundesländer Berlin, Hamburg und Schleswig-Holstein, soweit sie zu den Erz-Bistümern Berlin und Hamburg gehören	
– gültig ab 1.1.2015	513
– gültig ab 1.10.2015	514
RK Ost, Regelvergütung der H-Gruppen der SR Berlin	
– gültig ab 1.1.2015	515
RK Ost, Regelvergütung der H-Gruppen der SR Berlin	
– gültig ab 1.1.2015	516

Einleitende Hinweise

Für die Anwendung des Anhang C zu den AVR sind folgende Beschlüsse zu beachten:

Beschluss der Regionalkommission Baden-Württemberg der Arbeitsrechtlichen Kommission vom 20. November 2010:

1. Für alle Mitarbeiterinnen und Mitarbeiter der Bundeszentralen und Fachverbände im Regelungsgebiet der Regionalkommission Baden-Württemberg findet mit Wirkung zum 1. April 2011 der Anhang C keine Anwendung mehr.
2. In den AVR wird die Anlage 1d neu eingeführt (Anlage 1d RK BW, siehe Register Anlage 1b, hinter Anlage 1c). — *Anlage 1d RK BW s. Register Anlage 1b hinter Anlage 1c*

Beschluss der Bundeskommission der Arbeitsrechtlichen Kommission vom 9. Dezember 2010:

1. Für alle Mitarbeiter der Bundeszentralen und Fachverbände findet mit Wirkung zum 1. Januar 2011 der Anhang C keine Anwendung mehr.
2. In den AVR wird eine neue Anlage 1d zu den AVR eingeführt. — *Anlage 1d s. Register Anlage 1b hinter Anlage 1c*

Beschluss der Bundeskommission der Arbeitsrechtlichen Kommission vom 9. Juni 2011:

Für alle Mitarbeiter i.S.v. § 1 der Anlage 21 zu den AVR findet mit Wirkung zum Beginn des Schuljahres 2011/2012 der Anhang C zu den AVR keine Anwendung mehr. — *Anlage 21, s. dort*

Anlage 2 zu den AVR ist unter Beachtung der nachfolgenden Ausführungen anzuwenden

1. Nach dem Beschluss der Arbeitsrechtlichen Kommission vom 13. November 1980 können die dort näher bezeichneten Dienststellen für ihre Mitarbeiter u.a. anstelle des Vergütungsgruppenverzeichnisses der Anlage 2 zu den AVR sinngemäß die entsprechenden Bestimmungen des öffentlichen Dienstes nach dem BAT/Bund-Länder anwenden. Die „Ständige Arbeitsrechtliche Kommission" hat auf ihrer 33. Tagung hierzu festgelegt, dass auch für Mitarbeiter dieser Dienststellen die Anlage 2 zu den AVR anzuwenden und ihnen zuzüglich der Bewährungsaufstieg einzuräumen ist, sofern dieser einem Mitarbeiter nach den Bestimmungen des öffentlichen Dienstes zusteht (vgl. Niederschrift über die 33. Tagung der „Ständigen Arbeitsrechtlichen Kommission" am 24. Juli 1968 in Frankfurt a.M., Kolpinghaus). Hierauf wird ausdrücklich auch in Nr. 9 der Überleitungsbestimmungen (S. 409) hingewiesen.

2. Die Überleitung der am 31. Dezember 1968 im Dienstverhältnis stehenden Mitarbeiter in das neue Vergütungsgruppen-Verzeichnis erfolgt nach der Aufstellung (S. 385 bis S. 404) der Überleitungsbestimmungen. Hat ein Mitarbeiter zum Zeitpunkt der Überleitung (1.1.1969) die Voraussetzungen für den Bewährungsaufstieg bereits erfüllt, so ist dieser zu vollziehen. Der Mitarbeiter ist abweichend von der Aufstellung in die nach dem Bewährungsaufstieg maßgebende Vergütungsgruppe einzugruppieren und seine Grundvergütung ab 1. Januar 1969 nach dieser Aufstiegsgruppe aus der „Anlage C zu den Überleitungsbestimmungen" zu entnehmen. Für die Durchführung des Bewährungsaufstiegs ist Nr. IV der „Anmerkungen zu den Tätigkeitsmerkmalen der Vergütungsgruppen 1a bis 12" zu beachten.

3. In Nr. 9 der Überleitungsbestimmungen (S. 409) sind die für den Bewährungsaufstieg in Frage kommenden Vergütungsgruppen aufgeführt. Da nicht alle Mitarbeiter der aufgeführten Vergütungsgruppen am Bewährungsaufstieg teilnehmen, werden nachstehend auftragsgemäß die Ziffern der Tätigkeitsmerkmale der einzelnen Vergütungsgruppen aufgezeigt, die einen Anspruch auf einen besonderen Bewährungsaufstieg haben. (Soweit in Tätigkeitsmerkmalen der Anlage 2 zu den AVR ein Bewährungsaufstieg geregelt ist, werden im Nachfolgenden die entsprechenden Ziffern nicht genannt. Es gilt insoweit die allgemeine Regelung nach Anlage 2 zu den AVR.)

Einen Bewährungsaufstieg erhalten

1. aus Vergütungsgruppe 8 nach Vergütungsgruppe 7 nach drei Jahren die in der Vergütungsgruppe 8 nach den folgenden Ziffern eingruppierten Mitarbeiter:

    Ziffer 26,

    Ziffer 27,

    Ziffer 28,

2. aus Vergütungsgruppe 7 nach Vergütungsgruppe 6b nach neun Jahren die in der Vergütungsgruppe 7 nach den folgenden Ziffern eingruppierten Mitarbeiter:

    Ziffer 36,

    Ziffer 42,

    Ziffer 48,

    Ziffer 52,

3. aus Vergütungsgruppe 5b nach Vergütungsgruppe 4b nach sechs Jahren die in der Vergütungsgruppe 5b nach den folgenden Ziffern eingruppierten Mitarbeiter:

Ziffer 40,
Ziffer 46,
Ziffer 57.

Abschnitt III A der Anlage 1 zu den AVR ist gemäß Beschluss der Bundeskommission der Arbeitsrechtlichen Kommission vom 19. Juni 2008 in dem folgenden Wortlaut anzuwenden:

III   Regelvergütung
A   Mitarbeiter, die unter die Anlage 2 zu den AVR fallen

(a) Die Höhe der Regelvergütung ergibt sich aus Anlage 1 zu Abschnitt III A in der Fassung der Region, unter deren Regelungszuständigkeit die jeweilige Einrichtung fällt. Die Regelvergütung ist in den Vergütungsgruppen nach Regelvergütungsstufen zu bemessen. Jeder neue eingestellte Mitarbeiter erhält die Anfangsregelvergütung (erste Stufe) gezahlt. Nach je zwei Jahren erhält der Mitarbeiter bis zum Erreichen der Endregelvergütung (letzte Stufe) die Regelvergütung der nächsthöheren Stufe seiner Vergütungsgruppe.

(b) Wird ein Mitarbeiter höhergruppiert, erhält er vom Beginn des Monats an, in dem die Höhergruppierung wirksam wird, in der höheren Vergütungsgruppe die Regelvergütung, die der für die Festsetzung der Regelvergütung in der verlassenen Vergütungsgruppe maßgebenden Regelvergütungsstufe entspricht. Abweichend hiervon erhält der Mitarbeiter bei der Höhergruppierung aus der Vergütungsgruppe 3 oder einer niedrigeren Vergütungsgruppe in die Vergütungsgruppe 2 oder in eine höhere Vergütungsgruppe jedoch mindestens die Regelvergütung, die ihm zustehen würde, wenn er bereits bei der Einstellung in die höhere Vergütungsgruppe eingruppiert worden wäre. Nach je zwei Jahren erhält der Mitarbeiter bis zum Erreichen der Endregelvergütung (letzte Stufe) die Regelvergütung der nächsthöheren Stufe seiner Vergütungsgruppe.

(c) Wird der Mitarbeiter herabgruppiert, erhält er vom Beginn des Monats an, der auf den Monat folgt, in dem die Herabgruppierung wirksam wird, in der niedrigeren Vergütungsgruppe die Regelvergütung, die der für die Festsetzung der Regelvergütung in der verlassenen Vergütungsgruppe maßgebenden Regelvergütungsstufe entspricht. Nach je zwei Jahren erhält der Mitarbeiter bis zum Erreichen der Endregelvergütung (letzte Stufe) die Regelvergütung der nächsthöheren Stufe seiner Vergütungsgruppe.

(d) Scheidet ein Mitarbeiter aus einem Dienstverhältnis aus, auf das die AVR angewendet worden sind, und tritt er unmittelbar in ein anderes Dienstverhältnis im Geltungsbereich der AVR ein, gilt als Tag der Einstellung der Tag, von dem an der Mitarbeiter ununterbrochen im Geltungsbereich der AVR gestanden hat.

Wird der Mitarbeiter nach dem Ausscheiden aus einem Dienstverhältnis, auf das die AVR angewendet worden sind, in nicht unmittelbarem Anschluss an ein Arbeitsverhältnis im Geltungsbereich der AVR eingestellt, erhält er mindestens die Regelvergütung nach der Regelvergütungsstufe, die für die zuletzt nach den AVR bezogene Regelvergütung maßgebend gewesen ist oder gewesen wäre, wenn auf sein früheres Arbeitsverhältnis die Vorschriften dieses Abschnitts III A der Anlage 1 zu den AVR angewendet worden wären.

Anhang C – Abschnitt III A der Anlage 1, § 3 der Anlage 1a

Wird der Mitarbeiter im unmittelbaren Anschluss an ein Dienstverhältnis, auf das die AVR angewendet worden sind, im Geltungsbereich der AVR eingestellt, ist die Regelvergütung nach Satz 2 festzusetzen, wenn dies günstiger ist als nach Satz 1.

Anmerkung 1:
Der Tätigkeit im Geltungsbereich der AVR im Sinne von Abschnitt III A steht gleich eine Tätigkeit im Bereich der katholischen Kirche, in der evangelischen Kirche, in einem Diakonischen Werk oder in einer Einrichtung, die dem Diakonischen Werk angeschlossen ist.

Anmerkung 2:
Ein unmittelbarer Anschluss liegt nicht vor, wenn zwischen den Dienstverhältnissen ein oder mehrere Werktage – mit Ausnahme allgemein arbeitsfreier Werktage – liegen, in denen das Dienstverhältnis nicht bestand. Es ist jedoch unschädlich, wenn der Mitarbeiter in dem gesamten zwischen den Dienstverhältnissen liegenden Zeitraum dienstunfähig erkrankt war oder die Zeit zur Ausführung eines Umzuges an einen anderen Ort benötigt hat. Von der Voraussetzung des unmittelbaren Anschlusses kann abgewichen werden, wenn der Zeitraum zwischen dem Ende des bisherigen Dienstverhältnisses und dem Beginn des neuen Dienstverhältnisses ein Jahr nicht übersteigt.

Anmerkung 3:
Zeiten bei anderen Arbeitgebern sind anzurechnen, sofern sie Voraussetzung für die Einstellung des Mitarbeiters sind. Ausbildungszeiten, die über drei Jahre hinausgehen, können angerechnet werden.

§ 3 der Anlage 1a zu den AVR ist in dem folgenden Wortlaut anzuwenden:

§ 3 Stufenzuordnung gemäß Abschnitt III der Anlage 1 zu den AVR

(1) Zum 1. Januar 2008 werden zuerst alle Stufenveränderungen nach Abschnitt III der Anlage 1 zu den AVR mit Stand 31. Dezember 2007 vollzogen. Danach erfolgt die Zuordnung zu einer der Regelvergütungsstufen. Dabei wird von der Grundvergütungsstufe mit Stand zum 31. Dezember 2007 am 1. Januar 2008 nach folgender Überleitungstabelle in die zahlenmäßig gleiche Regelvergütungsstufe übergeleitet.

Grundvergütungsstufe der Verg.-Gr. 2 bis 1 mit Stand zum 31. Dezember 2007	23	25	27	29	31	33	35	37	39	41	43	45	47
Grundvergütungsstufe der Verg.-Gr. 10 bis 3 mit Stand zum 31. Dezember 2007	21	23	25	27	29	31	33	35	37	39	41	43	45
Regelvergütungsstufe am 1. Januar 2008	1	2	3	4	5	6	7	8	9	10	11	12	13

(2) Im Übrigen gilt § 3 Abs. 2 und 3 der Anlage 1a zu den AVR.

(RK Ost) Regelvergütung nach Anhang C (RK Ost – Bundesländer Berlin, Hamburg und Schleswig-Holstein, soweit sie zu den Erz-Bistümern Berlin und Hamburg gehören, gültig ab 1. Januar 2015)

Verg.-Gr.	\multicolumn{13}{c}{Regelvergütungsstufen}
	1	2	3	4	5	6	7	8	9	10	11	12	13
1	4.189,98	4.376,38	4.562,81	4.749,23	4.935,67	5.122,11	5.308,50	5.494,94	5.681,35	5.867,78	6.054,22	6.240,61	6.427,01
1a	3.920,86	4.065,74	4.210,58	4.355,43	4.500,30	4.645,19	4.790,08	4.934,89	5.079,75	5.224,62	5.369,52	5.514,34	5.653,27
1b	3.569,09	3.708,36	3.847,64	3.986,90	4.126,16	4.265,42	4.404,69	4.543,96	4.683,23	4.822,47	4.961,74	5.101,00	5.239,94
2	3.330,76	3.458,68	3.586,65	3.714,52	3.842,45	3.970,39	4.098,26	4.226,21	4.354,11	4.482,08	4.609,98	4.737,84	–
3	2.981,07	3.090,11	3.199,15	3.308,20	3.417,25	3.526,30	3.635,34	3.744,37	3.853,41	3.962,47	4.071,55	4.180,61	4.284,31
4a	2.773,51	2.873,29	2.973,07	3.072,84	3.172,63	3.272,40	3.372,18	3.471,97	3.571,75	3.671,53	3.771,29	3.871,11	3.969,49
4b	2.601,15	2.680,35	2.759,47	2.838,64	2.917,72	2.996,90	3.076,03	3.155,20	3.234,35	3.313,50	3.392,67	3.471,79	3.482,33
5b	2.388,19	2.450,90	2.513,56	2.581,32	2.650,87	2.720,48	2.790,06	2.859,66	2.929,24	2.998,83	3.068,45	3.138,04	3.142,86
5c	2.257,71	2.314,23	2.370,80	2.430,15	2.489,50	2.551,33	2.617,19	2.683,09	2.748,92	2.814,78	2.879,78	–	–
6b	2.176,18	2.219,87	2.263,51	2.307,20	2.350,83	2.395,81	2.441,67	2.487,53	2.534,19	2.585,07	2.635,97	2.675,79	–
7	2.069,05	2.104,51	2.139,99	2.175,44	2.210,92	2.246,39	2.281,83	2.317,34	2.352,79	2.389,22	2.426,49	2.453,36	–
8	1.968,00	2.000,42	2.032,88	2.065,31	2.097,76	2.130,18	2.162,65	2.195,07	2.227,51	2.251,61	–	–	–
9a	1.843,81	1.875,00	1.906,16	1.937,34	1.968,47	1.999,63	2.030,78	2.061,95	2.093,01	–	–	–	–
9	1.800,12	1.828,55	1.856,99	1.885,39	1.913,84	1.942,29	1.970,73	1.999,16	2.023,20	–	–	–	–
10	1.664,76	1.693,19	1.721,66	1.750,05	1.778,51	1.806,94	1.835,38	1.863,83	1.892,23	–	–	–	–

Anhang C – RK Ost

(RK Ost) Regelvergütung nach Anhang C (RK Ost – Bundesländer Berlin, Hamburg und Schleswig-Holstein, soweit sie zu den Erz-Bistümern Berlin und Hamburg gehören, gültig ab 1. Oktober 2015)

Verg.-Gr.	\multicolumn{13}{c}{Regelvergütungsstufen}
	1	2	3	4	5	6	7	8	9	10	11	12	13
1	4.290,54	4.481,41	4.672,32	4.863,21	5.054,13	5.245,04	5.435,90	5.626,82	5.817,70	6.008,61	6.199,52	6.390,38	6.581,26
1a	4.014,96	4.163,32	4.311,63	4.459,96	4.608,31	4.756,67	4.905,04	5.053,33	5.201,66	5.350,01	5.498,39	5.646,68	5.788,95
1b	3.654,75	3.797,36	3.939,98	4.082,59	4.225,19	4.367,79	4.510,40	4.653,02	4.795,63	4.938,21	5.080,82	5.223,42	5.365,70
2	3.410,70	3.541,69	3.672,73	3.803,67	3.934,67	4.065,68	4.196,62	4.327,64	4.458,61	4.589,65	4.720,62	4.851,55	–
3	3.052,62	3.164,27	3.275,93	3.387,60	3.499,26	3.610,93	3.722,59	3.834,23	3.945,89	4.057,57	4.169,27	4.280,94	4.387,13
4a	2.840,07	2.942,25	3.044,42	3.146,59	3.248,77	3.350,94	3.453,11	3.555,30	3.657,47	3.759,65	3.861,80	3.964,02	4.064,76
4b	2.663,58	2.744,68	2.825,70	2.906,77	2.987,75	3.068,83	3.149,85	3.230,92	3.311,97	3.393,02	3.474,09	3.555,11	3.565,91
5b	2.445,96	2.509,72	2.573,89	2.643,27	2.714,49	2.785,77	2.857,02	2.928,29	2.999,54	3.070,80	3.142,09	3.213,35	3.218,29
5c	2.316,24	2.372,43	2.428,67	2.488,47	2.549,25	2.612,56	2.680,00	2.747,48	2.814,89	2.882,33	2.948,89	–	–
6b	2.235,19	2.278,62	2.322,00	2.365,44	2.408,82	2.453,53	2.500,27	2.547,23	2.595,01	2.647,11	2.699,23	2.740,01	–
7	2.128,68	2.163,93	2.199,20	2.234,45	2.269,72	2.304,98	2.340,22	2.375,52	2.410,76	2.446,98	2.484,73	2.512,24	–
8	2.028,22	2.060,45	2.092,72	2.124,96	2.157,22	2.189,46	2.221,73	2.253,97	2.286,21	2.310,17	–	–	–
9a	1.904,75	1.935,76	1.966,74	1.997,73	2.028,69	2.059,66	2.090,63	2.121,62	2.152,50	–	–	–	–
9	1.861,31	1.889,58	1.917,85	1.946,09	1.974,37	2.002,66	2.030,93	2.059,19	2.083,09	–	–	–	–
10	1.726,74	1.755,00	1.783,31	1.811,54	1.839,83	1.868,09	1.896,37	1.924,65	1.952,89	–	–	–	–

(RK Ost) Regelvergütung der H-Gruppen der SR Berlin, gültig ab 1. Januar 2015

Verg.-Gr.	Vergütungstabelle H							
	1	2	3	4	5	6	7	8
9	2.635,03	2.676,27	2.718,16	2.760,74	2.804,02	2.847,95	2.892,61	2.938,00
8a	2.579,50	2.619,87	2.660,87	2.702,53	2.744,86	2.787,88	2.831,57	2.875,98
8	2.523,99	2.565,73	2.603,56	2.644,30	2.685,71	2.727,79	2.770,58	2.813,94
7a	2.470,89	2.509,50	2.548,76	2.588,60	2.629,12	2.670,25	2.712,08	2.754,57
7	2.417,74	2.455,53	2.493,89	2.532,88	2.572,50	2.612,76	2.653,65	2.695,20
6a	2.366,91	2.403,87	2.441,42	2.479,56	2.518,35	2.557,72	2.597,72	2.638,39
6	2.316,09	2.352,22	2.388,94	2.426,26	2.464,16	2.502,68	2.541,81	2.581,60
5a	2.267,42	2.302,80	2.338,74	2.375,25	2.412,34	2.450,05	2.488,33	2.527,24
5	2.218,78	2.253,37	2.288,54	2.324,24	2.360,50	2.397,38	2.434,83	2.472,87
4a	2.172,25	2.206,08	2.240,48	2.275,40	2.310,91	2.346,97	2.383,61	2.420,86
4	2.125,69	2.158,81	2.192,43	2.226,60	2.261,31	2.296,58	2.332,40	2.368,82
3a	2.081,16	2.113,53	2.146,45	2.179,87	2.213,85	2.248,36	2.283,43	2.319,05
3	2.036,60	2.068,27	2.100,46	2.133,15	2.166,39	2.200,13	2.234,44	2.269,25
2a	1.993,98	2.024,96	2.056,47	2.088,44	2.120,95	2.153,99	2.187,53	2.221,64
2	1.951,35	1.981,64	2.012,46	2.043,75	2.075,53	2.107,84	2.140,67	2.173,99
1a	1.910,55	1.940,21	1.970,37	2.000,95	2.032,08	2.063,68	2.095,78	2.128,40
1	1.869,77	1.898,76	1.928,23	1.958,17	1.988,59	2.019,51	2.050,93	2.082,82

Anhang C – RK Ost

(RK Ost) Regelvergütung der H-Gruppen der SR Berlin, gültig ab 1. Oktober 2015

Verg.-Gr.	Vergütungstabelle H							
	1	2	3	4	5	6	7	8
9	2.698,27	2.740,50	2.783,40	2.827,00	2.871,32	2.916,30	2.962,03	3.008,51
8a	2.641,41	2.682,75	2.724,73	2.767,39	2.810,74	2.854,79	2.899,53	2.945,00
8	2.584,57	2.627,31	2.666,05	2.707,76	2.750,17	2.793,26	2.837,07	2.881,47
7a	2.530,19	2.569,73	2.609,93	2.650,73	2.692,22	2.734,34	2.777,17	2.820,68
7	2.475,77	2.514,46	2.553,74	2.593,67	2.634,24	2.675,47	2.717,34	2.759,88
6a	2.424,80	2.461,56	2.500,01	2.539,07	2.578,79	2.619,11	2.660,07	2.701,71
6	2.374,28	2.410,20	2.446,70	2.484,49	2.523,30	2.562,74	2.602,81	2.643,56
5a	2.325,89	2.361,07	2.396,79	2.433,10	2.470,24	2.508,85	2.548,05	2.587,89
5	2.277,54	2.311,93	2.346,89	2.382,38	2.418,43	2.455,09	2.493,27	2.532,22
4a	2.231,28	2.264,91	2.299,11	2.333,83	2.369,13	2.404,98	2.441,40	2.478,96
4	2.184,99	2.217,91	2.251,34	2.285,31	2.319,82	2.354,88	2.390,50	2.426,71
3a	2.140,71	2.172,90	2.205,62	2.238,85	2.272,63	2.306,94	2.341,81	2.377,22
3	2.096,41	2.127,90	2.159,90	2.192,40	2.225,45	2.259,00	2.293,10	2.327,72
2a	2.054,04	2.084,84	2.116,17	2.147,95	2.180,27	2.213,12	2.246,47	2.280,38
2	2.011,66	2.041,77	2.072,41	2.103,52	2.135,12	2.167,24	2.199,88	2.233,01
1a	1.971,10	2.000,59	2.030,57	2.060,97	2.091,92	2.123,34	2.155,25	2.187,68
1	1.930,56	1.959,38	1.988,68	2.018,45	2.048,69	2.079,43	2.110,66	2.142,37

Anhang E: Umrechnungstabelle

Umrechnungstabelle für den Urlaubsanspruch nach § 3 Abs. 5 der Anlage 14 zu den AVR

Der Urlaubsanspruch nach § 3 Abs. 1 der Anlage 14 zu den AVR ist nach Arbeitstagen angegeben für die Mitarbeiter, deren durchschnittliche regelmäßige wöchentliche Arbeitszeit auf fünf Arbeitstage in der Kalenderwoche verteilt ist. Der Urlaubsanspruch der Mitarbeiter, deren durchschnittliche regelmäßige wöchentliche Arbeitszeit im Durchschnitt des Urlaubsjahres auf mehr oder weniger als fünf Arbeitstage in der Kalenderwoche verteilt ist, muss deshalb umgerechnet werden. Die Umrechnung erfolgt nach § 3 Abs. 5 Unterabs. 1 und 2 der Anlage 14 zu den AVR. Die folgende Tabelle gibt das Ergebnis der Umrechnung für die unterschiedlichen Urlaubsansprüche nach den AVR wieder. Zwischenwerte sind entsprechend zu ermitteln.

Urlaubsanspruch bei einer Verteilung der durchschnittlichen regelmäßigen wöchentlichen Arbeitszeit auf ..... Tage in der Woche:

fünf	drei	drei/vier*	vier	vier/fünf*	fünf/sechs*	sechs
30	18	21	24	27	33	36
31	19	22	25	28	34,1	37,2
32	19,2	22,4	26	29	35,2	38,4
33	20	23,1	26,4	30	36,3	40
34	20,4	24	27,2	31	37,4	41
35	21	25	28	32	39	42
36	22	25,2	29	32,4	40	43,2

* Wechsel zwischen einer Drei- und Vier-Tage-Woche usw.

Zentral-KODA

Beschlüsse
    Entgeltumwandlung 518

    Ordnung für den Arbeitszeitschutz im liturgischen Bereich 520
    § 1 Geltungsbereich 520
    § 2 Begriffsbestimmungen 520
    § 3 Arbeitszeit 520
    § 4 Ruhepausen 520
    § 5 Ruhezeit 521
    § 6 Arbeit an Sonn- und Feiertagen 521
    § 7 Inkrafttreten 521

    Kinderbezogene Entgeltbestandteile 521
    Arbeitsvertragsformular 522
    Anrechnung von Vordienstzeiten 522

Entgeltumwandlung

Beschluss der Zentral-KODA gem. § 3 Abs. 1 Ziff. 1 Zentral-KODA-Ordnung (ZKO) vom 15. April 2002, zuletzt geändert durch Beschluss vom 21. März 2013

Unter Bezugnahme auf § 17 Abs. 3 und 5 Betriebsrentengesetz (BetrAVG) beschließt die Zentral-KODA gemäß § 3 Abs. 1 Ziffer 1 ZKO folgende Regelung:

(1) [1]Der Mitarbeiter (Arbeitnehmer und zu seiner Ausbildung Beschäftigte) hat Anspruch auf Entgeltumwandlung bei der Kasse, bei der auch seine zusätzliche betriebliche Altersversorgung durchgeführt wird. [2]Voraussetzung ist, dass die dafür zuständige Kasse satzungsrechtlich die entsprechende Möglichkeit schafft. [3]Im Einzelfall können die Vertragsparteien bei Vorliegen eines sachlichen Grundes arbeitsvertraglich vereinbaren, dass die Entgeltumwandlung bei einer anderen Kasse oder Einrichtung erfolgt. [4]Die Regelung gilt unabhängig davon, ob der Mitarbeiter die steuerliche Förderung nach § 3 Nr. 63 EStG oder nach § 10a EStG in Anspruch nimmt.

(1a) Soweit aufgrund staatlicher Refinanzierungsbedingungen für bestimmte Berufsgruppen die Entgeltumwandlung ausgeschlossen ist, besteht auch kein Anspruch nach dieser Regelung.

(1b) [1]Der Höchstbetrag für die Entgeltumwandlung wird begrenzt auf jährlich bis zu 4 v.H. der jeweiligen Beitragsbemessungsgrenze (West) in der allgemeinen Rentenversicherung zuzüglich 1800 Euro für nach dem 31. Dezember 2004 neu abgeschlossene Verträge. ²Im Einvernehmen zwischen Dienstgeber und Dienstnehmer können auch höhere Beträge umgewandelt werden.

(2) ¹Erfolgt eine steuerliche Förderung, findet diese zunächst Anwendung auf Beiträge des Dienstgebers, sodann auf umgewandelte Entgeltbestandteile des Mitarbeiters. ²Liegt die Summe aus dem Beitrag des Dienstgebers und der Entgeltumwandlung oberhalb der Grenze gem. § 3 Nr. 63 EStG, wird der übersteigende Teil des Beitrags nach § 40b EStG pauschal versteuert, soweit die rechtliche Möglichkeit dazu besteht und nicht bereits vom Dienstgeber genutzt wird. ³Die Pauschalsteuer ist dann vom Mitarbeiter zu tragen.

(3) Bemessungsgrundlage für Ansprüche und Forderungen zwischen Dienstgeber und Mitarbeiter bleibt das Entgelt, das sich ohne die Entgeltumwandlung ergeben würde.

(4) ¹Bietet die für die zusätzliche betriebliche Altersversorgung zuständige Kasse bis zum 31. Oktober 2002 keine rechtliche Möglichkeit für die Durchführung der Entgeltumwandlung, soll die zuständige arbeitsrechtliche Kommission eine andere Kasse festlegen, bei der die Entgeltumwandlung durchgeführt werden kann. ²Nimmt die zuständige Kommission diese Festlegung nicht vor, hat auf Verlangen des Mitarbeiters der Dienstgeber festzulegen, dass die Entgeltumwandlung bei der KZVK Köln oder der Selbsthilfe VVaG durchzuführen ist.

(5.1) ¹Wandelt ein krankenversicherungspflichtig Beschäftigter Entgelt um, leistet der Arbeitgeber in jedem Monat, in dem Arbeitsentgelt umgewandelt wird, einen Zuschuss in Höhe von 13% des jeweiligen sozialversicherungsfrei in die zusätzliche betriebliche Altersversorgung umgewandelten Betrages. ²Der Zuschuss wird vom Dienstgeber an die zuständige Altersvorsorgeeinrichtung abgeführt. ³Der Zuschuss wird nicht gewährt im Falle der Nettoumwandlung (Riester-Rente).

(5.2) ¹Für umgewandelte Beiträge, die unter Berücksichtigung des Höchstbetrages im Jahresdurchschnitt sozialversicherungspflichtig sind, besteht kein Anspruch auf Zuschuss. ²Der Zuschuss errechnet sich in diesem Fall aus dem höchstmöglichen zuschussfähigen Umwandlungsbetrag einschließlich des Zuschusses, so dass der Zuschuss zusammen mit den eingezahlten Beträgen des Beschäftigten die sozialversicherungsfreie Höchstgrenze erreicht. ³Für darüber hinaus umgewandelte Beträge besteht kein Anspruch auf Zuschuss. ⁴Diese darüber hinaus vom Beschäftigten umgewandelten Beträge sind ggf. entsprechend den gesetzlichen Vorgaben zu verbeitragen und zu versteuern.

(5.3) ¹Der Zuschuss ist spätestens zum Zahlungstermin des Dezembergehaltes fällig. Scheidet der Mitarbeiter vorher aus, ist der Zuschuss zum Zeitpunkt des Ausscheidens fällig. ²Aus abrechnungstechnischen und steuerlichen Gründen soll der Zuschuss einmal im Jahr gezahlt werden.

(6) Der Anspruch auf Entgeltumwandlung besteht, solange er gesetzlich ermöglicht wird.

Erläuterungen zur Umsetzung des Beschlusses:
Es wird sichergestellt, dass bei der Reihenfolge der umzuwandelnden Beiträge vorrangig die sozialversicherungsfreien Beiträge zugunsten des Dienstgebers Verwendung finden, zweitrangig die sozialversicherungsfreien Beiträge, die zuschussfähig sind einschließlich des sich daraus ergebenden steuer- und sozialversicherungsfreien Zuschusses, drittrangig erst die sozialversicherungspflichtigen Beiträge.

Ordnung für den Arbeitszeitschutz im liturgischen Bereich

Beschluss der Zentral-KODA gem. § 3 Abs. 1 Ziffer 3 b)
Zentral-KODA Ordnung vom 1. Juli 2004

§ 1 Geltungsbereich

(1) [1]Diese Ordnung gilt für Tätigkeiten von Mitarbeitern im liturgischen Bereich, auf die gem. § 18 Abs. 1 Nr. 4 ArbZG das Arbeitszeitgesetz nicht anzuwenden ist. [2]In den liturgischen Bereich fallen nur solche Aufgaben, die für die Vorbereitung, Durchführung und Nachbereitung von Gottesdiensten und/oder aus damit im Zusammenhang stehenden Gründen notwendig sind.

(2) Weitere berufliche Tätigkeiten sind bei der Ermittlung der höchstzulässigen Arbeitszeit zu berücksichtigen.

(3) Für die Ruhezeit von Mitarbeitern, denen in demselben oder einem anderen Arbeitsverhältnis auch Tätigkeiten außerhalb des liturgischen Bereichs übertragen sind, ist diese Ordnung anzuwenden, wenn die nach Ablauf der Ruhezeit zu verrichtende Tätigkeit in den Geltungsbereich dieser Ordnung fällt.

§ 2 Begriffsbestimmungen

Hinsichtlich der in dieser Ordnung verwendeten Begriffe wird § 2 des Arbeitszeitgesetzes vom 6. Juni 1994 (BGBl. I S. 1170) für entsprechend anwendbar erklärt.

§ 3 Arbeitszeit

(1) Die Arbeitszeit ist dienstplanmäßig auf höchstens 6 Tage in der Woche zu verteilen.

(2) [1]Die tägliche Arbeitszeit darf 8 Stunden nicht überschreiten. [2]Sie kann auf bis zu 10 Stunden nur verlängert werden, wenn innerhalb von 26 Wochen im Durchschnitt 8 Stunden täglich nicht überschritten werden.

(3) Die tägliche Arbeitszeit kann an Ostern und Weihnachten an bis zu drei aufeinanderfolgenden Tagen sowie an bis zu 8 besonderen Gemeindefesttagen auf bis zu 12 Stunden verlängert werden, wenn die über 8 Stunden hinausgehende Arbeitszeit innerhalb von 4 Wochen ausgeglichen wird.

(4) [1]Zusammen mit Beschäftigungsverhältnissen außerhalb des liturgischen Bereichs soll die wöchentliche Arbeitszeit 48 Stunden nicht überschreiten. [2]Bei Abschluss eines Arbeitsvertrages hat der Dienstgeber zu überprüfen, ob und gegebenenfalls mit welchem zeitlichen Umfang weitere Arbeitsverhältnisse bestehen.

§ 4 Ruhepausen

[1]Die Arbeit ist durch im Voraus feststehende Ruhepausen von mindestens 30 Minuten bei einer Arbeitszeit von mehr als 6 bis zu 9 Stunden und von mindestens 45 Minuten bei einer Arbeitszeit von mehr als 9 Stunden insgesamt zu unterbrechen. [2]Die Pausen nach Satz 1 können in Zeitabschnitte von jeweils mindestens 15 Minuten aufgeteilt werden. [3]Länger als 6 Stunden hintereinander dürfen Mitarbeiter nicht ohne Ruhepause beschäftigt werden.

§ 5 Ruhezeit

(1) Mitarbeiter müssen nach Beendigung der täglichen Arbeitszeit eine ununterbrochene Ruhezeit von mindestens 11 Stunden haben.

(2) ¹Soweit die zeitliche Lage der Gottesdienste oder andere Tätigkeiten im Sinne des § 1 Abs. 1 Satz 2 dies erfordern, kann die Mindestdauer der Ruhezeit bis zu fünf Mal innerhalb von vier Wochen auf bis zu 9 Stunden verkürzt werden, wenn die Kürzung der Ruhezeit innerhalb von vier Wochen durch Verlängerung anderer Ruhezeiten auf jeweils mindestens 12 Stunden ausgeglichen wird. ²Diese Verkürzung darf nicht öfter als zwei Mal aufeinander erfolgen.

(3) Die Ruhezeit kann an Ostern und Weihnachten an bis zu zwei aufeinanderfolgenden Tagen sowie vor oder nach der täglichen Arbeitszeit an einem besonderen Gemeindefeiertag (z. B. Patronatsfest) auf bis zu 7 Stunden verkürzt werden, wenn die Verkürzung innerhalb von 2 Wochen durch Verlängerung anderer Ruhezeiten ausgeglichen wird.

§ 6 Arbeit an Sonn- und Feiertagen

(1) An Sonn- und Feiertagen dürfen Mitarbeiter nur zu Tätigkeiten im Sinne des § 1 Abs. 1 Satz 2 herangezogen werden.

(2) Werden Mitarbeiter an einem auf einen Werktag fallenden gesetzlichen Feiertag oder an einem Werktag, an dem aufgrund einer besonderen kirchlichen Feiertagsregelung oder betrieblichen Regelung nicht gearbeitet wird, dienstplanmäßig beschäftigt, wird die geleistete Arbeit dadurch ausgeglichen, dass die Mitarbeiter

a) innerhalb der nächsten 4 Wochen einen zusätzlichen arbeitsfreien Tag erhalten

oder

b) einmal im Jahr für je 2 Wochenfeiertage einen arbeitsfreien Samstag mit dem darauffolgenden Sonntag erhalten.

§ 7 Inkrafttreten

Diese Ordnung tritt am 1. Januar 2006 in Kraft. Arbeitszeitschutzregelungen, die von in Art. 7 GrO genannten Kommissionen beschlossen und spätestens bis zum 1. Januar 2006 in Kraft gesetzt sind, bleiben einschließlich etwaiger künftiger Änderungen unberührt.

Kinderbezogene Entgeltbestandteile

Beschluss der Zentral-KODA gemäß § 10 Abs. 3 in Verbindung mit § 3 Abs. 1 Ziffer 3. lit. d Zentral-KODA-Ordnung vom 6. November 2008

¹Kinderbezogene Entgeltbestandteile, auf die zum Zeitpunkt des Wechsels von einem Dienstgeber im Bereich der Grundordnung des kirchlichen Dienstes im Rahmen kirchlicher Arbeitsverhältnisse (GrO) zu einem anderen Dienstgeber Anspruch besteht, werden vom neuen Dienstgeber als Besitzstand weitergezahlt, so lange den Beschäftigten nach dem Einkommensteuergesetz (EStG) oder nach dem Bundeskindergeldgesetz (BKGG) Kindergeld gezahlt wird oder ohne Berücksichtigung der §§ 64 oder 65 EStG oder der §§ 3 oder 4 BKGG gezahlt würde. ²An die Stelle des bisherigen Besitzstands tritt eine andere geldwerte Leistung, wenn diese in der aufgrund von Art. 7 GrO errichteten zuständigen Kommission ausdrücklich als kinderbezogener Entgeltbestandteil gekennzeichnet worden ist. ³Diese Regelung gilt für alle Mitarbeiterinnen und Mitarbeiter, die zwischen dem 1. Januar 2009 und dem 31. Dezember

2012 den kirchlichen Dienstgeber wechseln, jeweils für die Dauer von insgesamt vier Jahren.
⁴Nach zwei Jahren halbiert sich der jeweilige Besitzstandswahrungsanspruch.

⁵Günstigere Besitzstandswahrungsklauseln in bestehenden und künftigen Regelungen der zuständigen Kommissionen bleiben unberührt.

Arbeitsvertragsformular

Beschluss der Zentral-KODA gemäß § 3 Abs. 1 Nr. 2 Zentral-KODA-Ordnung vom 6. November 2008

In die Arbeitsvertragsformulare ist folgender Passus aufzunehmen:

„Die Grundordnung des kirchlichen Dienstes ist Bestandteil des Arbeitsvertrages."

Anrechnung von Vordienstzeiten

Beschluss der Zentral-KODA gemäß § 3 Abs. 1 Ziffer 3d Zentral-KODA-Ordnung (ZKO) vom 12. November 2009:

1. Soweit in den kirchlichen Arbeitsvertragsordnungen Regelungen zur Anerkennung von sog. Stufenlaufzeiten zur Bestimmung der Stufe innerhalb einer Entgeltgruppe vorgesehen sind, gelten folgende Vorschriften:

    1.1 Bei aneinander gereihten befristeten Dienstverhältnissen mit demselben Dienstgeber, die nicht mehr als sieben Wochen unterbrochen sind, ist von einer ununterbrochen zurückgelegten Tätigkeit auszugehen.

    1.2 Bei dem Wechsel eines Dienstnehmers von einem Dienstgeber im Bereich der Grundordnung des kirchlichen Dienstes im Rahmen kirchlicher Arbeitsverhältnisse zu einem anderen Dienstgeber im Bereich der Grundordnung des kirchlichen Dienstes im Rahmen kirchlicher Arbeitsverhältnisse gilt:

    a) Vordienstzeiten bei einem früheren Dienstgeber im Geltungsbereich der Grundordnung können angerechnet werden.

    b) Beträgt die Unterbrechung nicht mehr als sechs Monate, sollen Vordienstzeiten anerkannt werden, wenn

    aa) der Dienstgeberwechsel aufgrund eines betriebsbedingten Wegfalls des Arbeitsplatzes bei dem früheren Dienstgeber erfolgt ist,

    bb) der Dienstgeberwechsel familiär (wie bspw. kirchliche Eheschließung, Pflege eines Angehörigen) bedingt ist oder

    cc) in der Vordienstzeit einschlägige Berufserfahrung gesammelt wurde.

    Protokollerklärung zu Ziffer 1.2:
    Vordienstzeiten im Sinne dieser Ordnung sind Zeiten einer für die neue Beschäftigung einschlägigen beruflichen Tätigkeit bei einem vorherigen Dienstgeber.

2. Bei der Entscheidung über die Anrechnung von Vordienstzeiten sind die Möglichkeiten der Refinanzierung aus der öffentlichen Hand mit abzuwägen.

3. Von den vorstehenden Vorschriften abweichende, für die Mitarbeiterinnen und Mitarbeiter günstigere Regelungen in den Arbeitsvertragsordnungen bleiben un- berührt.

4. Diese Ordnung tritt am 1. März 2010 in Kraft.

Ordnungen

Grundordnung des kirchlichen Dienstes im Rahmen
kirchlicher Arbeitsverhältnisse – GrO 524

Rahmenordnung für eine Mitarbeitervertretungsordnung – MAVO 529

Grundordnung des kirchlichen Dienstes im Rahmen kirchlicher Arbeitsverhältnisse

zuletzt geändert durch Beschluss der Vollversammlung des Verbandes der Diözesen Deutschlands vom 20. Juni 2011

Art. 1	Grundprinzipien des kirchlichen Dienstes	524
Art. 2	Geltungsbereich	525
Art. 3	Begründung des Arbeitsverhältnisses	525
Art. 4	Loyalitätsobliegenheiten	525
Art. 5	Verstöße gegen Loyalitätsobliegenheiten	526
Art. 6	Koalitionsfreiheit	527
Art. 7	Beteiligung der Mitarbeiterinnen und Mitarbeiter an der Gestaltung ihrer Arbeitsbedingungen	527
Art. 8	Mitarbeitervertretungsrecht als kirchliche Betriebsverfassung	527
Art. 9	Fort- und Weiterbildung	528
Art. 10	Gerichtlicher Rechtsschutz	528

Die katholischen (Erz-)Bischöfe in der Bundesrepublik Deutschland erlassen, jeweils für ihren Bereich,
- in Verantwortung für den Auftrag der Kirche, der Berufung aller Menschen zur Gemeinschaft mit Gott und untereinander zu dienen,
- in Wahrnehmung der der Kirche durch das Grundgesetz garantierten Freiheit, ihre Angelegenheiten selbstständig innerhalb der Schranken des für alle geltenden Gesetzes zu ordnen,
- zur Sicherung der Glaubwürdigkeit der Einrichtungen, die die Kirche unterhält und anerkennt, um ihren Auftrag in der Gesellschaft wirksam wahrnehmen zu können,
- in Erfüllung ihrer Pflicht, dass das kirchliche Arbeitsrecht außer den Erfordernissen, die durch die kirchlichen Aufgaben und Ziele gegeben sind, auch den Grundnormen gerecht werden muss, wie sie die katholische Soziallehre für die Arbeits- und Lohnverhältnisse herausgearbeitet hat,

die folgende

Grundordnung

Artikel 1 Grundprinzipien des kirchlichen Dienstes

¹Alle in einer Einrichtung der katholischen Kirche Tätigen tragen durch ihre Arbeit ohne Rücksicht auf die arbeitsrechtliche Stellung gemeinsam dazu bei, dass die Einrichtung ihren Teil am Sendungsauftrag der Kirche erfüllen kann (Dienstgemeinschaft). ²Alle Beteiligten, Dienstgeber sowie leitende und ausführende Mitarbeiterinnen und Mitarbeiter, müssen anerkennen und ihrem Handeln zugrunde legen, dass Zielsetzung und Tätigkeit, Organisationsstruktur und Leitung der Einrichtung, für die sie tätig sind, sich an der Glaubens- und Sittenlehre und an der Rechtsordnung der katholischen Kirche auszurichten haben.

Artikel 2 Geltungsbereich

(1) Diese Grundordnung gilt für
 a) die (Erz-)Diözesen,
 b) die Kirchengemeinden und Kirchenstiftungen,
 c) die Verbände von Kirchengemeinden,
 d) die Diözesancaritasverbände und deren Gliederungen, soweit sie öffentliche juristische Personen des kanonischen Rechts sind,
 e) die sonstigen dem Diözesanbischof unterstellten öffentlichen juristischen Personen des kanonischen Rechts,
 f) die sonstigen kirchlichen Rechtsträger, unbeschadet ihrer Rechtsform, die der bischöflichen Gesetzgebungsgewalt unterliegen und deren Einrichtungen.

(2) ¹Kirchliche Rechtsträger, die nicht der bischöflichen Gesetzgebungsgewalt unterliegen, sind verpflichtet, bis spätestens zum 31. Dezember 2013 diese Grundordnung durch Übernahme in ihr Statut verbindlich zu übernehmen. ²Wenn sie dieser Verpflichtung nicht nachkommen, haben sie im Hinblick auf die arbeitsrechtlichen Beziehungen nicht am Selbstbestimmungsrecht der Kirche gemäß Art. 140 GG i.V.m. Art. 137 Abs. 3 WRV teil.

(3) Unter diese Grundordnung fallen nicht Mitarbeiter, die auf Grund eines Klerikerdienstverhältnisses oder ihrer Ordenszugehörigkeit tätig sind.

Artikel 3 Begründung des Arbeitsverhältnisses

(1) ¹Der kirchliche Dienstgeber muss bei der Einstellung darauf achten, dass eine Mitarbeiterin und ein Mitarbeiter die Eigenart des kirchlichen Dienstes bejaht. ²Er muss auch prüfen, ob die Bewerberin und der Bewerber geeignet und befähigt sind, die vorgesehene Aufgabe so zu erfüllen, dass sie der Stellung der Einrichtung in der Kirche und der übertragenen Funktion gerecht werden.

(2) Der kirchliche Dienstgeber kann pastorale, katechetische sowie in der Regel erzieherische und leitende Aufgaben nur einer Person übertragen, die der katholischen Kirche angehört.

(3) ¹Der kirchliche Dienstgeber muss bei allen Mitarbeiterinnen und Mitarbeitern durch Festlegung der entsprechenden Anforderungen sicherstellen, dass sie ihren besonderen Auftrag glaubwürdig erfüllen können. ²Dazu gehören fachliche Tüchtigkeit, gewissenhafte Erfüllung der übertragenen Aufgaben und eine Zustimmung zu den Zielen der Einrichtung.

(4) Für keinen Dienst in der Kirche geeignet ist, wer sich kirchenfeindlich betätigt oder aus der katholischen Kirche ausgetreten ist.

(5) Der kirchliche Dienstgeber hat vor Abschluss des Arbeitsvertrages durch Befragung und Aufklärung der Bewerberinnen und Bewerber sicherzustellen, dass sie die für sie nach dem Arbeitsvertrag geltenden Loyalitätsobliegenheiten (Art. 4) erfüllen.

Artikel 4 Loyalitätsobliegenheiten

(1) ¹Von den katholischen Mitarbeiterinnen und Mitarbeitern wird erwartet, dass sie die Grundsätze der katholischen Glaubens- und Sittenlehre anerkennen und beachten. ²Insbesondere im pastoralen, katechetischen und erzieherischen Dienst sowie bei Mitarbeiterinnen und Mitarbeitern, die aufgrund einer Missio canonica tätig sind, ist das persönliche Lebenszeugnis im Sinne der Grundsätze der katholischen Glaubens- und Sittenlehre erforderlich. ³Dies gilt auch für leitende Mitarbeiterinnen und Mitarbeiter.

(2) Von nichtkatholischen christlichen Mitarbeiterinnen und Mitarbeitern wird erwartet, dass sie die Wahrheiten und Werte des Evangeliums achten und dazu beitragen, sie in der Einrichtung zur Geltung zu bringen.

(3) Nichtchristliche Mitarbeiterinnen und Mitarbeiter müssen bereit sein, die ihnen in einer kirchlichen Einrichtung zu übertragenden Aufgaben im Sinne der Kirche zu erfüllen.

(4) ¹Alle Mitarbeiterinnen und Mitarbeiter haben kirchenfeindliches Verhalten zu unterlassen. ²Sie dürfen in ihrer persönlichen Lebensführung und in ihrem dienstlichen Verhalten die Glaubwürdigkeit der Kirche und der Einrichtung, in der sie beschäftigt sind, nicht gefährden.

Artikel 5 Verstöße gegen Loyalitätsobliegenheiten

(1) ¹Erfüllt eine Mitarbeiterin oder ein Mitarbeiter die Beschäftigungsanforderungen nicht mehr, so muss der Dienstgeber durch Beratung versuchen, dass die Mitarbeiterin oder der Mitarbeiter diesen Mangel auf Dauer beseitigt. ²Im konkreten Fall ist zu prüfen, ob schon ein solches klärendes Gespräch oder eine Abmahnung, ein formeller Verweis oder eine andere Maßnahme (z. B. Versetzung, Änderungskündigung) geeignet sind, dem Obliegenheitsverstoß zu begegnen. ³Als letzte Maßnahme kommt eine Kündigung in Betracht.

(2) Für eine Kündigung aus kirchenspezifischen Gründen sieht die Kirche insbesondere folgende Loyalitätsverstöße als schwerwiegend an:
- Verletzungen der gemäß Art. 3 und 4 von einer Mitarbeiterin oder einem Mitarbeiter zu erfüllenden Obliegenheiten, insbesondere Kirchenaustritt,
- öffentliches Eintreten gegen tragende Grundsätze der katholischen Kirche (z. B. hinsichtlich der Abtreibung) und schwerwiegende persönliche sittliche Verfehlungen,
- Abschluss einer nach dem Glaubensverständnis und der Rechtsordnung der Kirche ungültigen Ehe,
- Handlungen, die kirchenrechtlich als eindeutige Distanzierung von der katholischen Kirche anzusehen sind, vor allem Abfall vom Glauben (Apostasie oder Häresie gemäß c. 1364 § 1 i.V. mit c. 751 CIC), Verunehrung der heiligen Eucharistie (c. 1367 CIC), öffentliche Gotteslästerung und Hervorrufen von Hass und Verachtung gegen Religion und Kirche (c. 1369 CIC), Straftaten gegen die kirchlichen Autoritäten und die Freiheit der Kirche (insbesondere gemäß den cc. 1373, 1374 CIC).

(3) ¹Ein nach Abs. 2 generell als Kündigungsgrund in Betracht kommendes Verhalten schließt die Möglichkeit einer Weiterbeschäftigung aus, wenn es begangen wird von pastoral, katechetisch oder leitend tätigen Mitarbeiterinnen und Mitarbeitern oder Mitarbeiterinnen und Mitarbeitern, die aufgrund einer Missio canonica tätig sind. ²Von einer Kündigung kann

ausnahmsweise abgesehen werden, wenn schwerwiegende Gründe des Einzelfalls dies als unangemessen erscheinen lassen.

(4) ¹Wird eine Weiterbeschäftigung nicht bereits nach Abs. 3 ausgeschlossen, so hängt im Übrigen die Möglichkeit einer Weiterbeschäftigung von den Einzelfallumständen ab, insbesondere vom Ausmaß einer Gefährdung der Glaubwürdigkeit von Kirche und kirchlicher Einrichtung, von der Belastung der kirchlichen Dienstgemeinschaft, der Art der Einrichtung, dem Charakter der übertragenen Aufgabe, deren Nähe zum kirchlichen Verkündigungsauftrag, von der Stellung der Mitarbeiterin oder des Mitarbeiters in der Einrichtung sowie von der Art und dem Gewicht der Obliegenheitsverletzung. ²Dabei ist auch zu berücksichtigen, ob eine Mitarbeiterin oder ein Mitarbeiter die Lehre der Kirche bekämpft oder sie anerkennt, aber im konkreten Fall versagt.

(5) ¹Mitarbeiterinnen oder Mitarbeiter, die aus der katholischen Kirche austreten, können nicht weiterbeschäftigt werden.

²Im Falle des Abschlusses einer nach dem Glaubensverständnis und der Rechtsordnung der Kirche ungültigen Ehe scheidet eine Weiterbeschäftigung jedenfalls dann aus, wenn sie unter öffentliches Ärgernis erregenden oder die Glaubwürdigkeit der Kirche beeinträchtigenden Umständen geschlossen wird (z. B. nach böswilligem Verlassen von Ehepartner und Kindern).

Artikel 6 Koalitionsfreiheit

(1) ¹Die Mitarbeiterinnen und Mitarbeiter des kirchlichen Dienstes können sich in Ausübung ihrer Koalitionsfreiheit als kirchliche Arbeitnehmer zur Beeinflussung der Gestaltung ihrer Arbeits- und Wirtschaftsbedingungen in Vereinigungen (Koalitionen) zusammenschließen, diesen beitreten und sich in ihnen betätigen. ²Die Mitarbeiterinnen und Mitarbeiter sind berechtigt, innerhalb ihrer Einrichtung für den Beitritt zu diesen Koalitionen zu werben, über deren Aufgaben und Tätigkeit zu informieren sowie Koalitionsmitglieder zu betreuen. Die Koalitionsfreiheit entbindet sie aber nicht von der Pflicht, ihre Arbeit als Beitrag zum Auftrag der Kirche zu leisten.

(2) ¹Wegen der Zielsetzung des kirchlichen Dienstes muss eine Vereinigung dessen Eigenart und die sich daraus für die Mitarbeiterinnen und Mitarbeiter ergebenden Loyalitätsobliegenheiten anerkennen. Vereinigungen, die diesen Anforderungen gerecht werden, können die ihnen angehörenden Mitarbeiterinnen und Mitarbeiter bei der zulässigen Koalitionsbetätigung in der Einrichtung unterstützen. ²Dabei haben sie und die ihnen angehörenden Mitarbeiter darauf zu achten, dass die Arbeit einer kirchlichen Einrichtung unter einem geistig-religiösen Auftrag steht. ³Sie müssen das verfassungsmäßige Selbstbestimmungsrecht der Kirche zur Gestaltung der sozialen Ordnung ihres Dienstes respektieren.

Artikel 7 Beteiligung der Mitarbeiterinnen und Mitarbeiter an der Gestaltung ihrer Arbeitsbedingungen

(1) ¹Das Verhandlungsgleichgewicht ihrer abhängig beschäftigten Mitarbeiterinnen und Mitarbeiter bei Abschluss und Gestaltung der Arbeitsverträge sichert die katholische Kirche durch das ihr verfassungsmäßig gewährleistete Recht, ein eigenes Arbeitsrechts-Regelungsverfahren zu schaffen. ²Rechtsnormen für den Inhalt der Arbeitsverhältnisse kommen zustande durch Beschlüsse von Kommissionen, die mit Vertretern der Dienstgeber und Vertretern der Mitarbeiter paritätisch besetzt sind. ³Die Beschlüsse dieser Kommissionen bedürfen der bischöflichen Inkraftsetzung für das jeweilige Bistum. ⁴Das Nähere, insbesondere die je-

weiligen Zuständigkeiten, regeln die KODA-Ordnungen. ⁵Die Kommissionen sind an diese Grundordnung gebunden.

(2) ¹Wegen der Einheit des kirchlichen Dienstes und der Dienstgemeinschaft als Strukturprinzip des kirchlichen Arbeitsrechts schließen kirchliche Dienststellen keine Tarifverträge mit Gewerkschaften ab. ²Streik und Aussperrung scheiden ebenfalls aus.

Artikel 8 Mitarbeitervertretungsrecht als kirchliche Betriebsverfassung

¹Zur Sicherung ihrer Selbstbestimmung in der Arbeitsorganisation kirchlicher Einrichtungen wählen die Mitarbeiterinnen und Mitarbeiter nach Maßgabe kirchengesetzlicher Regelungen Mitarbeitervertretungen, die an Entscheidungen des Dienstgebers beteiligt werden. ²Das Nähere regelt die jeweils geltende Mitarbeitervertretungsordnung (MAVO). ³Die Gremien der Mitarbeitervertretungsordnung sind an diese Grundordnung gebunden.

Artikel 9 Fort- und Weiterbildung

¹Die Mitarbeiterinnen und Mitarbeiter haben Anspruch auf berufliche Fort- und Weiterbildung. ²Diese umfassen die fachlichen Erfordernisse, aber genauso die ethischen und religiösen Aspekte des Dienstes. ³Hierbei müssen auch Fragen des Glaubens und der Wertorientierung sowie die Bewältigung der spezifischen Belastungen der einzelnen Dienste angemessen berücksichtigt werden.

Artikel 10 Gerichtlicher Rechtsschutz

(1) Soweit die Arbeitsverhältnisse kirchlicher Mitarbeiterinnen und Mitarbeiter dem staatlichen Arbeitsrecht unterliegen, sind die staatlichen Arbeitsgerichte für den gerichtlichen Rechtsschutz zuständig.

(2) Für Rechtsstreitigkeiten auf den Gebieten der kirchlichen Ordnungen für ein Arbeitsvertrags- und des Mitarbeitervertretungsrechtes werden für den gerichtlichen Rechtsschutz unabhängige kirchliche Gerichte gebildet.

(3) ¹Die Richter sind von Weisungen unabhängig und nur an Gesetz und Recht gebunden. ²Zum Richter kann berufen werden, wer katholisch ist und in der Ausübung der allen Kirchenmitgliedern zustehenden Rechte nicht behindert ist sowie die Gewähr dafür bietet, jederzeit für das kirchliche Gemeinwohl einzutreten.

Rahmenordnung für eine Mitarbeitervertretungsordnung (MAVO)

zuletzt geändert durch Beschluss der Vollversammlung des Verbandes der Diözesen Deutschlands vom 22. November 2010

	Präambel	532
	I. Allgemeine Vorschriften	
§ 1	Geltungsbereich	532
§ 1a	Bildung von Mitarbeitervertretungen	533
§ 1b	Gemeinsame Mitarbeitervertretung	533
§ 2	Dienstgeber	533
§ 3	Mitarbeiterinnen und Mitarbeiter	533
§ 4	Mitarbeiterversammlung	534
§ 5	Mitarbeitervertretung	534
	II. Die Mitarbeitervertretung	
§ 6	Voraussetzung für die Bildung der Mitarbeitervertretung – Zusammensetzung der Mitarbeitervertretung	534
§ 7	Aktives Wahlrecht	535
§ 8	Passives Wahlrecht	535
§ 9	Vorbereitung der Wahl	536
§ 10	Dienstgeber – Vorbereitungen zur Bildung einer Mitarbeitervertretung	536
§ 11	Durchführung der Wahl	537
	§§ 11a bis c Vereinfachtes Wahlverfahren	538
§ 11a	Voraussetzungen	538
§ 11b	Vorbereitung der Wahl	538
§ 11c	Durchführung der Wahl	538
§ 12	Anfechtung der Wahl	539
§ 13	Amtszeit der Mitarbeitervertretung	539
§ 13a	Weiterführung der Geschäfte	540
§ 13b	Ersatzmitglied, Verhinderung des ordentlichen Mitglieds und ruhende Mitgliedschaft	540
§ 13c	Erlöschen der Mitgliedschaft	540
§ 13d	Übergangsmandat	540

§ 13e	Restmandat	541
§ 14	Tätigkeit der Mitarbeitervertretung	541
§ 15	Rechtsstellung der Mitarbeitervertretung	542
§ 16	Schulung der Mitarbeitervertretung und des Wahlausschusses	543
§ 17	Kosten der Mitarbeitervertretung	543
§ 18	Schutz der Mitglieder der Mitarbeitervertretung	544
§ 19	Kündigungsschutz	545
§ 20	Schweigepflicht	545

III. Mitarbeiterversammlung

| § 21 | Einberufung der Mitarbeiterversammlung | 545 |
| § 22 | Aufgaben und Verfahren der Mitarbeiterversammlung | 546 |

IIIa. Sonderregelungen für gemeinsame Mitarbeitervertretungen

| § 22a | Sonderregelungen für gemeinsame Mitarbeitervertretungen nach § 1b | 546 |

IV. Besondere Formen der Vertretung von Mitarbeiterinnen und Mitarbeitern

§ 23	Sondervertretung	547
§ 24	Gesamtmitarbeitervertretung und erweiterte Gesamtmitarbeitervertretung	547
§ 25	Arbeitsgemeinschaften der Mitarbeitervertretungen	548

V. Zusammenarbeit zwischen Dienstgeber und Mitarbeitervertretung

§ 26	Allgemeine Aufgaben der Mitarbeitervertretung	549
§ 27	Information	550
§ 27a	Information in wirtschaftlichen Angelegenheiten	550
§ 27b	Einrichtungsspezifische Regelungen	551
§ 28	Formen der Beteiligung, Dienstvereinbarung	551
§ 28a	Aufgaben und Beteiligung der Mitarbeitervertretung zu Schutz schwerbehinderter Menschen	551
§ 29	Anhörung und Mitberatung	552
§ 30	Anhörung und Mitberatung bei ordentlicher Kündigung	553
§ 30a	Anhörung und Mitberatung bei Massenentlassungen	554
§ 31	Anhörung und Mitberatung bei außerordentlicher Kündigung	554
§ 32	Vorschlagsrecht	554
§ 33	Zustimmung	555

§ 34	Zustimmung bei Einstellung und Anstellung	556
§ 35	Zustimmung bei sonstigen persönlichen Angelegenheiten	556
§ 36	Zustimmung bei Angelegenheiten der Dienststelle	557
§ 37	Antragsrecht	558
§ 38	Dienstvereinbarungen	558
§ 39	Gemeinsame Sitzungen und Gespräche	559

VI. Einigungsstelle

§ 40	Bildung der Einigungsstelle – Aufgaben	560
§ 41	Zusammensetzung – Besetzung	560
§ 42	Rechtsstellung der Mitglieder	560
§ 43	Berufungsvoraussetzungen	561
§ 44	Berufung der Mitglieder	561
§ 45	Zuständigkeit	562
§ 46	Verfahren	563
§ 47	Einigungsspruch	563

VII. Sprecherinnen und Sprecher der Jugendlichen und der Auszubildenden, Vertrauensperson der schwerbehinderten Mitarbeiterinnen und Mitarbeiter, Vertrauensmann der Zivildienstleistenden

§ 48	Wahl und Anzahl der Sprecherinnen und Sprecher der Jugendlichen und der Auszubildenden	564
§ 49	Versammlung der Jugendlichen und Auszubildenden	564
§ 50	Amtszeit der Sprecherinnen und Sprecher der Jugendlichen und Auszubildenden	565
§ 51	Mitwirkung der Sprecherinnen und Sprecher der Jugendlichen und Auszubildenden	565
§ 52	Mitwirkung der Vertrauensperson der schwerbehinderten Mitarbeiterinnen und Mitarbeiter	565
§ 53	Rechte des Vertrauensmannes der Zivildienstleistenden	566

VIII. Schulen, Hochschulen

| § 54 | | 566 |

IX. Schlussbestimmungen

| § 55 | | 566 |
| § 56 | | 566 |

Präambel

¹Grundlage und Ausgangspunkt für den kirchlichen Dienst ist die Sendung der Kirche. ²Diese Sendung umfasst die Verkündigung des Evangeliums, den Gottesdienst und die sakramentale Verbindung der Menschen mit Jesus Christus sowie den aus dem Glauben erwachsenden Dienst am Nächsten. ³Daraus ergibt sich als Eigenart des kirchlichen Dienstes seine religiöse Dimension.

⁴Als Maßstab für ihre Tätigkeit ist sie Dienstgebern und Mitarbeiterinnen und Mitarbeitern vorgegeben, die als Dienstgemeinschaft den Auftrag der Einrichtung erfüllen und so an der Sendung der Kirche mitwirken.

⁵Weil die Mitarbeiterinnen und Mitarbeiter den Dienst in der Kirche mitgestalten und mitverantworten und an seiner religiösen Grundlage und Zielsetzung teilhaben, sollen sie auch aktiv an der Gestaltung und Entscheidung über die sie betreffenden Angelegenheiten mitwirken unter Beachtung der Verfasstheit der Kirche, ihres Auftrages und der kirchlichen Dienstverfassung. ⁶Dies erfordert von Dienstgebern und Mitarbeiterinnen und Mitarbeitern die Bereitschaft zu gemeinsam getragener Verantwortung und vertrauensvoller Zusammenarbeit.

⁷Deshalb wird aufgrund des Rechtes der katholischen Kirche, ihre Angelegenheiten selbst zu regeln, unter Bezugnahme auf die Grundordnung des kirchlichen Dienstes im Rahmen kirchlicher Arbeitsverhältnisse vom 22. September 1993 die folgende Ordnung für Mitarbeitervertretungen erlassen.

I.   Allgemeine Vorschriften

§ 1   Geltungsbereich

(1) Diese Mitarbeitervertretungsordnung gilt für die Dienststellen, Einrichtungen und sonstigen selbständig geführten Stellen – nachfolgend als Einrichtung(en) bezeichnet –
1. der (Erz-)Diözesen,
2. der Kirchengemeinden und Kirchenstiftungen,
3. der Verbände von Kirchengemeinden,
4. der Diözesancaritasverbände und deren Gliederungen, soweit sie öffentliche juristische Personen des kanonischen Rechts sind,
5. der sonstigen dem Diözesanbischof unterstellten öffentlichen juristischen Personen des kanonischen Rechts,
6. der sonstigen kirchlichen Rechtsträger, unbeschadet ihrer Rechtsform, die der bischöflichen Gesetzgebungsgewalt unterliegen.

(2) ¹Diese Mitarbeitervertretungsordnung ist auch anzuwenden bei den kirchlichen Rechtsträgern, die nicht der bischöflichen Gesetzgebungsgewalt unterliegen, wenn sie bis spätestens zum 31. Dezember 2013 die „Grundordnung des kirchlichen Dienstes im Rahmen kirchlicher Arbeitsverhältnisse" durch Übernahme in ihr Statut verbindlich übernommen haben. ²Wenn sie dieser Verpflichtung nicht nachkommen, haben sie im Hinblick auf die arbeitsrechtlichen Beziehungen nicht am Selbstbestimmungsrecht der Kirche gemäß Art. 140 GG i.V.m. Art. 137 Abs. 3 WRV teil.

(3) ¹In den Fällen des Absatz 2 ist in allen Einrichtungen eines mehrdiözesanen oder überdiözesanen Rechtsträgers die Mitarbeitervertretungsordnung der Diözese anzuwenden, in der sich der Sitz der Hauptniederlassung (Hauptsitz) befindet. ²Abweichend von Satz 1 kann auf Antrag eines mehrdiözesan oder überdiözesan tätigen Rechtsträgers der Diözesanbischof

des Hauptsitzes im Einvernehmen mit den anderen Diözesanbischöfen, in deren Diözese der Rechtsträger tätig ist, bestimmen, dass in den Einrichtungen des Rechtsträgers die Mitarbeitervertretungsordnung der Diözese angewandt wird, in der die jeweilige Einrichtung ihren Sitz hat, oder eine Mitarbeitervertretungsordnung eigens für den Rechtsträger erlassen.

§ 1a Bildung von Mitarbeitervertretungen

(1) In den Einrichtungen der in § 1 genannten kirchlichen Rechtsträger sind Mitarbeitervertretungen nach Maßgabe der folgenden Vorschriften zu bilden.

(2) [1]Unbeschadet des Absatz 1 kann der Rechtsträger nach Anhörung betroffener Mitarbeitervertretungen regeln, was als Einrichtung gilt. [2]Die Regelung bedarf der Genehmigung durch den Ordinarius. [3]Die Regelung darf nicht missbräuchlich erfolgen.

§ 1b Gemeinsame Mitarbeitervertretung[1]

(1) [1]Die Mitarbeitervertretungen und Dienstgeber mehrerer Einrichtungen verschiedener Rechtsträger können durch eine gemeinsame Dienstvereinbarung die Bildung einer gemeinsamen Mitarbeitervertretung vereinbaren, soweit dies der wirksamen und zweckmäßigen Interessenvertretung der Mitarbeiterinnen und Mitarbeiter dient. [2]Dienstgeber und Mitarbeitervertretungen können nach vorheriger Stellungnahme der betroffenen Mitarbeiterinnen und Mitarbeiter Einrichtungen einbeziehen, in denen Mitarbeitervertretungen nicht gebildet sind. [3]Die auf Grundlage dieser Dienstvereinbarung gewählte Mitarbeitervertretung tritt an die Stelle der bisher bestehenden Mitarbeitervertretungen. [4]Sind in keiner der Einrichtungen Mitarbeitervertretungen gebildet, so können die Rechtsträger nach vorheriger Stellungnahme der betroffenen Mitarbeiterinnen und Mitarbeiter die Bildung einer gemeinsamen Mitarbeitervertretung vereinbaren, soweit die Gesamtheit der Einrichtungen die Voraussetzungen des § 6 Abs. 1 erfüllt.

(2) [1]Die Dienstvereinbarung nach Absatz 1 Satz 1 und die Regelung nach Absatz 1 Satz 4 bedürfen der Genehmigung durch den Ordinarius. [2]Sie sind, soweit sie keine andere Regelung treffen, für die folgende Wahl und die Amtszeit der aus ihr hervorgehenden Mitarbeitervertretung wirksam. [3]Für die gemeinsamen Mitarbeitervertretungen gelten die Vorschriften dieser Ordnung nach Maßgabe des § 22a.

§ 2 Dienstgeber

(1) Dienstgeber im Sinne dieser Ordnung ist der Rechtsträger der Einrichtung.

(2) [1]Für den Dienstgeber handelt dessen vertretungsberechtigtes Organ oder die von ihm bestellte Leitung. [2]Der Dienstgeber kann eine Mitarbeiterin oder einen Mitarbeiter in leitender Stellung schriftlich beauftragen, ihn zu vertreten.

§ 3 Mitarbeiterinnen und Mitarbeiter

(1) [1]Mitarbeiterinnen und Mitarbeiter im Sinne dieser Ordnung sind alle Personen, die bei einem Dienstgeber
1. aufgrund eines Dienst- oder Arbeitsverhältnisses,
2. als Ordensmitglied an einem Arbeitsplatz in einer Einrichtung der eigenen Gemeinschaft,
3. aufgrund eines Gestellungsvertrages oder
4. zu ihrer Ausbildung

---

1 Muster für eine diözesane Fassung.

tätig sind. ²Mitarbeiterinnen und Mitarbeiter, die dem Dienstgeber zur Arbeitsleistung überlassen werden im Sinne des Arbeitnehmerüberlassungsgesetzes, sind keine Mitarbeiterinnen und Mitarbeiter im Sinne dieser Ordnung.

(2) ¹Als Mitarbeiterinnen und Mitarbeiter gelten nicht:
1. die Mitglieder eines Organs, das zur gesetzlichen Vertretung berufen ist,
2. Leiterinnen und Leiter von Einrichtungen im Sinne des § 1,
3. Mitarbeiterinnen und Mitarbeiter, die zur selbstständigen Entscheidung über Einstellungen, Anstellungen oder Kündigungen befugt sind,
4. sonstige Mitarbeiterinnen und Mitarbeiter in leitender Stellung,
5. Geistliche einschließlich Ordensgeistliche im Bereich des § 1 Abs. 1 Nrn. 2 und 3,
6. Personen, deren Beschäftigung oder Ausbildung überwiegend ihrer Heilung, Wiedereingewöhnung, beruflichen und sozialen Rehabilitation oder Erziehung dient.

²Die Entscheidung des Dienstgebers zu den Nrn. 3 und 4 bedarf der Beteiligung der Mitarbeitervertretung gemäß § 29 Abs. 1 Nr. 18. ³Die Entscheidung bedarf bei den in § 1 Abs. 1 genannten Rechtsträgern der Genehmigung des Ordinarius. ⁴Die Entscheidung ist der Mitarbeitervertretung schriftlich mitzuteilen.

(3) ¹Die besondere Stellung der Geistlichen gegenüber dem Diözesanbischof und die der Ordensleute gegenüber den Ordensoberen werden durch diese Ordnung nicht berührt. ²Eine Mitwirkung in den persönlichen Angelegenheiten findet nicht statt.

§ 4 Mitarbeiterversammlung

¹Die Mitarbeiterversammlung ist die Versammlung aller Mitarbeiterinnen und Mitarbeiter. ²Kann nach den dienstlichen Verhältnissen eine gemeinsame Versammlung aller Mitarbeiterinnen und Mitarbeiter nicht stattfinden, so sind Teilversammlungen zulässig.

§ 5 Mitarbeitervertretung

Die Mitarbeitervertretung ist das von den wahlberechtigten Mitarbeiterinnen und Mitarbeitern gewählte Organ, das die ihm nach dieser Ordnung zustehenden Aufgaben und Verantwortungen wahrnimmt.

II. Die Mitarbeitervertretung

§ 6 Voraussetzung für die Bildung der Mitarbeitervertretung – Zusammensetzung der Mitarbeitervertretung

(1) Die Bildung einer Mitarbeitervertretung setzt voraus, dass in der Einrichtung in der Regel mindestens fünf wahlberechtigte Mitarbeiterinnen und Mitarbeiter (§ 7) beschäftigt werden, von denen mindestens drei wählbar sind (§ 8).

(2) ¹Die Mitarbeitervertretung besteht aus

1 Mitglied bei 5 bis 15 wahlberechtigten Mitarbeiterinnen und Mitarbeitern,

3 Mitgliedern bei 16 bis 50 wahlberechtigten Mitarbeiterinnen und Mitarbeitern,

5 Mitgliedern bei 51 bis 100 wahlberechtigten Mitarbeiterinnen und Mitarbeitern,

7 Mitgliedern bei 101 bis 200 wahlberechtigten Mitarbeiterinnen und Mitarbeitern,

9 Mitgliedern bei 201 bis 300 wahlberechtigten Mitarbeiterinnen und Mitarbeitern,

11 Mitgliedern bei 301 bis 600 wahlberechtigten Mitarbeiterinnen und Mitarbeitern,

13 Mitgliedern bei 601 bis 1000 wahlberechtigten Mitarbeiterinnen und Mitarbeitern,

15 Mitgliedern bei 1001 und mehr wahlberechtigten Mitarbeiterinnen und Mitarbeitern.
²Falls die Zahl der Wahlbewerberinnen und Wahlbewerber geringer ist als die nach Satz 1 vorgesehene Zahl an Mitgliedern, setzt sich die Mitarbeitervertretung aus der höchstmöglichen Zahl von Mitgliedern zusammen. ³Satz 2 gilt entsprechend, wenn die nach Satz 1 vorgesehene Zahl an Mitgliedern nicht erreicht wird, weil zu wenig Kandidatinnen und Kandidaten gewählt werden oder weil eine gewählte Kandidatin oder ein gewählter Kandidat die Wahl nicht annimmt und kein Ersatzmitglied vorhanden ist.

(3) ¹Für die Wahl einer Mitarbeitervertretung in einer Einrichtung mit einer oder mehreren nicht selbstständig geführten Stellen kann der Dienstgeber eine Regelung treffen, die eine Vertretung auch der Mitarbeiterinnen und Mitarbeiter der nicht selbstständig geführten Stellen in Abweichung von § 11 Abs. 6 durch einen Vertreter gewährleistet, und zwar nach der Maßgabe der jeweiligen Zahl der wahlberechtigten Mitarbeiterinnen und Mitarbeiter in den Einrichtungen. ²Eine solche Regelung bedarf der Zustimmung der Mitarbeitervertretung.

(4) ¹Der Mitarbeitervertretung sollen jeweils Vertreter der Dienstbereiche und Gruppen angehören. ²Die Geschlechter sollen in der Mitarbeitervertretung entsprechend ihrem zahlenmäßigen Verhältnis in der Einrichtung vertreten sein.

(5) Maßgebend für die Zahl der Mitglieder ist der Tag, bis zu dem Wahlvorschläge eingereicht werden können (§ 9 Abs. 5 Satz 1).

§ 7 Aktives Wahlrecht

(1) Wahlberechtigt sind alle Mitarbeiterinnen und Mitarbeiter, die am Wahltag das 18. Lebensjahr vollendet haben und seit mindestens sechs Monaten ohne Unterbrechung in einer Einrichtung desselben Dienstgebers tätig sind.

(2) ¹Wer zu einer Einrichtung abgeordnet ist, wird nach Ablauf von drei Monaten in ihr wahlberechtigt; im gleichen Zeitpunkt erlischt das Wahlrecht bei der früheren Einrichtung. ²Satz 1 gilt nicht, wenn feststeht, dass die Mitarbeiterin oder der Mitarbeiter binnen weiterer sechs Monate in die frühere Einrichtung zurückkehren wird.

(3) Mitarbeiterinnen und Mitarbeiter in einem Ausbildungsverhältnis sind nur bei der Einrichtung wahlberechtigt, von der sie eingestellt sind.

(4) Nicht wahlberechtigt sind Mitarbeiterinnen und Mitarbeiter,
1. für die zur Besorgung aller ihrer Angelegenheiten ein Betreuer nicht nur vorübergehend bestellt ist,
2. die am Wahltage für mindestens noch sechs Monate unter Wegfall der Bezüge beurlaubt sind,
3. die sich am Wahltag in der Freistellungsphase eines nach dem Blockmodell vereinbarten Altersteilzeitarbeitsverhältnisses befinden.

§ 8 Passives Wahlrecht

(1) Wählbar sind die wahlberechtigten Mitarbeiterinnen und Mitarbeiter, die am Wahltag seit mindestens einem Jahr ohne Unterbrechung im kirchlichen Dienst stehen, davon mindestens seit sechs Monaten in einer Einrichtung desselben Dienstgebers tätig sind.

(2) Nicht wählbar sind Mitarbeiterinnen und Mitarbeiter, die zur selbstständigen Entscheidung in anderen als den in § 3 Abs. 2 Nr. 3 genannten Personalangelegenheiten befugt sind.

§ 9 Vorbereitung der Wahl

(1) ¹Spätestens acht Wochen vor Ablauf der Amtszeit der Mitarbeitervertretung bestimmt die Mitarbeitervertretung den Wahltag. ²Er soll spätestens zwei Wochen vor Ablauf der Amtszeit der Mitarbeitervertretung liegen.

(2) ¹Die Mitarbeitervertretung bestellt spätestens acht Wochen vor Ablauf ihrer Amtszeit die Mitglieder des Wahlausschusses. ²Er besteht aus drei oder fünf Mitgliedern, die, wenn sie Mitarbeiterinnen oder Mitarbeiter sind, wahlberechtigt sein müssen. ³Der Wahlausschuss wählt seine Vorsitzende oder seinen Vorsitzenden.

(3) ¹Scheidet ein Mitglied des Wahlausschusses aus, so hat die Mitarbeitervertretung unverzüglich ein neues Mitglied zu bestellen. ²Kandidiert ein Mitglied des Wahlausschusses für die Mitarbeitervertretung, so scheidet es aus dem Wahlausschuss aus.

(4) ¹Der Dienstgeber stellt dem Wahlausschuss zur Aufstellung des Wählerverzeichnisses spätestens sieben Wochen vor Ablauf der Amtszeit eine Liste aller Mitarbeiterinnen und Mitarbeiter mit den erforderlichen Angaben zur Verfügung. ²Der Wahlausschuss stellt die Liste der wahlberechtigten Mitarbeiterinnen und Mitarbeiter auf und legt sie mindestens vier Wochen vor der Wahl für die Dauer von einer Woche zur Einsicht aus. ³Die oder der Vorsitzende des Wahlausschusses gibt bekannt, an welchem Ort, für welche Dauer und von welchem Tage an die Listen zur Einsicht ausliegen. ⁴Jede Mitarbeiterin und jeder Mitarbeiter kann während der Auslegungsfrist gegen die Eintragung oder Nichteintragung einer Mitarbeiterin oder eines Mitarbeiters Einspruch einlegen. ⁵Der Wahlausschuss entscheidet über den Einspruch.

(5) ¹Der Wahlausschuss hat sodann die wahlberechtigten Mitarbeiterinnen und Mitarbeiter aufzufordern, schriftliche Wahlvorschläge, die jeweils von mindestens drei wahlberechtigten Mitarbeiterinnen und Mitarbeitern unterzeichnet sein müssen, bis zu einem von ihm festzusetzenden Termin einzureichen. ²Der Wahlvorschlag muss die Erklärung der Kandidatin oder des Kandidaten enthalten, dass sie oder er der Benennung zustimmt. ³Der Wahlausschuss hat in ausreichender Zahl Formulare für Wahlvorschläge auszulegen.

(6) Die Kandidatenliste soll mindestens doppelt soviel Wahlbewerberinnen und Wahlbewerber enthalten, wie Mitglieder nach § 6 Abs. 2 zu wählen sind.

(7) Der Wahlausschuss prüft die Wählbarkeit und lässt sich von der Wahlbewerberin oder dem Wahlbewerber bestätigen, dass kein Ausschlussgrund im Sinne des § 8 vorliegt.

(8) ¹Spätestens eine Woche vor der Wahl sind die Namen der zur Wahl vorgeschlagenen und vom Wahlausschuss für wählbar erklärten Mitarbeiterinnen und Mitarbeiter in alphabetischer Reihenfolge durch Aushang bekannt zu geben. ²Danach ist die Kandidatur unwiderruflich.

§ 10 Dienstgeber – Vorbereitungen zur Bildung einer Mitarbeitervertretung

(1) ¹Wenn in einer Einrichtung die Voraussetzungen für die Bildung einer Mitarbeitervertretung vorliegen, hat der Dienstgeber spätestens nach drei Monaten zu einer Mitarbeiterversammlung einzuladen. ²Er leitet sie und kann sich hierbei vertreten lassen. ³Die Mitarbeiterversammlung wählt den Wahlausschuss, der auch den Wahltag bestimmt. ⁴Im Falle des Ausscheidens eines Mitglieds bestellt der Wahlausschuss unverzüglich ein neues Mitglied.

(1a) Absatz 1 gilt auch,
1. wenn die Mitarbeitervertretung ihrer Verpflichtung gemäß § 9 Abs. 1 und 2 nicht nachkommt,
2. im Falle des § 12 Abs. 5 Satz 2,
3. im Falle des § 13 Abs. 2 Satz 3,
4. in den Fällen des § 13a nach Ablauf des Zeitraumes, in dem die Mitarbeitervertretung die Geschäfte fortgeführt hat,
5. nach Feststellung der Nichtigkeit der Wahl der Mitarbeitervertretung durch rechtskräftige Entscheidung der kirchlichen Gerichte für Arbeitssachen in anderen als den in § 12 genannten Fällen, wenn ein ordnungsgemäßer Wahlausschuss nicht mehr besteht.

(2) Kommt die Bildung eines Wahlausschusses nicht zustande, so hat auf Antrag mindestens eines Zehntels der wahlberechtigten Mitarbeiterinnen und Mitarbeiter und nach Ablauf eines Jahres der Dienstgeber erneut eine Mitarbeiterversammlung zur Bildung eines Wahlausschusses einzuberufen.

(3) In neuen Einrichtungen entfallen für die erste Wahl die in den § 7 Abs. 1 und § 8 Abs. 1 festgelegten Zeiten.

§ 11 Durchführung der Wahl

(1) ¹Die Wahl der Mitarbeitervertretung erfolgt unmittelbar und geheim. ²Für die Durchführung der Wahl ist der Wahlausschuss verantwortlich.

(2) ¹Die Wahl erfolgt durch Abgabe eines Stimmzettels. ²Der Stimmzettel enthält in alphabetischer Reihenfolge die Namen aller zur Wahl stehenden Mitarbeiterinnen und Mitarbeiter (§ 9 Abs. 8 Satz 1). ³Die Abgabe der Stimme erfolgt durch Ankreuzen eines oder mehrerer Namen. ⁴Es können so viele Namen angekreuzt werden, wie Mitglieder zu wählen sind. ⁵Der Wahlzettel ist in Anwesenheit von mindestens zwei Mitgliedern des Wahlausschusses in die bereitgestellte Urne zu werfen. ⁶Die Stimmabgabe ist in der Liste der wahlberechtigten Mitarbeiterinnen und Mitarbeiter zu vermerken.

(3) Bemerkungen auf dem Wahlzettel und das Ankreuzen von Namen von mehr Personen, als zu wählen sind, machen den Stimmzettel ungültig.

(4) ¹Im Falle der Verhinderung ist eine vorzeitige Stimmabgabe durch Briefwahl möglich. ²Der Stimmzettel ist in dem für die Wahl vorgesehenen Umschlag und zusammen mit dem persönlich unterzeichneten Wahlschein in einem weiteren verschlossenen Umschlag mit der Aufschrift „Briefwahl" und der Angabe des Absenders dem Wahlausschuss zuzuleiten. ³Diesen Umschlag hat der Wahlausschuss bis zum Wahltag aufzubewahren und am Wahltag die Stimmabgabe in der Liste der wahlberechtigten Mitarbeiterinnen und Mitarbeiter zu vermerken, den Umschlag zu öffnen und den für die Wahl bestimmten Umschlag in die Urne zu werfen. ⁴Die Briefwahl ist nur bis zum Abschluss der Wahl am Wahltag möglich.

(5) ¹Nach Ablauf der festgesetzten Wahlzeit stellt der Wahlausschuss öffentlich fest, wie viele Stimmen auf die einzelnen Gewählten entfallen sind und ermittelt ihre Reihenfolge nach der Stimmenzahl. ²Das Ergebnis ist in einem Protokoll festzuhalten, das vom Wahlausschuss zu unterzeichnen ist.

(6) ¹Als Mitglieder der Mitarbeitervertretung sind diejenigen gewählt, die die meisten Stimmen erhalten haben. ²Alle in der nach der Stimmenzahl entsprechenden Reihenfolge den gewählten Mitgliedern folgenden Mitarbeiterinnen und Mitarbeiter sind Ersatzmitglieder. ³Bei gleicher Stimmenzahl entscheidet das Los.

(7) ¹Das Ergebnis der Wahl wird vom Wahlausschuss am Ende der Wahlhandlung bekannt gegeben. ²Der Wahlausschuss stellt fest, ob jede oder jeder Gewählte die Wahl annimmt. ³Bei Nichtannahme gilt an ihrer oder seiner Stelle die Mitarbeiterin oder der Mitarbeiter mit der nächstfolgenden Stimmenzahl als gewählt. ⁴Mitglieder und Ersatzmitglieder der Mitarbeitervertretung werden durch Aushang bekannt gegeben.

(8) ¹Die gesamten Wahlunterlagen sind für die Dauer der Amtszeit der gewählten Mitarbeitervertretung aufzubewahren. ²Die Kosten der Wahl trägt der Dienstgeber.

§§ 11a bis c Vereinfachtes Wahlverfahren[1]

§ 11a Voraussetzungen

(1) In Einrichtungen mit bis zu 20 wahlberechtigten Mitarbeiterinnen und Mitarbeitern ist die Mitarbeitervertretung anstelle des Verfahrens nach den §§ 9 bis 11 im vereinfachten Wahlverfahren zu wählen.[2]

(2) Absatz 1 findet keine Anwendung, wenn die Mitarbeiterversammlung mit der Mehrheit der Anwesenden, mindestens jedoch einem Drittel der wahlberechtigten Mitarbeiterinnen und Mitarbeiter spätestens acht Wochen vor Beginn des einheitlichen Wahlzeitraums die Durchführung der Wahl nach den §§ 9 bis 11 beschließt.

§ 11b Vorbereitung der Wahl

(1) Spätestens drei Wochen vor Ablauf ihrer Amtszeit lädt die Mitarbeitervertretung die Wahlberechtigten durch Aushang oder in sonst geeigneter Weise, die den wahlberechtigten Mitarbeiterinnen und Mitarbeitern die Möglichkeit der Kenntnisnahme gibt, zur Wahlversammlung ein und legt gleichzeitig die Liste der wahlberechtigten Mitarbeiterinnen und Mitarbeiter aus.

(2) Ist in einer Einrichtung eine Mitarbeitervertretung nicht vorhanden, so handelt der Dienstgeber gemäß Absatz 1.

§ 11c Durchführung der Wahl

(1) ¹Die Wahlversammlung wird von einer Wahlleiterin oder einem Wahlleiter geleitet, die oder der mit einfacher Stimmenmehrheit gewählt wird. ²Im Bedarfsfall kann die Wahlversammlung zur Unterstützung der Wahlleiterin oder des Wahlleiters Wahlhelfer bestimmen.

(2) ¹Mitarbeitervertreterinnen und Mitarbeitervertreter und Ersatzmitglieder werden in einem gemeinsamen Wahlgang gewählt. ²Jede wahlberechtigte Mitarbeiterin und jeder wahlberechtigte Mitarbeiter kann Kandidatinnen und Kandidaten zur Wahl vorschlagen.

(3) ¹Die Wahl erfolgt durch Abgabe des Stimmzettels. ²Auf dem Stimmzettel sind von der Wahlleiterin oder dem Wahlleiter die Kandidatinnen und Kandidaten in alphabetischer Reihenfolge unter Angabe von Name und Vorname aufzuführen. ³Die Wahlleiterin oder der Wahlleiter trifft Vorkehrungen, dass die Wählerinnen und Wähler ihre Stimme geheim abgeben können. ⁴Unverzüglich nach Beendigung der Wahlhandlung zählt sie oder er öffentlich die Stimmen aus und gibt das Ergebnis bekannt.

(4) § 9 Abs. 7, § 11 Abs. 2 Sätze 3, 4 und 6, § 11 Abs. 6 bis 8 und § 12 gelten entsprechend; an die Stelle des Wahlausschusses tritt die Wahlleiterin oder der Wahlleiter.

---

1 Muster für eine diözesane Wahlordnung.
2 Die Zahl der wahlberechtigten Mitarbeiterinnen und Mitarbeiter kann abweichend hiervon durch diözesane Regelung festgelegt werden.

II. Die Mitarbeitervertretung – MAVO

§ 12 Anfechtung der Wahl

(1) ¹Jede wahlberechtigte Mitarbeiterin und jeder wahlberechtigte Mitarbeiter oder der Dienstgeber hat das Recht, die Wahl wegen eines Verstoßes gegen die §§ 6 bis 11c innerhalb einer Frist von einer Woche nach Bekanntgabe des Wahlergebnisses schriftlich anzufechten. ²Die Anfechtungserklärung ist dem Wahlausschuss zuzuleiten.

(2) ¹Unzulässige oder unbegründete Anfechtungen weist der Wahlausschuss zurück. Stellt er fest, dass die Anfechtung begründet ist und dadurch das Wahlergebnis beeinflusst sein kann, so erklärt er die Wahl für ungültig; in diesem Falle ist die Wahl unverzüglich zu wiederholen. ²Im Falle einer sonstigen begründeten Wahlanfechtung berichtigt er den durch den Verstoß verursachten Fehler.

(3) Gegen die Entscheidung des Wahlausschusses ist die Klage beim Kirchlichen Arbeitsgericht innerhalb einer Ausschlussfrist von zwei Wochen nach Bekanntgabe der Entscheidung zulässig.

(4) Eine für ungültig erklärte Wahl lässt die Wirksamkeit der zwischenzeitlich durch die Mitarbeitervertretung getroffenen Entscheidungen unberührt.

(5) ¹Die Wiederholung einer erfolgreich angefochtenen Wahl obliegt dem Wahlausschuss. ²Besteht kein ordnungsgemäß besetzter Wahlausschuss (§ 9 Abs. 2 Satz 2) mehr, so findet § 10 Anwendung.

§ 13 Amtszeit der Mitarbeitervertretung

(1) Die regelmäßigen Wahlen zur Mitarbeitervertretung finden alle vier Jahre in der Zeit vom 1. März bis 30. Juni (einheitlicher Wahlzeitraum) statt.[1]

(2) ¹Die Amtszeit beginnt mit dem Tag der Wahl oder, wenn zu diesem Zeitpunkt noch eine Mitarbeitervertretung besteht, mit Ablauf der Amtszeit dieser Mitarbeitervertretung. ²Sie beträgt vier Jahre. ³Sie endet jedoch vorbehaltlich der Regelung in Absatz 5 spätestens am 30. Juni des Jahres, in dem nach Absatz 1 die regelmäßigen Mitarbeitervertretungswahlen stattfinden.

(3) Außerhalb des einheitlichen Wahlzeitraumes findet eine Neuwahl statt, wenn
1. an dem Tage, an dem die Hälfte der Amtszeit seit Amtsbeginn abgelaufen ist, die Zahl der wahlberechtigten Mitarbeiterinnen und Mitarbeiter um die Hälfte, mindestens aber um 50, gestiegen oder gesunken ist,
2. die Gesamtzahl der Mitglieder der Mitarbeitervertretung auch nach Eintreten sämtlicher Ersatzmitglieder um mehr als die Hälfte der ursprünglich vorhandenen Mitgliederzahl gesunken ist,
3. die Mitarbeitervertretung mit der Mehrheit ihrer Mitglieder ihren Rücktritt beschlossen hat,
4. die Wahl der Mitarbeitervertretung mit Erfolg angefochten worden ist,
5. die Mitarbeiterversammlung der Mitarbeitervertretung gemäß § 22 Abs. 2 das Misstrauen ausgesprochen hat,
6. die Mitarbeitervertretung im Falle grober Vernachlässigung oder Verletzung der Befugnisse und Verpflichtungen als Mitarbeitervertretung durch rechtskräftige Entscheidung der kirchlichen Gerichte für Arbeitssachen aufgelöst ist.

---

[1] Beginn und Ende des einheitlichen Wahlzeitraumes können abweichend durch diözesane Regelung festgelegt werden.

(4) Außerhalb des einheitlichen Wahlzeitraumes ist die Mitarbeitervertretung zu wählen, wenn in einer Einrichtung keine Mitarbeitervertretung besteht und die Voraussetzungen für die Bildung der Mitarbeitervertretung (§ 10) vorliegen.

(5) [1]Hat außerhalb des einheitlichen Wahlzeitraumes eine Wahl stattgefunden, so ist die Mitarbeitervertretung in dem auf die Wahl folgenden nächsten einheitlichen Wahlzeitraum neu zu wählen. [2]Hat die Amtszeit der Mitarbeitervertretung zu Beginn des nächsten einheitlichen Wahlzeitraumes noch nicht ein Jahr betragen, so ist die Mitarbeitervertretung in dem übernächsten einheitlichen Wahlzeitraum neu zu wählen.

§ 13a Weiterführung der Geschäfte

[1]Ist bei Ablauf der Amtszeit (§ 13 Abs. 2) noch keine neue Mitarbeitervertretung gewählt, führt die Mitarbeitervertretung die Geschäfte bis zur Übernahme durch die neugewählte Mitarbeitervertretung fort, längstens für die Dauer von sechs Monaten vom Tag der Beendigung der Amtszeit an gerechnet. [2]Dies gilt auch in den Fällen des § 13 Abs. 3 Nrn. 1 bis 3.

§ 13b Ersatzmitglied, Verhinderung des ordentlichen Mitglieds und ruhende Mitgliedschaft

(1) Scheidet ein Mitglied der Mitarbeitervertretung während der Amtszeit vorzeitig aus, so tritt an seine Stelle das nächstberechtigte Ersatzmitglied (§ 11 Abs. 6 Satz 2).

(2) [1]Im Falle einer zeitweiligen Verhinderung eines Mitglieds tritt für die Dauer der Verhinderung das nächstberechtigte Ersatzmitglied ein. [2]Die Mitarbeitervertretung entscheidet darüber, ob eine zeitweilige Verhinderung vorliegt.

(3) [1]Die Mitgliedschaft in der Mitarbeitervertretung ruht, solange dem Mitglied die Ausübung seines Dienstes untersagt ist. [2]Für die Dauer des Ruhens tritt das nächstberechtigte Ersatzmitglied ein.

§ 13c Erlöschen der Mitgliedschaft

Die Mitgliedschaft in der Mitarbeitervertretung erlischt durch
1. Ablauf der Amtszeit der Mitarbeitervertretung,
2. Niederlegung des Amtes,
3. Ausscheiden aus der Einrichtung oder Eintritt in die Freistellungsphase eines nach dem Blockmodell vereinbarten Altersteilzeitarbeitsverhältnisses,
4. rechtskräftige Entscheidung der kirchlichen Gerichte für Arbeitssachen, die den Verlust der Wählbarkeit oder eine grobe Vernachlässigung oder Verletzung der Befugnisse und Pflichten als Mitglied der Mitarbeitervertretung festgestellt hat.

§ 13d Übergangsmandat

(1) [1]Wird eine Einrichtung gespalten, so bleibt deren Mitarbeitervertretung im Amt und führt die Geschäfte für die ihr bislang zugeordneten Teile einer Einrichtung weiter, soweit sie die Voraussetzungen des § 6 Abs. 1 erfüllen und nicht in eine Einrichtung eingegliedert werden, in der eine Mitarbeitervertretung besteht (Übergangsmandat). [2]Die Mitarbeitervertretung hat insbesondere unverzüglich Wahlausschüsse zu bestellen. [3]Das Übergangsmandat endet, sobald in den Teilen einer Einrichtung eine neue Mitarbeitervertretung gewählt und das Wahlergebnis bekannt gegeben ist, spätestens jedoch sechs Monate nach Wirksamwerden der Spaltung. [4]Durch Dienstvereinbarung kann das Übergangsmandat um bis zu weitere sechs Monate verlängert werden.

(2) Werden Einrichtungen oder Teile von Einrichtungen zu einer Einrichtung zusammengelegt, so nimmt die Mitarbeitervertretung der nach der Zahl der wahlberechtigten Mitarbeiterinnen und Mitarbeiter größten Einrichtung oder des größten Teils einer Einrichtung das Übergangsmandat wahr. Absatz 1 gilt entsprechend.

(3) Die Absätze 1 und 2 gelten auch, wenn die Spaltung oder Zusammenlegung von Einrichtungen und Teilen von Einrichtungen im Zusammenhang mit einer Betriebsveräußerung oder einer Umwandlung nach dem Umwandlungsgesetz erfolgt.

(4) [1]Führt eine Spaltung, Zusammenlegung oder Übertragung dazu, dass eine ehemals nicht in den Geltungsbereich nach § 1 fallende Einrichtung oder ein Teil einer Einrichtung nunmehr in den Geltungsbereich dieser Ordnung fällt, so gelten Absatz 1 und 2 entsprechend. [2]Die nicht nach dieser Ordnung gebildete Arbeitnehmervertretung handelt dann als Mitarbeitervertretung. [3]Bestehende Vereinbarungen zwischen dem Dienstgeber und der nicht nach dieser Ordnung gebildeten Arbeitnehmervertretung erlöschen und zuvor eingeleitete Beteiligungsverfahren enden.

§ 13e Restmandat

Geht eine Einrichtung durch Stilllegung, Spaltung oder Zusammenlegung unter, so bleibt deren Mitarbeitervertretung so lange im Amt, wie dies zur Wahrnehmung der damit im Zusammenhang stehenden Beteiligungsrechte erforderlich ist.

§ 14 Tätigkeit der Mitarbeitervertretung

(1) [1]Die Mitarbeitervertretung wählt bei ihrem ersten Zusammentreten, das innerhalb einer Woche nach der Wahl stattfinden soll und von der oder dem Vorsitzenden des Wahlausschusses einzuberufen ist, mit einfacher Mehrheit aus den Mitgliedern ihre Vorsitzende oder ihren Vorsitzenden. [2]Die oder der Vorsitzende soll katholisch sein. Außerdem sollen eine stellvertretende Vorsitzende oder ein stellvertretender Vorsitzender und eine Schriftführerin oder ein Schriftführer gewählt werden. [3]Die oder der Vorsitzende der Mitarbeitervertretung oder im Falle ihrer oder seiner Verhinderung deren Stellvertreterin oder Stellvertreter vertritt die Mitarbeitervertretung im Rahmen der von ihr gefassten Beschlüsse. [4]Zur Entgegennahme von Erklärungen sind die oder der Vorsitzende, deren Stellvertreterin oder Stellvertreter oder ein von der Mitarbeitervertretung zu benennendes Mitglied berechtigt.

(2) [1]Die Mitarbeitervertretung kann ihrer oder ihrem Vorsitzenden mit Zweidrittelmehrheit der Mitglieder das Vertrauen entziehen. [2]In diesem Fall hat eine Neuwahl der oder des Vorsitzenden stattzufinden.

(3) [1]Die oder der Vorsitzende oder bei Verhinderung deren Stellvertreterin oder Stellvertreter beruft die Mitarbeitervertretung unter Angabe der Tagesordnung zu den Sitzungen ein und leitet sie. [2]Sie oder er hat die Mitarbeitervertretung einzuberufen, wenn die Mehrheit der Mitglieder es verlangt.

(4) [1]Die Sitzungen der Mitarbeitervertretung sind nicht öffentlich. [2]Sie finden in der Regel während der Arbeitszeit in der Einrichtung statt. [3]Bei Anberaumung und Dauer der Sitzung ist auf die dienstlichen Erfordernisse Rücksicht zu nehmen.

(5) [1]Die Mitarbeitervertretung ist beschlussfähig, wenn mehr als die Hälfte ihrer Mitglieder anwesend ist. [2]Die Mitarbeitervertretung beschließt mit Stimmenmehrheit der anwesenden Mitglieder. [3]Bei Stimmengleichheit gilt ein Antrag als abgelehnt.

(6) [1]Über die Sitzung der Mitarbeitervertretung ist eine Niederschrift zu fertigen, die die Namen der An- und Abwesenden, die Tagesordnung, den Wortlaut der Beschlüsse und das

jeweilige Stimmenverhältnis enthalten muss. ²Die Niederschrift ist von der oder dem Vorsitzenden zu unterzeichnen. ³Soweit die Leiterin oder der Leiter der Dienststelle oder deren Beauftragte oder Beauftragter an der Sitzung teilgenommen haben, ist ihnen der entsprechende Teil der Niederschrift abschriftlich zuzuleiten.

(7) Der Dienstgeber hat dafür Sorge zu tragen, dass die Unterlagen der Mitarbeitervertretung in der Einrichtung verwahrt werden können.

(8) Die Mitarbeitervertretung kann sich eine Geschäftsordnung geben.

(9) ¹Die Mitarbeitervertretung kann in ihrer Geschäftsordnung bestimmen, dass Beschlüsse im Umlaufverfahren gefasst werden können, sofern dabei Einstimmigkeit erzielt wird. ²Beschlüsse nach Satz 1 sind spätestens in der Niederschrift der nächsten Sitzung im Wortlaut festzuhalten.

(10) ¹Die Mitarbeitervertretung kann aus ihrer Mitte Ausschüsse bilden, denen mindestens drei Mitglieder der Mitarbeitervertretung angehören müssen. ²Den Ausschüssen können Aufgaben zur selbstständigen Erledigung übertragen werden; dies gilt nicht für die Beteiligung bei Kündigungen sowie für den Abschluss und die Kündigung von Dienstvereinbarungen. ³Die Übertragung von Aufgaben zur selbstständigen Erledigung erfordert eine Dreiviertelmehrheit der Mitglieder. ⁴Die Mitarbeitervertretung kann die Übertragung von Aufgaben zur selbstständigen Erledigung durch Beschluss mit Stimmenmehrheit ihrer Mitglieder widerrufen. ⁵Die Übertragung und der Widerruf sind dem Dienstgeber schriftlich anzuzeigen.

§ 15 Rechtsstellung der Mitarbeitervertretung

(1) Die Mitglieder der Mitarbeitervertretung führen ihr Amt unentgeltlich als Ehrenamt.

(2) ¹Die Mitglieder der Mitarbeitervertretung sind zur ordnungsgemäßen Durchführung ihrer Aufgaben im notwendigen Umfang von der dienstlichen Tätigkeit freizustellen. ²Die Freistellung beinhaltet den Anspruch auf Reduzierung der übertragenen Aufgaben.

(3) ¹Auf Antrag der Mitarbeitervertretung sind von ihrer dienstlichen Tätigkeit jeweils für die Hälfte der durchschnittlichen regelmäßigen Arbeitszeit einer oder eines Vollbeschäftigten freizustellen in Einrichtungen mit – im Zeitpunkt der Wahl – mehr als
- 300 wahlberechtigten Mitarbeiterinnen und Mitarbeitern zwei Mitarbeitervertreterinnen oder Mitarbeitervertreter,
- 600 wahlberechtigten Mitarbeiterinnen und Mitarbeitern drei Mitarbeitervertreterinnen oder Mitarbeitervertreter,
- 1000 wahlberechtigten Mitarbeiterinnen und Mitarbeitern vier Mitarbeitervertreterinnen oder Mitarbeitervertreter.

²Dienstgeber und Mitarbeitervertretung können sich für die Dauer der Amtszeit dahingehend einigen, dass das Freistellungskontingent auf mehr oder weniger Mitarbeitervertreterinnen oder Mitarbeitervertreter verteilt werden kann.

(3a) ¹Einem Mitglied der Mitarbeitervertretung, das von seiner dienstlichen Tätigkeit völlig freigestellt war, ist innerhalb eines Jahres nach Beendigung der Freistellung im Rahmen der Möglichkeiten der Einrichtung Gelegenheit zu geben, eine wegen der Freistellung unterbliebene einrichtungsübliche berufliche Entwicklung nachzuholen. ²Für ein Mitglied im Sinne des Satzes 1, das drei volle aufeinanderfolgende Amtszeiten freigestellt war, erhöht sich der Zeitraum nach Satz 1 auf zwei Jahre.

(4) ¹Zum Ausgleich für die Tätigkeit als Mitglied der Mitarbeitervertretung, die aus einrichtungsbedingten Gründen außerhalb der Arbeitszeit durchzuführen ist, hat das Mitglied der Mitarbeitervertretung Anspruch auf entsprechende Arbeitsbefreiung unter Fortzahlung des Arbeitsentgelts. ²Kann ein Mitglied der Mitarbeitervertretung die Lage seiner Arbeitszeit ganz oder teilweise selbst bestimmen, hat es die Tätigkeit als Mitglied der Mitarbeitervertretung außerhalb seiner Arbeitszeit dem Dienstgeber zuvor mitzuteilen. ³Gibt dieser nach Mitteilung keine Möglichkeit zur Tätigkeit innerhalb der Arbeitszeit, liegt ein einrichtungsbedingter Grund vor. ⁴Einrichtungsbedingte Gründe liegen auch vor, wenn die Tätigkeit als Mitglied der Mitarbeitervertretung wegen der unterschiedlichen Arbeitszeiten der Mitglieder der Mitarbeitervertretung nicht innerhalb der persönlichen Arbeitszeit erfolgen kann. ⁵Die Arbeitsbefreiung soll vor Ablauf der nächsten sechs Kalendermonate gewährt werden. ⁶Ist dies aus einrichtungsbedingten Gründen nicht möglich, kann der Dienstgeber die aufgewendete Zeit wie Mehrarbeit vergüten.

(5) Kommt es in den Fällen nach den Absätzen 2 und 4 nicht zu einer Einigung, entscheidet auf Antrag der Mitarbeitervertretung die Einigungsstelle.

(6) Für Reisezeiten von Mitgliedern der Mitarbeitervertretung gelten die für die Einrichtung bestehenden Bestimmungen.

§ 16 Schulung der Mitarbeitervertretung und des Wahlausschusses

(1) ¹Den Mitgliedern der Mitarbeitervertretung ist auf Antrag der Mitarbeitervertretung während ihrer Amtszeit bis zu insgesamt drei Wochen Arbeitsbefreiung unter Fortzahlung der Bezüge für die Teilnahme an Schulungsveranstaltungen zu gewähren, wenn diese die für die Arbeit in der Mitarbeitervertretung erforderlichen Kenntnisse vermitteln, von der (Erz-)Diözese oder dem Diözesan-Caritasverband als geeignet anerkannt sind und dringende dienstliche oder betriebliche Erfordernisse einer Teilnahme nicht entgegenstehen. ²Bei Mitgliedschaft in mehreren Mitarbeitervertretungen kann der Anspruch nur einmal geltend gemacht werden. ³Teilzeitbeschäftigten Mitgliedern der Mitarbeitervertretung, deren Teilnahme an Schulungsveranstaltungen außerhalb ihrer persönlichen Arbeitszeit liegt, steht ein Anspruch auf Freizeitausgleich pro Schulungstag zu, jedoch höchstens bis zur Arbeitszeit eines vollbeschäftigten Mitglieds der Mitarbeitervertretung.

(1a) Absatz 1 gilt auch für das mit der höchsten Stimmenzahl gewählte Ersatzmitglied (§ 11 Abs. 6 Satz 2), wenn wegen
1. ständiger Heranziehung,
2. häufiger Vertretung eines Mitglieds der Mitarbeitervertretung für längere Zeit oder
3. absehbaren Nachrückens in das Amt als Mitglied der Mitarbeitervertretung in kurzer Frist
die Teilnahme an Schulungsveranstaltungen erforderlich ist.

(2) ¹Die Mitglieder des Wahlausschusses erhalten für ihre Tätigkeit und für Schulungsmaßnahmen, die Kenntnisse für diese Tätigkeit vermitteln, Arbeitsbefreiung, soweit dies zur ordnungsgemäßen Durchführung der Aufgaben erforderlich ist. ²Absatz 1 Satz 2 gilt entsprechend.

§ 17 Kosten der Mitarbeitervertretung[1]

(1) ¹Der Dienstgeber trägt die durch die Tätigkeit der Mitarbeitervertretung entstehenden und für die Wahrnehmung ihrer Aufgaben erforderlichen Kosten einschließlich der Reisekos-

---

1 Absatz 3 ist Muster für eine diözesane Fassung.

ten im Rahmen der für den Dienstgeber bestehenden Bestimmungen. ²Zu den erforderlichen Kosten gehören auch
- die Kosten für die Teilnahme an Schulungsveranstaltungen im Sinne des § 16;
- die Kosten, die durch die Beiziehung sachkundiger Personen entstehen, soweit diese zur ordnungsgemäßen Erfüllung der Aufgaben notwendig ist und der Dienstgeber der Kostenübernahme vorher zugestimmt hat; die Zustimmung darf nicht missbräuchlich verweigert werden;
- die Kosten der Beauftragung eines Bevollmächtigten in Verfahren vor der Einigungsstelle, soweit der Vorsitzende der Einigungsstelle feststellt, dass die Bevollmächtigung zur Wahrung der Rechte des Bevollmächtigenden notwendig ist;
- die Kosten der Beauftragung eines Bevollmächtigten in Verfahren vor den kirchlichen Gerichten für Arbeitssachen, soweit die Bevollmächtigung zur Wahrung der Rechte des Bevollmächtigenden notwendig ist.

(2) Der Dienstgeber stellt unter Berücksichtigung der bei ihm vorhandenen Gegebenheiten die sachlichen und personellen Hilfen zur Verfügung.

(3) ¹Absatz 1 und 2 gelten entsprechend für gemeinsame Mitarbeitervertretungen (§ 1b) und erweiterte Gesamtmitarbeitervertretungen (§ 24 Abs. 2), mit der Maßgabe, dass die Kosten von den beteiligten Dienstgebern entsprechend dem Verhältnis der Zahl der Mitarbeiterinnen und Mitarbeiter im Zeitpunkt der Bildung getragen werden. ²Die beteiligten Dienstgeber haften als Gesamtschuldner.

§ 18 Schutz der Mitglieder der Mitarbeitervertretung

(1) Die Mitglieder der Mitarbeitervertretung dürfen in der Ausübung ihres Amtes nicht behindert und aufgrund ihrer Tätigkeit weder benachteiligt noch begünstigt werden.

(1a) Das Arbeitsentgelt von Mitgliedern der Mitarbeitervertretung darf einschließlich eines Zeitraums von einem Jahr nach Beendigung der Mitgliedschaft nicht geringer bemessen werden als das Arbeitsentgelt vergleichbarer Mitarbeiterinnen und Mitarbeiter mit einrichtungsüblicher Entwicklung.

(1b) Die Mitglieder der Mitarbeitervertretung dürfen von Maßnahmen der beruflichen Bildung innerhalb und außerhalb der Einrichtung nicht ausgeschlossen werden.

(2) ¹Mitglieder der Mitarbeitervertretung können gegen ihren Willen in eine andere Einrichtung nur versetzt oder abgeordnet werden, wenn dies auch unter Berücksichtigung dieser Mitgliedschaft aus wichtigen dienstlichen Gründen unvermeidbar ist und die Mitarbeitervertretung gemäß § 33 zugestimmt hat. ²Dies gilt auch im Falle einer Zuweisung oder Personalgestellung an einen anderen Rechtsträger.

(3) Erleidet eine Mitarbeiterin oder ein Mitarbeiter, die oder der Anspruch auf Unfallfürsorge nach beamtenrechtlichen Grundsätzen hat, anlässlich der Wahrnehmung von Rechten oder in Erfüllung von Pflichten nach dieser Ordnung einen Unfall, der im Sinne der beamtenrechtlichen Unfallfürsorgevorschriften ein Dienstunfall wäre, so sind diese Vorschriften entsprechend anzuwenden.

(4) ¹Beantragt eine in einem Berufsausbildungsverhältnis stehende Mitarbeiterin oder ein in einem Berufsausbildungsverhältnis stehender Mitarbeiter, die oder der Mitglied der Mitarbeitervertretung oder Sprecherin oder Sprecher der Jugendlichen und der Auszubildenden ist, spätestens einen Monat vor Beendigung des Ausbildungsverhältnisses für den Fall des erfolgreichen Abschlusses ihrer oder seiner Ausbildung schriftlich die Weiterbeschäftigung,

so bedarf die Ablehnung des Antrages durch den Dienstgeber der Zustimmung der Mitarbeitervertretung gemäß § 33, wenn der Dienstgeber gleichzeitig andere Auszubildende weiterbeschäftigt. ²Die Zustimmung kann nur verweigert werden, wenn der durch Tatsachen begründete Verdacht besteht, dass die Ablehnung der Weiterbeschäftigung wegen der Tätigkeit als Mitarbeitervertreterin oder Mitarbeitervertreter erfolgt. ³Verweigert die Mitarbeitervertretung die vom Dienstgeber beantragte Zustimmung, so kann dieser gemäß § 33 Abs. 4 das Kirchliche Arbeitsgericht anrufen.

§ 19 Kündigungsschutz

(1) ¹Einem Mitglied der Mitarbeitervertretung kann nur gekündigt werden, wenn ein Grund für eine außerordentliche Kündigung vorliegt. ²Abweichend von Satz 1 kann in den Fällen des Artikels 5 Abs. 3 bis 5 der Grundordnung des kirchlichen Dienstes im Rahmen kirchlicher Arbeitsverhältnisse auch eine ordentliche Kündigung ausgesprochen werden. ³Die Sätze 1 und 2 gelten ebenfalls innerhalb eines Jahres nach Beendigung der Amtszeit, es sei denn die Mitgliedschaft ist nach § 13c Nrn. 2, 4 erloschen.

(2) ¹Nach Ablauf der Probezeit darf einem Mitglied des Wahlausschusses vom Zeitpunkt seiner Bestellung an, einer Wahlbewerberin oder einem Wahlbewerber vom Zeitpunkt der Aufstellung des Wahlvorschlages an, jeweils bis sechs Monate nach Bekanntgabe des Wahlergebnisses nur gekündigt werden, wenn ein Grund für eine außerordentliche Kündigung vorliegt. ²Für die ordentliche Kündigung gilt Absatz 1 Satz 2 entsprechend.

(3) ¹Die ordentliche Kündigung eines Mitglieds der Mitarbeitervertretung, eines Mitglieds des Wahlausschusses oder einer Wahlbewerberin oder eines Wahlbewerbers ist auch zulässig, wenn eine Einrichtung geschlossen wird, frühestens jedoch zum Zeitpunkt der Schließung der Einrichtung, es sei denn, dass die Kündigung zu einem früheren Zeitpunkt durch zwingende betriebliche Erfordernisse bedingt ist. ²Wird nur ein Teil der Einrichtung geschlossen, so sind die in Satz 1 genannten Mitarbeiterinnen und Mitarbeiter in einen anderen Teil der Einrichtung zu übernehmen. ³Ist dies aus betrieblichen Gründen nicht möglich, gilt Satz 1.

§ 20 Schweigepflicht

¹Die Mitglieder und die Ersatzmitglieder der Mitarbeitervertretung haben über dienstliche Angelegenheiten oder Tatsachen, die ihnen aufgrund ihrer Zugehörigkeit zur Mitarbeitervertretung bekannt geworden sind, Stillschweigen zu bewahren. ²Dies gilt auch für die Zeit nach Ausscheiden aus der Mitarbeitervertretung. ³Die Schweigepflicht besteht nicht für solche dienstlichen Angelegenheiten oder Tatsachen, die offenkundig sind oder ihrer Bedeutung nach keiner Geheimhaltung bedürfen. ⁴Die Schweigepflicht gilt ferner nicht gegenüber Mitgliedern der Mitarbeitervertretung sowie gegenüber der Gesamtmitarbeitervertretung. ⁵Eine Verletzung der Schweigepflicht stellt in der Regel eine grobe Pflichtverletzung im Sinne des § 13c Nr. 4 dar.

III. Mitarbeiterversammlung

§ 21 Einberufung der Mitarbeiterversammlung

(1) ¹Die Mitarbeiterversammlung (§ 4) ist nicht öffentlich. ²Sie wird von der oder dem Vorsitzenden der Mitarbeitervertretung einberufen und geleitet. ³Die Einladung hat unter Angabe der Tagesordnung mindestens eine Woche vor dem Termin durch Aushang oder in sonst geeigneter Weise, die den Mitarbeiterinnen und Mitarbeitern die Möglichkeit der Kenntnisnahme gibt, zu erfolgen.

(2) ¹Die Mitarbeiterversammlung hat mindestens einmal im Jahr stattzufinden. ²Auf ihr hat die oder der Vorsitzende der Mitarbeitervertretung einen Tätigkeitsbericht zu erstatten.

(3) ¹Auf Verlangen von einem Drittel der wahlberechtigten Mitarbeiterinnen und Mitarbeiter hat die oder der Vorsitzende der Mitarbeitervertretung die Mitarbeiterversammlung unter Angabe der Tagesordnung innerhalb von zwei Wochen einzuberufen. ²Das Gleiche gilt, wenn der Dienstgeber aus besonderem Grunde die Einberufung verlangt. ³In diesem Fall ist in der Tagesordnung der Grund anzugeben. ⁴An dieser Versammlung nimmt der Dienstgeber teil.

(4) ¹Jährlich eine Mitarbeiterversammlung findet während der Arbeitszeit statt, sofern nicht dienstliche Gründe eine andere Regelung erfordern. ²Die Zeit der Teilnahme an dieser Mitarbeiterversammlung und die zusätzliche Wegezeit sind wie Arbeitszeit zu vergüten, auch wenn die Mitarbeiterversammlung außerhalb der Arbeitszeit stattfindet. ³Notwendige Fahrtkosten für jährlich höchstens zwei Mitarbeiterversammlungen sowie für die auf Verlangen des Dienstgebers einberufene Mitarbeiterversammlung (Absatz 3) werden von dem Dienstgeber nach den bei ihm geltenden Regelungen erstattet.

§ 22 Aufgaben und Verfahren der Mitarbeiterversammlung

(1) ¹Die Mitarbeiterversammlung befasst sich mit allen Angelegenheiten, die zur Zuständigkeit der Mitarbeitervertretung gehören. ²In diesem Rahmen ist die Mitarbeitervertretung der Mitarbeiterversammlung berichtspflichtig. ³Sie kann der Mitarbeitervertretung Anträge unterbreiten und zu den Beschlüssen der Mitarbeitervertretung Stellung nehmen.

(2) Spricht mindestens die Hälfte der wahlberechtigten Mitarbeiterinnen und Mitarbeiter in einer Mitarbeiterversammlung der Mitarbeitervertretung das Misstrauen aus, so findet eine Neuwahl statt (§ 13 Abs. 3 Nr. 5).

(3) ¹Jede ordnungsgemäß einberufene Mitarbeiterversammlung ist ohne Rücksicht auf die Zahl der erschienenen Mitglieder beschlussfähig. ²Die Beschlüsse bedürfen der einfachen Mehrheit aller anwesenden Mitarbeiterinnen und Mitarbeiter. ³Anträge der Mitarbeiterversammlung gelten bei Stimmengleichheit als abgelehnt.

(4) ¹Anträge und Beschlüsse sind in einer Niederschrift festzuhalten und von der oder dem Vorsitzenden und der Schriftführerin oder dem Schriftführer der Mitarbeitervertretung zu unterzeichnen. ²Der Niederschrift soll eine Anwesenheitsliste beigefügt werden. ³Bei Teilversammlungen (§ 4 Satz 2) und im Falle des Absatz 2 ist eine Anwesenheitsliste beizufügen.

IIIa. Sonderregelungen für gemeinsame Mitarbeitervertretungen[1]

§ 22a Sonderregelungen für gemeinsame Mitarbeitervertretungen nach § 1b

(1) ¹Die dem Dienstgeber gegenüber der Mitarbeitervertretung nach dieser Ordnung obliegenden Pflichten obliegen bei der gemeinsamen Mitarbeitervertretung den betroffenen Dienstgebern gemeinschaftlich. ²Dies gilt auch für die Einberufung der Mitarbeiterversammlung zur Vorbereitung der Wahl einer gemeinsamen Mitarbeitervertretung (§ 10) sowie die Führung des gemeinsamen Gesprächs nach § 39 Abs. 1 Satz 1. ³Die Informationspflicht des Dienstgebers nach § 27 Abs. 1, § 27a und die Verpflichtungen aus den Beteiligungsrechten nach §§ 29 bis 37 sind auf die jeweils eigenen Mitarbeiterinnen und Mitarbeiter beschränkt. ⁴Die betroffenen Dienstgeber können sich gegenseitig ermächtigen, die Aufgaben füreinander wahrzunehmen.

---

1 Muster für eine diözesane Fassung.

(2) Die §§ 7 Absätze 1 und 2, 8 Abs. 1 und 13c Ziffer 4 finden mit der Maßgabe Anwendung, dass der Wechsel einer Mitarbeiterin oder eines Mitarbeiters zu einem kirchlichen Dienstgeber innerhalb des Zuständigkeitsbereichs der Mitarbeitervertretung nicht den Verlust des Wahlrechts, der Wählbarkeit oder der Mitgliedschaft in der Mitarbeitervertretung zur Folge hat.

(3) Für die Wahl der gemeinsamen Mitarbeitervertretung gelten die §§ 9 bis 11c, soweit das Wahlverfahren nicht durch besondere diözesane Verordnung geregelt wird.

(4) Die Mitarbeiterversammlung ist die Versammlung aller Mitarbeiterinnen und Mitarbeiter der Einrichtungen, für die eine gemeinsame Mitarbeitervertretung gemäß § 1b gebildet ist.

IV. Besondere Formen der Vertretung von Mitarbeiterinnen und Mitarbeitern

§ 23 Sondervertretung[1]

(1) Mitarbeiterinnen und Mitarbeiter, die von ihrem Dienstgeber einer Einrichtung eines anderen kirchlichen oder nichtkirchlichen Rechtsträgers zugeordnet worden sind, bilden eine Sondervertretung.

(2) ¹Die Sondervertretung wirkt mit bei Maßnahmen, die vom Dienstgeber getroffen werden. ²Bei Zuordnung zu einem kirchlichen Rechtsträger ist im Übrigen die Mitarbeitervertretung der Einrichtung zuständig.

(3) Das Nähere, einschließlich der Einzelheiten des Wahlverfahrens, wird in Sonderbestimmungen geregelt.

§ 24 Gesamtmitarbeitervertretung und erweiterte Gesamtmitarbeitervertretung[2]

(1) Bestehen bei einem Dienstgeber (§ 2) mehrere Mitarbeitervertretungen, so kann im Einvernehmen zwischen Dienstgeber und allen Mitarbeitervertretungen eine Gesamtmitarbeitervertretung gebildet werden.

(2) ¹Die Mitarbeitervertretungen oder, soweit vorhanden, die Gesamtmitarbeitervertretungen mehrerer Einrichtungen mehrerer Rechtsträger können durch eine gemeinsame Dienstvereinbarung mit allen betroffenen Dienstgebern die Bildung einer erweiterten Gesamtmitarbeitervertretung vereinbaren, soweit dies der wirksamen und zweckmäßigen Interessenvertretung der Mitarbeiterinnen und Mitarbeiter dient. ²Diese tritt an die Stelle bestehender Gesamtmitarbeitervertretungen.

(3) ¹Jede Mitarbeitervertretung entsendet in die Gesamtmitarbeitervertretung oder erweiterte Gesamtmitarbeitervertretung ein Mitglied. ²Außerdem wählen die Sprecherinnen oder Sprecher der Jugendlichen und Auszubildenden und die Vertrauensperson der schwerbehinderten Mitarbeiterinnen und Mitarbeiter der beteiligten Mitarbeitervertretungen aus ihrer Mitte je eine Vertreterin oder einen Vertreter und je eine Ersatzvertreterin oder einen Ersatzvertreter in die Gesamtmitarbeitervertretung oder erweiterte Gesamtmitarbeitervertretung. ³Durch Dienstvereinbarung kann die Mitgliederzahl und Zusammensetzung abweichend geregelt werden.

---

1 Muster für eine diözesane Fassung.
2 Muster für eine diözesane Fassung.

(4) ¹Die Gesamtmitarbeitervertretung oder erweiterte Gesamtmitarbeitervertretung wirkt bei den Angelegenheiten im Sinne der §§ 26 bis 38 mit, die Mitarbeiterinnen und Mitarbeiter aus dem Zuständigkeitsbereich mehrerer Mitarbeitervertretungen betreffen. ²In allen übrigen Angelegenheiten wirkt die Mitarbeitervertretung der Einrichtung mit, unabhängig davon, wer für den Dienstgeber handelt.

(5) ¹Soll eine einmal eingerichtete Gesamtmitarbeitervertretung oder erweiterte Gesamtmitarbeitervertretung aufgelöst werden, so bedarf es dafür der Zustimmung aller betroffenen Mitarbeitervertretungen und Dienstgeber. ²Für die Gesamtmitarbeitervertretung kann anlässlich des Einvernehmens nach Absatz 1 und für die erweiterte Gesamtmitarbeitervertretung kann durch die zugrunde liegende Dienstvereinbarung eine abweichende Regelung getroffen werden.

(6) Für die Gesamtmitarbeitervertretung und erweiterte Gesamtmitarbeitervertretung gelten im Übrigen die Bestimmungen dieser Ordnung sinngemäß mit Ausnahme des § 15 Abs. 3.

§ 25 Arbeitsgemeinschaften der Mitarbeitervertretungen[1]

(1) Die Mitarbeitervertretungen im Anwendungsbereich dieser Ordnung bilden die „Diözesane Arbeitsgemeinschaft der Mitarbeitervertretungen im (Erz-)Bistum …".

(2) Zweck der Arbeitsgemeinschaft ist
1. gegenseitige Information und Erfahrungsaustausch mit den vertretenen Mitarbeitervertretungen,
2. Beratung der Mitarbeitervertretungen in Angelegenheiten des Mitarbeitervertretungsrechtes,
3. Beratung der Mitarbeitervertretungen im Falle des § 38 Abs. 2,
4. Förderung der Anwendung der Mitarbeitervertretungsordnung,
5. Sorge um die Schulung der Mitarbeitervertreterinnen und Mitarbeitervertreter,
6. Erarbeitung von Vorschlägen zur Fortentwicklung der Mitarbeitervertretungsordnung,
7. Abgabe von Stellungnahmen zu Vorhaben der Bistums-/Regional-KODA und der Arbeitsrechtlichen Kommission des Deutschen Caritasverbandes jeweils nach Aufforderung durch die Vorsitzende oder den Vorsitzenden der Kommission,
8. Erstellung der Beisitzerlisten nach § 44 Abs. 2 Satz 1,
9. Mitwirkung an der Wahl zu einer nach Art. 7 GrO zu bildenden Kommission zur Ordnung des Arbeitsvertragsrechts, soweit eine Ordnung dies vorsieht,
10. Mitwirkung der Besetzung der Kirchlichen Arbeitsgerichte nach Maßgabe der Vorschriften der KAGO.

(3) Organe der Arbeitsgemeinschaft sind
- die Mitgliederversammlung
- der Vorstand.

Zusammensetzung der Mitgliederversammlung und Wahl des Vorstandes werden in Sonderbestimmungen geregelt.

(4) ¹Das (Erz-)Bistum trägt im Rahmen der der Arbeitsgemeinschaft im (Erz-)Bistumshaushalt zur Wahrnehmung der Aufgaben zur Verfügung gestellten Mittel die notwendigen Kosten einschließlich der Reisekosten entsprechend der für das (Erz-) Bistum geltenden Reisekostenregelung. ²Für die Teilnahme an der Mitgliederversammlung und für die Tätigkeit des Vorstandes besteht Anspruch auf Arbeitsbefreiung, soweit dies zur ordnungsgemäßen

---

1 Absätze 1 bis 4 sind Muster für eine diözesane Fassung.

Durchführung der Aufgaben der Arbeitsgemeinschaft erforderlich ist und kein unabwendbares dienstliches oder betriebliches Interesse entgegensteht. ³§ 15 Abs. 4 gilt entsprechend. ⁴Regelungen zur Erstattung der Kosten der Freistellung werden in Sonderbestimmungen geregelt. ⁵Den Mitgliedern des Vorstandes ist im zeitlichen Umfang des Anspruchs nach § 16 Abs. 1 Satz 1 Arbeitsbefreiung unter Fortzahlung der Bezüge für die Teilnahme an solchen Schulungsveranstaltungen zu gewähren, welche die für die Arbeit in der Arbeitsgemeinschaft erforderlichen Kenntnisse vermitteln.

(5) ¹Die Arbeitsgemeinschaft kann sich mit Arbeitsgemeinschaften anderer (Erz-)Diözesen zu einer Bundesarbeitsgemeinschaft der Mitarbeitervertretungen zur Wahrung folgender Aufgaben zusammenschließen:
1. Förderung des Informations- und Erfahrungsaustausches unter ihren Mitgliedern,
2. Erarbeitung von Vorschlägen zur Anwendung des Mitarbeitervertretungsrechts,
3. Erarbeitung von Vorschlägen zur Entwicklung der Rahmenordnung für eine Mitarbeitervertretungsordnung,
4. Kontaktpflege mit der Kommission für Personalwesen des Verbandes der Diözesen Deutschlands,
5. Abgabe von Stellungnahmen zu Vorhaben der Zentral-KODA nach Aufforderung durch die Vorsitzende oder den Vorsitzenden der Kommission,
6. Mitwirkung bei der Besetzung des Kirchlichen Arbeitsgerichtshofes nach Maßgabe der Vorschriften der KAGO.

²Das Nähere bestimmt die Vollversammlung des Verbandes der Diözesen Deutschlands.

V. Zusammenarbeit zwischen Dienstgeber und Mitarbeitervertretung

§ 26 Allgemeine Aufgaben der Mitarbeitervertretung

(1) ¹Der Dienst in der Kirche verpflichtet Dienstgeber und Mitarbeitervertretung in besonderer Weise, vertrauensvoll zusammenzuarbeiten und sich bei der Erfüllung der Aufgaben gegenseitig zu unterstützen. ²Dienstgeber und Mitarbeitervertretung haben darauf zu achten, dass alle Mitarbeiterinnen und Mitarbeiter nach Recht und Billigkeit behandelt werden. ³In ihrer Mitverantwortung für die Aufgabe der Einrichtung soll auch die Mitarbeitervertretung bei den Mitarbeiterinnen und Mitarbeitern das Verständnis für den Auftrag der Kirche stärken und für eine gute Zusammenarbeit innerhalb der Dienstgemeinschaft eintreten.

(2) ¹Der Mitarbeitervertretung sind auf Verlangen die zur Durchführung ihrer Aufgaben erforderlichen Unterlagen vorzulegen. ²Personalakten dürfen nur mit schriftlicher Zustimmung der Mitarbeiterin oder des Mitarbeiters eingesehen werden.

(3) Die Mitarbeitervertretung hat folgende allgemeine Aufgaben:
1. Maßnahmen, die der Einrichtung und den Mitarbeiterinnen und Mitarbeitern dienen, anzuregen,
2. Anregungen und Beschwerden von Mitarbeiterinnen und Mitarbeitern entgegenzunehmen und, falls sie berechtigt erscheinen, vorzutragen und auf ihre Erledigung hinzuwirken,
3. die Eingliederung und berufliche Entwicklung schwerbehinderter und anderer schutzbedürftiger, insbesondere älterer Mitarbeiterinnen und Mitarbeiter zu fördern,
4. die Eingliederung ausländischer Mitarbeiterinnen und Mitarbeiter in die Einrichtung und das Verständnis zwischen ihnen und den anderen Mitarbeiterinnen und Mitarbeitern zu fördern,
5. Maßnahmen zur beruflichen Förderung schwerbehinderter Mitarbeiterinnen und Mitarbeiter anzuregen,

6. mit den Sprecherinnen oder Sprechern der Jugendlichen und der Auszubildenden zur Förderung der Belange der jugendlichen Mitarbeiterinnen und Mitarbeiter und der Auszubildenden zusammenzuarbeiten,
7. sich für die Durchführung der Vorschriften über den Arbeitsschutz, die Unfallverhütung und die Gesundheitsförderung in der Einrichtung einzusetzen,
8. auf frauen- und familienfreundliche Arbeitsbedingungen hinzuwirken,
9. die Mitglieder der Mitarbeiterseite in den Kommissionen zur Behandlung von Beschwerden gegen Leistungsbeurteilungen und zur Kontrolle des Systems der Leistungsfeststellung und -bezahlung zu benennen, soweit dies in einer kirchlichen Arbeitsvertragsordnung vorgesehen ist.

(3a) Auf Verlangen der Mitarbeiterin oder des Mitarbeiters ist ein Mitglied der Mitarbeitervertretung hinzuzuziehen bei einem Gespräch mit dem Dienstgeber über
1. personen-, verhaltens- oder betriebsbedingte Schwierigkeiten, die zur Gefährdung des Dienst- oder Arbeitsverhältnisses führen können oder
2. den Abschluss eines Änderungs- oder Aufhebungsvertrages.

(4) Die Mitarbeitervertretung wirkt an der Wahl zu einer nach Art. 7 GrO zu bildenden Kommission zur Ordnung des Arbeitsvertragsrechts mit, soweit eine Ordnung dies vorsieht.

§ 27   Information

(1) ^{1}Dienstgeber und Mitarbeitervertretung informieren sich gegenseitig über die Angelegenheiten, welche die Dienstgemeinschaft betreffen. ^{2}Auf Wunsch findet eine Aussprache statt.

(2) Der Dienstgeber informiert die Mitarbeitervertretung insbesondere über
- Stellenausschreibungen,
- Änderungen und Ergänzungen des Stellenplanes,
- Behandlung der von der Mitarbeitervertretung vorgetragenen Anregungen und Beschwerden,
- Bewerbungen von schwerbehinderten Menschen und Vermittlungsvorschläge nach § 81 Abs. 1 Satz 4 SGB IX,
- Einrichtung von Langzeitkonten und deren Inhalt,
- den für ihren Zuständigkeitsbereich maßgeblichen Inhalt des Verzeichnisses gemäß § 80 Absatz 1 SGB IX sowie der Anzeige gemäß § 80 Absatz 2 Satz 1 SGB IX.

§ 27a   Information in wirtschaftlichen Angelegenheiten

(1) ^{1}Der Dienstgeber einer Einrichtung, in der in der Regel mehr als 50 Mitarbeiterinnen und Mitarbeiter ständig beschäftigt sind und deren Betrieb überwiegend durch Zuwendungen der öffentlichen Hand, aus Leistungs- und Vergütungsvereinbarungen mit Kostenträgern oder Zahlungen sonstiger nicht-kirchlicher Dritter finanziert wird, hat die Mitarbeitervertretung über die wirtschaftlichen Angelegenheiten der Einrichtung rechtzeitig, mindestens aber einmal im Kalenderjahr unter Vorlage der erforderlichen Unterlagen schriftlich zu unterrichten, sowie die sich daraus ergebenden Auswirkungen auf die Personalplanung darzustellen. ^{2}Die Mitarbeitervertretung kann Anregungen geben. ^{3}Besteht eine Gesamtmitarbeitervertretung oder erweiterte Gesamtmitarbeitervertretung, so ist diese anstelle der Mitarbeitervertretung zu informieren.

(2) Zu den wirtschaftlichen Angelegenheiten im Sinne dieser Vorschrift gehören insbesondere
1. der allgemeine Rahmen der wirtschaftlichen und finanziellen Lage der Einrichtung;
2. Rationalisierungsvorhaben;
3. die Änderung der Organisation oder des Zwecks einer Einrichtung sowie

4. sonstige Veränderungen und Vorhaben, welche die Interessen der Mitarbeiterinnen und Mitarbeiter der Einrichtung wesentlich berühren können.

(3) ¹Als erforderliche Unterlagen im Sinne des Absatz 1 sind diejenigen Unterlagen vorzulegen, die ein den tatsächlichen Verhältnissen entsprechendes Bild der Einrichtung vermitteln. ²Sofern für die Einrichtung nach den Vorschriften des Handels- oder Steuerrechts Rechnungs-, Buchführungs- und Aufzeichnungspflichten bestehen, sind dies der Jahresabschluss nach den jeweils maßgeblichen Gliederungsvorschriften sowie der Anhang und, sofern zu erstellen, der Lagebericht; für Einrichtungen einer Körperschaft des öffentlichen Rechts sind dies der auf die Einrichtung bezogene Teil des Verwaltungshaushalts und der Jahresrechnung.

(4) ¹Die Mitarbeitervertretung oder an ihrer Stelle die Gesamtmitarbeitervertretung oder erweiterte Gesamtmitarbeitervertretung können die Bildung eines Ausschusses zur Wahrnehmung der Informationsrechte nach Absatz 1 beschließen. ²Soweit es zur ordnungsgemäßen Erfüllung der Aufgaben der Mitarbeitervertretung oder des Ausschusses erforderlich ist, hat der Dienstgeber sachkundige Mitarbeiterinnen und Mitarbeiter zur Verfügung zu stellen; er hat hierbei die Vorschläge des Ausschusses oder der Mitarbeitervertretung zu berücksichtigen, soweit einrichtungsbedingte Notwendigkeiten nicht entgegenstehen. ³Für diese Mitarbeiterinnen und Mitarbeiter gilt § 20 entsprechend.

(5) In Einrichtungen i.S. des Absatz 1 mit in der Regel nicht mehr als 50 ständig beschäftigten Mitarbeiterinnen und Mitarbeitern hat der Dienstgeber mindestens einmal in jedem Kalenderjahr in einer Mitarbeiterversammlung über das Personal- und Sozialwesen der Einrichtung und über die wirtschaftliche Lage und Entwicklung der Einrichtung zu berichten.

(6) Die Informationspflicht besteht nicht, soweit dadurch Betriebs- oder Geschäftsgeheimnisse gefährdet werden.

§ 27b Einrichtungsspezifische Regelungen

Die Mitarbeitervertretung kann Anträge auf abweichende Gestaltung der Arbeitsentgelte und sonstigen Arbeitsbedingungen gegenüber einer nach Art. 7 GrO gebildeten Kommission zur Ordnung des Arbeitsvertragsrechts stellen, soweit die für die Kommission geltende Ordnung dies vorsieht.

§ 28 Formen der Beteiligung, Dienstvereinbarung

(1) ¹Die Beteiligung der Mitarbeitervertretung an Entscheidungen des Dienstgebers vollzieht sich im Rahmen der Zuständigkeit der Einrichtung nach den §§ 29 bis 37.

²Formen der Beteiligung sind:
- Anhörung und Mitberatung,
- Vorschlagsrecht,
- Zustimmung,
- Antragsrecht.

(2) Dienstvereinbarungen sind im Rahmen des § 38 zulässig.

§ 28a Aufgaben und Beteiligung der Mitarbeitervertretung zum Schutz schwerbehinderter Menschen

(1) ¹Die Mitarbeitervertretung fördert die Eingliederung schwerbehinderter Menschen. ²Sie achtet darauf, dass die dem Dienstgeber nach §§ 71, 72, 81, 83 und 84 SGB IX obliegenden Verpflichtungen erfüllt werden und wirkt auf die Wahl einer Vertrauensperson der schwerbehinderten Mitarbeiterinnen und Mitarbeiter hin.

(2) ¹Der Dienstgeber trifft mit der Vertrauensperson der schwerbehinderten Mitarbeiterinnen und Mitarbeiter und der Mitarbeitervertretung in Zusammenarbeit mit dem Beauftragten des Dienstgebers gemäß § 98 SGB IX eine verbindliche Integrationsvereinbarung. ²Auf Verlangen der Vertrauensperson der schwerbehinderten Mitarbeiterinnen und Mitarbeiter wird unter Beteiligung der Mitarbeitervertretung hierüber verhandelt. ³Ist eine Vertrauensperson der schwerbehinderten Mitarbeiterinnen und Mitarbeiter nicht vorhanden, so steht das Recht, die Aufnahme von Verhandlungen zu verlangen, der Mitarbeitervertretung zu. ⁴Der Dienstgeber oder die Vertrauensperson der schwerbehinderten Mitarbeiterinnen und Mitarbeiter können das Integrationsamt einladen, sich an den Verhandlungen über die Integrationsvereinbarung zu beteiligen. ⁵Der Agentur für Arbeit und dem Integrationsamt, die für den Sitz des Dienstgebers zuständig sind, wird die Vereinbarung übermittelt. ⁶Der Inhalt der Integrationsvereinbarung richtet sich nach § 83 Abs. 2 SGB IX.

(3) Treten ernsthafte Schwierigkeiten in einem Beschäftigungsverhältnis einer schwerbehinderten Mitarbeiterin oder eines schwerbehinderten Mitarbeiters auf, die dieses Beschäftigungsverhältnis gefährden können, sind zunächst unter möglichst frühzeitiger Einschaltung des Beauftragten des Dienstgebers nach § 98 SGB IX, der Vertrauensperson der schwerbehinderten Mitarbeiterinnen und Mitarbeiter und der Mitarbeitervertretung sowie des Integrationsamtes alle Möglichkeiten und alle zur Verfügung stehenden Hilfen zu erörtern, mit denen die Schwierigkeiten beseitigt werden können und das Beschäftigungsverhältnis möglichst dauerhaft fortgesetzt werden kann.

§ 29 Anhörung und Mitberatung

(1) Das Recht der Anhörung und der Mitberatung ist bei folgenden Angelegenheiten gegeben:
1. Maßnahmen innerbetrieblicher Information und Zusammenarbeit,
2. Änderung von Beginn und Ende der täglichen Arbeitszeit einschließlich der Pausen sowie der Verteilung der Arbeitszeit auf die einzelnen Wochentage für Mitarbeiterinnen und Mitarbeiter für pastorale Dienste oder religiöse Unterweisung, die zu ihrer Tätigkeit der ausdrücklichen bischöflichen Sendung oder Beauftragung bedürfen, sowie für Mitarbeiterinnen und Mitarbeiter im liturgischen Dienst,
3. Regelung der Ordnung in der Einrichtung (Haus- und Heimordnungen),
4. Festlegung von Richtlinien zur Durchführung des Stellenplans,
5. Verpflichtung zur Teilnahme oder Auswahl der Teilnehmerinnen oder Teilnehmer an beruflichen Fort- und Weiterbildungsmaßnahmen,
6. Durchführung beruflicher Fort- und Weiterbildungsmaßnahmen, die die Einrichtung für ihre Mitarbeiterinnen und Mitarbeiter anbietet,
7. Einführung von Unterstützungen, Vorschüssen, Darlehen und entsprechenden sozialen Zuwendungen sowie deren Einstellung,
8. Fassung von Musterdienst- und Musterarbeitsverträgen,
9. Regelung zur Erstattung dienstlicher Auslagen,
10. Abordnung von mehr als drei Monaten, Versetzung an eine andere Einrichtung, Zuweisung oder Personalgestellung an einen anderen Rechtsträger von Mitarbeiterinnen und Mitarbeitern für pastorale Dienste oder religiöse Unterweisung, die zu ihrer Tätigkeit der ausdrücklichen bischöflichen Sendung oder Beauftragung bedürfen,
11. vorzeitige Versetzung in den Ruhestand, wenn die Mitarbeiterin oder der Mitarbeiter die Mitwirkung beantragt,
12. Entlassung aus einem Probe- oder Widerrufsverhältnis in Anwendung beamtenrechtlicher Bestimmungen, wenn die Mitarbeiterin oder der Mitarbeiter die Mitwirkung beantragt,
13. Überlassung von Wohnungen, die für Mitarbeiterinnen oder Mitarbeiter vorgesehen sind,

V. Zusammenarbeit zwischen DG und MAV – MAVO

14. grundlegende Änderungen von Arbeitsmethoden,
15. Maßnahmen zur Hebung der Arbeitsleistung und zur Erleichterung des Arbeitsablaufes,
16. Festlegung von Grundsätzen für die Gestaltung von Arbeitsplätzen,
17. Schließung, Einschränkung, Verlegung oder Zusammenlegung von Einrichtungen oder wesentlichen Teilen von ihnen,
18. Bestellung zur Mitarbeiterin oder zum Mitarbeiter in leitender Stellung gemäß § 3 Abs. 2 Nrn. 3 und 4,
19. Zurückweisung von Bewerbungen schwerbehinderter Menschen um einen freien Arbeitsplatz, soweit die Beschäftigungspflicht des § 71 Abs. 1 SGB IX noch nicht erfüllt ist,
20. Regelung einer Einrichtung nach § 1a Abs. 2.

(2) [1]In den in Absatz 1 genannten Fällen wird die Mitarbeitervertretung zu der vom Dienstgeber beabsichtigten Maßnahme oder Entscheidung angehört. [2]Diese ist der Mitarbeitervertretung rechtzeitig mitzuteilen.

(3) [1]Erhebt die Mitarbeitervertretung binnen einer Frist von einer Woche keine Einwendungen, so gilt die vorbereitete Maßnahme oder Entscheidung als nicht beanstandet. [2]Auf Antrag der Mitarbeitervertretung kann der Dienstgeber eine Fristverlängerung um eine weitere Woche bewilligen. [3]Erhebt die Mitarbeitervertretung Einwendungen, so werden die Einwendungen in einer gemeinsamen Sitzung von Dienstgeber und Mitarbeitervertretung mit dem Ziel der Verständigung beraten.

(4) Hält die Mitarbeitervertretung auch danach ihre Einwendungen aufrecht und will der Dienstgeber den Einwendungen nicht Rechnung tragen, so teilt er dies der Mitarbeitervertretung schriftlich mit.

(5) [1]Der Dienstgeber kann bei Maßnahmen oder Entscheidungen, die der Anhörung und Mitberatung der Mitarbeitervertretung bedürfen und der Natur der Sache nach keinen Aufschub dulden, bis zur endgültigen Entscheidung vorläufige Regelungen treffen. [2]Die Mitarbeitervertretung ist über die getroffene Regelung unverzüglich zu verständigen.

§ 30 Anhörung und Mitberatung bei ordentlicher Kündigung

(1) [1]Der Mitarbeitervertretung ist vor jeder ordentlichen Kündigung durch den Dienstgeber schriftlich die Absicht der Kündigung mitzuteilen. [2]Bestand das Arbeitsverhältnis im Zeitpunkt der beabsichtigten Kündigung bereits mindestens sechs Monate, so hat er auch die Gründe der Kündigung darzulegen.

(2) [1]Will die Mitarbeitervertretung gegen die Kündigung Einwendungen geltend machen, so hat sie diese unter Angabe der Gründe dem Dienstgeber spätestens innerhalb einer Woche schriftlich mitzuteilen. [2]Erhebt die Mitarbeitervertretung innerhalb der Frist keine Einwendungen, so gilt die beabsichtigte Kündigung als nicht beanstandet. [3]Erhebt die Mitarbeitervertretung Einwendungen und hält der Dienstgeber an der Kündigungsabsicht fest, so werden die Einwendungen in einer gemeinsamen Sitzung von Dienstgeber und Mitarbeitervertretung mit dem Ziel einer Verständigung beraten. [4]Der Dienstgeber setzt den Termin der gemeinsamen Sitzung fest und lädt hierzu ein.

(3) [1]Als Einwendung kann insbesondere geltend gemacht werden, dass nach Ansicht der Mitarbeitervertretung
1. die Kündigung gegen ein Gesetz, eine Rechtsverordnung, kircheneigene Ordnung oder sonstiges geltendes Recht verstößt,
2. der Dienstgeber bei der Auswahl der zu kündigenden Mitarbeiterin oder des zu kündigenden Mitarbeiters soziale Gesichtspunkte nicht oder nicht ausreichend berücksichtigt hat,

3. die zu kündigende Mitarbeiterin oder der zu kündigende Mitarbeiter an einem anderen Arbeitsplatz in einer Einrichtung desselben Dienstgebers weiter beschäftigt werden kann,
4. die Weiterbeschäftigung der Mitarbeiterin oder des Mitarbeiters nach zumutbaren Umschulungs- oder Fortbildungsmaßnahmen möglich ist oder
5. eine Weiterbeschäftigung der Mitarbeiterin oder des Mitarbeiters unter geänderten Vertragsbedingungen möglich ist und die Mitarbeiterin oder der Mitarbeiter sein Einverständnis hiermit erklärt hat.

[2]Diese Einwendungen bedürfen der Schriftform und der Angabe der konkreten, auf den Einzelfall bezogenen Gründe.

(4) Kündigt der Dienstgeber, obwohl die Mitarbeitervertretung Einwendungen gemäß Absatz 3 Nrn. 1 bis 5 erhoben hat, so hat er der Mitarbeiterin oder dem Mitarbeiter mit der Kündigung eine Abschrift der Einwendungen der Mitarbeitervertretung zuzuleiten.

(5) Eine ohne Einhaltung des Verfahrens nach den Absätzen 1 und 2 ausgesprochene Kündigung ist unwirksam.

§ 30a   Anhörung und Mitberatung bei Massenentlassungen

[1]Beabsichtigt der Dienstgeber, nach § 17 Abs. 1 des Kündigungsschutzgesetzes anzeigepflichtige Entlassungen vorzunehmen, hat er der Mitarbeitervertretung rechtzeitig die zweckdienlichen Auskünfte zu erteilen und sie schriftlich insbesondere zu unterrichten über
1. die Gründe für die geplanten Entlassungen,
2. die Zahl und die Berufsgruppen der zu entlassenden Mitarbeiterinnen und Mitarbeiter,
3. die Zahl und die Berufsgruppen der in der Regel beschäftigten Mitarbeiterinnen und Mitarbeiter,
4. den Zeitraum, in dem die Entlassungen vorgenommen werden sollen,
5. die vorgesehenen Kriterien für die Auswahl der zu entlassenden Mitarbeiterinnen und Mitarbeiter,
6. die für die Berechnung etwaiger Abfindungen vorgesehenen Kriterien.

[2]Dienstgeber und Mitarbeitervertretung haben insbesondere die Möglichkeiten zu beraten, Entlassungen zu vermeiden oder einzuschränken und ihre Folgen zu mildern.

§ 31   Anhörung und Mitberatung bei außerordentlicher Kündigung

(1) Der Mitarbeitervertretung sind vor einer außerordentlichen Kündigung durch den Dienstgeber schriftlich die Absicht der Kündigung und die Gründe hierfür mitzuteilen.

(2) [1]Will die Mitarbeitervertretung gegen die Kündigung Einwendungen geltend machen, so hat sie diese unter Angabe der Gründe dem Dienstgeber spätestens innerhalb von drei Tagen schriftlich mitzuteilen. [2]Diese Frist kann vom Dienstgeber auf 48 Stunden verkürzt werden. [3]Erhebt die Mitarbeitervertretung innerhalb der Frist keine Einwendungen, so gilt die beabsichtigte Kündigung als nicht beanstandet. [4]Erhebt die Mitarbeitervertretung Einwendungen, so entscheidet der Dienstgeber über den Ausspruch der außerordentlichen Kündigung.

(3) Eine ohne Einhaltung des Verfahrens nach den Absätzen 1 und 2 ausgesprochene Kündigung ist unwirksam.

§ 32   Vorschlagsrecht

(1) Die Mitarbeitervertretung hat in folgenden Angelegenheiten ein Vorschlagsrecht:
1. Maßnahmen innerbetrieblicher Information und Zusammenarbeit,

2. Änderung von Beginn und Ende der täglichen Arbeitszeit einschließlich der Pausen sowie der Verteilung der Arbeitszeit auf die einzelnen Wochentage für Mitarbeiterinnen und Mitarbeiter für pastorale Dienste oder religiöse Unterweisung, die zu ihrer Tätigkeit der ausdrücklichen bischöflichen Sendung oder Beauftragung bedürfen, sowie für Mitarbeiterinnen und Mitarbeiter im liturgischen Dienst,
3. Regelung der Ordnung in der Einrichtung (Haus- und Heimordnungen),
4. Durchführung beruflicher Fort- und Weiterbildungsmaßnahmen, die die Einrichtung für ihre Mitarbeiterinnen und Mitarbeiter anbietet,
5. Regelung zur Erstattung dienstlicher Auslagen,
6. Einführung von Unterstützungen, Vorschüssen, Darlehen und entsprechenden sozialen Zuwendungen und deren Einstellung,
7. Überlassung von Wohnungen, die für Mitarbeiterinnen und Mitarbeiter vorgesehen sind,
8. grundlegende Änderungen von Arbeitsmethoden,
9. Maßnahmen zur Hebung der Arbeitsleistung und zur Erleichterung des Arbeitsablaufes,
10. Festlegung von Grundsätzen für die Gestaltung von Arbeitsplätzen,
11. Regelungen gemäß § 6 Abs. 3,
12. Sicherung der Beschäftigung, insbesondere eine flexible Gestaltung der Arbeitszeit, die Förderung von Teilzeitarbeit und Altersteilzeit, neue Formen der Arbeitsorganisation, Änderungen der Arbeitsverfahren und Arbeitsabläufe, die Qualifizierung der Mitarbeiterinnen und Mitarbeiter, Alternativen zur Ausgliederung von Arbeit oder ihrer Vergabe an andere Unternehmen.

(2) ¹Will der Dienstgeber einem Vorschlag der Mitarbeitervertretung im Sinne des Absatz 1 nicht entsprechen, so ist die Angelegenheit in einer gemeinsamen Sitzung von Dienstgeber und Mitarbeitervertretung mit dem Ziel der Einigung zu beraten. ²Kommt es nicht zu einer Einigung, so teilt der Dienstgeber die Ablehnung des Vorschlages der Mitarbeitervertretung schriftlich mit.

§ 33   Zustimmung

(1) In den Angelegenheiten der §§ 34 bis 36 sowie des § 18 Absätze 2 und 4 kann der Dienstgeber die von ihm beabsichtigte Maßnahme oder Entscheidung nur mit Zustimmung der Mitarbeitervertretung treffen.

(2) ¹Der Dienstgeber unterrichtet die Mitarbeitervertretung von der beabsichtigten Maßnahme oder Entscheidung und beantragt ihre Zustimmung. ²Die Zustimmung gilt als erteilt, wenn die Mitarbeitervertretung nicht binnen einer Woche nach Eingang des Antrages bei ihr Einwendungen erhebt. ³Auf Antrag der Mitarbeitervertretung kann der Dienstgeber die Frist um eine weitere Woche verlängern. ⁴Wenn Entscheidungen nach Ansicht des Dienstgebers eilbedürftig sind, so kann er die Frist auf drei Tage, bei Anstellungen und Einstellungen auch bis zu 24 Stunden unter Angabe der Gründe verkürzen.

(3) ¹Erhebt die Mitarbeitervertretung Einwendungen, so haben Dienstgeber und Mitarbeitervertretung mit dem Ziel der Einigung zu verhandeln, falls nicht der Dienstgeber von der beabsichtigten Maßnahme oder Entscheidung Abstand nimmt. ²Der Dienstgeber setzt den Termin für die Verhandlung fest und lädt dazu ein. ³Die Mitarbeitervertretung erklärt innerhalb von drei Tagen nach Abschluss der Verhandlung, ob sie die Zustimmung erteilt oder verweigert. ⁴Äußert sie sich innerhalb dieser Frist nicht, gilt die Zustimmung als erteilt.

(4) Hat die Mitarbeitervertretung die Zustimmung verweigert, so kann der Dienstgeber in den Fällen der § 34 und § 35 das Kirchliche Arbeitsgericht, in den Fällen des § 36 die Einigungsstelle anrufen.

(5) ¹Der Dienstgeber kann in Angelegenheiten der §§ 34 bis 36, die der Natur der Sache nach keinen Aufschub dulden, bis zur endgültigen Entscheidung vorläufige Regelungen treffen. ²Er hat unverzüglich der Mitarbeitervertretung die vorläufige Regelung mitzuteilen und zu begründen und das Verfahren nach den Absätzen 2 bis 4 einzuleiten oder fortzusetzen.

§ 34 Zustimmung bei Einstellung und Anstellung

(1) ¹Die Einstellung und Anstellung von Mitarbeiterinnen und Mitarbeitern bedürfen der Zustimmung der Mitarbeitervertretung. ²Dasselbe gilt für die Beschäftigung von Personen, die dem Dienstgeber zur Arbeitsleistung überlassen werden im Sinne des Arbeitnehmerüberlassungsgesetzes (§ 3 Absatz 1 Satz 2). ³Der Zustimmung der Mitarbeitervertretung bedarf es nicht im Falle von
1. Mitarbeiterinnen und Mitarbeitern für pastorale Dienste oder religiöse Unterweisung, die zu ihrer Tätigkeit der ausdrücklichen bischöflichen Sendung oder Beauftragung bedürfen,
2. Mitarbeiterinnen und Mitarbeitern, deren Tätigkeit geringfügig im Sinne von § 8 Abs. 1 Nr. 2 SGB IV ist.

(2) Die Mitarbeitervertretung kann die Zustimmung nur verweigern, wenn
1. die Maßnahme gegen ein Gesetz, eine Rechtsverordnung, kircheneigene Ordnungen oder sonstiges geltendes Recht verstößt,
2. durch bestimmte Tatsachen der Verdacht begründet wird, dass die Bewerberin oder der Bewerber durch ihr oder sein Verhalten den Arbeitsfrieden in der Einrichtung in einer Weise stören wird, die insgesamt für die Einrichtung unzuträglich ist oder
3. der Dienstgeber eine Person, die ihm zur Arbeitsleistung überlassen wird im Sinne des Arbeitnehmerüberlassungsgesetzes, länger als sechs Monate beschäftigen will. Mehrere Beschäftigungen einer Leiharbeitnehmerin oder eines Leiharbeitnehmers bei demselben Dienstgeber werden zusammengerechnet.

(3) ¹Bei Einstellungs- oder Anstellungsverfahren ist die Mitarbeitervertretung für ihre Mitwirkung über die Person der oder des Einzustellenden zu unterrichten. ²Der Mitarbeitervertretung sind auf Verlangen ein Verzeichnis der eingegangenen einrichtungsinternen Bewerbungen sowie der Bewerbungen von Schwerbehinderten zu überlassen und Einsicht in die Bewerbungsunterlagen der oder des Einzustellenden zu gewähren. ³Anstelle der Überlassung eines Verzeichnisses können auch die erforderlichen Bewerbungsunterlagen zur Einsichtnahme vorgelegt werden.

§ 35 Zustimmung bei sonstigen persönlichen Angelegenheiten

(1) Die Entscheidung des Dienstgebers bedarf in folgenden persönlichen Angelegenheiten von Mitarbeiterinnen und Mitarbeitern der Zustimmung der Mitarbeitervertretung:
1. Eingruppierung von Mitarbeiterinnen und Mitarbeitern,
2. Höhergruppierung oder Beförderung von Mitarbeiterinnen und Mitarbeitern,
3. Rückgruppierung von Mitarbeiterinnen und Mitarbeitern,
4. nicht nur vorübergehende Übertragung einer höher oder niedriger zu bewertenden Tätigkeit,
5. Abordnung von mehr als drei Monaten, Versetzung an eine andere Einrichtung, Zuweisung oder Personalgestellung an einen anderen Rechtsträger, es sei denn, dass es sich um Mitarbeiterinnen oder Mitarbeiter für pastorale Dienste oder religiöse Unterweisung handelt, die zu ihrer Tätigkeit der ausdrücklichen bischöflichen Sendung oder Beauftragung bedürfen,
6. Versagen und Widerruf der Genehmigung einer Nebentätigkeit sowie Untersagung einer Nebentätigkeit,

7. Weiterbeschäftigung über die Altersgrenze hinaus,
8. Hinausschiebung des Eintritts in den Ruhestand wegen Erreichens der Altersgrenze,
9. Anordnungen, welche die Freiheit in der Wahl der Wohnung beschränken mit Ausnahme der Dienstwohnung, die die Mitarbeiterin oder der Mitarbeiter kraft Amtes beziehen muss,
10. Auswahl der Ärztin oder des Arztes zur Beurteilung der Leistungsfähigkeit der Mitarbeiterin oder des Mitarbeiters, sofern nicht die Betriebsärztin/der Betriebsarzt beauftragt werden soll, soweit eine kirchliche Arbeitsvertragsordnung dies vorsieht.[1]

(2) Die Mitarbeitervertretung kann die Zustimmung nur verweigern, wenn
1. die Maßnahme gegen ein Gesetz, eine Rechtsverordnung, kircheneigene Ordnungen, eine Dienstvereinbarung oder sonstiges geltendes Recht verstößt,
2. der durch bestimmte Tatsachen begründete Verdacht besteht, dass durch die Maßnahme die Mitarbeiterin oder der Mitarbeiter ohne sachliche Gründe bevorzugt oder benachteiligt werden soll.

§ 36 Zustimmung bei Angelegenheiten der Dienststelle

(1) Die Entscheidung bei folgenden Angelegenheiten der Dienststelle bedarf der Zustimmung der Mitarbeitervertretung, soweit nicht eine kirchliche Arbeitsvertragsordnung oder sonstige Rechtsnorm Anwendung findet:
1. Änderung von Beginn und Ende der täglichen Arbeitszeit einschließlich der Pausen sowie der Verteilung der Arbeitszeit auf die einzelnen Wochentage,
2. Festlegung der Richtlinien zum Urlaubsplan und zur Urlaubsregelung,
3. Planung und Durchführung von Veranstaltungen für die Mitarbeiterinnen und Mitarbeiter,
4. Errichtung, Verwaltung und Auflösung sozialer Einrichtungen,
5. Inhalt von Personalfragebogen für Mitarbeiterinnen und Mitarbeiter,
6. Beurteilungsrichtlinien für Mitarbeiterinnen und Mitarbeiter,
7. Richtlinien für die Gewährung von Unterstützungen, Vorschüssen, Darlehen und entsprechenden sozialen Zuwendungen,
8. Durchführung der Ausbildung, soweit nicht durch Rechtsnormen oder durch Ausbildungsvertrag geregelt,
9. Einführung und Anwendung technischer Einrichtungen, die dazu bestimmt sind, das Verhalten oder die Leistung der Mitarbeiterinnen und Mitarbeiter zu überwachen,
10. Maßnahmen zur Verhütung von Dienst- und Arbeitsunfällen und sonstigen Gesundheitsschädigungen,
11. Maßnahmen zum Ausgleich und zur Milderung von wesentlichen wirtschaftlichen Nachteilen für die Mitarbeiterinnen und Mitarbeiter wegen Schließung, Einschränkung, Verlegung oder Zusammenlegung von Einrichtungen oder wesentlichen Teilen von ihnen,
12. Zuweisung zu den einzelnen Stufen des Bereitschaftsdienstes, soweit eine kirchliche Arbeitsvertragsordnung dies vorsieht.

(2) Absatz 1 Nr. 1 findet keine Anwendung auf Mitarbeiterinnen und Mitarbeiter für pastorale Dienste oder religiöse Unterweisung, die zu ihrer Tätigkeit der ausdrücklichen bischöflichen Sendung oder Beauftragung bedürfen, sowie auf Mitarbeiterinnen und Mitarbeiter im liturgischen Dienst.

(3) Muss für eine Einrichtung oder für einen Teil der Einrichtung die tägliche Arbeitszeit gemäß Absatz 1 Nr. 1 nach Erfordernissen, die die Einrichtung nicht voraussehen kann, un-

---

[1] Muster für eine diözesane Fassung.

regelmäßig oder kurzfristig festgesetzt werden, ist die Beteiligung der Mitarbeitervertretung auf die Grundsätze für die Aufstellung der Dienstpläne, insbesondere für die Anordnung von Arbeitsbereitschaft, Mehrarbeit und Überstunden beschränkt.

§ 37 Antragsrecht

(1) Die Mitarbeitervertretung hat in folgenden Angelegenheiten ein Antragsrecht, soweit nicht eine kirchliche Arbeitsvertragsordnung oder sonstige Rechtsnorm Anwendung findet:
1. Änderung von Beginn und Ende der täglichen Arbeitszeit einschließlich der Pausen sowie der Verteilung der Arbeitszeit auf die einzelnen Wochentage,
2. Festlegung der Richtlinien zum Urlaubsplan und zur Urlaubsregelung,
3. Planung und Durchführung von Veranstaltungen für die Mitarbeiterinnen und Mitarbeiter,
4. Errichtung, Verwaltung und Auflösung sozialer Einrichtungen,
5. Inhalt von Personalfragebogen für Mitarbeiterinnen und Mitarbeiter,
6. Beurteilungsrichtlinien für Mitarbeiterinnen und Mitarbeiter,
7. Richtlinien für die Gewährung von Unterstützungen, Vorschüssen, Darlehen und entsprechenden sozialen Zuwendungen,
8. Durchführung der Ausbildung, soweit nicht durch Rechtsnormen oder durch Ausbildungsvertrag geregelt,
9. Einführung und Anwendung technischer Einrichtungen, die dazu bestimmt sind, das Verhalten oder die Leistung der Mitarbeiterinnen und Mitarbeiter zu überwachen,
10. Maßnahmen zur Verhütung von Dienst- und Arbeitsunfällen und sonstigen Gesundheitsschädigungen,
11. Maßnahmen zum Ausgleich und zur Milderung von wesentlichen wirtschaftlichen Nachteilen für die Mitarbeiterinnen und Mitarbeiter wegen Schließung, Einschränkung, Verlegung oder Zusammenlegung von Einrichtungen oder wesentlichen Teilen von ihnen,
12. Zuweisung zu den einzelnen Stufen des Bereitschaftsdienstes, soweit eine kirchliche Arbeitsvertragsordnung dies vorsieht.

(2) § 36 Absätze 2 und 3 gelten entsprechend.

(3) ¹Will der Dienstgeber einem Antrag der Mitarbeitervertretung im Sinne des Absatz 1 nicht entsprechen, so teilt er ihr dies schriftlich mit. ²Die Angelegenheit ist danach in einer gemeinsamen Sitzung von Dienstgeber und Mitarbeitervertretung zu beraten. ³Kommt es nicht zu einer Einigung, so kann die Mitarbeitervertretung die Einigungsstelle anrufen.

§ 38 Dienstvereinbarungen

(1) Dienstvereinbarungen sind in folgenden Angelegenheiten zulässig:
1. Arbeitsentgelte und sonstige Arbeitsbedingungen, die in Rechtsnormen, insbesondere in kirchlichen Arbeitsvertragsordnungen, geregelt sind oder üblicherweise geregelt werden, wenn eine Rechtsnorm den Abschluss ergänzender Dienstvereinbarungen ausdrücklich zulässt,
2. Änderung von Beginn und Ende der täglichen Arbeitszeit einschließlich der Pausen sowie der Verteilung der Arbeitszeit auf die einzelnen Wochentage; § 36 Abs. 2 gilt entsprechend,
3. Festlegung der Richtlinien zum Urlaubsplan und zur Urlaubsregelung,
4. Planung und Durchführung von Veranstaltungen für die Mitarbeiterinnen und Mitarbeiter,
5. Errichtung, Verwaltung und Auflösung sozialer Einrichtungen,
6. Inhalt von Personalfragebogen für Mitarbeiterinnen und Mitarbeiter,
7. Beurteilungsrichtlinien für Mitarbeiterinnen und Mitarbeiter,
8. Richtlinien für die Gewährung von Unterstützungen, Vorschüssen, Darlehen und entsprechenden sozialen Zuwendungen,

9. Durchführung der Ausbildung, soweit nicht durch Rechtsnormen oder durch Ausbildungsvertrag geregelt,
10. Durchführung der Qualifizierung der Mitarbeiterinnen und Mitarbeiter,
11. Einführung und Anwendung technischer Einrichtungen, die dazu bestimmt sind, das Verhalten oder die Leistung der Mitarbeiterinnen und Mitarbeiter zu überwachen,
12. Maßnahmen zur Verhütung von Dienst- und Arbeitsunfällen und sonstigen Gesundheitsschädigungen,
13. Maßnahmen zum Ausgleich und zur Milderung von wesentlichen wirtschaftlichen Nachteilen für die Mitarbeiterinnen und Mitarbeiter wegen Schließung, Einschränkung, Verlegung oder Zusammenlegung von Einrichtungen oder wesentlichen Teilen von ihnen,
14. Festsetzungen nach § 1b und § 24 Abs. 2 und 3,
15. Verlängerungen des Übergangsmandats nach § 13d Abs. 1 Satz 4.

(2) [1]Zur Verhandlung und zum Abschluss von Dienstvereinbarungen im Sinne des Absatz 1 Nr. 1 kann die Mitarbeitervertretung Vertreter der Diözesanen Arbeitsgemeinschaft der Mitarbeitervertretungen oder Vertreter einer in der Einrichtung vertretenen Koalition im Sinne des Art. 6 GrO beratend hinzuziehen. [2]Die Aufnahme von Verhandlungen ist der Diözesanen Arbeitsgemeinschaft oder einer in der Einrichtung vertretenen Koalition durch die Mitarbeitervertretung anzuzeigen.

(3) [1]Dienstvereinbarungen dürfen Rechtsnormen, insbesondere kirchlichen Arbeitsvertragsordnungen, nicht widersprechen. [2]Bestehende Dienstvereinbarungen werden mit dem Inkrafttreten einer Rechtsnorm gemäß Satz 1 unwirksam.

(3a) [1]Dienstvereinbarungen gelten unmittelbar und zwingend. [2]Werden Mitarbeiterinnen oder Mitarbeitern durch die Dienstvereinbarung Rechte eingeräumt, so ist ein Verzicht auf sie nur mit Zustimmung der Mitarbeitervertretung zulässig.

(4) [1]Dienstvereinbarungen werden durch Dienstgeber und Mitarbeitervertretung gemeinsam beschlossen, sind schriftlich niederzulegen, von beiden Seiten zu unterzeichnen und in geeigneter Weise bekannt zu machen. [2]Dienstvereinbarungen können von beiden Seiten mit einer Frist von drei Monaten zum Monatsende schriftlich gekündigt werden.

(5) [1]Im Falle der Kündigung wirkt die Dienstvereinbarung in den Angelegenheiten des Absatz 1 Nrn. 2 bis 13 nach. [2]In Dienstvereinbarungen nach Absatz 1 Nr. 1 kann festgelegt werden, ob und in welchem Umfang darin begründete Rechte der Mitarbeiterinnen und Mitarbeiter bei Außerkrafttreten der Dienstvereinbarung fortgelten sollen. [3]Eine darüber hinausgehende Nachwirkung ist ausgeschlossen.

§ 39 Gemeinsame Sitzungen und Gespräche

(1) [1]Dienstgeber und Mitarbeitervertretung kommen mindestens einmal jährlich zu einer gemeinsamen Sitzung zusammen. [2]Eine gemeinsame Sitzung findet ferner dann statt, wenn Dienstgeber oder Mitarbeitervertretung dies aus besonderem Grund wünschen. [3]Zur gemeinsamen Sitzung lädt der Dienstgeber unter Angabe des Grundes und nach vorheriger einvernehmlicher Terminabstimmung mit der Mitarbeitervertretung ein. [4]Die Tagesordnung und das Besprechungsergebnis sind in einer Niederschrift festzuhalten, die vom Dienstgeber und von der oder dem Vorsitzenden der Mitarbeitervertretung zu unterzeichnen ist. [5]Dienstgeber und Mitarbeitervertretung erhalten eine Ausfertigung der Niederschrift.

(2) Außer zu den gemeinsamen Sitzungen sollen Dienstgeber und Mitarbeitervertretung regelmäßig zu Gesprächen über allgemeine Fragen des Dienstbetriebes und der Dienstgemeinschaft sowie zum Austausch von Anregungen und Erfahrungen zusammentreffen.

VI. Einigungsstelle

§ 40 Bildung der Einigungsstelle – Aufgaben

(1) Für den Bereich der (Erz-)Diözese wird beim (Erz-)Bischöflichen Ordinariat / Generalvikariat in … eine ständige Einigungsstelle gebildet.[1]

(2) Für die Einigungsstelle wird eine Geschäftsstelle eingerichtet.

(3) [1]Die Einigungsstelle wirkt in den Fällen des § 45 (Regelungsstreitigkeiten) auf eine Einigung zwischen Dienstgeber und Mitarbeitervertretung hin. [2]Kommt eine Einigung nicht zustande, ersetzt der Spruch der Einigungsstelle die erforderliche Zustimmung der Mitarbeitervertretung (§ 45 Abs. 1) oder tritt an die Stelle einer Einigung zwischen Dienstgeber und Mitarbeitervertretung (§ 45 Abs. 2 und 3).

§ 41 Zusammensetzung – Besetzung

(1) Die Einigungsstelle besteht aus

a) der oder dem Vorsitzenden und der oder dem stellvertretenden Vorsitzenden,

b) jeweils …[2] Beisitzerinnen oder Beisitzern aus den Kreisen der Dienstgeber und der Mitarbeiter, die auf getrennten Listen geführt werden (Listen-Beisitzerinnen und Listen-Beisitzer),

c) Beisitzerinnen oder Beisitzern, die jeweils für die Durchführung des Verfahrens von der Antragstellerin oder dem Antragsteller und von der Antragsgegnerin oder dem Antragsgegner zu benennen sind (Ad-hoc-Beisitzerinnen und Ad-hoc-Beisitzer).

(2) [1]Die Einigungsstelle tritt zusammen und entscheidet in der Besetzung mit der oder dem Vorsitzenden, je einer Beisitzerin oder einem Beisitzer aus den beiden Beisitzerlisten und je einer oder einem von der Antragstellerin oder dem Antragsteller und der Antragsgegnerin oder dem Antragsgegner benannten Ad-hoc-Beisitzerinnen und Ad-hoc-Beisitzer. [2]Die Teilnahme der Listen-Beisitzerinnen und Listen-Beisitzer an der mündlichen Verhandlung bestimmt sich nach der alphabetischen Reihenfolge in der jeweiligen Beisitzerliste. [3]Bei Verhinderung einer Listen-Beisitzerin oder eines Listen-Beisitzers tritt an dessen Stelle die Beisitzerin oder der Beisitzer, welche oder welcher der Reihenfolge nach an nächster Stelle steht.

(3) Ist die oder der Vorsitzende an der Ausübung ihres oder seines Amtes gehindert, tritt an ihre oder seine Stelle die oder der stellvertretende Vorsitzende.

§ 42 Rechtsstellung der Mitglieder

(1) [1]Die Mitglieder der Einigungsstelle sind unabhängig und nur an Gesetz und Recht gebunden. [2]Sie dürfen in der Übernahme und Ausübung ihres Amtes weder beschränkt, benachteiligt noch bevorzugt werden. [3]Sie unterliegen der Schweigepflicht auch nach dem Ausscheiden aus dem Amt.

(2) [1]Die Tätigkeit der Mitglieder der Einigungsstelle ist ehrenamtlich. [2]Die Mitglieder erhalten Auslagenersatz gemäß den in der (Erz-)Diözese … jeweils geltenden reisekostenrechtli-

---

1 Die Bildung einer gemeinsamen Einigungsstelle durch mehrere Diözesen wird nicht ausformuliert, ist jedoch möglich.
2 Die Zahl der Beisitzerinnen und Beisitzer bleibt der Festlegung durch die Diözesen vorbehalten; es müssen jedoch mindestens jeweils zwei Personen benannt werden.

chen Vorschriften. ³Der oder dem Vorsitzenden und der oder dem stellvertretenden Vorsitzenden kann eine Aufwandsentschädigung gewährt werden.

(3) Die Beisitzerinnen und Beisitzer werden für die Teilnahme an Sitzungen der Einigungsstelle im notwendigen Umfang von ihrer dienstlichen Tätigkeit freigestellt.

(4) Auf die von der Diözesanen Arbeitsgemeinschaft der Mitarbeitervertretungen bestellten Beisitzerinnen und Beisitzer finden die §§ 18 und 19 entsprechende Anwendung.

§ 43 Berufungsvoraussetzungen

(1) ¹Die Mitglieder der Einigungsstelle müssen der katholischen Kirche angehören, dürfen in der Ausübung der allen Kirchenmitgliedern zustehenden Rechte nicht behindert sein und müssen die Gewähr dafür bieten, jederzeit für das kirchliche Gemeinwohl einzutreten. ²Wer als Vorsitzende/r oder beisitzende/r Richter/in eines kirchlichen Gerichts für Arbeitssachen tätig ist, darf nicht gleichzeitig der Einigungsstelle angehören.

(2) Die oder der Vorsitzende und die oder der stellvertretende Vorsitzende sollen im Arbeitsrecht oder Personalwesen erfahrene Personen sein und dürfen innerhalb des Geltungsbereichs dieser Ordnung keinen kirchlichen Beruf ausüben.

(3) ¹Zur Listen-Beisitzerin oder zum Listen-Beisitzer aus den Kreisen der Dienstgeber und zur oder zum vom Dienstgeber benannten Ad-hoc-Beisitzerin oder Ad-hoc-Beisitzer kann bestellt werden, wer gemäß § 3 Abs. 2 Nrn. 1 bis 5 nicht als Mitarbeiterin oder Mitarbeiter gilt. ²Zur Listen-Beisitzerin oder zum Listen-Beisitzer aus den Krisen der Mitarbeiter und zur oder zum von der Mitarbeitervertretung benannten Ad-hoc-Beisitzerin oder Ad-hoc-Beisitzer kann bestellt werden, wer gemäß § 8 die Voraussetzungen für die Wählbarkeit in die Mitarbeitervertretung erfüllt und im Dienst eines kirchlichen Anstellungsträgers im Geltungsbereich dieser Ordnung steht.

(4) Mitarbeiterinnen und Mitarbeiter, die im Personalwesen tätig sind oder mit der Rechtsberatung der Mitarbeitervertretungen betraut sind, können nicht zur Listen- Beisitzerin oder zum Listen-Beisitzer bestellt werden.

(5) Die Amtszeit der Mitglieder der Einigungsstelle beträgt fünf Jahre.

§ 44 Berufung der Mitglieder

(1) ¹Die oder der Vorsitzende und die oder der stellvertretende Vorsitzende werden aufgrund eines Vorschlags der Listen-Beisitzerinnen und Listen-Beisitzer vom Diözesanbischof ernannt. ²Die Abgabe eines Vorschlags bedarf einer Zweidrittelmehrheit der Listen-Beisitzerinnen und Listen-Beisitzer. ³Kommt ein Vorschlag innerhalb einer vom Diözesanbischof gesetzten Frist nicht zustande, ernennt der Diözesanbischof die Vorsitzende oder den Vorsitzenden und die stellvertretende Vorsitzende oder den stellvertretenden Vorsitzenden nach vorheriger Anhörung des Domkapitels als Konsultorenkollegium und/oder des Diözesanvermögensverwaltungsrates und des Vorstandes der diözesanen Arbeitsgemeinschaft der Mitarbeitervertretungen.[1]

⁴Sind zum Ende der Amtszeit die oder der neue Vorsitzende und die oder der stellvertretende Vorsitzende noch nicht ernannt, führen die oder der bisherige Vorsitzende und deren Stellvertreterin oder Stellvertreter die Geschäfte bis zur Ernennung der Nachfolgerinnen und Nachfolger weiter.

---

1 Das Nähere regelt das diözesane Recht.

(2) ¹Die Bestellung der Listen-Beisitzerinnen und Listen-Beisitzer erfolgt aufgrund von jeweils vom Generalvikar sowie dem Vorstand/den Vorständen der diözesanen Arbeitsgemeinschaft/en der Mitarbeitervertretungen zu erstellenden Beisitzerlisten, in denen die Namen in alphabetischer Reihenfolge geführt werden.[1] ²Bei der Aufstellung der Liste der Beisitzerinnen und Beisitzer aus den Kreisen der Dienstgeber werden Personen aus Einrichtungen der Caritas, die vom zuständigen Diözesancaritasverband benannt werden, angemessen berücksichtigt.

(3) Das Amt eines Mitglieds der Einigungsstelle endet vor Ablauf der Amtszeit

a) mit dem Rücktritt

b) mit der Feststellung des Wegfalls der Berufungsvoraussetzungen durch den Diözesanbischof.

(4) ¹Bei vorzeitigem Ausscheiden des Vorsitzenden oder des stellvertretenden Vorsitzenden ernennt der Diözesanbischof die Nachfolgerin oder den Nachfolger für die Dauer der verbleibenden Amtszeit. ²Bei vorzeitigem Ausscheiden einer Listen-Beisitzerin oder eines Listen-Beisitzers haben der Generalvikar bzw. der Vorstand der diözesanen Arbeitsgemeinschaft der Mitarbeitervertretungen die Beisitzerliste für die Dauer der verbleibenden Amtszeit zu ergänzen.

§ 45 Zuständigkeit

Auf Antrag des Dienstgebers findet das Verfahren vor der Einigungsstelle in folgenden Fällen statt:
1. bei Streitigkeiten über Änderung von Beginn und Ende der täglichen Arbeitszeit einschließlich der Pausen sowie der Verteilung der Arbeitszeit auf die einzelnen Wochentage (§ 36 Abs. 1 Nr. 1),
2. bei Streitigkeiten über Festlegung der Richtlinien zum Urlaubsplan und zur Urlaubsregelung (§ 36 Abs. 1 Nr. 2),
3. bei Streitigkeiten über Planung und Durchführung von Veranstaltungen für die Mitarbeiterinnen und Mitarbeiter (§ 36 Abs. 1 Nr. 3),
4. bei Streitigkeiten über Errichtung, Verwaltung und Auflösung sozialer Einrichtungen (§ 36 Abs. 1 Nr. 4),
5. bei Streitigkeiten über Inhalt von Personalfragebogen für Mitarbeiterinnen und Mitarbeiter (§ 36 Abs. 1 Nr. 5);
6. bei Streitigkeiten über Beurteilungsrichtlinien für Mitarbeiterinnen und Mitarbeiter (§ 36 Abs. 1 Nr. 6),
7. bei Streitigkeiten über Richtlinien für die Gewährung von Unterstützungen, Vorschüssen, Darlehen und entsprechenden sozialen Zuwendungen (§ 36 Abs. 1 Nr. 7),
8. bei Streitigkeiten über die Durchführung der Ausbildung, soweit nicht durch Rechtsvorschriften oder durch Ausbildungsvertrag geregelt (§ 36 Abs. 1 Nr. 8),
9. bei Streitigkeiten über Einführung und Anwendung technischer Einrichtungen, die dazu bestimmt sind, das Verhalten oder die Leistung der Mitarbeiterinnen und Mitarbeiter zu überwachen (§ 36 Abs. 1 Nr. 9),
10. bei Streitigkeiten über Maßnahmen zu Verhütung von Dienst- und Arbeitsunfällen und sonstigen Gesundheitsschädigungen (§ 36 Abs. 1 Nr. 10),
11. bei Streitigkeiten über Maßnahmen zum Ausgleich und zur Milderung von wesentlichen wirtschaftlichen Nachteilen für die Mitarbeiterinnen und Mitarbeiter wegen Schließung, Einschränkung, Verlegung oder Zusammenlegung von Einrichtungen oder wesentlichen Teilen von ihnen (§ 36 Abs. 1 Nr. 11),

---

1 Die Festlegung der Zahl der Beisitzer bleibt der Regelung durch diözesanes Recht überlassen.

12. bei Streitigkeiten über die Zuweisung zu den einzelnen Stufen des Bereitschaftsdienstes (§ 36 Abs. 1 Nr. 12).

(2) Darüber hinaus findet auf Antrag des Dienstgebers das Verfahren vor der Einigungsstelle statt bei Streitigkeiten über die Versetzung, Abordnung, Zuweisung oder Personalgestellung eines Mitglieds der Mitarbeitervertretung (§ 18 Abs. 2).

(3) Auf Antrag der Mitarbeitervertretung findet das Verfahren vor der Einigungsstelle in folgenden Fällen statt:
1. bei Streitigkeiten über die Freistellung eines Mitglieds der Mitarbeitervertretung (§ 15 Abs. 5),
2. bei Streitigkeiten im Falle der Ablehnung von Anträgen der Mitarbeitervertretung (§ 37 Abs. 3).

§ 46 Verfahren

(1) ¹Der Antrag ist schriftlich in doppelter Ausführung über die Geschäftsstelle an den Vorsitzenden zu richten. ²Er soll die Antragstellerin oder den Antragsteller, die Antragsgegnerin oder den Antragsgegner und den Streitgegenstand bezeichnen und eine Begründung enthalten. ³Die oder der Vorsitzende bereitet die Verhandlung der Einigungsstelle vor, übersendet den Antrag an die Antragsgegnerin oder den Antragsgegner und bestimmt eine Frist zur schriftlichen Erwiderung. ⁴Die Antragserwiderung übermittelt er an die Antragstellerin oder den Antragsteller und bestimmt einen Termin, bis zu dem abschließend schriftsätzlich vorzutragen ist.

(2) ¹Sieht die oder der Vorsitzende nach Eingang der Antragserwiderung aufgrund der Aktenlage eine Möglichkeit der Einigung, unterbreitet sie oder er schriftlich einen begründeten Einigungsvorschlag. ²Erfolgt eine Einigung, beurkundet die oder der Vorsitzende diese und übersendet den Beteiligten eine Abschrift.

(3) ¹Erfolgt keine Einigung, bestimmt die oder der Vorsitzende einen Termin zur mündlichen Verhandlung vor der Einigungsstelle. ²Sie oder er kann Antragstellerin oder Antragsteller und Antragsgegnerin oder Antragsgegner eine Frist zur Äußerung setzen. ³Die oder der Vorsitzende veranlasst unter Einhaltung einer angemessenen Ladungsfrist die Ladung der Beteiligten und die Benennung der Ad-hoc-Beisitzerinnen und Ad-hoc-Beisitzer durch die Beteiligten.

(4) ¹Die Verhandlung vor der Einigungsstelle ist nicht öffentlich. Die oder der Vorsitzende leitet die Verhandlung. ²Sie oder er führt in den Sach- und Streitgegenstand ein. ³Die Einigungsstelle erörtert mit den Beteiligten das gesamte Streitverhältnis und gibt ihnen Gelegenheit zur Stellungnahme. ⁴Im Falle der Nichteinigung stellen die Beteiligten die wechselseitigen Anträge. ⁵Über die mündliche Verhandlung ist ein Protokoll zu fertigen.

§ 47 Einigungsspruch

(1) Kommt eine Einigung in der mündlichen Verhandlung zustande, wird dies beurkundet und den Beteiligten eine Abschrift der Urkunden übersandt.

(2) ¹Kommt eine Einigung der Beteiligten nicht zustande, so entscheidet die Einigungsstelle durch Spruch. ²Der Spruch der Einigungsstelle ergeht unter angemessener Berücksichtigung der Belange der Einrichtung des Dienstgebers sowie der betroffenen Mitarbeiter nach billigem Ermessen. ³Der Spruch ist schriftlich abzufassen.

(3) ¹Der Spruch der Einigungsstelle ersetzt die nicht zustande gekommene Einigung zwischen Dienstgeber und Mitarbeitervertretung beziehungsweise Gesamtmitarbeitervertretung.

²Der Spruch bindet die Beteiligten. ³Der Dienstgeber kann durch den Spruch nur insoweit gebunden werden, als für die Maßnahmen finanzielle Deckung in seinen Haushalts-, Wirtschafts- und Finanzierungsplänen ausgewiesen ist.

(4) ¹Rechtliche Mängel des Spruchs oder des Verfahrens der Einigungsstelle können durch den Dienstgeber oder die Mitarbeitervertretung beim Kirchlichen Arbeitsgericht geltend gemacht werden; die Überschreitung der Grenzen des Ermessens kann nur binnen einer Frist von zwei Wochen nach Zugang des Spruchs beim Kirchlichen Arbeitsgericht geltend gemacht werden.

²Beruft sich der Dienstgeber im Fall des Absatzes 3 Satz 3 auf die fehlende finanzielle Deckung, können dieser Einwand sowie rechtliche Mängel des Spruchs oder des Verfahrens vor der Einigungsstelle nur innerhalb einer Frist von vier Wochen nach Zugang des Spruchs geltend gemacht werden.

(5) ¹Das Verfahren vor der Einigungsstelle ist kostenfrei. ²Die durch Tätigwerden der Einigungsstelle entstehenden Kosten trägt die (Erz-)Diözese …

³Jeder Verfahrensbeteiligte trägt seine Auslagen selbst; der Mitarbeitervertretung werden gemäß § 17 Abs. 1 die notwendigen Auslagen erstattet.

VII. Sprecherinnen und Sprecher der Jugendlichen und der Auszubildenden, Vertrauensperson der schwerbehinderten Mitarbeiterinnen und Mitarbeiter, Vertrauensmann der Zivildienstleistenden

§ 48 Wahl und Anzahl der Sprecherinnen und Sprecher der Jugendlichen und der Auszubildenden

¹In Einrichtungen mit in der Regel mindestens fünf Mitarbeiterinnen oder Mitarbeitern, die das 18. Lebensjahr noch nicht vollendet haben (Jugendliche) oder die zu ihrer Berufsausbildung beschäftigt sind und das 25. Lebensjahr noch nicht vollendet haben (Auszubildende), werden von diesen Sprecherinnen und Sprecher der Jugendlichen und der Auszubildenden gewählt. ²Als Sprecherinnen und Sprecher können Mitarbeiterinnen und Mitarbeiter vom vollendeten 16. Lebensjahr bis zum vollendeten 26. Lebensjahr gewählt werden.

³Es werden gewählt
- eine Sprecherin oder ein Sprecher bei fünf bis zehn Jugendlichen und Auszubildenden sowie
- drei Sprecherinnen oder Sprecher bei mehr als zehn Jugendlichen und Auszubildenden.

§ 49 Versammlung der Jugendlichen und Auszubildenden

(1) ¹Die Sprecherinnen und Sprecher der Jugendlichen und Auszubildenden können vor oder nach einer Mitarbeiterversammlung im Einvernehmen mit der Mitarbeitervertretung eine Versammlung der Jugendlichen und Auszubildenden einberufen. ²Im Einvernehmen mit der Mitarbeitervertretung und dem Dienstgeber kann die Versammlung der Jugendlichen und Auszubildenden auch zu einem anderen Zeitpunkt einberufen werden. ³Der Dienstgeber ist zu diesen Versammlungen unter Mitteilung der Tagesordnung einzuladen. ⁴Er ist berechtigt, in der Versammlung zu sprechen. § 2 Abs. 2 Satz 2 findet Anwendung. ⁵An den Versammlungen kann die oder der Vorsitzende der Mitarbeitervertretung oder ein beauftragtes Mitglied der Mitarbeitervertretung teilnehmen. ⁶Die Versammlung der Jugendlichen und Auszubildenden befasst sich mit Angelegenheiten, die zur Zuständigkeit der Mitarbeitervertretung gehören, soweit sie Jugendliche und Auszubildende betreffen.

(2) § 21 Abs. 4 gilt entsprechend.

§ 50 Amtszeit der Sprecherinnen und Sprecher der Jugendlichen und Auszubildenden

¹Die Amtszeit der Sprecherinnen und Sprecher der Jugendlichen und der Auszubildenden beträgt zwei Jahre. ²Die Sprecherinnen und Sprecher der Jugendlichen und der Auszubildenden bleiben im Amt, auch wenn sie während der Amtszeit das 26. Lebensjahr vollendet haben.

§ 51 Mitwirkung der Sprecherinnen und Sprecher der Jugendlichen und Auszubildenden

(1) ¹Die Sprecherinnen und Sprecher der Jugendlichen und der Auszubildenden nehmen an den Sitzungen der Mitarbeitervertretung teil. ²Sie haben, soweit Angelegenheiten der Jugendlichen und Auszubildenden beraten werden,
1. das Recht, vor und während der Sitzungen der Mitarbeitervertretung Anträge zu stellen. Auf ihren Antrag hat die oder der Vorsitzende der Mitarbeitervertretung eine Sitzung in angemessener Frist einzuberufen und den Gegenstand, dessen Beratung beantragt wird, auf die Tagesordnung zu setzen,
2. Stimmrecht,
3. das Recht, zu Besprechungen mit dem Dienstgeber eine Sprecherin oder einen Sprecher der Jugendlichen und Auszubildenden zu entsenden.

(2) ¹Für eine Sprecherin oder einen Sprecher der Jugendlichen und der Auszubildenden gelten im Übrigen die anwendbaren Bestimmungen der §§ 7 bis 20 sinngemäß. ²Die gleichzeitige Kandidatur für das Amt einer Sprecherin oder eines Sprechers der Jugendlichen und Auszubildenden und das Amt der Mitarbeitervertreterin oder des Mitarbeitervertreters ist ausgeschlossen.

§ 52 Mitwirkung der Vertrauensperson der schwerbehinderten Mitarbeiterinnen und Mitarbeiter

(1) ¹Die entsprechend den Vorschriften des Sozialgesetzbuches IX gewählte Vertrauensperson der schwerbehinderten Mitarbeiterinnen und Mitarbeiter nimmt an den Sitzungen der Mitarbeitervertretung teil. ²Die Vertrauensperson hat, soweit Angelegenheiten der schwerbehinderten Menschen beraten werden,
1. das Recht, vor und während der Sitzungen der Mitarbeitervertretung Anträge zu stellen. Auf ihren Antrag hat die oder der Vorsitzende der Mitarbeitervertretung eine Sitzung in angemessener Frist einzuberufen und den Gegenstand, dessen Beratung beantragt wird, auf die Tagesordnung zu setzen,
2. Stimmrecht,
3. das Recht, an Besprechungen bei dem Dienstgeber teilzunehmen.

(2) ¹Der Dienstgeber hat die Vertrauensperson der schwerbehinderten Mitarbeiterinnen und Mitarbeiter in allen Angelegenheiten, die einen einzelnen oder die schwerbehinderten Menschen als Gruppe berühren, unverzüglich und umfassend zu unterrichten und vor einer Entscheidung anzuhören; er hat ihr die getroffene Entscheidung unverzüglich mitzuteilen. ²Ist dies bei einem Beschluss der Mitarbeitervertretung nicht geschehen oder erachtet die Vertrauensperson der schwerbehinderten Mitarbeiterinnen und Mitarbeiter einen Beschluss der Mitarbeitervertretung als eine erhebliche Beeinträchtigung wichtiger Interessen schwerbehinderter Menschen, wird auf ihren Antrag der Beschluss für die Dauer von einer Woche vom Zeitpunkt der Beschlussfassung ausgesetzt. ³Durch die Aussetzung wird eine Frist nicht verlängert.

(3) ¹Die Vertrauensperson der schwerbehinderten Mitarbeiterinnen und Mitarbeiter hat das Recht, mindestens einmal im Jahr eine Versammlung der schwerbehinderten Mitarbeiter und Mitarbeiterinnen in der Dienststelle durchzuführen. ²Die für die Mitarbeiterversammlung geltenden Vorschriften der §§ 21, 22 gelten entsprechend.

(4) Die Räume und der Geschäftsbedarf, die der Dienstgeber der Mitarbeitervertretung für deren Sitzungen, Sprechstunden und laufenden Geschäftsbedarf zur Verfügung stellt, stehen für die gleichen Zwecke auch der Vertrauensperson der schwerbehinderten Mitarbeiterinnen und Mitarbeiter zur Verfügung, soweit hierfür nicht eigene Räume und sachliche Mittel zur Verfügung gestellt werden.

(5) ¹Für die Vertrauensperson der schwerbehinderten Mitarbeiterinnen und Mitarbeiter gelten die §§ 15 bis 20 entsprechend. ²Weitergehende persönliche Rechte und Pflichten, die sich aus den Bestimmungen des SGB IX ergeben, bleiben hiervon unberührt.

§ 53 Rechte des Vertrauensmannes der Zivildienstleistenden

(1) Der Vertrauensmann der Zivildienstleistenden kann an den Sitzungen der Mitarbeitervertretung beratend teilnehmen, wenn Angelegenheiten behandelt werden, die auch die Zivildienstleistenden betreffen.

(2) ¹Ist ein Vertrauensmann nicht gewählt, so können sich die Zivildienstleistenden an die Mitarbeitervertretung wenden. ²Sie hat auf die Berücksichtigung der Anliegen, falls sie berechtigt erscheinen, beim Dienstgeber hinzuwirken.

VIII. Schulen, Hochschulen

§ 54

(1) Die Ordnung gilt auch für die Schulen und Hochschulen im Anwendungsbereich des § 1.¹

(2) Bei Hochschulen finden die für die Einstellung und Anstellung sowie die Eingruppierung geltenden Vorschriften keine Anwendung, soweit es sich um hauptberuflich Lehrende handelt, die in einem förmlichen Berufungsverfahren berufen werden.

(3) Lehrbeauftragte an Hochschulen sind keine Mitarbeiterinnen oder Mitarbeiter im Sinne dieser Ordnung.

IX. Schlussbestimmungen

§ 55

Durch anderweitige Regelungen oder Vereinbarung kann das Mitarbeitervertretungsrecht nicht abweichend von dieser Ordnung geregelt werden.

§ 56

(1) Vorstehende Ordnung gilt ab …

(2) ¹Beim Inkrafttreten bestehende Mitarbeitervertretungen bleiben für die Dauer ihrer Amtszeit bestehen. ²Sie führen ihre Tätigkeit weiter nach Maßgabe der Bestimmungen in den Abschnitten III, IV, V und VI.

---

1 Für Mitarbeiterinnen und Mitarbeiter an Schulen, die im Dienste eines Bundeslandes stehen, können Sonderregelungen getroffen werden.

Stichworte

AT = Allgemeiner Teil; A1 usw. = Anlage 1 usw.; I usw. = Abschnitt I usw. der Anlage 1; (1) usw. = Absatz 1 usw.; (a) usw. = Absatz a usw.

Beispiele:

AT / § 9 (3) = § 9 Abs. 3 im Allgemeinen Teil der AVR
A1 / X (c) = Abschnitt X Abs. c der Anlage 1 zu den AVR
A2 / 5b, 58a = Vergütungsgruppe 5b Ziffer 58a der Anlage 2 zu den AVR
A6 / § 1 (3) = § 1 Abs. 3 der Anlage 6 zu den AVR

Der besseren Übersichtlichkeit halber wurde auf ein Stichwortverzeichnis der Tätigkeitsmerkmale und Ordnungen verzichtet.

Inhalt

A	568
B	572
C	573
D	573
E	574
F	576
G	576
H	577
I	577
J	577
K	577
L	578
M	578
N	579
O	579
P	580
R	581
S	582
T	583
U	584
V	585
W	586
Z	587

A

Abgeltung
- der Bereitschaftsdienste und Rufbereitschaften
  A5 / §§ 7, 9
  A30 / § 7
  A31, A32, A33 / §§ 6, 7
- der Sonn - und Feiertagsarbeit
  A30 / § 4
  A31, A32, A33 / § 3
- der Überstunden
  A6 / §§ 1 (3), 3
  A30/ § 7
  A31 , A32, A33 / § 6
- des Urlaubsanspruches
  A14 / § 5

Abordnung
- AT / § 9

Abrechnung der Bezüge
- A1 / X

Abtretung von Ansprüchen gegen Dritte
- A1 / XII (b)

Abtretungsverbot der Vergütung
- A1 / X (f)

Alltagsbegleiter
- A22

Änderungskündigung
- AT / § 14 (4)

Änderungsvertrag bei Altersteilzeit
- A17 / § 2 (5)
- A17a / § 6

Ärzte
- A30
- Arbeitszeit, -dokumentation
  A30 / §§ 3, 10
- Bereitschaftsdienst, Rufbereitschaft
  A30 / § 3 (6), §§ 6, 8
- Chefärzte
  AT / § 3 (f)
  A30 / § 12
- Einsatzzuschlag im Rettungsdienst
  A30 / § 2
- Eingruppierung
  A30 / §§ 11, 12
- Entgelt
  A30 / §§ 13, 13a
- Entgelttabelle
  A30 / A
- Führung auf Zeit / Führung auf Probe
  A30 / §§ 18, 19
- Leistungsentgelte
  A30 / § 16
- Sonderformen der Arbeit
  A30 / §§ 5, 7
- Sonn- und Feiertagsarbeit
  A30 / § 4
- Stufenregelungen
  A30 / §§ 14, 15
- Teilnahme an Ausbildung, Nebentätigkeit und Rettungsdienst
  AT / § 5 (3)
  A1 / XI
- Teilzeit
  A30 / § 9
- Überleitung, Besitzstand
  A30 / B
- Zusatzurlaub
  A30 / § 17

Ärztl. Untersuchung
- AT / § 8
- A7 / B II § 3a, C II § 3a, E § 4

Altenpflegeschüler
- A 7 / B II

Altersgrenze
- AT / § 19 (3)
- A1 / XIV
- A14 / I § 1
- A17a / § 13

Altersteilzeit
- Abfindung
  A17 / § 5 (7)
- Änderungsvertrag
  A17 / § 2 (5)
  A17a / § 6
- Arbeitszeit
  A17 / § 3
  A17a / § 6

A – Stichworte

- Aufstockungsleistungen
  A17 / §§ 5, 8
  A17a / § 7
- Beendigung
  A17 / § 9
  A17a / § 11
- Bezüge
  A17 / § 4
  A17a / § 7
- Blockmodell
  A17 / §§ 3 (2a), 4 (1), 5 (2), 7
  A17a / §§ 6 (3b), 7 (2), 10
- Dienstvereinbarung
  A17a / § 12
- flexible Altersteilzeitarbeit (Falter)
  A17a / § 13
- Geltungsbereich
  A17 / § 1
  A17a / § 1
- Krankheit
  A17 / § 8
  A17a / §10
- Mitwirkungspflicht
  A17 / § 10
- Nebentätigkeit
  A17 / § 6
  A17a / § 9
- Teilzeitmodell
  A17 / § 3 (2b)
  A17a / §§ 6 (3a), 7 (1)
- Urlaub
  A17/ § 7
  A17a / § 8
- Vereinbarung
  A17 / § 2
  A17a / § 6
- Voraussetzungen
  A17 / § 2
  A17a / § 6

Altersversorgung, zusätzliche
- A1 / XIII
- A8
- A20 / § 2

Anfangsregelvergütung
- A1 / III

Anrechnung
- auf das Sterbegeld
  A1 / XV (d)
- überzahlter Bezüge
  A1 / X (d)
- überzahlter Krankengeldzuschuss
  A1 / XII (d)

Anrechnung von Zeiten
- A1 / Ia

Ansteckungsgefahren
- AT / § 8

Anzeigepflicht bei Arbeitsunfähigkeit
- A1 / XIIa

Arbeit an Feiertagen
- A5 / § 2ff.
- A6a/ § 1 (1)
- A30 / §§ 4, 6, 7
- A31, A32, A33 / §§ 3, 6, 7

Arbeit an Samstagen
- A5 / § 3 (1)
- A6a/ § 1 (1)
- A30 / §§ 6, 7
- A31, A32, A33 / § 6

Arbeit an Sonntagen
- A5 / § 2 (1)
- A6a/ § 1 (1)
- A30 / § 7
- A31, A32, A33 / § 6

Arbeit an Vorfesttagen
- A5 / § 3 (2)
- A30 / § 3 (3), § 7
- A31, A32, A33 / § 2 (3), § 6

Arbeit, dienstplanmäßige
- A5 / § 1 (8)
- A6 / § 1 (1)
- A30 / §§ 3 (1), 5 (5)
- A31 / §§ 2, 4
- A32 / §§ 2, 4
- A33 / §§ 2, 4

Arbeit, im Schichtdienst
- A5 / § 2 (1), (2), (4)
- A30 / § 3 (6), § 4 (2), § 5 (1) (2), § 7 (4) (5)
- A31, A32, A33 / § 2 (5), § 3 (2), § 4 (1) (2), § 6 (4) (5)

569

Stichworte – A

Arbeit, in der Nacht
- A5 / § 1 (11), § 2 (1)
- A6a / § 1
- A30 / §§ 3, 5, 7
- A31 / §§ 2, 4, 6
- A32 / §§ 2, 4, 6
- A33 / §§ 2, 4, 6

Arbeit, nicht dienstplanmäßige
- A5 / § 4

Arbeitsbefreiung
- aus persönlichen Gründen
  AT / § 10
- für Feiertagsarbeit
  A5 / § 2 (3)
  A30 / § 4
  A31, 32, 33 / § 3
- für geleistete Überstunden
  A6 / §§ 3, 4
  A30 / § 7
  A31, 32, 33 / § 6
- für Arbeit an Vorfesttagen
  A5 / § 3 (2)
  A30 / § 3 (3)
  A31, 32, 33 / § 2 (3)

Arbeitsbeginn und -ende
- A5 / § 1 (9)
  (siehe A30, A31, A32, A33 / § 1)

Arbeitsbereitschaft
- A5 / § 1 (2)

Arbeitsbeschaffungsmaßnahme
- AT / § 3 (d)

Arbeitsfähigkeit
- AT / § 8 (1)

Arbeitsgelegenheiten
- nach § 16 (3) SGB II
  AT / § 3 (d)
- nach § 11 (3) SGB XII
  AT / § 3 (c)

Arbeitsgericht
- AT / §§ 14, 22 (4)

Arbeitsjubiläum
- A16

Arbeitsunfall
- Kündigung
  AT / § 15 (3)
- Krankenbezüge
  A1 / XII

Arbeitsunfähigkeit
- ärztl. Bescheinigung
  A1 / XIIa
- Anzeigepflicht und -nachweis
  A1 / XIIa
- Ausbildungsverhältnisse
  A7 / B II § 5, C II § 5
  A7 / D § 3, E § 7
- Krankenbezüge
  A1 / XII
- verursacht durch einen Dritten
  A1 / XIIb

Arbeitsversäumnis
- AT / § 9b

Arbeitsvertrag
s. Dienstvertrag

Arbeitsvorgang
- A1 / I

Arbeitszeit
- AT / § 9a
- A5 / § 1
- A30 / § 3
- A31, A32, A33 / § 2
- Altersteilzeit
  A17 / § 3
  A17a / § 6
- Arbeitsbereitschaft
  A5 / § 1 (2)
- Arbeitszeitkonto
  A5b; A5c
  A31, A32, A33 / § 9
- Arbeitszeitdokumentation
  A30 / § 10
- Auszubildende
  A7 / E, § 6
- Beginn und Ende
  A5 / § 1 (9)

A – Stichworte

- bei Dienstreisen
  A5 / § 6
- Bereitschaftsdienst
  A5 / §§ 7, 8, 9
  A30 / §§ 6, 7, 8
  A31, A32, A33 / §§ 2, 4, 6
- Bereitschaftszeit
  A31, 32, 33 / § 8
- dienstplanmäßige
  A5 / § 1 (8)
- Krankenpflegehelfer
  A7 / CII § 2
- Krankenpflegeschüler
  A7 / BII § 2
- Kurzarbeit
  A5 / § 5
- Kurzpausen
  A5 / § 1 (7a)
- Kurzzeitkonto
  A5b
- Langzeitkonto
  A5c
- Nachtarbeit
  A5 / § 1 (11)
  A30 / §§ 3, 5, 7
  A31, A32, A33 / §§ 2, 4, 6
- Nebentätigkeit
  A5 / § 1 (6)
- nicht dienstplanmäßige
  A5 / § 4
- Praktikanten
  A7 / D § 2
- Reduzierung
  A5 / § 1a
- regelmäßige
  A5 / § 1 (1)
  A30 / § 3; A31, A32, A33 / § 2
- Rufbereitschaft
  A5 / §§ 7, 8, 9
  A30 / §§ 6, 7, 8
  A31, A32, A33 / §§ 5, 6, 7
- Ruhepausen
  A5 / § 1 (7)
- Ruhezeit
  A5 / § 1 (10)
- Saisonarbeit
  A5 § 1 (4)
- Sonderregelung zur
  Arbeitszeitregelung
  A5a

- Verkürzung durch freie Tage
  A5 / § 1b
- Verlängerung der regelmäßigen
  Arbeitszeit
  A5 / § 1 (1), (2), (4)
- 12-Stunden-Schichten
  A5 / § 8 (8)
  A30 / § 3 (5)
  A31, A32, A33 / § 2 (4)

Arbeitszeitverkürzung durch
freie Tage
- A5 / § 1b

Arztbesuch
- Arbeitsbefreiung wegen
  AT / § 10 (2)

Auflösungsvertrag
- AT / § 19 (2)

Aufschlag bei Urlaubsvergütung
- A14 / § 2 (3)

Aufstockungsleistungen bei
Altersteilzeit
- A17 / §§ 5, 8
- A17a / § 7

Ausbildung Notfallsanitäter
- A7 / BII § 12

Ausbildungsvergütung
- A7 / BII, CII, D, E, § 1

Ausbildungsverhältnisse
- AT / § 3 (e)
- A7

Ausbildungsvoraussetzung,
Eingruppierung bei nicht erfüllter
- A1 / Ic

Ausnahmen vom Geltungsbereich
- AT / §§ 2 (2), 2a, 3

Ausschlussfrist
- AT / §§ 11b, 23
- A14 / § 1 (5)

Stichworte – A und B

Außerordentliche Kündigung
s. Kündigung, außerordentliche

Ausübung einer höherwertigen
Tätigkeit, vorübergehend
- A1 / Ib

Auszahlung
- der Vergütung
  A1 / X (a)
- der vermögenswirksamen
  Leistungen
  A9 / § 3
- des Sterbegeldes
  A1 / XV (c)
- des Übergangsgeldes
  A15 / § 3
- des Urlaubsgeldes
  A14 / § 9

Auszubildende nach BBiG
- A7 / E

B

Ballungsraumzulage
- A1 / VIIIa

Beanstandung der Abrechnung
- A1 / X (c)

Beendigung des Dienstverhältnisses
s. Kündigung
- Altersteilzeit
  A17 / § 9
  A17a/ § 11
- Befristung
  AT / § 14 (1), § 19 (1)
- Krankenbezüge bei
  A1 / XII (b), (d)
- sonstige
  AT / § 19 (3) bis (5)
- verminderte Erwerbsfähigkeit
  AT / § 18

Befristetes Dienstverhältnis
- Beendigung
  AT / § 19 (1)

- Begründung
  AT / § 14 (1)

Beihilfen
- A11
s. Geburtsbeihilfe

Belohnung, Geschenke
- AT / § 5 (4)

Bereitschaftsdienst, allgemein
- A5 / § 7
- Freizeitausgleich
  A5 / § 7 (5)
- Pauschale Abgeltung
  A5 / § 7 (7)
- Teilzeit
  A5 / § 7 (1)
- Vergütungsberechnung
  A5 / § 7 (5)
- Voraussetzungen
  A5 / § 7 (1), (2)
- Zeitzuschlag
  A6a / § 1 (2)

Bereitschaftsdienst, Krankenhäuser
und Pflegeheime
  A5 / §§ 8, 9
  A30 / § 3 (6), § 6
  A31, A32, A33 / § 2 (5), § 4 (3), § 5
- Arbeitszeitgesetz, Abweichungen
  durch Dienstvereinbarung
  A5 / § 8 (3), (4), (8)
- Ärzte
  A 30 / §§ 6, 8
- Entgeltberechnung
  A5 / § 9 (1), (2), (3)
  A30 / § 8 (1) - (4)
  A31, A32, A33 / § 7 (1) - (5)
- Freizeitausgleich
  A5 / § 9 (4)
  A30 / § 8 (5)
  A31 / § 7 (6),
  A32, A33 / § 7 (5)
- Geltungsbereich
  A5 / § 8 (1)
  A30, 31, 32, 33 / § 1
- Pauschale Abgeltung
  A5 / § 9 (6)
  (siehe A30, 31, 32, 33 / § 1)

B, C und D – Stichworte

- Pflegedienst
  A31, A32 / §§ 5, 7
- Voraussetzungen
  A5 / §§ 8, 9
  A30 / § 6 (1)
  A31, A32, A33 / § 4 (3), § 5 (1)
- Zeitzuschlag
  A6a / § 1 (2)
  A30 / § 7 (1)
  A31, A32, A33 / § 6 (1)

Bereitschaftsdienst, Rettungsdienst
- A5 / § 8 (1), Anmerkung dazu

Bereitschaftsdienst, Sozial-
und Erziehungsdienst
- A33 / §§ 5, 7

Bereitschaftszeit
A31, A32, A33 / § 8

Berufskrankheit
- A1 / XII
- AT / § 15 (3)

Berufsunfähigkeit
- AT / § 18

Beschäftigungs- und
Qualifizierungsmaßnahmen
- AT / § 3 (d)

Beschäftigungszeit
- AT / §§ 11, 11a (1), 14 (2) (5), 15 (3)

Bescheinigung, ärztliche
- A1 / XIIa

Besitzstandsregelungen
- zu Anlage 1
  A 1b
- zu Anlage 7
  A 7a

Betreuungsmaßnahmen
- AT / § 3 (a)

Betriebliche Altersvorsorge
- A1 / XIII
- A8

Beurlaubung ohne Bezüge
- A14 / § 10

Bewährungsaufstieg
- A1 / Ia

Bewertung der
Mitarbeiterunterkünfte
- A12

Bildungsurlaub
- AT / § 10 (6)

Blockmodell Altersteilzeit
- A17 / § 3 (2a), § 4 (1), § 5 (2), § 7
- A17a / § 6

Buchungsgebühren
- A1 / X

Bundeselterngeld- und
Elternzeitgesetz (BEEG)
- A1 / X (a), XIV (e), XIV (g)

Bundeskindergeldgesetz
- A1 / V (f), (g), (i)
- A1 / IXa (c), XIV (d)
- A 15 / § 2 (5)

Bundeswehr
- AT / § 11a (5)

C

Chefärzte
- AT / § 3 (f)

D

Diakonisches Werk
- AT / § 11a Anmerkung
- A1 / Ia (f)
- A1 / III A Anmerkung 1
- A1 / III B Anmerkung 1
- A1 / V Abschn. C (d) Anmerkung
- A1 / XIV Anmerkung 1

Dienstbefreiung
s. Arbeitsbefreiung

Dienstbezüge
- AT / § 12
- Altersteilzeit
  A17 / § 4
  A17a / § 7
- Bestandteile
  A1 / II
- für Teile eines Kalendermonats
  A1 / X (b)
- für teilzeitbeschäftigte Mitarbeiter
  A1 / IIa
- für nebenberuflich geringfügig Beschäftigte
  A1 / IIb

Dienstfähigkeit
- AT / § 8

Dienstgemeinschaft
- AT / § 1 (1)

Dienstkleidung
- AT / § 21

Dienstpflichten
- allgemeine
  AT / § 4
- besondere
  AT / § 5

Dienstreisen
- Arbeitszeit
  A5 / § 6
- Kostenerstattung
  A 13a

Dienstvereinbarung
- Bereitschaftsdienst
  A5 / § 8 (3), (4), (5)
  A30 / § 6 (4) (5)
  A31, A32, A33 / § 5 (3) (4)
- durchschnittliche wöchentliche Arbeitszeit
  A5 / § 1 (1)
  A30 / § 3
  A31, 32, 33 / § 2
- Kurzpausen
  A5 / § 1 (7a)
  (siehe A30, 31, 32, 33 / § 1)
- Langzeitkonto
  A5c
- Mobilzeit
  A5b
- Sonderregelung zur Arbeitszeitregelung
  A5a / §§ 2, 3

Dienstvertrag
- AT / § 7 (1)
- Anhang D

Dienstwohnungen
s. Werkdienstwohnungen

Dienstzeit
- AT / § 11a

Diözesane Regelungen
- AT / § 2 (2)

Dozenten
- A1 / IV

Duales Studium
- A7 / E § 11

E

Eheschließung, Arbeitsbefreiung wegen
- AT / § 10 (2)

Ehegattenbezogene Besitzstandszulage
- A1b / § 3

Ehrenämter, Arbeitsbefreiung wegen
- AT / § 10 (2)

Eingruppierung
- A1 / I
- A30, A31, A32, A33 / § 11

Einmalzahlung
- A1 / IIIa
- A31, A32, A33 / § 12b

E – Stichworte

Einsatzzuschlag Rettungsdienst
- A1 / XI (d)
- A30 / § 2

Einstellung
- AT / § 7

Einstellungsuntersuchung
- AT / § 7 (3)

Elternzeit
s. Bundeselterngeld- und Elternzeitgesetz

Entgelt
- A30 / §§ 13, 13a, A31, A32, A33 / §§ 12, 12a

Entgeltgruppe
- Ärzte
  A30 / §§ 13, 14
- Pflegedienst Krankenhäuser
  A31 / §§ 12, 13, Anhang D
- Pflegedienst ambulant
  A32 / §§ 12, 13, Anhang E
- Pflegedienst Heime
  A32 / §§ 12, 13
- Sozial- und Erziehungsdienst
  A33 / §§ 12, 13, Anhang C

Entgeltstufen
- Ärzte
  A30 / §§ 13-15
- Pflegedienst Krankenhäuser
  A31/ §§ 12-14
- Pflegedienst Heime
  A32 / §§ 12-14
- Sozial- und Erziehungsdienst
  A33 / §§ 12-14

Entwicklungshelfer
- AT / § 11a (5)

Erholungsurlaub
- AT / § 13
- A7 / B II § 7, C II § 7
- A7 / D § 4, E § 8
- A14
- Abgeltung des
  A14 / § 5
- Anspruch auf
  A14 / § 1
- Antrag auf
  A14 / § 1 (3)
- Arbeitsunfähigkeit während des
  A14 / § 1 (7)
- Aufschlag während des
  A14 / § 2 (3)
- bei Beendigung des Dienstverhältnisses
  A14 / § 5
- Bezüge während des
  A14 / § 2
- Dauer
  A14 / § 3
- Erkrankung während des
  A14 / § 1(7)
- Erwerbstätigkeit im
  A14 / §§ 1 (2), 2 (6)
- Gewährung
  A14 / § 1 (4)
- Teilung
  A14 / § 1 (4)
- Teilurlaub
  A14 / § 1 (6)
- Übertragung
  A14 / § 1 (5)
- Umrechnungstabelle
  Anhang E
- Verfall
  A14 / § 1 (5)
- Wartezeit beim
  A14 / § 1 (6)
- Zwölftelung
  A14 / § 1 (6)

Erkrankung
s. Arbeitsunfähigkeit

Erkrankung von Angehörigen, Arbeitsbefreiung wegen
- AT / § 10 (2)

Erprobung veränderter Vergütungsstrukturen
- A19 / § 1

Erschwerniszulagen
- A1 / VIII (e)

Erstkommunion, Arbeitsbefreiung wegen
- AT / § 10 (2)

Erwerbsunfähigkeit
- AT / § 10

Evangelische Kirche
- AT / § 11a Anmerkung
- A1 / III A Anmerkung 1
- A1 / III B Anmerkung 1
- A1 / V Abschn. C (d) Anmerkung 1
- A1 / XIV Anmerkung 1
- A14 / § 6 Anmerkung 1

Exerzitien
- AT / § 10 (5)

F

Fahrdienste
- A23

Fälligkeit der Bezüge
- A1 / X

Falter, flexible Teilzeitarbeit
- A17a / § 13

Familienheimfahrten
- A7 / BII § 4a, CII § 4a

Feiertagsarbeit
- A5 / § 2 (1), (3)
- A6a / § 1
- A30 / § 4 ; A31, A32, A33 / § 3

Fernbleiben vom Dienst
- AT / § 9b (1)

Firmung, Arbeitsbefreiung wegen
- AT / § 10 (2)

Forderungsübergang bei Drittshaftung
- A1 / XIIb

Form des Dienstvertrages
- AT / § 7 (1)
- Anhang D

Fortbildung, Weiterbildung
- AT / §§ 4 (4), 10 (6), 10a

Fortbildungskosten, Rückzahlung
- AT / § 10a

Freistellung von der Arbeit aus persönlichen Gründen
- AT / § 10

Freistellung vor staatlicher Prüfung
- A7 / BII § 8

Freistellung von Haftungsansprüchen
- AT / § 5 (5)

Freizeitausgleich
- für Bereitschaftsdienst
  A5 / §§ 7, 9
  A30 / § 8 (5)
  A31 / § 7 (6)
  A32, A33 / § 7 (5)
- für Sonn-, Feier- und Vorfesttagsarbeit
  A5 / § 2, § 3
  A30 / § 4, § 7 (1)
  A31, A32, A33 / § 3, § 6 (1)
- für Überstunden
  A6 / § 3
  A30 / § 5 (5) (6), § 7 (1) (2)
  A31, A32, A33 / § 4 (7) (8), § 6 (1) (2)

Führung auf Zeit / Führung auf Probe
- A30, A31, A32 / §§ 18, 19;
- A33 / §§ 17, 18

Fürsorge bei Krankheit
- AT / § 12a

G

Geburt, Arbeitsbefreiung wegen
- AT / § 10 (2)

Geburtsbeihilfe
- A11a

Gehalt, s. Vergütung

Geltendmachen von Ansprüchen
- allgemein
  AT / § 23
- Anrechnung von Zeiten
  AT / § 11b
- Urlaub
  A14 / § 3

Geltungsbereich der AVR
- AT / § 2
- Ausnahmen vom
  AT / §§ 2 (2), 2a, 3

Geringfügig beschäftigte Mitarbeiter
- AT / § 24
- A1 / IIb
- A1 / III
- A1 / XIV (d)
- A1c
- A14 / § 7 (2)

Geschenke, Belohnungen
- AT / § 5 (4)

H

Haftung des Mitarbeiters
- AT / § 5 (5)

Haftungsansprüche, Freistellung von
- AT / § 5 (5)

Haus- und Heimordnung
- AT / § 4 (5)

häusliche Gemeinschaft
- A5 / § 10
  (siehe A30, 31, 32, 33 / § 1)

Heilkur, Heilverfahren
- A1 / XII
- A14 / § 1 (3)

Heim- und Werkstattzulage
- A1 / VIIa

Herabgruppierung
- AT / § 15 (2)
- A1 / III A § 5, III B § 5

Hinterbliebene, Zuwendung im Todesfall
- A1 / XV

Hochzeit, Arbeitsbefreiung wegen
- AT / § 10 (2)

Höhergruppierung
- A1 / III A § 2, III B § 2
  A30 / § 15 (4)
  A31, A32, A33 / § 14 (4)

Höherwertige Tätigkeit
- vorübergehende Ausübung einer
  A1 / Ib

I

Insolvenzschutz Wertguthaben
- A5c / § 7

Integrationsprojekte, -firma
- A20

J

Jahressonderzahlung
- A31, A32 / § 16; A33 / § 15

Jubiläumsdienstzeit
- A16 / § 1 (2)

Jubiläumszuwendung
- A16

K

Kirchliche Zusatzversorgungskasse
- A8 / A

Kinderzulage
- A1 / V

Kleidung
- AT / § 21

Kommunion und Konfirmation, Arbeitsbefreiung wegen
- AT / § 10 (2)

Kontoführungsgebühren
- A1 / X (a)

Krankenbezüge
- AT / § 12a
- A1 / XII
- A7 / BII § 5, CII § 5, D § 3, E § 7
- bei Schadensersatzansprüchen gegen Dritte
  A1 / XIIb

Krankengeldzuschuss
- A1 / XII

Krankenpflegehelferschüler
- A7 / CII

Krankenpflegeschüler
- A7 / BII

Krankheit, Anzeigepflicht
- A1 / XIIa
- während des Erholungsurlaubs
  A14 / § 1 (7)

Kündigung
- Änderungs-
  AT / § 14 (4), § 15
- außerordentliche
  AT / § 16
- -frist
  AT / §§ 14 (2) (4), 15 (4), 16 (1)
  AT / §§ 18 (2), § 19 (4)
- -gründe
  AT / §§ 15 (2), 16 (1)
- ordentliche
  AT / § 14
- Schriftform der
  AT / § 17
- unkündbare Mitarbeiter
  AT / § 15
- bei § 16e SGB II-Maßnahmen
  AT / § 16 (3)

Kurverfahren
s. Heilkur

Kurzarbeit
- A5 / § 5
  (siehe A30, 31, 32, 33 / § 1)

Kurzpausen
- A5 / § 1 (7a)
  (siehe A30, 31, 32, 33 / § 1)

Kurzzeitkonto
- A5b

L

Langzeitkonto
- A5c

Lehrkrankenhäuser, akademische
- AT / § 5 (3)

Lehrkräfte, besondere Regelung
- A1 / IV
- A 21

Leistungen, Geltendmachen von Ansprüchen
- AT / § 23

Leistungen, vermögenswirksame
- A9

Leistungsminderung
- AT / § 15 (3)

Leistungsentgelt
- A30 / § 16; A31, A32 / § 15 ; A33 / § 14

Leistungszulage
- A1 / VIII (b) (c)

M

Mehrarbeit
- A6 / Anmerkung
- A30 / § 5 (4)
- A31, A32, A33 / § 4 (6), § 6 (2)

Mitarbeiter
- AT / § 2 (2)
- teilzeitbeschäftigte
  A1 / IIa
- unkündbare
  AT / §§ 14 (5), 15, 16 (2)

Mitarbeiterunterkunft
- Anpassung des Wertes
  A12 / § 4
- Bewertung
  A12 / § 3
- Definition
  A12 / § 2 (2)
- Mehrbelegung
  A12 / § 3 (5)
- Verpflichtung zur
  Inanspruchnahme
  A1 / IXa
- Wertklasse
  A12 / § 3 (1)

Mitteilung der Anlageart bei
vermögenswirksamen Leistungen
- A9 / § 2

Mitteilung bei durch
Dritte herbeigeführte
Arbeitsunfähigkeit
- A1 / XIIb

Mobilzeit
- A5b

Modellprojekte
- A19

N

Nachtarbeit
- Voraussetzungen
  A5 / § 2 (1)
  A30 / § 5 (3)
  A31, A32, A33 / § 4 (5)
- Zusatzurlaub
  A14 / § 4
  A30, A31, A32, A33 / § 17

- Zuschlag
  A6a / § 1 (2)
  A30 / § 7 (1)
  A31, A32, A33 / § 6 (1)

Nachtarbeitnehmer
- A5 / § 1 (11), Anmerkung

Nebenabreden zum Dienstvertrag
- AT / § 7 (2)

Nebentätigkeit
- AT / § 5 (2)
- Altersteilzeit
  A17 / § 6
  A17a / § 9
- des leitenden Arztes
  AT / § 5 (3)

neue Bundesländer
- AT / § 2a

Neueinstellung, Regelvergütung bei
- A1 / III A § 1, III B § 1

Niederkunft der Ehefrau,
Arbeitsbefreiung wegen
- AT / § 10 (2)

nicht vollbeschäftigte Mitarbeiter
- A1 / IIa
- A30 / § 13a
- A31, A32, A33 / § 12a

Notarztwagen
- AT / § 5 (3), (5)
- A30 / § 2

Notfallsanitäter Ausbildung
- A7 / BII § 12

O

ordentliche Kündigung
s. Kündigung, ordentliche

Ortszuschlag Stufe 2 –
Besitzstandszulage
- A1b / § 3

P

Pauschale Abgeltung der
Bereitschaftsdienste, Rufbereitschaft
- A5 / §§ 7 (7), 9 (6)
  (siehe A30, 313, 32, 33 / § 1)

Pauschale Überstundenvergütung
- A6 / § 4

Pausen
- A5 / § 1 (7)

persönliche Angelegenheiten,
Arbeitsbefreiung für
- AT / § 10

Personalakte
- AT / § 6

Personalunterkünfte
s. Mitarbeiterunterkünfte

Pflegedienst / Heime
  A32
- Arbeitszeit
  A32 / § 2
- Arbeitszeitkonto
  A32 / § 9
- Bereitschaftsdienst, Rufbereitschaft
  A32 / §§ 5, 7
- Bereitschaftszeit
  A32 / § 8
- Eingruppierung
  A32 / § 11
- Entgelt
  A32 / §§ 12, 12a
- Entgelttabelle
  A32 / A
- Führung auf Zeit, Führung auf Probe
  A32 / §§ 18, 19
- Jahressonderzahlung
  A32 / § 16
- Kr-Anwendungstabelle
  A32 / B
- Leistungsentgelte
  A32 / § 15
- Sonderformen der Arbeit
  A32 / §§ 4, 6
- Sonn- und Feiertagsarbeit
  A32 / § 3
- Stufenregelungen
  A 32 / §§ 13, 13a, 14
- Stundenentgelttabelle
  A32 / C
- Teilzeit
  A32 / § 10
- Überleitung, Besitzstand
  A32 / F
- Zusatzurlaub
  A32 / § 17

Pflegedienst / Krankenhaus
  A31
- Arbeitszeit
  A31 / § 2
- Arbeitszeitkonto
  A31 / § 9
- Bereitschaftsdienst, Rufbereitschaft
  A31 / §§ 5, 7
- Bereitschaftszeit
  A31 / § 8
- Eingruppierung
  A31 / § 11
- Entgelt
  A31 / §§ 12, 12a
- Entgelttabelle
  A31 / A
- Führung auf Zeit, Führung auf Probe
  A31 / §§ 18, 19
- Jahressonderzahlung
  A31 / § 16
- Kr-Anwendungstabelle
  A31 / B
- Leistungsentgelte
  A31 / § 15
- Sonderformen der Arbeit
  A31 / §§ 4, 6
- Sonn - und Feiertagsarbeit
  A31 / § 3
- Stufenregelungen
  A 31 / §§ 13, 13a, 14
- Stundenentgelttabelle
  A31 / C
- Teilzeit
  A31 / § 10
- Überleitung, Besitzstand
  A31 / E
- Zusatzurlaub
  A31 / § 17

P, Q und R – Stichworte

Pflichten des Mitarbeiters
- AT / §§ 4, 5

Praktikanten nach
Ausbildungsordnungen
- A7b / Abschn. B

Praktikanten nach BBiG
- A7b / Abschn. A

Praktikanten nach abgelegtem
Examen
- A7 / Abschn. D

Probezeit, Kündigung in der
- AT / § 7 (4)

Q

Qualifizierung Erziehungsdienst
- A33 / § 2a

R

regelmäßige Arbeitszeit
- A5 / § 1 (1), (2), (4)
- A30 / § 3; A31, A32, A33 / § 2

Regelvergütung
- A1 / III A, B
- A3
- A3a
- A3b

Regelvergütung bei Neueinstellung
- A1 / III A § 1, III B § 1

Regelvergütungsstufe, Steigerung
- A1 / III A (a), III B (a)

Rehabilitation
- AT / § 3 (a)

Reisekosten
- A13a

Religiöse Feiern, Arbeitsbefreiung
wegen
- AT / § 10 (2)

Rente wegen verminderter
Erwerbsfähigkeit
- AT / § 18

Resozialisierung
- AT / § 3 (a)

Rettungsdienst
- AT / § 5 (3), (5)
- A1 / XI (d)
- A30/ § 2

Rückzahlung der
Weihnachtszuwendung
- A1 / XIV (c)

Rückzahlung zuviel gezahlter Bezüge
- A1 / X (a), XII (g)

Rufbereitschaft, allgemein
- A5 / § 7
- Freizeitausgleich
  A5 / § 7 (6)
- Pauschale Abgeltung
  A5 / § 7 (7)
- Vergütungsberechnung
  A5 / § 7 (6)
- Voraussetzungen
  A5 / § 7 (1), (3)

Rufbereitschaft, Erholungsheime
- A5 / § 8 (9)

Rufbereitschaft, Krankenhäuser
und Heime
- Ärzte
  A30 / § 6
- A5 / §§ 8, 9
- Entgeltberechnung
  A5 / § 9 (5)
  A30 / § 7 (3)
  A31, A32, A33 / § 6 (3)
- Freizeitausgleich
  A5 / § 9 (5)
  A30 / § 7 (3)
  A31, A32, A33 / § 6(3)
- Geltungsbereich
  A5 / § 8 (1)
  A30 / § 1
  A31, A32, A33 / § 1

- Pauschale Abgeltung
  A5 / § 9 (6)
- Pflegedienst
  A31, A32 / § 5
- Teilzeit
  A5 / § 7 (1)
  A30 / § 3 (6)
  A31, A32, A33 / § 2 (5)
- Voraussetzungen
  A5 / § 8 (7)
  A30 / § 6 (8)
  A31, A32, A33 / § 4 (4)
- Zeitzuschlag
  A6a / § 1 (2)
  A30 / § 7 (3)
  A31, A32, A33 / § 6 (3)

Rufbereitschaft, Rettungsdienst
- A5 / § 8 (1), Anmerkung dazu

Rufbereitschaft, Sozial- und Erziehungsdienst
- A33 / § 5

Ruhepausen
- A5 / § 1 (7)

Ruhezeit
- A5 / § 1 (10)

S

Sachbezüge
- A1 / IX

Saisonarbeit
- A5 / § 1 (4)

Samstagsarbeit
- A5 / § 3 (1)

Schaden durch Mitarbeiter, Ersatzansprüche
- AT / § 5 (5)

Schadensersatzansprüche gegen Dritte, Abtretung
- A1 / XIIb

Schichtarbeit
  A5 / § 2 (1), (2)
  A30 / § 5 (2)
  A31, A32, A33 / § 4 (2)
- Zulage
  A1 / VII
  A7 / B II § 3, C II § 3
  A30 / § 7 (5)
  A31, A32, A33 / § 6 (5)
- Zusatzurlaub
  A14 / § 4
  A30, A31, A32, A33 / § 17

Schlichtungsstelle
- AT / § 22

Schlichtungsverfahren
- AT / § 22

Schließung der Einrichtung
- AT / § 15 (1)

Schriftform des Dienstvertrages
- AT / § 7 (1), (2)

Schriftform der Kündigung
- AT / § 17

Schüler an Kranken- und Kinderkrankenpflegeschulen sowie Hebammenschulen
- A7 / B II

Schutzkleidung
- AT / § 21

Schweigepflicht
- AT / § 5 (1)

Schwerbehinderte,
- Beendigung des Dienstverhältnisses wegen verminderter Erwerbsfähigkeit
  AT / § 18 (5)
- Zusatzurlaub
  A14 / § 1 (6), § 3 (5)
  A14 / Anmerkung 3
  A30, A31, A32, A33 / § 17

S und T – Stichworte

Selbsthilfe Pensionskasse
- A8 / B

Sockelbetragszulage
- A1b / § 2
- A2a / A2c / Hochziffer 1a

Sonderleistungen der Mitarbeiter
- A1 / XI

Sonderurlaub
- AT / §§ 10 (9), 13
- A14 / § 10

Sonntagsarbeit
- A5 / § 2 (1), (3)
- A6a / § 1
- A30 / § 4; A31, A32, A33 / § 3

Sozial- und Erziehungsdienst
A33
- Arbeitszeit
A33 / § 2
- Arbeitszeitkonto
A33 / § 9
- Bereitschaftsdienst, Rufbereitschaft
A33 / §§ 5, 7
- Bereitschaftszeit
A33 / § 8
- Eingruppierung
A33 / § 11
- Entgelt
A33 / §§ 11, 12, 12a
- Entgelttabelle
A33 / A
- Führung auf Zeit, Führung auf Probe
A33 / §§ 17, 18
- Jahressonderzahlung
A33 / § 15
- Leistungsentgelte
A33 / § 14
- Qualifizierung
A33 / § 2a
- Sonderformen der Arbeit
A33 / §§ 4, 6
- Sonn - und Feiertagsarbeit
A33 / § 3
- Stufenregelungen
A 33 / § 13

- Teilzeit
A33 / § 10
- Überleitung, Besitzstand
A33 / D
- Zuordnungstabelle
A33 / E
- Zusatzurlaub
A33 / § 16

Sozialkomponente
- A30 / § 16; A31, A32 / § 15;
A33 / § 14

Staatsbürgerliche Pflichten,
Arbeitsbefreiung wegen
- AT / § 10 (3)

Stellenzulage
- A1 / VIII (a), (c)

Sterbegeld
s. Zuwendung im Todesfall

Stufenberechnung bei
Regelvergütung
- A1 / III A, III B
- A30 / §§ 14, 15; A31 / §§ 13, 13a, 14;
A32 / §§ 13, 13a; A33 / § 13

Stundenvergütung
- A6a / §§ 1 (3), 2
- Anhang F
- A30 / § 7 (1)
- A31, A32, A33 / § 6 (1)

T

Tabellenentgelt
- A30 / §§ 13, 13a;
A31, A32, A33 / §§ 12, 12a

Tätigkeit
- Eingruppierung
A1 / I
- vorübergehende Ausübung einer
höherwertigen
A1 / Ib

Stichworte – T und U

Taufe, Arbeitsbefreiung wegen
- AT / § 10 (2)

Teilzeitbeschäftigung
- Ärzte
  A30 / § 9, § 13a
- Altersteilzeit
  A17, A17a
- Anspruch auf
  A5 / § 2
- Beschäftigungs- und Dienstzeit
  AT § 11 (1), § 11a (1)
- Dienstbezüge
  A1 / IIa
  A30 / § 13a
  A31, A32, A33 / § 12a
- Pflegedienst
  A31, A32 / §§ 10, 12a
- Sozial - und Erziehungsdienst
  A33 / §§ 10, 12a

Tod von Angehörigen,
Arbeitsbefreiung wegen
- AT / § 10 (2)

Trennungsgeld
- A13

TVöD-Anwender
- A25

U

Übergangsgeld
- A15
- Anrechnung sozialer Leistungen
  A15 / § 2 (4)
- Auszahlung
  A15 / § 3
- Bemessung
  A15 / § 2
- Voraussetzungen
  A15 / § 1

Übergangsregelung (Ost)
- AT / § 2a

Überleitungsregelungen
- Ärzte
  A30 / B
- Auszubildende
  A7a
- Bundeszentralen und Fachverbände
  A1d
- Mitarbeiter unter 21/23 Jahren
  A1a / § 2
- Pflegedienst
  A31 / E; A32 / F
- Sozial - und Erziehungsdienst
  A33 / D
- Stufenzuordnung
  A1a / § 3

Übernahme von Einrichtungen,
Beschäftigungszeit bei
- AT / § 11 (2)

Überstunden
- Anordnung
  A6 / § 1
  A30 / § 3 (6)
  A31, A32, A33 / § 2 (5)
- Begriff
  A6 / § 1
  A30 / § 5 (5)
  A31, A32, A33 / § 4 (7)
- -vergütung
  A6 / § 3 (2)
  A6a / § 1 (3)
  A30 / § 7 (1)
  A31, A32, A33 / § 6 (1)
- -vergütung, pauschale
  A6 / § 4 (2)

Übertragung einer höherwertigen
Tätigkeit
- vertretungsweise
  A1 / Ib (a)
- vorübergehend
  A1 / Ib (a)

Übertragung von
Erholungsurlaub
- A14 / § 1 (5)

Überzahlung
- A1 / X (d)

U und V – Stichworte

Umsetzung
- AT / § 9 (4)

Umzug des Mitarbeiters,
Arbeitsbefreiung wegen
- AT / § 10 (2)

Umzugskosten
- A13

Unkündbarkeit
- AT / § 14 (5)
- Sonderregelung für unkündbare Mitarbeiter
  AT / § 15

Unterkünfte für Mitarbeiter
s. Mitarbeiterunterkünfte

Untersuchungen, ärztliche
- AT / § 8

Urlaub
s. Erholungsurlaub

Urlaubsgeld
- AT / § 13
- A14 / §§ 6 bis 9
- Anrechnung von Leistungen
  A14 / § 8
- Anspruchsvoraussetzung
  A14 / § 6
- Auszahlung
  A14 / § 9
- Höhe
  A14 / § 7

V

Vereinbarung
- des Dienstverhältnisses
  AT / § 7 (1), Anhang D
- über Altersteilzeit
  A17 / § 2
- über Beendigung des Dienstverhältnisses
  AT / § 19 (2)
- zusätzliche
  AT / § 7 (2)

Vergütung
(siehe auch Entgelt)
- Abtretungsverbot
  A1 / X (f)
- allgemeine Regelung
  AT / § 12
- Arbeitsunfähigkeit
  A1 / XII (b)
- Auszahlung
  A1 / X
- Bestandteile
  A1 / II
- Erholungsurlaub
  A14 / § 2
- Fälligkeit
  A1 / X (a)
- Frist zur Geltendmachung
  AT / § 23
- Kinderzulage
  A1 / V
- Regelvergütung
  A1 / III
  A3
- Rückforderung
  AT / § 23
  A1 / X (d)
- Tabellenentgelt
  A30 / § 13
  A31, A32, A33 / § 12
- Sonderleistungen
  A1 / XI
- Teilzeitbeschäftigung
  A1 / II (a)
  A30 / § 13a
  A31, A32, A33 / § 12a

Vergütungsgruppe,
s. auch Entgeltgruppe
- A1 / I, I (c)
- allgemeine Vergütungsgruppen
  A2
- im Pflegedienst in ambulanten Einrichtungen
  A2c
- im Pflegedienst in stationären Einrichtungen
  A2a
- im Rettungsdienst/ Krankentransport
  A2b

- im Sozial- und Erziehungsdienst
  A2d

Verkürzung der Arbeitszeit durch freie Tage
- A5 / § 1b

Vermögenswirksame Leistungen
- A9
- Änderungen der Anlage
  A9 / § 4
- Entstehung und Fälligkeit des Anspruches
  A9 / § 3
- Mitteilung der Anlageart
  A9 / § 2
- Nachweis bei Anlage nach
  A9 / § 5
- Voraussetzungen und Höhe
  A9 / § 1

Verpflegung, Verpflichtung zur Teilnahme
- A1 / IX (a)

Verschwiegenheit
- AT / § 5 (1)

Versetzung
- AT / § 9

Versorgung, zusätzliche im Alter und für Hinterbliebene
- A8

vertrauensärztliche Untersuchung
- AT / § 8

vertretungsweise Übertragung einer höherwertigen Tätigkeit
- A1 / Ib (a)

Vollendung des 65. Lebensjahres
- AT / § 19 (3)

Vorfesttagsarbeit
- A5 / § 3 (2)
- A30 / § 3 (3)
- A31, A32, A33 / § 2 (3)

vorläufiges Zeugnis
- AT / § 20

vorübergehende Übertragung einer höherwertigen Tätigkeit
- A1 / Ib (a)

W

Wechselschichtarbeit
- A5 / § 2 (2)
- A30 / § 5 (1)
- A31, A32, A33 / § 4 (1)
- Zulage
  A1 / VII
  A30 / § 7 (4)
  A31, A32, A33 / § 6 (4)
- Zusatzurlaub
  A14 / § 4 (2)
  A30, A31, A32, A33 / § 17

Weihnachtszuwendung
- A1 / XIV
- Bemessungssatz
  A1 / XIV Anm. 2
- AT / § 2a (3)

Weiterbeschäftigung über das 65. Lebensjahr hinaus
- AT / § 19 (4)

Weiterbildung der Mitarbeiter
- AT / §§ 5 (3), 10a
- A33 / § 2a

Werkdienstwohnungen
- A1 / IXa

Wesen der Caritas
- AT / § 1

Wiedereinstellung nach Zeitrente
- AT / § 18 (4)

Woche
- A5 / § 1 (8)

Wohnungswechsel des
Mitarbeiters, Arbeitsbefreiung
wegen
• AT / § 10 (2)

Zwölfstundenschichten
• A30 / § 3 (5)
• A31, A32, A33 / § 2 (4)

Z

Zeitaufstieg
• A1 / Ia

Zeitzuschlag
• A6a / § 1
• A30 / § 7 (1)
• A31, A32, A33 / § 6 (1)

Zeugnis
• AT / § 20

Zusatzbestimmungen zu
den Bezügen
• A1 / X

Zusatzurlaub
• Allgemein
  A14 / § 4 (1), (2), (7)
• Ärzte
  A30 / § 17
• Pflegedienst
  A31, A32 / § 17
• Sozial - und Erziehungsdienst
  A33 / § 16

Zusatzversorgung
• A1 / XIII
• A8

Zuschuss zum Krankengeld
• A1 / XII (e)-(j)

Zuweisung eines anderen
Arbeitsplatzes
• AT / § 9 (4)

Zuwendung im Todesfall
• A1 / XV

Zuwendung
s. Weihnachtszuwendung